Paul Tuitéan
Estelle Daniels

WICCA ESSENCIAL

Tradução
EUDES LUCANI
MARGÔ CENOVICZ

EDITORA PENSAMENTO
São Paulo

Título do original: Essential Wicca.

Publicado originalmente por The Crossing Press, Santa Cruz, USA.

Ilustrações de Anne Marie Garrison.

O primeiro número à esquerda indica a edição, ou reedição, desta obra. A primeira dezena à direita indica o ano em que esta edição, ou reedição, foi publicada.

Edição	Ano
1-2-3-4-5-6-7-8-9-10-11	04-05-06-07-08-09-10-11

Direitos de tradução para a língua portuguesa
adquiridos com exclusividade pela
EDITORA PENSAMENTO-CULTRIX LTDA.
Rua Dr. Mário Vicente, 368 — 04270-000 — São Paulo, SP
Fone: 6166-9000 — Fax: 6166-9008
E-mail: pensamento@cultrix.com.br
http://www.pensamento-cultrix.com.br
que se reserva a propriedade literária desta tradução.

Impresso em nossas oficinas gráficas.

Dedicatória

Aos nossos pais, familiares, professores, alunos e amigos,
que nos ajudaram a ser o que somos.
E à grande Comunidade Wiccaniana,
sem cujo apoio este livro não poderia ter sido escrito.

Sumário

Nota da Autora

Este livro foi uma tarefa de amor para nós dois. Nós o dedicamos um ao outro, à Wicca, aos Deuses e à grande Comunidade Wiccaniana. A Wicca trouxe grandes benefícios para a nossa vida, inclusive deu-nos um ao outro. Sentimo-nos muito honrados em passar adiante o que aprendemos durante os anos de prática da Wicca e das nossas experiências diárias.

Infelizmente, Paul e Estelle vivenciaram uma das passagens da existência quando este livro estava no prelo. O reverendo Paul Tuitéan faleceu serenamente no dia 26 de abril de 2001, em conseqüência da afecção asmática que o acompanhou durante todos os seus dias. Este livro é parte da herança de estudo, aprendizado e ensinamentos que Paul nos deixa. Praticamente, ele foi concluído pouco antes de Paul falecer, de modo que cada página contém alguma coisa dele.

Paul foi o primeiro Iniciado a ter sepultamento totalmente wiccaniano nas Twin Cities. Os familiares de Paul, quase todos não-wiccanianos, cooperaram amorosamente e se empenharam ao máximo para que tudo transcorresse em ordem e harmonia. Os seguidores de outras religiões que participaram do sepultamento (quase metade dos presentes) testemunharam que as cerimônias foram bonitas, significativas e comoventes. A família de Estelle foi sensível, deu todo o apoio necessário e colaborou generosamente permitindo que Paul fosse enterrado no jazigo da família. Ambas as famílias demonstraram grande generosidade para com Estelle, Paul e a Comunidade Wiccaniana, uma generosidade que não tem preço e que será lembrada enquanto houver quem possa ler estas palavras.

Ao falecer, Paul deixou para trás muitos escritos não publicados. Estelle se dedicará a esse material e às suas próprias obras e planeja continuar escrevendo até voltar a encontrar-se com Paul nos reinos superiores.

E assim a Roda Gira.

Sejam abençoados.

Introdução

Somos do Estado de Minnesota, um por nascimento, outro por opção. Embora tenhamos viajado muito pelos Estados Unidos para participar de festivais pagãos, conhecemos mais profundamente a região central do país, rodeada de montanhas.

Resolvemos escrever sobre Wicca porque ela é parte essencial da nossa vida. Nós dois ensinamos, e acreditamos que as pessoas gostam do que dizemos, e por isso queremos comunicar as nossas idéias e pontos de vista a um público maior.

Nossos livros sobre Wicca tratam da religião, do modo de viver e das filosofias da Wicca, o que é um pouco diferente do que fazem outros autores, que se concentram nas práticas wiccanianas, especialmente nas artes divinatórias. Nós gostamos da Wicca, pois ela acrescenta muito à nossa vida, e esperamos que o nosso amor e entusiasmo por ela transpareçam nestas páginas. Acreditamos firmemente que não existe um estilo de Wicca único, verdadeiro, certo. Uma característica da Wicca Eclética (nosso caminho) é que cada praticante pode mudar, adaptar e acrescentar o que deseja para harmonizá-la com seus gostos e necessidades.

Na verdade, este livro é três livros num só: uma introdução geral à Wicca, um guia abrangente à religião e à prática da Wicca e uma referência detalhada a termos, idéias e conceitos encontrados na Wicca. Embora a obra seja um bom começo para um Livro das Sombras substancial, não pretendemos ser a única referência ou a última palavra sobre Wicca. Existem muitas vozes e pontos de vista; nós o estimulamos a pesquisá-los.

Com *Wicca Essencial*, esforçamo-nos ao máximo para pôr à sua disposição tudo o que você precisa saber para começar um coven e praticar a Wicca.

Começamos com os fundamentos na primeira parte. Em seguida, aprofundamo-nos nos princípios e práticas da Wicca, apresentando descrições detalhadas de celebrações e cerimônias, rituais, magias, covens e divindades, para citar algumas.

A última parte é intitulada Wicca de A a Z, um glossário (ou breve enciclopédia) de tudo o que se relaciona com a Wicca.

Escrever um livro que contenha tudo o que você sempre quis saber sobre Wicca é um empreendimento colossal. Infelizmente, ninguém consegue fazer isso num único livro. Mas fizemos todo o possível para oferecer uma base e estrutura sólidas para ser wiccaniano e praticar a religião Wicca.

A Wicca é uma versão moderna da tradição religiosa xamânica pré-cristã original que se desenvolveu na Europa. Ela é uma religião pagã, isto é, não tem origem judeu-cristã. A palavra "pagão" deriva da raiz latina *paganus*, que significa "não pertencente à cidade", aldeão. Como o cristianismo demorou a chegar às áreas rurais mais afastadas, os pagãos foram os últimos a ser convertidos — e às vezes de forma incompleta — e por isso a fé praticada se tornou uma mistura das religiões antigas e da nova. Muitos santos locais são versões cristianizadas de divindades pagãs (como Santa Brígida), adaptadas para que os habitantes integrassem mais facilmente o cristianismo às suas crenças.

A religião Wicca está voltada para a terra, a natureza e a fertilidade; os seus adeptos prestam culto na mudança das estações e nas Luas Nova e Cheia. Eles geralmente aceitam divindades masculinas e femininas e acreditam na reencarnação, na magia e nas artes divinatórias. Embora a Wicca seja um caminho espiritual e filosófico, ela é acima de tudo e fundamentalmente uma religião, conhecida como "a Arte," significando a arte do sábio.

A palavra Wicca tem duas origens possíveis. A primeira é o termo anglo-saxão "wic" ou "wit", que significa sábio ou douto. Uma pessoa "da Wicca" era alguém que tinha um conhecimento (em geral de cura e de ervas) que a distinguia das pessoas comuns. Outra origem possível é a palavra celta "wick", que significa dobrar ou ser flexível. Os adeptos da Wicca eram pessoas que se dobravam, adaptando-se às condições e circunstâncias da vida. Na história do carvalho e do salgueiro, o carvalho não se dobra e é arrancado pela tempestade, enquanto o salgueiro é flexível, enverga e sobrevive à borrasca com poucos danos. Outra interpretação de "wick", ou dobrar, é "curvar-se com a sua vontade", como no processo de magia.

Durante a leitura deste livro, você observará que algumas palavras estão grafadas com inicial maiúscula porque têm conotações wiccanianas específicas; por exemplo, Deus e Deusa, Primeiro Grau (de Iniciação), Tradição.

Wicca é uma religião diferente, singular, no sentido de que não tem uma doutrina imposta por uma organização hierárquica, não dispõe de uma bíblia ou livro sagrado a que os wiccanianos possam recorrer para orientação e instrução espiritual, comporta numerosas Tradições, possibilita que as pessoas prestem o seu culto e pratiquem isoladamente e acredita firmemente que cada pessoa desenvolverá e continuará a aperfeiçoar o seu próprio sistema de crenças e de práticas espirituais.

Uma prática individual tende a inspirar-se nas práticas de outros wiccanianos com quem a pessoa se relaciona. Se uma pessoa mora numa região onde existem vários grupos de orientação wiccaniana, ela tem a vantagem da escolha. Via de regra, porém, o que há é apenas um pequeno grupo, e esse se torna o modelo a ser seguido. Alguns estimam que quase a metade dos wiccanianos pratica a Wicca solitária. Em sua maioria, os seguidores da Wicca têm consciência ecológica, são espiritualistas, procuram o conhecimento e o auto-aperfeiçoamento, empenham-se em ser tolerantes e em aceitar os outros e simplesmente são "pessoas normais".

A ênfase dada ao individualismo na Wicca é ao mesmo tempo um ponto fraco e um ponto forte. Os seguidores da Wicca são muito incentivados a pensar por si mesmos, mas às vezes defrontam-se com conflitos, gerados precisamente por modos de pensar individualistas. Os wiccanianos tendem a seguir o seu próprio caminho se não estão satisfeitos com a situação do momento no coven, no grupo ou na comunidade locais. Por isso, a Wicca não é uma religião com fortes laços de coesão. Uma pessoa pode pertencer a um coven ou a outro grupo pequeno e ter vínculos estreitos, mas é possível que não haja muita lealdade ou união entre os grupos. Mesmo assim, os wiccanianos geralmente partilham mais semelhanças do que diferenças, e por isso reúnem-se em festivais ou em grupos maiores para fins de interação, comunicação e para usufruir os benefícios oferecidos por comunidades maiores. Esses encontros são mais restritos a datas festivas do que permanentes e sistemáticos. Segue uma lista de várias crenças que os wiccanianos têm em comum. Apesar de todas as diferenças, é bom às vezes lembrarmo-nos de quanto temos em comum.

1. Dupla polaridade da Divindade
2. Crença na reencarnação
3. Respeito por todos os reinos — humano, animal, vegetal, mineral, celestial e espiritual
4. Imanência da Divindade
5. Respeito pela Mãe Terra
6. O giro da Roda e a mudança das estações assinalam os Sabás
7. Oito Sabás Solares e 12 ou 13 Esbás Lunares
8. A Wicca é uma religião de livre escolha — não há proselitismo
9. Todos os Iniciados são Sacerdotes e Sacerdotisas
10. Igualdade de todos os sexos e raças
11. Uso do Círculo Mágico para culto e celebração
12. A educação e o aprendizado são valorizados e perseguidos continuamente
13. A Wicca é contracultural e um tanto clandestina

A Tradição ou estilo principal da Wicca que apresentamos nesta obra se tornou conhecida como Wicca Eclética. Assim como o cristianismo não é praticado da mesma forma em toda parte, o mesmo acontece com a Wicca.

Serão apresentadas muitas analogias entre a Wicca e o cristianismo e outras religiões. Isso pode desagradar alguns wiccanianos, mas é necessário. Queremos explicar a Wicca a pessoas que praticamente não a conhecem, e também elucidar nossas idéias aos que já a praticam, e por isso em geral é útil fazer comparações com o que é conhecido pela maioria das pessoas. Depois que a pessoa convive com a cultura wiccaniana e com o seu modo de vida durante algum tempo, as analogias cristãs não são mais necessárias, mas para quem a Wicca é novidade muitas coisas podem parecer estranhas, diferentes ou confusas.

Para tornar-se seguidor da Wicca são necessárias algumas mudanças no modo de ser e de agir. Damos a isso o nome de mudança de paradigma. Os valores e prioridades wiccanianos não são necessariamente os mesmos da cultura predominante, que no mundo de línguas inglesa ou portuguesa é predominantemente cristã, mas os nossos valores são bastante compatíveis com os da maioria das pessoas; trata-se basicamente de uma questão de ênfase. Por exemplo, acreditamos na família e na santidade do lar, embora possamos definir de forma diferente quem deve ser incluído nessa família. Acreditamos em relações de comprometimento, mas pode ser diferente o modo como celebramos e conduzimos essas relações. Mas, como já dissemos, talvez não sejam tão diferentes assim. Afinal, de maneira geral, os casais wiccanianos ainda são heterossexuais, monógamos e mantêm vínculos matrimoniais legais.

O aspecto da Wicca que exige mudança maior no modo de pensar é a prática da magia. Os wiccanianos tendem a grafar magia com "k" (*magick*, em inglês) para diferenciá-la da magia de palco, da prestidigitação, do ilusionismo e de outros truques e artifícios. A nossa magia é feita num Círculo Sagrado e produz mudanças pelo uso controlado da vontade pessoal ou grupal. Dizer que acreditamos na magia não é uma afirmação suficientemente forte para torná-la operante. A crença implica uma margem de erro, um grau de dúvida. Nós SABEMOS que a magia é eficaz. Se é wiccaniano praticante há algum tempo, você já pôde ver a magia operando um número de vezes suficiente para compreender que ela é realmente eficaz, embora às vezes opere de modo diferente das suas expectativas. Algumas pessoas consideram a oração como uma forma de magia, o que está perfeitamente correto.

A Wicca Eclética procede de várias fontes e é uma mescla dos melhores elementos de cada uma. Uma frase que repetimos diz, "Conserva o que é útil, muda o que é preciso, elimina o que é desnecessário. Nós só queremos o que os melhores têm a oferecer." A Wicca Eclética tende a ser menos estruturada e hierárquica do que a Wicca Gardneriana ou outras Tradições semelhantes, mas em geral é mais organizada e definida do que a maioria dos grupos espiritualistas de orientação feminista Diânica. De certo modo, a Wicca Eclética é o amálgama final de todos os diferentes elementos da Wicca e da espiritualidade da magia que se manifestaram na América do Norte desde 1964.

Os ecléticos têm geralmente três graus de Iniciação e covens de várias estruturas, dependendo do grupo. Temos Círculos básicos, que podemos mudar e adaptar conforme necessário. Existem certas convenções de elementos, instrumentos e outras coisas, que são relativamente universais, havendo naturalmente variantes aqui e ali. Normalmente, não existem cadeias definidas de linhagens — quem iniciou quem não é tão importante como poderia ser para um gardneriano, por exemplo —, embora os instrutores e os oficiantes das Iniciações sejam importantes para cada pessoa e talvez para os alunos.

O nível de aprendizado, ensino e treinamento varia muito na América do Norte. Alguns grupos exigem treinamento rigoroso, enquanto outros solicitam apenas conhecimentos superficiais sobre alguns assuntos. É nessa área que as comparações — especialmente no que diz respeito aos graus ou níveis de iniciação — podem ser inúteis, porque entre algumas Tradições da Wicca, ou mesmo dentro delas, não existem padrões ou programas estabelecidos. Mas com a explosão de livros e com as informações divulgadas sobre a Wicca nos mais diversos meios de comunicação, o estilo de Wicca mais praticado atualmente pode ser descrito como Wicca Eclética.

Não existe uma estrutura unificada de Ecléticos. Não existem reuniões específicas para Ecléticos. Ninguém pode dizer com algum grau de certeza quantos Ecléticos estão praticando a Wicca na América do Norte no momento. Não sabemos quantos wiccanianos existem, embora o consenso geral estime que sejam muitos, variando desde vinte mil até mais de cem mil. A Wicca é uma religião e um caminho espiritual em rápido crescimento. O seu desenvolvimento parece ter se processado exponencialmente nos últimos anos, especialmente para aqueles de nós que somos wiccanianos há uma ou duas décadas. Mas como nem todos os wiccanianos podem necessariamente concordar sobre quem é e quem não é wiccaniano, é impossível obter estatísticas reais. O interesse, porém, é elevado e os livros sobre Wicca vendem muito bem, e por isso é evidente que as pessoas estão sedentas de informações sobre ela.

Este livro enfoca a religião, as práticas espirituais e o modo de viver dos wiccanianos. Embora a adivinhação faça parte das nossas práticas espirituais, não ensinamos as artes divinatórias. Existem no mercado muitos outros bons livros sobre esse assunto. Em vez de ensinar, nós dizemos como usar a adivinhação como parte da religião Wicca. Nós lhe mostraremos Círculos, rituais e alguns conjuros, pois esses componentes têm relação com a prática da Wicca.

Este livro também contém informações substanciais sobre a filosofia wiccaniana. Isso não foi necessariamente intencional. Acontece apenas que, ao descrever o modo de fazer as coisas e ao expor por que fazemos e acreditamos no que fazemos e acreditamos, boa parte da filosofia inevitavelmente passa a integrar as explicações. Como a ecologia é parte importante do modo de vida wiccaniano, estudamos a ecologia e a utilização da Terra e dos seus recursos, mas isso se manifesta de muitas formas interessantes e sutis. Os wiccanianos também valorizam o aprendizado, o estudo e o ensino. Isso também se reflete no que fazemos e no nosso modo de vida. E acreditamos que podemos fazer uma diferença positiva em tudo aquilo a que dirigimos nossa mente e magias. Vemos isso todos os dias, e sabemos que a nossa magia é eficaz. Nós a usamos para muitas coisas valiosas. Acreditamos na autodeterminação e na escolha consciente de projetos dos quais participar ou não, desde as novidades mais recentes, passando pelos movimentos políticos, até o modo como queremos usar a Terra e os seus recursos.

A Wicca é uma religião legítima. Existem igrejas wiccanianas que conseguiram isenção de impostos e encargos estaduais ou federais, uma condição que a equipara a outras igrejas nos Estados Unidos. Temos um clero credenciado na fé wiccaniana, do qual fazem parte os autores, ambos legalmente registrados em seu Estado de residência, Minnesota.

A Wicca tende a ser inclusiva no que diz respeito à religião e à espiritualidade, um ponto de vista diferente do cristianismo, que em geral é exclusivo e que define estritamente o que é e o que não é dogma, crenças e práticas aceitáveis. Sem dúvida, a Wicca desenvolve-se em torno de uma organização bem diferente daquela do cristianismo moderno, o que pode explicar o apelo que ela exerce. Mas, definitivamente, ela não é para todos.

Lendo este livro, esperamos que você chegue a uma compreensão muito maior do que seja a religião, a espiritualidade e o modo de viver da Wicca. Escrevemos este livro para difundir informações, não para promover conversões. Cada um deve examinar por si mesmo se a Wicca é ou não o caminho a ser seguido. Se não for, tudo bem. Se for, então sejam todos bem-vindos. Esperamos oferecer-lhe boas orientações e uma estrutura básica para as suas práticas no seu processo de aprendizado e crescimento.

Este livro não pode ser a última e definitiva palavra sobre a Wicca. Essa religião continua crescendo, mudando, evoluindo. Mas ele pode ser um guia para a prática da Wicca à medida que ela se manifesta em você agora e no futuro, segundo a vontade da Deusa. Bendito sejas e bom proveito!

O que a Wicca não é

Muitas pessoas já ouviram pelo menos alguma coisa sobre a Wicca. Entretanto, algumas informações são inexatas devido a distorções ou equívocos generalizados.

EQUÍVOCOS MAIS COMUNS

Tentando resolver essa situação pelo menos em parte, contestamos o que acreditamos ser os equívocos mais amplamente difundidos sobre a Wicca na América do Norte atualmente.

Não existem sacrifícios animais. Não existem sacrifícios sangrentos. Esporadicamente sacrificamos pão ou um ou outro vegetal, mas isso é tudo.

Não são praticadas orgias, embora alguns wiccanianos prefiram participar dos rituais despidos; também não somos pederastas nem pedófilos. Somos uma religião de fertilidade e consideramos a procriação um ato sagrado; representamos simbolicamente o ato procriador na prática conhecida como o Grande Rito, mas não existem orgias nem abuso de crianças.

O pentagrama — a estrela de cinco pontas — não é um símbolo satânico. Ele é um símbolo muito antigo. Os pitagóricos o usavam para simbolizar o seu respeito pela beleza matemática do universo. Em muitos lugares e épocas, ele foi usado como símbolo geométrico sagrado. Embora wiccanianos e satanistas adotem o mesmo símbolo, isso não significa que suas crenças sejam as mesmas. Os nazistas e os antigos mesoamericanos tinham a suástica como símbolo sagrado. Eles também não são iguais.

Não queremos acabar com o cristianismo, mas simplesmente viver e praticar a nossa religião. A Wicca procura recriar os sistemas religiosos indígenas da Europa pré-cristã num contexto moderno. O cristianismo tentou suprimir esses sistemas, mas os wiccanianos não querem eliminar o cristianismo.

A religião Wicca não faz proselitismo. Normalmente, os wiccanianos não educam nem ensinam ninguém com menos de dezoito anos, e isso por inúmeras razões, inclusive algumas de ordem legal. Uma das principais controvérsias no meio wiccaniano nos últimos anos gira em torno das crianças. Para muitos, não há lugar para crianças na Wicca. Somos adoradores da Deusa, com uma forte inclinação maternal em nossas crenças, e nos opomos veementemente a qualquer forma de abuso infantil. A Wicca é uma religião de opção pessoal (poucas pessoas nasceram em famílias wiccanianas), e compete aos professores certificar-se de que a decisão de estudar a Wicca é madura e inteligente, e não apenas um ato de revolta, moda passageira ou capricho. Há certamente muitos jovens maduros e fervorosos, mas por causa das normas legais e das restrições familiares, a maioria dos instrutores wiccanianos não se arrisca a ensinar menores de idade.

Não condescendemos com abusos rituais nem tampouco os praticamos. As acusações de que alguns wiccanianos praticam abuso ritual parecem proceder de pessoas que identificam a Wicca com práticas satânicas. Um dos princípios mais importantes de quase todos os wiccanianos é "Faças o que fizeres, não prejudiques ninguém". Por esse princípio, estamos impedidos de prejudicar intencionalmente a quem quer que seja, que dirá então aos que comungam da mesma crença. Os wiccanianos não podem e normalmente não toleram nenhum tipo de abuso, especialmente num ritual ou num espaço religioso. Com efeito, muitos wiccanianos orientam as pessoas a se defenderem de eventuais abusos e ensinam o que fazer quando alguém se depara com atos abusivos.

Não estamos envolvidos com nenhuma atividade ilegal, como venda de drogas, contrabando de armas, pornografia ou escravidão branca para financiar nossas organizações. Essa acusação foi levantada pelo pastor de uma organização cristã fundamentalista em torno de 1989/1990, como parte do então popular pânico do satanismo. Ele afirmava ter recortes de jornal e outras provas que mostravam wiccanianos obtendo dinheiro ilegalmente, mas não conseguiu apresentar essas provas, nem mesmo quando a polícia as requisitou. Pela lógica, se os wiccanianos tivessem tanto dinheiro quanto os grandes traficantes de drogas, haveria incontáveis igrejas wiccanianas de fachada, comparáveis a algumas das igrejas cristãs carismáticas que pontilham a paisagem. Não conhecemos uma sequer. Todos os grupos wiccanianos conhecidos dos autores são cronicamente carentes de recursos para quase todas as necessidades básicas, uns poucos possuem propriedades e a grande maioria não dispõe de fundos sequer para o aluguel.

Não somos um culto. Existe um instrumento de avaliação, o Modelo Avançado de Bonewits para Avaliação do Perigo de um Culto [Advanced Bonewits' Cult Danger Evaluation Frame (ABCDEF)] (ver Apêndice 1), adotado por muitos grupos e organizações para avaliar grupos em termos de comportamento cultual. Os verdadeiros cultos obtêm uma pontuação elevada — quanto mais perigosos ou opressores, mais pontuam. Grupos religiosos predominantes tendem a ocupar uma posição intermediária da escala, enquanto os wiccanianos estão na extremidade oposta, com uma pontuação mínima, tendendo para uma ausência de organização. Poder-se-ia dizer que por causa do estado de falta de organização de que muitos wiccanianos se orgulham, nossas práticas têm como característica o anticulto.

Para os que defendem que qualquer nova religião é um culto até que se mantenha por três ou mais gerações, informamos que a Wicca ultrapassou esse marco na década passada. Com base nos primeiros registros públicos, a Wicca começou em 1951, e como uma geração compreende aproximadamente vinte anos, a Wicca entrou em sua terceira geração em 1991. E se tomamos como critério a data dos escritos de Gardner — ele começou em 1939 —, esse marco foi ultrapassado ainda antes.

Não somos uma religião anticristã (satânica). A Wicca procura recriar os sistemas religiosos indígenas europeus pré-cristãos. Em quase todas as suas formas, o satanismo é uma perversão deliberada ou uma inversão do cristianismo.

Alguns cristãos fundamentalistas afirmam que qualquer pessoa que não pratique a forma de cristianismo deles é satanista por definição, e incluem sob essa denominação mórmons, quacres, adventistas do sétimo dia, católicos, judeus, muçulmanos, budistas, hindus, metodistas e presbiterianos. Se isso é verdade, então os wiccanianos fazem parte de um grupo muito grande.

Não somos um braço espiritual dos ecoterroristas. Sim, a Wicca é uma espiritualidade baseada na natureza, e nós respeitamos a ecologia e a Terra, mas sabemos que o terrorismo não é um modo de levar as pessoas a pensar como queremos que pensem.

Não participamos do BDSM (Bondage-Discipline and Sado-Masochism [Servidão, Disciplina e Sadomasoquismo]). Esse mal-entendido acompanha a prática das celebrações realizadas com as pessoas despidas e de certos rituais durante as Iniciações. A sujeição de um Iniciado é um procedimento antigo (e comparando com qualquer padrão BDSM, a sujeição a que certas Tradições submetem os seus Iniciados é extremamente branda) e o BDSM é uma moda relativamente recente e muito aclamada pela cultura popular.

Na nossa visão, o que cada wiccaniano faz na intimidade do seu lar diz respeito tão-somente a ele, mas acreditamos que todos agem de forma muito semelhante aos não-wiccanianos. A religião Wicca não exige nem condena práticas sexuais entre adultos concordes, mas levando em conta a nossa prescrição de "Não prejudicar a ninguém", isso eliminaria as práticas de BDSM.

A Wicca não é um artifício para burlar impostos, mas uma religião de verdade. Não temos igrejas e não mantemos um clero como as denominações (cristãs) predominantes, mas somos pessoas de convicções espirituais profundas e com uma fé e visão de mundo que respondem às questões da vida para nós. São muito poucas as igrejas wiccanianas isentas de impostos em comparação com praticamente qualquer denominação cristã. As que estão totalmente isentas em geral alcançaram a condição legal de igreja para oferecer serviços profanos específicos — como o direito de oficiar o matrimônio e de enterrar os nossos próprios mortos — que somente uma igreja com isenção de impostos legalmente reconhecida pode oferecer.

Os wiccanianos em geral prefeririam não se aborrecer com as burocracias dos órgãos do governo, mas como o único reconhecimento legal possível para uma igreja nos Estados Unidos é a declaração de isenção da Receita Federal, não temos escolha. Mas no momento em que escrevemos este livro, não conhecemos nenhuma igreja wiccaniana em operação com uma organização suficientemente grande de modo a possibilitar fraudes fiscais.

Não existe um mestre (ou mestres) secreto da Wicca que controle e dirija toda a atividade wiccaniana para os seus próprios fins iníquos. Essa é uma variação daquela propaganda disseminada pelo documento intitulado *Os Protocolos dos Sábios de Sião*, criado pela polícia secreta do czar em torno de 1900 para justificar os *pogroms* contra os judeus na Rússia czarista. Trata-se de um documento de propagação do ódio criado por antiwiccanianos.

Em sua totalidade, os wiccanianos não aderem a nenhuma forma de organização. Normalmente, os nossos grupos são constituídos por umas treze pessoas. Em geral acreditamos que o que é eficaz para a pessoa é a coisa certa para ela, por isso é muito difícil para nós desenvolver organizações maiores do que o coven de treze participantes, quanto mais permitir que outros digam o que devemos fazer.

Nosso objetivo não é extorquir dinheiro das pessoas.

Existem apenas três graus (ou posições hierárquicas) de Iniciação na religião Wicca. Segundo a mitologia cristã, existiriam na Wicca um Quarto e um Quinto graus de Iniciação avançados e secretos que seriam realmente pactos de sangue com Satanás. Isso é invenção. Alguns grupos podem ter menos ou mais de três graus de Iniciação. Os poucos que têm mais geralmente os adotam para o exercício de alguma função de ordem mais profana dentro do grupo, como a de secretária ou tesoureiro. Mas nenhum grupo exige qualquer espécie de compromisso com Satanás pelo que quer que seja.

Alguns acusam a Wicca de praticar somente magia negra porque, na opinião dessas pessoas, não existe de fato magia branca, de cura — mas apenas magia negra, nociva; inicialmente, nós atrairíamos as pessoas parecendo inofensivos, levando-as posteriormente às práticas da magia negra. Um dos princípios fundamentais da Wicca é conhecido como a Lei de Três: "Tudo o que fizeres voltará a ti triplicado". Se roga uma praga, você execra a si mesmo três vezes. Alguém seria tão insensato a ponto de praguejar contra outros conhecendo essas regras?

Nós não lançamos encantamentos, não proferimos maldições e não controlamos demônios para atormentar os que interferem na nossa vida. Reveja acima a Lei de Três. Historicamente, o controle dos demônios pertence à esfera de certos tipos de magia cerimonial cristã. Não desperdiçamos energia amaldiçoando os nossos inimigos, especialmente considerando que as pessoas, em sua maioria, parecem mais eficientes em amaldiçoar a si mesmas.

Nem todos os bruxos são sensitivos, lêem cartas ou têm percepção extra-sensorial (PES), etc. Nem todos os bruxos são ciganos. Nem todos os wiccanianos são bruxos e nem todos os bruxos são wiccanianos. Mas alguns de ambas as categorias lêem cartas e alguns são sensitivos ou têm PES mais desenvolvida; a PES não é um pré-requisito para ser wiccaniano, do mesmo modo que não é preciso ser Rom ou Roma (o grupo étnico que identifica coloquialmente os ciganos). Alguns são, a maioria não é. De modo geral, somos apenas pessoas comuns que coincidentemente também praticamos a religião Wicca.

Os equívocos alimentados sobre a Wicca nos tornam infinitamente mais importantes, poderosos, ricos e influentes (para não dizer maus, loucos e obcecados pela vida dos outros) do que jamais poderíamos imaginar. Fundamentalmente, os wiccanianos são apenas pessoas que praticam uma espiritualidade baseada na natureza e nas estações. Temos empregos, filhos e vidas dentro das leis norte-americanas, e somente queremos praticar essas crenças e espiritualidade e viver nossa própria vida.

OUTROS MAL-ENTENDIDOS

A Wicca não é uma religião para todos. É uma religião de opção pessoal, de autodeterminação e de responsabilidade por si mesmo, e não é fácil ser wiccaniano nos dias de hoje. Muitos sofreram discriminação, perderam o emprego, a casa, o cônjuge e os filhos por causa das suas crenças. No mínimo, ser wiccaniano é ser constantemente lembrado de que se faz parte de uma minoria, não da cultura e da mentalidade predominantes, e que é preciso adaptar-se e ficar em silêncio ou lutar muito para que se possa ter os direitos reconhecidos. Por exemplo, poucas empresas autorizam os seus funcionários wiccanianos a celebrar o Samhain (Halloween) como feriado religioso, embora a maioria dos wiccanianos seja obrigada a interromper as atividades no Natal, mesmo que essa festa não signifique nada para eles. E não estamos sozinhos nisso, pois judeus, muçulmanos, budistas e hindus estão na mesma situação.

A Wicca não é uma religião para pessoas que querem um conjunto de crenças, divindades, práticas e normas já estabelecidas. A Wicca não tem uma bíblia sagrada. Ela não prega um Deus Pai que esteja acima dos outros. Não existe uma forma única, certa e verdadeira de praticar a Wicca. Não há perdão ou absolvição de pecados, nem salvação automática. Os wiccanianos precisam enfrentar os seus erros e problemas, esforçar-se ao máximo para consertá-los ou resolvê-los e assumir responsabilidade por suas ações e omissões. A Wicca se apresenta sem garantias. Os wiccanianos têm de pensar por si mesmos e chegar a uma conclusão sobre que princípios éticos adotarão ou não, e então segui-los sem hesitar.

A Wicca não propõe nenhuma espécie de anarquia ou algo como "faze o que quiseres, com a condição de te sentires bem". "Faças o que fizeres, não prejudiques ninguém" é a Rede (Regra de Ouro) wiccaniana. Isso significa que você pode fazer o que quiser, desde que não cause problemas a ninguém e a nada, inclusive a você mesmo. Você precisa pensar sobre as suas ações antes de praticá-las, e assumir responsabilidade pelas coisas quando elas não acontecerem como você quer, embora as circunstâncias estivessem além do seu controle. Os debates sobre o que significa prejudicar podem prolongar-se durante horas nos grupos wiccanianos. O amor severo, por exemplo, é um conceito que anda de mãos dadas com o não prejudicar. Às vezes você precisa ser severo, mesmo que não queira, mas em geral todos escolhem as opções que causam o mal menor, que produzem o mínimo de aflição e angústia possível ao longo do tempo.

A Wicca não é uma religião predominante. Os wiccanianos não estão em toda parte. Você não pode ir a qualquer lugar, encontrar um grupo de wiccanianos e celebrar Sabás com eles. Geralmente, a Wicca é uma religião de pequenos grupos de pessoas muito unidas; esses grupos, porém, têm pouca ligação e comunicação entre si. Alguns wiccanianos não conhecem outros seguidores da religião fora de livros e da Internet.

A Wicca não é uma religião para pessoas que querem freqüentar um determinado lugar durante uma hora ou pouco mais por semana para ter as suas necessidades espirituais atendidas. Ser wiccaniano normalmente significa que você tem de praticar a sua religião todos os dias, o tempo todo. É um modo de viver e uma cosmovisão como outros. Por não haver um livro sagrado, os wiccanianos estão constantemente lendo, estudando e aprendendo coisas relacionadas com a sua vida religiosa e com a vida em geral.

E talvez mais importante de tudo, a Wicca não é uma religião com um lugar aonde você possa ir e encontrar-se com alguém que realize rituais por você. Todos os Iniciados wiccanianos são sacerdotisas e sacerdotes de pleno direito e cada um realiza ele mesmo quase todos os seus rituais e cerimônias. Não há intermediários entre os wiccanianos e os seus Deuses.

O QUE A WICCA É

Depois de esclarecidos alguns mitos e equívocos, podemos perguntar: O que vem a ser a Wicca realmente? De certo modo, todo este livro aborda essa questão, e ele não é a última nem, muito menos, a única palavra sobre o assunto.

A definição mais básica diz que a Wicca é uma tentativa moderna de recriar crenças religiosas européias pré-cristãs. Mas isso não é suficiente, em absoluto. A Wicca é uma religião centrada na natureza, embora, paradoxalmente, a maioria dos wiccanianos resida em áreas urbanas. A Wicca celebra as estações de acordo com as suas manifestações ao longo do ciclo anual, que conhecemos como Roda do Ano, mas os wiccanianos em geral realizam seus cultos em espaços internos. A Wicca é uma religião de fertilidade, mas quase todos os wiccanianos são tão sexualmente precavidos (alguns diriam pudicos) quanto a maioria da população da nossa sociedade. E ainda, os wiccanianos adotam Círculos Mágicos para as suas celebrações, praticam magia e criam encantamentos para tornar a vida melhor para si mesmos, para os seus familiares e para o mundo ao seu redor, e no entanto a maior parte deles se entrega à labuta de cada dia para poder sobreviver.

A Wicca é um caminho religioso relativamente novo para as pessoas no mundo moderno. Ela ainda está em formação e evolução. A Wicca atual é diferente da Wicca de 1975 ou de 1951. De modo geral, a Wicca é uma religião de opção pessoal; poucas pessoas nasceram no seio de famílias wiccanianas, e mesmo que isso tenha acontecido, não há nenhuma garantia de que sigam a orientação religiosa dos pais. A Wicca é uma religião de grupos pequenos e muito unidos, onde as pessoas fazem por si mesmas o que julgam necessário para homenagear a Divindade e obter satisfação espiritual.

Os wiccanianos têm consciência ecológica. Em termos práticos, essa consciência manifesta-se por meio de ações que vão desde a reutilização, recondicionamento e reciclagem de produtos até o caminhar suave sobre o solo e o planejamento de atividades como se tudo isso afetasse até a sétima geração. Concretamente, isso pode significar que os wiccanianos comprarão um carro usado em vez de um novo, farão a reforma de uma casa em vez de construir uma nova sobre um terreno nunca usado e escolherão produtos e investimentos ecologicamente seguros. Também pode significar adotar uma alimentação vegetariana ou optar por comer somente carne de animais criados ao ar livre. Pode ainda significar evitar certas empresas, produtos e serviços que não adotam práticas ecológicas.

Ser wiccaniano significa que não necessariamente nos deixamos levar pelas novidades do momento. Os wiccanianos gostam da cultura popular, mas com consciência. Eles escolhem o que adotam e não perdem tempo com modas passageiras só porque todos as seguem. Os wiccanianos optaram por sair do caminho batido, de modo que acompanhar os vizinhos em suas excentricidades não tem nenhum sentido para eles. Os wiccanianos lêem muito. (Noventa por cento dos norte-americanos lêem menos de um livro por ano.) O wiccaniano médio lê um livro por mês, e em geral mais de um. Os wiccanianos estão aprendendo, mudando e crescendo constantemente. Eles têm por objetivo evoluir e adaptar-se à vida e ao mundo. Estão sempre se perguntando, por quê? por que não? Assim, de muitos modos, eles se parecem com muitas outras pessoas que pensam, agem e definem o modo de vida que querem viver.

BREVE HISTÓRIA DA WICCA

A Wicca abriga muitos mitos e práticas relacionados com as origens e a linhagem de várias Tradições e sistemas de crenças wiccanianos. Devemos grande parte desse conhecimento a Margaret Murray, a Robert Graves e a outros historiadores, pesquisadores e antropólogos. Mas a história da Wicca moderna só pode ser documentada fidedignamente a partir de 1951, com a obra de Gerald Gardner. A expressão moderna da Wicca é uma mescla de Magia Cerimonial, misticismo, teosofia e movimentos espiritualistas, práticas maçônicas, pensamento e religiões orientais, contos de fadas, mitologias, folclores e lendas, adivinhação, imaginação e crenças individuais.

Existem Tradições que se declaram derivadas ou descendentes de fontes hereditárias originais (por exemplo, as Tradições ou Linhagens inglesas Gardneriana e Alexandrina e a italiana Strega). Existem Tradições que foram criadas por escritores e publicadas em livros (a Wicca Seax e a Starhawkiana, adaptada do livro *The Spiral Dance*, de Starhawk). E existem Tradições que desenvolveram suas próprias características ao longo do tempo (a Wicca Eclética). Algumas Tradições são cismáticas, pois romperam com Tradições mais antigas e estabelecidas (Georgiana, Blue Star e Elite). Outras são exclusivistas, ministrando ensinamentos e treinamentos somente para os seus Iniciados (Gardneriana e Alexandrina); outras ainda transmitem as suas doutrinas a praticamente todos os que se interessam por elas (Eclética). Há Tradições que exigem somente auto-reconhecimento e proclamação para que o interessado se torne adepto (Diânica). Há as que aceitam graus de Iniciação e posição hierárquica de outras Tradições, as que aceitam graus de Tradições não-wiccanianas e outras ainda que só reconhecem os seus próprios graus.

Gerald Gardner foi um funcionário civil inglês que desenvolveu a maior parte da sua carreira na Índia. Ao voltar à Inglaterra, ele foi iniciado na Wicca por um grupo que se autodenominava New Forest Coven, dirigido por uma mulher chamada "Old Dorothy" Clutterbuck. Essa mulher era uma bruxa hereditária e esse coven existia havia décadas. Gardner era um maçom que também havia estudado misticismo oriental e temas correlatos durante quase toda a vida, tendo escrito vários livros sobre esses assuntos.

Gardner misturou a bruxaria hereditária do New Forest Coven, chamada Wicca, com as cerimônias de origem maçônica e algumas outras práticas popularizadas pela Aurora Dourada [Golden Dawn] pouco antes da Primeira Guerra Mundial, criando a religião que hoje conhecemos como Wicca Gardneriana. A religião de Gardner não surgiu pronta e acabada, mas desenvolveu-se ao longo de vários anos, beneficiando-se com várias outras contribuições, entre as quais a de Doreen Valiente.

Gerald Gardner, considerado pela grande maioria o fundador da Wicca moderna, começou a praticar a Wicca em torno de 1939 e a anunciou como religião em 1951. Raymond e Rosemary Buckland, iniciados por Gardner e uma das suas Sumas Sacerdotisas em 1963, introduziram a religião Wicca nos Estados Unidos em 1964. Há histórias de outros wiccanianos que foram para os Estados Unidos e possivelmente para o Canadá antes de 1965. No entanto, pode-se seguramente atribuir a explosão atual da Wicca norte-americana aos Bucklands; com o passar dos anos, alguns dos primeiros grupos que se desmembraram voltaram a integrar-se voluntariamente à orientação dos Bucklands. A Wicca Alexandrina entrou nos Estados Unidos em 1964, mas ela é geralmente considerada uma ramificação antiga da Wicca Gardneriana.

É difícil separar as contribuições de Gardner das de Doreen Valiente. Entretanto, em 1949, Gardner publicou um livro de ficção, *High Magic's Aid*, em que descrevia os rituais de um coven inglês no festival de Lammas, em 1941, que procurava repelir os exércitos de

Hitler por meio da magia. Em 1951, a Inglaterra revogou as últimas leis contra a bruxaria, leis que condenavam à morte todos os bruxos e bruxas que praticassem sortilégios. Por causa dessas leis, os praticantes ingleses permaneciam havia muito tempo absolutamente incógnitos e sem revelar suas práticas. Em 1954, Gardner publicou *Witchcraft Today*, sobre as práticas dos bruxos, onde sustentava que a bruxaria continuava viva e atuante na Inglaterra e que ele era um bruxo.

Gardner logo se tornou uma celebridade e pelo resto da sua vida flertou com a imprensa e se transformou no "bruxo oficial" da Inglaterra. Mais tarde ele adquiriu um museu de bruxaria na ilha de Man, o qual dirigiu durante alguns anos. Quando ele morreu, a Wicca Gardneriana (quem usou o termo Gardneriano pela primeira vez foi um inimigo pessoal de Gardner) estava solidamente estruturada, com uma ramificação dissidente (Wicca Alexandrina) e numerosos covens na Grã-Bretanha, na Europa e na América.

A Wicca Gardneriana não é a única que teria sobrevivido desde a era das fogueiras [Burning Times], o período da Inquisição e dos julgamentos das bruxas na Europa e nos Estados Unidos. Mas ela foi a primeira a ser amplamente difundida e publicada. Os livros de Gardner e as numerosas entrevistas e artigos sobre ele serviram para chamar a atenção do mundo moderno para a idéia e a realidade da existência e atuação de bruxos e bruxas. A divulgação atraiu muitos que queriam juntar-se ao movimento e também tornar-se bruxos Tradicionais. Embora coexistissem outras Tradições, foi Gardner quem difundiu a Wicca a um público mais amplo, sendo assim conhecido como o fundador da Wicca moderna.

Se Gardner conheceu e falou com Aleister Crowley (um dos ocultistas mais salientes e indignos da primeira metade do século XX, o pretenso "homem mais malvado do mundo") sobre as práticas e as pesquisas de Crowley relacionadas com a magia e matérias correlatas, não está provado, mas é provável. Os livros de Crowley faziam muito sucesso, e como ele escreveu muito sobre as práticas mágicas, é quase seguro dizer que Gardner deve ter recorrido a esse material, talvez com o conhecimento e a aquiescência de Crowley.

Existem muitas histórias sobre as peculiaridades de caráter de Gardner, muitas integradas à sua versão da Wicca. Seja como for, as práticas gardnerianas são válidas e podem produzir bons resultados no que se refere a estados alterados de consciência e aumento de energia.

Desde 1951, muitos wiccanianos evoluíram e se afastaram do gardnerianismo estrito. Muitos consideram a Wicca Eclética a forma mais comum nos Estados Unidos hoje em dia, embora o caráter sigiloso e confidencial do movimento transforme em pura suposição, no máximo, qualquer tentativa de calcular o número de wiccanianos que praticam uma determinada Tradição. Mas todos os wiccanianos têm um débito de gratidão para com Gerald Gardner pelo fato de ele tornar possível a prática da nossa religião no mundo moderno.

No início, a maioria dos verdadeiros grupos wiccanianos era Gardneriana ou Alexandrina. Isso é definitivo. Com o passar dos anos, as pessoas começaram a inovar e a acrescentar elementos novos ao Livro das Sombras básico de Gardner. Esse Livro das Sombras original tem menos de cem páginas, enquanto alguns mais recentes são três ou quatro vezes mais volumosos. O Livro das Sombras Gardneriano original também se tornou a base de muitas outras Tradições wiccanianas, algumas das quais estão usando o material sem saber que ele é fundamentalmente gardneriano. Stewart Farrar (agora falecido) foi um bruxo eminente em anos recentes. Em várias viagens pela Europa e pelas Américas, ele afirmou que tivera o privilégio de manusear centenas de Livros das Sombras secretos de muitas Tradições, e confirmou que quase todos eram praticamente idênticos ao Livro original de Gardner. Raymond Buckland disse ter passado por experiência semelhante com muitos wiccanianos de várias Tradições. Algumas Tradições abandonaram certas práticas recebidas da Wicca Gardneriana, enquanto outras acrescentaram muitas outras. A Wicca Alexandrina, por exemplo, acrescentou muito material da Magia Cerimonial à sua versão do Livro das Sombras Gardneriano.

Antes de Buckland e 1964, havia pouco material publicado na América do Norte sobre a Wicca e o culto da Deusa. Não havia livros de Gardner à venda nos Estados Unidos e os de Margaret Murray estavam publicados apenas na Inglaterra. Tentaremos apresentar um esboço da história dos livros importantes para a Wicca.

LIVROS DE EXPRESSÃO

Nos primórdios, uma versão revisada de *The White Goddess* (1948), de Robert Graves (renomado por *I, Claudius* e *Claudius the God*), foi publicada em Nova York (a versão original foi editada na Inglaterra em 1946). Esse poético livro procura unificar todas as culturas de culto à Deusa, afirmando que todas elas adoravam a mesma "Deusa Branca" ou Deusa Lua arquetípica. O livro não é perfeito — pois constatou-se que contém impropriedades relevantes, omissões e erros históricos —, mas tornou-se a base para grande parte da pesquisa e do saber sobre a religião da Deusa. Ele serviu de fundamento para pelo menos uma Tradição wiccaniana e foi o único livro que podia ser facilmente encontrado nos Estados Unidos antes da década de 1970 sobre o culto à Deusa histórica. Embora possam ter muito em comum e apesar de haver certa controvérsia sobre quem inventou o que, o culto à Deusa e a Wicca não são necessariamente a mesma coisa.

Inicialmente, a religião Wicca era passada de pessoa a pessoa, à semelhança das práticas das várias "Trads-Fams" (isto é, Tradições Familiares, algumas das quais pretendem existir há séculos). Alguém era iniciado num coven, alcançava os graus prescritos e por fim separava-se do grupo e formava um coven próprio. Ou alguém mudava de cidade e começava um grupo no novo local de residência. Mas em 1971, foi publicado o livro de Raymond Buckland, *Witchcraft from the Inside*. Esse livro descreve algumas experiências na Arte Gardneriana. Também em 1971, Janet e Stewart Farrar publicaram *What Witches Do*, um Livro das Sombras alexandrino. E em 1972 foi publicado o *Grimoire of Lady Sheba* (revisado em 1974, reeditado em 2001). O livro de Lady Sheba foi uma adaptação de um Livro das Sombras gardneriano, com algumas práticas Trad-Fam que ela resolveu acrescentar. Esses livros eram inovadores no sentido de que davam ao público norte-americano condições de conhecer os ritos e as práticas dos wiccanianos. As pessoas não dependiam mais de outras para conhecer a Wicca; podiam comprar um livro e encontrar nele as informações que desejavam. O próprio Alex Sanders patrocinou os Farrars e colaborou com eles para a publicação do seu livro. Lady Sheba escreveu o seu livro por conta própria (com a ajuda inconsciente de Gardner e dos seus adeptos) e provocou polêmicas. Alguns acharam que ela estava quebrando as suas promessas ao tornar esse material público.

Em 1973, Raymond Buckland criou a Wicca Seax — a Bruxaria Saxônica. Essa é uma mescla de mitologias saxônicas e escandinavas com elementos da Wicca Gardneriana básica, sem violar nenhum juramento ou revelar quaisquer segredos. *The Tree* foi publicado em 1974 nos Estados Unidos, um livro em que Buckland afirma não haver nenhum problema em alguém iniciar-se a si mesmo como bruxo e criar um coven sem nenhuma preparação formal. Essa foi uma inovação com relação à Tradição Gardneriana, e revela a tendência da Wicca norte-americana atual, que se associa ao movimento das bruxas feministas.

Depois da publicação desses livros, outros surgiram no mercado. As comportas se abriram e num período de cinco anos uma vintena ou mais de obras apareceram nas livrarias descrevendo várias práticas, ritos, rituais, círculos e outros aspectos da Wicca. Isso deu início a uma nova geração de wiccanianos que podiam ler um livro e começar a praticar a religião sem precisar encontrar outro wiccaniano que lhe transmitisse a Arte.

GRUPOS MODERNOS

A Wicca norte-americana moderna deriva principalmente de duas linhas distintas: a Gardneriana e a escola (Diânica) Z Budapest "I am a Witch".

Os gardnerianos, e por meio deles os alexandrinos e outros, estão organizados hierarquicamente e têm Iniciações, graus e um conjunto definido de rituais e práticas. Essas Tradições podem ser consideradas versões da alta Magia Cerimonial (ou alta igreja) da Wicca. A pessoa precisa passar por um treinamento e demonstrar capacidade antes de receber uma Iniciação. Esses grupos são geralmente considerados fechados, isto é, normalmente exigem alguma espécie de patrocínio e a pessoa tem de assumir um certo compromisso antes de receber treinamento e ser aceita como membro. Esses grupos são extremamente secretos e só partilham informações com outros Iniciados adequadamente credenciados. Eles também guardam sigilo com relação aos seus integrantes (mais do que outras Tradições) e ao horário e lugar em que se reúnem. São difíceis de encontrar, mesmo sabendo o que se está procurando.

Os grupos Diânicos são de origem feminista e se formaram principalmente a partir dos movimentos das mulheres da década de 1970; normalmente a participação está restrita ao sexo feminino. Eles se desenvolveram com os ensinamentos de mulheres como Z Budapest, Starhawk e muitas outras feministas menos conhecidas. Esses grupos estão voltados para a Deusa, têm poucas Iniciações ou regras e são mais informais em suas crenças e práticas. Em muitos desses grupos, basta que a pessoa diga "Sou bruxa" três vezes (mesmo que seja diante do próprio espelho) para ser considerada integrante do grupo. Com freqüência, são grupos que dão muita importância aos rituais públicos, à dança e aos cantos, e podem celebrar grandes cerimônias com pessoas de grupos menores. Às vezes, esses grupos fazem bastante publicidade, principalmente em livrarias feministas e em lugares onde mulheres se reúnem. Eles variam desde simples grupos espiritualistas, às vezes de denominações cristãs, até grupos radicalmente feministas ou de separatistas lésbicas. O interesse principal desses grupos é desenvolver a espiritualidade da mulher; em princípio, não praticam conscientemente nenhuma espécie de magia.

Existem outras Tradições e linhas wiccanianas que evoluíram com o passar do tempo em resposta aos interesses de pessoas que queriam uma religião que satisfizesse às suas necessidades. A Wicca Faery radical é uma Tradição voltada para homossexuais do sexo masculino. Há wiccanianos que cultuam o panteão grego e os que seguem as tradições e o panteão célticos (diferentes dos druidas, uma religião neopagã específica).

Existem também várias Tradições Familiares ou Trads-Fams que constituem um conjunto de crenças e práticas preservadas por membros de uma família ao longo de gerações. Foi a sua Trad-Fam que "Old Dorothy" Clutterbuck ensinou a Gardner anos atrás, no New Forest Coven.

Strega (termo italiano para bruxa) é uma Tradição italiana derivada de antigas crenças romanas. Diana é cultuada como a Deusa, e as crenças são acompanhadas por uma mistura de ervas, tratamentos de cura e folclore. O livro *Aradia, or the Gospel of the Witches*, de Charles G. Leland, transcrito em torno de 1900, é uma fonte fundamental para a Tradição Strega, apesar de haver seguidores que receberam práticas e ensinamentos de suas mães e avós.

Existem também outras Trads-Fams subsistentes nos Estados Unidos. A maioria das verdadeiras Trads-Fams é extremamente secreta e totalmente fechada a quem quer que não pertença à família, e nem todos os membros da família podem receber treinamentos e ensinamentos. Algumas Trads-Fams treinam apenas uma ou duas pessoas em cada geração. Outras ensinam todos os seus filhos e oferecem treinamento mais avançado aos que demonstram forte interesse em continuar a Tradição. Dentro do movimento Wicca, há pessoas que podem ter sido educadas numa Trad-Fam e posteriormente receberam treinamento em outra Tradição wiccaniana e agora praticam ambas.

FESTIVAIS

No outono de 1973, Carl Llewellyn Weschcke, proprietário da Llewellyn Publications (a maior editora de ocultismo do mundo), promoveu uma convenção de especialistas em Minneapolis, Minnesota, denominada Gnosticon, com uma programação centrada em magia, Wicca e ocultismo. Como o sucesso foi grande, uma segunda conferência realizou-se na primavera de 1974. Um produto desse segundo encontro foi *The Principles of Wiccan Belief*, formulado pelo Conselho de Bruxos Americanos, constituído pelos notáveis que participaram de Gnosticon. *The Principles of Wiccan Belief* data de 14 de abril de 1974, e talvez tenha se tornado o único documento importante produzido pelo movimento wiccaniano norte-americano. Ele formou os alicerces sobre os quais quase todos os wiccanianos norte-americanos expressaram suas crenças. Esse documento é aceito como definição de trabalho para Wicca pelos wiccanianos dos Estados Unidos, pelo governo desse país (no *Army Chaplain's Manual*) e por outras organizações. Houve vários outros Gnosticons, mas a série terminou em 1980. É possível que Gnosticon tenha sido o primeiro encontro geral wiccaniano/pagão na América do Norte.

Antes, as várias Linhas Gardnerianas haviam realizado grandes assembléias durante muitos anos, em diferentes cidades nos Estados Unidos, mas essas eram exclusivamente para gardnerianos. O Gnosticon estava aberto a qualquer pessoa interessada. Algumas pessoas que participavam dos Gnosticons eram gardnerianos tradicionais, mas muitas não eram. O Gnosticon era realizado para servir de veículo para Weschcke divulgar os seus autores e a linha ocultista da Llewellyn, mas foi também uma oportunidade para que wiccanianos e pagãos se encontrassem, interagissem e trocassem idéias, encantamentos, receitas, etc.

Selena Fox e Jim Allen, ex-hippies e ativistas radicais, fundaram uma igreja wiccaniana, a Circle Sanctuary, Inc. Em 1975, eles promoveram o primeiro acampamento, o Pagan Spirit Gathering (PSG), em Wisconsin. Esse encontro continua até os dias atuais, sendo realizado em Ohio desde 1997. Eles também começaram a publicação *Circle Network News*, que se tornou um dos maiores veículos de contato wiccaniano/pagão nos Estados Unidos. O PSG se transformou num dos mais concorridos dos atualmente numerosos festivais pagãos ao ar livre, contando com mais de oitocentos participantes em 1996.

Em 1977, promovido pelo Conselho Pagão do Meio-Oeste, realizou-se em Illinois o primeiro festival Pan Pagan. Esses festivais alcançaram grande sucesso e, em 1997, o grupo inaugurou um outro festival, interno e realizado em hotéis, denominado InVocation.

Pela década de 1980, mais festivais pagãos externos estavam sendo promovidos. Esses tinham como inspiração os encontros de escoteiros ou os acampamentos promovidos por igrejas. As pessoas chegavam, acampavam e geralmente preparavam a própria comida. Havia cursos, rituais, seminários e comércio. Muitos participantes encontravam wiccanianos de outros lugares pela primeira vez. Rituais com grandes afluências eram presididos por pessoas de várias Tradições, e para muitos essa era a primeira vez que tinham oportunidade de ver como outros trabalhavam.

Essa comunicação entre grupos de várias Tradições foi revolucionária. Antes dessa época, muitos grupos tinham regras rígidas que exigiam sigilo sobre rituais, Livros das Sombras, ensinamentos, palavras de poder e outras informações relacionadas com a Wicca e com a bruxaria. O primeiro ritual realizado no Pan Pagan, de que participaram tanto pessoas vestidas como desnudas, gerou polêmicas, pois as pessoas estavam muito preocupadas com as energias que se manifestariam num grupo tão diversificado. Havia uma crença muito firme de que as energias fluíam de modo diferente se os participantes estivessem vestidos ou nus, além da preocupação de que o choque de energias poderia provocar situações constrangedoras. Hoje consideraríamos essas idéias alarmistas, mas isso nunca havia acontecido antes, e as preocupações na época eram reais.

Todos se beneficiaram com a troca de rituais, receitas, ensinamentos e idéias. Alguns grupos tinham informações melhores sobre alguns assuntos e poucas sobre outros. Outros grupos haviam feito experiências em várias áreas e divulgaram os resultados a que chegaram. Recursos foram dados a conhecer e recomendados e, com essa explosão de informações, a magia se tornou mais eficaz e os rituais se aperfeiçoaram. Rituais com grandes grupos (mais de cinqüenta participantes) se tornaram possíveis e quase comuns.

Simultaneamente aos festivais pagãos, muitos livros foram publicados sobre magia e bruxaria. A revolução ocultista dos anos 60 havia provocado o reaparecimento de muitos livros sobre as artes divinatórias e assuntos afins, e pela metade da década de 1970 os livros estavam tomando uma direção mais espiritualista; a magia e a bruxaria haviam se tornado temas candentes. Sybill Leek foi a primeira grande autora-bruxa, em contraposição à Wicca, a expor publicamente suas crenças e práticas nos Estados Unidos, e publicou livros sobre esses assuntos como também sobre astrologia e outras formas de adivinhação. Ela foi também presença constante nos programas de entrevistas, divulgando desse modo sua mensagem a um número muito maior de pessoas do que apenas com os seus livros.

OS MEIOS DE COMUNICAÇÃO

Hollywood também teve papel importante na expansão do movimento wiccaniano, embora nem sempre de formas benéficas ou fidedignas. Tanto a bruxaria antiga como a moderna têm sido apresentadas pelo cinema. *I Married a Witch* (1942) foi um filme romântico leve que evidenciava habilidades psíquicas, mas ainda mostrava a bruxaria como algo indesejável para as pessoas, embora não a demonizasse totalmente. *Bell, Book and Candle* (1958) [Sortilégio do Amor], baseado na peça teatral do mesmo nome, foi mais popular e apresentava as bruxas com mais simpatia, embora a bruxa termine renunciando aos seus poderes por amor a um

Culto ao redor de um dólmen

mortal. *O Bebê de Rosemary* foi um filme de muito sucesso baseado num *best-seller* que empregava os termos bruxa e bruxas para denotar o que hoje chamaríamos de satanismo. Esse filme e a revolução ocultista de meados da década de 1960 alimentaram a popularidade da bruxaria, mas também deixaram danos duradouros. O uso indiscriminado dos termos bruxa, bruxaria e satanismo ainda é comum em círculos em que as pessoas têm apenas conhecimento superficial desses assuntos específicos. Desde então, a bruxaria vem sendo exposta de várias formas por Hollywood. A série de TV *Bewitched* (1964–1972) [A Feiticeira] também girou em torno de uma bruxa que se casou com um mortal, mas essa não perdeu os seus poderes; ela deixou de usá-los, por vontade própria, mas toda semana envolvia-se numa situação em que era obrigada a torcer o nariz e acomodar as coisas. Mais recentemente, os filmes *The Craft* (1996) [Jovens Bruxas] e *Practical Magic* (1998) [Da Magia à Sedução] reacenderam a popularidade da bruxaria e da Wicca. A série de TV *Buffy the Vampire Slayer* (1997–) [Buffy, a Caça-vampiros] e *Charmed* (1998–) têm personagens que são wiccanianos e retratados com muita simpatia e realismo por se tratar de uma série de ficção. Com a Wicca alcançando uma posição de religião viva nos Estados Unidos, as exposições e descrições estão se tornando mais precisas e simpáticas.

Até a metade da década de 1970, havia muitas variantes de Wicca. Com os encontros e a troca de idéias, um novo tipo de Wicca começou a impor-se, a Wicca Eclética. Para muitos, esta devia tornar-se a modalidade mais conhecida. Algumas pessoas apresentaram objeções a certas convenções da Wicca Gardneriana. Algumas viram com reserva a ênfase dada à Magia Cerimonial. Ao abandonar essas convenções conscientemente, as pessoas começaram a formular a Wicca Eclética para si mesmas.

A WICCA DECOLA

Os eventos importantes seguintes aconteceram em 31 de outubro de 1979. Nesse dia foram publicados dois livros que mudaram a Wicca para sempre. O primeiro foi *The Spiral Dance*, de Starhawk (1979, 2ª edição revisada, 1989, 3ª edição revisada, 1999). Esse livro descrevia a prática de uma linha feminista Diânica de bruxaria, que mais tarde se transformou na Tradição Reclaiming. Isso foi uma demonstração de força feminina na esfera religiosa e espiritual. O segundo livro foi *Drawing Down the Moon*, de Margot Adler (1979; edição revisada e ampliada em 1986 e em 1999), que apresenta as práticas e os praticantes de Wicca, bruxaria e paganismo nos Estados Unidos dos tempos modernos. Adler, que era wiccaniana, entrevistou muitas pessoas em todas as partes dos Estados Unidos durante vários anos. Esse livro tirou oficialmente a Wicca da obscuridade. Embora algumas pessoas talvez tivessem ouvido falar de Wicca, não havia até então nenhum livro que dissesse que existiam praticantes de Wicca e que, provavelmente, muitos moram perto de nós. Esses dois livros apresentaram a Wicca ao grande público, que acorreu à Wicca e ao paganismo. Considera-se que a revolução ocultista e a Era de Aquário começaram na metade da década de 1960. Por causa desses dois livros (entre outras razões), a revolução pagã começou no início da década de 1980. Depois dessas obras, muitas outras apareceram, e a Wicca nunca mais foi a mesma.

ORIGENS MITOLÓGICAS

Alguns acham que a Wicca moderna é apenas a mais recente de uma longa linha de religiões indígenas pré-cristãs que existem desde antes da história. Ela tem como característica o culto à Deusa (com ou sem um Deus), à fertilidade e à Lua, a celebração das estações e dos ciclos da vida, e é essencialmente agrícola em sua origem. Desde o início do cristianismo, essas religiões indígenas foram suprimidas e os seus seguidores convertidos sob pressão ou condenados à morte. Apesar de todas as perseguições, porém, essa espiritualidade da Deusa conservou-se em segredo paralelamente ao cristianismo, às vezes com adeptos das Antigas Religiões professando abertamente o cristianismo e ao mesmo tempo praticando a sua Antiga Religião às escondidas, com seus confrades. Isso veio a público recentemente por meio das obras de vários autores, como Geral Gardner, Sybill Leek, Rhiannon Ryall e outros.

DEZ MIL ANOS

Dez mil anos da Deusa é um conceito popular em certos círculos pagãos que acreditam que o culto à Deusa surgiu em torno de 10.000 AEC ou, alternativamente, 10.000 anos atrás, em torno de 8.000 AEC. Para a maioria dos wiccanianos, a era atual de culto patriarcal e de domínio social é apenas uma fase no ciclo da Deusa, que começou aproximadamente 5.000 anos atrás com as lendárias culturas matriarcais pacíficas, agrícolas e de adoração à Deusa (como a minóica), e foi aos poucos sendo substituída pelas também lendárias culturas patriarcais guerreiras, pastoris, de adoração ao Deus (como a dos semitas habitantes dos desertos). E em breve, porque estamos hoje no começo de outro meio ciclo de 5.000 anos (que varia muito entre os adeptos e, segundo alguns, tem uma certa base astrológica), Ela tornará a aparecer para retomar o seu lugar de direito como a Grande Deusa. Por causa disso, o culto à Deusa, com os valores que lhe são agregados, começará a substituir a cultura patriarcal dominante atual, até que um ciclo integral de 10.000 anos se cumpra, quando então Ela alcançará o seu mais alto grau. Nesse momento, presumimos que o ciclo começará novamente.

Supostamente, foi a Deusa que orientou a humanidade para a agricultura e a civilização — certamente as sociedades mais antigas atribuíam a várias Deusas as dádivas das letras, da escrita, da agricultura e mesmo da cerveja. Essas crenças também se manifestam na forma como algumas pessoas medem o tempo com algarismos extras (isto é, 1999 tornando-se 11999), refletindo os supostos 10.000 anos extras que a Deusa deu a seus seguidores, em oposição à datação moderna, que se baseia no cristianismo e no culto ao Deus. Além disso, supõe-se que o dígito extra lembre às pessoas que a civilização e a religião existem há muito mais tempo do que há apenas 2.000 anos, tempo que serve de medida para os nossos calendários, não reconhecendo assim a extensão da civilização e da religião e desmerecendo tacitamente todos os tempos antes desses 2.000 anos especiais.

RELAÇÕES HISTÓRICAS RECENTES?

Os fatos históricos dos julgamentos e perseguições às bruxas na Europa e depois nos Estados Unidos são vistos por alguns wiccanianos como parte da história da religião e da fé da Wicca. Outros os vêem como um fenômeno sociológico que reprimiu e discriminou mulheres e outros, mas que não pode ser prova conclusiva de ter qualquer elo religioso com a Wicca. Certamente, a maioria dos wiccanianos modernos sente um laço de parentesco com os que foram perseguidos por suas crenças, e o brado "Fogueiras Nunca Mais" é usado para afirmar que os wiccanianos modernos não permitirão esse tipo de tratamento ou, na verdade, qualquer espécie de perseguição. A Primeira Emenda da Constituição dos Estados Unidos é vista como uma grande vantagem para a Wicca e para outros sistemas de crença de minorias.

CONCLUSÃO

Assim a Wicca é uma das mais antigas religiões que existem ou uma das mais recentes, dependendo do enfoque histórico. O que deve importar não é a história, mas a eficácia da Wicca como religião para as pessoas que a praticam. Ela é eficaz nos tempos de bonança? Ela ajuda a superar as dificuldades nos tempos difíceis? Ela favorece o encontro de respostas para as grandes questões que nos perturbam? Ela nos estimula a sermos pessoas melhores? Se as respostas a uma ou a todas essas perguntas for sim, então a Wicca é uma força positiva e benéfica em nossa vida. Esse deve ser o teste de uma religião, não o seu tempo de existência, o nome do seu inventor ou a época em que foi instituída.

PARTE I

FUNDAMENTOS DA WICCA

Crenças Religiosas

A Wicca como religião é diferente da religião judeu-cristã predominante, no sentido de que tem muito poucas verdades absolutas e poucos dogmas e doutrinas; em vez disso, ela propõe um conjunto mais geral de crenças que os wiccanianos professam em comum. A Rede wiccaniana e a Lei de Três (semelhantes à Lei de Ouro) são os dois princípios fundamentais que orientam a vida de um seguidor da Wicca. Eles parecem simples, mas quanto mais singelo um princípio, mais ele se aplica à vida diária.

A *REDE* WICCANIANA

"Podes fazer o que fizeres, desde que não prejudiques ninguém." A *Rede* (palavra inglesa arcaica que significa conselho, advertência, conjunto de regras; pronuncia-se *rid*) wiccaniana é em geral considerada o princípio orientador mais importante da Wicca. Ela diz que podemos fazer o que queremos, mas somente se a nossa ação não prejudicar ninguém, inclusive nós mesmos. Isso implica que devemos estar sempre atentos ao número infinito de conseqüências de cada ato que praticamos e ao modo como os outros podem sentir ou reagir. Esse princípio não dá rédea solta à pessoa para que ela aja sem levar em consideração as conseqüências. Um wiccaniano reflete sobre a sua ação antes de fazer alguma coisa. Se essa ação pode causar algum efeito nocivo, ele avalia os vários níveis desse efeito e então opta por praticar o mal menor ou o ato que oferece o benefício maior ao mesmo tempo que causa o mal menor. A *Rede* também ajuda a pessoa a não considerar nada como definitivo. Seguindo a *Rede* com determinação, a pessoa vive ecologicamente e respeita profundamente a natureza. Ela pode tornar-se vegetariana, adotar uma atitude do tipo "economizar hoje para ter amanhã" e amadurecer uma atitude de indiferença pela competição em vista do sucesso profissional e de uma posição social elevada. O que significa prejudicar é assunto a ser debatido nos grupos de estudo. Em geral as pessoas concordam que prejudicar significa praticar ações negativas — ações que afetem outras pessoas e a nós mesmos de forma desfavorável e adversa. Às vezes, o que causa o mal maior é a omissão, o não-agir quando se deveria agir.

A LEI DE TRÊS

"Tudo o que fizeres retornará triplicado." A Lei de Três tem a função de orientar o comportamento no dia-a-dia. O seu significado é este: se der amor, você receberá amor triplicado; se enviar animosidade ou negatividade, isso também retornará com força tríplice. É esse princípio fundamental que impede os wiccanianos de maldizerem as pessoas. Como os wiccanianos praticam magia, sempre existe a possibilidade de utilizarem esse recurso para fins negativos e prejudiciais. Eles sabem muito bem em que consiste a "magia negra". Seguindo a Lei de Três, eles deixam de utilizar essa magia para prejudicar o próximo. Além disso, a magia em geral é usada para desenvolvimento pessoal e nunca é tão fácil ou instantânea como a que Samantha — do seriado da televisão dos anos 60, A *Feiticeira* — podia realizar com uma contração do nariz. Talvez os wiccanianos desejem às vezes esses poderes, mas nenhum deles os obteve.

A REGRA DE OURO

"Faze aos outros o que queres que te façam." A Regra de Ouro é corolário da Lei de Três e uma boa orientação de vida. Embora as pessoas possam querer ser tratadas de modos muito diferentes, a Regra de Ouro estabelece que devemos pensar sobre as nossas ações e assumir responsabilidade pessoal por elas e por suas conseqüências. Os wiccanianos não têm a confissão e a absolvição dos pecados; eles têm de entender-se com os seus atos e enfrentar os seus erros. Se erram, examinam o que fizeram e por que fizeram, na esperança de tomar uma consciência maior e evitar erros semelhantes no futuro. Se possível, reparam tudo no presente.

O CONCEITO DE ESCURIDÃO

Os wiccanianos admitem um certo lado negro do universo, o que pode ou não incluir o mal. De modo geral, o que é considerado luz ou brilho é benéfico, constrói e cria. O que se denomina escuro é prejudicial, destrói e aniquila. Esses princípios também poderiam ser chamados de Criação e Entropia. Em vez de identificar tudo o que é negro com o que é ruim ou mau, os wiccanianos compreendem que a escuridão é parte essencial da vida e do universo. Por exemplo, o que aconteceria com uma horta se não houvesse adubo? No entanto, o adubo é material degenerado e apodrecido, o processo de decomposição e transformação em componentes químicos mais simples. Pela definição acima, apodrecimento é escuridão. Mas essa deterioração também traz benefícios. A morte é um processo de escuridão, e todavia ela é parte essencial da vida. A sociedade atual nega a morte. Os wiccanianos respeitam a morte como parte natural do Ciclo do Ano. Por isso, eles preferem pensar na escuridão como um componente natural da vida, algo que não deve ser temido ou combatido, mas compreendido e respeitado por seu papel essencial.

O mal, no que diz respeito às ações humanas, é algo diferente. A morte e a destruição são processos naturais, mas quando se tornam ações específicas com vistas a fins pessoais, eles podem ser chamados de males. Assim, o mal talvez seja um fenômeno intencional. Quando um rio invade e destrói uma casa, essa é certamente uma ação "da escuridão", mas é uma força natural, não decorrência de uma intenção maléfica. Mas se alguém dinamita uma casa deliberadamente, com o objetivo de prejudicar ou ferir, essa é uma ação maléfica. Se a demolição foi feita para limpar o terreno para possibilitar uma nova construção, com o consentimento dos proprietários, dificilmente poderíamos dizer que essa foi uma ação danosa. O que importa não é apenas o ato, mas a intenção que está por trás do ato.

Se uma pessoa diz, "Deus me disse que eu poderia abusar sexualmente de pessoas mais jovens e matá-las", isto é mal, embora a pessoa também possa ser insana. Essa espécie de ação (ou qualquer sacrifício sangrento, seja ele de animal ou de ser humano) não é tolerada pelos wiccanianos. Estes também se opõem veementemente a qualquer tipo de abuso físico ou sexual cometido contra crianças ou adultos. Em geral, os wiccanianos são abertos com relação à sexualidade, mas preservam a inocência das crianças. Eles normalmente são mais liberais no que se refere a formas de sexualidade e modos de vida alternativos, mas isso não inclui nenhuma forma de abuso, em absoluto. O que acontece entre adultos que estão em comum acordo é algo que diz respeito somente a eles. As crianças devem ser adequadamente educadas e protegidas daqueles que podem causar-lhes situações traumatizantes.

Alguns poderiam dizer que os wiccanianos têm um Sabá específico dedicado à morte e à compreensão de que a escuridão faz parte do ciclo completo de vida, morte e renascimento. Por causa disso, alguns poderiam dizer que os wiccanianos cultuam o Demônio. Isso não é verdade. O Demônio (Satã, Satanás e todos os outros nomes que lhe são atribuídos) é um anjo decaído cristão e inimigo de Javé e do seu filho Jesus Cristo. A Wicca não é uma religião cristã, e por isso a idéia de que os wiccanianos poderiam cultuar um personagem cristão (ou um anjo decaído) é equivocada. Quase todos os elementos tradicionais do culto a Satanás foram conseqüência da Inquisição, que criou uma espécie de cristianismo às avessas. A Wicca está tentando recuperar práticas e crenças pré-cristãs. Os wiccanianos respeitam todas as religiões e caminhos espirituais, um princípio que é parte fundamental da educação wiccaniana.

REENCARNAÇÃO

Praticamente todos os wiccanianos têm alguma espécie de crença na reencarnação. O modo como ela acontece ou que critérios adota difere de pessoa para pessoa. Sem dúvida, a crença em alguma forma de alma ou de entidade espiritual que sobrevive após a morte do corpo é universal. Uma compreensão do karma e da retribuição cósmica pelas ações praticadas também está fortemente presente. Com a crença na reencarnação e no karma, torna-se supérflua a necessidade ou a existência de um céu ou inferno específicos. Existe um lugar em que alguns acreditam, chamado "the Summerlands" (uma espécie de Xangrilá), para onde as pessoas vão depois da morte para descansar no período intermediário entre vidas, mas é um lugar apenas de passagem, não de estada permanente. A idéia de karma elimina a necessidade de redenção, salvação ou purgatório. Por suas ações ou omissões, as pessoas traçam o seu destino para vidas futuras, e caso se esforcem para ser o melhor que podem e para ajudar o próximo, elas não precisarão voltar para aperfeiçoar a alma. O que acontece depois disso é de fato irrelevante. Todos temos muita coisa a acertar antes de refletir seriamente sobre essa parte da existência.

Mas os wiccanianos assumem responsabilidade por suas ações. Eles compreendem que, em geral, o que o universo lhes oferece é o resultado das ações praticadas no passado e que aquilo que podem receber no futuro será conseqüência das ações do presente. Não existem atalhos para a redenção. É necessário muito trabalho, responsabilidade pessoal e disposição de aceitar os defeitos para corrigi-los ou superá-los. O exame de nós mesmos com o objetivo de aperfeiçoamento é uma das formas pelas quais podemos limpar o karma, por assim dizer. Não é fácil; às vezes o processo é doloroso, mas é purificador. Esse auto-aperfeiçoamento é o que se chama de Grande Obra.

OS WICCANIANOS E DEUS

O modo como cada wiccaniano interpreta o universo e se relaciona com os seus Deuses é uma questão pessoal. Não existe uma doutrina estabelecida que prescreva certas crenças ou práticas com relação a Deus. Exceção feita à crença geral de que a Divindade se manifesta sob as duas formas, masculina e feminina, qualquer especulação sobre a vida, o universo e as coisas é considerada apenas isso — especulação, sem nenhuma manifestação definitiva por parte de seres superiores.

Alguns wiccanianos são deístas, acreditando que uma entidade espiritual criou o universo, mas depois nos deixou por nossa própria conta. Alguns são monoteístas e crêem na existência de um único Deus, que, porém, assume muitas formas e atributos. Outros são politeístas, professando a crença em muitos Deuses, cada um com características próprias e áreas específicas de atuação. Outros ainda são gnósticos e ensinam que cada pessoa deve procurar Deus a seu modo e que as revelações e experiências religiosas de cada um são verdadeiras e válidas para ele. Não há uma forma correta, verdadeira, única e absoluta de viver a experiência de Deus ou de interpretar o universo. Alguns wiccanianos chegam a ser agnósticos ou ateus, uma situação difícil de ser entendida por não-wiccanianos. Duas pessoas podem ser wiccanianas, fazer parte do mesmo coven, e no entanto ter crenças e práticas religiosas muito diferentes. A compreensão de Deus ou do universo e as práticas cultuais são questões de foro íntimo de cada um. Embora seja raro, alguém pode perguntar, "Que Deuses você cultua?"

Existem muitos livros que relacionam Deuses e Deusas e seus atributos e características. Os wiccanianos geralmente escolhem um Deus protetor, muitas vezes dois — um Deus e uma Deusa. Mas não existem regras ou convenções para escolher, nem as Divindades escolhidas precisam ser do mesmo panteão. Os adeptos normalmente fazem suas escolhas guiados por alguma afinidade que sentem com certos Deuses, ou talvez porque acreditam que foram escolhidos ou visitados por um Deus ou Deusa. Seja como for que uma pessoa se sinta chamada, ela opta por uma modalidade de culto. E não existe nada que impeça um wiccaniano de cultuar apenas duas Divindades. Alguém pode escolher Divindades mais importantes, mas ter afinidade com outras e cultuá-las sempre que apropriado.

Os wiccanianos não prestam culto a Satã nem se envolvem com rituais ou sacrifícios sangrentos. Os que não conhecem a Wicca podem interpretar o culto dos wiccanianos a Divindades não-cristãs como culto a Satanás, mas nada está mais longe da verdade. Com os hindus e budistas praticantes, que superam em muito o número de cristãos no mundo inteiro, sem dúvida os wiccanianos não estão sozinhos e nem mesmo constituem minoria no culto a Divindades não-cristãs.

Os que são novos na Wicca se sentem um tanto confusos diante da diversidade de cultos e do amplo espectro de Divindades. Um professor disse a Paul certa vez, "A minha religião é diferente da sua. Não espero que você siga o meu caminho; você precisa encontrar o seu". Essas palavras deixaram Paul desnorteado, até compreender que o professor estava falando sobre os Deuses que ele cultuava e o modo como os cultuava. Entre os wiccanianos, o fato de que cada um segue esse caminho é mais importante do que o de um adepto cultuar Apolo e outro, Fréia.

Os wiccanianos compreendem também a imanência da Divindade. Os nossos Deuses não estão lá no alto, num céu, olhando para nós, aqui embaixo, mas manifestam-se em nossa vida diária. Muitos wiccanianos têm uma relação pessoal com os Deuses, falando com eles e recebendo orientações e ensinamentos. Um wiccaniano não precisa de intermediários para falar com os Deuses. Ele os vê manifestando-se nas pequenas coisas de todos os dias e também no grande esquema das coisas, na escala cósmica.

Os wiccanianos, em sua maioria, acreditam que a Divindade se manifesta tanto sob a aparência masculina como feminina. Alguns grupos Diânicos preferem ignorar totalmente o aspecto masculino da Divindade. Alguns wiccanianos enfocam mais a Deusa, outros mais Deus, e muitos são dualistas, ou seja, acreditam que uma polaridade não pode existir sem a outra. Cabe a cada um escolher as Divindades específicas que quer cultuar. Geralmente a escolha recai sobre um padroeiro particular ou um panteão, embora, de novo, a escolha caiba ao indivíduo. Os Deuses cultuados pelos wiccanianos não são ciumentos, em sua maioria. Pode-se adorar vários simultaneamente, ou apenas um, ou mesmo genericamente (a Deusa e o Deus). Que Deusa ou Deus a pessoa cultua é assunto dela.

PRÁTICAS RELIGIOSAS

EDUCAÇÃO RELIGIOSA

A Wicca é freqüentemente criticada por sua falta de doutrina. Os ocidentais são educados para acreditar que os seguidores de uma religião têm crenças e práticas uniformes determinadas por essa religião. Se um fiel se desvia do caminho específico, ele deixa de ser considerado membro da religião. Muitas denominações cristãs começaram desse modo. Mas atualmente os cristãos estão se reunindo em congressos ecumênicos, celebrando elementos comuns. A Wicca se baseia em pontos comuns e tende a aceitar, mas não a enfatizar, as diferenças entre os adeptos.

A Wicca é uma religião de livre escolha e não faz proselitismo para atrair fiéis. Com efeito, muitas pessoas que realmente querem aderir à Wicca têm muita dificuldade de encontrar um grupo a que se integrar. De modo geral, a Wicca é um caminho religioso de escolha pessoal, uma escolha que é feita na idade adulta. Poucas pessoas nasceram no seio da Arte ou foram criadas como wiccanianas. Quase todos os wiccanianos se consideram reformados com relação à religião em que foram criados, quando o foram. As crianças recebem um nome e são postas sob a proteção da Divindade, mas não são automaticamente consideradas wiccanianas ou confirmadas como membros da Wicca como acontece com diversos batismos cristãos. A maioria dos pais wiccanianos não espera que os filhos sigam a fé religiosa deles, mas os estimula a examinarem as suas próprias crenças e a tomarem as próprias decisões. Esses pais apenas querem que os filhos cresçam saudáveis, equilibrados e que percorram o próprio caminho sem prejudicar outras pessoas.

Os wiccanianos seguem uma ética severa que proíbe cobrar pelos ensinamentos da Wicca ou pela obtenção dos graus de Iniciação. Alguns wiccanianos oferecem cursos e cobram pelas aulas, mas a maior parte da preparação wiccaniana é feita em pequenos grupos, em casa, onde a única contribuição pedida é para cobrir despesas com serviços ou materiais, como reprodução de textos, velas e outros produtos consumíveis. Desse modo, a educação para a Wicca é muito semelhante a qualquer catecismo religioso ou curso de confirmação. O aprendizado da Wicca é um processo continuado. As primeiras aulas podem ter como meta final um de três graus de iniciação, mas a expectativa é que os wiccanianos aprendam, ensinem e estudem durante toda a vida. Depois de professarem a Wicca durante alguns anos, eles começam a desenvolver algumas habilidades em várias áreas, e continuam estudando, às vezes ensinando outros, às vezes recebendo instrução. Cada pessoa é única e tem algum dom que pode partilhar com outros. Por exemplo, uma pessoa pode

- aprofundar-se em algum sistema divinatório;
- escrever ou realizar rituais;
- pesquisar algum tema específico;
- trabalhar com ervas, óleos ou incensos;

- usar alimentos para curas e celebrações;
- dirigir um coven e ensinar a Wicca;
- organizar festivais;
- prestar serviços médicos em festivais ou numa comunidade wiccaniana.

São infinitas as possibilidades à disposição do wiccaniano para aprofundar-se na Arte.

SACERDOTES E SACERDOTISAS

Todos os iniciados são tecnicamente Sacerdotes e Sacerdotisas. A forma como isso se processa na prática difere de grupo para grupo. As Tradições em geral (com exceção da Diânica) têm Iniciações, cerimônias pelas quais a pessoa passa para aumentar a sua compreensão e os seus níveis de capacidade. As Iniciações podem ser conferidas por outros, pela própria pessoa ou pelos Deuses. Quando adotadas por um grupo, normalmente são três, conhecidas como de Primeiro, Segundo e Terceiro Grau. Como todos os Iniciados são considerados Sacerdotes, os termos Sumo Sacerdote e Suma Sacerdotisa são empregados para designar as pessoas responsáveis por um determinado ritual ou coven, seja qual for o grau em que se encontrem. O tipo de preparação ou experiência necessário para cada nível de Iniciação varia muito entre as Tradições e caminhos da Wicca. Sendo a Wicca uma religião de sacerdotes, não é necessária nenhuma intermediação entre o praticante e Deus.

LIVRO DAS SOMBRAS

Na Wicca, não existe um livro único para a prática e a fé. Não existe uma bíblia sagrada que sirva de inspiração para os ensinamentos, a doutrina e o culto. Também não existe uma forma correta, verdadeira e única de ser wiccaniano. A Wicca é mais um caminho espiritual e um modo de vida do que apenas um conjunto de ensinamentos e práticas.

Uma das coisas que quase todos os wiccanianos têm em comum é o que se chama de Livro das Sombras. Este é uma combinação de caderno, diário, registro de lembranças, encantamentos e receitas, enciclopédia e repositório geral para informações sobre magia e a Wicca. O termo se refere à coleção de informações, livros e outros materiais, escritos ou gravados em disco, que contêm os ensinamentos e práticas do caminho e da Tradição wiccaniana seguida pela pessoa. Raramente um Livro das Sombras se restringe a apenas um livro. Alguns wiccanianos falam numa enciclopédia das sombras ou numa estante das sombras. Essa coleção pode começar bem antes que alguém resolva de fato tornar-se wiccaniano, ou mesmo antes de ouvir falar em Wicca. Os registros mais antigos de Estelle no seu Livro das Sombras datam dos seus tempos de ensino médio, quando ela estudava astronomia, os nomes das estrelas e os seus significados.

Desde as suas origens, o Livro das Sombras consiste em notas e registros feitos à mão. Freqüentemente, esses escritos derivam em parte dos ensinamentos acumulados pelo coven a que a pessoa pertence, ou de seu Iniciador, acrescido de todas as observações que o adepto faz ao participar de palestras e cursos. Eles também podem incluir um diário que detalhe os trabalhos de magia, relacionando a data e a hora, talvez a fase e o signo da Lua, a ação pretendida, como essa ação se desenvolveu, e talvez uma relação dos resultados. É como um caderno científico de magia. Há ainda registros de rituais para Sabás, Esbás, Iniciações e outras informações que caracterizam a Tradição específica da pessoa. À medida que vai se desenvolvendo, esse Livro das Sombras se transforma em fonte de referência para cada wiccaniano. A não ser que a pessoa disponha de recursos para adquirir todos os livros que deseja, ela geralmente os pede emprestados e os transcreve.

Com a explosão de livros sobre a Wicca e magia, vários Livros das Sombras foram publicados e podem ser comprados diretamente nas livrarias. Existem Tradições wiccanianas que foram publicadas e existem por inteiro em livros. A maioria dos wiccanianos também mantém um Livro das Sombras pessoal. Sem dúvida, nenhum livro publicado terá os registros e o diário pessoais de cada pessoa enquanto ela estuda e pratica a Wicca. E a menos que pertença a um grupo estritamente tradicional, a Wicca que ela pratica está destinada a sofrer variações mesmo com relação ao livro mais completo. O wiccaniano pode ir a um festival e descobrir um novo ritual que o impressione sobremaneira e que ele acrescenta em seu Livro das Sombras — esse ritual então passa a fazer parte da Tradição pessoal desse wiccaniano. Algumas Tradições prescrevem que o

Livro das Sombras seja muito bem guardado e mostrado somente a alunos e colegas iniciados, às vezes apenas num coven. Algumas exigem que o Livro seja destruído por ocasião da morte do seu proprietário, enquanto outras recomendam que seja passado aos sucessores da pessoa no coven.

Assim, como um Livro das Sombras começa? Talvez a pessoa participe de uma aula. As notas que ela toma nessa aula se tornam os primeiros registros para um Livro das Sombras. Se o professor pede alguma leitura, as observações dela extraídas são incluídas no Livro. Se são realizados rituais, esses também são acrescentados, o mesmo acontecendo com Sabás e Esbás. Talvez a pessoa comece um diário de sonhos, que também passa a fazer parte do Livro das Sombras. Se ela estuda tarô e faz anotações dos ensinamentos ou das leituras, essas informações passam a integrar o Livro. Se participa de um festival e recebe apostilas; se recebe uma receita para bolos da Lua; se faz registros de livros lidos, de aulas assistidas, de festivais de que participa, de trabalhos de magia realizados, de Sabás e Esbás celebrados... tudo isso constitui parte do Livro das Sombras. Notas pessoais, poemas, artigos, devaneios e coisas parecidas; artigos de jornais, de revistas, informações baixadas da Internet e sínteses de salas de bate-papo, tudo isso, de novo, é material que pode ir para o Livro das Sombras. Em resumo, tudo o que se refere à Wicca pode ser incluído nele.

Embora algumas Tradições ainda preceituem que todo o material deve ser copiado à mão, na realidade o computador pessoal e as máquinas copiadoras simplificaram o processo consideravelmente. Antes da editoração possibilitada pelo computador, todos os materiais eram copiados à mão ou então datilografados. Como a caligrafia é uma característica absolutamente pessoal, nos tempos de maior repressão havia o medo de que os wiccanianos pudessem ser identificados por meio dos materiais que permutavam. Assim, cada wiccaniano copiava os materiais à mão e, se fosse pego, ninguém mais seria implicado. As máquinas de escrever nunca foram muito usadas e papel-carbono, mimeógrafo e fotocopiadora não eram registros muito permanentes.

Hoje em dia, tudo o que se precisa é ter acesso a um computador e a uma impressora; pode-se então produzir volumes, facilmente duplicados, sem nenhuma possibilidade de chegar à origem. Os processos xerográficos dão condições de se obter cópias baratas, limpas e permanentes, e as encadernações dos mais diversos tipos permitem que se adote capas plásticas protetoras que transformam um Livro das Sombras num produto de primeira qualidade.

Todos esses processos de cópia instantâneos têm desvantagens, porém. Quando copiamos o material à mão, precisamos processá-lo através do cérebro enquanto o copiamos. Essa é uma garantia de que o material será totalmente lido pelo menos uma vez. E o processo de copiar os livros de outra pessoa em geral possibilita contato pessoal, uma vez que a maioria dos wiccanianos jamais emprestará o seu Livro das Sombras por muito tempo. Essa situação pode levar a questões e discussões sobre o material que está sendo copiado, e o aluno obtém assim mais informações e o treinamento progride. Desse modo, os métodos antigos tinham outros motivos que os sustentavam além de preservar a segurança das pessoas. Era uma forma de transmitir informações e garantir compreensão. O fato de alguém receber uma fotocópia não garante que ele lerá ou compreenderá o material.

Materiais eventuais que podem fazer parte de um Livro das Sombras incluem: receitas, canções, artigos de jornais ou revistas, correspondência pessoal (inclusive eletrônica), mapas astrológicos, fotocópias de livros antigos raros, listas de preços e endereços de lugares onde se podem comprar ervas, jóias, livros e produtos necessários para trabalhos de magia. Coisas que ele *não* deve incluir são os nomes, endereços e números de telefone de confrades wiccanianos, especialmente listas que relacionam nomes da Arte com nomes, endereços ou números de telefones profanos. Nome profano é o nome civil da pessoa, o nome pelo qual ela é conhecida no mundo exterior à Wicca, o que consta da lista telefônica. Normalmente, é o nome dado pelos pais por ocasião do nascimento. Esses nomes geralmente fazem parte da caderneta de endereços particular, mas não identificados como wiccanianos. Os nomes da Arte são em geral lembrados. Se as pessoas que você conhece são "declaradas" (*Out*), isso talvez não seja um problema, mas nem todos os wiccanianos são declarados e por isso relutam em ter seus nomes ou telefones e endereços difundidos com material especificamente wiccaniano.

"Declarado" é um termo que se refere à abertura de um wiccaniano ao resto da sociedade no que se refere às suas crenças religiosas. Muitos wiccanianos não são declarados, isto é, quando diretamente questionados sobre a sua religião, responderão com uma verdade parcial, mas nunca dirão "Sou wiccaniano". Outros são definitivamente declarados e podem até fazer questão de dizer "Sou wiccaniano" a todos que estejam ouvindo. Também existem muitos matizes de wiccaniano declarado, desde o mais discreto até o totalmente aberto.

Com relação aos nomes da Arte, a maioria dos wiccanianos adota um nome que é usado no coven ou em ambientes wiccanianos. É bastante comum um wiccaniano ter amigos muito próximos cujos nomes reais talvez não conheça, porque só se relaciona com eles num contexto wiccaniano. Ele também pode não conhecer os seus endereços ou números de telefone, e muito menos onde trabalham. Essa pode ser uma desvantagem, mas também pode proteger pessoas se elas não são declaradas ou se acreditam que suas associações wiccanianas podem causar-lhes problemas no emprego ou em outras situações. Os nomes da Arte são geralmente memorizados, e não escritos, especialmente onde seriam facilmente acessíveis a pessoas que poderiam usá-los de maneira pouco amigável. Em ocasiões em que informações assim vazaram, alguns wiccanianos foram inundados com telefonemas e testemunhos de cristãos bem-intencionados que queriam salvá-los. Há também os que receberam correspondência eletrônica insolente e recados agressivos e ameaçadores. Especialmente ao comunicar-se por meios eletrônicos, numa sala de bate-papo ou pela Internet, é importantíssimo que nomes não sejam associados com números de telefones, endereços ou nomes profanos.

ÉTICA

A ética é muito importante na Wicca por causa da responsabilidade pessoal que cada wiccaniano deve supostamente assumir. Cada um tem de formar o seu próprio sistema de princípios éticos e fazer todo o possível para segui-lo. A *Rede* Wiccaniana, a Lei de Três e a Regra de Ouro definem certos parâmetros, mas como o mundo moderno está cheio de compromissos e contradições, cada pessoa precisa pensar sobre que compromissos e contradições são aceitáveis e quais não. A ética pode mudar, evoluir e ampliar-se com o tempo. Outras religiões dispõem de um código de ética e de regras já elaborado a que os fiéis devem obedecer, embora as interpretações possam variar de seita para seita. Os wiccanianos, por sua vez, têm poucas normas, pois cada um escolhe as suas. Na prática, existem muitas áreas em que a maioria dos adeptos tende a concordar. O aprofundamento ativo da ética e dos valores é progressivo e contínuo durante a vida inteira do wiccaniano e constitui parte essencial da Grande Obra que resulta em auto-aperfeiçoamento.

CONFIDENCIALIDADE

O sigilo é um princípio ético fundamental entre os wiccanianos. A nossa religião enfatiza o segredo como medida de segurança, pois no passado as bruxas foram perseguidas e muitas vezes condenadas à morte por suas crenças e práticas. Isso acontece também hoje, embora de modo esporádico e em níveis muito menores. Confidencialidade significa nunca revelar a identidade ou a afiliação de outro wiccaniano a ninguém.

A confidencialidade também é importante para preservar os segredos da Arte, para garantir que certas práticas e técnicas não caiam nas mãos de pessoas despreparadas e inexperientes.

Quase todas as Tradições têm juramentos de segredo que os iniciados devem prestar: manter os segredos do grupo, não revelar a identidade dos companheiros nem onde e quando o coven se reúne, e outros semelhantes. Em geral, os wiccanianos não são declarados e preferem que a religião que seguem seja considerada assunto pessoal. Existem medos reais, freqüentemente justificados, de que a afiliação wiccaniana da pessoa possa custar-lhe o emprego, a residência, as amizades, o casamento, os filhos ou outros bens e relacionamentos importantes do mundo real. Por causa disso, os wiccanianos tendem a se considerar como uma minoria perseguida. Certamente, algumas seitas cristãs gostariam de converter todos os bruxos e bruxas para a sua denominação, e normalmente ainda existe muita incompreensão e muitos preconceitos com relação à Wicca, aos wiccanianos e aos bruxos.

Numa tentativa de neutralizar parte dessa perseguição que sentem, alguns wiccanianos adotam imediatamente o termo "bruxo" para descrever a si mesmos, outros demoram algum tempo para adotá-lo e uns poucos nunca o adotam. A palavra "bruxo" tem certas conotações nesta cultura que os wiccanianos estão tentando superar e suprimir. Para alcançar esse objetivo, alguns assumem uma atitude de exposição com relação a ser bruxo e praticar a Wicca. Mas os wiccanianos, em sua grande maioria, são pessoas comuns que têm uma casa, um emprego, mulher e filhos, e por acaso são também seguidores da Wicca.

A questão da minoria perseguida é paralela à questão do ensino da Arte aos menores de idade. Os grupos de preparação dificilmente aceitam pessoas com menos de dezoito anos, porque os instrutores temem que pais, avós ou professores promovam "perseguições" de diversos tipos. Os que ensinam a menores normalmente o fazem com o consentimento dos pais. Os wiccanianos com filhos menores podem ensinar-lhes a Arte, mas também são cuidadosos para que os filhos guardem segredo sobre o que estão aprendendo. Alguns professores bem-intencionados tentaram (e por vezes conseguiram) afastar os filhos dos pais, na crença de que os pais estavam introduzindo os filhos no culto ao demônio. Em algumas regiões do país, os pais podem optar por manter seus princípios religiosos desconhecidos aos filhos até que estes cheguem à idade que lhes permita compreender e manter o segredo, que pode ser necessário. Cada família toma essas decisões por si, e os wiccanianos respeitam as decisões tomadas.

A percepção de pertencer a uma minoria perseguida e a ameaça de exposição podem tornar alguns wiccanianos paranóicos. O wiccaniano comum é muito cauteloso em discutir com não-pagãos assuntos específicos da Arte e pensam bem antes de abrir-se a pessoas que podem não estar plenamente conscientes da Wicca. Algumas pessoas levam essa cautela a extremos, jamais pronunciando uma única palavra sobre a Wicca a ninguém fora do coven. Quando alguém lhes pergunta o que fizeram na noite anterior, a maioria não responderá, "Celebramos o Samhain", mas sim, "Fui ao ofício da igreja", "Fui a uma festa com alguns amigos" ou "Participei de uma reunião de família". Tudo isso, naturalmente, pode ser verdade, dependendo da perspectiva. Ser discreto com relação às suas crenças é o modo como os wiccanianos em geral atuam quando não são declarados.

Cultura Wicciana

Os ideais e valores que os wiccanianos buscam e defendem contrapõem-se às vezes às atitudes da cultura predominante voltada para o consumismo, para a competição profissional e social, para o ter em vez do ser, para o "progresso" desenfreado e para o "nós possuímos a Terra". "Renove, reutilize, recicle" é um mantra compreendido e praticado pela maioria dos wiccanianos. A busca da riqueza por si só é considerada ilógica, embora os wiccanianos, como a população em geral, trabalhem das oito às dezoito horas para pagar as contas e obter os recursos necessários compatíveis com o modo de vida escolhido. Muitos wiccanianos dedicar-se-iam prazerosamente à Wicca em tempo integral se pudessem fazer isso, mesmo ganhando menos dinheiro, porque estariam fazendo o que os deixaria felizes. Embora muitos tenham conseguido voltar às áreas rurais e trabalhem para a auto-subsistência, a maioria é constituída por pagãos que residem na cidade. Eles procuram respeitar e trabalhar de acordo com o Ciclo das Estações, em vez de querer dominar ou conquistar os ciclos naturais. As coisas que geralmente seduzem as pessoas de hoje têm pouco atrativo para os wiccanianos. Estes tendem a viver em comunidades e a manter-se dentro dos próprios grupos simplesmente porque todos cultivam valores e visões semelhantes. "Mundano" é o termo usado para descrever coisas ou pessoas que não pertencem aos círculos wiccanianos ou pagãos, e para os que vivem a cultura da Wicca, esse termo é muito específico. Assim, os que são estranhos à Wicca têm a impressão de que os wiccanianos são facciosos, elitistas ou mesmo fechados, mas as coisas não são necessariamente assim. Antes, eles têm uma cultura específica que querem viver sem interferência externa. Uma vez que a pessoa interessada passe pelo teste inicial para mostrar que compartilha interesses e atitudes semelhantes, normalmente ela é bem recebida e aceita no grupo.

VALORES COMUNS

Respeito pela Mãe Terra

Ecologia, reciclagem, cuidado com a Terra e esforço para reutilizar, renovar e reciclar são práticas amplamente adotadas. A auto-suficiência é um ideal, e por isso poucos o alcançam. Geralmente, os wiccanianos fazem o que podem, e a seu modo, para tornar o mundo um lugar melhor do que encontraram. Nos festivais, pagãos e wiccanianos normalmente limpam e retiram tudo o que o grupo anterior deixou para trás. O local quase sempre fica com melhor aparência depois do evento (embora, em casa, a maioria dos wiccanianos seja notoriamente negligente). Os wiccanianos acreditam que não possuímos a Terra, que não somos seus donos e que ela não nos foi dada para ser usada, explorada ou destruída a nosso bel prazer. A Terra é o nosso lar, nós moramos aqui, e ninguém pode realmente possuí-la, por inteiro ou partes dela. O conceito de propriedade da terra é uma convenção social. Os wiccanianos acreditam que somos administradores da Terra e que temos de trabalhar para mantê-la limpa, bem organizada e o mais intacta possível. Isso pode significar desde participar de uma campanha para salvar as florestas tropicais; optar por não construir um jardim convencional, mas deixar que animais e plantas ocupem o espaço; usar adubos orgânicos e não fertilizantes químicos ou pesticidas; não construir uma nova casa, mas reformar uma já existente; até recusar-se a usar certos produtos ou a apoiar certas indústrias que poluem ou exploram a Terra ou a sua população. Existe um forte respeito pela vida — toda a vida, não apenas a vida humana ou a vida de certos seres humanos privilegiados. Mas a qualidade de vida também é um objetivo a ser perseguido. Os wiccanianos, em sua maioria, são a favor do livre-arbítrio, e isso inclui o direito absoluto a escolher *não* praticar um aborto como também a praticá-lo, se essa for a opção que causar o mal menor.

A Wicca é uma religião voltada para a natureza, por isso os wiccanianos têm consciência das estações e do modo como o mundo muda com o passar dos anos. Existe uma compreensão simultânea do ininterrupto Ciclo das Estações, mas também da singularidade de cada dia que vem e que vai. Há ainda uma certa atenção voltada para períodos mais longos do tempo, pois o que fazemos hoje afeta o que os outros podem ser capazes ou não de fazer amanhã ou décadas ou séculos adiante.

Igualdade

A crença na igualdade dos sexos e das raças é praticamente universal entre os wiccanianos. Alguns grupos podem adotar como princípio permitir a participação apenas de um sexo ou de pessoas que seguem um determinado estilo de vida, mas isso não significa que os outros sejam desrespeitados. Significa apenas que esse grupo desenvolve suas atividades numa determinada linha. As pessoas são o que são e em geral não são julgadas pela cor da pele, pela altura, por suas capacidades, história pregressa ou educação. A preferência sexual é uma questão de escolha pessoal e, enquanto uma pessoa não prejudicar ninguém, ela está livre para praticar com outros adultos que concordem com ela. A violência não é tolerada, e qualquer abuso é considerado algo a ser eliminado de todas as famílias e de outros grupos sociais. As crianças são respeitadas e estimuladas a ser o mais livres possível para aprender e crescer segundo as orientações de uma estrutura familiar amorosa.

Educação

A educação, a leitura e a curiosidade intelectual de caráter geral são muito prestigiadas. Os festivais e reuniões enfatizam o ensino e a participação em cursos. A educação wiccaniana inclui leituras, debates, aprendizado vivencial e pesquisa. O wiccaniano médio lê vários livros por mês, em geral concomitantemente. Muitos wiccanianos atarefam-se escrevendo um livro ou têm idéias para vários livros que estão planejando escrever quando tiverem tempo. Freqüentemente, escritores são convidados de honra em festivais e encontros. Como a Wicca se difunde principalmente por meio da palavra impressa desde que refloresceu, essa obsessão por livros, educação, leitura e aprendizado é perfeitamente compreensível. A educação formal é considerada boa, apesar de conter certa afetação intelectual. O autodidatismo é tão válido quanto um diploma universitário, desde que você conheça bem tudo o que envolve a sua profissão. Com toda essa ênfase dada à leitura, sobra relativamente pouco tempo para a TV ou para outros entretenimentos da cultura popular. Entretanto, está se tornando cada vez mais importante ter um computador, como também navegar na Internet. Não houve uma sondagem concreta, mas alguns autores estimam que de sessenta a setenta por cento dos wiccanianos estão atualmente na Internet. A proliferação de *sites* dedicados a temas pagãos e wiccanianos é testemunha disso. O inconveniente é que a Internet lhe tomará tanto tempo quanto você esteja disposto a dar-lhe, podendo transformar-se numa ocupação vazia se não for cuidadosamente controlada.

ORGANIZAÇÃO DOS GRUPOS

Os wiccanianos são em geral orgulhosos e bastante eloqüentes ao se referirem a si mesmos como desorganizados e contrários a sistemas de hierarquia. Conquanto você possa argumentar que o termo "Wicca organizada" pode ser uma espécie de oxímoro, os wiccanianos, como todos os seres humanos, desenvolveram os seus próprios sistemas de organização, de hierarquias e de ordem social. Embora a maioria dos não-wiccanianos possa achar a nossa organização estranha e possivelmente confusa, os sistemas que adotamos são bastante simples.

O Coven

O coven é a estrutura básica de pequenos grupos da Wicca. Como religião, certamente existem "igrejas" wiccanianas organizadas, maiores, em alguns casos raros com até centenas de pessoas, mas a grande maioria dos wiccanianos ainda se reúne e interage nos seus próprios covens em casa. Um coven é um grupo de seguidores da Wicca que se reúne para trabalhar com magia e estudar a Wicca e outros temas correlatos. De muitas perspectivas, podemos comparar um coven a um grupo de estudos bíblicos. As pessoas se encontram, normalmente numa casa particular, para ler materiais, discutir e estudar a Wicca como religião e caminho de vida.

Por tradição, um coven é sempre composto por treze membros, mas os grupos modernos podem ser maiores ou menores, a critério dos participantes. A hierarquia interna, as regras e as operações de um coven são de estrita responsabilidade dos seus membros. Os covens são formados por inúmeras razões. Covens de ensino ou treinamento preparam novos membros. Covens de trabalho são grupos de Iniciados que se reúnem para fazer magia e estudar a Wicca e temas a ela relacionados. Os covens também podem ser subseitas de várias denominações da Wicca; um "Coven Gardneriano" seria um ramo local de uma linhagem maior da Wicca Gardneriana.

O coven wiccaniano moderno em geral é formado de três a dez pessoas que se reúnem semanalmente, embora isso possa variar bastante. Tradicionalmente, uma Suma Sacerdotisa e um Sumo Sacerdote são os líderes do coven, mas não obrigatoriamente. Se uma pessoa consegue integrar-se a um coven de trabalho como estudante, ela provavelmente receberá treinamento e terá uma ótima educação wiccaniana. Muitos covens começaram com alguns amigos que leram sobre a Wicca e, não encontrando ninguém que pudesse ensiná-los, resolveram formar um grupo e fazer o que achavam melhor. Treze era tradicionalmente o número máximo de integrantes de um coven, porque esse número facilita bastante a interação entre as pessoas e ao mesmo tempo dificulta a realização de atividades secretas. Além disso, para reunir mais pessoas é necessário alugar um espaço, uma vez que as salas de estar mal comportam treze pessoas.

Os integrantes podem elaborar um documento detalhando as regras e diretrizes relacionadas com as condições de participação e de administração do coven. Esse documento é conhecido como convenção (*covenant*), e pode ser tão simples quanto duas linhas ou tão elaborado como a Constituição dos Estados Unidos. Em geral, somente covens existentes há muito tempo e bem estabelecidos necessitam de uma convenção escrita; a praxe são os acordos verbais. Porém, o grupo precisa tomar algumas decisões em conjunto, como:

- Quais são os propósitos e objetivos dos nossos encontros? (ensino, trabalho, pesquisa, magia, etc.)
- Seremos um grupo Eclético ou estaremos vinculados a uma determinada Tradição?
- Seremos um grupo aberto ou restrito quanto à admissão de interessados?

Também devem ser tomadas decisões com relação à organização interna:

- Haverá uma Suma Sacerdotisa e um Sumo Sacerdote específicos na direção?
- Novos membros serão admitidos por maioria de votos? (Serão permitidos votos contrários?)
- O coven será secreto ou aberto?
- Quando e com que freqüência o grupo se reunirá?
- O coven terá um altar, Espaço Sagrado, templo, instrumentos, livros e outros recursos semelhantes?
- Onde o grupo se reunirá?

O lugar onde o coven se reúne com mais freqüência é tradicionalmente chamado, em inglês, de *covenstead*, geralmente uma casa particular (mas não necessariamente a da Suma Sacerdotisa ou do Sumo Sacerdote). Quase sempre, é o lugar que dispõe de mais espaço, ou onde o grupo pode guardar o material.

Às vezes os wiccanianos começam a reunir-se e só depois de algum tempo percebem que formam um coven. Há ocasiões em que as discussões relativas à organização só surgem depois de aparecerem problemas dentro do grupo.

Criação de Novos Covens

Existem conflitos interpessoais entre os wiccanianos do mesmo modo que existem em qualquer outro grupo de seres humanos. O conflito é parte integrante da interação humana. Uma tradição wiccaniana chamada "desmembramento" ou "ramificação" permite que pessoas descontentes abandonem o coven e formem o seu próprio grupo independente. São vários os motivos que podem dar origem a uma nova ramificação:

- O coven original aumentou demais.
- As pessoas se mudam e não conseguem continuar reunindo-se com o coven original.
- As pessoas ficam insatisfeitas e saem.
- As pessoas são solicitadas a sair do coven para criar o seu próprio grupo.
- Talvez as pessoas queiram tentar algo novo e diferente, e o antigo coven não tem interesse em mudar.

Como se pode ver, o desmembramento é um mecanismo que permite a divergência sem transformá-la em mágoa e ressentimento. Mas a tradição diz que, após a separação, o novo coven se torna independente, não havendo em geral mistura dos membros de um e de outro. Normalmente, a pessoa precisa optar por participar de um deles. Isso também varia de Tradição para Tradição. Por exemplo, algumas Tradições conservam o costume da "Bruxa Rainha", em que a Suma Sacerdotisa do coven de origem é reconhecida como uma espécie de Suma Sacerdotisa "sênior" pelas Sumas Sacerdotisas dos covens desmembrados. Esse costume é benéfico quando existem desavenças entre covens.

A tradição wiccaniana diz que uma pessoa só pode pertencer a um coven por vez. Esse princípio prescreve que a pessoa deve servir a um só senhor e também impede a passagem de um grupo a outro. Essa pode parecer uma medida restritiva, e alguns grupos alteraram a regra para indicar um coven de um determinado tipo. Em outras palavras, uma pessoa pode dirigir um coven de ensino e ao mesmo tempo ser membro de um coven de trabalho. Ou ela pode participar de um coven que realiza regularmente rituais de grandes grupos e concomitantemente freqüentar um outro voltado à Magia Cerimonial, mais fechado e secreto. Nesse caso, os covens se assemelham mais a pequenas organizações do que a grupos de compatriotas fortemente unidos. A maioria das Tradições wiccanianas de longa data dispõe de regras específicas com relação à participação.

Como a própria Wicca em si, o seu coven se torna aquilo que você faz dele. Para dar um exemplo, os autores participam de um coven de trabalho pequeno, bem eclético e contrário a modelos hierárquicos. O responsável é sempre aquele que casualmente lidera a unidade no momento. Quem está presidindo o Sabá é responsável pelo Sabá. Além disso, Estelle é co-responsável por um coven de ensino separado, que se reúne por um ano e um dia, e que oferece a Iniciação de Primeiro Grau. Às vezes Paul participa como conferencista convidado.

Paul é membro de um coven de âmbito nacional que ajuda a oferecer segurança em festivais e encontros em todos os Estados Unidos. Estelle não faz parte desse grupo, embora às vezes colabore com ele. Tanto Estelle como Paul são membros de uma igreja wiccaniana local que tem isenção de impostos, e ambos exercem funções ministeriais nessa igreja. Estelle se considera membro de dois covens (o grupo de trabalho e o grupo de ensino), mas como cada um tem objetivos diferentes, ela não vê conflito entre os dois. Paul é oficialmente membro de um só coven (o grupo de segurança), embora participe de vários outros grupos wiccanianos. A igreja wiccaniana a que pertencem não é um coven (segundo rezam os seus estatutos), embora ofereça uma estrutura adequada para que os seus membros recebam o reconhecimento federal e a proteção para os seus covens filiados, se quiserem.

Existem muito poucas regras rígidas. Um coven é o que você faz dele, e ele cresce, evolui e muda ao longo do tempo. Alguns covens têm a reputação de existir há séculos. Outros existem há décadas, apenas. E existem outros ainda, como o coven de ensino de Estelle, que só atuam por um período específico de tempo.

Tradições ou Linhagens

Uma "Tradição" ou "linhagem" é um grupo de covens que remontam sua origem a uma única célula ou pessoa e seguem essencialmente os mesmos princípios, ensinamentos e práticas. Varia muito o número de integrantes de qualquer Tradição específica. Estima-se em torno de vinte mil gardnerianos em todo o mundo. Outras Tradições podem talvez contar com um único coven.

As Tradições se expandem de várias formas. Podem desenvolver-se pelo processo de separação ou as pessoas podem reunir-se num determinado lugar, receber o treinamento e voltar para casa com o que aprenderam. Algumas Tradições derivam de outras (a Seax Wicca, por exemplo, é uma ramificação da Wicca Gardneriana). Algumas procedem de Trads-Fams mais antigas que foram modificadas para permitir o acesso a estranhos. A Trad-Fam original ainda pode existir, mas a sua ramificação se desenvolveu bem além do original. Uma Tradição pode ser criada pela publicação de um livro (como a Wicca Starhawkiana) e crescer à medida que mais pessoas lêem o livro e adotam a maneira descrita de fazer as coisas.

Igrejas e Clero

Igrejas wiccanianas existem de fato. Muitas delas, em vários Estados, organizaram-se e superaram todas as dificuldades para conseguir o reconhecimento estadual e/ou federal e a condição de isenção de impostos. Em geral, esses grupos são pequenos (menos de cinqüenta pessoas) e raramente são proprietários de terras ou de imóveis. Em sua maioria, mesmo os grupos isentos de impostos reúnem-se em casas de particulares. Alguns alugam o espaço para Sabás e outras celebrações maiores e realizam as atividades menores em casa. Essas igrejas são geralmente grupos livres de pessoas e podem ou não seguir uma única Tradição. Outras são organizações mais amplas que permitem aos membros praticarem como quiserem, mas têm o reconhecimento e a condição estadual e federal. A maioria das igrejas wiccanianas celebra os Sabás regularmente no mesmo lugar. Os membros são incentivados a realizar os Sabás também em seus covens.

Uma vez registrados, esses grupos podem ordenar ministros que recebem autorização para realizar casamentos e em geral gozar dos direitos e privilégios de qualquer outro clero reconhecido. Está se tornando cada vez mais importante que os wiccanianos tenham o seu próprio clero para realizar legalmente casamentos, oficiar as cerimônias de nomeação das crianças (semelhante ao batismo cristão), dar assistência a wiccanianos na prisão e nos hospitais, presidir serviços fúnebres e realizar outras atividades e tarefas próprias de um clero.

Embora muitas pessoas tenham credenciais ministeriais por meio de uma igreja wiccaniana ou de outra organização — a Igreja Universal da Vida e a Igreja Unitária também são populares — há poucos, para não dizer nenhum, membros do clero wiccaniano remunerados nos Estados Unidos. Devido à natureza da religião e da estrutura da Wicca, é raro que uma congregação seja suficientemente grande de modo a poder sustentar um clero profissional de tempo integral. A Wicca assemelha-se aos quacres, às testemunhas de Jeová, aos mórmons e a muitas outras denominações cristãs que sobrevivem bem sem um corpo clerical profissional.

Os ministros wiccanianos ordenados geralmente oferecem os seus serviços no contexto da sua vida diária, que quase sempre inclui um emprego regular. A proporção de ministros para paroquianos na Wicca pode ser maior do que entre a população cristã. Talvez nem todo coven tenha um ministro, mas normalmente há pelo menos uma pessoa do clero wiccaniano em qualquer cidade de dimensões razoáveis em quase todas as partes dos Estados Unidos.

Os ministros wiccanianos são populares entre pessoas espiritualistas que não pertencem a uma igreja específica nem seguem uma fé ou credo específico. Paul realizou mais casamentos para não-wiccanianos do que para wiccanianos. A organização clerical da maioria das grandes denominações religiosas exige que as pessoas sejam membros da sua igreja ou que pelo menos professem uma fé compatível para presidir a cerimônia de casamento. A Wicca, por outro lado, é uma religião com poucos artigos de fé ou dogmas, e por isso apresenta menos conflitos com outros credos. E por causa da diversidade de crenças na Wicca, o clero wiccaniano pode prestar seus serviços no contexto de diferentes credos e trabalhar com estruturas e formatos cerimoniais variados, ajustando-se a quem recebe os serviços. Isso não constitui parte especial do treinamento clerical wiccaniano; é apenas expressão natural do modo de ser da Wicca.

Outras Organizações

Dada a sua estrutura — baseada em pequenos grupos, geralmente do tamanho de uma família estendida, possivelmente unidos por laços ou Tradições — a Wicca se assemelha mais a uma rede do que a uma congregação ou comunidade. Os wiccanianos têm amigos que são wiccanianos com os quais talvez se encontrem em Sabás abertos numa determinada região, mas existem poucas, muito poucas organizações de wiccanianos. Os grupos com afiliações em todo o país ainda se baseiam no modelo do coven e operam como uma confederação flexível de covens locais. Pode ou não haver uma reunião anual de membros ou representantes. É bastante comum a pessoa ter amigos wiccanianos que encontra regularmente em festivais, e todavia não conhecer o seu endereço, o nome civil completo, o lugar onde moram, o que fazem para viver ou até o número do telefone. A maioria dos wiccanianos usa o nome da Arte dentro da Wicca; isto é, escolhem um nome diferente do nome civil. É bastante comum os adeptos terem amigos wiccanianos que conhecem bem, mas apenas pelo nome da Arte, e com os quais não fazem a menor idéia de como se relacionar fora de um festival.

FESTIVAIS (REUNIÕES)

Nos festivais e reuniões, wiccanianos oriundos de todas as partes do país encontram-se, trocam ensinamentos e idéias e celebram o fato de ser wiccanianos. Os festivais começaram como uma espécie de versão wiccaniana dos acampamentos da igreja. As pessoas se reuniam ao ar livre, montavam acampamento e passavam o tempo juntas num fim de semana ou mesmo durante uma semana inteira. Com o passar do tempo, os festivais externos ainda são realizados, mas hoje praticamente na mesma proporção dos internos. Estes se parecem a convenções ou exposições de produtos.

Os festivais se tornaram o cadinho pagão nos Estados Unidos. Num festival, você pode encontrar gardnerianos, diânicos e todas as denominações wiccanianas intermediárias, além de pessoas de muitas outras correntes pagãs. Este era o primeiro espaço em que os seguidores de diferentes Tradições wiccanianas podiam se encontrar, trocar idéias e ter a oportunidade de ver como os outros atuavam. Muitos pagãos planejam as suas férias de acordo com esses festivais, que hoje são realizados o ano inteiro.

Todos os festivais são muito voltados para a educação. O festival padrão, seja ele realizado num final de semana ou durante uma semana inteira (ou mais), começa com algum ritual de abertura seguido por muitos cursos, palestras e demonstrações. Escritores apresentam-se para falar sobre os seus livros e vendê-los. As pessoas competem pelo privilégio de oferecer o seu espaço para a realização de rituais noturnos e ajudar nas tarefas necessárias para um festival bem-sucedido. As pessoas se especializam em segurança, recepção, cozinha, administração, primeiros socorros, atendimento psicológico, creche e outras atividades indispensáveis. Caracteristicamente, há de três a cinco ou mais horários reservados para cursos num dia de festival, com intervalo para almoço, e no fim do dia algum tipo de jantar comunitário seguido de um ritual ou entretenimento noturno. O som de tambores e danças entra noite adentro, com a retomada de todo o processo na manhã seguinte.

Quase todos os festivais são voltados para a família, e por isso as crianças são sempre bem recebidas. O festival é o momento do reencontro de amigos, do contato com novas pessoas, do intercâmbio de histórias e sugestões, e quase sempre de relaxamento numa atmosfera pagã muito amistosa. E como algumas das mesmas pessoas comparecem todos os anos, os festivais em geral desenvolveram os seus próprios estilos, com praticamente uma vida e identidade próprias. Uns talvez queiram principalmente divertir-se, enquanto outros se interessam mais em aprofundar questões específicas.

A maioria dos festivais típicos inclui algo conhecido como "Espaço Pagão". Essa é uma forma de comunidade que resulta da convivência e interação de pagãos sem a presença de estranhos. Os pagãos em geral só têm essa experiência num festival. Numa ocasião pelo menos, não somos minoria. A atmosfera é descontraída e as pessoas podem falar livremente sobre qualquer assunto de interesse, e encontrar interlocutores dispostos a ouvir e debater.

Muitos festivais a céu aberto deixam a opção para a pessoa participar vestida ou desnuda, ou pelo menos têm uma área reservada para os que querem ficar nus. Para os pagãos, a nudez é apenas uma forma diferente de vestir-se, não sendo de natureza exibicionista nem libidinosa.

A nudez é uma questão importante para os wiccanianos porque ela atinge muitos paradigmas culturais que os wiccanianos querem mudar. A questão da forma, tamanho, cor ou tipo melhor, mais apropriado ou correto de corpo perde importância quando todos estão nus e podem constatar que não existe ninguém com um corpo perfeito. A roupa como símbolo de *status* e de riqueza deixa de existir quando todos estão nus. A nudez pode também ser um modo de livrar-se de inibições pessoais, não como um prelúdio para o sexo, mas como um rompimento de barreiras defensivas na criação de uma mente grupal, preparatória para o trabalho de magia. A roupa pode interferir na energia mágica, e quase todas as Iniciações wiccanianas são realizadas com o Iniciado despido. A nudez parcial ou quase total sempre foi objeto de regulamentação em muitas sociedades, passadas e presentes, e a maioria dessas sociedades era pagã. Uma das primeiras coisas que os missionários cristãos faziam com os povos tribais "primitivos" que convertiam era obrigá-los a usar roupas. Assim, ficar nu como opção de vestir-se pode ser outra forma que os wiccanianos têm de mudar conscientemente a mentalidade cristã em que talvez foram educados. O modo como uma pessoa reage à nudez pode também ser um modo pelo qual os wiccanianos identificam e dizem quem é "um de nós" e quem não é.

Normalmente, os festivais incluem também uma "feirinha", um espaço onde as pessoas expõem os seus produtos e artigos para vender aos participantes. Os wiccanianos geralmente fazem as suas compras de instrumentos ritualísticos ali, independentemente da época de realização do festival. Os comerciantes oferecem uma grande variedade de produtos, desde artesanatos até comerciais, mas todos de interesse do wiccaniano mediano.

Os festivais e encontros são os eventos mais próximos do que se pode considerar uma verdadeira comunidade wiccaniana.

A INTERNET

A comunicação pela Internet está se tornando muito popular no meio wiccaniano, e muitos se sentem à vontade trabalhando na "realidade virtual". Se uma pessoa é solitária (isto é, pratica a Wicca sozinha ou apenas com uns poucos amigos íntimos), a Internet pode ser o seu único contato com a grande comunidade wiccaniana, além dos livros. E a realidade virtual é a única representação do mundo real em que os mundanos (não-wiccanianos) podem ter a experiência do fenômeno do "tempo sem tempo e do lugar sem lugar", que se cria quando se está num Círculo. Tudo o que se precisa é um endereço eletrônico e imediatamente se está em contato com quem se quer. Pode-se também conversar com as pessoas em tempo real nas salas de bate-papo. Existem muitas salas de bate-papo wiccanianas/pagãs, geralmente sob a categoria mais abrangente de alt.religião, tanto wiccanianas como pagãs. O mais comum é as pessoas apenas deixarem mensagens e conversarem durante vários dias e semanas, cada uma lendo e respondendo de acordo com a disponibilidade de tempo. As pessoas podem facilmente preservar o anonimato e falar tão livremente quanto quiserem, mas é sempre prudente seguir as convenções da comunicação cortês.

Lembre-se também de que a comunicação pela Internet, apesar de assemelhar-se a uma conversação, é escrita e portanto possivelmente permanente. As pessoas às vezes se excedem em certos assuntos, não os revisam nem pensam duas vezes sobre o que dizem ou sobre o modo como dizem, e essas idéias e expressões retornam mais tarde para assediá-las. É mais prudente pecar pelo aspecto da polidez e da circunspecção.

A questão da privacidade na Internet também é muito importante. A comunicação pela Internet usa apelidos, e precisamos ser cuidadosos para não ter nomes, endereços ou números de telefone associados a eles. Sabemos que pessoas hostis à Wicca interceptam informações e as usam para fazer proselitismo ou para intimidar. Lembre-se de que as comunicações pela Internet normalmente não são confidenciais; prefira sempre prevenir os problemas a ter de remediá-los.

A Roda do Ano

São oito os grandes festivais wiccanianos que constituem a Roda do Ano. Os oito Sabás ou dias santos solares ocorrem a intervalos aproximados de seis semanas e meia no decurso do calendário anual. Esses festivais evoluíram a partir de várias Tradições, são sazonais e refletem o ciclo progressivo tanto das sociedades agrárias quanto das caçadoras. Mitologicamente, eles representam o ciclo anual da Donzela, Mãe e Anciã da Deusa, e o nascimento, casamento, maturação e morte do Deus.

As Luas Nova e Cheia — doze ou treze de cada uma durante o ano — são os Esbás ou dias santos lunares. Um wiccaniano também pode prestar o seu culto todas as semanas, embora não haja um dia específico dedicado a esse fim.

OS SABÁS

Samhain, 31 de outubro ou 1º de novembro (também chamado Halloween, All Hallows Eve (Véspera de Todos os Santos), Hallowmass (Festa de Todos os Santos, Dia de Finados ou dos mortos). O Samhain (pronuncia-se *souen*) passou a ser conhecido como o "Ano Novo das Bruxas", por isso começamos com ele; mas a roda é cíclica e gira constantemente, sem um ponto inicial fixo. Esse festival é um dos mais importantes e respeitados do calendário wiccaniano. Numa sociedade agrária, essa era a época do ano (dependendo do clima local) em que os agricultores apartavam o gado, sacrificando as cabeças em excesso e conservando os melhores espécimes para reprodução. A colheita de cereais estava próxima, e os agricultores podiam avaliar com bastante exatidão a quantidade de animais que teriam condições de alimentar durante o inverno. Também sabiam a quantas pessoas precisariam fornecer comida. A geada já começara a se formar e o inverno se aproximava, de modo que a carne se conservaria por longo tempo na "geladeira" da natureza. Nas sociedades caçadoras, a "Grande Caçada" era longe, e a tribo dependia ainda mais dos seus caçadores para ter alimento, pois as plantas estavam entrando na fase de dormência.

Esse festival assinala o tempo em que as almas dos que morreram durante o ano passam para o lado de lá, e as almas dos que nascerão no próximo ano entram em nosso mundo. As celebrações são orientadas para o luto e a tristeza e para favorecer a partida dos que desencarnaram, especialmente dos que morreram no último ano. Nessa ocasião, os ancestrais também são lembrados, com a narração de histórias familiares, histórias pessoais e folclore. Essa é a época do ano em que "o véu entre os mundos é mais tênue". A magia pode ser muito forte e de grande eficácia.

Uma prática comum em Samhain é a "ceia muda", uma refeição feita com os que partiram. Um prato extra é posto na mesa com alimentos para os que não estão mais conosco. Depois da refeição, essa comida geralmente é reservada para algum pedinte que apareça, pois os wiccanianos procuram não desperdiçar. A ceia muda é uma refeição em que ninguém fala, mas todos aproveitam o tempo para refletir sobre os que já foram. Tradicionalmente, "mudo" referia-se aos que não podiam falar (isto é, os ancestrais), e não aos participantes silenciosos da ceia. Mas como a Wicca é uma religião em constante evolução, essa refeição silenciosa passou a receber uma interpretação moderna. Os pratos servidos podem consistir em preparados de raízes, nos últimos frutos da safra e em muitas variedades de carnes e caça. Alguns wiccanianos só comem carne nessa festa.

Mitologicamente, esse festival celebra o momento em que a Deusa pranteia o seu consorte assassinado, o Deus, e contempla o nascimento próximo do filho gerado com ele. A Deusa é também venerada no seu aspecto de Anciã. Samhain também celebra miticamente a morte do Deus que dá a vida pela comunidade ou homenageia o Deus da Grande Caçada, simbolizando os animais caçados para obter alimento.

Yule, 21 de dezembro (também chamado de Solstício do Inverno). Yule é o festival que foi transformado em Natal (vários cálculos para definir o nascimento real de Cristo situam esse evento na primavera, mais perto do equinócio da primavera, ou em março). Essa é a época do ano em que o inverno é mais rigoroso. É um tempo de folga, de narração de histórias e de intercâmbio de habilidades e tradições. Essa é a noite mais longa do ano, e as tradições wiccanianas realizam a queima do lenho de Yule, que é aceso antes do pôr-do-sol e mantido ardendo até o amanhecer do dia seguinte. Muitos grupos se reúnem para saudar o Sol que nasce depois da noite mais longa. Árvores decoradas de Yule são uma tradição pagã retomada anualmente. A festa de Yule inclui muitos "alimentos de Natal" tradicionais, como biscoitos, doces, assados e cozidos. As pessoas trocam presentes durante vários dias, a começar em Yule e continuando até a véspera da Epifania (décima segunda noite, 6 de janeiro). A Epifania é também uma festa cristã oficial, conhecida como "Pequeno Natal", que começou na Idade Média e coincide com o décimo segundo dia depois do Natal. Alguns wiccanianos celebram a Décima Segunda Noite e guardam a data cristã tradicional de 6 de janeiro. Com isso temos alguns dias mais para compras.

Mitologicamente, a Deusa dá à luz o Deus Sol na noite mais longa, e os wiccanianos celebram o nascimento (ou renascimento) do Deus Sol. Alguns grupos celebram a passagem da Mãe Berta distribuindo presentes. Mãe Berta é uma Anciã que dá presentes, mas às vezes rouba crianças, se elas são más. Para algumas Tradições, essa data é um dia dedicado ao Deus no meio de uma época do ano devotada à Deusa (negra).

Candelária (Candlemas), 1º ou 2 de fevereiro [também chamado Imbolc, Immilch, Dia de Brígida ou Bride]. Candelária é uma época em que o inverno ainda persiste, mas também em que a primavera já se anuncia. Nas sociedades agrícolas primitivas, esse era um momento crucial em que as famílias tinham ou não alimentos suficientes até as primeiras colheitas da primavera. Se tivessem, o momento era de celebração. Se não tivessem, ainda assim a ocasião se prestava para fazer uma festa com o que restava, para não prolongar a fome. Também é uma época em que se percebe facilmente que os dias estão se alongando e as noites escuras e longas estão terminando. Em geral, é a época mais fria do ano, de modo que a sobrevivência é uma questão importante, mesmo com a aproximação da primavera. Os wiccanianos celebram com uma fogueira e uma bênção das ferramentas. Em algumas sociedades agrárias, era a época em que os instrumentos de amanho da terra e de plantio eram retomados e preparados para uso na primavera. Era chamado de Dia de Brígida, porque Brígida é a Deusa da forja e abençoaria as ferramentas. Atualmente, os wiccanianos usam muitos instrumentos, e a bênção desses instrumentos produz fertilidade de idéias e também do solo. Em outras sociedades (dependendo da localização), essa era a época do nascimento de novos cordeiros, e por isso é chamada de Immilch, ou período do leite novo.

Mitologicamente, a Deusa recuperou-se do nascimento do seu filho, e este viveu e se tornou robusto, e por isso sobreviverá. Imbolc também pode ser um tempo de Dedicação e Iniciação. Alguns interpretam esse festival como o tempo em que a Deusa se renova como Donzela, depois de dar à luz o filho.

Ostara, 21 de março (também conhecido como Equinócio da Primavera, Eostre). Ostara é um dos dois festivais que os wiccanianos podem ou não celebrar. Algumas Tradições não celebram Ostara ou Mabon. Esse festival pode ou não corresponder à primavera, dependendo do lugar onde a pessoa resida. Esse é um tempo para celebrar a primavera (ou a chegada da primavera) e a fertilidade e para deixar tudo preparado para a estação que traz a brotação e o florescimento da natureza. O gelo e a neve já derreteram em quase toda parte e, apesar do pouco que resta, está ficando evidente que o inverno terminará em breve. Os wiccanianos festejam pintando ovos e celebrando a fertilidade. É um dia de equilíbrio, quando dia e noite têm a mesma duração.

Mitologicamente, algumas Tradições celebram a mudança da metade Deusa ou metade escura do ano para a metade Deus ou metade luz. É a primavera, uma festa de aspargos, de verduras e legumes frescos e de outros vegetais próprios da estação. A Deusa passou de Anciã a Donzela, e é uma jovem preparada para crescer com o seu filho/consorte com o desdobramento do ano. O Deus Sol está crescendo rápido e é uma criança saudável e cheia de vida.

Beltane, 30 de abril ou 1º de maio (também conhecido como Véspera/Dia de Maio, *Walpurgisnacht*, Bealtain). Beltane é o segundo maior festival do calendário wiccaniano. É um festival de fertilidade.

Mitologicamente, a Deusa e o Deus chegam à puberdade e tomam consciência da própria sexualidade. Beltane celebra o casamento deles, e a Deusa — ao unir-se com o Deus — passa de Donzela a Mãe. Como é primavera, é também a época do plantio das novas safras. Os animais entram no período de procriação e se acasalam. Nas sociedades agrícolas, os campos eram abençoados, e às vezes os casais a eles se dirigiam para fazer sexo, imbuídos da intenção de ajudar a renovar a fertilidade do solo. Nas sociedades caçadoras, a ênfase passava da caça para a colheita como fonte principal de alimento para o grupo.

Os wiccanianos celebram com uma festa de plantas primaveris, aspargo, verduras novas, outras brotações e, obviamente, flores frescas. Pode haver uma Loteria de Beltane, em que uma "Rainha de Maio" e um "Homem Verde" são escolhidos e se tornam os representantes encarnados da Deusa e do Deus para a comunidade. As pessoas exercem a função de Rainha de Maio e de Homem Verde nesse dia apenas ou por mais tempo, dependendo das tradições e costumes do grupo. Em alguns casos, essas pessoas atuam como orientadores espirituais durante o tempo de exercício da função. Podem profetizar para membros do grupo e também dar conselhos ao grupo como um todo ou a membros individuais. Essa tarefa é considerada sagrada e em geral aberta somente a Iniciados. Cestos de maio podem ser trocados com votos de fertilidade e de um verão próspero. Beltane é um tempo feliz; é primavera, o verão se anuncia e todos podemos ver a abundância e as dádivas da Deusa e do Deus. A estação dos festivais externos começa, embora não oficialmente.

Meio do Verão, 21 de junho (também conhecido como *Midsummer*, Litha ou Solstício de Verão) é o dia mais longo do ano. Os campos, hortas e jardins estão plantados. Começamos a colher os primeiros frutos das nossas semeaduras. A vida flui fácil e boa. Os dias são quentes e longos; o inverno é apenas uma lembrança.

Mitologicamente, a Deusa está fecundada pelo Deus, e o seu ventre avoluma-se com a nova vida. Nas sociedades agrárias, essa era uma época de celebração entre o plantio e a colheita. Nas sociedades caçadoras, os caçadores faziam novas armas e viajavam para obter os suprimentos necessários para caçadas abundantes no inverno.

Esse é o período por excelência para férias e festivais. Os wiccanianos celebram com uma festa de morangos e de outras frutas e verduras. É uma época para encontrar-se, fazer visitas e relaxar. Esse é o dia mais longo, mas nos lembramos que agora as noites, aos poucos, vão começar a ficar mais longas, e que o inverno virá novamente. Para algumas Tradições, esse é o dia da Deusa no meio de um período do ano dedicado ao Deus. A Deusa como Mãe está no auge da sua glória.

Lugnasad, 1º de agosto (também conhecido como Lammas). Lugnasad é a celebração da primeira colheita e dos primeiros frutos da safra. Uma grande festa faz parte dos ritos sagrados, geralmente com uma boneca de milho ou outros pães caseiros. As frutas do verão estão amadurecendo e as hortas produzem muitas coisas saborosas. Os dias estão ficando mais curtos, e tomamos consciência de que o inverno chegará.

Mitologicamente, para algumas Tradições esse é o tempo da morte do Deus, um sacrifício voluntário em favor da sobrevivência da comunidade. Embora o Deus possa morrer, a Deusa está grávida e a família continuará. Uma festa de grãos, frutas e vegetais é celebrada. Nas regiões onde essa é a época da principal colheita de cereais, o Deus se disfarça como John Barleycorn, o Deus Grão. Nas sociedades caçadoras, os meninos são iniciados nos mistérios da caça nessa época do ano, sendo preparados para participar do período de caça do próximo inverno. São realizados torneios e jogos que têm por finalidade testar e aperfeiçoar as habilidades de caça. Por isso, alguns grupos também celebram jogos de Lugnasad, competições de atletismo para os jovens exibirem os seus feitos e para os velhos se divertirem com sua perícia e esperteza. Outras Tradições vêem essa época como o tempo do Deus em que ele pode mostrar suas proezas e vigor para que todos admirem.

Mabon, 21 de setembro (também conhecido como Equinócio do Outono). Mabon é o outro dia de equilíbrio, pois o dia e a noite têm a mesma duração. Pode simbolizar a mudança do Deus ou do tempo de luz do ano para a Deusa ou tempo de escuridão do ano. Essa é a época da colheita dos cereais em algumas regiões, e assim a morte do Deus pode ser celebrada também nesse Sabá. É também o período de energia mais intensa no reino animal, uma vez que muitas espécies entram no cio, enquanto outras preparam-se para a hibernação do inverno.

Mitologicamente, a morte do Deus é um sacrifício voluntário, o Deus em sua pujança que intencionalmente dá a vida para que o seu povo possa viver e prosperar. Nas sociedades caçadoras, com as plantas fenecendo e as colheitas terminando, a caça começava para valer.

Os wiccanianos celebram com uma festa de grãos, frutas e vegetais, especialmente as primeiras maçãs. Esse é também o tempo da colheita principal, e os wiccanianos oferecem os primeiros e melhores frutos para os Deuses em agradecimento pela fertilidade propiciada ao seu povo. A colheita é celebrada e a abundância armazenada para o inverno que se aproxima. A Deusa está grávida, mas também é viúva.

O Sabá seguinte é Samhain, e assim a roda deu mais um giro. Os wiccanianos vêem o ano como um ciclo, sempre mudando, nunca chegando ao fim. Às vezes a celebração dos Sabás é conhecida como o "Giro da Roda", implicando que as estações só se sucederão se ajudarmos o ciclo. Há vários ciclos representados no ano:

- o ciclo da Deusa/Deus (tempos de luz e de escuridão);
- o ciclo da Deusa em sua passagem de Donzela a Mãe e a Anciã e pelo banho de renovação/renascimento da Donzela;
- o ciclo da vida do Deus desde o nascimento, passando pelo casamento e maturidade até a morte e renascimento;
- o ciclo do ano de crescimento;
- o ciclo do ano de caça/colheita.

Diferentes Tradições celebram diferentes ciclos. E as estações são diferentes em várias partes do país e do mundo. Assim, os wiccanianos mudam e adaptam os Sabás às suas necessidades, da forma como julgam conveniente para sua vida e localidade.

OS ESBÁS

O ciclo lunar dá origem aos Esbás, celebrações baseadas no mês lunar. Os Esbás são considerados principalmente como orientados para a Deusa. A Lua Nova simboliza a Donzela, e à medida que cresce, passa de Donzela a Mãe. Na Lua Cheia, a Deusa atinge o auge do seu poder e da fertilidade. Às vezes, a Lua Cheia simboliza a Deusa grávida. À medida que a Lua decresce, a Deusa passa de Mãe a Anciã até "morrer" (ou isolar-se) todos os meses no Escuro da Lua (Quarta Fase da Lua), renascendo como Donzela quando a Lua está novamente Nova. Esse ciclo lunar é também visto como uma celebração do ciclo menstrual da mulher, com o período da menstruação real coincidindo com o período do Escuro da Lua, quando ela se isola. Os wiccanianos podem celebrar Esbás nas Luas Cheias apenas, nas Luas Novas e Cheias, ou em cada fase, aproximadamente a cada sete dias. Nos grupos wiccanianos diânicos feministas, os Esbás são mais importantes que os Sabás.

A Lua Cheia é o período para a cerimônia conhecida como "Puxar a Lua para Baixo", para a Suma Sacerdotisa. Esse é um rito em que a Deusa se torna manifesta em sua condição de Sacerdotisa, e em que a Sacerdotisa pode profetizar, dar conselhos e orientar os integrantes do seu coven. A "Declaração da Deusa" (ver abaixo) faz referência à cerimônia da Lua Cheia e possivelmente é o único documento comum à maioria dos grupos wiccanianos. A inspiração e versão original provêm do livro *O Asno de Ouro*, de Apuleio, e também de *Arádia*. Doreen Valiente a reescreveu e ampliou. Gardner afirmava tê-la descoberto. Seja qual for a história da Declaração, ela é uma bela expressão da fé e prática da Wicca.

Declaração da Deusa

Ouvi as palavras da Grande Mãe, que antigamente era também conhecida como Ártemis, Astarte, Atena, Diana, Melusina, Afrodite, Cerridwen, Dana, Arianrod, Ísis, Brid e por muitos outros nomes:

> *Sempre que precisardes de alguma coisa, uma vez por mês, de preferência na Lua Cheia, reunir-vos-eis num lugar sagrado e adorareis o Meu espírito, o espírito da Rainha de todas as Bruxas. Lá vos reunireis, vós que estais ansiosos por aprender tudo o que se refere à feitiçaria, mas que ainda não desvendastes os seus segredos mais profundos; a esses acrescentarei coisas que ainda são ignoradas.*
>
> *E sereis livres da escravidão, e como sinal de que sois realmente livres, apresentar-vos-eis nus em vossos ritos; e dançareis, cantareis, celebrareis, fareis música e amor, tudo em Meu louvor. Porque Meu é o êxtase do espírito e Minha é a alegria na face da Terra. Porque a Minha Lei é Amor por todos os seres. Conservai puro o vosso ideal mais elevado; esforçai-vos sempre por alcançá-lo; que nada vos detenha nem desvie. Porque Minha é a porta secreta que se abre para a terra da juventude, e Minha é a Taça do vinho da vida e o Caldeirão de Cerridwen que é o cálice sagrado da imortalidade. Eu sou a Deusa generosa que dá o presente da alegria a todos os corações.*
>
> *Sobre a Terra, dou o conhecimento do espírito eterno; e além da morte, dou paz, liberdade e encontro com os que já partiram. Nem exijo qualquer sacrifício, pois vede, Eu sou a Mãe de todas as coisas e o Meu amor transborda sobre a Terra.*

Ouvi as palavras da Deusa Estrela; na poeira dos seus pés jazem as Hostes Celestiais e seu corpo envolve o Universo:

> *Eu, a beleza da Terra verde, a Lua branca entre as estrelas e os mistérios das águas, e o desejo de todos os corações, insto com a vossa alma para que desperte e se una a Mim. Porque Eu sou a alma da natureza que dá vida ao universo. De Mim procedem todas as coisas e a Mim devem retornar; e diante de Mim, amada dos Deuses e dos homens, que o vosso ser divino mais profundo se deleite no êxtase do infinito.*
>
> *Que o Meu culto esteja no coração que se alegra, pois vede, todos os atos de amor e prazer são Meus rituais. E por isso, que haja beleza e força, poder e compaixão, honra e humildade, regozijo e reverência dentro de vós.*
>
> *E vós que pensais em procurar-Me, sabei que a vossa busca e anseio de nada servirão se não conhecerdes o Mistério: se não encontrardes dentro de vós mesmos o que buscais, jamais o encontrareis fora. Pois vede, estou convosco desde o princípio, e sou o que podeis obter no fim do desejo.*

O modo como cada grupo ou Tradição celebra os Sabás e Esbás depende do consenso e dos interesses dos seus membros. Em geral, os wiccanianos celebram os Sabás mais regularmente do que os Esbás.

RITOS DE PASSAGEM

Ao criar uma religião, os wiccanianos levaram em consideração os vários "ritos de passagem" vividos pelas pessoas ao longo da vida. Essa é uma área que a Wicca ainda está se aprimorando, e as práticas variam muito de grupo para grupo e de Tradição para Tradição.

WICCANATO (NOMEAÇÃO)

"Wiccanato" ou "Nomeação" é o termo usado para descrever a celebração que acompanha o nascimento de uma criança. Como a Wicca é nominalmente uma religião de fertilidade, o nascimento de uma criança é visto como um presente dos Deuses e um rito sagrado em si. Depois que a criança nasce, e que a vida da família se acomodou um pouco, os pais e a comunidade celebram o "wiccanato", isto é, o ato de apresentar a criança aos Deuses e à comunidade e de pedir à Deusa, ao Deus e à comunidade proteção para o novo ser em seu crescimento e desenvolvimento. Não é assumir em nome da criança um compromisso pelo resto da vida. A Wicca é uma religião de escolha pessoal, e conquanto a criança possa ser posta sob a proteção dos Deuses, ela tem liberdade de escolher o seu caminho religioso quando alcança a maturidade suficiente para tomar essa decisão. Os wiccanatos podem acontecer imediatamente depois do nascimento ou até um ano depois, ou ainda posteriormente, pois não há nenhuma prescrição de tempo.

MAIORIDADE

As celebrações da puberdade também são ritos wiccanianos de passagem. Especialmente nos grupos feministas, quando uma adolescente vive o seu primeiro período menstrual, ela é considerada mulher. Muitos grupos reúnem as mulheres para uma festa ou celebração em homenagem à jovem e também para torná-la ciente das responsabilidades da maturidade sexual. Os wiccanianos orientam-se muito pela livre escolha. Isso inclui a opção por não ser sexualmente ativo, por não praticar um aborto, por usar contraceptivos responsavelmente e por compreender as implicações de ser uma pessoa ativa sexualmente. O fato de a Wicca ser uma religião de fertilidade não significa que os seus seguidores sejam adeptos do sexo livre; muito pelo contrário. A responsabilidade pessoal e a escolha consciente se estendem para a área da atividade sexual tanto quanto para qualquer esfera da vida.

O tempo de celebração da maturidade sexual dos meninos é menos definido. Ela pode acontecer por ocasião da primeira polução noturna, do aparecimento das características sexuais secundárias como barba e pêlo pubiano, do assumir conscientemente as responsabilidades de um homem. A tradição de celebrar a maturidade sexual de um menino é menos universal e pouco formalizada. Atualmente, o movimento dos homossexuais parece empenhar-se ao máximo escrevendo e realizando rituais e celebrações nessa área. Em geral, nos rituais, o menino recebe informações sobre responsabilidade sexual, além de celebrar a sua nova condição de homem.

Os wiccanianos vêem a sexualidade como um componente normal e natural da vida humana. A forma como essa sexualidade se manifesta, seja homossexual, heterossexual, bissexual ou celibatária, é questão de foro íntimo, desde que a pessoa pratique a sua sexualidade de acordo com os ideais da *Rede* Wiccaniana, "Podes fazer o que quiseres, desde que não prejudiques ninguém". A pederastia e a pornografia infantil não são toleradas em nenhum grupo wiccaniano.

Para os wiccanianos, a família é sagrada, mas eles são abrangentes com relação ao que consideram como família. A família pode ser uma família nuclear de pais e filhos, mas pode abranger também avós, tias, tios e sobrinhos. Pode também incluir confrades de coven, amigos, o Sumo Sacerdote ou a Suma Sacerdotisa e outros adeptos. "Somos uma família" é uma máxima que os wiccanianos adotaram sem dificuldades. E muitos agem como se todos os outros wiccanianos fossem uma família; podem não amá-los, podem não se dar bem com eles, mas os ajudarão e os defenderão, se necessário.

Os ritos de passagem ajudam a definir as famílias wiccanianas e a comunidade wiccaniana mais ampla, que é muito maior e mais diversificada do que os não-wiccanianos podem imaginar.

INICIAÇÃO

Também a iniciação é vista como um rito de passagem importante. Idealmente, uma Iniciação não apenas assinala um estágio de aprendizado e aperfeiçoamento, mas também consolida, ou desencadeia, uma mudança interior. Uma boa Iniciação sempre envolve um componente místico e é sempre conferida quando a pessoa dá provas na sua vida concreta de alguma revelação ou mudança interior profunda. Os rituais iniciáticos podem ser um pouco diferentes de Tradição para Tradição, mas as palavras e cerimônias são apenas o aspecto superficial de uma Iniciação. O importante é a experiência pessoal, e essa não pode ser compreendida por meio da leitura, mas precisa ser vivida e assimilada.

Como o Wiccanato não garante que uma pessoa se torne wiccaniana, a *escolha* de receber treinamento e uma Iniciação é um rito de passagem importante. A primeira etapa é a Dedicação, um compromisso que a pessoa assume consigo mesma, com a Comunidade wiccaniana e com a Deusa e o Deus, de aprender tudo o que diz respeito à Wicca e de estudar a religião e a Arte. Com a Dedicação, o simpatizante se torna Postulante, o que implica um certo compromisso, embora menos rigoroso do que o da Iniciação. Cada Tradição e grupo tem suas próprias regras, mas um padrão bastante generalizado na Wicca é que pelo menos um ano e um dia deve decorrer para passar de Postulante a Iniciado. Como o treinamento wiccaniano abrange a religião e a prática da Wicca, possivelmente incluindo prática da magia, ética e divinação, um ano e um dia pode às vezes parecer um período curto. Mas muitos Postulantes já podem ter estudado individualmente, o que lhes dá alguma vantagem. Parte importante da Iniciação é aprender a linguagem técnica, o código lingüístico de um grupo, para que a pessoa possa comunicar-se claramente com outros membros da Tradição.

Não existe uma idade específica em que a Iniciação se torna uma opção, mas muitos grupos não aceitam menores de idade, por causa do uso do álcool e também por questões legais. Um adolescente de quinze anos pode estar muito bem informado e ser suficientemente maduro para escolher o seu caminho religioso, mas os pais talvez não o autorizem a realizar esse interesse. Todas essas restrições podem impedir que muitos jovens recebam os ensinamentos wiccanianos, mas até que a sociedade forme uma visão mais favorável da Wicca, as restrições provavelmente continuarão existindo.

À medida que a pessoa aprende e avança no caminho da Wicca, ela passa por três Iniciações ou graus. Uma frase relativamente comum diz: "Um Iniciado de Primeiro Grau é responsável por ele mesmo, um Iniciado de Segundo Grau é responsável por outros no seu coven ou grupo imediato e um Iniciado de Terceiro Grau é responsável pela comunidade como um todo." Cada grupo e Tradição tem suas próprias definições e níveis de aprendizado e especialização para cada nível. O período de tempo mínimo para passar do Primeiro para o Segundo e do Segundo para o Terceiro Graus é novamente o habitual "um ano e um dia".

Nem todos os wiccanianos obterão os três graus, mas idealmente cada um estudará e receberá instruções pelo menos para o Primeiro Grau. Como praticada atualmente, a Wicca é uma religião de "Sacerdotes", isto é, os Iniciados são considerados Sacerdotisas e Sacerdotes de direito próprio e plenamente capazes de se comunicar com seus Deuses diretamente.

Algumas Tradições wiccanianas reservam o título de "Suma Sacerdotisa" ou "Sumo Sacerdote" para as pessoas que foram iniciadas no Terceiro Grau. Outras usam esse título para os líderes de um coven.

VÍNCULOS CONJUGAIS (CASAMENTO WICCANIANO)

O vínculo ou enlace conjugal é a passagem da vida que acontece quando um wiccaniano quer unir-se a um companheiro/companheira diante dos Deuses. Esse ato pode ou não ser também um casamento legal. Os wiccanianos são mais flexíveis em seu modo de ver votos de compromisso. Tanto podem ser celebradas uniões entre pessoas do mesmo sexo como entre heterossexuais. E alguns wiccanianos participam de várias relações, embora isso seja muito menos comum. Um vínculo conjugal pode ser feito por um período definido, em geral não menor do que um ano e um dia, ou pode ser "até que a morte nos separe". Isso depende dos envolvidos. Os vínculos matrimoniais são celebrados muito à semelhança dos matrimônios oficiais, com todas as variações e estilos vistos nos casamentos modernos. Os wiccanianos geralmente celebram o rito num Círculo. Os nubentes fazem os seus votos e em seguida as suas mãos podem ser enlaçadas como símbolo da união que realizam. Eles então podem "pular a vassoura" juntos, simbolizando a vida familiar que compartilharão. Como se pode ver, as normas são poucas e flexíveis. Naturalmente, os presentes sempre fazem uma pequena confraternização ou festa depois da cerimônia.

DESENLACES (SEPARAÇÃO)

O desenlace é a cerimônia que os wiccanianos adotam para assinalar a passagem da vida da separação (ou o término de uma relação de compromisso). Como o vínculo conjugal é um rito mágico, assim também deve ser a cerimônia do fim de um relacionamento, que deve ser realizada diante dos Deuses e da comunidade. Muitas vezes não é possível reunir os dois parceiros para a cerimônia. Mas quando possível, o ritual representa um encerramento, um final concreto de um casamento ou relação de compromisso. Essa cerimônia é realizada num Círculo, e as mãos que antes foram enlaçadas agora são desenlaçadas. Ela também tem o objetivo de simbolizar o rompimento dos laços emocionais e mágicos entre os parceiros, para que cada um possa continuar a vida livre das influências do outro. Isso não significa que a relação seja negada, ignorada ou esquecida, mas apenas que cada pessoa está livre para seguir o seu próprio caminho. Às vezes é oferecida uma pequena festa. É recomendável que a pessoa que oficiou o enlace conjugal também celebre o desenlace.

ANCIANIDADE

A ancianidade é uma tradição e um rito de passagem relativamente novos na Wicca. A sociedade ocidental moderna relegou os idosos ao esquecimento. Numa atitude de grande abertura e consciência, a Wicca respeita e valoriza os que viveram e aprenderam e agora são recursos valiosos para a Grande Comunidade Wiccaniana. Talvez porque a Wicca seja em grande parte uma religião de escolha, existem atualmente poucos Anciões que faleceram e tiveram as mesmas experiências que os wiccanianos mais jovens têm. Os que ainda vivem e que estão na Arte há vinte anos ou mais são respeitados. Eles se tornam os conselheiros experientes para as lideranças do momento. Eles contam as histórias dos tempos passados e relembram como aconteciam as coisas quando eram jovens. Eles compartilham os seus conhecimentos e experiências. São respeitados por suas conquistas e realizações.

Uma cerimônia de Ancianidade é às vezes celebrada para os que vêm participando há longo tempo e que no momento passam a exercer a função de Ancião. Em geral, essa cerimônia é realizada com a chegada da menopausa para as mulheres, e numa idade semelhante para os homens. A aposentadoria costumava ser um bom critério social, mas com as mudanças na sociedade, poucos são os que ainda podem contar com uma aposentadoria definitiva numa determinada idade. Essa cerimônia é semelhante ao Wiccanato, uma festa que celebra o indivíduo e o lugar do indivíduo na família e na comunidade da Wicca. A Ancianidade também é vista como uma espécie de Iniciação, mas não é distinguida com um grau. Ela pode assinalar o tempo em que a pessoa renuncia à liderança ativa e obtém um assento em torno do fogo do conselho.

PASSAMENTO

A morte é a última passagem da vida que todos teremos de fazer. Para os wiccanianos, a morte é parte natural da vida. Geralmente, algum tipo de reencarnação está incluído entre as crenças de cada wiccaniano. Muitos resolvem começar a trabalhar sobre a passagem da morte antes que esse evento sobrevenha. Ao saber que uma pessoa está à morte, os wiccanianos geralmente procuram visitá-la, falar e conciliar-se com ela ou pelo menos ter com ela um último contato. A expectativa é que o moribundo não se atemorize nem fique ansioso com relação à Iniciação final iminente. Os wiccanianos se entristecerão com a perda, mas também depositarão sua esperança num descanso nas *Summerlands*, um lugar para onde os wiccanianos vão no período entre vidas. Diz-se que é um lugar de verão eterno, quente, verde e prazeroso. Os espíritos dos que já partiram estão lá e acolherão a pessoa logo ao chegar. Os desencarnados ainda estão entre nós em espírito e podem se manifestar aos vivos de várias maneiras. Muitos wiccanianos tiveram o que consideram uma prova concreta de que existe vida após a morte. O moribundo procurará reconciliar-se com o mundo e preparar-se para a transição que se aproxima. Em todo caso, a passagem wiccaniana da morte felizmente começa antes da morte propriamente dita, e assim a pessoa que está morrendo pode participar e expressar os seus desejos.

SEPULTAMENTO DOS MORTOS

A celebração wiccaniana da passagem da morte não é tão codificada como as demais passagens da vida. A morte é parte natural da vida. Os wiccanianos celebram o mistério da morte todos os anos no festival de Samhain, de modo que já temos um período de luto anual comemorado num dos nossos oito Sabás. Uma cerimônia fúnebre wiccaniana consiste num Círculo e num grupo cantando "Lyke Wake Dirge", que apesar de ser uma canção, é um Círculo mágico e um rito em si e por si só, e celebra a natureza cíclica da vida e da morte. Alguns grupos fazem um Círculo em que cada pessoa faz uma pequena declaração sobre o falecido. Pode haver orações para uma passagem fácil e uma permanência prazerosa nas *Summerlands*. No caso de uma morte inesperada, a alma do falecido pode ter sofrido um trauma psíquico (o que constitui uma das teorias da existência de "fantasmas"). Então a pessoa pode precisar de ajuda espiritual para passar além. O grupo procurará ajudá-la com orações e energia amorosa.

São relativamente poucas as pessoas idosas na Wicca moderna, de modo que a morte natural não é algo que tenha se tornado rotina. Por outro lado, as mortes devidas à AIDS e a outras doenças ou acidentes são comuns. Como a Wicca não é uma religião predominante, em geral as cerimônias fúnebres são realizadas sem a presença do falecido, da família ou da maioria dos amigos. É raro um wiccaniano ser abertamente pranteado ou enterrado como wiccaniano. Em geral, a cerimônia wiccaniana é realizada depois dos serviços fúnebres "mundanos", normalmente no lugar de reunião do coven. Por isso, os wiccanianos parecem ambivalentes com relação a homenagens aos mortos e a ritos fúnebres. Normalmente, eles têm pouco ou nada a dizer nessas ocasiões, sendo mais importante a vontade dos familiares do falecido, geralmente não-wiccanianos. O segredo de ser wiccaniano muitas vezes está oculto à própria família.

Os wiccanianos têm poucas preferências com relação ao destino do corpo. Alguns preferem a cremação (mais ecologicamente saudável), alguns querem ser enterrados e outros não manifestam nenhuma preferência, sabendo que os familiares farão o que acharem melhor. A idéia de veneração especial prestada ao cadáver é ilógica para a maioria, uma vez que o verdadeiro eu é a alma ou espírito, e o corpo é meramente o veículo carnal. Uma vez morto, a essência continua existindo e o corpo não é mais necessário. Seja qual for a época do ano em que um wiccaniano venha a falecer, ele será lembrado no Samhain seguinte, pois é para isso que esse festival é celebrado, lembrar os que partiram antes de nós.

Interação com o Sagrado

ESPAÇO SAGRADO E ESTRUTURA DO CÍRCULO

Espaço Sagrado é o termo empregado pelos wiccanianos para definir a área num Círculo mágico que foi delimitada, purificada e consagrada para um ritual, seja uma celebração ou um trabalho de magia. Num Círculo mágico, cria-se o Solo Santo, mesmo que seja por pouco tempo. O Espaço Sagrado é considerado santo, do mesmo modo que o altar cristão ou a arca num templo. No entanto, em geral ele é temporário, pois os wiccanianos têm poucas igrejas permanentes. Eles também acreditam que a Deusa e o Deus estão em toda parte, não havendo por isso necessidade de prédios especiais separados do resto do mundo. Muitos wiccanianos preferem prestar seus cultos na natureza, quando o clima permite. Para os Sabás, alguns grupos reúnem-se em casas particulares ou numa sala alugada.

O Círculo mágico é recriado a cada encontro. Não existe uma fórmula fixa para criar um Círculo, apenas algumas diretrizes relacionadas com os elementos que precisam estar presentes para que um Círculo seja realmente um Círculo. Diferentes Tradições podem prescrever diferentes Círculos para diferentes ocasiões. Entretanto, estão definidas dez etapas básicas para criar, usar e desfazer um Círculo mágico.

Traçar o Círculo significa delinear a área a ser purificada e consagrada e definir os limites dentro dos quais a energia será mantida.

Purificar o Círculo é livrar o Círculo de energias e entidades extraviadas ou indesejadas — é apagar a lousa para poder escrever nela, por assim dizer.

Convocar os quadrantes (ou Vigias das Torres) significa convidar as entidades guardiãs para que velem e protejam o Círculo; entidades aliadas dos participantes (por exemplo, os Deuses) para que auxiliem nas atividades que serão desenvolvidas.

Confirmação é o ato de declarar que o Círculo está lançado e pronto para ser usado.

Invocar a Deusa e o Deus pode consistir em evocar a Deusa e o Deus para o Círculo, isto é, convidá-los para que compareçam e observem como convidados ou observadores; ou pode ser invocá-los para que se encarnem na Sacerdotisa e no Sacerdote que presidem o Círculo, o que significa trazê-los para a celebração como oficiantes juntamente com a Sacerdotisa e o Sacerdote. Quando invocam, a Sacerdotisa e o Sacerdote não entregam os seus corpos aos Deuses, mas os compartilham com eles e atuam em conjunto. Em geral, isso só é feito dentro de um Círculo adequadamente consagrado, sob condições controladas e apenas por um período de tempo específico. No ato de invocação, normalmente são usadas velas, quase sempre uma branca e uma preta, simbolizando a Deusa e o Deus e a presença deles no Círculo e em toda parte.

A Ação, o trabalho propriamente dito, pode variar desde a celebração de um Sabá ou Esbá até a realização de um ritual mágico completo para produzir uma mudança num indivíduo ou no mundo. Via de regra, considera-se apropriado criar um Círculo somente para um propósito específico. Algumas Tradições prescrevem que alguma ação de magia deve ser realizada cada vez que um Círculo é lançado. Para outras, uma celebração ou uma sessão de ensino são objetivos que justificam a formação de um Círculo.

Terminada a Ação, e com a energia adequadamente direcionada, o wiccaniano desfaz o Círculo na ordem inversa daquela em que foi feito.

Dispensar os Deuses significa concluir a evocação ou invocação com agradecimentos e amor.

Dispensar os quadrantes ou os Vigias das Torres é despedir as entidades guardiãs para que voltem aos seus reinos etéreos.

Recolher o Círculo é devolver à sua origem a energia invocada que restou da realização dos trabalhos.

Abrir o Círculo significa terminar a celebração.

Ao final das cerimônias não deve ficar nenhum vestígio do Círculo no lugar onde ele foi feito. Quando lançam um Círculo ao ar livre, os wiccanianos são muito cuidadosos em limpar e recolher tudo o que trouxeram e também o que outros deixaram e que é estranho ao ambiente. Os responsáveis por parques e acampamentos geralmente ficam felizes em sediar eventos wiccanianos e pagãos, porque a área quase sempre fica mais limpa depois do que antes do encontro. É assim que os wiccanianos manifestam a crença de que toda a natureza é sagrada. Num espaço fechado, numa sede temporária, os wiccanianos varrem e limpam tudo. Numa residência particular, pode haver um número maior ou menor de acessórios do altar que permaneçam, mas as velas, outros objetos físicos e as energias que foram ativadas no Círculo são recolhidos para que a sala volte ao normal.

Quando um Círculo está lançado, os wiccanianos são muito cuidadosos em não ultrapassar os seus limites inadvertidamente. Um Círculo é um Espaço Sagrado e violá-lo negligentemente significa falta de respeito, além de possível perturbação das energias e transtorno da Ação. O Círculo pode ser invisível a olho nu, mas para quem é sensível a essas coisas, ele é muito real. Em geral, os cães não ultrapassam os limites de um Círculo. E os gatos, embora mostrem com o seu comportamento que "sabem" que um Círculo está ativo, por ser gatos em geral entram e saem num Círculo à vontade. As crianças também fazem isso sem nenhum problema, mas podem ser objeto de distração. De qualquer modo, é sempre recomendável resolver antecipadamente se crianças devem ou não participar das cerimônias. É bom lembrar que elas e os gatos são muito mais sensíveis ao mundo psíquico/espiritual do que a maioria dos adultos, por isso podem ser um bom indicador de como as coisas estão se desenvolvendo. Por exemplo, se o seu gatinho, que antes dormia sossegado no seu canto, de repente começa a correr para cá e para lá sem nenhuma explicação, ou se um bebê subitamente começa a chorar convulsivamente, é recomendável verificar o que está acontecendo.

Quando há violação de um Círculo, casual ou intencionalmente, o ritual se quebra, sendo necessário um reforço da limpeza. Alguns grupos fazem isso, mas outros preferem dar o Círculo por encerrado e abandonar a tentativa. Quando transeuntes ou às vezes a polícia ou outras autoridades chamadas perturbam os wiccanianos durante um ritual ao ar livre, estes podem ficar muito aborrecidos se os que chegam não compreendem ou respeitam o Espaço Sagrado criado. Isso significa dizer que os wiccanianos não esperam que todos tenham consciência do Círculo, mas acreditam que depois de uma explicação os intrusos sejam respeitosos e moderados em suas ações, dando às pessoas tempo para encerrar o Círculo antes de resolverem o assunto. Os wiccanianos vêem a quebra de um Círculo da mesma forma como um cristão vê uma interferência desrespeitosa numa cerimônia religiosa ou uma invasão de um solo consagrado. Como muitos departamentos responsáveis pelo cumprimento da lei não conhecem as implicações religiosas da quebra de um Círculo wiccaniano, eles podem provocar animosidades. Muitos grupos não criam Círculos ao ar livre sem ter absoluta certeza de que não serão perturbados (em geral, a simples solicitação de permissão é suficiente). Algumas autoridades locais são mais amistosas do que outras. Alguns grupos wiccanianos envolveram-se em atividades educacionais como forma de colaborar com as autoridades, e assim os desentendimentos são menos prováveis. Infelizmente, ainda existe muita incompreensão e preconceitos contra os wiccanianos, apesar do direito constitucional à liberdade religiosa nos Estados Unidos. Os wiccanianos estão se tornando mais ativos e agressivos em reivindicar os seus direitos de ser tratados como qualquer outro grupo religioso.

PENTAGRAMAS

Os Círculos wiccanianos usam dois pentagramas diferentes: o pentagrama de invocação e o pentagrama de banimento. O pentagrama de invocação é traçado no sentido horário, deosil, acompanhando o movimento do Sol. O pentagrama de banimento é traçado no sentido anti-horário, *widdershins*. O ponto inicial do pentagrama é assunto controverso entre as várias Tradições. Há livros que ilustram numerosos pentagramas, tanto da Wicca como da Alta Magia, que descrevem os elementos simbolizados pelos diversos pontos, além de outros aspectos. Para esse Círculo, não precisamos entrar nesses detalhes. Mas apresentamos aqui os pentagramas de invocação e de banimento usados por Estelle e Paul. Eles são mais simples e gerais do que a maioria, mas muito eficientes. O pentagrama de invocação é usado para invocar os elementos (Vigias das Torres ou quadrantes, como você preferir chamá-los) e o pentagrama de banimento é usado para dispensá-los.

Pentagrama Elemental

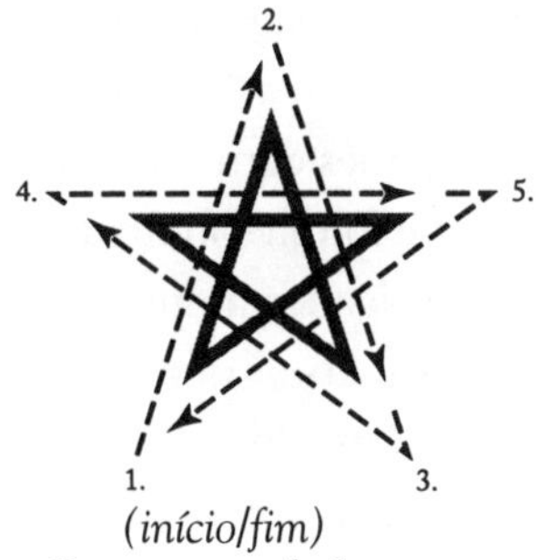

Pentagrama de Invocação

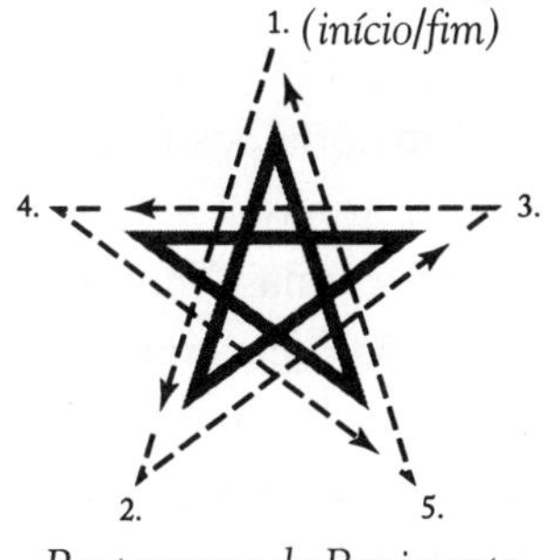

Pentagrama de Banimento

CRUZ ELEMENTAL

A cruz elemental é uma cruz com braços de mesmo comprimento. Existe também uma forma tridimensional com seis braços: para cima, para baixo, para a direita, para a esquerda, para dentro e para fora. Essa é uma variação de um símbolo antigo conhecido como "Roda do Sol", e pode servir como pentagrama. Nesse Círculo, é usada para purificação. Se você quer criar um Círculo, mas não usar um pentagrama, a cruz elemental é um substituto aceitável e eficiente. Talvez você prefira não usar um pentagrama, porque este pode criar uma vibração intensa no plano astral. Ele atrai a atenção de qualquer coisa ou pessoa que queira aproximar-se de você e investigá-lo. Há ocasiões em que não se quer atrair atenção nesse nível; nesses momentos é recomendável usar uma cruz elemental.

Abaixo encontra-se um diagrama da cruz elemental. Para se lembrar da direção de cada braço, Estelle visualiza um mapa dos Estados Unidos e traça sobre ele a cruz para cada quadrante. É simples, mas eficaz. Ao fazer a cruz elemental, comece com o braço da direção (Leste para Leste, Sul para Sul, e assim por diante), e então gire no sentido horário. Para a cruz tridimensional, comece com o quadrante que está à sua frente, gi-

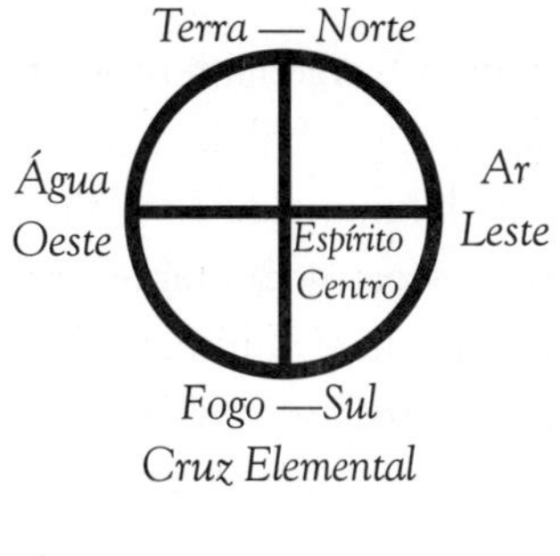

Cruz Elemental

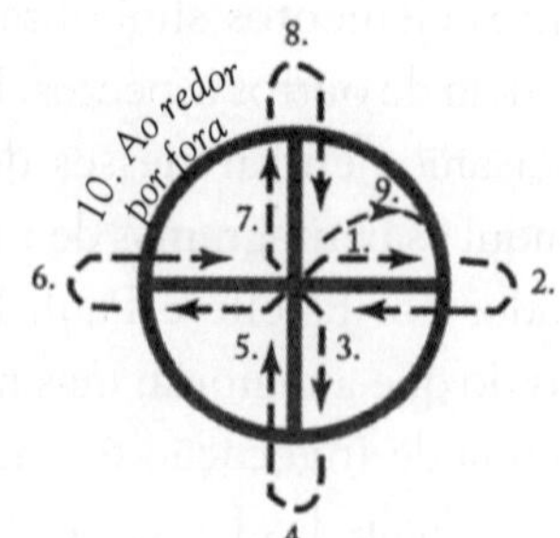

11. Para a frente e para trás
12. Em torno do centro
Cruz Elemental em Duas Dimensões

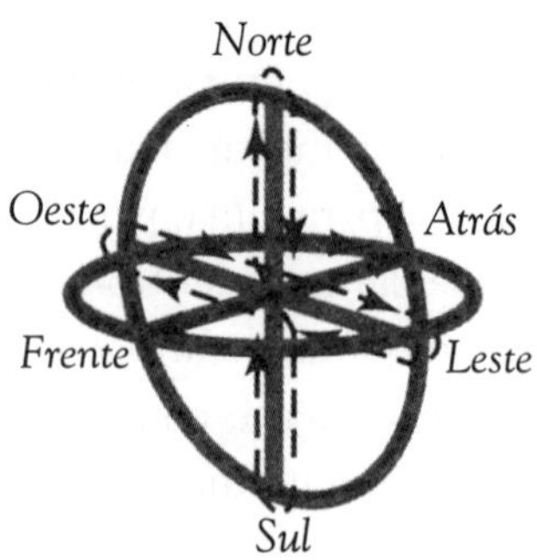

Cruz Elemental em Três Dimensões

re no sentido horário e termine com um "para dentro" e um "para fora" para a terceira dimensão.

INSTRUMENTOS SAGRADOS

Às vezes a Wicca é descrita como uma "religião de coisas", com uma enorme variedade de instrumentos e outros objetos usados numa multiplicidade de formas. Os instrumentos sagrados mais comuns são o athame, o cálice, o pentáculo e a varinha mágica.

O Athame

O primeiro e mais visível instrumento ritualístico wiccaniano é o athame — o punhal sagrado usado para "separar isso daquilo" e dirigir as energias mágicas. O tipo de punhal varia de Tradição para Tradição e de indivíduo para indivíduo. Os ensinamentos da Arte sugerem que o athame seja um punhal de dois gumes, cabo preto, com 15 cm de lâmina e de 25 a 35 cm de comprimento total. As pessoas geralmente preferem um punhal com cabo feito de algum material natural, como madeira, couro ou osso. Esses punhais também podem ser fornecidos com cabos de borracha ou metal, mas não são tão aceitos como os outros porque esses materiais são menos naturais. Além disso, eles foram trabalhados, processados ou de algum modo alterados substancialmente com relação ao seu estado original. O plástico também é usado para o cabo, mas é considerado totalmente artificial. A preferência pessoal pode variar bastante. Em geral cada um consegue o melhor dentro dos limites do seu orçamento. Mas sempre resta a possibilidade de trocá-lo por outro mais tarde.

Para os wiccanianos, esse punhal é um instrumento sagrado, jamais sendo usado como arma. É também um instrumento muito pessoal, pois é violação grave do espaço pessoal uma pessoa tocar o athame de outra sem permissão. O athame é usado para dirigir as energias mágicas e para lançar o Círculo, traçando e definindo a área a ser reservada para o ritual. É também usado para convocar e dispensar os quadrantes e realizar outras práticas. Um estranho teria a impressão de que um wiccaniano num Círculo estaria apenas brandindo uma arma, mas a utilização do athame é específica e controlada. O athame simboliza o elemento Fogo, ou também o elemento Ar, dependendo da Tradição.

O uso do athame é uma questão que suscita polêmicas entre os wiccanianos e os responsáveis pela manutenção da ordem. Normalmente, a polícia só vê os punhais e freqüentemente reage ao que justificadamente percebe como ameaça. Os wiccanianos, por outro lado, vêem os seus athames como instrumentos sagrados e podem ofender-se se forem solicitados a guardá-los ou irritar-se se forem obrigados a entregá-los. Boa educação de ambos os lados, antes que os problemas se exacerbem, é a melhor forma de evitar esses conflitos. Em caso de você precisar viajar para participar de rituais, e se quiser levar o seu athame, ele deve ser posto na sua bainha e guardado na mala ou na mochila, de modo a não ficar visível nem facilmente à mão. Acondicioná-lo adequadamente no porta-malas do carro é uma boa idéia. Lembre-se, a maioria dos Estados e cidades tem leis contra o porte de armas, e a faca comum legal é a que tem um só gume e uma lâmina com não mais de 15 cm de comprimento. Veja com as suas autoridades estaduais ou municipais locais as determinações específicas para a sua região. O seu athame é um instrumento sagrado para você, mas a maioria dos responsáveis pela lei não o considerará como tal e pecará pelo lado da cautela — a cautela deles.

Os wiccanianos normalmente preferem evitar áreas públicas para não se envolver em possíveis mal-entendidos. À medida que a Wicca passa a ser mais conhecida e compreendida, todos esperamos que esses choques se tornarão cada vez menos freqüentes.

O substituto mais simples para um athame de metal verdadeiro são os dedos polegar e indicador da mão direita, levantados e apontados para dirigir as energias. Esse "athame" tem a vantagem de não ser ameaçador, de dificilmente ser confiscado e de ser legal em qualquer lugar para onde você vá. Talvez seja necessária uma certa prática, mas quando usado corretamente, pode ser tão eficaz como um athame de metal.

O Cálice

O cálice é usado para conter o vinho (ou um substituto não-alcoólico), e simboliza o ventre, entre outras coisas. O ato de abençoar o vinho simboliza o ato procriador e é chamado de Grande Rito. A Wicca celebra a natureza e a fertilidade e esta é a manifestação mais visível daquela. Para a maioria das Tradições, o cálice representa o elemento água. A nossa bênção do vinho e os bolos ritualísticos são semelhantes à comunhão dos católicos.

O Pentáculo

O pentáculo é considerado símbolo do elemento Terra. Em geral, é um disco ou um prato com um pentagrama (estrela de cinco pontas) desenhado nele. Tradicionalmente, o pentáculo era feito de cera, podendo ser facilmente destruído em casos de emergência. Atualmente, com o fim da "Caça às Bruxas" ou da "Era das Fogueiras", os pentáculos podem ser feitos de madeira, metal, pedra ou outros materiais mais permanentes. O pentáculo é conservado sobre o altar e usado para aterrar as energias de um ritual, e possivelmente para conter os bolos e o vinho antes de serem benzidos e repartidos.

A Varinha Mágica

A varinha mágica é simplesmente uma vara, quase sempre com uns 50 cm de comprimento, e é usada para dirigir as energias mágicas, embora de forma diferente do athame. Algumas Tradições usam a varinha mágica para deter energias ou sortilégios, outras para lançar o Círculo. As varinhas podem ser de madeira natural ou criações bem elaboradas de vários materiais com cristais, desenhos, etc. Mais geralmente, ela pode ser usada para simbolizar o elemento Ar ou o elemento Fogo (aquele desses dois que *não* for representado pelo athame), dependendo da Tradição.

Outros Instrumentos

O athame, o cálice, o pentáculo e a varinha mágica são os quatro principais instrumentos sagrados da Wicca, mas existem muitos outros objetos usados por várias pessoas e em diversas modalidades ritualísticas. Alguns desses outros instrumentos comuns são:

- a espada, uma espécie de athame mais longo;
- o bastão, uma varinha mágica maior, mas também com outras funções;
- suporte para incenso e incenso;
- velas e castiçais;
- uma tigela para água e outra para sal, ambos usados na limpeza;
- estátuas ou quadros da Deusa e do Deus;
- vestes sagradas ou indumentária ritual;
- cordões ou cintos trançados, usados como símbolos do grau alcançado e também como instrumentos de medida para marcar o Círculo;
- o altar, que pode ser tão simples quanto uma toalha estendida no chão, mais aprimorado, como uma pequena mesa, ou permanente, feito de madeira ou pedra;
- a vassoura, hoje usada pelos wiccanianos para limpar e não para voar. Na limpeza, além da sujeira material, eliminam-se as energias indesejadas. (A vassoura é também usada nas cerimônias de casamento, durante as quais os recém-casados "pulam a vassoura", simbolizando o início de uma nova família juntos.)

Os wiccanianos tendem a juntar instrumentos e artigos ritualísticos. Os ensinamentos da Arte dizem que não se deve regatear ao comprar um objeto para os rituais; em outras palavras, discutir sobre o preço. Algumas pessoas, porém, gostam de comprar em brechós e acham que barganhar é um ato sagrado em si mesmo. O modo de considerar esse assunto cabe a cada um ou é questão de crença tradicional.

Os instrumentos da Arte devem ser sempre purificados e consagrados antes de ser usados. Eles são considerados objetos sagrados e é uma atitude indelicada e desrespeitosa tocar ou usar os instrumentos de outra pessoa sem a devida permissão. Alguns instrumentos são definitivamente pessoais (principalmente o athame), enquanto outros são para uso geral, como velas e incensos. Uma boa regra a seguir ao participar de uma função wiccaniana é esta: "Jamais toque em absolutamente nada, de ninguém, sem autorização."

Lançamento de um Círculo Wiccaniano Básico

Descrevemos abaixo um Círculo wiccaniano básico, que pode ser alterado para adaptar-se a propósitos individuais. Em sua maioria, os Círculos são semelhantes, e o descrito a seguir tem todos os elementos exigidos para um Círculo sólido e eficaz. Nós o incentivamos a pesquisar e verificar que outros Círculos existem, pois há uma infinidade de variações possíveis. Alguns grupos adotam sempre o mesmo formato, mas há Tradições que recomendam o lançamento de Círculos diferentes para Ações específicas. Há também grupos que criam cada vez um Círculo ligeiramente modificado. O importante é que todos os elementos básicos estejam presentes para que as energias sejam ativadas e devidamente conservadas.

O ato de criar um Círculo é conhecido como "lançar um Círculo". Quando totalmente formado, um Círculo é algo sólido e tangível para os que são capazes de senti-lo. Entretanto, o destino do Círculo é ser efêmero, pois ele é lançado, construído, formado ou criado por um período de tempo específico e, quando esse período chega ao fim, ele é desfeito, dispensado ou despedido. O ato de lançar um círculo é um processo com etapas e regras específicas que cria algo que depois é desfeito. Pode-se comparar o lançamento de um Círculo à preparação de uma refeição. Precisamos comprar os ingredientes, deixar à mão os utensílios, temperar e cozinhar os componentes e pôr a mesa. Essas etapas se assemelham ao lançamento do Círculo. Quando o cozimento e outros preparativos estão prontos, a refeição é servida e nós comemos. Isso se parece à Ação. Depois de terminada a refeição e consumido o alimento, lavamos as travessas, pratos e tudo o que foi usado, o que podemos comparar ao ato de desfazer o Círculo.

São intermináveis os debates entre as várias Tradições com relação à colocação do altar e ao quadrante em que se deve começar. Norte e Leste são as direções mais geralmente preferidas. Na realidade, as energias operarão de qualquer maneira, independentemente da localização do altar ou do quadrante em que se comece. Tudo o que realmente interessa é termos a atitude correta em cada Círculo, concentrando-nos e visualizando corretamente as energias enquanto o construímos.

Esse Círculo pode ser lançado com uma Suma Sacerdotisa (STisa), um Sumo Sacerdote (STe) e um grupo; apenas com uma STisa e um STe, ou ainda com uma pessoa acumulando as duas funções. O Círculo pode ser todo masculino ou todo feminino com uma pessoa fazendo ambas as partes, ou melhor, duas pessoas, cada uma assumindo uma parte. Neste caso, os termos STisa e STe se referem aos princípios "receptivo" e "ativo", respectivamente. Os papéis não são necessariamente específicos do sexo. Pode-se também invocar apenas a Deusa (como fazem os grupos Diânicos) ou apenas o Deus, mas as energias podem não ser tão equilibradas como o são quando ambos são invocados.

INSTRUMENTOS RITUAIS

O Círculo utiliza instrumentos rituais padronizados. Os objetos aqui relacionados são básicos, e possivelmente noventa por cento dos wiccanianos usam instrumentos semelhantes em seus Círculos. Muitos outros podem ser adotados, com propriedades e significados específicos. Substituições são possíveis (como de quadros ou de objetos para os quadrantes). Não existe uma forma que se possa considerar única, correta e verdadeira de construir um Círculo, como também não existe um conjunto único e definitivo de implementos ou equipamentos rituais exigidos. Simplesmente use o que melhor se adaptar às suas necessidades e que lhe esteja disponível.

Alguns objetos e ações são opcionais, e como tal assinalados. Mesmo sem eles, o Círculo estará formado e atuante, mas algumas pessoas gostam dos toques extras proporcionados pelos itens opcionais. Tudo é uma questão de preferência. O altar pode ser de pedra, permanente, ou de madeira ou ainda portátil, como também pode ser uma simples toalha estendida no chão. Tudo o que se adaptar ao lugar em que você se encontre e aos materiais e recursos disponíveis está ótimo.

A seguir você encontra a descrição do lançamento de um Círculo wiccaniano bastante padronizado. Observação — por simplicidade, brevidade e facilidade de leitura, o texto adota STisa para Suma Sacerdotisa e STe para Sumo Sacerdote. Isso porque a convenção wiccaniana padrão tem uma STisa do sexo feminino e um STe do sexo masculino. Entretanto, qualquer pessoa pode fazer a parte da STisa ou do STe, e desde que compreenda que a STisa é o princípio receptivo e o STe é o princípio ativo, as energias entrarão em ação.

Ritual de um Círculo

ETAPA 1 — **Prepare os seguintes elementos para o altar:**

- vela de leitura e castiçal
- 2 velas de "presença"
- isqueiro ou fósforos
- espevitadeira ou apagador de velas (opcional, mas um toque elegante)
- athame
- cálice e libação (tipicamente vinho, cidra, algum outro suco ou água)
- prato com bolos
- pentáculo
- porta-incenso com incenso preferido
- recipiente com sal
- recipiente com água
- varinha mágica
- sineta e baqueta (opcional)
- 4 velas, uma para cada quadrante, com castiçal (opcional)

ETAPA 2 — **Preparação do ritual:**

Faça toda a "limpeza" pessoal que precisa ser feita por você e pelos demais participantes. Vista-se de uma maneira que o faça sentir-se "especial" e "mágico", por exemplo, roupas especiais e jóias.
Organize o altar e posicione as velas dos quadrantes (ver o diagrama abaixo).
Feche as cortinas, desligue o telefone, tranque a porta (tudo para evitar possíveis interrupções).

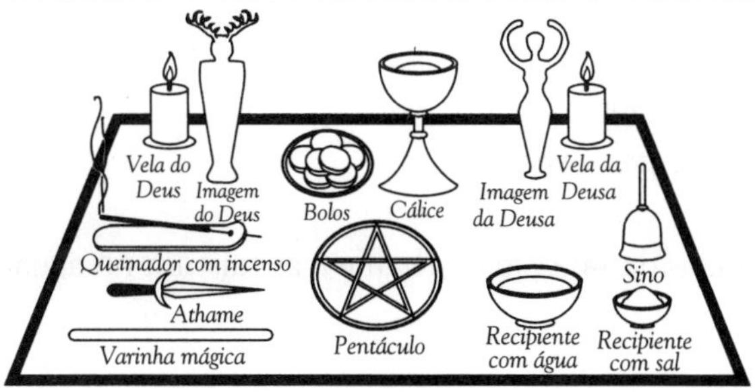

Preparação do Altar

ETAPA 3 **Comece o Círculo:**

Acenda as velas (a) de leitura, (b) dos quadrantes e (c) da presença.
Opcional: O STe vai até o altar e toca a sineta três vezes para limpar a área e concentrar a atenção dos participantes, como preparação ao traçado do Círculo.

ETAPA 4 **O STe traça o Círculo:**

Com o athame, o STe "traça" ou desenha um Círculo no ar em torno da assembléia reunida, começando no quadrante Leste ou Norte. Comece sempre nesse quadrante escolhido tudo o que for feito no Círculo de agora em diante, e movimente-se deosil, ou no sentido horário.

Observação: As Tradições, em sua maioria, definem que todo movimento que os participantes fazem dentro de um Círculo deve ser na direção deosil. Esse procedimento é adotado para que as energias não se dispersem acidentalmente devido ao movimento *widdershins*, ou no sentido anti-horário. Caso você precise virar para a esquerda, faça um giro deosil de três quadrantes (ou o que for necessário) até o ponto para o qual você precisa voltar-se. Parecerá estranho inicialmente, mas por fim será natural movimentar-se apenas deosil num Círculo. Isso é importante.

ETAPA 5 **A STisa consagra a água e o sal**

A STisa vai até o altar, toma o athame e mergulha a ponta no recipiente com água; em seguida visualiza todas as energias negativas sendo expulsas da água, e diz em voz alta:

Exorcizo-te, criatura da Água,
Para que expurgues de ti
Todas as Impurezas e Imundícias
Dos espíritos fantasmagóricos
Em nome da Senhora e do Senhor.

Aqui e durante todo o ritual, você pode substituir "Senhora" e "Senhor" pelos nomes da Deusa e do Deus de sua escolha.
Em seguida, a STisa mergulha a ponta do athame no sal e visualiza todas as energias negativas sendo eliminadas dessa substância, dizendo:

Sê abençoada, criatura da Terra.
Que todas as maldades e obstáculos
Se afastem para que a bondade possa entrar.

A STisa então toma três pitadas de sal com o athame e as mistura na água, dizendo:

Temos consciência de que
Do mesmo modo que a água purifica o corpo,
Assim o sal purifica a alma.

A STisa mexe o sal na água. Depois enxuga o athame e diz:

Por isso eu te abençôo
Em nome da Senhora e do Senhor,
Para que me ajudes.

ETAPA 6 **A STisa asperge, ou purifica, o Círculo com Terra e Água:**

Tomando o recipiente com água, e começando no quadrante escolhido, movimentando-se deosil, a STisa borrifa a água consagrada três vezes em cada quadrante, e também em cima e embaixo. O altar também pode ser aspergido para que fique purificado. Essa aspersão é pequena, algumas gotas de água nas pontas dos dedos.

ETAPA 7 **O STe consagra o Fogo e o Ar:**

O STe toma o incenso e o acende numa vela, dizendo:

Consagro-te, criatura do Fogo,
Para que não permitas que o mal contamine este Círculo.

O STe apaga a chama e observando o incenso espiralar, diz:

Invoco-te, criatura do Ar,
Para que protejas este nosso Círculo com amor.

ETAPA 8 **O STe incensa, ou purifica, o Círculo com Fogo e Ar:**

Começando no quadrante escolhido, o STe incensa o Círculo com a vareta acesa, desenhando no ar a cruz elemental específica de cada quadrante; depois, movendo-se deosil, termina no centro do Círculo com uma cruz elemental tridimensional completa.

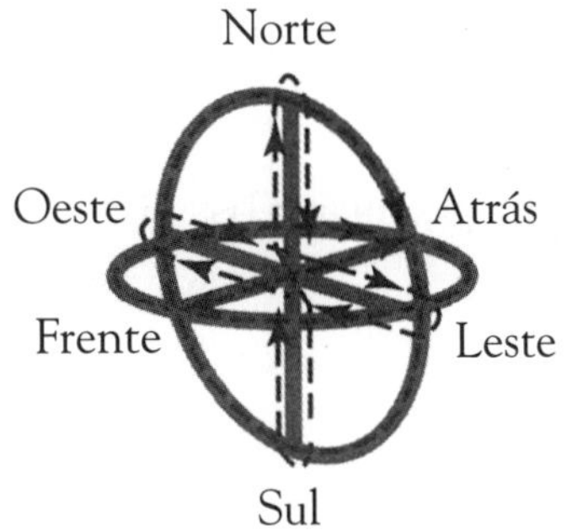

Cruz Elemental Tridimensional

ETAPA 9 **A STisa invoca os guardiões dos quadrantes:**

A STisa toma o seu athame e, começando no quadrante escolhido, desenha um pentagrama de invocação em cada quadrante, movimentando-se no sentido horário ao redor do Círculo.

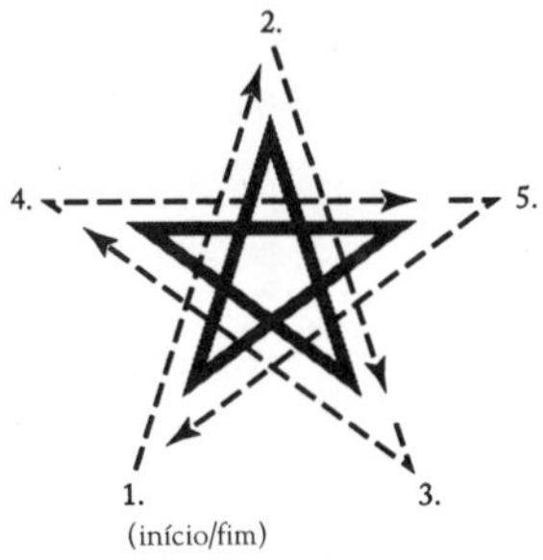

Pentagrama de Invocação

Depois de desenhar cada pentagrama, ela diz:

Vigias das Torres do _______,
Criaturas do _______, (Leste/Ar, Sul/Fogo, Oeste/Água
Norte/Terra)
Convido-vos e peço-vos que testemunheis este rito
e guardeis este Círculo e tudo o que ele contém.
Salve e bem-vindos!

Os presentes respondem com:

Salve e bem-vindos!

Observação: No espaço em branco, mencione o nome e a direção correspondentes a cada quadrante, começando com o quadrante escolhido.

A STisa por fim dirige-se para o centro do Círculo e traça um pentagrama de invocação apontando primeiro para cima e em seguida para baixo.

Opcional: Depois de desenhar cada pentagrama, a STisa diz:
Salve e bem-vindos!
Opcional: Os presentes respondem com:
Salve e bem-vindos!

ETAPA 10 **O STe confirma ou fecha o Círculo:**

O STe dirige-se para o centro do Círculo, toma a varinha mágica e movimenta-se deosil, redesenhando o Círculo que havia traçado anteriormente com o athame, para conservar as energias, dizendo:

Assim nos encontramos, num tempo que não é mais tempo,
num lugar que não é mais lugar,
pois estamos entre os mundos e além deles.
Que a Deusa e o Deus
nos ajudem e protejam em nossa jornada de magia.
Assim seja!
Os presentes repetem:
Assim seja!

ETAPA 11 **A Deusa e o Deus são chamados:**

A STisa e o STe põem-se junto ao altar, voltados um para o outro, segurando-se as mãos, uma para cima, outra para baixo.

Se o seu Círculo for para uma evocação — convite à Deusa e ao Deus para a festa — você pode dizer:

Senhora e Senhor,
pedimos a vossa presença neste nosso Círculo.
Olhai e velai sobre o nosso Círculo
e guiai-nos com vossas amáveis presenças.
Assim seja!

Os presentes respondem:

Assim seja!

Se o Círculo for de invocação — convidar as presenças da Deusa e do Deus para a Suma Sacerdotisa e para o Sumo Sacerdote — você pode dizer:

Senhora e Senhor,
pedimos a vossa presença neste nosso Círculo.
Fazei-vos presentes em nossa Suma Sacerdotisa e em nosso Sumo Sacerdote
para poderdes participar plenamente de nossos ritos.
Compartilhai os seus corpos e sentidos
e abri os seus corações para o vosso amor.
Estai conosco em nosso Círculo agora.
Assim seja!

Os presentes repetem:

Assim seja!

ETAPA 12 **Ação propriamente dita:**

Este é o coração do ritual, quer se trate de uma celebração, de um Trabalho de magia, ou de ambos. A Ação pode ser a celebração de um Sabá ou Esbá, uma Iniciação, uma limpeza, consagração, banimento, cura ou adivinhação, pode ser um sortilégio para produzir uma mudança em si mesmo ou no mundo ao seu redor. Pode também ser uma combinação de vários desses elementos. Nos limites do Círculo mágico, você tem um espaço seguro para ativar a energia e realizar a magia. Esta é a parte que ocupa mais tempo e utiliza a energia produzida. Depois de ativar e usar a energia, envie-a para que realize o que você quer alcançar com a realização da Ação. O restante do ritual consiste em "selar" a Ação, dispensar o excesso de energia e desfazer o Círculo.

ETAPA 13 **Realização do Grande Rito:**

O Grande Rito é a forma wiccaniana da comunhão. Para realizá-lo, a Suma Sacerdotisa segura o cálice diante do Sumo Sacerdote, que segura o athame sobre o cálice, com a lâmina para baixo.
A STisa diz:

Como o Cálice é o princípio feminino;

O STe diz:

E o Athame é o princípio masculino;

Enquanto dizem essas palavras, cada um aproxima lentamente o cálice e o athame, de modo que este seja imerso na libação. A Suma Sacerdotisa e o Sumo Sacerdote devem sentir o poder da Deusa e do Deus entrar na libação. Ambos dizem:

Juntos eles são um só!

O Sumo Sacerdote então retira o athame da libação e o enxuga. A Suma Sacerdotisa eleva o cálice em saudação aos Deuses, bebe dele e o entrega ao Sumo Sacerdote, dizendo:

Bendito sejas!

O Sumo Sacerdote então eleva o cálice em saudação aos Deuses e também bebe, dizendo:

Bendita sejas!

Então a STisa toma o prato de bolos e o STe posiciona as mãos sobre eles; ambos os abençoam, dizendo:

Senhora e Senhor,
abençoai estes bolos
para que possamos participar da vossa liberalidade.

A STisa toma um pedaço de bolo e o come; o STe faz o mesmo. O cálice e os bolos são então passados ao Círculo para que todos deles participem. Depois de passar por todo o Círculo, o cálice é devolvido à STisa, que bebe o que resta da libação. (Se houver muita sobra para que possa beber sozinha, ela pode passá-lo a outros que podem ajudá-la a chegar a uma quantidade satisfatória.) A STisa esgota o cálice, coloca-o virado sobre o pentáculo (com as últimas poucas gotas da libação, para os Deuses) e aterra as energias do ritual com o pentáculo. Se houver sobra de bolo, essa também é posta sobre o altar.

Observação: Você pode passar o cálice e os bolos pelo Círculo de homem para mulher e vice-versa ou de pessoa a pessoa. Se for de homem para mulher e houver mais pessoas de um sexo do que do outro, a STisa ou o STe interpõe-se para manter o padrão de alternância.

Se uma pessoa está resfriada ou não quer beber da libação (por exemplo, se for álcool e a pessoa não bebe álcool), ela pode levantar o cálice em saudação ou então mergulhar um dedo no cálice e umedecer os lábios. Isso é suficiente. Se houver problema com álcool, você pode substituí-lo por cidra de maçã, vinho não-alcoólico ou suco de uva.

Se houver muitas pessoas no Círculo para que cada um sorva um gole do cálice, é possível reabastecê-lo a intervalos apropriados, mas sempre a partir de uma certa quantidade existente, nunca totalmente esgotado. O recipiente original deve permanecer ao lado do altar, esperando para ser usado, se necessário. Deve também haver bolo suficiente para todos, ou cada um deve pegar apenas um pedaço pequeno, de modo que todos possam ter sua parte. Se uma pessoa não pode comer bolo, é suficiente que ela levante o prato em saudação aos Deuses.

É sinal de consideração mencionar antecipadamente os ingredientes do bolo e do cálice para que as pessoas saibam se podem ou querem participar.

ETAPA 14 **Dispensa da Deusa e do Deus:**

A STisa e o STe voltam-se um para o outro e unem as mãos como acima, Etapa 11.
Se a Deusa e o Deus foram "evocados," eles dizem:

Senhora e Senhor,
agradecemos a vossa presença em nosso Círculo.
Pedimos vossas bênçãos e vosso amor

antes de partirdes para os vossos reinos.
Salve e adeus!

Todos os presentes respondem com:

Salve e adeus!

Se a Deusa e o Deus foram invocados, eles dizem:

Senhora e Senhor,
agradecemos a vossa presença em nosso Círculo.
Pedimos vossas bênçãos e vosso amor
antes de partirdes para os vossos reinos.
Salve e adeus!

Os presentes novamente respondem:

Salve e adeus!

ETAPA 15 **Dispensa dos quadrantes:**

A STisa toma o seu athame e movimentando-se deosil em torno do Círculo traça um pentagrama de banimento em cada quadrante, dizendo:

Vigias das Torres do _______,
Criaturas do _______, (Leste/Ar, Sul/Fogo, Oeste/Água Norte/Terra)
agradecemos a vossa presença neste nosso Círculo.
Que haja paz entre nós, agora e sempre,
e enquanto partis, nós vos dizemos
Salve e adeus!

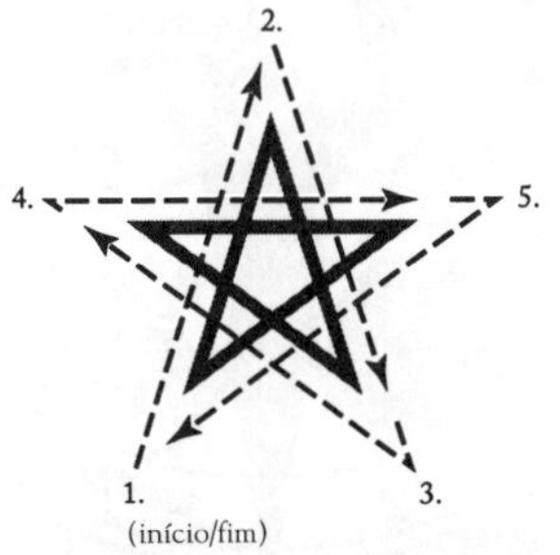

Pentagrama de Banimento

Opcional: Todos os presentes respondem com:

Salve e adeus!

ETAPA 16 **Aterre e corte o Círculo:**

O STe finalmente toma o seu athame e apaga o Círculo que desenhou na Etapa 4.
Feito isso, ele faz um corte com o athame por onde passavam os limites do Círculo, dizendo:

Este Círculo está aberto, mas indiviso.

Finalmente, todos os presentes dizem:

Felizes nos encontramos, felizes partimos
e felizes tornaremos a nos encontrar!

ETAPA 17 **Limpeza geral:**

Limpe tudo o que sobrou e lave o que foi usado.
Guarde as velas e desmonte o altar.
Vista suas roupas mundanas. Religue o telefone, abra as cortinas e destranque a porta.

Está terminado.

Ilustração Alquímica Medieval

Características da Magia

A definição mais básica de magia é "uso controlado da vontade para produzir uma mudança em si mesmo ou no ambiente". Popularmente, o termo refere-se à magia de palco, à prestidigitação e a outros entretenimentos espetaculosos que se servem de truques e de outras artimanhas teatrais para dar a impressão de alteração da realidade por meios sobrenaturais. A grafia inglesa acrescenta um "k" (*magick*) para distinguir a magia que é fruto da ação psíquica da magia de palco. À semelhança da Magia Cerimonial e de outros grupos místicos/fraternais/espiritualistas, os wiccanianos utilizam a magia (*magick*) como um meio de contato com a Divindade e de desenvolvimento pessoal. Os wiccanianos recorrem à magia para produzir mudanças em si mesmos e no mundo ao seu redor, em geral simultaneamente. Às vezes, uma pequena alteração na visão ou na perspectiva mental básica do indivíduo pode resultar numa mudança no mundo. Nos "reinos da magia", a pessoa pode também ficar mais perto dos Deuses e direcionar a ajuda e as orientações da Divindade para aperfeiçoar-se. Ela pode adotar uma técnica específica, como Magia Cerimonial, meditação, divinação, sons sagrados e dança extática para efetuar uma mudança em sua mente e no modo de ver as coisas, procedimentos todos esses que a tiram do mundo ordinário e a transportam aos "reinos superiores". Os wiccanianos usam a magia em ambientes controlados com técnicas controladas para prevenir resultados indesejados. Apesar de não reconhecerem o Diabo, eles admitem o fenômeno da possessão e trabalham para evitá-la.

Os wiccanianos praticam a magia em Círculos, uma área do Espaço Sagrado purificada e protegida contra influências externas indesejadas. Isso é muito importante, pois a prática da magia fora de um Círculo é mais difícil e sujeita a influências e mudanças inesperadas e nefastas. O Círculo orientado para fins de magia é o mesmo que se lança com objetivos de culto. Culto e magia podem ser integrados numa única Ação. Alguns wiccanianos consideram a magia como uma forma de culto ou de oração focalizada e dirigida. A Divindade é sempre convidada a participar, pois os wiccanianos acreditam que somos amigos e coadjuvantes dos Deuses, e eles nos ajudam em tudo o que fazemos.

Os wiccanianos praticam o que se chama de "magia branca", a magia feita para beneficiar todas as pessoas envolvidas. Eles não enviam energia a ninguém que não esteja consciente desse ato, ou que não o queiram, uma vez que essa atitude seria um tipo de "magia negra", uma magia feita para prejudicar alguém ou para impor a própria vontade sobre outros. Sem permissão do interessado, mesmo a cura é considerada uma forma de magia negra, porque se estaria impondo a própria vontade sobre o outro. A Lei de Três e a *Rede* Wicaniana são regras amplas que se aplicam a muito mais casos do que pode parecer à primeira vista.

Quando uma pessoa está com algum problema e necessitada de energias de cura, e não se consegue obter a sua autorização, em geral os wiccanianos enviam a energia para o cosmos, para que a pessoa a use do modo que lhe aprouver. Consciente ou inconsciente, é escolha dela querer ou não a energia disponível.

Quando praticada adequada e eticamente, a magia é um recurso poderoso para efetuar mudanças em si mesmo e no ambiente circundante. Em geral, os wiccanianos fazem encantamentos para si mesmos, para os amigos ou para os colegas wiccanianos. É mais fácil efetuar a mudança em nós mesmos do que no mundo inteiro à nossa volta.

ANCORAMENTO [*GROUNDING*] E CENTRAMENTO

A primeira técnica de magia que a maioria dos wiccanianos aprende é a do ancoramento e centramento. Essa técnica nos leva a um estado mental de relaxamento, dissipa as distrações, concentra e armazena energia. Ela equivale a um estado meditativo, mas também nos prepara para a ação e nos predispõe a sentarnos imóveis e a usar a mente.

Essa sensação de calma, relaxamento e solidez que sentimos onde nos encontramos é o que os wiccanianos descrevem como ancoramento e centramento. O ato de construir uma base e centrar-se é o primeiro requisito para qualquer Ação, seja ela um trabalho de magia, uma celebração ou o lançamento de um Círculo.

Há muitas outras técnicas para ancoramento e centramento. Algumas são mais elaboradas; outras agem instantaneamente. Uma boa técnica é repetir para si mesmo um "mantra" ou um bordão. A simples prática de três respirações de limpeza pode ser suficiente para alguém com experiência. A prática torna as coisas mais fáceis. Todas as técnicas implicam o relaxamento intencional do corpo, a consciência de estar no aqui e agora, a eliminação de distrações da mente e a convergência dos pensamentos para o que será feito. A formação de uma base e o estado de centramento são favoráveis para muitas atividades da vida diária. Se você fica perturbado ou agitado, essa condição o ajuda a acalmar as emoções e a desanuviar a mente, de modo a poder realizar a ação. Se você tem um problema de saúde, ela pode ajudar a aliviar os sintomas físicos. Você pode pôr-se nessa condição antes de uma reunião importante ou de uma entrevista de emprego; a sua mente ficará mais organizada.

Essas técnicas não são exclusivas da Wicca. Muitas disciplinas de auto-ajuda servem-se delas. Quase todas

Ritual de Ancoramento e Centramento

PASSO 1	Sente-se numa cadeira com os pés bem apoiados no chão, as mãos descansando no colo e a coluna ereta.
PASSO 2	Faça três inalações profundas e exale lentamente. Com a saída do ar, relaxe o corpo e solte as tensões. São três respirações de limpeza.
PASSO 3	Nessa condição de relaxamento, imagine raízes saindo dos seus pés e da base da espinha e penetrando profundamente na terra.
PASSO 4	Sinta-se em seu corpo, em sua pele. Sinta a gravidade mantendo-o na cadeira. À medida que as raízes crescem, sinta-se enraizado onde você se encontra, no aqui e agora, no espaço que está ocupando.
PASSO 5	Enquanto você se concentra no aqui e agora, a sua mente deve ficar livre de pensamentos e distrações externas. Acalme-se e relaxe mais e mais.

Minerva

as escolas de meditação usam alguma forma de ancoramento e centramento, embora sejam geralmente menos ativas. Se você já pratica alguma técnica, e se é boa para você, continue com ela. Mas é recomendável experimentar a técnica acima descrita nem que seja apenas para efeito de comparação. Ela não apresenta nenhum risco psíquico, não irá expô-lo a nada, psíquica e espiritualmente, e não o tornará suscetível à possessão. Além disso, centrar-se é na verdade a sua primeira defesa contra qualquer tipo de ataque psíquico. Essa técnica não o põe em contato com nada, apenas lhe dá condições de relaxar, esvaziar a mente e focalizar os pensamentos. Isso é tudo. Ponto final.

CONSTRUÇÃO DE ESCUDOS

A construção de escudos é uma técnica que consiste em formar uma barreira de energia concentrada ao nosso redor para proteger-nos de influências externas.

A bolha que você cria é elástica e personalizada. Ela se expande quando você fica de pé ou se movimenta e se contrai quando você se senta. Essa bolha dourada de energia é o seu escudo. Ela é translúcida, você pode ver através dela, mas energias e influências erráticas não conseguem atravessá-la. Ela pode ser-lhe invisível até você se defrontar com energias externas. E como você cria esse escudo de energia principalmente em sua mente, ele deve ser invisível a quase todas as pessoas. A bolha pode também contrair-se de modo a adaptar-se à pele, como uma "roupa de energia". Se pensar nos "escudos de energia" que envolvem as aeronaves em séries de TV como *Jornada nas Estrelas*, você terá uma boa idéia do que é um escudo e do que ele faz.

À medida que praticar a construção de escudos, você poderá criar bolhas de energia em torno do seu espaço vital, do carro ou de outras posses. Apenas projete a bola de energia e faça-a girar ao redor do que você quer proteger. Os escudos não são permanentes. Eles perduram por um certo tempo, dependendo da maior ou menor resistência com que foram feitos e da quantidade de energia psíquica perniciosa que os en-

Ritual para Construção de um Escudo

Passo 1 Firme-se em sua base e centre-se, como descrito acima.

Passo 2 Solto e concentrado, reúna sua energia interior. Para isso, visualize uma esfera de luz dourada do tamanho de uma bola de golfe, localizada na região do peito ou na testa, o que você achar melhor.

Passo 3 Formada a bola de luz, projete-a à sua frente, a uns sessenta centímetros de distância do corpo.

Passo 4 Agora visualize essa bola de energia movimentando-se ao redor do seu corpo. Faça-a girar cada vez mais rápido até que ela se torne um cinturão de energia dourada envolvendo todo o corpo.

Passo 5 Depois de formar o cinturão, gire-o de modo a transformá-lo numa esfera de luz dourada cingindo-o totalmente.

Passo 6 Ancore essa esfera de energia dourada com um raio de luz que se projeta diretamente para o cosmos. Fixe-a também com outro raio de luz dirigido ao horizonte oriental, onde surgem os primeiros raios do sol. Isso o liga aos Deuses e às energias divinas.

volve. Você precisa renovar o seu escudo de vez em quando. Quanto mais aplica essas técnicas, mais você se aperfeiçoa e mais rapidamente pode construir ou reforçar um escudo. Comece devagar, construindo um escudo para você mesmo antes de mais nada. Quando se sentir à vontade com ele, comece a proteger o ambiente à sua volta. Daí em diante, você estará preparado para proteger outras coisas.

Ancoramento, centramento e o escudo são técnicas valiosas para viver no mundo agitado de hoje. Envolver-se num escudo antes de dormir pode proporcionar-lhe um sono reparador.

LIMPEZA DE INSTRUMENTOS

A ação de limpar e consagrar é um ritual que praticamente todo wiccaniano realiza. Apresentamos a seguir a versão simplificada de um ritual de limpeza e consagração.

Ritual de Consagração de um Instrumento

ETAPA 1 **Além dos apetrechos ritualísticos habituais, para a Ação mágica de limpeza você precisará de**

- água e sal
- incenso
- óleo sagrado (aromatizado ou neutro)

ETAPA 2 **Preparação:**

Primeiro, limpe o instrumento fisicamente, lavando-o, polindo-o ou o que for necessário.

Antes da Ação, talvez você queira inscrever o objeto a ser consagrado com um selo mágico, com o nome usado na Arte ou com um lema. Isso pode ser feito permanentemente, como ao gravar o cabo de madeira de um athame, ou apenas para a consagração, como por exemplo a lâmina com uma caneta, para que seja lavada durante a consagração ou depois dela.

Observação: O que você grava no instrumento deve ser bem pesquisado e pessoal para você. Não queira simplesmente adotar um símbolo como selo só porque gosta dele. Conheça o significado desse símbolo e as energias que você passa ao instrumento ao adotá-lo. Um selo é um símbolo desenhado que tem sentido para a pessoa que o usa e possivelmente também para o mundo em geral. Ele pode assemelhar-se a uma marca registrada mágica ou pode representar afinidades e alianças, como por exemplo uma coruja para simbolizar sabedoria ou a Deusa Atena. Alguns imprimem uma runa ou uma letra de outros alfabetos mágicos. Certas Tradições têm o seu selo distintivo, que é usado por todos os seus seguidores. Também um nome mágico ou uma divisa que você escolha devem ser bem pesquisados, de modo a mantê-los com o passar dos anos. Você pode ainda consagrar um objeto sem nenhum selo, nome ou lema. O ato de consagração em si impregna o instrumento com sua energia pessoal e o define magicamente como seu.

ETAPA 3 **Lance o Círculo:**

Lance o Círculo como de hábito ou aproveite o Círculo wiccaniano geral, como descrito acima.

ETAPA 4 **Convide a Deusa e o Deus para o Círculo:**

Convide-os da maneira habitual ou, novamente, use o Círculo wiccaniano geral, como descrito acima.

ETAPA 5 **Purifique o instrumento com Terra e Água:**

Criado o Círculo e convidados os Deuses, tome o objeto e purifique-o psiquicamente borrifando-o com água salgada para eliminar influências indesejadas ou erráticas.

Observação: Feito isso, você pode enxugar o instrumento se ele corre o risco de ser danificado pela água salgada.

ETAPA 6 **Purifique o instrumento com Fogo e Ar:**

Limpe psiquicamente o instrumento com incenso, envolvendo-o totalmente na fumaça.

Observação: Com esses dois atos, o objeto está purificado com os quatro elementos.

ETAPA 7 **Expresse por que você está praticando essa Ação:**

Faça uma pequena afirmação e declaração de propósito, como:

Este é o meu athame sagrado.
Que ele me seja propício em minhas Ações de magia,
e que a Deusa e o Deus sempre me amparem.

ETAPA 8 **Unte o instrumento:**

Tome o óleo e unte o instrumento pondo nele a sua energia, concentrando-se nas funções que você lhe atribuirá e no modo como ele o ajudará e estará em sintonia com as suas energias pessoais.

Observação: Concluída a etapa, você pode remover o óleo do instrumento. Não há necessidade de grandes quantidades de água salgada ou óleo, apenas o suficiente para marcar o instrumento com cada um deles e deixar que as energias dos líquidos sejam absorvidas pelo objeto.

ETAPA 9 **Sele o seu trabalho:**

Terminada a limpeza, ponha o instrumento sobre o pentáculo para que ele possa ser consolidado ou "selado" para os seus fins.

Observação: Você pode consagrar mais de um instrumento por vez, um depois do outro, mas não é recomendável que sejam em grande número, porque você pode ficar esgotado e as últimas consagrações podem não ser tão eficazes quanto as primeiras na mesma Ação. Em nossas aulas, os alunos consagram os seus quatro instrumentos principais numa única Ação, e talvez uma ou duas mais, mas nada além disso.

ETAPA 10 **Termine o ritual e abra o Círculo:**

Depois de terminar a consagração, aterre todo excesso de energia por meio do pentáculo e desfaça o Círculo como de costume. O ritual está encerrado.

Depois de consagrados, os instrumentos devem ser guardados num lugar onde fiquem protegidos e não possam ser tocados por ninguém. As pessoas geralmente têm uma bainha para o athame (o que facilita usá-lo e portá-lo) e no mínimo envolvem os demais instrumentos em seda. Se você tem um altar permanente, esse é um bom lugar onde deixar os instrumentos. Algumas pessoas têm uma sacola ritual ou uma maleta em que conservam os instrumentos, as vestes e outros objetos que levam aos rituais. Uma gaveta ou caixa especial também pode ser muito adequada. O que for melhor para você e para o espaço onde você mora está ótimo, desde que os instrumentos fiquem guardados em segurança e não estejam facilmente acessíveis.

SOLUÇÃO DE PROBLEMAS COM A MAGIA

Definir o problema é o primeiro passo para realizar um sortilégio ou uma Ação. Definido o problema com precisão, você já terá meio caminho andado para resolvê-lo. Para a prática bem-sucedida da magia são necessárias concentração da mente e vontade.

Os wiccanianos são muito cuidadosos ao realizar a magia. Eles se esforçam para produzir um resultado, mas não definem exatamente como isso deve ser feito. Essa atitude deixa aberturas para possibilidades que eles talvez não tenham levado em consideração, mas que podem ser melhores para todos os envolvidos. Às vezes um wiccaniano precisa ficar aquém do que desejaria.

Um wiccaniano tinha uma filha que se encontrava com um homem pernicioso, alguém com quem não era recomendável relacionar-se. Ele sugava a filha, aproveitando-se da sua boa índole, e a visitava em casa quando bem entendia. O wiccaniano queria que a filha deixasse de ver esse homem. Fazer um trabalho com esse objetivo seria praticar magia negra, forçando a filha a agir contra a vontade dela, ou forçando o homem a parar de se encontrar com a filha. O wiccaniano então pediu a nossa ajuda. Às vezes é bom contar com alguém de fora com condições de analisar a situação com imparcialidade. Depois de conversar com o wiccaniano, ficou estabelecido o seguinte: Ele não queria essa pessoa por perto e desejava que a filha visse por ela mesma com que tipo de homem estava envolvida.

Para lidar com essas duas situações, realizamos um trabalho em duas partes. A primeira consistiu em construir um escudo de proteção para a casa e a propriedade do wiccaniano contra o namorado indesejado. Para que este se sentisse totalmente desconfortável caso entrasse na propriedade ou na casa, criamos como escudo um capacho psíquico, não de "boas-vindas", mas de "pessoa indesejada". Isso é perfeitamente aceitável, pois as pessoas certamente têm o direito de proteger sua propriedade e de decidir que pessoas querem receber. Estendemos esse escudo à linha telefônica para que o namorado resistisse em telefonar.

A segunda parte do trabalho consistiu em enviar energia para o cosmos para que a filha visse esse homem como ele era, tivesse uma visão do seu verdadeiro caráter. Se, mesmo inconscientemente, a filha se aborrecesse com a relação, isso poderia dar-lhe energia suficiente para vê-lo como ele realmente era e começar a romper os laços que a mantinham presa a ele.

A primeira parte do sortilégio funcionou muito bem. A filha estivera introduzindo o namorado na casa às escondidas enquanto o wiccaniano estava fora ou à noite quando todos dormiam. Ele também telefonava a toda hora. Essas atividades cessaram quase imediatamente. O namorado não se sentiu mais à vontade em visitá-la ou telefonar-lhe.

A segunda parte demorou um pouco mais. Depois de uns seis meses, a filha anunciou que não estava mais se encontrando com o namorado e que isso já acontecia havia meses. Quando o pai lhe perguntou por que, ela respondeu que o observara enganando um amigo com relação a dinheiro e que percebera outras formas de desonestidade e maldade contra terceiros. Ela finalmente descobriu também que ele praticava esses atos com ela mesma, e por isso estava pronta para romper a relação; mas ele se antecipou e disse que não queria mais vê-la.

Bem, não se pode dizer com certeza se tudo isso foi resultado direto do sortilégio feito. Mas a filha parou de ver o namorado e ele deixou de visitá-la em sua casa e de telefonar-lhe.

O FATOR CRENÇA

A magia só é eficaz quando o praticante acredita nela. Você precisa acreditar no que faz. Se você faz troça ou duvida, a energia não fará o que você quer que ela faça. Coincidências podem acontecer, mas para alguns wiccanianos não existem coincidências. Tudo acontece por um propósito. Às vezes não se descobre qual possa ser esse propósito, outras vezes, sim. "Às vezes a magia dá resultado, outras vezes, não." Sempre existem forças maiores atuando, e nem sempre se tem consciência delas.

No fim, o critério para julgar a eficácia da magia é: o resultado foi alcançado? Quer o agente da realização seja você mesmo, a pessoa por quem você trabalhou, ou um fator totalmente aleatório, se o resultado foi alcançado a magia teve sucesso.

Outro fator está expresso nas palavras, "Os Deuses ajudam a quem se ajuda". Você pode fazer todos os sortilégios do mundo para encontrar trabalho, mas para conseguir emprego, você precisa abrir o jornal, fazer alguns telefonemas, vestir-se adequadamente, ir para a entrevista e apresentar-se sob uma perspectiva favorável. Os Deuses não farão chover dinheiro do nada sobre você. Mas se você faz o ato de magia e depois cumpre a parte que lhe toca, as possibilidades serão maiores do que se não tivesse realizado o sortilégio. Talvez isso seja assim porque a magia ajuda a concentrar a sua intenção e objetivos. Talvez seja porque a magia opera para torná-lo irresistível a possíveis empregadores. Talvez a magia ajude a fazer com que você esteja no lugar certo, na hora certa, e maximize as possibilidades. No fim, nada disso importa, desde que você realmente consiga o emprego.

REALIZAÇÃO DE UM ENCANTAMENTO

São necessários quatro elementos para um encantamento: Querer, Saber, Fazer e Silenciar.

O "querer" procede de uma resolução firme e de uma idéia clara do que deve ser feito, e ainda da crença de que aquilo que você faz trará o resultado esperado.

"Saber" tem dois sentidos: saber o que deve ser realizado ou ter uma idéia clara do que é preciso, e saber como realizar o encantamento propriamente dito.

"Fazer" é simplesmente isso, realizar o encantamento. Encantamentos não são meros desejos. É preciso pôr energia no sistema para produzir a mudança. O quanto você *faz* pode ter relação direta com a rapidez e a integridade dos resultados.

"Silenciar" significa não falar nem alardear sobre o que você fez. Apenas viva a sua vida normalmente e maravilhe-se quando descobre que aquilo que você queria aconteceu, embora nem sempre na forma imaginada. Manter silêncio pode ser o mais importante, pois a partir do momento em que você faz o encantamento e libera a energia, remoer ou falar constantemente sobre o assunto pode fazer com que o trabalho não dê resultados ou até produza o efeito contrário. Se você fica pensando nele, significa que os seus pensamentos não se dissiparam, e assim o sortilégio não foi enviado adequadamente para cumprir a sua missão. Se você fala sobre ele, pessoas erradas podem ouvi-lo, e você pode atrair uma reação contrária, tanto se o ouvinte está envolvido quanto se é apenas um curioso. Em geral, depois de uma Ação de magia, a maioria dos wiccanianos entrega-se a tarefas mais mundanas, como limpeza ou outros afazeres domésticos que ocupam a mente e desviam os pensamentos da magia que acabou de ser realizada. Isso cria uma lacuna entre o praticante e a energia enviada, e assim os pensamentos do emissor não inibem os resultados desejados. Além disso, a casa também fica mais limpa e o ambiente mais organizado. Ficar ativo é um fator importante aqui. Apenas sentar e ficar vendo TV não ajudará em nada, pois você não está envolvido mental e fisicamente.

Ações Comuns

Purificações, bênçãos e curas são de longe as Ações de magia, ou encantamentos, mais comuns que a maioria dos wiccanianos realiza. Este capítulo também revê a oração, a adivinhação e outras formas de magia para objetivos específicos.

PURIFICAÇÕES

As purificações são usadas quando um lugar, pessoa ou objeto têm energias erráticas negativas ou indesejadas e é necessário expurgá-los. As purificações são geralmente feitas com os quatro elementos, Água, sal (para Terra) e incenso (para Ar e Fogo). Depois de lançado o Círculo, o objeto a ser purificado é primeiro aspergido com água e sal e em seguida purificado com a fumaça do incenso. Simultaneamente, a pessoa que realiza a limpeza deve visualizar as energias negativas se dissipando. Isso deve continuar até que o objeto fique limpo. Às vezes é necessária mais de uma purificação. Uma purificação não substitui um exorcismo, que é realizado se uma pessoa ou lugar está possuído por entidades indesejadas. Os exorcismos são atividades avançadas e às vezes perigosas, e por isso devem ser deixados para quem tem experiência com essas questões.

A sálvia é uma erva bastante usada para purificações. A defumação com sálvia é muito eficaz para expulsar energias, odores, espíritos e outras entidades indesejadas.

BÊNÇÃOS

A bênção é normalmente dada depois da purificação, especialmente a uma nova casa ou lugar freqüentado por pessoas. Depois de limpar o espaço, tome vinho e bolos e realize o Grande Rito e a bênção para que a presença da Deusa e do Deus ocupem o ambiente. Peça-lhes que protejam o espaço e abençoem todos os que nele entram ou o habitam. Consagrar objetos que representam a Deusa e o Deus é uma forma de manter a presença deles. Esses objetos podem ser estátuas, quadros ou apenas um cristal, uma pedra ou outros artigos que simbolizem as Divindades para você. Depois da purificação, da bênção e do término do Círculo, esses objetos devem ser guardados num lugar seguro para que mantenham a proteção e a bênção do espaço. A purificação e a bênção podem ser renovadas sempre que lhe parecer adequado. As pessoas geralmente as fazem pelo menos uma vez por ano.

CURAS

As curas são uma forma especial de bênção e purificação. O receptor da energia deve *sempre* ter consciência e querer que a cura seja feita. Se a pessoa não está presente, ou não permitiu que uma cura fosse realizada, a energia pode ser "enviada ao cosmos" para que ela a use como quer (sempre restando a opção de não usá-la). Além disso, uma cura ativa *nunca* deve ser aplicada a uma pessoa com problemas cardiovasculares. A mudança nas energias pode provocar um ataque cardíaco, um derrame cerebral, um aneurisma ou complicações semelhantes. Em geral, o melhor a fazer é enviar as energias para o cosmos, deixando que a pessoa recorra a elas conforme a necessidade, o que pode ser feito consciente ou inconscientemente.

ORAÇÃO E OUTRAS MAGIAS

A oração é um tipo de encantamento, porque ela consiste em enviar energia concentrada para um propósito específico. A oração é certamente incentivada, mas cuide para não querer adaptar os acontecimentos aos seus objetivos pessoais sem o consentimento voluntário do receptor. Desse modo, alguns tipos de orações podem ser vistos como uma forma de magia negra. Se você reza pela salvação de outros sem o consentimento deles, você está tentando impor a sua vontade sobre eles. O melhor método é rezar para os Deuses ou o cosmos para que as coisas aconteçam como devem acontecer, ou para que corram bem, e deixe que as pessoas façam as suas escolhas de como isso será para elas. Apenas enviar a energia para uso de quem quer que seja é outro tipo genérico de oração que não envolve coerção indesejada. Por outro lado, é aceitável também apenas perguntar, "Posso rezar por você?"

Magia é o uso controlado da vontade para produzir mudança numa pessoa ou no mundo. Ela pode ser um recurso forte e deve ser usada com cuidado e respeito pelo que ela pode realizar. Como diz o ditado, "Cuidado com o que você pede, pois pode consegui-lo". E simplesmente porque você tem uma necessidade ou desejo imediato, o futuro pode trazer diferentes circunstâncias que mudam os seus desejos e necessidades consideravelmente. O melhor a fazer é trabalhar por mudanças dentro de você, procurando o aperfeiçoamento e o refinamento da alma. Você se lembra do *slogan* político "Pense globalmente, atue localmente"? Quando você muda interiormente, você provoca uma pequena mudança na sua parte local do mundo. E quando muda o mundo localmente, você muda o mundo!

DIVINAÇÃO

Outra forma de magia e encantamento que os wiccanianos usam é a "divinação". A divinação ajuda a encontrar respostas, a prever o futuro, a descobrir o que outras pessoas estão pensando ou fazendo e a obter conselho sobre as coisas. Os wiccanianos não são especificamente solicitados a praticar a divinação, mas a maioria o faz. Não é necessário construir um Círculo para esse fim, mas se você o fizer, perceberá que as distrações externas ficam muito reduzidas, você consegue se concentrar melhor e provavelmente obterá resultados melhores. Os sistemas divinatórios não são cultuados em si mesmos, mas são recursos para aperfeiçoar e compreender melhor a si mesmo, as motivações que o animam e possíveis pontos fortes e fracos.

Os wiccanianos usam quase todos os métodos divinatórios conhecidos do mundo moderno. A maioria usará de preferência um instrumento (como as cartas do tarô ou mapas astrológicos) ou algum acessório (como um espelho mágico ou um pêndulo) como objeto de concentração para adivinhar.

O sistema divinatório mais comum usado pelos wiccanianos é o tarô, um conjunto de cartas com símbolos e figuras. Quando usado adequadamente, ele pode ajudar a mente inconsciente a resolver problemas, a ajudar outras pessoas e a descobrir informações sobre o passado, o presente e o futuro. Alguns wiccanianos ganham dinheiro "lendo a sorte" com o tarô. Em geral, porém, usam o tarô somente como meio para orientar a si mesmos e não cobram caso façam uma ou outra leitura para outros. Outros sistemas divinatórios incluem astrologia, runas e cristalomancia, que usa algo como uma bola de cristal como foco de concentração para obter impressões e símbolos.

Existem "sensitivos naturais" na Wicca, mas são muito raros. (É mais fácil controlar a experiência usando alguma coisa externa.) Observação: Os wiccanianos não usam nem recomendam o uso das tábuas Ouija™ ou a aplicação de técnicas espiritualistas como as de "bater na mesa" ou de "conjurar espíritos". Essas podem ser eficazes, e exigem pouca ou nenhuma habilidade, mas se não forem usadas num ambiente controlado (como num Círculo protegido), podem facilitar a chegada de entidades desencarnadas e possivelmente causar problemas, inclusive, embora raramente, "possessões". Por esses e outros motivos, consideramos essas práticas potencialmente perigosas.

Cabe inteiramente ao wiccaniano escolher a forma de divinação que ele quer praticar. Muitos métodos estão à disposição, e é melhor fazer experiências práticas para testar a eficácia de cada um. Existem inúmeros livros que descrevem detalhadamente o modo de aplicação de todos os tipos de métodos. Evite, porém, gastar somas de dinheiro com alguma coisa até ter certeza de que você se adaptará a ela. Um pêndulo é um método que custa pouco em dinheiro e treinamento. Paul sempre leva consigo um pingente preso a um fio, que usa como pêndulo para divinação. Ele suspende o pingente e pergunta, "Qual é o seu movimento para sim? E qual para não?" e observa como o pêndulo se movimenta em resposta a cada pergunta. Em seguida, ele faz as perguntas.

É perfeitamente aceitável testar um sistema divinatório, especialmente o pêndulo. Fazendo duas perguntas mutuamente excludentes, como "Irei viajar na próxima semana?" e "Ficarei na cidade toda a próxima semana?" serve de teste para ver se você consegue fazer uma leitura verdadeira. Escrever as perguntas previamente pode ajudar a organizar os pensamentos. E escrever as respostas e acompanhar o seu grau de exatidão pode também mostrar se esse é um sistema apropriado para você, passando então a fazer parte do seu Livro das Sombras.

Paul e Estelle praticam diferentes formas de divinação, dependendo do tipo de informação desejada e do tempo e materiais disponíveis. Mas a divinação pode se tornar uma muleta; reserve-a para situações mais delicadas ou para os momentos em que você fica indeciso diante de uma decisão e não sabe que opção escolher. Se fizer uma divinação todas as manhãs antes de vestir-se ou de sair de casa, você estará exagerando. Se você não consegue simplesmente enfrentar a vida sem recorrer à divinação para tomar decisões, então ela se torna mais um empecilho do que ajuda, e você deve parar de usá-la. Mas a divinação é um recurso muito antigo e, se usada com cuidado, pode auxiliá-lo muito a fazer escolhas acertadas.

É sempre objeto de discussão o modo de funcionamento da divinação. Alguns dizem que quando usamos qualquer das suas formas estamos realmente entrando em contato com a nossa intuição subconsciente e efetivamente orientando-nos. Outros acham que estão recebendo orientação diretamente dos Deuses, de um anjo da guarda ou mesmo talvez da falecida tia Lourdes. Paul e Estelle, porém, pensam que é melhor deixar a tia Lourdes fora disso, pois ela provavelmente tem outras coisas a fazer.

De vez em quando, pode ser interessante pedir a alguém que faça uma leitura para você, mas não transforme isso num hábito. Se você mesmo faz a leitura, você desenvolve uma habilidade e entra em contato com o seu eu interior, favorecendo o processo de auto-aperfeiçoamento da Grande Obra. A leitura será mais proveitosa quando você mesmo participa com a energia. Lembre-se, "Os Deuses ajudam a quem se ajuda".

PARTE II

TUDO O QUE SE PRECISA SABER PARA SER WICCANIANO

COVENS

Coven é o termo que denota um grupo de pessoas praticantes da Wicca. Significa concílio, congregação de bruxas e magos, conventículo. Tradicionalmente, os covens são compostos por treze membros de vários graus, uma Suma Sacerdotisa e seis outros pares. Eles se reúnem regularmente, celebram Sabás e Esbás e ensinam e aprendem juntos, embora um coven possa ser muito mais que isso. As pessoas que o constituem podem tornar-se tão íntimas e ligadas como uma família, um grupo de apoio, um círculo de amigos íntimos, de almas gêmeas, de sócios na magia, ou podem formar uma comunidade de pessoas de visão e mentalidade semelhante que concordaram em encontrar-se regularmente para debater alguns assuntos ou estudar temas de seu interesse, sem contato mais significativo fora desse contexto. Tudo depende do que você pode encontrar, ou organizar, ou das necessidades pessoais de cada membro.

O QUE É UM COVEN?

Para quem é de fora, um coven pode parecer um grupo de amigos que se encontram regularmente para realizar algumas atividades juntos. Às vezes, é simplesmente isso. Mas em geral os covens são grupos muito unidos de pessoas profundamente comprometidas que concordaram em se unir e prestar culto juntas, além de praticar magia.

Um coven de pessoas com vínculos estreitos cria uma *gestalt* mágica, uma entidade formada por todos os membros e suas energias. Essa *gestalt* é maior do que os indivíduos e opera com mais intensidade do que cada integrante tomado separadamente. A *gestalt* exige que cada um se comprometa totalmente com ela, com o grupo, com o coven, e não abre espaço para dissensões ou interesses conflitantes. Por isso, as pessoas que criam essa *gestalt* (embora talvez não a percebam nem lhe dêem esse nome) são extremamente cautelosas ao admitir novos membros.

Os covens podem se formar de várias maneiras. Em geral, um grupo de pessoas resolve reunir-se regularmente para lutar por interesses comuns, o que pode variar desde uma discussão e um encontro casual até um estudo e ensino mais sério. Esses grupos normalmente não praticam magia nem formam uma *gestalt*. Talvez nunca passem de um grupo de amigos que se encontram para trocar idéias. Podem ser grupos de características mais sociais e comemorativas. Esses covens são bons e têm o mesmo valor que os grupos de magia mais sérios.

Às vezes um grupo quer começar um coven mais formal, praticar magia e realizar pesquisas sérias. Nessa situação, cada interessado precisa estar plenamente consciente do grau de compromisso que esse coven exigirá. Alguns covens, especialmente em certas Tradições, demandam muito tempo e atenção dos seus membros, inclusive para socialização. Esses grupos podem se reunir três ou mais noites por semana para estudos e ensino, e novamente sexta-feira ou sábado à noite para socialização e realização de rituais de magia, celebrações de Sabás e Esbás, e assim por diante. Caso se integre a um desses grupos, você assume um compromisso muito sério no que se refere à utilização do seu tempo e ao seu estilo de vida.

A maioria dos covens se situa num determinado ponto entre esses extremos, com as pessoas geralmente dedicando ao grupo uma noite por semana, a qual inclui alguma socialização, possivelmente um grupo informal de apoio, celebração de Sabás e Esbás, alguma transmissão de ensinamentos, estudo e também prática de magia. Comprometer-se com mais de uma noite por semana é difícil para a maioria das pessoas. Com freqüência, os membros de um coven também são amigos e podem encontrar-se fora do ambiente do grupo. O coven ou os seus membros podem ou não estar ligados a uma organização wiccaniana ou pagã maior, como uma igreja wiccaniana, à Covenant of the Goddess (COG) [Convenção da Deusa] ou à Congregation of Unitarian Universalist Pagans (CUUPS) [Congregação dos Pagãos Universalistas Unitários].

Pertencer a um coven é um compromisso religioso muito sério, muito maior do que pertencer a uma irmandade, a uma organização comercial, política, filantrópica ou a um clube social. Além disso, implica um envolvimento bem mais profundo do que as pessoas geralmente se dispõem a assumir como membros de uma igreja cristã. Cada coven é autônomo, estabelece suas próprias normas e decide o que fazer. Não existe uma estrutura estabelecida (a não ser que se faça parte de uma Tradição sólida) que define rigidamente a filiação, as atividades e as regras de um coven. Tudo isso precisa ser resolvido pelos membros de cada coven. É por essa razão que o comprometimento exigido é muito grande. Não existe uma hierarquia que supervisione o que cada grupo faz ou que ajude a manter o interesse de cada participante elevado.

O componente religioso também aumenta a intensidade e o compromisso da participação no coven. É nele que os wiccanianos praticam a sua religião, a não ser que sejam solitários. A Wicca é uma religião com poucas regras ou diretrizes, sempre competindo aos membros do coven resolver essas questões individualmente e como grupo.

Não existe uma entidade não-wiccaniana ou não-pagã que se assemelhe a um coven.

TAMANHO DE UM COVEN

A tradição prescreve que o número de participantes de um coven seja de treze membros, mas na realidade a quantidade de pessoas que constituirão um grupo é sempre decidida analisando várias circunstâncias práticas. Muitas Tradições consideram desejável um grupo com treze membros, um bom limite para grupos que querem manter vínculos internos estreitos entre os membros. De modo geral, os wiccanianos se reúnem e celebram na casa de um dos integrantes do grupo, quase sempre na sala de estar, mas hoje em dia poucas dessas salas acomodam confortavelmente esse número de pessoas. Embora treze seja o número máximo, não há limite mínimo. Pode-se trabalhar bem até com dois membros, embora três seja normalmente um bom mínimo para um grupo de trabalho.

Com mais de treze integrantes, podem surgir facções, e também panelinhas que talvez se isolem do restante do grupo. Com menos pessoas, todos têm oportunidade de participar, de ser notados, e é mais fácil chegar a um consenso sobre as atividades do grupo. As facções podem ficar restritas a um mínimo e um grupo menor pode se tornar mais coeso com maior rapidez.

COMO OS COVENS SE FORMAM

A formação dos covens é tão variada quanto as pessoas que os compõem. Às vezes, alguém é convidado para integrar-se a um coven que existe há anos, mas com o recente aumento do interesse pela Wicca, parece mais comum um grupo de pessoas reunir-se, concluir que de fato todos se interessam pela Wicca e então resolver começar um grupo. Pode até demorar um certo tempo até compreenderem que formam um coven. Pode também acontecer de começarem com a intenção de formar um coven.

Às vezes, um coven se forma naturalmente. Um grupo de pessoas se reúne com algum objetivo específico, talvez para comemorar um Sabá. As pessoas se encontram para organizar o que haviam planejado, marcam nova reunião para a semana seguinte e acabam realizando o Sabá. Cinco dias depois elas se reúnem mais uma vez para analisar o que fizeram, e novamente na semana seguinte porque gostam de se encontrar. E logo os encontros e o trabalho em conjunto se tornam um hábito e de repente o grupo se dá conta de que se transformou num coven.

As pessoas também podem se encontrar como um grupo de apoio. Elas se reúnem, falam sobre suas dificuldades e problemas e trabalham juntas para resolvê-los. Podem ler um livro de auto-ajuda e discuti-lo. Talvez concluam que um dos membros precisa de uma Ação de magia para superar um problema ou para atrair algo novo à sua vida. Também podem desenvolver um projeto de grupo como fazer uma limpeza total perto de um curso de água. Em pouco tempo, essas pessoas descobrem que as suas reuniões passaram a constituir um coven.

O processo também pode ser mais deliberado. Um grupo de até dez amigos, com pontos de vista semelhantes, expressam o interesse de se tornar um coven e se reúnem para uma sessão de tempestade de idéias. Cada participante apresenta os seus interesses e necessidades. Um moderador controla o tempo para cada expositor e um secretário registra os pontos pertinentes.

Numa segunda reunião, o grupo discute o que foi decidido no primeiro encontro. Essa segunda discussão pode ser mais estimulante. O secretário verifica se houve idéias ou temas comuns. O grupo discute esses temas e aos poucos chega a um certo consenso. Algumas pessoas podem concluir que as suas necessidades não serão atendidas, e por isso talvez deixem o grupo ou queiram formar um grupo diferente. Quiçá se formem duas facções com necessidades e interesses diferentes. Essa pode ser a base para a formação de dois covens distintos.

A essa altura, existe pouco compromisso ou investimento emocional. Não há regras nem diretrizes, apenas encontros para discussão de idéias.

Alcançado um certo consenso, uma terceira reunião acontece. As pessoas devem ter alguma idéia sobre o tipo de grupo (ou grupos) que querem e de que atividades o grupo participará. Nesse ponto, os membros devem estar preparados para assumir um compromisso mais sério. Prolongar o processo pode ser contraproducente. Cada um também deve ter formado uma idéia do modo de ser e agir dos demais participantes e se terá ou não condições de tolerá-los num grupo fechado. Todos esses fatores precisam ser levados em consideração ao assumir um compromisso. O grupo deve definir o nível de envolvimento exigido — casual, moderado ou profundo — e cada membro deve pesar cuidadosamente todos os fatores e tomar uma decisão lúcida e madura. Essa não é uma competição por popularidade nem um símbolo de *status*. Um coven é um compromisso religioso e deve ser tratado com a seriedade e reverência devidas a um estudo religioso sério.

Nessa fase, o compromisso consiste em chegar a um acordo. Não é necessário nenhum juramento de fidelidade nem mudanças de vida mais drásticas. Resta ainda muito trabalho a fazer, mas nessa terceira reunião um bom começo terá sido delineado.

Ao examinar os seus interesses comuns, os membros do grupo devem analisar se esses são suficientes para manter um grupo por vários meses e até anos.

A celebração de Sabás e Esbás dá sustentação a um grupo. As semanas entre os Sabás e Esbás podem ser dedicadas a planejamento de rituais, a projetos para os Sabás ou apenas à socialização e apoio. Um coven em Minnesota permaneceu em atividade por mais de vinte anos apenas com essa finalidade.

O estudo pode justificar um grupo. Por exemplo, o trabalho com o tarô pode durar a vida inteira. O estudo de uma carta por semana ocuparia 78 semanas (um ano e meio). Feito isso, o grupo pode começar a comparar baralhos ou interpretações. Pode pesquisar formas de distribuição das cartas, simbolismo do tarô, numerologia e tarô, desenvolver um baralho próprio, e assim por diante. Astrologia, runas e vários outros sistemas divinatórios também são tópicos que podem manter um grupo ao longo do tempo.

Leitura e debates sobre livros — de ficção e não-ficção — podem ser um objetivo plausível. As pesquisas científicas das propriedades de instrumentos e de técnicas de magia podem durar uma existência. A Cabala combina com muitas outras atividades ou pode ser estudada sozinha. Trabalhos de magia também podem ser um bom tópico, desde que se tenha cuidado para não aderir à síndrome do "sortilégio da semana". No trabalho com encantamentos, deve-se dedicar tanto ou mais tempo ao estudo e planejamento do que ao Trabalho em si.

Um grupo pode resolver estudar vários tópicos em unidades; por exemplo, dedicar oito semanas ao tarô, seis semanas às runas, duas semanas ao pêndulo, algumas semanas à leitura de um livro seguida de debates, três semanas para planejar e celebrar um Sabá, uma semana apenas para socialização e um bom churrasquinho, três semanas a reflexões sobre a morte e o morrer, etc. O líder pode conversar com os membros do coven, aproveitando a experiência de cada um ou pesquisando um tema e então repassando as novas informações e conhecimentos a todo o grupo. Esse modelo exige pelo menos reuniões trimestrais para planejar, de modo que cada um sabe o que todos esperam dele e onde ele entra no cronograma.

Um grupo pode decidir que quer dedicar-se ao ensino da Wicca e possivelmente à atribuição de graus. Isso também pode manter um grupo, mas os instrutores precisam ter cuidado para não se esgotar. Os membros precisam ter um plano ou um programa do que vão ensinar, um horário para as aulas e também devem cumprir os seus deveres de magistério adequadamente. Devem também refletir sobre o que os alunos farão depois da "formatura". As aulas continuarão com um novo grupo de pessoas? Os alunos continuarão os estudos procurando alcançar graus mais elevados? Formar-se-á um coven com os ex-alunos e os professores dedicarão suas energias a outras atividades?

Quando Estelle ministra as suas aulas de Primeiro Grau da Wicca, ela planeja pelo menos de dezoito a 24 meses por turma. Três a quatro meses são necessários para organizar o grupo por meio de entrevistas e discussões sobre o currículo e livros com os professores auxiliares antes do início efetivo das aulas. Depois, um ano e um dia pelo menos é necessário para as aulas propriamente ditas, seguidas de outro mês ou dois para as Iniciações, se houver candidatos habilitados. Por fim, Estelle planeja alguns meses para descanso e recuperação das energias antes de iniciar uma nova turma.

Algumas pessoas ensinam a dez ou mais alunos por vez, mas a maioria tem de dois a cinco alunos apenas. Alguns são professores particulares, com um único aluno. Para uma turma principiante que tem como objetivo alcançar o Primeiro Grau, um grupo de dois ou três professores desenvolve os trabalhos bem. As turmas maiores podem funcionar, mas nelas as pessoas vêm e vão com mais freqüência e pode ser difícil conhecer cada aluno pessoalmente. Alguns têm turmas de "buscadores", uma série de aulas de informação geral que duram de quatro a doze semanas, sem possibilidade de graduação. Entretanto, os alunos interessados podem depois entrar em outros covens de ensino para alcançar um grau. As aulas de informação geral são uma boa introdução à Wicca, sem envolver o compromisso que um currículo de Primeiro Grau exige.

Se você optar por ensinar a Wicca, precisa estar habilitado por meio de um Grau e ter conhecimento e educação em Wicca antes de começar a ensinar. Alternativamente, as pessoas podem combinar estudar juntas, e possivelmente trabalhar tendo em vista a auto-iniciação, se não houver professor disponível.

Com qualquer tipo de coven, preveja a possibilidade de reuniões extraordinárias para o caso de alguém ter um problema ou precisar da ajuda do grupo para resolvê-lo. Atente a que o coven não passe a se dedicar à crise da semana, o que indicaria que ele perdeu de vista o seu objetivo. O coven também deve ser suficientemente flexível para aproveitar acontecimentos inesperados. Talvez o grupo possa ir a uma palestra ou planejar um dia de viagem a um ponto energético local. Sair e fazer coisas diferentes pode manter o interesse.

Depois de formado o coven, deve-se dedicar tempo às várias regras que orientarão o seu funcionamento. Pelo menos duas vezes por ano, cada coven deve destinar uma reunião para a revisão da sua missão, objetivos, realizações, regulamentos e estatutos. Esse é o momento de definir novas regras ou de mudar as que estão em vigor. Se os membros querem alterar a missão ou a orientação de um grupo, essa é a ocasião para discutir também isso.

UMA REUNIÃO COMUM

Em princípio, um coven se reúne uma vez por semana. Como as pessoas se socializam naturalmente, um certo tempo deve ser destinado à socialização e à interação entre os membros antes e depois da agenda principal do encontro. Os membros do coven ficarão mais à vontade com um grupo que inclui bate-papos agradáveis e pessoas que se entendem bem. Segue um exemplo de cronograma de uma reunião ordinária:

19–19:30h — Recepção e socialização.

19:30–21:30 — Reunião do coven. Nesse período, o grupo executa as atividades que justificam a sua existência.

21:30–22:00 — Limpeza, alguma discussão do grupo de apoio, conversas informais, talvez um lanche.

Pode-se alterar o período de tempo destinado a cada etapa. Quatro horas é o máximo de tempo que se pode esperar que as pessoas disponham numa noite. Pode-se planejar um jantar em comum no início, com cada pessoa colaborando com alguma coisa, e então a reunião pode ser mais longa, com a preparação do jantar e o jantar propriamente dito fazendo parte da reunião. Uma refeição em comum pode ajudar a formar vínculos entre as pessoas.

Duas horas é uma boa quantidade de tempo para a agenda principal. Mais do que isso, e provavelmente haverá necessidade de um intervalo porque as pessoas geralmente não se dispõem a ficar sentadas por mais de duas horas; menos do que isso, pouco pode ser realizado. Às vezes, um Trabalho ou Sabá pode precisar de mais tempo. Preveja alternativas para as ocasiões em que o tempo pode ultrapassar o planejado. É por isso que é recomendável ter uma reserva de tempo, pois se algo se prolongar, a socialização e a limpeza final podem ser abreviadas, se necessário.

POR QUE FORMAR UM COVEN?

Quando pessoas trabalham juntas num coven, elas compartilham os seus muitos recursos. Um grupo sempre congrega um conjunto de instrumentos e implementos para uma prática eficiente da Wicca. Um athame ou varinha mágica, um altar, velas e incenso, um belo pentáculo e um cálice comuns, tudo pode ser obtido com mais facilidade se cada pessoa contribui com uma pequena soma de dinheiro. Um grupo pode comprar livros e assinar revistas, e assim organizar uma biblioteca muito maior do que as pessoas poderiam fazê-lo individualmente.

Mas mais importante ainda do que compartilhar recursos é o fato de que num coven ninguém atua sozinho. Num grupo, você recebe avaliações imediatas e incentivo para a realização dos ritos wiccanianos. Você canta corretamente? Como você pronuncia todas aquelas palavras engraçadas? Os companheiros sempre podem ajudar. Algumas pessoas preferem trabalhar solitárias porque não querem que ninguém as veja fazendo coisas que parecem simplórias, como alguns dos nossos rituais podem às vezes parecer aos principiantes. Mas se você compartilha alguma coisa — se todos fazem a mesma coisa — fica menos estranho usar roupas diferentes e entoar palavras curiosas.

INGRESSAR OU NÃO NUM COVEN?

Às vezes a estrutura de um grupo alternativo é mais apropriada do que um coven propriamente dito. Se você faz parte de um grupo de colegas de faculdade, em que todos sabem que permanecerão juntos durante alguns anos, esse pode ser o grupo ideal. Talvez você queira encontrar-se apenas com os seus amigos. Talvez lhe agrade a idéia de associar-se a um clube, mas você não esteja disposto a dedicar tempo e energia para manter esse clube. Muitos não se sentem à vontade com a intimidade e o vínculo emocional que um coven freqüentemente cria. Alguns se sentem constrangidos com as conotações que essa palavra acumulou ao longo dos séculos. Grupo de estudo, clube ou organização de estudantes, turma do café da tarde são todas expressões que substituem muito bem o termo mais tradicional "coven". Elas são mais casuais, têm menor envolvimento emocional e causam menos controvérsia do que coven. As relações entre os membros do grupo podem não ser tão fortes num grupo mais casual, pois há menor comprometimento e menos oportunidade para desenvolver uma atitude grupal; assim, você realiza e obtém menos, até porque o seu investimento de tempo e energia é menor.

Cada um precisa decidir se quer ou não participar de um coven ou de um grupo mais informal. Grupos informais podem se reunir em lugares também mais casuais. Casas de chá são ótimos pontos de encontro para grupos casuais, mas são inadequados para realizar um Sabá ou para estudos de magia sérios. Descubra o tipo de organização com que você se afina melhor; descubra o que puder sobre o modo como trabalham, sobre quem dirige e coordena. Em seguida, pese e compare as informações colhidas com os seus interesses, necessidades e recursos, e decida por você mesmo até que ponto os grupos avaliados podem atender às suas necessidades. Tome uma decisão lúcida. É mais fácil começar casualmente e encaminhar-se para uma posição mais séria na continuidade do que começar com muita seriedade e depois ter uma experiência frustrante ou ver o seu interesse dissipar-se. Essa é uma decisão religiosa séria; tome-a com responsabilidade.

O INÍCIO DE UM COVEN

Quando um grupo decide transformar-se num coven, o primeiro passo é chegar a um consenso sobre as regras básicas. Quando escritas, essas regras se tornam uma convenção. Isso pode parecer mais formal e organizado do que algumas pessoas gostariam, mas a definição de diretrizes logo no começo pode reduzir problemas futuros. Recomendamos, porém, que essas regras sejam o mais simples possível. Quanto menos complicadas forem, mais fácil será alterá-las posteriormente se houver necessidade.

Segue uma lista de idéias que um grupo pode levar em consideração ao elaborar a sua convenção, seja para um coven formal, seja para um simples grupo do chá das cinco.

Qual será a freqüência das reuniões? Em geral, reuniões semanais são a melhor opção. Mais do que isso, as pessoas começam a faltar; com menos, alguns não criam o hábito de reunir-se regularmente.

Quais serão as exigências de participação? Se alguém faltar três vezes seguidas, será considerado desistente? No caso de grupos pequenos, é muito importante que todos compareçam, e se um dos membros tiver o hábito de chegar atrasado ou faltar sistematicamente, ele talvez deva ser aconselhado a procurar outro grupo que atenda melhor às suas necessidades.

Como os integrantes do grupo serão escolhidos? Como serão admitidos novos membros? Quais serão os procedimentos para saída do grupo? Com o tempo, haverá pessoas entrando e pessoas saindo, e os membros originais talvez queiram ter um poder de decisão maior sobre os novos filiados. As pessoas podem simplesmente deixar o coven, precisam pedir para sair ou precisam ser dispensados formalmente? Serão permitidos afastamentos temporários, e quais serão as razões válidas ou não para isso? As questões relacionadas com possíveis novos membros serão tratadas mais adiante neste capítulo.

Outras questões podem surgir à medida que o grupo vai definindo a sua estrutura. Tomadas as decisões, elas devem ser adequadamente registradas para consultas quando necessário.

Quem exercerá quais funções? Será um coven hierárquico com uma Suma Sacerdotisa, um Sumo Sacerdote e outros membros? Quem será o responsável? Haverá um secretário para registrar os eventos e manter um diário ou o Livro das Sombras do coven? (Muito recomendado.) As decisões serão tomadas por voto democrático, por consenso — todos precisam concordar — ou pelo líder depois de ouvidos os membros? Haverá funções eletivas a serem cumpridas por períodos de tempo específicos?

Todas essas questões práticas precisam ser abordadas. Não existe nenhuma organização de grupo universalmente "correta". A forma melhor de funcionamento do grupo dependerá do que os integrantes querem fazer. Se querem ler e discutir os muitos livros específicos existentes no mercado, uma organização de consenso será mais apropriada. Por outro lado, se decidem aprofundar-se nos mistérios e na magia da Wicca e dedicar-se ao aperfeiçoamento pessoal, talvez seja recomendável uma estrutura hierárquica mais rígida, centrada em torno das pessoas mais competentes.

Que nome identificará o coven? O processo de dar um nome ao coven pode ser tão significativo ou casual quanto o desejo do grupo. Alguns grupos recebem um nome naturalmente, por exemplo, o Wednesday Night Gather (abreviado para WNG). Alguns grupos investem tempo e energia para achar um nome, pois este pode também ajudar a criar a *gestalt* que é (ou será) formada pelo grupo. Nomear o grupo assemelha-se muito a nomear uma criança. Essa *gestalt* pode também ser chamada de Criança Mágica, que é um construto mágico criado para objetivos mágicos específicos. Escolha um nome para o coven do mesmo modo como escolheria um nome mágico.

Qual será a política de confidencialidade do coven? Ele será aberto (qualquer pessoa pode filiar-se) ou fechado (filiação somente por convite)? A filiação será Declarada (o wiccaniano expõe-se publicamente como tal) ou Não-declarada (não revela sua filiação religiosa) ou ambas (um pouco de cada)? Os nomes dos membros serão divulgados a outros? Os membros terão autorização de falar sobre o que fazem em suas reuniões?

Qual é o objetivo do coven? Culto e celebração? Ensino e treinamento? Estudo e pesquisa? Socialização? Trabalhos de magia? Ou será voltado para tarefas? A sua função será

- cuidar de um jardim?
- manter um *site* na Internet?

- fazer experiências com artesanato e outras atividades?
- escrever e criar?
- planejar um festival ou uma assembléia?
- publicar um boletim ou um jornal?
- prestar serviço voluntário na comunidade, etc.?

Como serão atribuídas as atividades e funções? Como o grupo mudará sua orientação?
Como a convenção será mantida? Como ela pode ser alterada? Todos os membros terão uma cópia ou haverá uma cópia à disposição no local de reuniões?
As lições, materiais e pesquisas do coven podem ser divulgados? Os materiais serão compilados num Livro das Sombras mestre? Cada membro receberá uma cópia? O Livro das Sombras estará à disposição para estranhos ao coven?

Se você começa um coven numa Tradição wiccaniana específica, essas questões já estão tratadas nos princípios da Tradição escolhida. Se você não tem ligação com uma Tradição específica, talvez seja melhor começar o coven com as atividades de estudo, pesquisa e ensino. Em seguida, você pode planejar os Sabás e possivelmente os Esbás, e continuar com a leitura e intercâmbio de livros e conhecimentos.

APRENDIZADO COM LIVROS

Sem um professor experiente (que a maioria das Tradições tem), grande parte dos seus estudos da Arte e da Wicca será feita em livros. Felizmente, existe muito material de boa qualidade disponível atualmente. Cabe ao grupo decidir a melhor forma de aproveitar esses recursos. Os membros podem ler um livro e apresentar um resumo ao grupo numa data adequada (a melhor maneira de conhecer boa parte do que existe em menor tempo), ou todos podem ler o mesmo livro e depois discutir sobre ele (o melhor modo de assimilar conteúdos mais profundamente). Vocês podem assistir a filmes ou a vídeos e debater sobre eles. Mesmo exemplos negativos podem ser instrutivos porque previnem as pessoas de repeti-los no futuro. A ficção científica oferece muitos bons livros, filmes e conceitos sobre magia e realidades ou mundos alternativos. O estudo e análise desse material podem ajudar o grupo a formar uma visão mais mágica e abrir a mente das pessoas para uma multiplicidade de opções possíveis. Estudar tarô ou astrologia como grupo, por exemplo, é uma iniciativa elogiável. Se um dos membros é especialista em algum assunto, por que não pedir-lhe que ensine alguma coisa da sua especialidade?

ENTREVISTA COM NOVOS MEMBROS

No início, um coven é geralmente constituído por um grupo de amigos. As pessoas geralmente se conhecem e não há exigências para participar, a não ser o interesse e o comparecimento na hora marcada. No entanto, à medida que o grupo cresce e amadurece, as pessoas vêm e vão e você pode acabar com um grupo de apenas duas ou três pessoas. Por isso, é importante resolver como atrair novos membros.

O grupo deve ter decidido sobre certos critérios antes de entrevistar novos interessados. Algumas considerações:

- Os novos membros precisam de um padrinho?
- Os novos membros serão votados para admissão?
- Um voto "não" pode eliminar todas as possibilidades da pessoa?
- Haverá um período de experiência para os novos membros?
- Todos os membros precisam ter uma determinada idade? Sexo? Grau? Tradição? Seguir determinado caminho? Ser solteiro ou não ter filhos?
- Os novos membros devem fazer voto de sigilo? Ser formalmente iniciados no coven? Ser submetidos a algum tipo de cadeira quente?
- Haverá uma pessoa responsável pelas entrevistas?

Depois de respondidas essas perguntas, o grupo está preparado para iniciar o processo de escolha de novos membros.

Os novos integrantes são quase sempre escolhidos por meio de entrevistas. Normalmente, o procedimento é o seguinte:

Um membro em potencial expressa interesse em filiar-se. A pessoa interessada entra em contato com um wiccaniano e obtém informações gerais sobre o grupo e se ele está aberto (admitindo novos membros). Esse é um encontro preliminar e pode ser muito valioso tanto para o grupo como para o interessado. Nesse momento, a pessoa procura informações sobre o grupo, e em geral o que quer saber é mais ou menos isto:

- Quando o grupo se encontra?
- Onde se localiza a sua sede (em geral, é melhor não revelar o local de reunião do coven)?
- Qual é o objetivo principal do grupo (ritual, estudo, social, etc.)?
- Como ele está estruturado (consenso, hierarquia, funções eletivas, etc.)?

E algumas informações que o grupo procura obter sobre a pessoa interessada são:

- O que ela está procurando?
- Qual é sua experiência anterior (mundana e mágica)? Graus? Interesses? Capacidades e especialidades?
- De que outros grupos religiosos ou de magia ela participou no passado? Com quem estudou? Ela mantém boas relações com as pessoas com quem se relacionou anteriormente, com seus professores, amigos, amores, etc.?

Normalmente, o grupo já discutiu como essas questões devem ser abordadas. Se foi definido que os membros não devem revelar a sua filiação a um estranho, o processo terminará aí mesmo. O que pode ser revelado deve ser compreendido e seguido por todos.

Uma entrevista preliminar mostra se a pessoa pode participar do grupo e quem nela se revela apto tem grande probabilidade de ser aceito. Se alguns adeptos são declarados, são eles que devem comunicar-se com os interessados. Os não-declarados geralmente não revelarão a sua filiação até que o grupo tenha decidido pelo ingresso do interessado. Todas essas questões devem ser debatidas previamente.

O grupo se reúne a portas fechadas e analisa a necessidade de novos membros em geral e da pessoa interessada em particular. Todos os integrantes do coven devem expor suas opiniões e trocar informações, inclusive com relação à necessidade ou não dessa pessoa no grupo. Se, de acordo com as diretrizes, um membro potencial precisa ser apadrinhado por um adepto, o padrinho tem a oportunidade de apresentar suas razões para a escolha.

Depois de tomar a decisão de admitir um novo membro, o grupo planeja uma entrevista mais formal a ser realizada por dois ou mais adeptos com a pessoa aceita. Durante a entrevista, os designados interrogam o interessado e este deve mostrar-se pronto a responder perguntas sobre os seus interesses, estudos, formação anterior e outras que possam esclarecer se ele tem o perfil exigido pelo grupo. A atmosfera do encontro deve ser agradável, pois esse não é uma cadeira quente, mas apenas uma entrevista. Às vezes, essa entrevista é realizada por dois membros num campo neutro, sendo posteriormente apresentado relatório ao grupo. Outras vezes, ela é feita no local de reuniões do grupo, com a participação de todos. Essas disposições dependem das necessidades, tamanho e estilo do grupo. A entrevista pode ser uma prévia para a cadeira quente ou então pode ter força própria.

Depois dessa entrevista (e da cadeira quente, se houver), o grupo deve reunir-se secretamente e avaliar o candidato novamente. Essa reunião NÃO deve ser feita com o candidato presente e nem deixando-o esperar numa sala. Essas discussões podem demorar semanas ou menos e incluir o exame das informações apresentadas ao grupo pelo candidato.

Se houver pessoas com quem o candidato estudou, um membro do grupo deve falar com elas. Mas se o candidato não fornecer nomes ou números de telefones, isso não deve excluí-lo como possível membro do grupo. Certamente, a confidencialidade é importante em algumas circunstâncias. Mas todos devem fazer todo o possível para avaliar o caráter e o passado do candidato antes de admiti-lo. Lembre-se, um coven não é apenas uma igrejinha social, mas é uma unidade religiosa, e é necessário compatibilidade máxima e compreensão por todos os membros. Esta é a sua vida espiritual, e é importante que ela seja a melhor possível. Seja cauteloso e não se apresse.

A CADEIRA QUENTE

A cadeira quente [*hot seat*] é um processo que alguns covens adotam para avaliar candidatos à filiação. Não é um processo para um coven casual ou de celebração, mas específico para os grupos que trabalham com magia e formaram uma gestalt. Eventualmente, um coven de ensino exigirá que alunos em potencial passem pela cadeira quente como parte do treinamento.

Existem muitas razões que levam os covens a se envolver em diferentes atividades. Ao entrevistar um candidato, os membros quase nunca expõem cada detalhe e prática do seu grupo a um estranho. Esse conhecimento está reservado somente aos que fazem parte do grupo. A cadeira quente pode ser uma maneira de avaliar os sentimentos de um candidato com relação a vários tópicos, que podem ou não ter relevância para o coven.

Um coven de magia é um grupo social íntimo com um forte conteúdo psíquico e mágico. Novos membros precisam ser totalmente compatíveis, pois do contrário a gestalt não funcionará adequadamente. É provável que os candidatos não conheçam toda a dimensão das atividades e interesses do coven, e por isso a cadeira quente é realizada como um teste final para examinar até que ponto o candidato tem possibilidades de adaptar-se ao coven num nível mágico, psíquico e interpessoal. Às vezes uma pessoa tem seu pedido recusado não por causa de algum problema pessoal, mas devido a uma possível incompatibilidade com um membro atual do grupo. Ou talvez o candidato tenha pontos de vista inconciliáveis com os objetivos mágicos do coven. Como o candidato não conhece inteiramente o programa do coven, ele provavelmente nunca saberá por que não foi aceito. E os adeptos estão obrigados por juramento a manter sigilo sobre determinadas atividades do grupo. A recusa não implica culpa ou defeito, mas sim diferenças que poderiam interferir na eficácia da *gestalt* do grupo.

A cadeira quente é também um remanescente tradicional da Inquisição. Ela pode avaliar a capacidade de um candidato de funcionar sob *stress*. Pode ainda preparar uma pessoa para situações potencialmente difíceis, dando-lhe condições de sentir o *stress* antes num contexto razoavelmente amistoso. Alguns wiccanianos acham que a cadeira quente é um mal necessário a que todos os candidatos devem submeter-se para ter uma experiência wiccaniana completa. Os ecléticos rejeitam algumas dessas idéias, e muitos wiccanianos ecléticos nunca passaram por uma cadeira quente. Explicamos todo o processo aqui para que as pessoas que mantêm um coven de magia possam aplicá-lo, se assim o desejarem, como instrumento de avaliação de novos membros.

Fazer parte de um coven de magia é um compromisso muito sério e exige um grau de confiança e intimidade emocional difíceis de encontrar fora do matrimônio na sociedade moderna. Às vezes, uma cadeira quente é necessária para testar o nível de comprometimento da pessoa e para sondar os seus sentimentos íntimos. Esse é um processo psicológico sério e não deve ser empreendido ou realizado levianamente. Se você tiver dúvidas ou desconfianças, não o leve adiante.

Prepare uma cadeira quente formal. Em alguns grupos, especialmente covens de trabalho muito sérios, uma entrevista com cadeira quente é feita para avaliar a capacidade do candidato de enfrentar situações estressantes. O procedimento pode parecer um tanto exagerado, mas em grupos que realizam rituais sérios, ele ajuda a determinar se o candidato tem condições.

Planeje de modo que um adepto (de preferência alguém que o candidato não conheça) possa se encontrar com o interessado num lugar público pré-definido.

O candidato é conduzido até o destino por um trajeto sinuoso (em geral, ele não reconhece esse trajeto). O motorista evita ao máximo comunicar-se; ele não é hostil, mas mantém-se grave e fala o estritamente necessário. Esse é o começo da "provação" do candidato, e tem o objetivo de deixá-lo pouco à vontade. Talvez você queira vendar-lhe os olhos, pedir que mantenha os olhos fechados ou ainda levá-lo à noite a um lugar que ele desconhece.

O candidato é deixado no seu destino, recebe instruções de bater numa determinada porta e fica sozinho. Um desconhecido (se possível) atende a porta e, sem muita conversa, conduz o interessado a uma cadeira preparada na sala de entrevistas, onde os seus "inquisidores" já estão esperando. A sala está escura. Os inquisidores permanecem em silêncio nos intervalos das perguntas. Eles podem estar encapuzados ou então usar máscaras. Esses procedimentos têm o objetivo de criar um clima de desconforto e mistério.

Os inquisidores fazem perguntas concisas e diretas, que podem versar sobre qualquer assunto que o inquisidor considere relevante; muitas vezes, uma mesma pergunta é feita de modo diferente por diferentes inquisidores.

Depois de responder a todas as perguntas, o candidato recebe a informação de que o grupo entrará em contato com ele, é levado até a porta e o motorista o deixa onde o apanhou.

O grupo então se reúne para decidir se admite ou não o candidato, que é informado do resultado depois de uma semana. Nenhum membro do grupo pode falar com o candidato sobre o assunto antes de uma semana.

A cadeira quente é a última entrevista antes de ser tomada uma decisão sobre a aceitação ou não do candidato. Ela é um recurso muito útil porque pode revelar muita coisa sobre uma pessoa, mas nem todos se dispõem a passar por ela. A cadeira quente *nunca* deve ser realizada com uma pessoa insuspeita que casualmente buscou informações sobre filiação. Deve sempre ser feita uma entrevista preliminar. A pessoa deve ser informada de que a cadeira quente é uma exigência para admissão e receber esclarecimentos sobre o que seja esse processo (isto é, questionamento cerrado, possivelmente atingindo a sua personalidade e integridade e em geral com grande carga emocional). Normalmente, se o candidato suporta bem essa experiência, ele provavelmente será admitido no grupo. Ele só será recusado se revelar alguma falha de caráter grave ou se ficar demonstrada alguma incompatibilidade insuperável.

A cadeira quente não é um momento de diversão, mas um instrumento psicológico cujo objetivo não é provocar a prostração do candidato, mas sim incitá-lo e levá-lo além das barreiras emocionais e pessoais para ver como ele realmente é. Você quer ver como as pessoas reagem sob pressão e *stress*, não ameaçá-las ou assustá-las.

POR QUE TODA ESSA PREOCUPAÇÃO?

Um coven entrevista uma pessoa ou lhe faz uma cadeira quente para detectar possíveis problemas de personalidade e verificar se ela tem compatibilidade com os demais integrantes do grupo. Se o seu grupo é predominantemente jovial e voltado para a descontração, e o candidato é um estudioso à procura de um fórum para apresentar e debater suas idéias e teorias, ele será incompatível com o seu grupo. Se uma pessoa foi expulsa de três outros grupos por assédio sexual e não respeita limites, é provável que ela não seja aceita no seu grupo. Se o seu grupo é de homossexuais e o candidato é homofóbico, desista. Se a pessoa é tímida e solitária e parece não ter atividades fora do seu trabalho e grupo, pode significar que ela será muito dedicada ao grupo; recomenda-se cautela. Se alguém lhe diz que o seu grupo precisa de reforma e reestruturação total, tenha cuidado.

Mesmo depois das entrevistas, às vezes prescreve-se um período probatório durante o qual o candidato pode participar das atividades do grupo, mas com restrições de conteúdo e de tempo.

O restante do grupo se reúne privadamente e avalia as qualidades do interessado para examinar se ele se amolda ao grupo.

Alguns grupos têm círculos internos e círculos externos. O círculo externo é um grupo menos formal e estruturado e tem menos restrições e exigências para filiação. Em geral, ele oferece um curso preparatório, depois do qual a pessoa pode passar a fazer parte do círculo interno, onde mistérios e estudos mais profundos são realizados. O círculo externo e o tempo de estudo dão a todos os envolvidos oportunidade de se conhecer mutuamente e de avaliar plenamente se a filiação definitiva no círculo interno é apropriada. Algumas pessoas talvez queiram apenas estudar, deixando o grupo depois de alcançar esse objetivo. Pode-se avaliar um grupo observando a proporção das pessoas que permanecem em comparação com as que vêm para o treinamento e depois saem.

Os critérios para admissão de novas pessoas — por maioria de votos, por unanimidade de votos, por decisão do líder depois de consulta ao grupo ou por consenso — devem ser estabelecidos antes de iniciar o processo de seleção. Defina os procedimentos antes de mais nada, para em seguida começar a trabalhar com os novos membros. Mudar as regras no meio do processo é injusto para a pessoa e para o grupo. Seja coerente e justo.

SOLUÇÃO DE PROBLEMAS

Num grupo, as pessoas podem irritar-se umas com as outras, o que pode variar desde aborrecimentos triviais até desentendimentos mais sérios. O grupo deve definir antecipadamente o modo de lidar com os conflitos interpessoais. Esse é um ponto muito importante para muitos wiccanianos. A partir do momento em que você faz parte de um coven, você investe muito tempo e energia relacionando-se com os demais membros do grupo e alcança uma certa satisfação e crescimento espiritual. Se surgem tensões, elas se exacerbam por causa das relações estreitas no seio do coven.

Há várias orientações práticas para uma vida harmoniosa num coven:

Tenha boas maneiras. Isso pode ser elementar, mas freqüentemente negligenciado. "Por favor" e "obrigado" são palavras mágicas inestimáveis. Ser cortês, pontual, responsável, cumpridor das suas obrigações, tudo isso define uma pessoa de boas maneiras.

Não se sobrecarregue, tanto em termos de tempo como de dinheiro. Se você não consegue comparecer toda quinta-feira nem contribuir com quinze reais semanais, reavalie o seu compromisso com o grupo. Carregue o seu próprio peso. Faça a sua parte do trabalho. Desempenhe alguma função, participe e observe, alternadamente, de acordo com períodos específicos de tempo, e não se exija a ponto do ressentimento.

Conheça aquilo com que você está se envolvendo. Se você quer um coven que se dedique à celebração dos Sabás, e o grupo a que você se filia está voltado para a prática de encantamentos, certamente surgirão incompatibilidades. Às vezes você não tem escolha e é forçado a aderir ao único grupo que conhece na sua região.

Nesse caso, adapte-se ao objetivo e às ações desse grupo ou então saia dele e comece o seu próprio grupo.

Confie sempre nos seus instintos. Existem grupos problemáticos, e na Wicca isso também acontece. Alguns podem ser dirigidos por pessoas sem habilidades sociais, outros podem ser de natureza interesseira. Se você descobre que o grupo não é do seu agrado, deixe-o. Se você é ameaçado ou coagido a fazer coisas que não quer fazer, então, definitivamente, saia. Se é ameaçado com imprecações contra você ou sua família se sair, saia imediatamente. Mas tenha cuidado e proteja-se, fortalecendo os seus escudos pessoais ou os escudos mágicos em torno da sua casa. E lembre-se da Lei de Três. Se as pessoas o insultam, estão insultando a si mesmas três vezes. Quanto mais eficientes elas forem em proferir impropérios, pior será para elas. Wiccanianos com princípios éticos não se ofendem uns aos outros e, obviamente, nem pessoas estranhas ao grupo.

O que você obtém de um grupo é diretamente proporcional ao que você oferece. Faça o que lhe compete fazer e dê o melhor de si. Todos temos noites livres, mas se você tem mais noites livres do que dedicadas ao grupo, em geral é recomendável reavaliar as suas atitudes com relação ao grupo. A sua atitude é algo que você pode controlar. Esteja aberto e disposto a tentar coisas novas e diferentes. Um coven é um lugar seguro, onde você sempre deveria sentir-se entre amigos que desejam o melhor para você. Não tenha medo de tentar novas coisas, de fazer experiências e de aproveitar oportunidades. Se não se der bem, paciência, pelo menos você tentou. Se parecer tolo, tudo bem, todos parecemos tolos de vez em quando. Se é bem-sucedido, você não beneficia a si mesmo apenas, mas todo o coven. O seu coven pode ser como a sua loja de magia. Ele também pode ser um recurso extraordinário, pois nele você encontra a convergência de conhecimentos, aprendizado e sabedoria de todos os seus membros. Você tem nele uma caixa de ressonância pronta para o que quer que você queira fazer. Você pode beneficiar-se das experiências e conhecimentos acumulados dos outros e dispõe de uma rede de segurança, de modo que se você cai, eles podem ajudá-lo a levantar-se.

CONFLITOS DE GRUPO

Conflitos existem em todos os grupos. A diferença entre um coven que prospera e outro que se desintegra rapidamente está na forma como os conflitos são processados. Várias são as maneiras como os conflitos podem surgir, como vários são os modos como podem ser resolvidos. Embora quase todos os covens atuem calmamente, há ocasiões em que isso não acontece, e por causa de todo o envolvimento emocional e compromisso religioso essa aspereza pode ser muito traumática se não for abordada com cautela e agilidade. Há pessoas que foram prejudicadas emocionalmente devido a um fim melancólico de um coven, e esperamos oferecer algumas sugestões úteis que possam evitar traumas maiores. Em grande parte, gestos de cortesia comuns e maneiras educadas serão fatores preponderantes, e o seu coven será harmonioso. Mas coisas ruins acontecem.

Diferenças Irreconciliáveis

Existem pessoas que simplesmente não conseguem adaptar-se a nenhum grupo. Estela as chama de personalidades-problema, e elas são muitas e variadas. Se você está num grupo e algumas pessoas parecem "puxar o grupo para baixo", monopolizar o tempo e os recursos do grupo ou claramente causar problemas, você e os demais membros devem estar preparados para lidar com essas pessoas. Às vezes, o melhor para todos é solicitar gentilmente que a pessoa deixe o grupo. Um grupo normal de wiccanianos não tem condições de resolver situações de personalidades-problema. Elas se comprazem com o naufrágio do grupo, com ataques pessoais e com o vampirismo social de várias espécies. O coven wiccaniano comum *não* é constituído para recuperar personalidades-problema.

Um modo de verificar se um grupo está afetado por uma personalidade-problema é acompanhar as atividades do grupo:

- Os objetivos do grupo estão sendo desviados em favor de uma pessoa e em detrimento de outras?
- É dever espinhoso participar das reuniões do grupo?
- Você freqüentemente sai das reuniões frustrado, irritado ou descontente?
- As conversas entre os membros do grupo giram em torno da pessoa-problema, do que fazer ou não fazer, e de como ela ou o grupo precisa mudar para acomodá-la?
- Há membros que vivem criando situações de desconforto para os demais?

Um grupo deve trabalhar em conjunto para identificar a pessoa-problema e depois manter-se unido para afastá-la. Se ela é a responsável pelo grupo, talvez a sua única alternativa seja você sair do grupo. Em alguns casos, se você é o único a ter problemas com uma pessoa, o problema pode ser você, não a outra pessoa. Tenha cuidado, pois se a questão for exclusivamente entre você e uma outra pessoa, é mais do que provável que o membro que perturba não seja o desarticulador do grupo, uma personalidade-problema. Se não houver outra opção, talvez você resolva retirar-se, causando o menor desconforto possível. Enfim, é muito provável que você não queira afastar-se definitivamente dos demais membros do grupo.

Há outra solução para problemas de personalidade que possam surgir. Se você pertence a uma facção que acha que existe um problema, e outros acham que não, talvez você deva pensar em sair desse grupo e formar o seu próprio. O desmembramento é um recurso que permite a um grande grupo dividir-se em dois ou mais grupos menores, mais fáceis de conduzir. É também uma alternativa que possibilita a várias pessoas de um grupo desligar-se com o menor ressentimento possível, dando-lhes um mecanismo aceito para fazer isso.

A Raiz de Todo Mal

Dinheiro e despesas podem causar conflitos. Nem todos têm os mesmos meios e recursos. Se um dos membros do coven é analista de sistemas e ganha muito dinheiro, e outros são estudantes universitários com poucos recursos, não é justo esperar que uma pessoa pague todas as despesas. Idealmente, as despesas devem ser repartidas. Se uma pessoa não está satisfeita e quer contribuir com mais, essa deve ser opção dela. Mas ela deve também compreender que essa opção não implica que outros passem a contribuir como ela. O grupo deve discutir e chegar a um acordo sobre as despesas antes de fazer as compras. Haverá uma tesouraria ou taxas? Se houver muito dinheiro envolvido, alguma espécie de tesoureiro ou de conta bancária será recomendável. Mas tenha cuidado, pois essas coisas podem gerar mais despesas e trabalho em si mesmas. Quanto mais coisas você tiver, mais tempo e dinheiro elas exigirão para mantê-las. Talvez passar a caixinha ou arrecadar contribuições para cada despesa seja a melhor solução para o seu coven.

Quem é o Patrão?

As funções são outra fonte de conflito. Quem desempenhará qual função? Haverá um secretário responsável pelo Livro das Sombras? Ele fará isso sozinho? Haverá rotatividade de funções? Quem estará na direção? Se uma ou duas pessoas acabam executando a maioria das tarefas, alguma coisa não está certa. Se há Suma Sacerdotisa e Sumo Sacerdote, eles podem responsabilizar-se por muitas atividades, mas não podem assumir tudo. Deveres e responsabilidades devem ser divididos e o grupo deve decidir como isso será feito.

Atividades

É importante que o grupo decida que atividades serão realizadas. Se alguém se filia para participar dos Sabás

Bruxas preparando infusão

e o grupo só oferece um Sabá por ano, essa pessoa encontrará o que procura?

A participação tem relação com as atividades e as funções. Idealmente, cada membro deve ter a possibilidade de participar o quanto desejar. Algumas pessoas não querem participar muito, preferindo ser um membro da audiência ou um assistente. Isso não funciona bem num coven pequeno. Todos devem dispor-se a dedicar um certo tempo e energia para contribuir com as atividades do grupo. Estar num coven não é ser espectador de um jogo. É preciso trabalho, energia e compromisso. Com uma rotatividade consciente de deveres e responsabilidades, todos têm oportunidade de fazer alguma coisa e de adquirir experiência em papéis novos e diferentes.

Naturalmente, os níveis de capacidade variam entre os membros. Atribuir tarefas ou papéis procurando valorizar as capacidades dos membros torna o grupo mais eficaz. Mas as pessoas com menos capacidade ou experiência também devem ter a oportunidade de desempenhar funções. A impaciência deve ser refreada e as pessoas devem deixar que colegas tentem e mesmo falhem, pois muitas vezes aprendemos mais com os fracassos do que com os sucessos. Todos têm capacidade para alguma coisa, do mesmo modo que todos são incompetentes em muitas coisas. Deixe que as pessoas trabalhem tanto com suas capacidades como com suas incapacidades. Idealmente, o objetivo é que cada membro do coven seja minimamente capaz em cada área importante. Minimamente capaz não significa perícia, nem mesmo necessariamente competência, mas cada membro deve ser capaz de realizar diferentes tarefas adequadamente, de modo especial se isso for necessário.

Conflito de Gerações

Níveis diferentes de maturidade podem causar atritos e às vezes conflitos. A expectativa é a de que um coven seja um lugar seguro e estimulante onde todos possam aprender e se desenvolver. Nele o ridículo não tem espaço. O humor é importante, mas não quando dirigido mordaz ou maldosamente às pessoas. Ter um bom equilíbrio entre humor, divertimento e trabalho sério é ótimo, mas manter esse equilíbrio pode ser bastante difícil. Lembre-se, um coven é um lugar onde as pessoas podem confiar, e assim, mesmo agravos e desfeitas menores podem exacerbar-se facilmente. Esteja disposto a desculpar-se caso você se exceda com alguém. Seja sensível aos sentimentos, valores e níveis de conforto dos outros. Inversamente, se uma pessoa tem suscetibilidades e problemas que constantemente causam atrito, ela deve reavaliar as suas atitudes e melindres, e se isso não reduzir os atritos, talvez deva procurar um grupo que corresponda melhor ao que procura.

Ética

Definimos "moral" como um código de pensamentos e ações certos e errados impostos externamente por uma sociedade. "Ética" é um código pessoal de certo e errado escolhido por um indivíduo depois de reflexão e estudo cuidadosos.

Os wiccanianos falam muito em ética porque não adotam princípios morais de terceiros. Eles geralmente decidem por si mesmos as normas éticas que seguirão. O que acontece quando diferentes éticas entram em choque? Uma grande crise pode se instalar no grupo. Em termos éticos, um membro pode opor-se irredutivelmente à ingestão de carne, enquanto outro não. Como conciliar dois pontos de vista antagônicos com base na ética? Às vezes isso não é possível. É quando as pessoas têm de concordar em discordar, sem querer converter uma à outra. Às vezes podem surgir soluções inteligentes. Se o coven tem uma refeição em comum, talvez preparar um prato principal vegetariano, secundado por um prato com carne. Ou apresentar duas opções, uma vegetariana e outra não. Às vezes um dos membros resolve não participar de alguma coisa que acha que viola a sua ética. Enquanto as diferenças são discutidas, e cada pessoa tem oportunidade de expressar o seu ponto de vista sem julgamentos ou críticas, deve ser possível contornar praticamente toda diferença. Coagir alguém a escolher entre a sua ética e a sua participação nas atividades do grupo é uma forma excelente de desarticular um coven.

Equilibrar as necessidades individuais e as necessidades do grupo é um empreendimento e um processo dinâmicos. Existem benefícios num trabalho de grupo, mas os indivíduos renunciam a uma certa autonomia e liberdade. A esperança é que os benefícios sempre superem os sacrifícios.

Rede de Poder

O poder é sempre uma questão importante em qualquer grupo e pode ser causa de muita discórdia. Nem sempre há clareza sobre quem tem e quem não tem o poder de tomar decisões. Às vezes isso é determinado pela forma como o grupo está estruturado. Se há uma hierarquia e uma Suma Sacerdotisa e um Sumo Sacerdote na direção, o restante do grupo aceita que eles têm mais poder que os outros membros. Mas estes também têm algum poder porque, sem eles, a Suma Sacerdotisa e o Sumo Sacerdote não teriam grupo para liderar. O poder pessoal de cada membro precisa ser reconhecido, e despertar e aumentar esse poder é algo que a maioria dos grupos e Tradições wiccanianos se esforça ao máximo para promover.

Cada adepto tem o direito de ser ouvido no grupo, por pouco que seja. Equilíbrio e consciência são a chave. Líderes que dominam outros, que ignoram seus interesses e sensibilidades, logo se perceberão líderes sem seguidores e, inversamente, membros que permitem o domínio dos líderes sem manifestar seu descontentamento estão lhes dando poder de arbítrio. Responsabilidade pessoal é o ponto crucial. Cada pessoa tem uma escolha com relação à sua participação.

Relacionamentos

A confiança se instala no seio de um grupo coeso que trabalha em harmonia durante um longo tempo. As pessoas passam a se conhecer e a se compreender e amar mutuamente. O que pode haver de mais traumatizante, então, quando uma pessoa descobre que outra trai essa confiança? O que é realmente imperdoável e o que é meramente leviandade? Quando se deve dizer "Desculpe! Perdão!"? Acidentes acontecem. E quanto prejuízo houve realmente? "Amor perfeito e confiança perfeita" são ideais sublimes, mas não somos perfeitos, e às vezes o perdão é a única opção viável.

Relações e sexo podem levar um grupo à decadência mais rapidamente do que qualquer outra coisa. Se um membro molesta sexualmente outros, ele deve ser imediatamente afastado do grupo. Mas existem outras situações que afetam o grupo negativamente. Por exemplo, duas pessoas num grupo resolvem estabelecer um relacionamento, mas as coisas não dão certo. Algumas pessoas ainda conseguem conviver num grupo nesses circunstâncias, mas a maioria não consegue. Quem fica e quem sai? Haverá uma norma sobre compromissos desse tipo num coven? E o que fazer quando um casal se divorcia: quem fica e quem sai? Para a maioria dessas perguntas, não há resposta pronta. Mas essas questões precisam ser discutidas.

Relacionamentos ou compromissos externos também podem ser problemáticos. O que fazer quando um amigo ou amiga se relaciona com um parceiro que você não consegue suportar? Se esse parceiro não faz parte do coven, você pode ignorá-lo, e ainda assim usufruir a amizade do amigo. Mas o que dizer se ele consegue trazer o parceiro para o grupo? Nesse caso, o mecanismo de seleção de novos membros pode ser útil. Em acontecimentos sociais, em que o seu coven divide atividades com pessoas externas ao grupo, por exemplo membros da família, às vezes a sua única saída é arreganhar os dentes e ser gentil.

Se um adepto é responsável por um grande projeto na profissão dele, ou se viaja muito e não pode participar das reuniões regularmente, o que fazer? É recomendável ver se a situação é temporária ou permanente. Se é temporária, normalmente concessões podem ser feitas. Se permanente, o grupo pode ou deve mudar para adaptar-se ao cronograma de uma pessoa?

Familiares que não participam do coven também podem se tornar um problema. A família aceita que um ou outro dos seus membros participe do coven? Ou ela é hostil? Ou ela nem sequer conhece o coven? Muitos wiccanianos não são declarados, mesmo para suas famílias. Geralmente, isso significa pais e irmãos; raramente, pode incluir também um cônjuge. Alguns wiccanianos escondem sua religião dos filhos. O modo como isso afeta o coven, o indivíduo e outros membros deve ser examinado. Como se sentirão outros membros com relação a esconder suas crenças diante da família de outro membro? Promover discussões é fundamental para que o grupo possa lidar com essas situações delicadas.

QUANDO O COVEN SE DIVIDE

O que fazer quando um grupo se desintegra por causa de conflitos ou mesmo por opção? Normalmente existem dois lados, com algumas pessoas em cada um. Numa situação ideal, a mediação pode levar a bons resultados. Promova um encontro dos líderes para que discutam racionalmente as suas diferenças, talvez com mediador neutro supervisionando e moderando os debates. *Não* recomendamos um intermediário que negocie entre as facções se estas se recusam a encontrar-se frente a frente. Isso cria mais problemas do que soluções.

Certamente, a dissensão não deve ultrapassar as fronteiras do coven. Ela não deve ser ventilada nem discutida em público. Atrair estranhos a uma desavença pessoal recebe o nome de Guerra de Bruxas (em termos wiccanianos), e é totalmente indesejável. A interferência de terceiros não diretamente envolvidos geralmente só exacerba o conflito. Se as pessoas se desentendem irremediavelmente, alguém deve afastar-se do grupo. É isso. Não queira salvar um grupo que se divide de forma contenciosa e ressentida.

As pessoas se desentendem, normalmente nenhuma tem culpa, e às vezes as partes simplesmente precisam seguir o seu próprio caminho. Nada dura para sempre, nem mesmo um coven.

A maioria dos covens se desagrega por *ennui*. As pessoas perdem o rumo, desenvolvem outros interesses e deixam de comparecer às reuniões. É necessário muito trabalho para manter um coven estável, sólido. E poucas pessoas têm energia para sustentar esse nível de comprometimento com o passar do tempo. Se um coven ultrapassa o limite de um ano, provavelmente sobreviverá mais um, alguns, talvez muitos. Alguns covens duram cinco ou dez anos ou até mais. Mas raramente um coven começa um ano e o termina com as mesmas pessoas, mesmo entre Tradições estabelecidas. Gerald Gardner, fundador da Wicca moderna, teve mudanças de pessoal e de pelo menos três diferentes Suma Sacerdotisas importantes ao longo dos anos. Um coven sólido se constitui com o intuito de ser adaptável, de mudar e crescer com as pessoas que o compõem. Se você tem a felicidade de fazer parte de um bom coven mesmo que seja por poucos anos, esses podem ser-lhe anos muito produtivos como wiccaniano. Compreenda que nada é para sempre, usufrua o que você pode enquanto ele existe e agradeça à Deusa.

O JOGO DAS CADEIRAS

Existe uma norma não escrita de que não se pode pertencer a mais de um coven por vez. A aplicação dessa diretriz na prática tem variações. Se você faz parte de um coven e quer filiar-se a outro, analise o que será melhor para você e para os dois grupos. É essencial expor-se claramente a ambos os covens. Se um ou outro fizer objeções, esteja preparado para lidar com a situação. Às vezes temos de fazer escolhas.

Por que você quer passar para outro grupo? É porque você está apaixonado por alguém que pertence a esse grupo? Em geral, esse não é um bom motivo para uma transferência, especialmente se a relação for nova. Às vezes as pessoas rompem relações e isso introduz no coven um fator de conflito que antes não existia. Alguns grupos proíbem explicitamente que duas pessoas comprometidas sejam membros plenos, enquanto, pelo contrário, outros só admitem casais legalmente comprometidos. No primeiro grupo, só uma das partes é considerada membro permanente, enquanto a outra é o convidado permanente. Se o casal se separa, o convidado deve abandonar o grupo.

O seu grupo original não está atendendo às suas necessidades? Veja bem quais são as suas necessidades verdadeiras e analise até que ponto o coven satisfaz esses e outros anseios. Talvez você só queira um grupo que pratique encantamentos, ao passo que o seu grupo está orientado para a celebração dos Sabás.

Às vezes pode lhe parecer simplesmente que as coisas são melhores em outras partes. Ou talvez você esteja entediado. Mas entenda, deixar um coven ou filiar-se a outro é um evento religioso sério. Essa decisão exige que você pense e que examine os seus interesses, necessidades e motivos. Seja resolutamente honesto consigo mesmo nessa questão. Não faça nada por capricho ou só porque quer dar um pouco de movimento à sua vida. Se esses são seus motivos, talvez uma mudança de aparência fosse mais apropriada.

PALAVRAS FINAIS

Se você se comprometer totalmente, o coven pode se tornar sua família por opção. Se você quer esse tipo de entidade em sua vida, abrace-a. Caso contrário, reavalie o seu compromisso. O seu coven é o que você faz dele. O seu compromisso e participação são fundamentais para o andamento harmonioso do grupo, seja ele de que tipo for. Para a maioria dos wiccanianos, o coven é Wicca para eles. Se você tem consciência e age com responsabilidade e lucidez, um coven pode durar por gerações.

CÍRCULOS

Assim nos encontramos num Tempo sem tempo e num Lugar sem lugar, pois estamos entre os mundos e além!

Esta, ou outra semelhante, é a afirmação que o Sumo Sacerdote ou a Suma Sacerdotisa faz no fim da parte introdutória de toda Ação de magia ou culto wiccaniano formal, antes do início da Ação ou do culto propriamente dito. Ela é conhecida como "confirmação", "fechamento" ou "lançamento do Círculo". Normalmente significa que uma área foi adequadamente preparada para o culto/Ação pelo traçado dos limites do Espaço Sagrado, pela proteção ou separação psíquica do Espaço Sagrado do mundo mundano e pela limpeza ou eliminação de influências negativas ou desagregadoras da área de trabalho.

Dependendo da Tradição e também do objetivo e esquema de um ritual específico, o STe/STisa pode ou não dizer algo semelhante à citação acima. A criação de um Círculo pode tomar uma hora, com muito barulho, uma grande quantidade de simulacros de instrumentos, linguagem e apoio. Num outro ritual, pode ser lançado num instante, com pouca ou nenhuma indicação de que alguma coisa aconteceu. Mas sempre que wiccanianos realizam algum ritual, é sinal de que algum tipo de Círculo foi traçado. Uma das características definidoras da Wicca é que prestamos culto e fazemos magia em Círculos.

POR QUE OS WICCANIANOS TRABALHAM EM CÍRCULOS?

São várias as razões por que os wiccanianos trabalham em Círculos. Uma das principais é que, como outras pessoas, preferimos encontrar-nos com Deus num lugar físico simbólica e psiquicamente separado do ambiente mundano. Um lugar onde podemos deixar as preocupações de cada dia fora da porta, por assim dizer, e dedicar nossa mente aos prazeres simples de uma experiência espiritual direcionada. As religiões modernas oferecem aos seus seguidores sua forma específica de Espaço Sagrado dentro de uma construção consagrada ao culto, seja ela chamada de igreja, mesquita ou templo. Com poucas exceções, os wiccanianos não têm construções físicas consagradas apropriadas para a criação de um Espaço Sagrado permanente. E como os wiccanianos acima do Primeiro Grau de Iniciação são considerados clérigos (pelo menos para si mesmos), não precisamos de uma organização clerical separada, com a responsabilidade de providenciar e manter um espaço físico sagrado distinto para centenas de pessoas, como acontece com as igrejas principais. Toda casa wiccaniana pode abrigar um Espaço Sagrado.

Outra razão decorre do fato de que constituímos uma religião que cultua a natureza, e muitos de nós preferimos trabalhar ao ar livre, na natureza, sempre que possível. Como os nossos Círculos podem ser criados sem alterar a condição física de uma área, e pode ser desfeito sem deixar nenhum vestígio perceptível, podemos realizar os nossos cultos em qualquer lugar, literalmente. Onde há natureza, aí pode haver um templo.

Outra razão para os Círculos é conseqüência da nossa percepção de que somos uma religião oprimida. Em geral preferimos não revelar a nossa existência como grupo wiccaniano ativo numa determinada localidade ou região. Algumas pessoas consideram essa atitude excessivamente paranóica no mundo atual. Mas todos os anos ficamos sabendo de casos de wiccanianos que têm seus empregos ou famílias em situação de risco por causa das suas crenças religiosas, e por isso muitos ainda se mantêm fiéis às práticas tradicionais dos "Filhos Secretos da Deusa". Além disso, fazer parte de um grupo secreto que realiza rituais secretos é manifestamente diversão pura, e é importante que os nossos rituais sejam agradáveis se queremos obter a cooperação da nossa mente subconsciente. Como alguns tipos de Círculos wiccanianos e os instrumentos que necessitam são totalmente comuns, em geral é impossível descobrir onde os wiccanianos prestam culto, a não ser que eles mesmos falem.

E finalmente, e talvez mais importante, trabalhamos num Círculo porque desejamos cultuar e trabalhar "num Tempo sem tempo e num Lugar sem lugar". Procuramos não nos prender a nenhum tempo ou lugar nos reinos astrais quando celebramos ou realizamos magia. Se o lugar onde estamos não é psiquicamente nenhum tempo nem nenhum lugar, podemos estar em qualquer tempo e em qualquer lugar. Não estar preso a um tempo ou a um lugar é o reino dos Deuses, torna a comunicação com eles mais fácil e ajuda nossa magia a ser mais eficaz. Mas para estar num "Tempo sem tempo e num Lugar sem lugar", de algum modo precisamos separar-nos psiquicamente do lugar e do momento em que nos encontramos. Essa é realmente a coisa mais importante que um Círculo protegido faz; ele não apenas mantém afastadas influências negativas como alguns magos acreditam, mas também nos retira psiquicamente do ambiente mundano de tempo e lugar, e assim podemos estar "entre os mundos e além"!

O QUE É UM CÍRCULO?

O Círculo wiccaniano protegido típico provém pelo menos dos Círculos gardnerianos dos anos de 1950, e provavelmente de um tempo ainda mais recuado porque contém elementos claramente tomados das lojas de Magia Cerimonial do século anterior. Não existe uma forma única, correta ou verdadeira de criar um Círculo; assim, a que descrevemos é uma entre muitas formas gerais e adequadas. De fato, desde os últimos anos da década de 1970, muitas experiências vêm sendo feitas com diferentes modos de desenhar Círculos, desenvolvidos por muitas pessoas em todo o país. Depois de praticar os vários Círculos apresentados neste livro (inclusive os dois no fim deste capítulo), você provavelmente procurará trabalhar com a sua própria criatividade.

Planeje o seu Círculo e reúna os seus instrumentos e acessórios. Resolva antes de começar o que você vai fazer, por que vai fazê-lo, como o fará e do que precisa para levá-lo a cabo.

Primeiro visualize o que você fará, isto é, que tipo de ritual, se será de celebração, de cura, etc. Isso o ajudará a definir os componentes do ritual.

Em seguida reapresente (pelo menos para você mesmo) o motivo por que fará o ritual. As coisas tendem a fluir melhor se você sabe por que está importunando os Deuses. Se não sabe por que está fazendo alguma coisa, por que alguém (inclusive os Deuses ou o seu subconsciente) deveria ajudá-lo?

Então, de posse das respostas ao "o que" e ao "por que", combine o seu conhecimento do modo como os rituais devem ser feitos e de como a magia funciona com a sua compreensão dos Deuses e crenças nos mundos espirituais, chegando assim ao "como" realizar o ritual, quando não ao roteiro completo. E sabendo como o Círculo será, os instrumentos necessários serão uma decorrência natural.

Por fim, reúna os apetrechos e instrumentos na área de trabalho. Faça todas as preparações previstas para o período que antecede o ritual; por exemplo, tome o seu banho ritual, providencie os bolos e o vinho, veja se as velas estão adequadas e se os fósforos não foram esquecidos. Essa fase deve ser um esforço conjunto de todos os que participam pelo menos da condução de um determinado ritual. Esse procedimento é eficaz para a preparação de qualquer celebração.

Organize o espaço físico do Círculo. Retire todos os objetos desnecessários da área de trabalho. Monte fisicamente o altar, abra a garrafa de vinho e ponha em ordem os instrumentos, bolos, etc., que estará usando. Coloque no lugar e arrume os oratórios elementais. Disponha as velas em torno da área do Círculo e deixe fósforos ou um isqueiro junto à primeira a ser acesa.

Em geral, essa primeira etapa é realizada pela Suma Sacerdotisa e seus auxiliares, mas pode ser feita por uma pessoa (num trabalho solitário ou num grupo pequeno) ou por mais pessoas (se for um ritual com um grupo grande e você quer envolver mais pessoas).

Anuncie fisicamente que você está começando a Ação. Algumas Tradições tocam uma campainha ou acendem uma vela para comunicar aos participantes que o tempo mundano está encerrado e que o ritual está começando. Outras anunciam verbalmente o início do ritual ou adotam algum outro gesto ou prática compatível. Normalmente, essa é uma função da Suma Sacerdotisa.

Defina os limites do Espaço Sagrado. Defina fisicamente o perímetro do Círculo percorrendo-o. Freqüentemente, esse percurso é feito pelo Sumo Sacerdote ou pelo Sacerdote Assistente (*Summoner*), aquele que estiver de posse das defesas do Círculo.

Lance as defesas. Este ritual separa o Círculo do ambiente mundano. Geralmente é realizado caminhando em torno do Círculo duas vezes e levantando as defesas externas e internas. Essas duas defesas erguem metaforicamente muros astrais que separam você do tempo e do espaço. Também esta parte é normalmente realizada pela pessoa que define o Círculo.

Limpe o Espaço Sagrado. Limpe ou purifique psiquicamente o interior do Círculo, eliminando toda influência astral indesejada. A Suma Sacerdotisa, com os elementos da Terra e da Água, borrifa ou asperge o Círculo com água salgada, e o Sumo Sacerdote, com os elementos do Fogo e do Ar, defuma o Círculo com incenso.

Invoque os espíritos dos elementos. Em cada oratório dos quadrantes, o guardião/rei/espírito dessa direção/elemento (normalmente Leste-Ar, Sul-Fogo, Oeste-Água e Norte-Terra) é chamado a entrar e a defender o Círculo de tudo o que esteja ligado ao reino dele e assistir ao ritual para que tudo corra bem. Em geral, acrescentam-se também as direções ascendente e descendente, que representam os reinos superiores e inferiores do espírito. Esta é a última etapa da criação do Espaço Sagrado e é normalmente realizada pela Suma Sacerdotisa.

"O Círculo está lançado." A Suma Sacerdotisa reúne todos os elementos do Círculo num todo coeso, declara que o Círculo está fechado e que a Ação pode começar. Ela recita a invocação "Assim nos encontramos num Tempo sem tempo e num Lugar sem lugar, pois estamos entre os mundos e além".

Se o ritual for longo ou difícil, a Suma Sacerdotisa descreve o objetivo do ritual e diz o que vai acontecer na seqüência. Isso reconduz a atenção dos participantes para a Ação e dá aos oficiantes (isto é, a Suma Sacerdotisa, o Sumo Sacerdote, o Sacerdote Assistente e a Sacerdotisa Assistente [*Handmaiden*] — as pessoas que criam o Círculo) uma pequena pausa antes das etapas seguintes.

Invocação dos Deuses. Agora que você dispõe de um lugar apropriado para os Deuses, convide os que você quer que participem da sua Ação. A melhor metáfora para isso seria dizer que você deve convidar os Deuses para uma festa. Afinal, um ritual é exatamente isso para eles, uma oportunidade de ter a experiência do mundo físico por meio dos sentidos dos seus adoradores. Por isso, seja cortês e transforme o ritual numa festa, com você como o gentil anfitrião e os Deuses como os convidados de honra. Essa etapa normalmente recebe o nome de "Puxar para Baixo", ou "Puxar a Lua para Baixo", e é geralmente feita pelo Sumo Sacerdote e pela Suma Sacerdotisa, reciprocamente.

Insira a Ação aqui. Proceda à Ação que é o objetivo dessa reunião, seja ela um culto, uma cura, um encantamento, etc.

Grande Rito. Esta cerimônia simboliza o ato sexual entre a Suma Sacerdotisa e o Sumo Sacerdote; o athame e o cálice se unem. Terminada a Ação, a energia restante é usada para carregar o líquido que está no cálice. Esse líquido carregado é compartilhado pelos participantes do ritual para que cada um possa receber parte da energia, e para espalhar e aterrar qualquer excesso.

Esta etapa é realizada pela Suma Sacerdotisa e pelo Sumo Sacerdote, e pode ou não incluir o Grande Rito (ato sexual) simbólica ou realmente (algumas Tradições ainda praticam o ato sexual real entre a Suma Sacerdotisa e o Sumo Sacerdote, e como Wicca é uma religião de fertilidade/natureza, consideram esse ato direito e dever de todo iniciado de Terceiro Grau). Por causa disso, esses grupos geralmente preferem que os seus iniciados de Terceiro Grau sejam casais comprometidos, de preferência casados. O importante é que toda energia em excesso ou extraviada que tenha sobrado da Ação seja aterrada. Ninguém vai querer que energia errática fique flutuando no ambiente depois de aberto o Círculo, pois ela pode escoar para algum lugar ou ser usada por alguma coisa que você não queira. Em certas Tradições, esse rito é também conhecido como Rito dos Bolos e do Vinho, e é explicado em detalhes mais adiante neste texto.

Convide os Deuses a se retirarem. Informe os Deuses que o ritual/festa acabou e que eles estão livres para voltar aos seus reinos. E mesmo que pareça arrogância pensar que um ser humano pode determinar as idas e vindas dos Deuses, eles, como nós, de fato não gostam de ficar por aí sem nada para fazer depois de terminada a festa. Por isso, com cortesia, diga-lhes que a festa chegou ao fim. Essa despedida é normalmente feita pela Suma Sacerdotisa e pelo Sumo Sacerdote juntos e reflete o processo em que você convidou os Deuses para o Círculo.

Dispense os elementos. Embora seja recomendável convidar os Deuses a partir, *diga* aos guardiões/reis/espíritos elementais que voltem para casa. Seja firme. Você não vai querer que energias extraviadas rondem pelo ambiente quando você abrir o Círculo. A saudação comum de despedida em algumas Tradições, "Vá se deve ir, fique se desejar", é somente para os Deuses. Com os elementais, é melhor você dizer educadamente, mas inequivocamente, "vão para casa!" Essa etapa é geralmente realizada por quem chamou os elementais, na ordem inversa em que foram chamados, e também reflete como eles foram chamados, em cada respectivo quadrante.

Retire as defesas. As defesas internas e externas são cortadas ou retiradas, em geral pela pessoa que as colocou.

"O Círculo está aberto." Essas são as palavras rituais freqüentemente pronunciadas pela Suma Sacerdotisa no final do Círculo. Durante esta parte, ela aterra toda a energia que tenha sobrado e declara que o ritual está terminado, de modo que todos sabem que o Círculo está aberto ao mundo do lugar e do tempo. Tradicionalmente, as palavras pronunciadas são as seguintes: "O Círculo está aberto, mas não quebrado. Felizes nos encontramos, felizes partimos e felizes voltaremos a nos encontrar!"

"Limpe o seu espaço!" Quantos de nós tivemos mães que sempre nos diziam isso? Bem, a Deusa também espera que limpemos o lugar que ocupamos. Por isso, depois de tudo terminado, guarde os seus instrumentos, vestes e equipamento, e deixe o espaço do ritual exatamente como ele estava antes de começar. Se o ritual for praticado ao ar livre, ele deve ficar mais limpo do que antes de ser usado.

FUNÇÕES BÁSICAS DO CÍRCULO

Antes de analisar as funções básicas realizadas pelos oficiantes de um ritual, é importante compreender que todo Iniciado de Primeiro Grau deve ter condições de ser um representante de si mesmo diante dos Deuses. Somos todos Sacerdotes de pleno direito e não precisamos de ninguém que interceda junto aos deuses em nosso favor, como acontece com o clero da maioria das principais religiões. Então, por que precisamos de celebrantes para os rituais? Porque, enquanto a espiritualidade de uma pessoa é assunto exclusivo dela, a religião é a tentativa de uma experiência de grupo. Para uma experiência de grupo focalizada, deve haver alguém que coordene o que é feito, pois do contrário haveria o caos. É isso que esses oficiantes são, pessoas que orquestram ou conduzem um ritual de grupo. Numa Ação individual, cada participante é seu próprio oficiante.

Há outra coisa que você precisa lembrar: as funções que descrevemos são simplesmente isso, descrições de tarefas. Não usamos esses termos como posições hierárquicas. O que uma Suma Sacerdotisa, um Sumo Sacerdote, um Sacerdote Assistente ou uma Sacerdotisa Assistente é, no que diz respeito às hierarquias das várias Tradições, compete às práticas exclusivas de cada Tradição, e não abordamos esse tema aqui. E não só isso, mas porque essas são descrições de tarefas e porque somos uma religião de igualdade, é definitivamente irrelevante o sexo da pessoa ao executar essas atividades. É perfeitamente possível um homem fazer o que compete à Sacerdotisa assistente como é possível uma mulher fazer o trabalho do Sumo Sacerdote, ou outra combinação qualquer. Os nomes com conotação de sexo foram mantidos para conservar certa aparência de continuidade com os ensinamentos de cada um, não porque achamos que o sexo de uma pessoa tenha alguma relação com a sua capacidade para desempenhar uma determinada função.

E finalmente, essas descrições são operacionais apenas pelo tempo de celebração de um ritual. Não estamos sugerindo que essas tarefas se prolongam sempre que o grupo se reúne. Uma hierarquia absoluta, como ilustramos abaixo com a Suma Sacerdotisa como dirigente absoluta e com o Sumo Sacerdote como seu segundo em comando, não é necessariamente a melhor maneira de dirigir um grupo. Achamos que a melhor forma de fazer isso é pelo esforço cooperativo de todas as pessoas que se disponham a envolver-se. Uma ditadura absoluta, mesmo que seja benevolente, não necessariamente desenvolve um bom trabalho se o objetivo de um grupo é o progresso espiritual de todos os seus membros. Por outro lado, durante um ritual, é recomendável não haver dúvidas na mente de ninguém quanto a quem está encarregado do quê.

Suma Sacerdotisa. A Suma Sacerdotisa é a interface entre a Ação de magia e os Deuses, especialmente se ela irá "aspectar" ou invocar uma ou mais divindades. Ela pode ser chamada de transmissora final, sintonizadora ou focalizadora da energia de um ritual. Ela dá à energia produzida pela congregação a sua forma final e direção. Seja qual for a extensão da Ação, deve haver apenas uma Suma Sacerdotisa. Freqüentemente, ela é a principal arquiteta da Ação e a que toma a decisão final, embora possa aceitar que quantas mais vozes ouvir dentro do grupo, melhor e mais coeso o grupo será. No entanto, durante uma Ação, toda a responsabilidade cabe a ela. A Suma Sacerdotisa tem a responsabilidade última pelo ritual e pelo bem-estar dos participantes, e portanto deve ter a palavra final.

Sumo Sacerdote. O Sumo Sacerdote é a interface entre os participantes e a Ação. Num grande ritual, ele pode ser chamado de coletor, receptor ou amplificador da energia gerada pela congregação e outorgada pelos Deuses. Num trabalho em dupla eficaz, é ele que coleta ou reúne a energia gerada para a Ação e que transmuta essa energia numa forma que pode ser mais facilmente assimilada pela Suma Sacerdotisa. Esta função envolve recolher, integrar e concentrar a energia do grupo e em seguida transferi-la para a Suma Sacerdotisa. E se a Suma Sacerdotisa não está conscientemente disponível para tomar decisões (porque pode estar absorta em sua comunicação com os Deuses), o Sumo Sacerdote é quem toma as decisões.

Pode haver mais de um Sacerdote numa Ação; o nome Sumo Sacerdote é reservado para o Sacerdote mais antigo (seja como for que a Tradição determine essa condição). E se for um grande ritual (cem ou mais participantes), deve haver vários.

Sacerdotisa Assistente. A Sacerdotisa Assistente é a interface entre os participantes, os oficiantes e os aspectos físicos da Ação. Em sua tarefa, ela pode ser chamada de "Tecelã Harmoniosa do Chi". Ela procura ajudar a todos a assumirem a atitude correta, a manterem a integridade do Espaço Sagrado dentro do Círculo e providencia para que tudo se desenvolva ordenadamente durante a Ação. Ela também pode atuar como "Monitora do Círculo", como descreve Marion Zimmer-Bradley em seu romance de ficção científica *Darkover*. Sua função é manter o bem-estar tanto dos participantes individuais como a "dança física dos oficiantes" durante a Ação, tomando as medidas para que tudo transcorra a contento.

Ouve-se dizer que o instrumento da Sacerdotisa Assistente é o altar, não apenas porque é ela que tradicionalmente prepara o altar, mas também porque deixa à mão tudo o que os oficiantes precisam. Quanto maior o ritual, maior o número de Sacerdotisas Assistentes necessário.

Em algumas Tradições, a Sacerdotisa Assistente está em treinamento para tornar-se Suma Sacerdotisa. Achamos que para facilitar isso, e dirigir realmente um ritual, ela deve ser considerada aprendiz da Suma Sacerdotisa, mas durante o ritual deve atuar como auxiliar do Sumo Sacerdote.

Sacerdote Assistente. Num ritual ou reunião com muitos participantes, o Sacerdote Assistente é o "Definidor das Defesas", também chamado de Guarda (*Warder*) ou *Tyler*. Em alguns casos, ele realmente cria e (geralmente) mantém as defesas que a Suma Sacerdotisa e o Sumo Sacerdote criam para uma Ação específica, e a Sacerdotisa Assistente mantém o Espaço Sagrado dentro do Círculo. Os Sacerdotes Assistentes são a interface da Ação ou da reunião com o ambiente mundano e, freqüentemente, em grandes rituais ou reuniões, trabalham fora do Círculo. Quanto maior o ritual, mais Sacerdotes Assistentes são necessários.

Em algumas Tradições, o Sacerdote Assistente está em treinamento para tornar-se Sumo Sacerdote. Achamos que para facilitar isso, e dirigir um ritual realmente, ele deve normalmente ser considerado aprendiz do Sumo Sacerdote, mas durante um ritual deve atuar como auxiliar da Suma Sacerdotisa.

Congregação. A congregação é formada pelos participantes de uma Ação. São as pessoas que produzem a maior parte da energia que o Sumo Sacerdote e a Suma Sacerdotisa concentram para realizar a Ação. São também as pessoas para quem a Ação se destina. Os criadores da Ação devem planejar de modo a satisfazer algumas necessidades da congregação, não para contentar seus egos.

Ouvimos algumas pessoas perguntar: Se essa hierarquia de cima para baixo (como descrevemos acima) não é necessariamente uma forma adequada de dirigir um grupo, por que ela deveria ser adotada para um ritual? O melhor motivo é que o seu grupo desenvolve bons hábitos rituais; assim, se e quando alguma coisa não acontece como deveria, você sabe o que fazer. Francamente, o único momento em que achamos que vale a pena ter uma hierarquia rígida é durante um desastre. Se o seu grupo sabe quem é responsável pelo que num ritual, é possível evitar que um problema se transforme num desastre. Problemas acontecem durante rituais — as pessoas os resolvem bastante rapidamente. Um desastre durante um ritual, porém, pode desagregar um grupo.

Para ilustrar, apresentamos dois diferentes rituais de que Paul participou como exemplos da diferença entre um problema e um desastre.

Em decorrência de um trabalho espiritual interior que um participante estivera desenvolvendo durante algum tempo — abertura à "Criança Interior" — uma determinada frase dita durante um ritual fez com que ele tivesse uma visão súbita de um trauma da infância. Naturalmente, ele ficou muito ansioso. Imediatamente, todos se dispuseram a ajudar. Como não havia ninguém responsável por esse ritual (todos haviam se reunido como iguais; o ritual fora planejado e desenvolvido por consenso), ninguém dava ouvidos a ninguém. Todos falavam e tentavam ajudar ao mesmo tempo, e o ritual degenerou em confusão, pânico e desespero. O ritual foi um fracasso, o que depois contribuiu para uma divisão nessa comunidade. Paul não sabe se o participante que apresentou o problema se recuperou do trauma.

Durante um outro ritual, quando a Deusa foi invocada, ela (por alguma razão desconhecida) optou por manifestar-se não na Suma Sacerdotisa, mas no corpo de um dos neófitos. Esse participante não fazia a mínima idéia do que estava acontecendo e ficou muito agitado. Mas neste caso, a Sacerdotisa Assistente e o Sacerdote Assistente agiram imediatamente para ajudar o participante. Afinal, essa é a tarefa deles, e eles não precisavam decidir se deviam ou não intervir. No entretempo, o Sumo Sacerdote mantinha a atenção da congregação para o caso de ser necessária a energia do grupo. A Suma Sacerdotisa entendeu o que havia acontecido e conseguiu falar com o participante passando-se pela Deusa. O ritual continuou e o neófito recebeu treinamento avançado rapidamente.

Numa situação o problema se desenvolveu, mas foi resolvido. Na outra, o problema se exacerbou e transformou-se num desastre.

Desenvolver bons hábitos rituais (que incluem ser cortês com todos e com tudo, dispensar tudo o que você invoca, etc.) é como trancar a porta à noite se você mora numa cidade. É um hábito que vale a pena cultivar, mesmo se for realmente necessário apenas uma vez em mil ou dez mil noites. Além disso, não se consegue prever todos os problemas.

Devemos admitir que situações graves como as que acabamos de descrever são extremamente raras. Mas se o seu grupo se habitua com os pequenos problemas que acontecem (por exemplo, algumas velas se apagam, alguém derrama o cálice ou rasga a roupa, etc.), então problemas grandes (como a polícia bater na porta ou alguém queimar os cabelos na chama de uma vela) também podem ser controlados sem muito estardalhaço.

PROTOCOLOS DE UM CÍRCULO

O Círculo comporta alguns protocolos bastante padronizados ou modos de comportamento aceitos por praticamente todos. Embora algumas coisas sejam diferentes de Tradição para Tradição (por exemplo, enquanto numa Tradição todos usam os seus athames ao mesmo tempo, outra só permite que a Suma Sacerdotisa use o dela. Todos os outros devem entregar o athame à Suma Sacerdotisa, que os coloca sobre o altar quando entram no Círculo), outros comportamentos são bastante padronizados nos mais diferentes grupos. Por exemplo, todos se movimentam deosil ou na direção do Sol dentro de um Círculo.

Assim, você terá de aprender protocolos específicos do grupo a que se filiar ou pode criar o seu próprio. Relacionamos abaixo algumas regras aceitas quase universalmente. Se o grupo a que você se une não adota pelo menos a maioria dessas regras, talvez você deva reavaliar a sua participação nesse grupo.

É responsabilidade de cada pessoa que entra num Círculo estar atenta para que ninguém se machuque e para manter a energia do espaço limpa e confortável. O fato de os oficiantes serem os responsáveis por um ritual não significa que os demais participantes possam ser negligentes e apenas entreter-se. Cada um é responsável por sua própria saúde e ações. É nisso que consiste a religião wiccaniana, ser responsável por si mesmo.

Respeite os organizadores do ritual. Os organizadores de um ritual geralmente são pessoas muito solicitadas. Eles normalmente procuram fazer o máximo com um mínimo de recursos e quase sempre com ainda menos ajuda das pessoas da comunidade. Eles dão de si em benefício dos membros do grupo, por isso dê-lhes o respeito que lhes é devido. Você não precisa gostar deles, mas pelo menos seja educado e coopere com eles durante o ritual.

Respeite as práticas da Tradição seguida. Não queira impor as suas crenças ou práticas rituais pessoais às pessoas que presidem o ritual. Elas podem estar seguindo um caminho diferente do seu. Ao entrar num Círculo, você está optando por seguir as regras desse Círculo pelo tempo de duração do ritual.

Se tiver dúvidas sobre o que será feito durante o ritual, procure saber com antecedência. Se não se sente à vontade com as ações ou com as crenças que se manifestarem durante o ritual, você pode decidir por não participar. Se por alguma razão você se indispuser durante a realização do ritual e quiser sair, sinta-se livre para fazer isso. Mas faça isso da maneira mais discreta e polida possível. Muitas Tradições preferem que você solicite permissão formalmente para sair, e então o Sacerdote Assistente ou a Suma Sacerdotisa irá "cortá-lo do Círculo" para não dispersar as energias do ritual.

A Wicca é a religião da diversidade. Existe uma imensa variedade de crenças e práticas em nossa comunidade, e por isso é sempre possível que alguém se sinta pouco à vontade com relação ao modo como outra pessoa interpreta as suas crenças. Tudo bem. Não há vergonha em sentir-se pouco à vontade com alguma coisa e resolver não participar, desde que você o faça com cortesia e sem causar tumulto. E não é demérito dos oficiantes se alguém educadamente decide não participar, desde que não faça um estardalhaço em cima disso. Lembre-se, todos os participantes têm o direito de ter suas próprias opiniões.

Respeite os que o cercam. A menos que você seja membro de um coven muito seleto, haverá pessoas em torno de você que podem ter diferentes crenças e estilos de vida. Lembre-se, o Universo é multifacetado e mostra respeito e deferência pela diversidade dos caminhos ao seu redor. Não imponha a si mesmo nem as suas crenças a ninguém mais. Lembre-se de que todos os caminhos levam à Deusa.

Apesar das posições ocasionais em contrário, a maioria dos wiccanianos (como também dos magos e dos sensitivos em geral) é constituída de pessoas amantes da privacidade com um forte senso de limites pessoais. Quando você vê dois wiccanianos se abraçando, se olhar com atenção você provavelmente verá que em qualquer contato físico há um ritual específico disfarçado de pedido e concessão de permissão para tocar por parte de ambos os envolvidos. Apesar dos boatos em contrário, há muito pouco contato físico casual entre wiccanianos. Assim, nunca entre no espaço pessoal de outro sem permissão dele. E nunca toque nos instrumentos rituais ou mágicos de outros sem autorização expressa.

Respeite a Deusa e os Deuses. Um Círculo lançado é um Espaço Sagrado, seja quem for que proceda ao lançamento, quer ele esteja na sala de estar, no meio da floresta ou junto a um pronto-socorro durante uma catástrofe natural. Deve-se sempre entrar num Espaço Sagrado com mente e coração limpos.

Também é falta de respeito e consideração entrar num Espaço Sagrado alcoolizado ou sob a influência de drogas, ou ainda beber ou fumar durante um Círculo, a não ser que esse ato faça parte da cerimônia.

INSTRUMENTOS USADOS NOS CÍRCULOS EM GERAL

Embora existam muitos tipos de instrumento ritual à disposição do mago, os wiccanianos normalmente usam apenas os mais importantes para traçar seus Círculos, independentemente de outros que possam fazer parte de fases posteriores do ritual.

Você já deve conhecer algumas características de cada instrumento, mas é possível que desconheça outras. Paul vem dedicando os últimos anos a pesquisas sobre o uso dos vários instrumentos e desenvolveu algumas idéias que talvez sejam radicais. Se você tiver alguma objeção a elas, lembre-se de que essa é apenas a nossa opinião, baseada nos estudos e análises que fazemos. Se, depois de examinar essas idéias, você concluir que elas são incorretas, recomendamos que você mesmo faça suas pesquisas sobre os aspectos que julga equivocados de nossa parte. Esse processo de verificação só pode aumentar o conhecimento geral da magia.

Os instrumentos mais comuns adotados nos Círculos wiccanianos são os seguintes:

O Athame. O athame é o instrumento mais pessoal do wiccaniano. Várias fontes o descrevem como uma arma para controlar e banir demônios, ou um instrumento para separar "isto daquilo". Em muitas Tradições, ele é um punhal com cabo preto, lâmina reta e gume duplo. Em outras, ele pode assumir a forma de praticamente qualquer faca ou de qualquer objeto semelhante a uma faca, como uma pena ou um leque.

A pesquisa de Paul mostra que o athame é um instrumento que conduz a energia bioelétrica do corpo (também conhecida como aura ou Chi) num padrão linear, como se fosse um raio de luz, um raio *laser* ou uma antena direcional. Essa energia áurica dirigida produz o "corte" real da energia psíquica atribuída ao athame. Quando alguém corta ou delineia um Círculo (conforme descrito mais adiante no ritual do Círculo), o que o oficiante corta é a energia psíquica, espiritual ou astral, que é muito pouco afetada por qualquer objeto estritamente físico. Mas a partir do momento em que a vontade é projetada para dentro, através e para fora de uma lâmina, ela se torna uma extensão da sua própria energia psíquica. E energia psíquica corta energia psíquica. Mais adiante apresentamos um exercício que lhe ensinará a projetar o seu Chi. (Ver página 185.)

A pesquisa de Paul revela que, para ser um bom athame, um objeto precisa ser fisicamente capaz de projetar Chi num padrão linear que corte outra energia psíquica. Para projetar energia linearmente, o corpo do athame precisa ser feito de um material relativamente liso, disposto em camadas, como as páginas de um livro. O aço, por exemplo, em razão do modo como é forjado, tem naturalmente uma estrutura cristalina plana. Essa estrutura parece projetar a energia de uma maneira linear, em linha reta, imitando a forma da lâmina, o que estende metaforicamente a presença da lâmina para os reinos astrais. A extensão da sua lâmina astral tem apenas os limites da sua imaginação e da quantidade de energia que você lhe passa. E porquanto a lâmina de um athame possa ter praticamente qualquer configuração, uma forma simétrica deve produzir um campo energético mais simétrico.

Além disso, um athame parece produzir melhores resultados quando feito dos materiais mais condutores que se possa obter. Nesse caso, condutor significa que o material dá condições à energia Chi de fluir facilmente através dele. Agora, na verdade, o Chi não age exatamente como a eletricidade, embora tentemos adotar descrições científicas contemporâneas para explicá-lo. Ele parece reagir de modo semelhante à eletricidade quando se trata de metais; isto é, uma boa lâmina de aço com alto teor de carbono conduzirá tanto eletricidade quanto Chi melhor do que o aço inoxidável, porque o cromo, principal componente do aço inoxidável, é menos condutor do que o ferro. Outras substâncias, como madeira e couro, que num certo momento eram ambos tecido vivo, deixarão o Chi passar facilmente, embora não sejam condutoras de eletricidade.

Paul começou suas pesquisas para contestar algumas fórmulas tradicionais relacionadas com dimensões, formas e objetivos dos instrumentos. Ele está chegando à conclusão de que parece haver razões físicas reais para as práticas tradicionais. Neste caso, embora quase tudo possa ser usado como athame, o que parece funcionar melhor é o punhal tradicional feito de aço com alto teor de carbono, com cabo tanto de madeira como de couro.

Quanto ao simbolismo do athame, existem discordâncias entre os wiccanianos. Há os que acreditam que o athame deva simbolizar o elemento Fogo ou o elemento Ar. Nós acreditamos que ele está mais relacionado com o elemento Fogo. Nossa decisão decorre principalmente do modo como a energia que o atravessa é usada e não do material de que é composto. Um dos atributos do elemento Fogo é irromper, ou cortar. É desse modo que usamos o athame, como um instrumento de corte, para definir ou cortar o Círculo.

Outros aspectos ocultos relacionados com o athame (as razões dos quais são muito numerosas para analisar aqui) são os seguintes: Na Tradição ocidental da Magia Cerimonial, ele está ligado ao "Pilar Branco", e é energeticamente "elétrico"; na Tradição mística oriental, ele pode ser considerado um instrumento "yang". Essas são descrições comparáveis, e ambas definem o que é considerado um instrumento energeticamente masculino.

Finalmente, se não dispõe de um athame físico num momento em que dele precise, você pode recorrer à sua mão, aquela com que você escreve, e formar um punho. Em seguida estique os dedos indicador e médio unidos. Se você visualizar a energia descendo pelo braço, passando pelos dedos e projetando-se para fora como um raio de luz ou de *laser*, você deve ter condições de produzir um efeito equivalente ao produzido por outros — muitas vezes mais simulados — athames; além disso, o uso desse athame não pode causar nenhuma controvérsia em público. Também não lhe pode ser tirado, a não ser por métodos extremos.

A Varinha Mágica. Tradicionalmente, uma varinha mágica pode ser praticamente qualquer objeto redondo, cilíndrico, com dez centímetros de comprimento, ou mais. Muitos a preferem ao athame porque não gostam da ameaça representada por uma faca. A maioria das pessoas acha que a varinha mágica e o athame podem ser usados um pelo outro indiferentemente, mas as pesquisas de Paul mostram que embora uma varinha possa ser feita de quase qualquer material, desde uma simples vareta de madeira até alguma coisa laboriosamente confeccionada com várias camadas (como na série de ficção *Harry Potter*), ela é diferente de um athame, a energia a percorre de outro modo e pode ser usada para aplicações específicas suas.

O que diferencia uma varinha mágica de um athame é que, enquanto o athame é feito fisicamente de uma construção plana, a varinha é construída de dois ou mais círculos concêntricos. Tradicionalmente, as varinhas eram feitas com um galho de árvore. Ou eram confeccionadas de dentro para fora, sendo o núcleo central constituído por algum tipo de material condutor de energia (por exemplo, um fio de prata), revestido com uma camada isolante (por exemplo, o fio envolto com seda), recoberta com outra camada condutora (envolvida por outra camada de fio de cobre), novamente sobreposta por algum tipo de material isolante (uma faixa de seda), e finalmente encaixando tudo em algum tipo de invólucro (um pedaço de cano de cobre).

A varinha feita de galho de árvore usa os anéis de desenvolvimento natural da madeira para a construção do seu círculo concêntrico. A outra é intencionalmente confeccionada do centro para fora. E mesmo que use uma das novas varinhas de acrílico, ainda assim você tem dois círculos concêntricos porque envolve o corpo da varinha com a mão.

Essa diferença na confecção física parece induzir a varinha a projetar energia mais como campo magnético do que como o raio elétrico do athame. Você pode ver como esse efeito é usado em nosso Círculo Gardneriano na página 113. O athame é usado para cortar o Círculo, e o campo magnético da varinha é, pelo menos metaforicamente, usado para atrair os guardiões dos quadrantes.

Do mesmo modo que acontece com o athame, existem divergências quanto ao elemento representado pela varinha mágica. Nós optamos por fundamentar o simbolismo no modo como o instrumento é usado. Como o "campo magnético" produzido pela varinha expande-se para incluir o Círculo inteiro, julgamos que o melhor símbolo elemental para a varinha seja o elemento Ar. E como ela deixa passar energia Chi, que age de modo semelhante à energia magnética, consideramos a varinha como um instrumento "yin", ou "feminino".

Se não tem um instrumento que corresponda à varinha mágica, você pode usar a sua "mão forte", aquela com que você escreve, e com ela formar um punho. Em seguida, estique só o dedo indicador. Se visualizar a energia descendo pelo braço, passando pelo dedo indicador e projetando-se para fora como ondas de rádio, você deve ter o efeito equivalente a qualquer outra varinha mágica.

O Cálice. Paul pergunta: Se é o líquido no cálice que justifica a existência do cálice, por que esperar até o fim do ritual para bebê-lo? A bebida não contribui de fato com a Ação, sendo geralmente usada no fim para aterrar simbolicamente a energia. Assim o vinho (o líquido tradicional presente no cálice) não é uma bebida muito adequada para aterrar, mas é um excelente condutor de energia.

Na maioria dos rituais, enche-se o cálice no início da cerimônia, deixando-o sobre o altar quase até o fim. Então ele é abençoado e compartilhado pela congregação.

Qual é o significado dessas ações? O cálice cheio fica sobre o altar durante todo o ritual e se torna um coletor passivo de energia, absorvendo o Chi excedente do ambiente produzido pelo ritual e armazenando essa energia no líquido, mais ou menos como uma bateria. Pelo fim do ritual, a Suma Sacerdotisa e o Sumo Sacerdote realizam o Grande Rito para "carregar o cálice". A energia para carregar o vinho vem do Chi acumulado durante o ritual. Em seguida o cálice é passado pelo Círculo para que todos dele bebam. Todos os participantes recebem um pouco da energia criada pelo ritual e armazenada no líquido e a levam consigo.

Finalmente, a Suma Sacerdotisa geralmente bebe quase tudo o que resta e derrama as últimas gotas sobre o pentáculo, que aterra a energia. Teoricamente, não deve sobrar e permanecer no Círculo nenhuma energia criada pelo ritual. Assim, quando as defesas são retiradas e o Círculo é aterrado, não resta nenhuma evidência psíquica de que houve a celebração de um ritual.

Há muito pouca controvérsia sobre o elemento simbolizado pelo cálice. Por causa do líquido que contém, ele é considerado instrumento do elemento Água. E por causa do modo como é usado no Grande Rito, é considerado o penúltimo instrumento simbólico feminino, como o athame é o penúltimo instrumento simbólico masculino correspondente.

Se você não tem uma taça especial que possa ser usada como cálice, recorra às mãos. Algumas pessoas questionam por que afinal usamos instrumentos, se simplesmente podemos usar nossos dedos e mãos. Todos os instrumentos são multiplicadores de força. Na verdade, você não necessariamente *precisa* de alguma coisa além da sua mente para fazer magia, mas a mente consciente só pode trabalhar com alguns conceitos por vez, e se você usa um instrumento, não precisará concentrar-se conscientemente no trabalho que o instrumento realiza; o instrumento trabalha por você. Além disso, é muito mais fácil para um grupo formar uma atitude grupal se você utiliza itens que os subconscientes individuais reconhecem e compreendem instantaneamente. Acrescente-se ainda que se você consagra um instrumento a uma tarefa específica e o emprega somente para essa tarefa, você terá o efeito de duas "pessoas" fazendo a mesma coisa (você e o instrumento), intensificando assim o que os dois estão fazendo.

O Pentáculo. O pentáculo é um dos instrumentos mais misteriosos. O que é o pentáculo? É uma estrela de cinco pontas circunscrita por um círculo, desenhada sobre a superfície de materiais diversos e mantida sobre o altar. O pentáculo representa simbolicamente o elemento Terra, e como vimos quando descrevemos o cálice, ele serve para aterrar energia. Como ele faz isso? Francamente, uma pedra seria um símbolo melhor para a Terra do que uma estrela desenhada. Os demais instrumentos não são apenas símbolos, mas têm uma função física correspondente. Por que o pentáculo é tão diferente? Para tentar responder essas perguntas, aprofundemos a análise do pentáculo.

O pentáculo é uma figura inscrita em algum objeto em forma de disco (algumas Tradições usam a cera, para poder derretê-lo facilmente, se necessário). Cada ponta dessa estrela representa um dos cinco elementos mágicos (Ar, Fogo, Água, Terra e Espírito) que é invocado num círculo. Um círculo circunscreve essa estrela. Quando o pentáculo é consagrado adequadamente, cada um dos cinco elementos é invocado separadamente para esse instrumento. Esse é um procedimento que você não precisa realmente seguir se apenas produz um símbolo para o elemento Terra. É mais um processo que pode produzir um Círculo protegido completo e um Espaço Sagrado dentro do pentáculo.

Qual seria a vantagem de ter um Círculo protegido dentro de um Círculo protegido? Você produz um único Círculo protegido quando lança o seu Círculo ritual regular. O pentáculo produz um Círculo dentro de um Círculo, ou poderíamos chamá-lo de portão protegido dentro do seu Círculo. Depois de traçar o seu Círculo e estar num "Lugar sem lugar e num Tempo sem tempo", seria ótimo se você pudesse receber a visita de várias entidades ou energias convidadas (como os Deuses, por exemplo), sem precisar abrir e fechar uma passagem diferente para elas a cada vez.

Um pentáculo adequadamente consagrado provê essa passagem. Quando a Suma Sacerdotisa derrama o que restou no cálice sobre o pentáculo, ela não está apenas vertendo essa energia num símbolo da Terra, mas numa passagem para todo o Universo.

É por isso também que o pentáculo é considerado o símbolo do elemento Terra, pois uma vez que o Círculo está lançado, você existe num lugar e tempo separados. O pentáculo é a sua passagem para a Terra ou sua conexão com ela. Ou como a Teoria da Viagem Astral poderia dizer, o pentáculo é o seu cordão de prata do Círculo (isto é, a linha da vida) para o restante do mundo.

Sal e Água. O sal e a água são normalmente conservados sobre o altar em dois recipientes. Com muito pouca divergência, estes são os verdadeiros símbolos físicos dos elementos Terra e Água em seu altar.

O sal e a água são usados pela Suma Sacerdotisa. Ela projeta o Chi através do athame e purifica psiquicamente o sal. Em seguida ela usa um pouco desse sal bento para purificar a água.

O sal purifica de dois modos. Primeiro, ele é um adstringente; ele absorve água, impedindo que os microorganismos se desenvolvam (entre outras coisas). Mas quando você coloca o sal em mais água do que ele pode absorver, você toma o que é basicamente um material isolante (água pura) e transforma essa água num material altamente condutor (solução salina). Ou, para usar uma explicação alquímica mais metafísica, você toma uma pequena porção do elemento Terra (que tem o poder de solidificar) e a mistura com uma grande quantidade do elemento Água (que tem o poder de dissolver e transportar), obtendo um material mágico que tem o poder (quando você o borrifa ou asperge em torno do Círculo) de eliminar energia indesejada do espaço aspergido e de transportar essa energia para o solo. Como "semelhante atrai semelhante", você está usando um material purificado que atrairá qualquer energia relacionada com os elementos metafísicos da Terra e da Água. Qualquer energia psíquica errática relacionada com Terra e com Água será atraída pela Terra e pela Água purificadas e será expurgada para não interferir nas energias do Círculo. Você está purificando o seu Espaço Sagrado com porções especialmente carregadas dos elementos Terra e Água, dois dos cinco elementos necessários no Círculo.

Temos testemunhado desenvolver-se nos últimos anos uma tendência um tanto inquietadora. Em alguns Círculos, a Suma Sacerdotisa asperge ou o lado externo do Círculo ou os participantes. Entretanto, é o Espaço Sagrado — o lado interno do Círculo — que precisa ser purificado para transformá-lo num lugar apropriado para os Deuses e para o trabalho espiritual, e não o mundo externo. E os participantes devem estar num estado adequadamente limpo e purificado *antes* de entrar no Círculo. Eles devem ter deixado o ambiente mundano para trás *antes* de entrar no Espaço Sagrado. Os oficiantes de um ritual talvez devessem reconsiderar se querem alguém num ritual que não esteja preparado para ele. Se não purifica o interior do seu Círculo no que se refere à Ação mágica ou ao culto dos Deuses, você está apenas desperdiçando água.

Incenso. O incenso mais comum usado atualmente é o de vareta. Muitas Tradições originais usavam incenso em pó ou em grãos, salpicado sobre brasa. Você pode usar esse material, mas o incenso de vareta é de longe o de uso mais comum e mais fácil.

O incenso simboliza fisicamente os elementos Ar e Fogo. Ao acender o incenso, você está invocando o elemento Fogo para o Círculo. E como o incenso queima, o fogo permanece mesmo que a chama real possa estar extinta. Esse fogo cria fumaça, a qual, visto que o "ar" é em geral invisível para nós, é a única forma pela qual podemos realmente ver o elemento Ar.

O fogo é purificador porque transmuta uma coisa em outra, e a fumaça do incenso que foi purificado pelo fogo purifica o seu Espaço Sagrado porque o poder do ar é de expandir-se, e assim a fumaça purificada basicamente expele qualquer energia indesejada do seu Círculo.

Agora você purificou o seu Espaço Sagrado com Fogo e Ar, mais dois dos cinco elementos que geralmente são invocados para o Círculo. Terra e Água, Fogo e Ar, apenas quatro elementos, e no início dissemos que precisamos de cinco elementos.

O quinto elemento é o Espírito. O que é o Espírito? *Você* é o Espírito! Cada *pessoa* dentro do Círculo é parte do elemento Espírito. Purificar o Círculo com Espírito significa basicamente que você preencherá o centro do Círculo com o Chi convergente de todos. E é aqui que uma Ação obtém a maior parte da força para dar vida à magia e à vontade para dirigir essa energia para onde ela deve ir.

Quando a Suma Sacerdotisa desenha pentagramas à semelhança do que faz anteriormente em cada ponto cardeal para invocar o guardião elemental daquele quadrante, ela está purificando com Espírito. Entretanto, o primeiro desses pentagramas extras é desenhado acima da cabeça da Suma Sacerdotisa (em geral dito "acima", ele representa a invocação dos reinos superiores, ou espirituais, para o Círculo), e o segundo é dirigido para os pés dela (geralmente conhecido como "abaixo", representa a invocação dos reinos inferiores, ou físicos, para o Círculo). Você e as pessoas que participam do ritual enchem o Espaço Sagrado com o seu Chi focalizado, sua vontade congregada.

Alguns grupos realizam esse preenchimento do Espaço Sagrado com Espírito durante a invocação dos Deuses. Quando o ritual conhecido como "Puxar a Lua para Baixo" (ou qualquer rito semelhante) é realizado, os Deuses estão sendo invocados para e através das pessoas da Suma Sacerdotisa e do Sumo Sacerdote. Não é apenas a energia dos Deuses que entra no Círculo, mas um amálgama dos Deuses e dos espíritos das suas Sacerdotisas e Sacerdotes, e é essa mistura combinada de espírito divino e mortal que é usada para representar o elemento Espírito.

Altar/Oratórios. Por que precisamos de altares? E qual é a diferença entre um altar e um oratório? Num Círculo wiccaniano, quatro oratórios são colocados nos quatro pontos cardeais. Cada um deles é decorado para representar o guardião elemental que será invocado naquele quadrante. Característica, mas não necessariamente, o elemento Ar está no leste, Fogo, no sul, Água, no oeste e Terra, no norte. Os oratórios são criados por duas razões: estabelecer um vínculo entre cada elemento e o espaço físico do Círculo, de modo que, quando a passagem para o reino elemental é aberta pelo traçado do pentagrama no ar naquele quadrante, e é feita a chamada do guardião, esse guardião tenha maior facilidade de entrar no Círculo; e para fornecer uma âncora da essência daquele elemento para o guardião, para que ele se sinta bem acolhido. Você está convidando os guardiões como hóspedes em seu Círculo, por isso faça com que se sintam confortáveis.

Um oratório é basicamente um lugar físico que foi dedicado a um Deus, Deusa ou espírito específicos, de modo que eles possam se manifestar mais facilmente naquele lugar e tempo específicos.

Depois de lançar o Círculo, é conveniente você estabelecer os parâmetros do mundo dentro do Círculo, o que constitui um dos objetivos do altar. Sobre o altar, há geralmente amostras dos quatro elementos terrestres — Ar e Fogo (no incenso ardente) e Terra e Água (cada um em seus respectivos recipientes) — e também representações simbólicas (normalmente estátuas) da Deusa e do Deus, os perenes opostos polares dinâmicos de energia no Universo (para não mencionar possíveis significados espirituais que a Deusa e o Deus têm pessoalmente para você). E é também onde o seu portão astral (o seu pentáculo) é colocado, possibilitando acesso desde a realidade do seu Círculo a qualquer outro lugar.

Metafisicamente, esse é o objetivo do altar. Não é apenas um lugar cômodo onde dispor os instrumentos — é a sua âncora psíquica e astral para a realidade mundana normal que você compreende e com a qual se sente à vontade.

Isso parece assemelhar-se um pouco a um oxímoro: você cria um lugar que está psiquicamente separado do mundo, mas você também conserva um pouco desse mundo com você nesse lugar separado. Mas como você existe a maior parte do tempo no mundo físico, mundano, se não por outra razão, o que você faz magicamente deve ser capaz de existir nessa mesma realidade mundana. Também metaforicamente, o seu altar oferece uma âncora astral para o mundo real, e assim você não se perde.

Não é coincidência que boa parte do ritual comece e termine com o altar. Ele pode se tornar uma pedra de toque ou âncora para a Ação. Ele é o centro psíquico do Círculo, seja onde for que a sua Tradição determine posicioná-lo fisicamente.

Além disso, o altar e os oratórios contribuem com um reforço visual da expressão do Círculo como lugar especial — mágico, separado e diferente. Muitas pessoas os embelezam de acordo com o ritual que celebram. Essas decorações podem se tornar um dos recursos mais fecundos para preparar o ambiente e criar a atmosfera adequada para o encontro, e o altar se torna outro reforço visual para o subconsciente de que alguma coisa especial está acontecendo e de que é preciso prestar atenção.

Velas. As velas têm muitas funções diferentes. Freqüentemente, elas são a única luz que muitos grupos usam. Elas fornecem fogo para acender o incenso; podem ser usadas como símbolos da Deusa e do Deus ou como o foco mágico para invocá-los; podem ser usadas como símbolos dos elementos; são indicadores visuais de que alguma coisa diferente e interessante está em andamento, outra sinalização para o subconsciente; elas fornecem energia que pode ser aproveitada para o ritual.

As velas são também consumidas, e assim podem se tornar um sacrifício ritual. Há um ditado que diz, "Um presente exige um presente". Quando você trabalha com magia, pode encarar todo o processo como um pedido que você está fazendo aos Deuses para que lhe dêem alguma coisa, seja bons sentimentos, informações, algum tipo de resultado tangível ou satisfação espiritual. Assim, idealmente, você deve dar-lhes alguma coisa em retribuição. Sim, você os está convidando para a sua festa e para que se alegrem com você. Mas que satisfação pode haver numa festa sem guloseimas compartilhadas? Quando você divide o vinho e os bolos com os Deuses, eles sentem esses prazeres físicos com você e por intermédio de você; o uso de velas pode ser outro tipo de guloseima compartilhada.

As velas, especialmente em nossa sociedade iluminada pela luz elétrica, podem reavivar memórias primais dos tempos em que não éramos tão tecnológicos, quando vivíamos mais próximos da natureza. Como a Wicca é uma espiritualidade baseada na natureza, às vezes as velas se tornam o nosso elo mais tangível com aquele mundo mais simples e natural em nossas salas de estar urbanas. E como geralmente não são usadas, elas podem ser outro sinal para a nossa mente subconsciente de que alguma coisa especial está acontecendo.

As velas ardentes são também uma mensuração do tempo, e de muitas formas, as chamas produzidas são seres vivos. Como seres vivos, as chamas reagem ao ambiente que as envolve, e se você toma consciência dessas reações, é possível usá-las como medida do que está acontecendo durante o ritual. Às vezes as velas queimam mais rápida ou lentamente do que o habitual durante um ritual. Isso pode ser uma indicação de que você se conectou com alguma coisa fora de você, ou simplesmente de que a sua casa está muito abafada (nesse caso, abra uma janela). E se as velas se apagam, você tem outra indicação de atividades, o que pode ser significativo. Ou há uma corrente de ar ou talvez você queira pôr mais um prato para a entidade que acabou de entrar. As velas reagem tanto a efeitos físicos como psíquicos. Mas se uma das suas velas começa a ter um comportamento estranho, e você já concluiu que não há motivos para esse comportamento, talvez possa haver alguma explicação metafísica para isso e quem sabe você devesse tomar as medidas cabíveis.

E finalmente, como as velas são fornecidas em muitas cores, você pode usá-las para fins puramente decorativos. Muitos grupos só usam uma vela da cor apropriada como oratório elemental em cada quadrante. Outros usam velas de várias cores para criar uma atmosfera festiva para alguns Sabás. Outros ainda usam um número muito maior de velas do que o "prescrito" porque gostam da presença de muitas chamas dançantes. Muitos tipos específicos de sortilégio usam velas. (Ver Encantamentos com Velas, página 193.)

Agora que descrevemos as funções exercidas pelos oficiantes de um Círculo/ritual e as razões para os vários instrumentos mágicos, vejamos como essas funções e instrumentos trabalham e como afetam as ações de um Círculo.

EXEMPLOS DE DOIS CÍRCULOS

Como exemplos, preparamos os roteiros para dois Círculos diferentes. O primeiro é um Círculo formal e muito tradicional, específico para um coven de umas treze pessoas. O segundo segue um estilo mais eclético, realizado ao ar livre e previsto para um grupo de aproximadamente cem pessoas. Seria interessante você comparar esses dois rituais, observar suas semelhanças e diferenças e novamente comparar os dois com o ritual descrito na primeira parte deste livro (parte 1, páginas 62-70). Em conjunto, estes exemplos devem sugerir-lhe algumas boas idéias sobre como planejar e escrever os seus próprios Círculos.

Exemplo 1: Círculo Gardneriano Típico

Apresentamos a seguir um Círculo gardneriano típico. Esta descrição pode provocar alguma controvérsia porque existem muitas versões desse Círculo. Alguns gardnerianos talvez nos critiquem por divulgar esse procedimento, mas não prestamos juramentos gardnerianos, e por isso não podemos ser acusados de deslealdade, da mesma forma que as nossas fontes.

Observação: As palavras ditas pelos vários oficiantes deste ritual são citações literais, mesmo nos casos em que há discordância com as normas de grafia e gramática. Usamos essas elocuções literalmente para seguir a tradição de copiar *ipsis litteris* as informações recebidas por um Iniciado da sua Suma Sacerdotisa. Os autores desconhecem os motivos dos erros de grafia e gramática, mas alguns pelo menos parecem intencionais. Respeitamos, porém, a tradição, porque ela preserva o sabor de um ritual gardneriano.

ETAPA 1 **Instrumentos básicos necessários:**

- athames pessoais
- vestes e jóias rituais
- três velas para o altar
- quatro velas, uma para cada quadrante
- uma estátua da Deusa
- uma estátua do Deus
- varinha mágica
- cálice com vinho
- pentáculo; e sobre ele um prato com bolos
- recipiente com água
- recipiente com sal
- uma sineta

ETAPA 2 **Preparação física do Espaço Sagrado:**

Disponha os elementos sobre o altar, como descrito numa seção anterior deste livro (página 63). Coloque as quatro velas nos pontos cardeais do que será o seu Espaço Sagrado. Todos os participantes devem tomar seu banho ritual de purificação, vestir-se e reunir-se para o ritual. As portas devem ser adequadamente fechadas para que ninguém entre.

ETAPA 3 **Consagração dos elementos:**

A Suma Sacerdotisa toca a sineta para anunciar o início do ritual, e em seguida acende a vela da presença, depois a vela da Deusa e finalmente a vela do Deus, dizendo:

Fogo, em nome do Ancião dos Tempos, acende-te, queima com brilho e permite que o encantamento seja lançado corretamente.

Ela mergulha a ponta do athame no recipiente com água e diz:

Exorcizo-te, Criatura da Água, para que expurgues de ti toda impureza e imundície dos Espíritos do Mundo das Sombras, em nome de (diz o nome da sua Deusa) e de (diz o nome do seu Deus), sempre lembrando que a água purifica o corpo e o sal purifica a alma.

Mergulha então a ponta do athame no recipiente com sal e diz:

Bendita seja esta Criatura de Sal. Que toda maldade e obstáculo saiam dela e que todo bem nela entre. Por isso abençôo-te para que possas me ajudar. Em nome de (diz o nome da sua Deusa) e de (diz o nome do seu Deus).

Em seguida, põe o athame em contato com a fumaça do incenso, dizendo:

(Nome da Deusa) e (nome do Deus) dignem-se a abençoar este incenso odorífero para que ele possa receber força, virtude e poder para atrair os Seres Onipotentes e expulsar e repelir todos os Espíritos e Demônios rebeldes. Exorcizo-te, Espírito impuro e imundo, para que saias deste incenso e ele possa ser consagrado e purificado.

Ela salpica um pouco de incenso aceso no incensório e diz:

Exorcizo-te, Criatura do Fogo, em nome de (diz o nome da sua Deusa) e de (diz o nome do seu Deus), para que toda espécie de Espírito das Sombras se afaste de ti e não prejudique nem engane de forma nenhuma; também te abençôo e consagro para que não causes nenhum embaraço nem mal aos que te usam.

ETAPA 4 **Convocação dos elementos:**

O Sumo Sacerdote dirige-se a cada ponto cardeal para acender as velas dos quadrantes. Ele vai primeiro para o Leste, acende a vela que está ali e diz:

Eko Eko Azarak, Poder do Ar, o Poder de Saber.

Os participantes visualizam um vento forte no Leste e dizem:

Bendito seja!

O Sumo Sacerdote dirige-se para o Sul, acende a vela e diz:

Eko Eko Zomelak, Poder do Fogo, o Poder de Querer.

Os participantes visualizam um grande fogo no Sul e dizem:

Bendito seja!

O Sumo Sacerdote dirige-se para o Oeste, acende a vela e diz:

Eko Eko Gananas, Poder da Água, o Poder de Ousar.

Os participantes visualizam um grande mar no Oeste e dizem:

Bendito seja!

O Sumo Sacerdote dirige-se para o Norte, acende a vela e diz:

Eko Eko Arada, Poder da Terra, o Poder de Silenciar.

Os participantes visualizam a Terra verde no Norte e dizem:

Bendita seja!

O Sumo Sacerdote volta ao altar e diz à Suma Sacerdotisa:

Minha Senhora, os Poderes dos Elementos foram convocados.

A Suma Sacerdotisa responde:

E o Círculo os une a todos.

ETAPA 5 **Lançamento do Círculo:**

O Sumo Sacerdote toma o seu athame e com ele traça um Círculo com 2,70 metros de diâmetro, começando no Leste, movimentando-se deosil, ou no sentido do Sol, em torno do Espaço Sagrado, envolvendo os participantes e voltando ao Leste. Ele diz:

Conjuro-te, Círculo do Poder, para que sejas o
limite entre o Mundo dos Homens e os Reinos dos
Todo-Poderosos. Um guardião e uma proteção que
preservem e contenham o Poder Mágico que criaremos
dentro de ti. Por isso te abençôo e consagro em
nome de (diz o nome da sua Deusa) e de (diz o
nome do seu Deus), os Anciãos dos Tempos.

ETAPA 6 **Purificação do Círculo:**

A Suma Sacerdotisa põe (com o athame) três porções de sal na água, mexendo-a com o athame. Em seguida, leva a água para o Leste e movimenta-se ao redor do Círculo em deosil, aspergindo o interior do Círculo para purificá-lo. Vai de Leste para Leste.

Depois, o Sumo Sacerdote toma o incensório, e também seguindo deosil de Leste para Leste, incensa o Círculo com Fogo e Ar.

ETAPA 7 **Invocação dos guardiões elementais:**

A Suma Sacerdotisa dirige-se agora para o quadrante Leste. Com a varinha mágica, ela desenha um pentagrama de invocação no ar, dizendo:

Eu vos convido, conclamo e convoco, Poderosos do Leste,
para que guardeis o Círculo e testemunheis nossos ritos.

Dirige-se em seguida para o quadrante Sul e, com a varinha mágica, desenha um pentagrama de invocação no ar, dizendo:

Eu vos convido, conclamo e convoco, Poderosos do Sul,
para que guardeis o Círculo e testemunheis nossos ritos.

Vai então para o quadrante Oeste e, com a varinha mágica, desenha um pentagrama de invocação no ar, dizendo:

Eu vos convido, conclamo e convoco, Poderosos do Oeste,
para que guardeis o Círculo e testemunheis nossos ritos.

Dirige-se enfim para o quadrante Norte e, com a varinha mágica, desenha um pentagrama de invocação no ar, dizendo:

Eu vos convido, conclamo e convoco, Poderosos do Norte,
para que guardeis o Círculo e testemunheis nossos ritos.

ETAPA 8 **Fechamento do Círculo:**

A Suma Sacerdotisa volta ao altar e diz:

Em nome da Senhora da Lua e do Senhor da Morte e
da Ressurreição, em nome dos Todo-Poderosos dos
Quatro Quadrantes, os Reis dos Elementos: Benditos
sejam este lugar, esta hora e os que estão conosco.

Todos os presentes respondem:

Benditos sejam!

ETAPA 9 **Celebração do Ato culminante**

ETAPA 10 **Bolos e Vinho:**

A Suma Sacerdotisa se posiciona diante do altar com o seu athame. O Sumo Sacerdote enche o cálice com vinho, ajoelha-se diante da Suma Sacerdotisa e lhe apresenta o cálice. A Suma Sacerdotisa, segurando o athame entre as palmas das mãos, mergulha a ponta no vinho e diz:

Como o athame é o Masculino, assim a taça é o Feminino;
juntos eles trazem felicidade.

Então a Suma Sacerdotisa põe o athame sobre o altar, toma o cálice com ambas as mãos, faz uma libação e bebe. Em seguida oferece o cálice ao Sumo Sacerdote para que também beba, e então o recebe de volta.

Todos os presentes formam fila diante da Suma Sacerdotisa, tomam o cálice, bebem, inclinam-se e devolvem o cálice.

Depois, o Sumo Sacerdote, ajoelhando-se, apresenta o pentáculo com os bolos para a Suma Sacerdotisa, que os abençoa tocando cada um com a ponta do athame umedecida no vinho. Ao apresentar os bolos à Suma Sacerdotisa, o Sumo Sacerdote diz:

Rainha secreta, abençoai o alimento para o nosso
corpo, para que recebamos saúde, riqueza e alegria,
força, paz e aquela plenitude de amor que é
felicidade perpétua.

A Suma Sacerdotisa come um pedaço de bolo e em seguida o oferece, primeiro para o Sumo Sacerdote, e depois a todos os participantes, que se servem, sentam, comem e bebem.

ETAPA 11 **Término do ritual:**

Quando todos terminaram de festejar e a Suma Sacerdotisa se prepara para o encerramento, ela bebe boa parte do que resta no cálice, derrama as últimas gotas sobre o pentáculo e diz:

Bruxos, concluídos os nossos Mistérios, agradeçamos
aos Todo-Poderosos que nos agraciaram com sua presença.
E assim, antes que o galo cante, ordeno-vos que
guardeis todos os segredos em vossos corações.
E que os Deuses preservem a Arte!

Todos os participantes respondem:

Que os Deuses preservem a Arte!

ETAPA 12 **Dispensa dos quadrantes:**

A Suma Sacerdotisa dirige-se ao quadrante Leste, traça um pentagrama de banimento no ar com o athame e diz:

Salve, Poderosos do Leste. Agradeço a vossa
participação. E antes de partirdes para os vossos
reinos adoráveis, dizemos Salve e adeus.

Todos os participantes respondem com:

Salve e adeus.

A Suma Sacerdotisa dirige-se ao quadrante Sul, traça um pentagrama de banimento no ar com o athame e diz:

Salve, Poderosos do Sul. Agradeço a vossa
participação. E antes de partirdes para os vossos
reinos adoráveis, dizemos Salve e adeus.

Todos os participantes respondem com:

Salve e adeus.

A Suma Sacerdotisa dirige-se ao quadrante Oeste, traça um pentagrama de banimento no ar com o athame e diz:

Salve, Poderosos do Oeste. Agradeço a vossa
participação. E antes de partirdes para os vossos
reinos adoráveis, dizemos Salve e adeus.

Todos os participantes respondem com:

Salve e adeus.

A Suma Sacerdotisa dirige-se ao quadrante Norte, traça um pentagrama de banimento no ar com o athame e diz:

Salve, Poderosos do Norte. Agradeço a vossa
participação. E antes de partirdes para os vossos
reinos adoráveis, dizemos Salve e adeus.

Todos os participantes respondem com:

Salve e adeus.

ETAPA 13 **Abertura do Círculo:**

Finalmente, a Suma Sacerdotisa vai até o limite do Círculo e, primeiro cortando o Círculo com o athame, depois aterrando o athame, diz:

Fogo, sela o Círculo em toda a sua extensão, que
ele se dissipe no solo, que todas as coisas voltem
a ser como eram desde o início dos tempos.

Os participantes dizem:

Bendito seja.

ETAPA 14 **Limpeza e organização do lugar.**

— fim —

Exemplo 2: O Círculo de Paul

Este é basicamente o mesmo Círculo pessoal que Paul vem realizando desde 1981, com alterações e simplificações dependendo do espaço, do tempo disponível, dos instrumentos existentes e do número de participantes. Ele foi inicialmente planejado para ser realizado ao ar livre, abrangendo um grande espaço, com um mínimo de oficiantes (apenas um) e de instrumentos. Apesar da impressão que pode causar à primeira vista, este Círculo na verdade inclui quase todos os componentes do Círculo descrito acima. Também se presta como bom termo de comparação e contraste com o ritual anterior.

Como você poderá observar, este Círculo adota algumas frases bastante poéticas que se repetem seguidamente ao longo do texto. Isso é para ajudar a memorizar as palavras, evitando assim a necessidade de um roteiro, e para que a congregação saiba o que está acontecendo, criando assim um espírito de grupo.

As visualizações são do próprio Paul. Sugere-se que você não altere substancialmente essas visualizações até completar o ritual pelo menos uma vez, para ter uma idéia do que acontece.

ETAPA 1 **Instrumentos básicos necessários:**

- athame pessoal
- bastão

ETAPA 2 **Preparação:**

A congregação forma um grande Círculo, de acordo com o número de pessoas presentes. Feito isso, o oficiante vai até o centro do Círculo e medita durante alguns minutos enquanto a congregação se acomoda.

ETAPA 3 **Preparação pessoal, ancoragem e centramento:**

Primeiro, você faz uma meditação simples de ancoragem para conectar-se com a Árvore da Vida e para centrar-se e enraizar-se.

Para isso, posicione-se confortavelmente com a coluna reta e o bastão na mão esquerda, no centro do Círculo, voltado para o Norte. Faça algumas respirações lentas, profundas, regulares.

Enquanto respira, visualize o ar descendo pelo bastão... passando pela grama... penetrando no solo. Com cada respiração, visualize o ar penetrando cada vez mais fundo na terra... além do leito de rocha... além da crosta terrestre... através do fogo... até chegar ao núcleo da Terra.

Ali chegando, mude a direção da respiração e visualize-se passando pela coroa da cabeça e subindo... penetrando no ar. Com cada respiração, você sobe mais e mais... além das nuvens... além da atmosfera superior... além da Lua... Entrando no sistema solar... ultrapassando o centro da galáxia... até chegar ao centro do Universo.

Agora que você chegou tanto ao centro da Terra como ao centro do Universo, una esses dois centros visualizando-se como uma árvore com as raízes penetrando profundamente no núcleo da Terra e com os galhos alcançando o mais alto do Céu.

Agora, mentalmente, estenda a mão esquerda para baixo através do bastão e visualize-se *apanhando a linha de energia* que se dirige ao centro da Terra. E estenda mentalmente a mão direita para cima e visualize-se *apanhando a linha de energia* que se dirige ao centro do Universo. (Isso é feito apenas por visualização.)

Agora você vai *permutar o Centro da Terra com o Centro do Universo*, puxando a energia do Centro do Universo... *Para baixo* com a mão direita... através do corpo... Para baixo até o Centro da Terra. Ao mesmo tempo, com a mão esquerda, você puxa a energia da Mãe Terra para cima... *Para cima* pelo bastão... Para cima até o Centro do Universo.

Observação: Demora-se mais tempo para ler esta meditação do que para realizá-la. Depois de alguma prática, ela é bem rápida. Paul procede desse modo:

- Na primeira inspiração, ele endireita a coluna e se centra em seu interior.
- Na expiração, ele vai até o Centro da Terra, tudo numa só expiração.
- Na inspiração seguinte, ele vai até o Centro do Universo, novamente numa única inspiração.
- Na segunda expiração, ele solta vigorosamente o ar e permuta a energia.
- Está terminado.

ETAPA 4 **Traçando o Círculo:**
O oficiante ainda está no centro do Círculo, voltado para o Norte. Ele segura o bastão com a mão esquerda e o athame com a direita.

Vá até o quadrante Leste da área, fora do Círculo formado pelos participantes. Reforce sua ligação com a Árvore da Vida e dirija a energia que obtém com esse vínculo (daqui em diante chamada de Chi) do bastão para o athame. Em seguida, voltado para o quadrante, desenhe um pentagrama de invocação com o athame carregado, e diga:

Salve, Guardiões do Leste, Poderes do Ar. Ó Fênix
Dourada do alvorecer. Eu vos invoco e convoco; vinde e ficai comigo agora.

Visualize uma fênix amarela e vermelha despontando de um sol nascente róseo.

Em seguida, dirija-se ao quadrante Sul da área, fora do Círculo formado pelos participantes. Enquanto caminha, toque o chão com o bastão a cada passo, e ao fazê-lo visualize linhas de luz amarela emanando do solo cada vez que o bastão o toca. Continue fazendo isso até chegar ao quadrante Sul, interligando assim um quadrante com o seguinte.

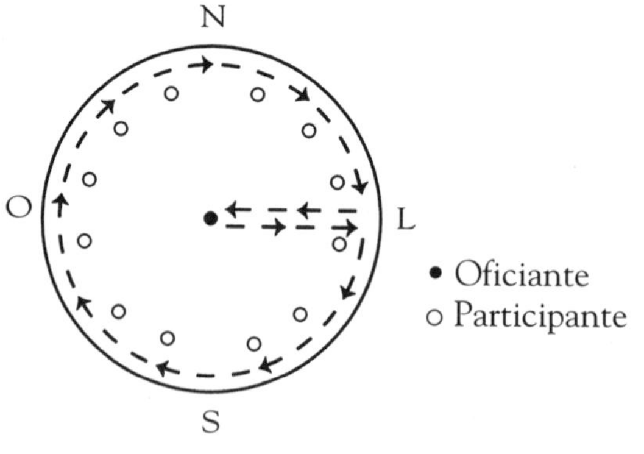

Etapa 4

Você está no quadrante Sul. Reafirme a sua ligação com a Árvore da Vida e dirija o Chi do bastão para o athame. Em seguida, voltado para o quadrante, desenhe um pentagrama de invocação com o athame carregado, e diga:

Salve, Guardiões do Sul, Poderes do Fogo. Ó Leão Vermelho do deserto.
Eu vos invoco e convoco; vinde e ficai comigo agora.

Visualize um leão com uma juba vermelha avançando por uma planície escaldante.

Na seqüência, vá ao quadrante Oeste deslocando-se pelo lado externo do Círculo formado pelos participantes. Enquanto caminha, toque o chão com o bastão a cada passo, e ao fazê-lo visualize linhas de luz vermelha emanando do solo cada vez que o bastão o toca. Continue fazendo isso até chegar ao quadrante Oeste, interligando assim um quadrante com o seguinte.

Você está no quadrante Oeste. Confirme a sua ligação com a Árvore da Vida e dirija o Chi do bastão para o athame. Em seguida, voltado para o quadrante, desenhe um pentagrama de invocação com o athame carregado, e diga:

Salve, Guardiões do Oeste, Poderes da Água. Ó Serpente Azul
das profundezas. Eu vos invoco e convoco; vinde e ficai comigo agora.

Visualize uma serpente alada azul e cinza voando para fora de um mar tempestuoso.

Prossiga, e caminhando pelo lado externo do Círculo formado pelos participantes, dirija-se ao quadrante Norte. Enquanto caminha, toque o chão com o bastão a cada passo, e ao fazê-lo visualize raios de luz azul irradiando do solo cada vez que o bastão o toca. Continue fazendo isso até chegar ao quadrante Norte, interligando assim um quadrante com o seguinte.

Você está no quadrante Norte. Reafirme a sua ligação com a Árvore da Vida e dirija o Chi do bastão para o athame. Em seguida, voltado para o quadrante, desenhe um pentagrama de invocação com o athame carregado, e diga:

Salve, Guardiões do Norte, Poderes da Terra. Ó Dragão Verde
da vida. Eu vos invoco e convoco; vinde e ficai comigo agora.

Visualize um dragão verde atravessando uma floresta.

Continue, e caminhando pelo lado externo do Círculo formado pelos participantes, volte ao quadrante Leste. Enquanto caminha, toque o chão com o bastão a cada passo, e ao fazê-lo visualize raios de luz verde irradiando do solo cada vez que o bastão o toca. Continue fazendo isso até chegar ao quadrante Leste, formando assim um círculo completo de luzes multicoloridas interligando todos os pontos cardeais em torno dos participantes.

Retorne ao centro do Círculo e volte-se para o Norte. Olhe para o alto, reafirme a sua ligação com a Árvore da Vida e dirija o Chi do bastão para o athame. Em seguida, visualize-se desenhando com o athame carregado uma linha de energia de luz branca do quadrante Leste até acima da sua cabeça. Desenhe também um pentagrama de invocação acima da cabeça com o athame carregado e diga:

Salve, poderosa Ave do Trovão, portadora tempestuosa do raio.
Pelo aço em minha mão, eu vos invoco e convoco; vinde e ficai comigo agora.

Visualize uma Ave do Trovão cinza-prateada surgindo entre nuvens carregadas. Visualize também um tênue raio de luz branca saindo do pentagrama de invocação, e com o athame faça um traçado em torno do pentagrama do Oeste, em torno e para baixo até apontar o athame para os seus pés. Esse ato conecta o quadrante superior com o quadrante inferior.

Permaneça no centro, voltado para o Norte; olhe para baixo, reafirme a sua ligação com a Árvore da Vida e dirija o Chi do bastão para o athame. Desenhe então um pentagrama de invocação embaixo de você com o athame carregado, dizendo:

Salve, poderoso Nidhögg, agitador dos mundos. Pelo bastão que carrego,
eu vos invoco e convoco; vinde e ficai comigo agora.

Visualize um dragão negro agitando-se por entre rochas profundas. Visualize também um tênue raio de luz branca irradiando do pentagrama de invocação, e com o athame trace uma linha conectando este quadrante inferior de volta e ao redor do quadrante Leste, interligando o círculo de luz horizontal visualizado anteriormente com um vertical do Leste, para cima, Oeste, para baixo, e de volta ao Leste.

Conserve também a consciência de uma fênix no quadrante Leste, de um leão no quadrante Sul, de uma serpente marinha no quadrante Oeste, de um dragão verde no Norte, de uma ave do trovão prateada acima da cabeça e de um dragão negro abaixo dos pés.

ETAPA 5 **Proteção do Círculo:**

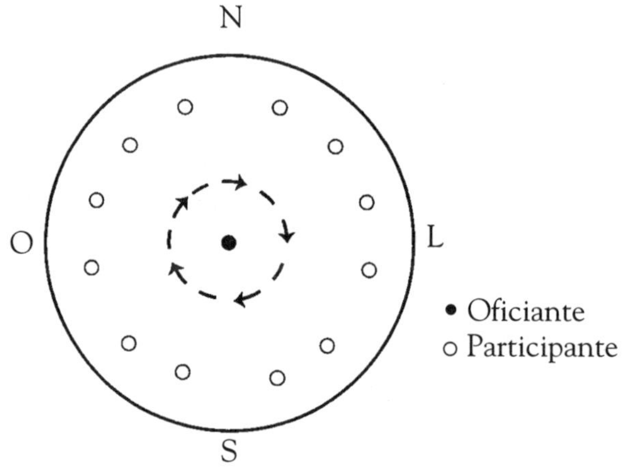

As primeiras quatro partes das Etapas 5, 6 e 7

Ainda de pé no centro do Círculo — onde você permanecerá até o final do seu traçado — volte-se para o quadrante Leste, reafirme a sua ligação com a Árvore da Vida e dirija o Chi do bastão para o athame. Em seguida desenhe novamente o pentagrama de invocação com o athame carregado, dizendo:

Salve, Guardiões do Leste, Poderes do Ar. Ó Fênix
Dourada do alvorecer. Guardiã do Leste tu és, e por
isso Guardiã do Leste serás. Eu te ordeno: defende
e fortifica o leste deste Círculo. Protege a ele e
a todos dentro dele de todo mal, real ou imaginário.
Acautela-me de todas as transgressões. E destrói no
turbilhão todos os espíritos indesejados ou hostis
que poderiam perturbar a paz deste Ritual.

Visualize luz amarela irradiando do pentagrama do Leste; veja essa luz aumentando e intensificando-se até formar uma barreira amarela intransponível que envolve completamente toda a metade leste do Círculo.

Volte-se para o quadrante Sul, reafirme a sua ligação com a Árvore da Vida e dirija o Chi do bastão para o athame. Em seguida desenhe novamente o pentagrama de invocação com o athame carregado, dizendo:

Salve, Guardiões do Sul, Poderes do Fogo. Ó Leão
Vermelho do deserto. Guardião do Sul tu és, e por
isso Guardião do Sul serás. Eu te ordeno: defende
e fortifica o sul deste Círculo. Protege a ele e
a todos dentro dele de todo mal, real ou imaginário.
Acautela-me de todas as transgressões. E destrói no
inferno todos os espíritos indesejados ou hostis
que poderiam perturbar a paz deste Ritual.

Visualize luz vermelha irradiando do pentagrama do Sul; veja essa luz aumentando e intensificando-se até formar uma barreira vermelha intransponível que envolve completamente toda a metade sul do Círculo.

Volte-se para o quadrante Oeste, reafirme a sua ligação com a Árvore da Vida e dirija o Chi do bastão para o athame. Em seguida desenhe novamente o pentagrama de invocação com o athame carregado, dizendo:

Salve, Guardiões do Oeste, Poderes da Água. Ó Serpente
Azul das profundezas. Guardiã do Oeste tu és, e por
isso Guardiã do Oeste serás. Eu te ordeno: defende
e fortifica o oeste deste Círculo. Protege a ele e
a todos dentro dele de todo mal, real ou imaginário.
Acautela-me de todas as transgressões. E destrói no
furacão todos os espíritos indesejados ou hostis
que poderiam perturbar a paz deste Ritual.

Visualize luz azul irradiando do pentagrama do Oeste; veja essa luz aumentando e intensificando-se até formar uma barreira azul intransponível que envolve completamente toda a metade oeste do Círculo.

Volte-se para o quadrante Norte, reafirme a sua ligação com a Árvore da Vida e dirija o Chi do bastão para o athame. Em seguida desenhe novamente o pentagrama de invocação com o athame carregado, dizendo:

Salve, Guardiões do Norte, Poderes da Terra. Ó Dragão
Verde da vida. Guardião do Norte tu és, e por
isso Guardião do Norte serás. Eu te ordeno: defende
e fortifica o norte deste Círculo. Protege a ele e
a todos dentro dele de todo mal, real ou imaginário.
Acautela-me de todas as transgressões. E destrói no

terremoto todos os espíritos indesejados ou hostis
que poderiam perturbar a paz deste Ritual.

Visualize luz verde irradiando do pentagrama do Norte; veja essa luz aumentando e intensificando-se até formar uma barreira verde intransponível que envolve completamente toda a metade norte do Círculo.

Permaneça voltado para o Norte, reafirme a sua ligação com a Árvore da Vida e dirija o Chi do bastão para o athame. Em seguida desenhe novamente o pentagrama de invocação com o athame carregado, dizendo:

Salve, poderosa Ave do Trovão, portadora tempestuosa
do raio. Guardiã dos ventos e tempestades tu és, e
por isso Guardiã das Esferas Superiores serás. Pelo
aço em minha mão, eu te ordeno: defende e fortifica
as esferas superiores deste Círculo. Protege a ele e
a todos dentro dele de todo mal, real ou imaginário.
Acautela-me de todas as transgressões. E destrói com
o raio todos os espíritos indesejados ou hostis
que poderiam perturbar a paz deste Ritual.

Visualize luz prateada irradiando do pentagrama superior; veja essa luz aumentando e intensificando-se até formar uma barreira prateada intransponível que envolve completamente toda a metade superior do Círculo.

Permaneça no centro, voltado para o Norte; olhe para baixo, reafirme a sua ligação com a Árvore da Vida e dirija o Chi do bastão para o athame. Em seguida desenhe novamente o pentagrama de invocação embaixo com o athame carregado, dizendo:

Salve, poderoso Nidhögg, agitador dos mundos.
Guardião da terra profunda e dos mistérios tu és,
por isso Guardião das Esferas Inferiores serás. Pelo
Bastão que carrego, eu te ordeno: defende e fortifica
as esferas inferiores deste Círculo. Protege a ele e
a todos dentro dele de todo mal, real ou imaginário.
Acautela-me de todas as transgressões. E destrói com
tuas afiadas garras todos os espíritos indesejados
ou hostis que poderiam perturbar a paz deste Ritual.

Visualize luz negra irradiando do pentagrama inferior; veja essa luz aumentando e intensificando-se até formar uma barreira negra intransponível que envolve completamente toda a metade inferior do Círculo.

ETAPA 6 **Purificação do Círculo:**

Posicionado no centro do Círculo, volte-se para o quadrante Leste, reafirme a sua ligação com a Árvore da Vida e dirija o Chi do bastão para o athame. Em seguida, desenhe novamente o pentagrama de invocação com o athame carregado, dizendo:

Salve Guardiões do Leste, Poderes do Ar. Ó Fênix
Dourada do alvorecer. Empresta-me tua força para
consolidar este Escudo. Repelindo todos os espíritos
indesejados ou hostis para as Regiões Inferiores
para que não tornem a nos perturbar.

Visualize uma onda de luz amarela irradiando do pentagrama do Leste, aproximando-se lentamente do Espaço Sagrado e preenchendo completamente todo o interior do Círculo.

Volte-se para o quadrante Sul, reafirme a sua ligação com a Árvore da Vida e dirija o Chi do bastão para o athame. Em seguida, desenhe novamente o pentagrama de invocação com o athame carregado, dizendo:

Salve Guardiões do Sul, Poderes do Fogo. Ó Leão
Vermelho do deserto. Empresta-me tua força para
consolidar este Escudo. Repelindo todos os espíritos
indesejados ou hostis para as Regiões Inferiores
para que não tornem a nos perturbar.

Visualize uma onda de luz vermelha irradiando do pentagrama do Sul, aproximando-se lentamente do Espaço Sagrado e preenchendo completamente todo o interior do Círculo.

Volte-se para o quadrante Oeste, reafirme a sua ligação com a Árvore da Vida e dirija o Chi do bastão para o athame. Em seguida, desenhe novamente o pentagrama de invocação com o athame carregado, dizendo:

Salve Guardiões do Oeste, Poderes da Água. Ó Serpente
Azul das profundezas. Empresta-me tua força para
consolidar este Escudo. Repelindo todos os espíritos
indesejados ou hostis para as Regiões Inferiores
para que não tornem a nos perturbar.

Visualize uma onda de luz azul irradiando do pentagrama do Oeste, aproximando-se lentamente do Espaço Sagrado e preenchendo completamente todo o interior do Círculo.

Volte-se para o quadrante Norte, reafirme a sua ligação com a Árvore da Vida e dirija o Chi do bastão para o athame. Em seguida, desenhe novamente o pentagrama de invocação com o athame carregado, dizendo:

Salve Guardiões do Norte, Poderes da Terra. Ó Dragão
Verde da vida. Empresta-me tua força para consolidar
este Escudo. Repelindo todos os espíritos indesejados
ou hostis para as Regiões Inferiores para que não
tornem a nos perturbar.

Visualize uma onda de luz verde irradiando do pentagrama do Norte, aproximando-se lentamente do Espaço Sagrado e preenchendo completamente todo o interior do Círculo.

Permaneça voltado para o Norte, olhe para cima, reafirme a sua ligação com a Árvore da Vida e dirija o Chi do bastão para o athame. Em seguida, desenhe novamente o pentagrama de invocação acima com o athame carregado, dizendo:

Salve poderosa Ave do Trovão, portadora tempestuosa
do raio. Pelo aço em minha mão, empresta-me a tua
força para consolidar este Escudo. Repelindo
todos os espíritos indesejados ou hostis para
as Regiões Inferiores para que não tornem a
nos perturbar.

Visualize raios arremessando-se de cima e atingindo os quatro quadrantes, fechando todas as junções do Círculo.

Continue voltado para o Norte, olhe para baixo, reafirme a sua ligação com a Árvore da Vida e dirija o Chi do bastão para o athame. Em seguida, desenhe novamente o pentagrama de invocação abaixo com o athame carregado, dizendo:

Salve poderoso Nidhögg, agitador dos mundos.
Pelo bastão que carrego, empresta-me a tua
força para consolidar este Escudo. Repelindo
todos os espíritos indesejados ou hostis para
as Regiões Inferiores para que não tornem a
nos perturbar.

Visualize uma onda de luz negra elevando-se e envolvendo tudo o que está no Círculo, e em seguida desvanecendo-se e voltando às Regiões Inferiores com todas as energias indesejadas.

ETAPA 7 **Confirmação das defesas:**

Permaneça no centro, ainda voltado para o Norte; reafirme a sua ligação com a Árvore da Vida e confirme as entidades em cada quadrante. Levante o bastão e o athame e, mantendo-se no lugar, comece a girar lentamente no sentido horário. Faça pelo menos três giros completos e diga:

Salve, vós todos Espíritos aqui reunidos. Eu vos ordeno: uni este Círculo,
unificai-o. Protegei o que fazemos aqui.

Visualize as entidades que você invocou em cada quadrante, todos girando no sentido horário ao redor do perímetro, mas em ângulos casuais; cada vez mais rápido, até se misturarem e formar uma mancha branca. Visualize então uma aura branca que emana de você mesmo, tornando-se cada vez mais brilhante até preencher o Círculo completamente.

ETAPA 8 **Celebração do Ato Culminante:**

Realize aqui a invocação das Divindades e a Ação principal da celebração. Depois de concluída a Ação, primeiro dispense as Divindades invocadas para testemunhar ou para auxiliá-lo.

ETAPA 9 **Encerramento do Círculo:**

No centro, voltado para o Norte, reafirme a sua ligação com a Árvore da Vida e confirme as entidades em cada quadrante. (Se precisar religar-se intensamente com cada entidade, desenhe novamente um pentagrama de invocação nos seis quadrantes e torne a invocar cada entidade separadamente.) Depois de harmonizar-se com cada entidade, levante o bastão acima da cabeça com as duas mãos, gire-o ao redor da cabeça pelo menos três vezes e enterre uma das extremidades no chão (possivelmente com um grito), dizendo:

Salve, vós todos Espíritos aqui reunidos. Eu
agradeço a vossa ajuda. Salve e adeus.

Visualize a extremidade superior do bastão recolhendo raios de luz de cada entidade enquanto ele gira em torno do Círculo. Ao enterrar a extremidade do bastão, aterre toda a energia por esse ponto.

ETAPA 10 **Abertura do Círculo:**

Finalmente, saia do Círculo, leve o bastão e o athame com você e dispense os participantes.

Depois de memorizar este ritual, você pode realizá-lo com uma recitação cada vez menor das palavras e da execução física das ações, desde que faça tudo isso mentalmente. Quando Paul está com pressa, ele se posiciona no centro do Espaço Sagrado e traça todo este Círculo em menos de trinta segundos, percorrendo cada etapa mentalmente, e sentindo psiquicamente o Círculo formar-se. Ele pode desfazê-lo em cinco segundos.

Há muitas maneiras de fazer Círculos: você pode dançá-los, cantá-los, invocá-los com trombetas, assobios, tambores, quase tudo. Você pode adotar praticamente qualquer tipo de poesia ou palavras em seu Círculo. Mas cuidado, como dissemos alhures, "*Qualquer coisa pode ser feita, mas nem tudo dará resultado*".

Em outras palavras, não tenha medo de fazer experiências, mas fique muito atento ao que faz. Conserve então o que dá resultado e elimine o que é inútil.

DIVINDADE

A escolha de um ou mais Deuses pode ser difícil para um wiccaniano. Outras religiões fizeram essa escolha pelas pessoas. Se for cristão, você adora o Deus Pai e seu Filho, Jesus Cristo. Se for muçulmano, você adora Alá e presta culto a Maomé, seu profeta. Se for budista ou hinduísta, você pode escolher de uma lista maior, mas sempre limitada e definida.

Os wiccanianos não têm uma lista definida de divindades. Cada um faz a sua própria escolha, que deve ser pessoal e secreta. Você não precisa dizer a ninguém quais são os seus Deuses particulares. Você pode estar num coven com várias outras pessoas, cada um com os seus Deuses e Deusas, e todos se entendendo muito bem.

ESCOLHA DE UMA DIVINDADE

Uma maneira de escolher um Deus ou uma Deusa é ler e pesquisar sobre os muitos panteões e sistemas de crenças pré-cristãos. Muitos de nós, por exemplo, temos algum conhecimento sobre a mitologia grega e romana. Você provavelmente leu ou pelo menos viu alguma coisa na TV e no cinema relacionada com diversos contos de fadas. Assim você deve estar familiarizado com vários nomes. Tudo que possa aproximar um pouco a sua visão de mundo dos reinos da magia e da crença no espiritual pode ajudar.

Às vezes uma pessoa encontra uma estátua ou uma imagem de um Deus e, por meio dessa representação, esse Deus começa a comunicar-se com ela. Também pode acontecer de uma pessoa encontrar um Deus por meio de uma visão. Outras vezes, nenhum desses métodos é adequado, e a pessoa escolhe uma Divindade com base em alguma cultura preferida, nos atributos que admira numa Deusa específica ou ainda em algum interesse ou capricho pessoal.

É curioso, mas às vezes quem faz a escolha por você é uma ou mais dessas Divindades, e os critérios que adotam para escolher a pessoa que se tornará um devoto dedicado às vezes parecem muito estranhos a nós, pobres seres mortais. Em Detroit, uma mulher compareceu a uma das palestras de Paul sobre as runas porque uma "jovem alta e loira" (Deusa) lhe aparecia em sonhos e lhe dizia para estudar as runas. Aparentemente, essa era a deusa escandinava/germânica Fréia, e a mulher hoje mantém um bom relacionamento com ela. Um homem alto, esquelético e de pele escura (Deus), com maneiras educadas e uma cartola aparece a Estelle com freqüência, e ela reconhece e presta homenagem a Baron Samedi (do panteão vodum) quando apropriado. Esse fenômeno intercultural é analisado mais detalhadamente no capítulo sobre o ritual. As divindades podem comunicar-se conosco de muitos modos. Preste atenção aos seus sonhos ou atrações; você poderá encontrar o seu Deus dessa maneira. Alguns wiccanianos não escolhem uma divindade específica, apenas cultuam um Senhor e uma Senhora indefinidos e anônimos; ou a Senhora é cultuada sob a aparência da Donzela, da Mãe e da Anciã. Alguns escolhem o Pai Céu e a Mãe Terra. Essas opções podem ser muito proveitosas e mantidas durante muitos anos. Tudo depende do modo como o adepto se sente com relação a isso e da reação das suas "mentes" (ver a análise sobre as mentes consciente e subconsciente no capítulo sobre os rituais, páginas 135-153).

Mas a maioria dos wiccanianos orientar-se-á para algumas Divindades específicas. Se você se aprofunda em certas Tradições e quer alcançar um Terceiro Grau, você precisa se consagrar Sacerdotisa ou Sacerdote de uma determinada divindade, aquela a quem você servirá de modo quase exclusivo, apesar de talvez não ser necessariamente a única. Muito provavelmente, você poderá relacionar-se com outras Divindades, mas essas Tradições esperam que você escolha uma Divindade pessoal e particular a quem se dedicar. E se você é wiccaniano e realiza Círculos, magias e encantamentos, algum Deus ou Deusa acabará percebendo isso, e então você poderá optar por trabalhar mais intimamente com essa Divindade. Os nossos Deuses não são ciumentos nem são exigentes de modo absoluto ou parcial. Você tem o direito de trabalhar com a Deusa ou o Deus com quem se sente bem. Você pode negar-se a isso, mas normalmente é recomendável relacionar-se com uma divindade e trabalhar com ela, porque é mais fácil e conveniente trabalhar com parceiros divinos específicos bem definidos e compreendidos. Vocês passam a se conhecer mutuamente e a sua eficácia pode aumentar.

Quando Estelle ensina os fundamentos da Wicca, ela insiste com cada aluno para que ele escolha um Deus e uma Deusa antes do final do ano. Os alunos precisam fazer um trabalho justificando a escolha dessa ou daquela divindade e explicando como essa escolha será compatível com eles. Pode ser justificável escolher Buda e a Virgem Maria, mas as razões para isso precisam ser realmente convincentes, e o aluno precisa comprovar que compreende muito bem as características dessas Divindades. Essas duas Divindades não pertencem à mesma cultura ou panteão; uma é cristã (embora a Virgem seja uma Grande Deusa de direito próprio), e por isso esse par pode exigir um certo esforço intelectual e espiritual para um wiccaniano.

Se você gosta dos mitos gregos ou romanos, pode ser proveitoso escolher divindades desses panteões. Encontram-se referências, histórias e ilustrações delas com muita facilidade. Para os que são de origem alemã ou escandinava, as Divindades nórdicas são muito adequadas. As Divindades celtas são de fácil compreensão para as pessoas com essa herança sanguínea. Mas você não precisa ser de uma descendência específica para escolher um panteão; basta sentir-se próximo ou relacionar-se com uma Divindade que lhe pareça apropriada. Divindades hinduístas ou budistas podem ser ótimas, como também as egípcias. As culturas babilônica, assíria e outras tiveram Divindades que se adaptam muito bem à Wicca, embora talvez seja necessário pesquisá-las mais profundamente do que as de outras culturas mais conhecidas. Adotar Divindades diretamente das religiões vodum ou santeria não é em geral recomendável, pois podem apresentar dificuldades para quem não segue esses caminhos religiosos; essas divindades são normalmente cultuadas com rituais muito restritos, característicos dessas culturas. O mesmo deve-se dizer com relação às divindades nativas americanas, melhor compreendidas pelos que seguem esses caminhos espirituais, pela mesma razão de serem cultuadas com rituais muito específicos, próprios dessas culturas.

A pesquisa das biografias e histórias de muitos santos cristãos revela que eles eram originariamente divindades pagãs locais. Os cristãos que chegavam a esses locais os adotaram posteriormente como santos para facilitar a conversão desses povoados. Muitos wiccanianos podem adotar seus santos preferidos como divindades; santa Brígida de Kildare é um exemplo bastante conhecido de uma deusa que o cristianismo "tomou de empréstimo". Muitos santos perderam essa condição na década de 1980 por não haver uma pessoa histórica a quem atribuir os relatos ligados à sua vida, ou seja, em geral aqueles que os pagãos consideravam como seus Deuses e Deusas.

Sugerimos que você escolha uma ou mais divindades específicas porque essa é uma das melhores maneiras de simplificar e desenvolver um foco claro e intenso para o seu trabalho espiritual. Essa escolha não precisa ser um compromisso para sempre e nem será exclusiva. À medida que os anos passam e a sua compreensão de si mesmo e dos mundos espirituais aumenta, você pode relacionar-se com outras Divindades,

Fréia

possivelmente de vários panteões. Ter ligações com várias Divindades, que podem ser especializadas em diferentes áreas, pode ser um excelente recurso para certas atividades. Por exemplo, o deus grego Hefestos é eficiente quando se trata de consertar o carro. É sempre muito proveitoso escolher uma Divindade relacionada com a profissão em que você atua: o deus Hermes para comunicações e computação; Marte para os que trabalham com ferro ou aço; Urano para os eletricistas; Hefestos ou Atena para artesãos e artistas; Ártemis, Apolo ou Asclépio para os que trabalham nas áreas da saúde. Esses são exemplos dos panteões grego e romano, e com eles você pode formar uma idéia. Se você escolhe um Deus e ele tem uma consorte, esta pode ser a sua segunda escolha, ou então você pode escolher uma Deusa do mesmo panteão.

A Internet dispõe de muitos bons recursos para pesquisar Deusas e Deuses antigos. Pesquise usando o nome do Deus que você tem em mente. Também procure usando todas as grafias alternativas do nome. Tente localizar os mitos e histórias mais antigos, geralmente os mais puros, com a Divindade em sua forma mais intacta. A busca de textos originais traduzidos também é muito proveitosa. Muita coisa é fragmentária, mas pode oferecer indicações muito interessantes. E quanto maior o número de diferentes indicações, tanto melhor.

COMO ESCOLHER DIVINDADES

Apresentamos a seguir algumas orientações gerais para escolher Divindades:

- Escolha Divindades que lhe são conhecidas e com as quais você se sente mais à vontade.
- Escolha Divindades que têm um corpo de literatura ou documentação para que você possa obter alguns detalhes sobre a identidade delas e sobre o trabalho que realizam. Os materiais escritos podem às vezes ser enganosos, mas se os livros dizem uma coisa, e você ouve outra da sua divindade pessoal, fique atento. Você não deve confiar em absolutamente nada do que um livro ou alguém lhe diz, mas se você tem duas fontes que se contradizem, fique alerta e pesquise tudo mais a fundo.
- Tenha um quadro, estátua ou símbolo da Divindade sobre o seu altar; essas representações ajudam-no a relacionar-se com o seu Deus ou Deusa durante os rituais.
- Você pode ou não escolher Divindades da sua própria herança étnica, mas procure pesquisar a vida e a época do povo original que cultuava essas Divindades. Se as Divindades ainda são cultuadas atualmente, pesquise os povos e as religiões que as cultuam, além do seu modo de viver e de ver o mundo. Em que diferem da vida moderna? O que você tem em comum com essas pessoas?
- Saiba que alimentos os seus Deuses comem, de que piadas riem, que roupas vestem. Os alimentos, o humor e o modo de vestir-se têm relação com a cultura original a que pertencem.
- Se você tem objeções fortes com relação a uma Divindade, escolha outra ou então uma variante dela em outro tempo e lugar. Não escolha necessariamente Deuses e Deusas baseado num único critério, como a cor da pele ou a ave padroeira. Verifique se você consegue viver com boa parte das características que constituem as Divindades e com o que elas representam.
- Se escolher uma Divindade num determinado panteão, pesquise as correlações dessa Divindade. Quem são os amigos dela? Quais são seus inimigos? Você consegue viver com essas associações e alianças? Idealmente, você deve gostar do consorte ou da consorte da divindade escolhida (quando ela tiver).
- Se escolher Divindades em diferentes panteões, pesquise se as culturas envolvidas tiveram ou não contato, se foram amigas ou inimigas. Você escolheu duas variantes da mesma Divindade em duas culturas diferentes? Você escolheu versões anteriores ou posteriores da mesma divindade? Essas Divindades eram compatíveis? Espera-se que tenham alguma coisa em comum, além da Divindade. Assim como nem todas as pessoas se dão necessariamente bem, o mesmo acontece com todas as Divindades.
- Compreenda que para muitos wiccanianos, duas Divindades não são suficientes. Os nossos Deuses não são ciumentos e não alimentam a ilusão de que os seus seguidores os cultuarão com exclusividade. Se a Divindade pertence a um panteão, ela já está acostumada a compartilhar adoradores.
- Se você se ligar a uma Divindade de quem ninguém ouviu falar, e não existem informações sobre ela, tenha muito cuidado. Há entidades que se disfarçam como benevolentes, mas não o são. Como principiante, ligue-se a Divindades conhecidas e verdadeiras sobre as quais você possa ler e que outros conheçam.

• Compreenda que você pode absorver atributos ou características da(s) sua(s) Divindade(s) escolhida(s). Se você escolhe um Deus como Baco, que bebia muito, e você é um alcoólatra em recuperação, talvez fosse aconselhável rever a sua escolha. Se você escolhe uma Divindade celibatária, mas gosta de ter relações íntimas, talvez você precise reavaliar algumas coisas. Se escolhe uma Divindade polígama e você é uma pessoa monógama fiel, repense a sua opção. Escolha alguém que se adapte à sua personalidade e estilo de vida. Santos padroeiros são guias espirituais que tinham alguma coisa em comum com alguém para dar-lhe um sentido de familiaridade em suas práticas espirituais. Uma Divindade também deve oferecer um sentimento semelhante de familiaridade. Trata-se do mesmo conceito e idéia, apenas que em forma pagã.

• Não desperdice as suas energias escolhendo mais do que algumas Divindades, sem antes formar um relacionamento apropriado e sólido com elas. Elas provavelmente continuarão sendo suas Divindades principais. Conheça-as bem antes de convidar outras para a sua vida e práticas espirituais.

• Trate as suas Divindades como amigos, aliados, parceiros espirituais e professores. Deixe que elas se tornem parte da sua vida, mas não espere que façam tudo por você. Se você as incomodar freqüentemente por coisas triviais (Ó Grande Ártemis, preciso realmente de um bom espaço para estacionar!), elas não prestarão muita atenção quando você as invocar por alguma coisa realmente importante. Você pode pensar nelas, falar com elas e pedir-lhes ajuda e orientação. Às vezes você obtém uma resposta, outras vezes, não. Manter-se aberto a presságios e portentos pode ser proveitoso. Se você se preocupa com dinheiro e acha dez centavos na rua, isso pode ser um presságio ou mensagem, "Não se preocupe, o dinheiro virá". Se você fica imaginando se o belo rapaz que acabou de encontrar é o adequado para você, e é enlameada por um táxi que passa em alta velocidade, talvez alguém esteja tentando dizer-lhe alguma coisa. Algumas pessoas dão a isso o nome de superstição, mas é uma técnica antiga e válida. Afinal, a espiritualidade de uma pessoa é a superstição de outra, e superstição é a prática religiosa de uma pessoa cuja religião você deprecia.

Torne-se mais consciente e aberto a influências aparentemente casuais. Modere suas concepções culturais do que é racional e possivelmente embaraçoso. Se não está prejudicando ninguém (inclusive a si mesmo) e é relativamente circunspecto, você tem o direito dado pela Deusa de acreditar na Divindade que julgar adequada. Você não precisa falar sobre as suas crenças ou práticas; de fato, às vezes é melhor evitar fazê-lo. Como acontece com a magia, não existem coincidências, tudo acontece por alguma razão. Podemos não saber por que ou como, mas se estamos conscientes e abertos, podemos receber, mais do que outros, muitas informações sobre nós mesmos e sobre o mundo.

COMUNICAÇÃO COM AS DIVINDADES

Muito poucos wiccanianos (e seguidores de outros credos) conseguem comunicar-se com a sua Divindade com facilidade e à vontade. A comunicação é de mão dupla, envolvendo uma pessoa que recebe mensagens da sua Divindade e que também é capaz de falar com o seu Deus e receber respostas. A idéia de que algumas pessoas são capazes de falar diretamente com o seu Deus é antiga e universal. Às vezes elas são Sacerdotisas e Sacerdotes, outras vezes são apenas pessoas simples.

Quando falamos sobre comunicação com as Divindades, estamos falando sobre comunicações com conteúdo místico, de fé e espiritualidade. Infelizmente, a sociedade moderna resolveu achar que as pessoas que falam com Deus, fora de uma minoria muito restrita, não são mentalmente sadias. Certamente, existem pessoas com distúrbios mentais que ouvem vozes, mas muitas pessoas normais, sem nenhuma perturbação psíquica, também podem ouvir a Deus. E o que exatamente significa ouvir a Deus? Às vezes estamos sós e desesperados, e sentimos o toque de mãos calorosas e consoladoras em nosso ombro, um toque que nos faz sentir valorizados, protegidos e compreendidos. Essa é uma experiência subjetiva e não algo que possamos reproduzir, mas naquele momento sabemos que entramos em contato com Deus. Quem quer que tenha tido essa experiência sabe e compreende; quem não a teve não consegue fazer a mínima idéia da alegria reconfortante que é saber que alguém "lá em cima" tem interesse e zela por nós. É subjetivo, mas muito real, estimulante e confortador.

DIVINDADES E INICIAÇÃO

A Wicca é uma religião de mistério; grande parte do que sentimos e em que acreditamos tem por base a experiência. Ela não pode ser ensinada em livros e nem mesmo pessoalmente. Uma boa Iniciação o põe em contato com o Divino, de um modo ou outro. O oficiante prepara a situação e realiza a Iniciação. Cabe ao Iniciado abrir-se para a Divindade e viver a experiência que está à sua espera. Às vezes, ela é traumática, mas normalmente é inebriante, iluminadora e transformadora de vida. E há ocasiões em que nada acontece. Se uma pessoa mostra que mudou de algum modo fundamental por meio das ações, da visão de vida ou da personalidade, a Iniciação foi bem-sucedida. A mudança não é drástica, assustadora ou traumática, mas um aprofundamento da fé e da espiritualidade, uma compreensão maior dos mistérios da vida, uma paciência mais profunda com relação às pessoas e aos seus defeitos, alguma coisa para o aperfeiçoamento da pessoa — esses são os sinais de uma boa Iniciação.

Mas um wiccaniano não precisa ter uma Iniciação formal para encontrar-se com a Divindade. Se você tiver sorte, isso já pode ter acontecido. Uma experiência comum é um sentimento de necessidade, de vazio, da falta de alguma coisa na vida da pessoa. Então ela descobre a espiritualidade e encontra a Divindade, sob qualquer forma, e deixa de se sentir necessitada, vazia ou solitária. Esse contato com a Divindade é que estava faltando. O segredo está em encontrar uma religião, uma espiritualidade e uma Divindade com que você se sinta bem, que se harmonize com a sua vida, que lhe seja eficaz. A Wicca permite que a pessoa escolha uma Divindade e para muitos essa capacidade é intensamente motivadora. A Wicca não é para todos, de modo nenhum. Mas se você está disposto a dedicar algum tempo, investir energia e pôr mãos à obra, a Wicca pode trazer-lhe muitas recompensas.

Rituais

O uso consciente de rituais e magias distingue a religião Wicca dos demais sistemas de crença. Muitas outras religiões empregam a magia (que geralmente descrevem como oração) e quase todas realizam rituais, mas poucas possibilitam aos seus seguidores acesso ao conhecimento da prática da magia como acontece com a Wicca. Também não são muitas as que contam com uma boa participação, mesmo de adeptos mais recentes, na elaboração e execução desses rituais, como ocorre nos grupos wiccanianos. Os wiccanianos acreditam que as prerrogativas de elaborar e celebrar rituais e magia para o aperfeiçoamento do mundo devem ser ditadas tão-somente pelas capacidades e crenças éticas pessoais de cada um, não por uma pequena elite clerical da comunidade. Na Wicca, todos os Iniciados são Sacerdotes e Sacerdotisas, de modo que todos têm o poder de realizar rituais e magia para si mesmos e para os outros.

A magia é um direito que a Deusa propicia a todos, e considerando o modo de funcionamento da psique humana, o ritual é uma das formas mais eficazes de alcançar o que se quer por meio da magia. É também o modo mais prático de coordenar os esforços de muitos indivíduos num esforço concentrado único, como também de construir uma comunidade constituída de diferentes indivíduos. Isso é muito importante se você tem intenção de realizar algum ato de magia em grupo.

O QUE É UM RITUAL?

Ritual é um ato realizado repetidamente com intenção focalizada. Com essa definição, podemos incluir tudo, desde o que a maioria das pessoas faz todas as manhãs para preparar-se para as atividades do dia até as práticas de certos assassinos em série. Essa definição é muito ampla, e por isso de difícil aplicação. Assim, para os propósitos deste livro, e numa definição mais específica, entendemos por ritual uma reunião ou atividade espiritual intencionalmente planejada, organizada e executada em vista de um fim, por um ou mais participantes, seja com objetivo social, de celebração ou magia.

Exemplos de rituais wiccanianos sociais incluem certos ritos de passagem e de Iniciação em que um solicitante é aceito num grupo ou comunidade ou em que um adepto tem formalmente reconhecida a sua mudança de condição no seio do grupo ou comunidade.

Provavelmente, os rituais de celebração mais praticados entre os wiccanianos são os que correspondem às mudanças das estações, os Sabás, também conhecidos como Roda do Ano. E os rituais mais comuns, de caráter estritamente mágico, envolvem tentativas de cura de pessoas ou de partes do mundo em geral.

Fazemos essa classificação aqui por razões didáticas, mas na realidade esses três rituais tendem a confundir-se. Podemos determinar a competência ritualística de um Sacerdote ou Sacerdotisa observando a sua capacidade de combinar os três rituais. Por exemplo, você pode ter uma idéia bastante boa da eficácia de um rito de Maturidade ou de um ritual de cura ao perceber quanto de magia uma Sacerdotisa consegue incluir num rito de Maturidade ou com quanto envolvimento social ou sentimento de celebração outra Sacerdotisa pode realizar um ritual de cura de um paciente de câncer.

POR QUE REALIZAR RITUAIS?

Realizamos rituais porque nós, seres humanos, somos muito complexos. É muito difícil explicar como nossa mente ou espírito compreende o mundo externo, e é ainda mais difícil descrever nossa relação com o mundo metafísico ou espiritual.

De acordo com várias doutrinas psicológicas e espiritualistas, todo indivíduo é um agregado de pelo menos três pseudopersonalidades separadas. Alguns psicólogos chamam essas personalidades de Id, Ego e Superego. Outra corrente psicológica as chama de Eu Jovem, Eu Intermediário e Eu Superior. Outros ensinamentos as denominam de Mente Consciente, Mente Subconsciente e Alma. Por simplicidade, usaremos esses últimos nomes para descrever essas subpersonalidades internas, espirituais.

A nossa mente racional, a personalidade com que enfrentamos o mundo e a nossa memória de curto prazo residem no que chamamos de Mente Consciente. Em termos da ciência da computação, esse é o nosso microprocessador. É na Mente Consciente que reunimos todos os dados dos nossos muitos sistemas sensoriais e da memória, onde tomamos a maioria das decisões e onde as ações decorrentes dessas decisões são planejadas. Essa é a personalidade em que "Nós" residimos a maior parte do tempo.

A nossa Alma é muito misteriosa, e como muitas coisas misteriosas, tem uma descrição simples. Nossa alma não é nem mais nem menos do que a nossa ligação com o Divino. Toda impressão ou experiência que possamos ter ou que já tivemos com o que se chama de mundo do espírito, de reinos astrais ou de qualquer nome que se dê a esses fenômenos geralmente não-físicos, deriva da nossa alma e ocorre por meio dela.

E por último chegamos à nossa Mente Subconsciente. É para essa parte do nosso ser que foram realizados quase todos os rituais, em todo o mundo, ao longo de todos os tempos. Simplesmente, o que a nossa Mente Subconsciente controla são as nossas lembranças de longo prazo, as nossas emoções, e é a personalidade que executa os planos formulados pela Mente Consciente. Essa personalidade foi descrita como nossa criança de dois anos de idade. Ela se lembra de tudo, e o faz em termos emocionais.

Para realizar um ritual que opere magia, que faça com que uma oração seja ouvida pelo Deus/Deusa, ou mesmo para amaldiçoar alguém, você precisa envolver a sua Alma. Afinal, a sua Alma é o seu contato com o mundo do espírito, que é o reino em que as nossas orações ou encantamentos produzem resultados. O problema é que a Mente Consciente e a Alma não se comunicam diretamente. A Alma só se relaciona com a Mente Subconsciente, e esta é apenas uma criança de dois anos.

A Mente Subconsciente é considerada como uma criança de dois anos porque tem muitos traços de personalidade próprios das crianças dessa idade. Ela se comunica por emoções e imagens, não por linguagem verbal. Se você precisa recorrer muito a palavras, o emprego de rimas pode produzir resultados melhores.

O Subconsciente se lembra de tudo, especialmente dos fatos ou agravos de carga emocional intensa, embora você possa perceber que às vezes ele se oculta ou não compreende certas lembranças.

O Subconsciente não compreende o conceito de negação. Isso significa que, se você programa uma Ação de magia importante que diga aos Deuses e ao Universo em geral, "Não quero mais ser pobre!", o que o seu Subconsciente ouvirá e passará para a sua Alma é "Eu quero ser pobre", porque, basicamente, ele desconsidera a palavra "não".

O Subconsciente tem uma capacidade de atenção relativamente reduzida de uma criança de dois anos de idade. Esse problema pode ser superado durante uma Ação, intercalando períodos de concentração intensa com breves intervalos de relaxamento. E você pode aumentar aos poucos a ação do Subconsciente praticando certas modalidades de meditação. Foi também para isso que a meditação foi criada.

O Subconsciente detesta sentimentos maus. Você não pode mentir ou enganar a si mesmo (o conceito psicológico de consciência entra em cena aqui). Se você realmente acredita que o seu procedimento é mau ou ruim, a sua mente Subconsciente ficará infeliz, e você não conseguirá cooperação por parte dela.

O Subconsciente adora pompa e circunstância. É por isso que usar roupas vistosas, instrumentos mágicos, velas coloridas, linguagem lírica repetitiva, teatro ritual e introduzir mitologia e contos de fadas em seus roteiros rituais funciona tão bem e é tão comum nas celebrações das culturas em geral. A inclusão desses detalhes atrai e mantém a atenção da sua criança de dois anos.

Quando o Subconsciente compreende alguma coisa, ele é capaz de executar um número quase inimaginável de funções por vez. Os praticantes de artes marciais chamam isso de memória do corpo. É essa memória que movimenta os seus músculos quando você caminha, sem precisar concentrar-se. No entanto, a comunicação entre as Mentes Consciente e Subconsciente não é boa. O Subconsciente só consegue compreender um conceito por vez. Tente comunicar-lhe mais do que isso, e ele se confundirá imediatamente.

Assim, para fazer com que nossa Alma compreenda o que queremos que faça, precisamos atrair e envolver a atenção de uma criança de dois anos. E precisamos efetivamente comunicar-nos com essa criança e fazê-la compreender o que queremos.

Assim, por que realizamos rituais?

Realizamos rituais porque essa é a única forma pela qual a nossa personalidade terrena pode comunicar-se regularmente com a nossa Alma, e por meio da Alma podemos comunicar-nos com o restante do Universo Espiritual e com os Deuses. Conquanto possamos ter momentos de intuição espontânea ou iluminação, o ritual é o meio mais eficaz que dispomos para um contato de mão dupla com as maravilhas do Universo. E sem esse contato, vivemos uma vida vazia de maravilhas e de esterilidade espiritual e por vezes emocional.

O QUE ACONTECE NOS RITUAIS?

Durante os rituais, procuramos entrar em contato com a nossa Alma e, por meio dela, fazer o Universo entender o que desejamos. Outras razões pelas quais uma Ação mágica pode não dar os resultados esperados (além das possíveis que acabamos de mencionar) é que a nossa Alma sabia que aquilo que realmente precisávamos não era o que dissemos que queríamos, a assim o que obtivemos foi o que de fato precisávamos (mesmo que não tenhamos consciência disso), ou então a Alma não compreendeu efetivamente a missão que lhe atribuíamos.

Pouco podemos fazer com relação à primeira situação. Você pode não acreditar, mas a sua Alma realmente sabe o que é melhor para você, especialmente no longo prazo. E você não pode enganar ou mentir a si mesmo. Há, porém, algumas providências que podemos tomar com relação à segunda situação, medidas que podem melhorar as comunicações entre "Você", o seu Subconsciente de dois anos de idade e a sua Alma.

Saiba o que você quer realizar, por que o quer e como dará os passos preparatórios para o ritual propriamente dito. Em outras palavras, planeje minuciosamente o que você vai fazer. E é importante que esse planejamento inclua o motivo por que você quer celebrar o ritual, para que a confusão em seus pensamentos e ações seja a menor possível.

Uma sugestão, porém: Quanto ao como, em geral é recomendável que você apenas visualize num esquema amplo como quer que as coisas aconteçam. A Alma age melhor quando ela mesma pode lidar com os detalhes. Afinal, essa é a área em que ela é especialista. E parece que dirigir a magia nos pequenos detalhes é tão importante no mundo espiritual como na esfera mundana.

Satisfaça as necessidades do maior número de sentidos possível. Muitas disciplinas recomendam o uso de velas coloridas, vestes de seda, incenso, música, etc. Lembre que o seu Subconsciente adora sentir-se bem. Transforme o seu ritual numa experiência sensualmente agradável sem desviar-se do objetivo a que ele se destina. Embora seja útil tornar um ritual o mais atraente possível, se você se perder na experiência física que está criando, o resultado serão apenas sensações agradáveis, não uma Ação ritual.

Antes de um ritual, abstenha-se de usar qualquer substância que possa alterar sua mente (incluem-se nesta categoria o cigarro, o açúcar e o chocolate, além do álcool e das drogas, obviamente), e limite, sob circunstâncias estritamente controladas e pré-planejadas, o uso dessas substâncias durante os rituais. Se o objetivo do ritual for "viajar" (que muito esporadicamente pode ser uma meta espiritual válida), use a substância da sua preferência. Mas se o que você quer é um encantamento ou uma oração feitos com consciência, reserve as substâncias para usos especialmente limitados e intencionais.

Faça coisas que agradem tanto aos seus sentidos como à sua consciência. Se lhe parecer correto, se a sua ação o fizer sentir-se bem, física e psicologicamente, realize-a. Caso contrário, invente alguma outra coisa. Lembre-se, o seu Subconsciente não gosta de surpresas assustadoras ou que o façam sentir-se mal ou culpado, quer física ou psicologicamente. Essa é outra área em que você precisa ser honesto consigo mesmo, porque você não pode chegar a bons resultados mentindo a si mesmo sobre o que quer que seja.

Visualize o que você quer da maneira mais simples possível. Procure ver os seus desejos como quadros; por exemplo, veja-se por meio da sua visão mental fazendo ou realizando com sucesso o que você almeja. Novamente, não queira lidar com os detalhes da magia, pois apenas estará amarrando as mãos da sua Alma, por assim dizer.

Faça alguma coisa diferente e específica para pôr o seu Subconsciente de sobreaviso com relação a algo *especial* que está acontecendo. Algumas disciplinas e Tradições recomendam o uso de trajes característicos e de jóias especiais, ou recitam determinadas orações ou cantos no início de um ritual para anunciar ao Subconsciente que a Ação que está para se realizar é interessante, estimulante ou especial.

Mais um aspecto: Se você cria o hábito de fazer certas coisas especiais durante os rituais, faça-as somente nessas ocasiões. Tudo o que pertence ao ritual é especial. Se estimular constantemente um dos seus sentidos, você perderá a qualidade especial ligada a uma ação extra-agradável. Em outras palavras, se você tem preferência por um certo incenso num ritual, evite usá-lo sempre só porque gosta dele. Do contrário, ele se tornará apenas um prazer comum, e não será suficientemente forte para atrair a atenção do Subconsciente.

Procure visualizar cada conceito como uma metáfora ou história que a sua Mente Subconsciente possa compreender. Se foi criado numa família sueco-americana de classe média e cor branca, você provavelmente se identificará melhor com paradigmas ou histórias baseadas numa visão de mundo mística nórdica/germânica (por exemplo, dragões, gigantes de neve, etc.) do que alguém educado de acordo com paradigmas culturais afro-americanos ou indiano-americanos, e vice-versa.

Às vezes é surpreendente ver como certas metáforas ou arquétipos são semelhantes ou compatíveis. Nós descobrimos, por exemplo, que o conceito arquetípico nórdico do Deus Thor, o Pássaro do Trovão dos índios norte-americanos e o orixá africano Xangô parecem harmonizar-se muito bem. Infelizmente, quando se trata de usar metáforas de religiões diferentes, em geral precisamos de uma pessoa excepcional para combinar com sucesso metáforas culturais tão distintas. Por exemplo, experimente um "Ritual Vodu Rúnico". Em geral, a cultura que assimilamos até os cinco anos de idade é a cultura que conservaremos pelo resto da vida. Adotar adequadamente outros paradigmas culturais na idade adulta — de modo que o Subconsciente os compreenda — normalmente exige muito estudo, prática e empatia. Daí o ditado do velho mago: "Misture metáforas por sua própria conta e risco."

Mas há um paradoxo interessante a que você deve prestar atenção. A cultura europeu-americana, socialmente dominante, é efetivamente um cadinho cultural, e às vezes se revela de maneiras inesperadas. Paul sentiu isso na carne. Nos casamentos que Paul preside, a Deusa ioruba Oxum ocupa um lugar de destaque. Culturalmente, Paul é acima de tudo um "Canuck", isto é, principalmente branco, franco-canadense e índio norte-americano. E embora o pai de Paul descreva a herança étnica da família como "metade esquimó, metade mistura de outras raças", não houve influência maior da tradição ioruba sobre a educação de Paul, pelo menos que ele saiba. Imaginamos então que Oxum realmente goste das cerimônias de casamento que Paul preside.

Por isso, fique atento; embora esse tipo de influência mútua não seja comum, ela parece manifestar-se com freqüência cada vez maior à medida que as várias culturas passam a integrar-se num ritmo crescentemente acelerado.

Faça, não fale. Realize fisicamente tantos aspectos do ritual quantos seja possível, em vez de apenas alardear ou meditar sobre tudo o que faz. O Subconsciente é muito orientado para o físico. Explore esse aspecto o quanto puder.

Concentre-se num único conceito por vez. Você pode fazer mais de uma coisa durante uma Ação, mas minimize a quantidade de conceitos. A sua preparação para a Ação é um conjunto de conceitos. O que você quer alcançar é outro conjunto. O que você faz para retribuir ou agradecer aos Deuses a ajuda recebida — isto é, o seu "sacrifício" — é um terceiro conjunto de conceitos. E o que você faz para terminar a Ação é ainda outro.

Concentre-se principalmente no objetivo, ou resultado final, do que você quer executar, e não no mecanismo de execução sugerido por seu modo de pensar. A sua Alma sabe, bem melhor do que você, não somente o que é realmente melhor para você, mas também o modo mais adequado de fazê-lo.

Alterne períodos de concentração intensa (ou conceitos) com períodos de maior relaxamento. Você conseguirá mais intercalando períodos de concentração intensa com períodos de descanso do que tentando manter a pressão sempre elevada. Lembre-se da capacidade de atenção do seu Subconsciente, que corresponde apenas à de uma criança de dois anos de idade.

Use a repetição o máximo que puder, tanto numa Ação específica quanto em Ações semelhantes. Você não somente deve repetir o que quer fazer várias vezes durante uma Ação, mas também deve esforçar-se para manter os vários elementos das Ações coerentes de Ação para Ação. Por exemplo, você deve evocar do mesmo modo e sacrificar do mesmo modo sempre que realiza um tipo específico de Ação.

Ao terminar, libere os pensamentos para o Universo, e esqueça. Uma vez que a sua Alma compreende o que você quer fazer, ela trabalha melhor se você deixar que ela mesma conclua a tarefa. Você pode fazer outras coisas para preparar trabalhos diferentes, mas retomar ou reelaborar os seus pedidos originais somente confundirá as coisas.

Se você precisa repetir uma Ação (isto é, infundir mais energia num pedido específico), repita-a exatamente como ela está, mude o menos possível. Depois, procure esquecê-la. Dê à sua Alma espaço para manobrar. Em geral, é contraproducente querer executar os detalhes da magia.

As sugestões anteriores podem aplicar-se a qualquer magia ou oração que você queira fazer. Elas se harmonizam bem com qualquer visão de mundo, paradigma cultural ou sistema de magia.

COMPONENTES BÁSICOS DE UM BOM RITUAL

Muitos wiccanianos gostam de variedade em seus rituais, e assim parece às vezes que qualquer coisa serve. Felizmente (ou infelizmente, dependendo do caso) existem certos princípios de estruturação ritual que produzem melhores resultados que outros. E quanto maior ou mais complexo um ritual se torna, mais esses princípios parecem aplicar-se. Ou como diz um ditado wiccaniano: "Qualquer coisa pode ser feita, mas nem tudo dará resultado."

Relacionamos abaixo os princípios de composição de rituais que julgamos úteis. Considere esses princípios como sugestões, não como dogmas. Afinal, como acontece com todas as coisas, você deve também saber quando quebrar as regras.

Em primeiro lugar e acima de tudo, todo ritual deve ter um foco formado em torno de um resultado desejado. Deve haver um motivo para você perturbar os Deuses. E esse foco não pode afastar-se para muito longe, ou por muito tempo, do tema central. Com freqüência, esse foco é definido pela Suma Sacerdotisa ou então por um criador de rituais que tenha uma visão clara das partes importantes do ritual e que não deixe ninguém alterar essa visão além de certos limites. Se você não sabe o que quer alcançar, por que desperdiçar energias no esforço de realizar o ritual? Realizar um ritual em razão do próprio ritual, prática ou ensino é um motivo válido para concretizá-lo. Apenas mantenha o foco da sua intenção. Se você se sente estranho em apenas fazer e desfazer um Círculo, por que não tentar um pouco de adivinhação como Ato principal? Um ritual de celebração para um Sabá ou Esbá também é válido. E naturalmente, planejar uma Ação ritual de magia, para qualquer propósito que seja, também é válido.

Ao planejar um ritual, lembre-se sempre de organizá-lo de acordo com as três divisões de princípio, meio e fim.

Planeje um início visível para o ritual, estabelecendo nele os parâmetros físicos e metafísicos da sua área de trabalho. Reúna as pessoas e arranje o equipamento que usará. Faça as pessoas se recolherem e centrarem, lance o Círculo, instale as defesas e purifique o espaço de trabalho.

Convide quem você quiser para participar do ritual, em forma física ou espiritual. Todos os participantes físicos estão onde precisam estar, você invocou os guardiões elementais e convidou as suas Divindades. E também explicou ao grupo os objetivos do ritual. Em geral é recomendável explicar tanto para os participantes mortais como para os seus aliados divinos o que você está planejando fazer e as razões que o levam a celebrar o ritual. Isso evita confusões e ajuda a formar um espírito de grupo. Mas veja, em alguns rituais talvez você prefira manter um certo clima de mistério, por isso não é necessário dizer tudo a todos.

A Ação propriamente dita — a razão do ritual — é realizada na seção intermediária da celebração. Nesse momento, o seu único foco deve ser o de alcançar o resultado desejado.

No fim, partilhe os componentes cerimoniais que tiver providenciado (isto é, vinho e bolos) com os participantes e com os Deuses, em sinal de vínculo social, e faça um breve intervalo antes de proceder ao encerramento do ritual.

Essa seção é um bom momento para acrescentar um aspecto social ao que, por outro lado, poderia ser um evento muito sério ou tedioso. Uma das melhores metáforas para essa ocasião diz que, ao realizar um ritual, você está convidando os Deuses para uma festa. Se você puder tratar essa parte do ritual (pelo menos) como uma festa, sem perder o foco da cerimônia, a experiência será muito agradável e marcante.

Agradeça aos convidados a presença e a ajuda dada para o êxito da Ação. Isso inclui os participantes físicos e as Divindades, guardiões elementais, animais de poder, anjos, etc., que foram invocados no início do ritual. É sempre bom ser cortês.

Lembre-se de dispensar os que você invocou (isto é, os Deuses, os guardiões dos quadrantes, etc.). Às vezes, há praticantes que ignoram ou desvalorizam essa parte, porque acham que é falta de respeito aos Deuses pedir-lhes que partam. Mas lembre-se, o seu ritual é uma festa, e não há nada de desrespeitoso em ter certeza de que os convidados vão para casa. E é muita desconsideração forçar entidades a ficarem vagando num espaço onde não são acolhidas. É isso o que acontece se a energia dessas entidades continua presente na área da Ação quando você volta a transformar o Círculo Sagrado em sua sala de estar mundana. Por isso, não tenha medo de convidar os Deuses a partirem e assegure-se de dispensar todas as energias elementais com termos suficientemente fortes para que todos os participantes compreendam que as energias estão dispensadas.

Finalmente, declare o ritual terminado. Essa é outra parte freqüentemente negligenciada. Talvez não seja necessário dizer formalmente "o ritual está terminado", se por meio de atos apropriados (ou outro sinal compreensível) você dá a entender aos participantes que o ritual está encerrado. Tanto para o desdobramento adequado das energias mágicas da Ação como para o retorno mental dos participantes à realidade profana, é absolutamente necessário que haja um término definido e inequívoco.

Devolva o Espaço Sagrado ao seu estado normal, profano, anterior ao ritual. Os wiccanianos orgulham-se de ser capazes de celebrar seus ritos praticamente em qualquer lugar, não apenas num templo físico ou outro espaço sagrado. Para que isso aconteça realmente (a não ser que você seja um dos poucos privilegiados que disponha de um espaço sagrado permanente), todos devem deixar a área absolutamente limpa, física e psiquicamente, totalmente preparada para o próximo trabalho.

Além disso, como religião, a Wicca tem fortes raízes num passado caracterizado por repressão religiosa, e um presente que apóia o movimento ecológico. Assim, parafraseando uma máxima dos ecologistas, "Não leve nada além de lembranças, não deixe nada além de ecos".

Transforme o ritual numa celebração pessoal. Que a mensagem e as metáforas sejam próprias para a audiência específica. Faça com que os presentes sintam como se o ritual tivesse sido preparado para eles. Isso é muito importante, porque se os participantes não entendem bem o que você faz, se a Mente Subconsciente deles não entrar em sintonia com o que acontece, você só obterá uma fração do efeito que poderia conseguir. E sem dúvida, participantes entediados ou confusos procurarão e encontrarão satisfação em outros rituais, realizados por outros Sacerdotes e Sacerdotisas.

É também recomendável que você torne o ritual compreensível tanto para os participantes principiantes como para os mais experientes. Normalmente, é preciso prática para que um criador de rituais adquira confiança em sua capacidade para manter um celebrante avançado envolvido sem perder um principiante. A menos que você só celebre rituais para um grupo muito pequeno e seleto de amigos íntimos, você deve ter condições de tocar uma audiência com capacidades e interesses diferentes.

Sempre que possível, os celebrantes devem aprender alguma coisa com o ritual. Você não somente os ajudará a se desenvolverem ao longo do caminho espiritual que trilham, mas eles também compreenderão mais facilmente que o ritual lhes foi proveitoso.

Procure envolver a todos no ritual. Torne os objetivos e a mensagem compreensíveis a todos. Faça com que o maior número possível de pessoas se envolva na condução do ritual, tanto distribuindo as funções exigidas entre os participantes como incentivando todos a dançar, cantar, etc.

Uma das maneiras de distribuir as funções é indicar uma pessoa diferente para a convocação e a dispensa de cada quadrante ou várias pessoas para ajudar nos preparativos, decoração, alimento ou suprimentos; ou ainda fazer um grupo planejar a sessão, sem perder a intenção e o foco do Sacerdote ou da Sacerdotisa.

Dançar e cantar são boas atividades para elevar a energia e envolver todos os participantes. Idealmente, os cantos devem ser conhecidos ou então ensinados antes do início do ritual. A dança também deve ser organizada de modo a envolver os que não são fisicamente tão capazes como outros. Ou defina os limites da dança (como o Passo da Vovó [Granny Step], que é um simples passo para o lado, seguido por novo contato dos pés, e assim por diante, um movimento que pode ser feito por qualquer pessoa), ou defina uma área em que alguns podem sentar-se, observar, bater palmas ou apenas mexer-se no lugar. Um grupo de dançarinos experientes será mais profissional e pode criar mais energia, mas quanto maior o número de participantes envolvidos, melhor para o acúmulo de energia. A entrega de tambores, chocalhos, pandeiros, etc., pode envolver os que não dançam, e a batida de palmas é fácil e universal.

Use todos os sentidos para reforçar a sua mensagem. Cante sempre que possível, estimule o sentido do olfato com incenso, ofereça aos olhos belos arranjos de flores, vestes agradáveis de ver e velas multicoloridas.

De certo modo, ao realizar um ritual, você está num palco. Por isso, as coisas que faz ou diz podem não ser tão claras como as pessoas em geral esperariam. O tema do seu ritual deve ser o mais amplo e abrangente possível e os seus movimentos devem ser tão largos quando o espaço permita. Fale o mais claramente possível, pronuncie as palavras com cuidado e projete a voz.

Providencie também que o ritual flua suavemente, sem obstáculos que o detenham. Não se demore além do necessário em nenhuma seção e passe de uma etapa a outra numa progressão suave. Você pode prever um breve intervalo entre as seções (começo, meio e fim) do ritual. É bom fazer uma pequena parada para tomar fôlego e também para deslocar o foco de uma fase a outra. É necessário prática para chegar ao equilíbrio entre parar para respirar e perturbar o fluxo de um ritual, por isso faça o melhor que puder. Com o tempo, você perceberá que tudo flui naturalmente.

Em vez de falar e dizer, mostre. Poucas coisas são mais maçantes para os integrantes de um grupo do que ficar ouvindo alguém pontificar. Sempre que possível, recorra ao teatro e à encenação para transmitir a sua mensagem. A Wicca abrigou alguns poetas excelentes; assim, recorra às palavras e imagens por eles criadas, caso se sinta incapaz de transmitir o que visualiza. Desde que atribua os devidos créditos às fontes, não há mal nenhum em usar as obras de terceiros se elas contribuem com o seu objetivo. Alguns exemplos de ações que adotamos no lugar das palavras incluem:

Drama sagrado. A narração do rapto de Perséfone pelo Deus grego Hades é conhecida e popular entre muitos para celebrar a chegada do inverno.

Ídolos (estátuas, árvores, pedras). Muitas pessoas têm mais facilidade para invocar a sua Deusa, por exemplo, se têm uma representação física da Deusa ideal em que possam se concentrar. Nós freqüentemente usamos uma imagem da Deusa chinesa Kuan-Yin em nossos rituais.

No entanto, há um problema latente com a representação física; é possível que você ou algum dos seus celebrantes passem a acreditar que a estátua é a Deusa. Esse é um problema comum em nossa cultura — formamos a crença de que o símbolo é a realidade. O mapa não é o território. Sim, a Deusa se fará presente em qualquer símbolo para o qual você a invoque, mas não de modo diferente do que Ela adota para se manifestar em todas as coisas. A manifestação específica que você escolhe apenas parecerá maior por causa da sua própria consciência ampliada com relação a Ela, estimulada pela invocação.

Grande Rito (idéia de polaridade). Além das muitas coisas para as quais o Grande Rito se presta (ver análise do Grande Rito na página 317), uma outra é que ele demonstra visivelmente o conceito dos opostos divinos unindo-se para criar.

Cantos/Música. Acompanhar as atividades físicas com música onde for possível ou cantar uma determinada parte em vez de apenas recitá-la podem ser recursos extraordinários para manter a atenção concentrada nos celebrantes. Cuidado, porém: se a música ou o canto que você executar for fraco, você pode chegar a resultados contrários aos esperados.

Dança sagrada. Esta é outra área que atrai e mantém a atenção, quer usando alguma peça especificamente coreografada para uma razão precisa, ou apenas a dança pagã extática caótica normalmente usada para elevar a energia.

O cuidado aqui, que pode também ser aplicado num grau ligeiramente menor a qualquer música que você use, é que a Suma Sacerdotisa precisa estar no controle do que acontece. Do contrário, esses incrementos podem sobrepor-se ao verdadeiro foco do ritual a ponto de substituí-lo. A Suma Sacerdotisa precisa ter condições de encerrar essas atividades quando elas cumpriram o seu papel. Por isso, use-as, mas sempre sob o controle da Suma Sacerdotisa.

Ações simbólicas realizadas pelas pessoas. Essas ações podem ilustrar visualmente a sua mensagem. Paul adota com sucesso uma ação muito significativa para lembrar às pessoas a importância do fogo. Durante o ritual de Yule, todas as luzes são apagadas e a sala fica totalmente escura. Então Paul tenta acender um pequeno fogo usando pedra sílex e metal. Para os que não sabem, essa pode ser uma operação difícil e nem sempre bem-sucedida. Mas as fagulhas que reluzem no escuro e o fogo, acendendo-se de um diminuto fulgor para iluminar o mundo, podem ser impressionantes.

Adote linguagem e frases familiares. A Wicca desenvolveu a sua própria linguagem retórica, como a "Declaração da Deusa" e a "Runa das Bruxas". E como esses poemas são conhecidos, a sua congregação reconhecerá e compreenderá as imagens que eles evocam. Por isso, é recomendável desenvolver uma coleção de frases comuns e usá-las quando apropriado. Duas expressões padronizadas são Bendito seja! e Assim seja!, adotadas como manifestação e também como reiteração/resposta.

Não tenha medo de improvisar. Por motivos os mais diversos, muitos rituais não acontecem como planejado. Alguma coisa que você planejou não flui conforme o esperado ou talvez os Deuses resolvam entrar com sua parcela de contribuição. Seja como for, se tentar controlar todos os aspectos do ritual, você provavelmente se sentirá sobrecarregado, e talvez tentado a desistir. Podemos apenas recomendar, não desista. A ocorrência de dois ou três imprevistos não significa que tudo esteja perdido. Enquanto a Suma Sacerdotisa consegue manter o foco no objetivo do ritual, este chegará a bom termo. Simplesmente tenha o objetivo em mente, e improvise em torno ou com aquilo com que os Deuses julgam oportuno abençoá-lo. Alguns dos melhores rituais que realizamos acabaram sendo improvisações, feitas espontaneamente depois de algum fato que não apenas perturbou o plano original, mas às vezes chegou a alterar o objetivo da celebração. O resultado final era mais necessário do que a Ação inicialmente planejada.

Livre-se dos dogmas. A Wicca é uma das poucas religiões que não acredita num dogma sistematizado. Acreditamos que as pessoas precisem chegar à verdade por si mesmas. O dogma tende a manter as pessoas sempre nos mesmos sulcos, e estes tendem a impedir o avanço. Embora seja proveitoso usar frases e visualizações padronizadas, caso você *tenha de* usar algum aspecto ou expressão ritual, talvez seja recomendável reavaliar o que você está fazendo. Se descobre que está preso a uma obrigação, você também pode se tornar rígido, pelo menos espiritualmente.

Livre-se do ego. Os seus rituais devem inspirar-se nas necessidades da sua congregação, não num ego carente de afagos. Se celebrar o melhor ritual possível para a sua congregação, asseguramos-lhe que você receberá todos os louvores que procura e será considerado um membro insigne da comunidade porque cumpre as suas funções com eficiência. Por outro lado, se você se preocupar com a aparência externa do que realiza, ou se quer exibir-se, você não será visto como um grande ritualista, mesmo que as pessoas o tratem com cortesia.

Controle a energia. A Suma Sacerdotisa deve ter controle sobre a elevação da energia e sobre a direção da magia. Ela não pode permitir que o ritual siga para onde ele bem entende. Além de não alcançar o resultado pretendido, um ritual descontrolado às vezes acaba encaminhando-se para onde você realmente não quer que ele vá. Reconhecidamente, às vezes controlar um ritual pode ser como atravessar uma corredeira num caiaque. Normalmente, a única coisa a fazer é remar com a maior agilidade possível, manter-se firme e rezar. Mas se você não tenta manter-se no controle, você o perderá.

Ensaie. Para realizar bem um ritual, você precisa conhecê-lo. Para conhecê-lo você precisa repassá-lo — ensaiá-lo — até compreendê-lo. O tempo de ensaio será ditado por dois aspectos principais, a novidade do ritual e o conhecimento mútuo dos oficiantes. Ou seja, quanto mais novo for o ritual e quanto menos os oficiantes se conhecerem, mais necessidade haverá de ensaios. Havendo obstáculos para ensaiar, pelo menos repasse o roteiro com as pessoas envolvidas.

Se tiver de proferir uma palestra, treine-a previamente. E faça algumas anotações para o caso de esquecer alguma coisa. Certamente, não há necessidade de memorizá-la totalmente. Use inflexão e trabalhe com as palavras, brinque com elas, compreenda-as. Se as pronunciar de cor, você terá menos energia do que se usasse a emoção e compreendesse o sentido das palavras. Movimentar-se enquanto fala também ajuda a acrescentar energia e estímulo. O ensaio e a prática são os seus melhores aliados nesse esforço. Especialmente se planeja para um grande grupo, você terá de ensaiar as diversas funções e o fluxo do tempo. Se normalmente celebra rituais numa sala de estar, e um determinado ritual será realizado numa quadra esportiva, você terá de prever um tempo extra para que as pessoas se desloquem de um ponto do Círculo para outro. Se você prevê dez segundos para a sua fala, e ocupa de doze a vinte segundos para ir do ponto A ao ponto B, você terá de escrever mais ou então, talvez, falar mais devagar, ser mais dramático e tirar vantagem de pausas naturais.

Recorra a profissionais. Recorra a pessoas da comunidade que sabem o que fazem, como cantores, dançarinos, flautistas, percussionistas, etc. Essas pessoas podem ser de grande ajuda, inclusive podendo assumir a responsabilidade de planejar e dirigir uma parte do ritual que lhes possa ser atribuída. Mas veja que os participantes se envolvam ativamente em todas as partes do ritual e não sejam apenas espectadores de um espetáculo.

PONTOS A CONSIDERAR DURANTE AS FASES DE PLANEJAMENTO

A seguir você encontra vários pontos que devem ser levados em consideração durante as fases de planejamento do seu ritual. Quanto mais se debruçar sobre eles e sobre outros tópicos com eles relacionados, menos problemas você encontrará pela frente e mais preparado estará para a sua celebração.

Preveja o surgimento de possíveis problemas. Por exemplo, um Círculo de iniciantes é aquele que conta com a presença de um número significativo de pessoas que nunca participaram de um Círculo. A Suma Sacerdotisa que preside a cerimônia deve dar uma breve explicação da etiqueta do Círculo e do que dele se pode esperar.

O ritual é público ou privado, aberto ou fechado? Para que níveis? Onde você vai realizá-lo? Quem poderá participar: apenas os Iniciados? Amigos? Filhos? Ele será celebrado com as pessoas vestidas ou despidas? Haverá libações com álcool, sem álcool, ou ambas? Uma deve ser claramente diferente da outra. Quais são os ingredientes presentes no bolo e no cálice? Verifique se o que você está usando não provocará alguma reação em um ou outro participante, e informe-os antes do ritual sobre o conteúdo das libações para evitar qualquer surpresa.

Haverá uma taça comum ou cada um terá a sua? Com a grande quantidade de doenças transmissíveis, é importante resolver se todos beberão do mesmo cálice. Quanto maior o número de pessoas, mais necessidade você terá da multiplicação de certos itens, ou então a distribuição ocupará muito tempo. Com apenas treze pessoas, não há nenhum problema em dispor de apenas um cálice. Será complicado passar um só cálice ou defumar cada pessoa com uma única vareta de incenso quando cem pessoas participam. Procure prever tudo o que possa causar confusões.

Comunique e ensine antes de começar. Repasse rapidamente o que será feito e ensine cantos ou expressões antes de iniciar o ritual.

Tenha planos alternativos para vinte, cinqüenta, noventa pessoas. Antecipe o que você fará se planeja um ritual para treze pessoas e acabam aparecendo cinqüenta, ou cem, ou apenas três. Planeje o ritual para um local acessível (estacionamento, linha de ônibus, rampa de acesso para cadeiras de rodas). Tenha acomodações para pessoas com problemas físicos. Uma vez lá, elas podem entrar e movimentar-se pelo lugar? Haverá necessidade de repelente de mosquitos, etc.? Prepare o ambiente físico. Se for ao ar livre, leve repelente para insetos. Se for ao sol, leve chapéus, água, telas protetoras, etc. Assegure-se de que tudo o que está lá precisa estar lá (nada de desordem). Os altares já estão sempre cheios naturalmente, por isso não leve nada que não seja necessário.

Memorize apenas algumas palavras e improvise o resto com base num esquema. É mais fácil lembrar-se de algumas palavras apenas, e se você sabe o que está fazendo e por que, elaborar uma mensagem enquanto a profere é mais adequado do que tentar manter falas complicadas em sua mente. Se isso for necessário, tenha algumas anotações à mão que sirvam de lembrete. Uma sugestão: Não use tinta vermelha se for ler à luz de vela. Saiba as falas das Divindades antecipadamente. Você deve memorizar tudo, memorizar o que cada Divindade irá dizer. Uma Divindade confusa é muito desconcertante. Mantenha-se nos limites teológicos da Tradição que você segue. Condenar a Suma Sacerdotisa à fogueira por heresia não é normalmente considerado um bom final para um ritual. Mantenha algum mistério. Procure reservar algumas surpresas; as pessoas se entediam se conhecem tudo o que vai acontecer.

COMO PLANEJAR UM RITUAL

Agora que você sabe sobre o que pensar ao planejar um ritual, vamos apresentar-lhe um procedimento que lhe será muito útil no momento de redigir a sua celebração.

Como você deve imaginar, a primeira coisa a fazer é descobrir por que você está realizando esse ritual e definir o objetivo geral ou o resultado que você quer alcançar. Em seguida, faça um esquema básico do ritual, um esboço que indique quem faz o quê. Não é necessário nenhum detalhe ainda; apenas visualize o que você quer que seja feito e quem o fará. Em terceiro lugar, procure agrupar pelo menos alguns dos participantes principais e delineie o ritual. Identifique o que você vai precisar como equipamento, apoio, vestimentas e suprimentos. Quem fornecerá que equipamento, materiais, etc.? Onde será posto o altar, e o que será colocado em que lugar do Círculo? E finalmente, movimente-se pelo espaço para assegurar-se de que os participantes poderão realizar fisicamente o que você quer que façam, sem esbarrar-se.

Agora elabore o roteiro completo. Isso inclui o que cada pessoa irá dizer, como também simples direções de palco. Veja que cantos ou música você quer incluir. Faça cópias do ritual até esse ponto para os demais participantes.

Ensaie. No mínimo, repasse todo o ritual com os principais participantes algum tempo antes de marcar a data da celebração. Isso ajuda a descobrir algumas lacunas e lhe dá condições de constatar se as pessoas sabem o que estão fazendo.

Depois do ensaio, faça as últimas pequenas alterações que forem necessárias. *Reproduza* o roteiro final e os cantos para todos os participantes, além da lista dos itens necessários e dos responsáveis por cada um deles. Um pouco antes do ritual, recolha todo o equipamento num só lugar, o que lhe dará certeza de que tem tudo.

Pode parecer que com tudo o que estivemos abordando neste capítulo, estamos fazendo um bicho de sete cabeças. Na verdade, não, e enquanto parece que você poderia simplesmente fazer tudo às pressas, as pessoas que dão a impressão de fazer isso com sucesso adotam alguma versão dos procedimentos que apresentamos acima. Elas não precisam passar e repassar tudo passo a passo; elas já fizeram isso tantas vezes, que o processo se tornou uma segunda natureza para elas. Com a prática, isso acontecerá também com você.

ESQUEMAS PARA CELEBRAÇÕES DE SABÁS

Em outras partes deste livro, mostramos-lhe várias seções dos procedimentos acima. Demos-lhe o roteiro de dois Círculos no capítulo sobre esse tema, por exemplo. Aqui apresentaremos um conjunto de esquemas básicos, e faremos isso reproduzindo uma série de rituais que cobrem a Roda do Ano wiccaniana.

A maioria desses rituais está planejada para grupos de vinte pessoas ou mais. Eles podem ser adaptados para um número menor de pessoas ou também para grandes grupos com até cem participantes ou mais. Com grupos grandes, você precisará de mais Sacerdotes e Sacerdotisas Auxiliares.

Geralmente, cada ritual pode ser realizado com menos de cem reais. Você pode gastar mais, se quiser. Nós procuramos sugerir uma decoração de baixo custo, ou de preferência, nenhum, com coisas naturais, como folhas, pinhas, etc. Flores são sempre oportunas, mas não gaste na floricultura mais do que pode dispor. Quadros também ajudam a criar o clima. Os custos devem ser divididos entre os organizadores do ritual. O custo mínimo deve ser com velas, vinho e bolos. Quanto mais elaborada a decoração e os trajes, mas dispendioso será o ritual. Também fique atento a decorações especiais que podem ser usadas num festival apenas. Você pode guardá-las para o ano seguinte ou terá de jogá-las fora? Se você usar decorações, talvez seja possível deixá-las no lugar ou então reciclá-las para o ritual seguinte. Procure manter ao mínimo o acúmulo de decorações específicas de um ritual.

Velas e fogo podem ser bastante problemáticos. Alguns lugares proíbem explicitamente chamas abertas. Você pode decorar um altar representando o fogo com a cor apropriada; também pode ter velas apagadas; e pode ainda usar focos coloridos ou lanternas ativadas por pilhas.

O altar deve ser posicionado no centro e decorado. Consiga com os membros do grupo responsáveis pela organização do ritual uma estátua da Deusa e do Deus, os instrumentos rituais habituais, talvez uma toalha especial para o altar, algumas flores e outras decorações. O altar em si pode ser feito especialmente para esse fim ou pode ser uma mesa portátil. Ele precisa ser firme e suficientemente grande para acomodar tudo o que seja necessário pôr sobre ele. Você pode guardar vinho de reserva e apoios extras debaixo da mesa, ocultos da visão por uma toalha.

Você pode ter pequenos altares em cada quadrante. Um grupo usa mesas pequenas com uma toalha colorida e uma vela sobre ela. As toalhas são laváveis e podem recolher cera derretida. Cada altar de quadrante também pode ser decorado apropriadamente. O do elemento Ar pode ter um leque, pena, flauta, quadro do céu ou nuvens, etc. O do Fogo pode ter uma chama (embora idealmente cada quadrante deva ter uma vela do quadrante da cor correspondente), flores vermelhas, quadro de um deserto ou de chamas. O da Água pode ter uma pequena tigela com água, uma concha do mar, imagem de um lago, rio ou oceano. O da Terra pode ter folhas, uma pinha, uma pedra, um recipiente com terra, uma tigela com sal, a representação de uma floresta ou de montanhas. Você pode pôr velas em cada quadrante, mas recomendamos que fiquem distantes do chão, por segurança. Se houver crianças presentes, reveja a idéia de ter velas nos altares dos quadrantes, a não ser que sejam muito bem vigiadas.

Na maioria dos rituais descritos neste capítulo, o altar é colocado no centro do Círculo. Se preferir outra posição, adote-a. O ensaio deve ajudar a definir o que colocar onde. Entre no espaço para examiná-lo antes do ritual. Se puder treinar no espaço do ritual, ótimo. Alguns grupos ensaiam imediatamente antes do ritual. Não incentivamos essa prática porque podem surgir problemas de logística, com os participantes chegando e interferindo, ou o ensaio pode ser interrompido por causa dos limites de tempo. Um bom ensaio deve demorar mais do que o ritual em si porque você precisa de tempo para fazer os pequenos ajustes que se fazem necessários, e talvez seja recomendável repetir algumas coisas até que as pessoas se sintam à vontade. No dia do ritual, o grupo deve examinar o local e fazer planos antes de preparar as coisas. Se houver necessidade de modificações, o momento da preparação é o adequado para fazer isso. Todos devem saber perfeitamente o que fazer, e uma última repassada no roteiro pode ser muito oportuna. Esse não é um ensaio geral, apenas uma revisão dos movimentos sem necessariamente usar as palavras.

Cada ritual deve ter uma lista de equipamentos além da lista padrão dos instrumentos e dos materiais do ritual. Divida as tarefas para que ninguém fique sobrecarregado. Pode ser necessária mais de uma viagem para ter tudo no local.

Cada um desses rituais é exemplo de um possível rito para cada Sabá. Nenhum está gravado em pedra. Nós os oferecemos apenas como modelos, por isso sinta-se livre para modificar, reduzir, acrescentar e alterá-los conforme desejar. Existem outros livros com outros rituais sazonais. Tente alguns desses se nenhum dos que apresentamos for do seu agrado. Não tenha medo de ser criativo. Além de momento de culto, os Sabás são também ocasiões para divertir-se e celebrar.

Samhain — 31 de outubro

O Samhain é o maior Sabá do ano para os wiccanianos. Apresentamos este Ritual em primeiro lugar porque ele é considerado o Ano Novo Wiccaniano. Este festival celebra a colheita; é também a época dos vegetais de raiz e da seleção dos animais que serão abatidos. É o momento em que lembramos os que partiram antes de nós, e ainda o período em que o véu entre os mundos é mais tênue e por isso a adivinhação se torna parte importante do ritual. Tradicionalmente, este é um ritual de muita emoção e tristeza, motivo pelo qual as crianças normalmente não participam. A celebração do Sabá não precisa substituir as festas tradicionais do "trick-or-treat" (travessuras ou gostosuras) ou do Halloween. Pode-se festejar o Sabá um pouco mais tarde, para que as crianças tenham tempo de se divertir, celebrar o Samhain numa outra noite ou então brincar com as crianças num outro dia. Seja flexível. Além disso, de acordo com outros calendários, o Samhain deveria ser celebrado dia 6 de novembro, não 31 de outubro.

O ritual que apresentamos aqui é uma recordação tradicional dos ancestrais. Alguns grupos celebram com uma "ceia muda" ou silenciosa, um festim compartilhado com os ancestrais. Como este pode ser um tanto longo e tedioso, em geral fazemos uma festa à parte, depois do Sabá. Se preferir, você pode fazer adaptações e introduzi-la como parte da celebração.

Espere uma boa participação, pois Samhain e Beltane geralmente contam com grande afluência de pessoas.

No Samhain, a adivinhação é tradicional, e o tarô é a forma mais comum e fácil de praticar. Você pode recorrer a outros sistemas, mas não se esqueça dos possíveis custos. O tarô é a forma de divinação mais econômica. Se acha que precisará de mais de um baralho, previna-se com um baralho de reserva, conte as pessoas antes de começar, e use esse baralho se necessário. Alternativamente, você pode usar um baralho só de Arcanos Maiores ou só de Arcanos Menores. O que restar será um baralho parcial, de Arcanos Maiores ou Menores, que pode ser útil num momento ou outro. Se houver pouca gente, use apenas os Arcanos Maiores. Se houver mais de 22 pessoas, use o baralho inteiro.

As pessoas devem ser previamente informadas para poder se preparar e trazer imagens ou lembranças dos ancestrais que querem homenagear nesse Samhain. Interpretamos os ancestrais de forma abrangente; amigos, familiares, pessoas que os participantes admiram, todos esses são considerados ancestrais; a única exigência é que tenham falecido. Você não precisa levar uma fotografia ou um símbolo, mas é emocionante ver a mesa cheia de coisas e a vela queimando. Os participantes podem levar uma vela votiva ou o grupo responsável pelo ritual pode providenciar algumas velas.

Este ritual também inclui uma meditação dirigida. Esta pode ser feita com grupos de praticamente todos os tamanhos, mas tenha cuidado. Freqüentemente a meditação desperta emoções profundas, por isso não se surpreenda se as pessoas chorarem. Tenha lenços descartáveis à mão, e deixe que a descarga emocional aconteça. Em geral os próprios participantes se encarregam de verificar se os amigos estão bem.

Ritual de Samhain

Materiais

ALTAR — Objetos habituais, mais uma sineta, um baralho de tarô já embaralhado numa cestinha (que as pessoas levarão para casa), uma caixa de lenços de papel.

ORATÓRIO DOS ANCESTRAIS — Uma mesa extra para o oratório dos ancestrais, preparada no quadrante norte do Círculo, com vela(s) para os ancestrais, música e algum instrumento musical.

Preparação

ALTAR — Como de costume. A cestinha com as cartas de tarô fica embaixo do altar até o fim do ritual.

ORATÓRIO DOS ANCESTRAIS — As pessoas colocam as suas imagens e lembranças sobre a mesa do oratório dos ancestrais. As velas continuam apagadas.

Abertura do Ritual

SUMA SACERDOTISA E SUMO SACERDOTE — Lançam o Círculo como sempre, invocam a Deusa e o Deus, etc.

SUMO SACERDOTE — Anuncia que esse é o festival de Samhain, a festa dos mortos, a noite em que o véu entre os mundos é mais tênue e em que nos reunimos para homenagear os nossos entes queridos que partiram antes de nós. O Sumo Sacerdote toca a sineta três vezes.

SUMO SACERDOTE — Convida a congregação a acender as velas dos Ancestrais, acende a própria vela e em seguida a vela da Suma Sacerdotisa.

SUMA SACERDOTISA — Acende as velas da congregação à medida que as pessoas se encaminham para o Oratório dos Ancestrais.

Ação Principal

Quando todas as velas estão acesas e as pessoas acomodadas, toque alguma música suave para acompanhar a meditação dirigida. O volume deve ser baixo e a música, lenta e relaxante. A música também ajuda a abafar os pequenos sons produzidos por pessoas em grupo e oferece um foco para as pessoas seguirem ao término da meditação.

SUMA SACERDOTISA — Preside a meditação dirigida, levando os participantes ao rio Estige, para que encontrem e falem com os seus ancestrais, e em seguida levando-os de volta. É recomendável um tom sussurrado, baixo e lento da voz.

SUMA SACERDOTISA — Toca a sineta três vezes, dizendo:

Como os véus estão mais tênues esta noite, podemos
esperar uma mensagem dos que nos precederam.

Sigam-me até as margens do rio Estige.

Não podemos cruzá-lo, mas podemos ver no outro lado
os que partiram antes de nós; podemos falar com esses
entes queridos e ouvir o que têm a dizer.

Todos se sentam ou deitam numa posição relaxada. Feche os olhos e relaxe. Antes de continuar, dê tempo para que todos se acomodem.

Inspirem, retenham o ar e expirem.

Novamente, inspirem, retenham e expirem. E mais uma vez, inspirem, retenham e expirem. Enquanto respiram, relaxem o corpo e procurem sentir-se bem. Inspirem novamente, e ao exalar o ar, sintam-se penetrando lentamente na Terra.

Desçam lentamente, passando pelas bases do prédio (ou pelas raízes das árvores, se ao ar livre). Desçam mais, passando pelas camadas de rochas, até chegar a uma caverna dividida por um rio profundo e caudaloso. É o rio Estige. Ele é fundo e frio, e só os mortos podem atravessá-lo.

Estamos, porém, no lado dos vivos. A luz é pálida, mas podemos distinguir formas no outro lado.

Vejam as sombras dos que já partiram. Conseguem reconhecer alguém? Vocês podem chamar silenciosamente os seus ancestrais queridos; eles podem ouvir os seus chamados silenciosos e aparecer na margem oposta.

Talvez eles tenham uma mensagem para vocês; ou vocês podem falar-lhes em silêncio; eles podem ouvi-los.

Vejam o rio e vejam os que estão no outro lado. Chamem-nos em silêncio e ouçam quem pode responder e o que eles têm a dizer-lhes.

SUMO SACERDOTE — Acompanha e observa o grupo em silêncio. Se alguém chorar, dê-lhe um lenço de papel. Veja se há pessoas que se tornam inquietas ou entediadas. O período de silêncio não deve se prolongar demais; dez minutos, no máximo. Use o bom senso. Seja paciente.

SUMA SACERDOTISA — Decorrido o tempo considerado suficiente, começa a viagem de volta, dizendo:

Agora precisamos voltar ao nosso mundo.

Despeçam-se dos seus ancestrais bem-amados. Agradeçam-lhes as mensagens que lhes transmitiram.

Respirem profundamente, e enquanto inspiram sintam-se subindo para a superfície da Terra. Passando pelo teto da caverna, atravessando as rochas... subindo mais... chegando aos alicerces do prédio (ou ao solo), retornando ao corpo.

Façam mais uma respiração profunda e sintam o corpo.

Sintam as batidas do coração, o sangue correndo pelas veias. Sintam o ar entrando e saindo dos pulmões.

Mexam os dedos das mãos e dos pés e sintam-se de volta ao corpo. De volta ao aqui e agora.

Tocarei a sineta três vezes, e todos estarão de volta conosco no terceiro toque.

Primeiro toque, sintam-se de volta em seus corpos.

Segundo, movimentem os dedos das mãos e dos pés.

Terceiro, sentem ou levantem e estiquem os músculos.

SUMO SACERDOTE — Continua observando o grupo. Se alguém parece não ter voltado ou se mostrar angustiado, o Sumo Sacerdote deve falar-lhe suavemente para tirá-lo desse estado e trazê-lo de volta. Se pessoas chorarem, elas devem ser retiradas da sala e ficar na companhia de alguém até se recuperarem. Essa não é uma reação comum, mas pode acontecer; por isso fique prevenido e aja de acordo com a situação.

SUMO SACERDOTE — Convida os participantes a se lembrarem da conversa mantida com os ancestrais e a falarem sobre eles, se assim o desejarem. (Esta etapa também ajuda as pessoas a se recomporem e a se firmarem na realidade depois de uma experiência emocional possivelmente intensa.)

SUMA SACERDOTISA — Apanha a cesta com as cartas de tarô.

SUMO SACERDOTE — (Toca a sineta três vezes para chamar a atenção dos presentes.) Convida a congregação a se aproximar do altar e retirar uma carta de tarô.

Encerramento

SUMA SACERDOTISA E SUMO SACERDOTE — Realizam a bênção do vinho e dos bolos, isto é, o Grande Rito. Passam o vinho e os bolos pelo Círculo; usam vários cálices e pratos se houver muita gente.

SUMA SACERDOTISA — Aterra a energia com o pentáculo. Certifique-se de fazer um aterramento sólido, porque energias intensas foram ativadas.

SUMA SACERDOTISA E SUMO SACERDOTE — Agradecem e dispensam os ancestrais, a Deusa e o Deus, e os elementos. Encerram o Círculo. Apagam as velas no Oratório dos Ancestrais.

CONGREGAÇÃO — Festeja e conversa. (As pessoas podem movimentar-se pelo espaço e aproximar-se do oratório enquanto comem, cuidando para não tocar em nada.) Peça às pessoas que apanhem os seus quadros e lembranças. Limpeza do local. Volta para casa.

Yule — 21 de dezembro

Yule é uma época muito interessante para os wiccanianos porque normalmente levamos conosco muita coisa de nossas crenças anteriores (geralmente cristãs). Yule é o período mais escuro e frio do ano (especialmente nas latitudes mais setentrionais, como Minnesota), e é uma época especial para muitas culturas pagãs. Assim, mesmo baseando os nossos rituais nas necessidades das pessoas e incorporando muitos temas bastante conhecidos da nossa cultura, procuramos imprimir nossa marca pessoal no que fazemos. Temos assim o Rei Carvalho e o Rei Azevinho (*Oak King* e *Holly King*), personagens do folclore inglês que regem metades opostas do ano. Neste ritual, embora o Rei Azevinho apareça primeiro em Samhain, ele só chega ao apogeu em Yule, do mesmo modo que o Rei Carvalho só alcança o seu ponto mais alto no Solstício do Verão seguinte, apesar de já se manifestar em Beltane.

Outro personagem provavelmente desconhecido neste ritual é Mãe Berta, uma Anciã/Deusa Velha da Terra de origem germânica. Neste ritual, ela desempenha os papéis da Deusa e de São Nicolau (Papai Noel).

Ritual de Yule

Participantes

SUMA SACERDOTISA
SUMO SACERDOTE
REI CARVALHO — Representante da Metade Luminosa do Ano, isto é, de Beltane a Samhain. Ele porta um bastão envolvido por folhas de hera.
REI AZEVINHO — Representante da Metade Escura do ano, isto é de Samhain a Beltane. Ele usa uma coroa de azevinho.
MÃE BERTA — Representante germânica da Anciã e substituta de São Nicolau. Ela se veste de preto, usa um xale e é velha e feia, possivelmente com um grande nariz cheio de verrugas.
CONGREGAÇÃO — Todos os presentes.

Preparação

ALTAR — Água e sal, incenso, velas de leitura, braseiro (acenda o carvão logo que possível), vassoura, espada.

CÍRCULO — Roda do Sol de oito lados com mesas pequenas e velas pilares (acenda as velas dos quadrantes e dos pontos colaterais no braseiro logo que possível).

MESA EXTRA — Para a comida e para caixinha com areia para as velas dos participantes; cesta grande para presentes.

CONGREGAÇÃO — Recebe vela e castiçal à medida que entra no Círculo.

Avisos

PARA OS PAIS — Temos velas no recinto, por isso favor ficar atentos aos seus filhos, com discrição.

PARA A CONGREGAÇÃO — A cesta grande que vocês estão vendo aqui é para os presentes que trouxeram.

Abertura do Ritual

SUMA SACERDOTISA E SUMO SACERDOTE — Lançam o Círculo, convocam os quadrantes (Sumo Sacerdote, primeiro *Norte* — em seguida Suma Sacerdotisa, *Leste*. Depois Sumo Sacerdote, *Sul* — e Suma Sacerdotisa, *Oeste*).

SUMO SACERDOTE — Com a varinha mágica, mistura as energias dos quadrantes para selar o Círculo.

SUMA SACERDOTISA E SUMO SACERDOTE — Acendem as velas da congregação. A Suma Sacerdotisa começa no *Oeste*; o Sumo Sacerdote começa no *Leste*; ambos seguem no sentido horário.

CONGREGAÇÃO — Canta enquanto as velas são acesas.

Ação

REI CARVALHO — Dá uns passos à frente com o bastão enfeitado e fala sobre os temas da partida do Sol e do término da colheita.

REI AZEVINHO — Dá uns passos à frente e recebe o bastão do Rei Carvalho. Em seguida fala sobre a chegada do período escuro e pede aos membros da congregação que meditem sobre o seu futuro.

MÃE BERTA — Sai das sombras, interrompendo as palavras do Rei Azevinho. Ela acusa os membros da congregação, dizendo que não são dignos da generosidade do Deus, porque são preguiçosos, etc.

SUMA SACERDOTISA — Replica as acusações em nome da congregação.

MÃE BERTA — Aceita a réplica.

SUMA SACERDOTISA — Convida Mãe Berta a juntar-se à celebração.

MÃE BERTA — Aceita o convite e se oferece para distribuir os "presentes".

CONGREGAÇÃO — Os membros da congregação formam fila diante de Mãe Berta. Cada um deposita a sua vela na caixinha com areia e aceita um "presente" de Mãe Berta. Com a recomendação de não abrir o embrulho, cada um volta para o seu lugar.

Encerramento

SUMA SACERDOTISA E SUMO SACERDOTE — Realizam o Grande Rito; com a varinha mágica, separam as energias dos quadrantes, ato preparatório à dissolução do Círculo, dispensam os quadrantes e abrem o Círculo.

CONGREGAÇÃO — Abre os presentes, festeja, celebra, etc.

Outras Celebrações para Yule

Várias outras celebrações podem ser realizadas como rituais pessoais ou grupais. Como Yule é a noite mais longa do ano, você pode celebrar com uma tora de Yule. Essa é uma pequena tora, um pequeno cepo, com decoração especial. Segundo a tradição, ela é acesa antes do pôr-do-sol e queima durante toda a noite, até o amanhecer. Providencie lenha suficiente para a noite inteira. Forme um grupo de pessoas dispostas a cuidar do fogo, que podem revezar-se por turnos. Se a sua casa tiver uma lareira, esse é o local ideal para a vigília. Essa celebração também pode ser feita ao ar livre. Para isso, providencie todas as autorizações necessárias; além disso, certifique-se de passar a noite em segurança e de vestir-se com roupas apropriadas para o frio. Alguns grupos fazem a vigília com a casa aberta, de modo que pessoas da comunidade podem chegar na hora que quiserem ao longo da noite para conversar e participar do evento.

Alguns grupos se reúnem na manhã seguinte de Yule para receber e saudar o Sol. As pessoas localizam um ponto com uma boa visão para o leste e se encontram antes do alvorecer, encolhidas e tremendo (pelo menos em Minnesota), tomando café ou sidra quente, e quando começa a clarear elas se alegram, cantam e celebram. Se o tempo não coopera, em geral esse encontro é programado para um dia antes ou depois de Yule.

A árvore de Yule é uma tradição pagã que muitos wiccanianos preservam com entusiasmo. É questão de gosto pessoal o momento de montar e desmontar (de preferência não antes da Décima Segunda Noite) a árvore e de como decorá-la. Paul e Estelle têm o costume de acrescentar alguns novos ornamentos todos os anos — sóis, luas, estrelas, bolas de neve, animais e outros motivos semelhantes. Temos inclusive um enfeite da Bruxa Malvada do Oeste, de *O Mago de Oz*, apenas por diversão.

Os wiccanianos também podem permutar presentes em Yule ou na Décima Segunda Noite, doze dias depois do Natal. Essa noite coincide com o dia 6 de janeiro (Reis Magos) e com o Natal Ortodoxo. Com a tradição da Décima Segunda Noite, você dispõe de mais tempo para dar e receber presentes, além de poder fazer compras depois do Natal e ainda estar dentro do tempo hábil para presentear. Essa data também amplia o período de férias, possibilitando algumas festas a mais em alguns finais de semana para participar das celebrações wiccanianas e também das cristãs, que a maioria dos adeptos de Wicca ainda festeja com seus familiares e amigos não-wiccanianos.

Outra tradição antiga de Yule são os "ternos-de-reis" (*wassails* — brindes à saúde). Um grupo visita os amigos para cantar e saudar os moradores da casa. Em retribuição, estes lhes oferecem alguma bebida, que pode ser sidra, vinho ou cerveja, improvisando assim uma pequena festa. É possível visitar quatro ou cinco residências e festejar durante uns trinta minutos. Providencie para que os motoristas se mantenham sóbrios. Os cantos e as saudações são uma espécie de bênção para a casa, e os residentes retribuem com bebida em sinal de gratidão pela bênção recebida. Isso acontece durante o período de férias, um período de muita alegria, canto, música e diversão.

Candelária/Imbolc — 2 de fevereiro

Oferecemos aqui dois rituais. Ambos são curtos e simples, mas muito eficazes.

O primeiro é uma bênção tradicional das ferramentas. Imbolc acontece no adiantado do inverno, uma época em que as sociedades agrárias começavam a pensar sobre o período de plantio e crescimento da primavera. As ferramentas para a preparação e semeadura da terra eram examinadas e consertadas, se necessário, ficando prontas para ser usadas. Atualmente, poucos de nós plantamos o próprio alimento, mas todos trabalhamos, obtendo assim o sustento, e em Imbolc as ferramentas do nosso trabalho são abençoadas. Pense em termos simbólicos e inclusivos (leve apenas um disquete para o ritual, não o computador inteiro). Os instrumentos que você leva para benzer podem ser os que usa na Arte, em seu emprego, em suas aulas ou em outras atividades.

O segundo ritual é uma cerimônia de acendimento do fogo. Nos tempos pré-históricos, o fogo era sagrado, e o ato de acendê-lo era considerado mágico em si mesmo. Poucas pessoas de hoje viram fogo surgir de um sílex pirômaco e uma isca. Este pode ser um ritual muito emocionante.

Ritual de Imbolc — Primeiro

Não é necessário nenhum instrumento extra para este ritual, apenas espaço suficiente onde as pessoas possam depositar as suas ferramentas de trabalho. Pode ser uma parte do altar ou uma mesa específica para isso. As pessoas devem ser avisadas previamente para trazer as ferramentas para a bênção, sendo importante ressaltar que essas devem ser de natureza simbólica e inclusiva — como um disquete em vez de um computador inteiro, ou uma pequena colher de jardineiro para simbolizar todas as ferramentas para jardinagem. As pessoas também podem improvisar na hora com lápis ou caneta e com outros pequenos objetos relacionados com seus interesses. Seja criativo e aberto e você se surpreenderá com a imaginação das pessoas.

Preparação

ALTAR — Preparado como de costume, mas com uma mesa extra próxima para as ferramentas que receberão a bênção.

CONGREGAÇÃO — As pessoas se reúnem e recebem informações sobre o ritual; são convidadas a depositar as ferramentas sobre a mesa.

Início do Ritual

SUMA SACERDOTISA E SUMO SACERDOTE — Lançam o Círculo como habitualmente. Invocam a Deusa e o Deus. Em seguida dão-se as mãos sobre as ferramentas e pedem à Senhora e ao Senhor que as abençoem, como também as pessoas que as usarão.

CONGREGAÇÃO — Os participantes concentram as suas energias no Sumo Sacerdote e na Suma Sacerdotisa enquanto estes canalizam a energia que recebem para as ferramentas.

Encerramento

SUMA SACERDOTISA E SUMO SACERDOTE — Depois de dada a bênção, dispensam a Deusa e o Deus. Desfazem o Círculo.

CONGREGAÇÃO — Festeja e celebra. Limpeza geral. Despedidas.

Odin

Ritual de Imbolc — Segundo

Este ritual tem duas mensagens místicas. A primeira é a obtenção do fogo, um instrumento muito importante para os seres humanos; aliás, importância essa pouco reconhecida e até ignorada, dada a facilidade com que hoje obtemos o fogo. A segunda mensagem diz que o Sol está realmente voltando (se você mora no hemisfério norte, essa volta é perfeitamente visível nos primeiros dias de fevereiro) e nós não viveremos nas trevas para sempre. Muitos wiccanianos consideram Yule, em torno de 21 de dezembro, como a época do retorno do Sol. Isso não está errado, apenas é diferente do que Paul faz. Para este livro, Yule é a noite mais longa, e o Sol retorna em 1º, 2 ou 6 de fevereiro, dependendo da tradição que você segue. Por esse motivo, o Sabá é também chamado de Candelária (Candlemas).

Instrumentos

Você precisará de alguns instrumentos especiais para este ritual; os mais importantes são pedra sílex e aço, algodão ou outro material semelhante para ignição, gravetos, galhinhos (palitos de fósforo) ou aparas de madeira. Você vai precisar também de um pequeno recipiente onde fazer fogo, como um caldeirão ou algum outro utensílio de metal que não estrague com o fogo. Veja que o recipiente a ser usado fique isolado da base sobre a qual se encontra, seja por um fogareiro, um tripé, uma pedra ou algo semelhante não inflamável. Paul usa um pequeno braseiro para incenso com longas pernas disposto sobre um recipiente com água.

Exercite-se em acender o fogo em casa antes do ritual. Se não conseguir fazer isso com sílex e metal, use alguma outra coisa, como um acendedor longo de butano, próprio para lareiras.

Preparação

Recinto do Ritual — Deve ficar totalmente escuro. Cubra todas as janelas. Os interruptores de luz devem ser localizados e alcançados facilmente, etc.

Altar — Prepare-o como sempre, com a Deusa, o Deus e velas de leitura acesas. Coloque os materiais para o fogo no centro do altar, numa posição fácil de alcançá-los e onde nada que esteja próximo seja perturbado. O Sumo Sacerdote terá de encontrar o sílex e o aço no escuro.

Sacerdote Assistente — Deve preparar-se para apagar todas as luzes da sala.

Congregação — Cada membro presente recebe uma vela apagada.

Início do Ritual

Suma Sacerdotisa e Sumo Sacerdote — Lançam o Círculo como de costume. Invocam a Deusa e o Deus.

Suma Sacerdotisa — Expõe o objetivo do ritual e avisa a todos que as luzes serão apagadas. Ao terminar a exposição, ela apaga a vela de leitura.

Sumo Sacerdote — Dirige-se ao altar e apanha o material para acender o fogo.

Sacerdote Assistente — Depois que a Suma Sacerdotisa apaga a vela de leitura, ele passa pela sala apagando todas as luzes, começando pelas lâmpadas mais fortes ou afastadas, continuando com as velas dos quadrantes e terminando com as velas da Deusa e do Deus sobre o Altar.

Ação Principal

SUMO SACERDOTE — Toma o sílex e o aço e tira uma faísca, tentando começar uma nova chama. (No escuro, a cena é muito bela.) As pessoas devem concentrar-se na fagulha, desejando que se transforme em chama. Quando a chama começa, o Sumo Sacerdote a alimenta e cuida para que queime sozinha. Em seguida, com essa chama, ele acende todas as velas do ritual, uma por uma, usando um palito de fósforo, uma vela ou outro instrumento que leve o fogo da primeira chama até cada vela. Por fim, ele acende as velas dos participantes.

CONGREGAÇÃO — Os presentes cantam cantos apropriados ao Sol e contemplam a chama por uns momentos.

SUMO SACERDOTE — Profere algumas palavras dando as boas-vindas à luz.

Encerramento

SUMA SACERDOTISA E SUMO SACERDOTE — Dispensam a Deusa e o Deus. Desfazem o Círculo.

CONGREGAÇÃO — As pessoas festejam com algumas comidas, celebrando o que o fogo pode nos trazer. Limpeza. Despedidas.

Equinócio da Primavera/Ostara — 21 de março

Este Sabá celebra a primavera e o retorno da vida que a primavera promove. O coelho de Páscoa e os ovos coloridos são heranças das celebrações pagãs da primavera assumidas pela cultura moderna. A própria festa cristã da Páscoa deriva o seu nome da antiga Deusa germânica Eostre ou Ostara. O ovo simboliza a Deusa Tríplice, três círculos num só: a casca, a clara e a gema, escondida no centro. Este é um belo ritual para crianças de qualquer idade. Como dele participam menores, recomenda-se muito preparar uma libação não-alcoólica (como a sidra) ou então dispor de dois cálices, um com bebida alcoólica e outro com bebida sem álcool.

Este ritual se adapta bem a grupos de qualquer tamanho. Ferva os ovos pelo menos um dia antes do ritual (não mais do que uma dúzia por vez, pois podem rachar) e guarde-os na geladeira. Preveja um número suficiente de ovos e creiom colorido. Providencie várias cestas com ovos e creions para passar entre os participantes. Duas dúzias de ovos por cesta é um número que facilita bem a tarefa.

Além disso, você pode fantasiar alguém de coelho de Páscoa, outro símbolo de fertilidade, para entregar os ovos, ou organizar uma procura de ovos ou doces escondidos, se for interessante. Mas essa diversão deve ser separada do ritual, pois do contrário haveria muita confusão.

Ritual de Ostara

Instrumentos

ALTAR — Prepare-o normalmente, mas com ovos cozidos, alguns dos quais coloridos, e uma seleção de creions.

Início do Ritual

SUMA SACERDOTISA E SUMO SACERDOTE — Traçam o Círculo como de costume. Invocam a Deusa e o Deus.

SUMA SACERDOTISA — Descreve o festival de Ostara — primavera, fertilidade, etc. — e convida os presentes a se aproximarem do altar, apanhar um ovo e pintá-lo como acharem melhor. Os ovos serão recolhidos mais tarde para receberem a bênção, e depois serão levados para casa.

SACERDOTISA E SACERDOTE ASSISTENTES — Distribuem ovos e creions aos participantes. As pessoas são incentivadas a trocar os creions entre si. Não há maneira certa ou errada para decorar os ovos. Seja criativo e divirta-se. As pessoas podem fazer uma exposição dos seus trabalhos quando todos terminaram, possibilitando assim que uns admirem os esforços dos outros. As pessoas podem sentar-se e trocar idéias e creions. Em geral, o nível de ruído é bastante alto, com as pessoas falando e rindo. Isso é bom. Os pais e outros adultos podem ajudar as crianças, mas todos são estimulados a usar a própria imaginação.

SUMA SACERDOTISA E SUMO SACERDOTE — Programam de quinze a vinte minutos para a distribuição de ovos, trabalho de pintura, troca de idéias, risos, etc. Observam para ver quando a maioria terminou a tarefa. A Suma Sacerdotisa, o Sumo Sacerdote e a Sacerdotisa e Sacerdote Assistentes também devem pintar ovos para si mesmos. Avise cinco minutos antes do término do período previsto para que todos se apressem e concluam o que estão fazendo. Quando todos terminaram, peça que formem novamente o Círculo.

SACERDOTISA E SACERDOTE ASSISTENTES — Passam pelo Círculo e recolhem os ovos coloridos e os creions numa cesta.

SUMA SACERDOTISA E SUMO SACERDOTE — A Suma Sacerdotisa recebe a cesta com ovos e os dois juntos abençoam os ovos.

Encerramento

SUMA SACERDOTISA E SUMO SACERDOTE — Realizam o Grande Rito e abençoam o vinho e os bolos. O cálice e os bolos são divididos entre todos. Então a energia é aterrada no pentáculo, a Deusa e o Deus são dispensados e o Círculo é desfeito.

CONGREGAÇÃO — Festeja e diverte-se. As pessoas pegam da cesta os ovos que pintaram, fazem a limpeza do espaço e se despedem.

Beltane — 1º de maio

Para a maioria dos wiccanianos, Beltane representa o casamento da Deusa com o Deus. É um ritual de fertilidade importante e significa o começo do ciclo do plantio (nos climas temperados).

Muitos grupos realizam uma cerimônia chamada de eleição da Rainha de Maio e do Homem Verde. Os Deuses podem assim escolher um representante deles para o dia. Esse processo envolve geralmente algum tipo de loteria (em algumas Tradições, ela consiste em introduzir algum ingrediente pequeno e cozido — em muitos casos uma ervilha — em um entre vários bolos. Os bolos são distribuídos, e a pessoa que recebe o que contém a ervilha é a escolhida). A Rainha de Maio e o Homem Verde eleitos reinam então (com os direitos, responsabilidades e duração definidos pela Tradição que seguem) como a personificação simbólica da Deusa e do Deus.

Este ritual inclui a dança do Mastro de Maio. Este é outro rito de fertilidade, muito antigo, e a versão que apresentamos aqui é a mais simples possível. (Você pode ver uma versão bastante elaborada dessa dança executada por estudantes, no filme *The Wicker Man*, da década de 1960.) Os requisitos para este ritual são ligeiramente diferentes dos que apresentamos para os outros roteiros deste capítulo. Ele deve ser realizado ao ar livre ou então num espaço com um teto suficientemente alto que permita a instalação de um mastro de pelo menos 2,5 m.

Ritual de Beltane

Equipamento Especial

O mastro e as fitas são o único equipamento extra de que você precisa. A altura do mastro deve ser de 2,5 m, pelo menos. Se o ritual for realizado ao ar livre, será necessário enterrar o mastro uns 30 ou mais centímetros, de modo que o comprimento total dessa peça deve ser de uns 3 metros. Para dentro de casa, você deve providenciar um suporte sólido que sustente o mastro.

Na ponta superior do mastro, prenda fitas de cores alegres, as mais variadas possível, e pelo menos uma para cada participante. Essas fitas devem ser pelo menos 60 cm mais longas do que a altura do Mastro de Maio. Talvez você queira pôr uma coroa de flores no topo do mastro, suficientemente grande para que desça aos poucos à medida que as fitas se entrelaçam durante a dança. Fixe as fitas e arranje a coroa de flores enquanto o mastro estiver na horizontal, levantando-o somente depois que tudo estiver firme.

Preparação

ALTAR — É praticamente inexistente. O próprio Mastro de Maio é o seu altar para este ritual.

ORATÓRIOS DOS QUADRANTES — Devem ser preparados em cada quadrante, decorados com flores, etc. Também devem ser colocados longe do Mastro de Maio, para que os participantes possam dançar em torno do mastro sem se preocupar. Você pode dispor sobre esses oratórios os instrumentos que normalmente deixaria sobre o altar.

MASTRO DE MAIO — Posto no centro do Círculo (enterrado, se ao ar livre, ou sobre uma base, se em recinto fechado), com as fitas pendendo livremente e a coroa de flores colocada no topo.

CONGREGAÇÃO — Os participantes devem vestir as suas roupas mais coloridas, flores e jóias, e levar tambores e instrumentos musicais (se os tiverem), além de comidas leves para a festa.

ESPAÇO SAGRADO — Uma área fora do alcance dos dançarinos — mas mesmo assim dentro do Círculo — deve ser separada para as pessoas que não dançam e para os músicos.

Início do Ritual

SUMA SACERDOTISA E SUMO SACERDOTE — Exceção feita ao altar, traçam o Círculo e invocam os Deuses e os quadrantes elementais como de costume.

SUMA SACERDOTISA — Explica o objetivo do ritual e convida os participantes a escolherem uma fita e dançarem.

Ação Principal

CONGREGAÇÃO — Todos os participantes que querem dançar escolhem uma fita e se posicionam ao redor do Mastro de Maio, de preferência alternando-se homens e mulheres.

SUMA SACERDOTISA — Também escolhe uma fita, assinala para o início da música (ao vivo, cassetes ou CDs) e preside os participantes na dança. Os homens dançam no sentido horário, as mulheres no sentido anti-horário, entrelaçando-se uns com os outros (embora isso seja muito complicado para não profissionais).

A dança em torno do mastro acaba ficando compacta porque as fitas encurtam à medida que descem, envolvendo o mastro. As pessoas se divertem e alegram, brincam e celebram. No fim, podem amarrar as pontas das fitas num único nó.

Encerramento

SUMA SACERDOTISA E SUMO SACERDOTE — Depois que o Mastro de Maio está totalmente envolvido pelas fitas, agradecem à congregação os seus esforços, aos Deuses as suas bênçãos e dispensam a todos. Dispensam também os elementos dos quadrantes e desfazem o Círculo. (Não há necessidade de realizar o Grande Rito porque a dança do Mastro de Maio fez isso.)

CONGREGAÇÃO — Festeja e se diverte. Faz a limpeza. Vai para casa.

Solstício do Verão — 21 de junho

O solstício do verão é o dia mais longo do ano, quando o Sol está em sua maior intensidade. O ritual que descrevemos é chamado de "Registro dos Desejos". As pessoas escrevem numa pequena folha de papel algum desejo que querem ver realizado no futuro, ou mencionam alguma coisa para a qual precisam de ajuda, ou ainda pedem a cura para algum amigo, etc. Em seguida o desejo escrito é entregue à Suma Sacerdotisa para ser abençoado e queimado num caldeirão para que os Deuses o leiam e, espera-se, atendam.

O fogo no caldeirão é feito para um ambiente interno, mas você pode usar uma fogueira externa se está realizando este ritual num lugar em que isso é permitido, ou então numa churrasqueira portátil. Esses papéis devem ser pequenos, não mais do que um quarto de uma folha de papel ofício, e leves, porque vão ser queimados. Não use papéis coloridos ou laminados, pois não queimam bem e podem fazer fumaça.

Ritual do Solstício do Verão

Equipamento Especial
Um caldeirão de metal com quatro ou cinco centímetros de areia cobrindo completamente o fundo, uma dúzia de velas pequenas e incenso extra.

Preparação
ESPAÇO SAGRADO — Posicione o altar principal no centro do Círculo e os altares dos quadrantes nos seus respectivos lugares. Coloque o caldeirão no Sul do altar e disponha na areia seis a nove velas e algumas varetas de incenso.

CONGREGAÇÃO — Alguém recebe os participantes à porta e lhes entrega papel e lápis, orientando-os a escrever nele seus desejos.

Início do Ritual
SUMA SACERDOTISA E SUMO SACERDOTE — Lançam o Círculo como de hábito. Invocam a Deusa e o Deus.

SUMA SACERDOTISA — Apresenta o objetivo e descreve a seqüência do ritual.

Ação Principal
SUMA SACERDOTISA — Pede a todos os participantes que registrem os seus desejos para o ano.

SUMO SACERDOTE — Acende as velas no caldeirão.

SUMA SACERDOTISA — Aproxima-se do caldeirão, convida os participantes a depositarem os seus desejos no fogo e começa a cantar algum canto apropriado; os presentes cantam com ela.

CONGREGAÇÃO — As pessoas fazem fila diante da Suma Sacerdotisa; cada uma faz uma breve oração pessoal aos Deuses e entrega os seus desejos à Suma Sacerdotisa.

SUMA SACERDOTISA — Abençoa os desejos e os entrega um por vez ao Sumo Sacerdote.

SUMO SACERDOTE — Verifica se todos os desejos são queimados.

Encerramento
CONGREGAÇÃO — Depois de entregar os seus desejos, os participantes voltam ao seu lugar no Círculo.

SUMA SACERDOTISA E SUMO SACERDOTE — Depois que todos os participantes (inclusive eles mesmos) queimaram seus desejos, os dois realizam o Grande Rito e abençoam o vinho e os bolos. Eles passam o cálice e os bolos pelo Círculo, aterram a energia no pentáculo, dispensam a Deusa e o Deus e desfazem o Círculo.

CONGREGAÇÃO — Festeja e celebra, limpa o espaço e vai para casa.

Lugnasad — 1º de agosto

Às vezes Lugnasad é chamado de primeira colheita. Ele ocorre no auge do verão, e muitas culturas o usavam como uma espécie de período de férias, porque situa-se entre o trabalho duro do plantio — que pode estender-se ao longo do solstício do verão — e a tarefa difícil do tempo da colheita — que, exceção feita a algumas plantações, ainda não começou de fato.

As atividades realizadas neste ritual são duplas. Primeira, celebraremos a chegada da colheita com um milho assado. Segunda, celebraremos os Deuses com jogos. Essas celebrações foram realizadas por muitas culturas, entre elas as dos irlandeses e de várias tribos de índios norte-americanos.

Os jogos devem ser simples para que a maioria da congregação possa participar, e semelhantes aos jogos adotados nos piqueniques promovidos pelas igrejas: corridas com três pernas (duas pessoas tentam correr com a perna esquerda de uma e a direita da outra amarradas), corridas com ovos (em que uma pessoa tenta levar um ovo numa colher segurada na boca por um percurso com alguns obstáculos simples), corridas de revezamento (várias pessoas de equipes diferentes tentam completar uma determinada distância), etc. Você deve adaptar o tipo de jogo às pessoas que estarão presentes. Se houver muitas crianças, programe um determinado jogo que corresponda à idade média dos que vão jogar. Se houver muitas pessoas pouco ativas fisicamente, programe um jogo para o nível de atividades delas. Se tiver um grupo de adultos mais liberais, você pode preparar jogos um pouco mais exóticos ou sensuais (como uma corrida de roupas, em que equipes de casais fazem uma corrida de revezamento com um conjunto de roupas que eles precisam

Ritual de Lugnasad

Equipamento Especial

Prepare todo o equipamento e materiais necessários para os jogos que você tiver planejado. Se houver uma corrida de triciclos (em que um adulto tem de dirigir um triciclo), providencie para que haja vários triciclos. Se programar um jogo de mata-mata, verifique se existe bola, etc.

Compre algumas espigas de milho verde — que deve estar maduro nessa época do ano — e prepare-as para assar. Previna também o aparato em que você vai prepará-lo: um fogo, uma churrasqueira com grelha, um fogão, o que puder ser usado no espaço do ritual.

Preparação

ALTAR — Como o altar para este ritual será tanto o fogo para assar o milho como os corpos dos participantes que jogarão, um altar propriamente dito não terá grande utilidade, para não dizer que é praticamente desnecessário.

ESPAÇO SAGRADO — Os jogos podem ocupar muito espaço; por isso, preveja áreas específicas para os jogos e a área em que você assará o milho no interior do Círculo e do Espaço Sagrado.

CONGREGAÇÃO — Os participantes devem conhecer previamente a natureza da Ação para se apresentarem vestidos com roupas apropriadas para os jogos e não estragarem seus trajes típicos. Esse é um ritual em que os trajes típicos ficam em casa e são usadas roupas próprias para jogos. O ritual pode ser realizado num parque público, pois ele é muito semelhante a uma reunião familiar ou a um piquenique entre amigos.

Início do Ritual

SUMA SACERDOTISA E SUMO SACERDOTE — Traçam o Círculo em torno de toda a área de jogos e do cozimento do milho. Invocam a Deusa e o Deus e posicionam os elementos dos quadrantes para abranger o espaço por inteiro.

SUMA SACERDOTISA — Apresenta o objetivo do ritual e descreve a programação a ser cumprida.

Ação Principal

SUMA SACERDOTISA — Abençoa o milho preparado e o entrega a um voluntário para assá-lo. Em seguida, anuncia o início dos jogos. Ela atuará como juíza nos jogos de que não participa.

SUMO SACERDOTE — Chama para o primeiro jogo. Será o árbitro dos jogos de que não participa. Se ele ou a Suma Sacerdotisa competirem num ou mais jogos (e devem, se puderem), um substituto designado (a Sacerdotisa ou o Sacerdote Assistentes) atuará como juiz.

Os jogos devem continuar até que o milho esteja pronto para ser comido, em geral entre meia e uma hora.

SUMA SACERDOTISA — Encerra os jogos, agradece aos Deuses a dádiva do milho e convida os participantes para a festa. Este é um dos poucos festivais em que os festejos constituem parte essencial da Ação, mais do que o aspecto predominantemente social e de recolhimento do ritual.

CONGREGAÇÃO — Durante a festa, os vencedores dos jogos recebem os prêmios; às vezes, pequenos brindes são dados como premiação, se o orçamento permite.

Encerramento

SUMA SACERDOTISA E SUMO SACERDOTE — Terminada a festa, realizam o Grande Rito apenas com o cálice e o vinho, agradecendo aos Deuses as suas bênçãos. Dispensam a Deusa e o Deus. Desfazem o Círculo.

CONGREGAÇÃO — Os membros da congregação limpam o ambiente, guardam os brinquedos, despedem-se e vão para casa.

tirar da pessoa na frente deles e vestir-se com elas). Como estamos no auge do verão, com o Deus em seu apogeu, prepare pelo menos um jogo de força, como queda-de-braço, especificamente em homenagem ao Deus.

Equinócio do Outono/Mabon — 21 de setembro

Em Mabon, os wiccanianos bendizem e celebram a colheita. É um festival semelhante ao de Ação de Graças. Neste ritual, os Deuses participam do banquete apenas durante o ritual, e o próprio banquete é mais breve e simbólico do que uma refeição completa. Alguns grupos incluem o banquete como parte do ritual, mas há o risco de ele se prolongar e a energia do ritual pode dispersar-se enquanto as pessoas ficam se distraindo e comendo. Então é necessário reunir todos novamente, realizar o Grande Rito e desfazer o Círculo. É melhor abençoar o banquete em Círculo, talvez realizar um festim simbólico (no mínimo, o Grande Rito é um festim simbólico), e realizar o banquete principal depois de concluído o ritual.

Este ritual precisa de um espaço grande. Também é necessário ensaiá-lo e esquematizá-lo para que flua bem. Você pode acrescentar música, cantada ou tocada, para enriquecê-lo.

Ritual de Mabon

Equipamento Especial

- Aveia, milho e outras decorações
- Caldeirão de metal com o fundo coberto completamente com uns quatro ou cinco centímetros de areia
- Uma dúzia de velas pequenas e incenso
- Chocalho e fantasia de Jack o' the Green
- Decoração especial para os quatro quadrantes: Norte — galhos de pinheiro; Sul — folhas de bordo ou sumagre; Leste — folhas de vidoeiro ou sorveira; Oeste — hera.

Preparação

Este ritual representa uma oferenda queimada. As pessoas escrevem num pedaço de papel aquilo pelo qual são gratas e esse papel é queimado para que o fogo leve as mensagens para os Deuses. O fogo é feito num ambiente interno, embora você possa fazer uma fogueira ao ar livre, se for possível, ou usar uma churrasqueira portátil. Esses papéis devem ser leves e pequenos, não mais do que um quarto de uma folha ofício. Não use papéis coloridos nem laminados, pois não queimam bem e fazem fumaça.

Jack o' the Green é uma figura/Deus folclórica da mitologia celta. Em geral, seu rosto é representado com folhas verdes. Sob essa forma, é também conhecido como Homem Verde. Ele é um Deus da vegetação e da agricultura, um papel que se presta muito bem ao modo de vestir-se. Vestir-se de verde com folhas, etc., tinta verde no rosto e outras coisas semelhantes podem aumentar a diversão deste ritual. Jack é uma figura alegre, animada e pode dançar enquanto abençoa e come os alimentos da festa. Criatividade e ensaio são importantes para melhorar o desempenho de Jack o' the Green.

ALTAR — Com o altar normal, tenha um pouco de milho cozido aquecido numa frigideira com manteiga e sal no altar ou perto dele, sidra e sangria (gelo) com conchas, papel já cortado e lápis para as oferendas de agradecimento.

ESPAÇO SAGRADO — Posicione o altar principal no centro do Círculo e os altares dos quadrantes nos seus respectivos lugares. Coloque uma mesa festiva no Norte do altar e faça uma bela exposição das comidas trazidas pela congregação. Coloque o caldeirão no Sul do altar, com seis a nove velas e algumas varetas de incenso sobre a areia.

CONGREGAÇÃO — Destaque alguém para recepcionar os participantes à porta. Essa pessoa deve pedir aos que chegam que coloquem as contribuições em comida sobre a mesa preparada para esse fim. Ela também distribui papel e lápis, dizendo aos participantes que devem escrever sua oferenda de agradecimento no papel.

Abertura do Ritual

SUMA SACERDOTISA E SUMO SACERDOTE — Traçam o Círculo como de costume. Invocam a Deusa e o Deus.

SUMA SACERDOTISA — Apresenta aos participantes os objetivos, a programação e os procedimentos do ritual.

Ação Principal

SUMA SACERDOTISA — Invoca o espírito de Jack o' the Green para o Sumo Sacerdote. Ela deve fazer uma breve descrição de Jack, do que ele faz e do que fará para o ritual.

CONGREGAÇÃO — Ajuda a invocação concentrando a sua energia, batendo palmas e incentivando.

SUMO SACERDOTE — O invocado Jack o' the Green pega o seu chocalho ou matraca e dança ao redor do Círculo uma ou duas vezes. Depois vai até o caldeirão e acende as velas e o incenso.

SUMA SACERDOTISA — Enquanto Jack o' the Green realiza sua tarefa, ela fala sobre a colheita e sobre a queima dos papéis com as oferendas.

CONGREGAÇÃO — Recebe o convite da Suma Sacerdotisa para levar as suas oferendas até o caldeirão para que Jack as queime.

SUMA SACERDOTISA — Anuncia que a colheita trazida pela congregação será abençoada por Jack e que somente Ele saboreará as primícias, "Oferecendo assim aos Deuses o que lhes é devido".

SUMO SACERDOTE — Jack o' the Green então asperge e abençoa a colheita que está disposta sobre a mesa do festim.

SUMA SACERDOTISA — Oferece um cálice especial de sidra e um prato de milho para que Jack abençoe (este é o Grande Rito para este ritual).

SUMO SACERDOTE — Jack agora bebe um gole da sidra abençoada e come um pouco do milho (com manteiga e sal), agradece aos participantes a colheita e abençoa a congregação.

CONGREGAÇÃO — Responde como se sente, com risos, vivas, etc.

SUMA SACERDOTISA — Quando Jack termina de comer, ela lhe agradece e dispensa o Espírito de Jack o' the Green.

Encerramento
SUMA SACERDOTISA E SUMO SACERDOTE — Dispensam a Deusa e o Deus e desfazem o Círculo.

CONGREGAÇÃO — Festeja, comendo os alimentos trazidos e agora abençoados. Faz a limpeza do local. Todos se despedem e vão para casa.

ESBÁS

Sabás são celebrações baseadas no ciclo solar. Esbás são celebrações baseadas no ciclo lunar. Quando um wiccaniano fala em celebrar um Esbá, ele provavelmente está se referindo ao festival da Lua Cheia. Nessa fase, a Lua alcança sua luminosidade e força máximas, e diz a lenda que é nesse período que a magia é mais forte e fecunda. Como, em muitas culturas, a Lua representava a Deusa, a Lua Cheia é o momento da Deusa. As energias da Lua Cheia são excelentes para sortilégios, cura, divinação, profecia e para invocar as forças que promovem o desenvolvimento e a realização (prosperidade, etc.). A Lua Cheia corresponde à Deusa em toda a sua glória — a Mãe em seu período de gestação, a poderosa e abundante Mãe Terra, Rainha da Noite.

A Lua Nova também corresponde a um período de poder, mas de tipo diferente. Alguns grupos wiccanianos celebram também um Esbá da Lua Nova. Esta Lua está mais relacionada com as energias da Anciã — solidão, segredos, isolamento. A divinação também pode ser bastante fértil nessa fase, como o é a atividade de encontrar coisas perdidas ou escondidas.

A celebração clássica para o Esbá da Lua Cheia é a cerimônia chamada "Puxar a Lua para Baixo", que consiste na invocação da Deusa para a Suma Sacerdotisa.

Idealmente, essa cerimônia deve ser realizada com uma Sacerdotisa experiente num Círculo com um Sumo Sacerdote experiente. Depois de invocada, a Deusa pode participar dos trabalhos de encantamento, adivinhação e, às vezes, de profecia. A profecia é um dom da Deusa, mas não é sempre que se pode contar com ele. A Deusa se incorpora na Sacerdotisa; as pessoas então lhe fazem perguntas e ela pode responder. Às vezes as respostas são claras e concisas, outras vezes são vagas e obscuras.

Os Esbás também podem ser apenas celebrações em que as pessoas festejam, comem, bebem e dançam na alegria da Deusa.

Para um Esbá da Lua Cheia, você deve resolver previamente que espécie de Ação ou celebração pretende levar a efeito. Decidido isso, analise se realizará ou não o ritual de Puxar a Lua para Baixo. Preveja a inclusão de comes e bebes, que podem variar desde apenas bolos e vinho (com ou sem álcool) ou suco, até uma refeição completa com pratos trazidos pelos participantes. Participar da liberalidade da Deusa (o alimento) é parte integrante da celebração do Esbá.

Se você for realizar algum encantamento, pesquise e prepare o material apropriado. Se o encantamento consistir em consagrar ou construir algo, tenha-o noventa e nove por cento completo antes de começar o ritual. O ritual não tem o objetivo de fazer a coisa de fato (que exigiria vários dias ou até mais), mas de terminar e carregar energeticamente o que for feito.

Se você está trabalhando com cura, verifique se a pessoa (presente ou não) tem consciência do tratamento e está disposta a recebê-lo. Se não é isso que acontece, apenas envie a energia para o cosmos para que a pessoa a use ou não como quiser.

Idealmente, a Ação deve restringir-se a um único ponto de convergência. Num grupo de dez pessoas, cada uma procedendo a um encantamento diferente, o trabalho pode ser longo, enfadonho e cansativo. O grupo deve decidir antecipadamente (uma semana ou mais antes, para que todos possam preparar-se) o que fará. Talvez um dos integrantes do grupo precise realmente de um novo emprego. Talvez exista um problema ecológico nas proximidades que necessita ser analisado e resolvido. Talvez o grupo como um todo tenha necessidade de alguma orientação e direção para os seus esforços e estudos. Os Esbás são recomendados devido aos encantamentos grandes e importantes feitos por todo o coven. Você tem à disposição a energia extra da Lua Cheia e a energia do grupo.

Se não houver um aspecto importante que precise de atenção, a Ação pode concentrar-se na divinação. Cada pessoa deve levar o seu baralho de tarô ou outro meio preferido, e então, para a Ação, uma pergunta é apresentada a todos e cada um faz a sua leitura para obter uma resposta. Cada um também escreve a sua resposta (isso deve ser feito sem comentários ou consultas para que a resposta não seja influenciada por terceiros). Posteriormente, depois de desfeito o Círculo, o coven pode reunir-se e comparar as respostas e ver como elas se complementam. Isso pode ser feito imediatamente depois do Esbá, ou mais provavelmente em outra data. Como as pessoas escreveram as suas respostas e possivelmente as lançaram em seus diários, a experiência está registrada. Exemplos de perguntas podem ser: O que o próximo ou os próximos três ou seis meses trarão? O que o coven deve fazer para ajudar a comunidade? O que podemos fazer para ajudar (o candidato escolhido) a vencer as próximas eleições? Há alguma coisa a que alguém do grupo deve estar atento e precaver-se? De preferência, as adivinhações devem relacionar-se com aspectos que afetam o grupo e a comunidade em geral. Consultas pessoais podem ser feitas, mas com a força de um grupo, pode-se conseguir mais; por isso, por que não abordar as grandes questões?

O ideal é realizar este Círculo ao ar livre, num lugar isolado, onde todos possam ver a Lua Cheia. Se isso não for possível, e o ritual tiver de ser feito em recinto fechado, é recomendável que as pessoas possam ver a Lua Cheia através das janelas. Se o céu estiver encoberto ou você não conseguir um lugar apropriado, uma vela pode substituir a Lua Cheia.

Ritual do Esbá da Lua Cheia

Preparação

MATERIAIS E EQUIPAMENTOS NECESSÁRIOS — Os materiais do Círculo habitual. Uma tigela escura com água. Papel e lápis ou canetas. Comida e bebida para todos.

Abertura do Ritual

SUMA SACERDOTISA E SUMO SACERDOTE — Traçam o Círculo como de costume. Invocam a Deusa e o Deus. Colocam a tigela com água numa mesa, de modo que fique envolvida pela luz da Lua Cheia.

Ação

SUMA SACERDOTISA E SUMO SACERDOTE — Dão-se as mãos sobre a tigela e a carregam com sua energia e com a energia da Lua. Um e outro fixam os olhos alternadamente na água e vêem o que podem.

CONGREGAÇÃO — Um por vez, os membros do coven se aproximam da mesa e olham para a água procurando ver o que podem.

Concluída essa etapa, todos os participantes se dão as mãos e agradecem à Senhora a luz e as suas mensagens.

As pessoas, então, podem dançar ou cantar, se quiserem.

Encerramento

SUMA SACERDOTISA E SUMO SACERDOTE — Agradecem e dispensam a Deusa, o Deus e os quadrantes elementais. Desfazem o Círculo.

CONGREGAÇÃO — Os participantes festejam e comem. Fazem a limpeza do local e vão para casa.

OBSERVAÇÃO: A divinação que consiste em olhar fixamente (*scrying*) a água refletindo a luz da Lua é antiga e forte. Você pode substituí-la por outra forma de adivinhação se quiser. Os presentes devem manter silêncio enquanto as pessoas olham para a água. Cada um deve registrar o que viu no Livro das Sombras.

MAGIA CERIMONIAL

Incluímos abaixo dois rituais tradicionais de Magia Cerimonial ou Alta Magia para que você possa ter uma idéia de como eles se processam e porque ambos são relativamente antigos (no que diz respeito à Wicca) e muito conhecidos. Se você puder dizer as palavras, ou visualizá-las, elas produzem efeito. Experimente, sinta como elas repercutem em você e aproveite.

O Ritual da Rosa-Cruz

A Cruz Rósea, mais apropriadamente chamada de "Ritual da Rosa-Cruz", pode produzir um Círculo de proteção e energização básico muito bom. Esse Círculo é visualizado como uma rede de luz em forma esférica envolvendo totalmente o seu Espaço Sagrado, que está interligado com as quatro direções da bússola (isto é, Sul Leste — Sul Oeste — Norte Oeste — Norte Leste) e diretamente acima e abaixo do Centro do Espaço Sagrado (isto é, em cima e embaixo).

Embora o símbolo tenha sido criado por uma ordem mística cristã, não é necessário prender-se ao aspecto cristão da imagem. Praticamente qualquer nome ou imagem de Deus ou Deusa pode substituir esse símbolo, desde que você compreenda a representação que está adotando e conheça e se sinta bem com as imagens que vai usar.

O símbolo da Rosa-Cruz em si é uma simples cruz com braços do mesmo comprimento inserida num círculo (também conhecido como Roda do Sol) e é um símbolo antigo universalmente conhecido e usado em todo o mundo. Por esse motivo e também porque a Rosa-Cruz é usada como ponto de referência para a sua atenção e para a sua vontade visualizada, recomendamos usá-la inalterada neste ritual. Essas Rosa-Cruzes são produzidas mais adequadamente com uma vareta de incenso acesa. Segure o incenso à sua frente em cada quadrante do Círculo, trace uma cruz de braços iguais no ar, e em seguida desenhe um círculo ao redor dessa cruz três vezes entoando *Ye-He-Shu-Aaah*. Essa entoação pode ser feita em silêncio ou em voz normal, ou mesmo apenas com visualização. Se não puder usar incenso, siga esse procedimento apenas com a mão.

Ritual da Rosa-Cruz

PARTE 1

ETAPA 1

Embase-se e centre-se com três respirações purificadoras profundas (veja o exercício de respiração diafragmática na página 182). Acenda o incenso. Comece na direção do quadrante colateral Sudeste. Volte-se para fora. Repita as seguintes direções em cada quadrante colateral (isto é, S.L., S.O., N.O. e N.L.):

Segurando o incenso com a mão direita, na altura do peito, começando no centro de onde estará a sua Cruz, visualize-se desenhando uma Cruz de luz dourada, traçando para cima uma linha de luz de uns trinta centímetros, em seguida para baixo, também a mesma distância a partir do centro, e daí de volta até o centro. Em seguida, trace outra linha de luz para a direita, também de uns trinta centímetros, e então para a esquerda, com a mesma distância a partir do centro; volte até o centro, continue o traçado até a extremidade do braço direito e pare.

Num movimento no sentido horário, desenhe pelo menos três círculos completos em espiral ao redor da Cruz, terminando no centro. Durante o traçado dos círculos, entoe:

Ye-He-Shu-Aaah
(YHShA — Javé em hebraico, outro nome de Deus.)

Cante em voz alta. Você pode se sentir estranho, mas à medida que se sentir à vontade, a energia começará a acumular-se.

ETAPA 2

Agora você vai criar uma rede de linhas de energia, fixada nos quadrantes colaterais e também em cima e embaixo.

Depois de desenhar a primeira Cruz, desenhe com o incenso uma linha de energia azul, desde a primeira Cruz até o lugar onde será desenhada a segunda Cruz, no ponto S.O. Trace a segunda Cruz do mesmo modo que a primeira, com os mesmos movimentos e cantos.

Em seguida trace outra linha de energia azul até a posição da terceira Cruz, no N.O., e assim ao redor de todo o Círculo.

A seqüência para fazer a rede é: S.L., S.O., N.O., N.L., S.L., Em cima, N.O., Embaixo, S.L., S.O., Em cima, N.L., Embaixo, S.O., N.O., N.L., e então a última cruz no S.L., dezessete no total.

Para a última cruz no quadrante colateral S.L., cante:

Ye-He-Shu-Aaah-Ye-He-Vah-Shaa
(Javé, e outro tetragrammaton)

Desenhe a última cruz e sele-a, movimentando-se para cima e para baixo, para a direita e esquerda e também para dentro e para fora em três dimensões, antes de desenhar os últimos círculos, o que entrelaça o todo e ativa a rede protetora prateada em todo o seu fulgor.

Respire e relaxe. Você pode terminar o ritual nesse ponto, se quiser. Você criou uma rede de energia protetora, muito útil para quando você não quer ser percebido no astral. Você não precisa desfazer este Círculo, pois ele se dissipa naturalmente quando você não se concentra mais nele.

Se quiser prosseguir, passe para a segunda parte.

PARTE 2

ETAPA 3
Ponha o incenso de lado, mas mantenha-o aceso por causa do seu aroma de cura. Nesta segunda parte, você invocará luz de cura para o Círculo e também para você mesmo e/ou para outra pessoa que precise de energia de cura. Essa invocação se adapta a praticamente todas as áreas que precisam de cura — física, espiritual e psíquica. Ela só deve ser feita dentro da rede de energia, pois de outro modo será ineficaz.

Ao tratar outra pessoa, ela deve sentar-se num banquinho no centro do Círculo, voltada para o Leste. Desenhe a rede de energia, em cima, embaixo e ao redor de vocês dois.

Em seguida, posicionando-se atrás da pessoa sentada, volte-se para o Leste. (Se estiver sozinho, fique no centro do Círculo.) Relaxe, com os pés separados pela distância dos ombros.

Com os braços estendidos para os lados, palma direita para cima e esquerda para baixo, visualize energia cósmica envolvendo o corpo de vocês, amoldada e dirigida por suas mãos, como um 8 ao lado do corpo da pessoa.

Entoe as palavras:

Yod-Noon-Resh-Yod
(YNRY em hebraico — INRI, latinizado.)

Esse é outro tetragrammaton, acrônimo para "Início, vida, morte e fim".

Então, com o braço direito estendido para cima e o esquerdo para fora, formando um "L", e a cabeça inclinada para a esquerda, diga:

Virgem, Ísis, Mãe Poderosa.

Com os dois braços estendidos para cima, formando um grande "V", cabeça inclinada para trás e olhando para cima, diga:

Escorpião, Apófis, Destruidor.

Com os dois braços cruzados sobre o peito, mãos nos ombros e a cabeça inclinada para baixo, diga:

Sol, Osíris, Morto e Ressuscitado.

Enquanto abre os braços em toda a sua extensão acima da cabeça, vire a cabeça para trás até olhar para cima e diga:

Ísis, Apófis, Osíris. Iiiiiii, AAAAAHH, OOOOOHH.

(Ressoe as vogais para acumular energia. IAO é a "chamada de Kether".)

Quando as ressonâncias se desvaneceram, movimente os braços para a posição de Virgem (com os braços formando um "L") e diga:

L.

Em seguida, para a posição de Escorpião (com os braços em "V") e diga:

V.

Em seguida, para a posição de Osíris (com os braços em "X") e diga:

X.

(Essas três posições devem ser feitas rapidamente.)

Repita então os movimentos dos braços e da cabeça e diga:

L-U-X.

Depois, elevando os braços acima da cabeça, diga:

Lux. Luz. A Luz da Cruz. Que a Luz Desça!

Enquanto os seus braços se elevam, você deve apanhar a energia dourada e brilhante que desce e dirigi-la para o topo da cabeça da pessoa sentada à sua frente. Se estiver tratando a si mesmo, dirija-a para o topo da sua cabeça. Não force a energia, apenas deixe-a fluir.

Essa energia deve ser recolhida conforme seja necessário e derramada como mel. Feito isso, faça uma respiração de purificação e apóie as mãos sobre os ombros da pessoa. Você e a pessoa sentada talvez se sintam quentes, energizados ou um pouco aéreos. Isso é normal. Pergunte para a pessoa, e verifique se ela está bem e centrada.

A Rosa-Cruz cria um Círculo que não precisa ser desfeito conscientemente, pois pode dissipar-se por si mesmo. Para cura, ele pode ser feito até três vezes por dia, pela manhã, ao meio-dia e à noite; teoricamente, ele é mais eficaz ao amanhecer, ao meio-dia e ao escurecer. Duas vezes por dia também é bom, e mesmo uma vez traz benefícios. Procure fazê-lo todos os dias nas mesmas horas. Os efeitos terapêuticos podem ser apenas temporários inicialmente, mas com o tempo podem ser mais permanentes. Este ritual produz resultados mesmo que você só diga as palavras e realize os movimentos ou se apenas se visualiza fazendo isso. Mas fazer tudo — movimentos, cantos e visualizações — ajuda.

O RMBP ou Cruz Cabalística

O RMBP, ou "Ritual Menor de Banimento do Pentagrama", também conhecido como "Cruz Cabalística" está incluído neste livro porque é um bom ritual geral de ancoramento e equilíbrio para produzir um espaço seguro confiável. Ele é bastante complexo (em comparação com algumas outras cerimônias aqui descritas), comportando um roteiro verbal padronizado, visualizações e toda uma série de movimentos físicos. Todas as partes deste ritual devem ser memorizadas para obterem-se os melhores resultados. Este talvez seja o único ritual bem conhecido nas tradições anglo-americanas de magia. Se você disser as palavras e realizar as ações, ele atuará automaticamente, apesar de qualquer outra coisa que você possa fazer ou da forma em que você esteja.

Ritual Menor de Banimento do Pentagrama

PARTE 1 — A CRUZ CABALÍSTICA

ETAPA 1

Embase-se e centre-se com três respirações purificadoras profundas (ver exercício de respiração diafragmática na página 183). Solte todas as tensões e elimine todas as distrações externas.

ETAPA 2

Volte-se para o Leste, assumindo uma posição tranqüila, mas firme, com os pés separados pela distância dos ombros. Proceda então do seguinte modo:

- Ao inspirar, estenda a mão direita para cima, na direção do Centro do Universo.
- Ao expirar, visualize-se pegando um raio de energia dourada.
- Ao inspirar, puxe essa luz para o meio do peito.
- Ao expirar, entoe ou cante o som:

  Ahh-Tee

  (Esta é a palavra ATEH em hebraico, que se pode traduzir aproximadamente por "*vós sois*".)

ETAPA 3

Siga agora o seguinte procedimento:

- Ao inspirar, estenda a mão direita até o Centro da Terra.
- Ao expirar, visualize-se pegando um raio de energia dourada.
- Ao inspirar, puxe essa luz para o meio do peito (mesmo lugar de antes; os dois raios devem se encontrar e unir).
- Ao expirar, entoe o som:

  Maal-kuut

  (Esta é a palavra MALKUTH em hebraico, que se pode traduzir por "*o reino*".)

ETAPA 4

Prossiga com:

- Ao inspirar, estenda a mão direita até o horizonte à sua direita.
- Ao expirar, visualize-se pegando um raio de energia dourada.
- Ao inspirar, puxe essa luz do horizonte até o meio do peito, onde ele encontra os outros dois raios verticais.
- Ao expirar, entoe o som:

  Vee-Geh-Bu-Rah

  (Esta é a palavra VGBRH em hebraico, que se traduz como "e *o poder*".)

ETAPA 5

Finalize:

- Ao inspirar, estenda a mão direita até o horizonte à sua esquerda.
- Ao expirar, visualize-se pegando um quarto raio de energia dourada.
- Ao inspirar, veja-se puxando essa luz até o meio do peito, onde os quatro raios de energia dourada se encontram.

- Ao expirar, entoe o som:

  Vee-Geh-Du-La

  (Esta é a palavra VGDLH em hebraico, que se traduz como "*e a glória*".)

ETAPA 6

Com ambos os braços:

- Ao inspirar, cruze-os no peito, as mãos tocando os ombros.
- Ao expirar, incline a cabeça e entoe:

  Le-Oh-Lahm, A-Men

  (Essas são as palavras LEOLAM e AMEN em hebraico, que se traduz como "*para sempre*" e "*assim seja*".)

Ao fazer isso, visualize-se selando os quatro raios de energia dourada, formando uma cruz que se estende de horizonte a horizonte e do Centro da Terra ao Centro do Universo. Quando esses quatro raios se encontram, você deve sentir-se sendo inundado por uma energia cada vez mais intensa, até perceber que tem toda a força de que necessita.

Reunidas, as cinco palavras hebraicas que você entoa podem ser traduzidas aproximadamente como "Vós sois o Reino, o Poder e a Glória para sempre, amém".

Esta primeira parte pode ser feita sozinha, sem incluir as outras partes. É um ritual de embasamento e centramento que pode ajudar a purificar a mente. A segunda parte acrescenta a criação de um Espaço Sagrado purificado.

PARTE 2 — INSCRIÇÃO DOS PENTAGRAMAS

ETAPA 7

Voltado para o Leste, com os primeiros dois dedos da mão direita unidos, estique-os, aponte-os e visualize-se desenhando um pentagrama de banimento de Alta Magia com luz amarela, no ar à sua frente — começando na ponta esquerda inferior da estrela e seguindo no sentido horário.

Ao terminar o pentagrama, inspire e aponte os dois dedos para o centro do pentagrama. Ao expirar, entoe:

Yod-He-Vau-He

(YHVH em hebraico — conhecido pela palavra grega, Tetragrammaton, como o nome de Deus.)

O pentagrama de banimento abrirá uma janela astral, que então expulsará toda energia negativa do elemento Ar do seu Espaço Sagrado.

ETAPA 8

Com os dedos/athame, e deslocando-se para o Sul, visualize-se desenhando outro pentagrama no ar à sua frente, agora com luz vermelha. Ao terminar o pentagrama, inspire e aponte os dois dedos para o centro do pentagrama. Ao expirar, entoe os sons:

Ah-Do-Nai-EE

(ADNH, em hebraico, que se traduz aproximadamente como "*os senhores grandes e poderosos*".)

Com este pentagrama, você expulsa toda energia negativa do elemento Fogo.

ETAPA 9
Vá para o Oeste, visualize-se desenhando um pentagrama com luz azul no ar à sua frente. Ao terminar o traçado, inspire e aponte os dois dedos para o centro do pentagrama. Ao expirar, entoe:

> *Ey-Hay-Ee-Ay*
> (EHIH, em hebraico, podendo-se traduzir como "*Eu sou o que sou*".)

Você está banindo toda energia negativa da Água.

ETAPA 10
Finalmente, dirija-se para o Norte, visualize-se novamente traçando um pentagrama no ar à sua frente com luz verde. Ao terminar, inspire e aponte os dois dedos para o centro do pentagrama. Ao expirar, entoe os sons:

> *Ah-Gah-Lah-Aah*
> (AGLH, em hebraico, que se pode traduzir como "*vós sois grande para sempre, ó Senhor*".)

Com esse ato, você expulsa do seu Espaço Sagrado toda energia negativa associada ao elemento Terra.

A terceira parte deste ritual protegerá o seu Círculo.

PARTE 3 — INVOCAÇÃO DOS ARCANJOS

ETAPA 11
Volte-se para o Leste — fique com os pés separados pela distância dos ombros, braços estendidos para os lados, palma direita para cima, esquerda para baixo. Diga:

> *À minha frente*, RA-FA-EL.

Ao fazê-lo, visualize ou o arcanjo Rafael em vestes amarelas ou imagine um caduceu amarelo à sua frente. Então diga:

> *Atrás de mim*, GA-BRI-EL.

Visualize o arcanjo Gabriel em vestes azuis ou uma trombeta azul aparecendo atrás de você, no quadrante oeste do Círculo. Em seguida, diga:

> *À minha direita*, MI-GUEL.

Visualize o arcanjo Miguel em vestes vermelhas, ou uma espada flamejante vermelha aparecendo no quadrante sul do Círculo. Continue e diga:

> *À minha esquerda*, U-RI-EL.

E veja o arcanjo Uriel em vestes verdes ou uma lanterna verde aparecendo no quadrante norte do Círculo.

ETAPA 12

A parte seguinte é mais complexa. Primeiro diga as palavras:

Ao meu redor chamejam os pentagramas, acima de mim brilha a estrela de seis raios.

As visualizações são três e simultâneas — para isso é preciso prática; faça então uma visualização por vez até habituar-se:

- Veja os pentagramas que você desenhou na parte 2, que estão suspensos no espaço e interligados por uma linha de luz azul-prateada brilhante e refulgente, enquanto o Círculo se fecha.
- Acima da cabeça, veja uma estrela-de-davi. São dois triângulos entrelaçados, o primeiro com a ponta para cima em luz branca, o segundo com a ponta para baixo em luz preta.
- Finalmente, pelo seu corpo, desenhada e dirigida por suas mãos e braços, aparece uma lemniscata cósmica — o sinal do infinito (o número 8 na horizontal) — em luz dourada. Sinta a energia fluindo ao seu redor pelos braços e pelo corpo.

Tudo isso acontece enquanto você diz a frase, "Ao meu redor chamejam os pentagramas, acima de mim brilha a estrela de seis raios". Se necessário, vá devagar, estabilize as energias e espere até que tudo se faça presente. Com prática, será mais rápido.

Na última parte, concluiremos e integraremos todas as coisas que você fez.

PARTE 4 — INTEGRAÇÃO DO CÍRCULO

Repita a Parte 1 — a Cruz Cabalística. Dessa vez, você pode trazer os raios de energia através do corpo, e fazer com que se encontrem no chakra da coroa, se quiser. Pronto. Está terminado.

Todas as palavras devem ser entoadas, quase cantadas. Faça isso em tom alto. Nas primeiras tentativas, você se sentirá o centro das atenções. Isso é normal, mas com o tempo essa sensação desaparecerá. Nossos alunos seguem esse procedimento todas as manhãs e noites, durante três semanas pelo menos e o fazemos em grupo no começo de cada aula para criar um clima apropriado.

Esse é um exercício de recolhimento e centramento muito eficaz. Ele pode ser feito em voz alta ou (quando tiver pego o jeito das coisas) em silêncio, com ou sem os movimentos, apenas visualizando. Este ritual também dá resultados apenas dizendo as palavras e realizando os movimentos, sem as visualizações.

Este ritual cria um Círculo, especificamente para banir, purificar e proteger. Deve-se deixá-lo dissipar-se, não desfazê-lo. Você não deve separar-se dele ao sair ou ao entrar. Você pode usá-lo para selar quartos de hotel ao viajar. Estelle também o adota quando não consegue dormir à noite. Ele embasa, centra e protege você de todo ruído (físico e psíquico), permitindo-lhe relaxar e dormir. Também ajuda a eliminar ruídos estranhos, quando a vida fica agitada.

Magia

Os wiccanianos geralmente escrevem com "k" (*magick*) a palavra inglesa correspondente à portuguesa *magia*, para diferenciá-la da magia de palco, da prestidigitação, da mágica, do ilusionismo e de outros entretenimentos populares. Seja consciente, seja inconscientemente, há muitas religiões que se servem da magia. Afinal, magia é a mudança do mundo por meio da força da vontade de um indivíduo ou de um grupo. Por essa definição, a construção das pirâmides e de Stonehenge foram realmente atos de magia, independentemente da tecnologia que possa ter sido aplicada na criação física, porque foram criadas como atos de vontade.

O que torna a magia dos wiccanianos diferente das práticas religiosas predominantes nos Estados Unidos é o fato de realizarmos os nossos rituais num Espaço Sagrado protegido, conhecido como Círculo Sagrado. Damos aos adeptos da Wicca um acesso quase sem precedentes numa religião ocidental, não apenas o direito a realizar pessoalmente magias de todas as espécies, mas também ao treinamento que aumentará suas capacidades e habilidades para a magia, como as capacidades psíquicas ou PES (Percepção Extra-Sensorial). E somos muito francos com relação à crença de que as nossas ações de magia são eficazes e dão resultado.

Dizer que acreditamos em magia não é uma afirmação suficientemente forte para torná-la eficaz. Crer implica uma margem de erro, uma medida de dúvida. Nós *sabemos* que a magia é eficaz.

Se vem praticando magia há algum tempo, você deve tê-la observado em ação vezes suficientes para compreender que ela realmente dá resultado. Sabemos que a comunidade científica não considera a magia e os poderes psíquicos como verdadeiros por causa da "impossibilidade de confiar na magia". Mas, na comunidade científica, para substituir uma teoria aceita por outra que lhe seja oposta (neste caso, substituir a teoria de que "não existe nada disso de magia," por "a magia dá resultado"), precisa-se coligir tantas provas físicas incontestes, aceitáveis cientificamente e reproduzíveis, que aqueles que sustentam o ponto de vista oposto são considerados extremistas e, às vezes, esperam que todos os defensores da teoria antiga (especialmente os que ocupam posições de poder) morram.

Como não temos instrumentos eficientes para medir com precisão os efeitos da magia, precisamos confiar nas experiências das pessoas — os chamados "casos pessoais". Esse conjunto de experiências acumuladas está começando a produzir um corpo robusto de conhecimentos sobre a forma de atuação da magia. E ela normalmente atua, ainda que a pessoa possa dar a impressão de ter fracassado em suas tentativas. Talvez não tenha sido um fracasso, porque as coisas não necessariamente acontecem como nós, pobres mortais, imaginávamos ou esperávamos. Às vezes podemos nos decepcionar completamente, como o chefe Dan George diz no filme *Pequeno Grande Homem*, "Às vezes a magia funciona, outras, não". Mesmo o processo científico mais confiável nem sempre dá resultado, e francamente, quando um certo encantamento fracassa, com o passar do tempo pode-se chegar à conclusão de que esse fracasso foi a melhor coisa que podia acontecer. Você apenas precisa realizar o seu encantamento e *saber* que ele dará o melhor resultado possível, seja qual for esse melhor possível. E à medida que adquirir experiência trabalhando com magia, você, como muitos outros adeptos, desenvolverá o próprio banco de conhecimentos com o testemunho de verdadeiros milagres.

Nas últimas décadas, cientistas descobriram que os paradigmas científicos clássicos não são tão precisos e estáveis como eles pensavam que fossem. A física quântica, a teoria do caos e outras disciplinas correlatas estão hoje levando em conta o acaso e os fatores inexplicáveis que influenciam o que antes se acreditava serem leis físicas imutáveis. Recentemente, os cientistas conseguiram superar a velocidade da luz, o que era considerado impossível. Sabemos que a magia é eficaz, e é estimulante ver a ciência seguindo, a seu modo, os nossos passos.

A WICCA E OS DEUSES

Há quem veja a magia como uma forma de súplica aos Deuses (seja como for que você os imagine) para que façam alguma coisa por nós. Essa é uma visão válida, mas, de outra perspectiva, as pessoas e os Deuses trabalham em harmonia.

Muitas pessoas acreditam que os seres humanos estão aqui na Terra para cumprir uma missão, viver a vida e melhorar a si mesmos e aos outros, e isso para aprender, progredir e se tornar um ser mais evoluído espiritualmente. É assunto pessoal se essa evolução inclui ou não a idéia da reencarnação. A maioria dos wiccanianos acredita em algum tipo de vida após a morte e numa série continuada de vidas. Nem todos definem da mesma maneira onde ela ("ela" é uma personalidade, alma, entidade espiritual) começou ou onde terminará. Muita gente não pensa sobre o ciclo completo.

É irrelevante se essa visão sobre o sentido da vida é ou não realmente verdadeira. A posição contrária, de que somos apenas argila crescendo sobre um grão de poeira conhecido como planeta Terra, sem nenhuma razão ou propósito mais elevado do que apenas existir, também simplesmente não explica a natureza espiritual inata dos seres humanos. Seja como for que você veja a situação, nós seres humanos estamos na Terra e temos a experiência de uma vida mortal terrena, com todos os seus percalços.

O que nós wiccanianos acreditamos ser a "natureza" da magia, por meio da intervenção dos Deuses, exige uma explicação. Para essa explanação, precisamos definir alguns pressupostos:

Pressuposto Número Um. Nós, seres humanos, somos dotados de uma visão relativamente precisa deste plano físico e de como ele funciona, e podemos às vezes ter vislumbres de outros planos ou de outros seres diferentes, às vezes muito superiores a nós. Alguns desses seres são chamados de Deuses.

Pressuposto Número Dois. Empregamos o termo "Deuses" para denotar Divindades femininas, masculinas, indeterminadas e de outro sexo. Se essas Divindades são apenas manifestações diversas de um único Ser Supremo Todo-Poderoso, que nós humanos não podemos apreender em sua totalidade porque ele/ela/eles estão muito acima de nós, ou se são entidades distintas reais, é questão de crença pessoal. Essa distinção é irrelevante para o wiccaniano. Provavelmente existe uma Grande Entidade Cósmica que criou a vida, o Universo, e tudo o que ele contém. Os wiccanianos apenas não pretendem ter a última, única e verdadeira palavra sobre a verdadeira natureza dele/dela/deles.

Pressuposto Número Três. Desde os seus reinos, os Deuses podem observar os vários planos de existência e influenciar os eventos que neles acontecem. Entretanto, com relação ao nosso plano, a perspectiva dos Deuses é bem diferente da nossa. Somos capazes de perceber claramente os detalhes da vida diária sobre a Terra como a vemos e como ela nos afeta. Os Deuses têm uma visão mais ampla, mas não necessariamente percebem os detalhes da existência física o tempo todo. Por isso, eles também confiam em nossa percepção da realidade física para determinar onde e como intervirão nessa realidade.

Em outras palavras, eles vêem a floresta, e nós relatamos o que acontece apenas numa árvore. Às vezes eles compreendem o que dizemos, ou vêem por meio dos nossos olhos, e concordam que as coisas deveriam ser mudadas da mesma forma que nós achamos que deveriam. Outras vezes eles têm outras coisas "em mente" ou não concordam com as nossas avaliações.

Alguns talvez digam que esses pressupostos, especialmente o terceiro, são uma fuga à responsabilidade. O seu encantamento dá resultado ou não, sim ou não. Essa é a filosofia tanto do cético como do engenheiro. O cético procura refutar tudo, porque não quer acreditar em nada, enquanto o engenheiro precisa saber exatamente como as coisas funcionam, e tudo precisa funcionar cem por cento do tempo. Nenhum deles acredita em qualquer tipo de "Margem de Erro". Nós, porém, como a maioria dos magos eficazes que conhecemos, aceitamos um paradigma semelhante ao do técnico. Um técnico não precisa saber exatamente por que ou como algo funciona para fazer alguma coisa, mas apenas que as coisas parecem não funcionar de um certo modo. Ele também não precisa que algo funcione cem por cento do tempo, apenas que funcione mais vezes do que menos. É assim que acontece com a magia. Certos princípios parecem funcionar de certos modos a maior parte do tempo. Se você não consegue conviver com isso, a magia não é para você. Se consegue, pode ter uma passagem para o Universo.

Resumindo, o uso da magia exige a aceitação disto que chamamos de "Fator Margem de Erro": Os Deuses não necessariamente fazem o que você quer; os princípios ou o "saber" da magia parece funcionar de acordo com determinados padrões; e mesmo conseguindo que tudo dê certo, até os seus melhores encantamentos apenas dão mais resultados do que menos.

Vale a pena reduzir a maior parte da Margem de Erro na prática da magia. Descobrimos que quanto mais específico for o seu encantamento — quanto mais você tenta determinar como as coisas acontecerão ou resultarão — tanto menor será o percentual de sucesso. Por exemplo, se você faz um encantamento de prosperidade para ganhar um prêmio da loteria, a probabilidade de conseguir o que deseja ainda é de milhões para um, dependendo da loteria em que você aposta. Por outro lado, se você lança um encantamento de prosperidade para aumentar o seu fluxo de caixa, de modo a poder pagar algumas contas urgentes, você se abre a outras possibilidades de sucesso. Você poderia: ganhar na loteria, ganhar uma gincana promovida pela rádio local, conseguir horas extras no emprego, promover a venda de objetos usados, receber uma herança de um parente rico, receber um presente inesperado, comprar num brechó por preço irrisório um objeto antigo de valor inestimável, vender um livro e faturar milhões, conseguir um emprego novo com salário maior. Enfim, a lista é interminável. Abra-se para outras possibilidades. O horizonte dos Deuses é vasto, e se chamar a atenção deles para as suas necessidades por meio de um encantamento, sem limitar as ações deles, você pode tirar proveito desse horizonte aberto.

Naturalmente, o fator principal para o sucesso é você fazer a sua parte. Há uma antiga anedota sobre dois judeus idosos. Um diz, "Deus prometeu que eu ganharia na loteria". O outro reage, "Mazel tov! Que sorte!" Uma semana depois, e nada de prêmio. O primeiro diz, "Deus prometeu, está vindo". O segundo pergunta, "Mas quando?" Tempos mais tarde, cansado das brincadeiras do amigo sobre o prêmio inexistente, o primeiro judeu se dirige a Deus e diz, "Então, Deus, você me prometeu; eu acreditei e não duvido, mas posso saber quando exatamente vou ganhar essa loteria?" Deus responde, "Assim que você comprar um bilhete". Deus pode prometer, mas cabe a nós fazer a nossa parte.

As atividades de magia exigem a cooperação da nossa Mente Consciente, da nossa Mente Subconsciente e da nossa Alma, todas trabalhando juntas. Reveja os comentários sobre as "três mentes" no capítulo Rituais (páginas 136-137).

POSTURA MENTAL PARA A MAGIA

Para um trabalho de magia eficaz é necessária uma postura mental semelhante à do zen. Para os nossos paradigmas ocidentais habituais, essa postura parece envolver várias contradições, entre as quais a suspensão da descrença, o abandono de expectativas e a liberação de energia para o Universo.

Essas idéias aparentemente contraditórias pertencem mais à filosofia oriental do que à ocidental, mas elas e outras constituem parte importante no trabalho de magia. Tome o conceito de liberação de energia para o Universo, por exemplo. A maioria dos livros sobre magia diz que depois de terminar o encantamento, você deve encerrar o ritual, desfazer o Círculo, guardar o material e então esquecer completamente o trabalho realizado, fazendo algo completamente diferente, de preferência alguma coisa bem comum que envolva o cérebro: limpar a casa, consertar o carro, jogar cartas com amigos — alguma coisa corriqueira e que afaste a mente da intensa Ação praticada. Atividades assim liberam o encantamento e afastam você das suas expectativas.

Muitas pessoas acham difícil chegar a essa postura mental. Elas acham difícil suspender a descrença, que leva em conta as possibilidades infinitas que a magia oferece. O estado mental "tudo é possível" também espera que as coisas ocorram fora da esfera da ciência moderna. A sociedade moderna foi condicionada a acreditar num paradigma sólido, provável, racional, científico, que não permite mudança na realidade por meio do ato de vontade pessoal.

Uma maneira de criar a postura mental para a magia consiste em ler livros de ficção mágica, porque eles abrem a mente para coisas novas, e nada melhor para envolver a Mente Subconsciente do que coisas novas e estimulantes. A série *Harry Potter*, de J.K. Rowling, por exemplo, são uma série excelente de romances para crianças que apresentam um mundo mágico totalmente separado, coexistindo com a nossa realidade mundana normal. Existem muitos livros sobre esse e outros assuntos afins. Não estamos afirmando que uma pessoa, recorrendo à magia, possa criar um mundo semelhante ao de Harry Potter (embora muitos gostariam de viver nesse tipo de mundo); entretanto, você pode sentir em sua mente como seria recorrer à magia e trabalhar com encantamentos e essa compreensão ficcional pode se transferir para o seu trabalho de magia pessoal.

Para ser um mago eficaz em nosso mundo moderno, você precisa ser capaz de manter duas posturas ou paradigmas mentais aparentemente diferentes e às vezes opostos, simultaneamente: primeiro, a postura mental que lhe permitirá realizar a sua magia nos mundos espirituais, e a postura mental oposta que lhe permitirá viver no mundo profano científico moderno. De fato, certos magos tribais aborígines, conhecidos como xamãs, são descritos como verdadeiros esquizofrênicos, porque efetivamente vivem e trabalham em vários planos de realidade ao mesmo tempo.

PERSONAS MÁGICAS

Para equilibrar adequadamente as necessidades desses paradigmas mágicos e mundanos freqüentemente conflitantes (sem enlouquecer), muitos criam o que se conhece como "personas mágicas". Este é um aspecto da personalidade que é forte e eficaz na magia e não totalmente ajustado ao mundo profano. Essa persona normalmente tem um nome diferente (o nome mágico), usa roupas diferentes (trajes mágicos) e opera numa esfera diferente (o círculo mágico) da personalidade mundana. Essas exigências místicas que muitas personas mágicas têm podem limitar um pouco as pessoas (i.e., elas só conseguem realizar magia eficaz num Círculo e com o material apropriado), mas a eficácia também pode aumentar. Outros, com prática e experiência, podem pôr e tirar sua persona mágica a qualquer momento, em qualquer lugar, e ser menos dependentes dos equipamentos. A escolha de como trabalhar depende de você. Provavelmente o seu modo de operar mudará com o tempo e com a prática. As pessoas geralmente começam praticando magia dentro de um Círculo com todo o material, e à medida que ganham experiência e confiança vão se capacitando a praticar quase a qualquer momento e em qualquer lugar. Idealmente, mesmo nu e numa sala vazia, você deveria ser capaz de realizar uma magia intensa e eficaz.

Descreveremos agora uma forma de desenvolver uma "persona mágica". Para isso, apresentaremos dois conceitos ou técnicas psicológicas/mágicas: "nome verdadeiro" e "duplicação da personalidade".

Nome Verdadeiro

Se você ler algumas obras cerimoniais sérias, ou mesmo certos livros de ficção, você se deparará com o termo "nome verdadeiro". Pelo menos em teoria, um nome verdadeiro é exatamente o que essa expressão denota: o nome original real (possivelmente primordial) de cada objeto ou pessoa. Diz a teoria que, se você conhece o nome verdadeiro de uma pessoa ou objeto, você pode dominar essa pessoa ou objeto. Essa crença contém alguma verdade, mas a realidade é mais simples e ao mesmo tempo mais complexa do que essa breve explicação.

Meramente dizer uma palavra, qualquer palavra, sem você saber o que está dizendo (o conhecimento de uma palavra a infunde com um poder psíquico a que se pode recorrer quando ela é usada conscientemente com vontade), é apenas emitir sons sem sentido. Quando profere uma palavra que compreende, você revê subconscientemente tudo o que sabe sobre essa palavra. Por exemplo, ao acender um fósforo, quer você diga ou não a palavra "fogo" em voz alta, a sua mente estará invocando fogo pelo fato de repassar tudo o que você sempre soube e experimentou com relação ao fogo. Se você vê um amigo, o seu Subconsciente, como parte do processo de reconhecimento, repassará rapidamente cada lembrança que você tem envolvendo esse amigo. É esse processo automático de revisão subconsciente que constitui o nome verdadeiro. Lembre também que é a Mente Subconsciente que se comunica com a Alma. O ato de dizer uma palavra desencadeia o processo de revisão. Por isso, um nome verdadeiro só produzirá resultados se você souber realmente o que ele significa. É esse conceito sobre a natureza da realidade física que os magos tradicionais estudaram, e também a razão de serem considerados verdadeiros filósofos.

Agora, devido a essa verdade relacionada com os nomes verdadeiros, você só conseguirá desenvolver realmente uma persona mágica se souber quem você é, para ter um ponto de partida, e se tiver clareza do que você quer que a sua persona seja.

Essas duas coisas não são tão difíceis quanto muitos acreditam, porque a maioria dos wiccanianos normalmente trabalha sobre a autodescoberta e porque existem muitos modelos de papéis mágicos possíveis sobre os quais se pode basear uma persona. Agora que temos um início para entender o que é um nome verdadeiro, vejamos como desenvolver uma persona mágica.

O primeiro passo consiste em você tentar se conhecer tão verdadeira e honestamente quanto possível. Compreenda que o autoconhecimento é um processo sem fim, e não uma meta alcançável de modo absoluto ou instantâneo. Se você mal começou a se conhecer, isso já é bom por enquanto. Você se tornará mais autoconsciente à medida que avançar, e o seu entendimento do seu nome verdadeiro aumentará.

O segundo passo consiste em você decidir sobre um modelo de persona com que você se sinta à vontade. Poderia ser o personagem de um livro ou de um filme, ou basear-se numa pessoa viva que o impressionou, ou ainda inspirar-se na sua própria concepção idealizada do que deveria ser um mago poderoso. Qualquer alternativa dessas produzirá bons resultados.

O terceiro passo consiste em conhecer a duplicação da personalidade.

Duplicação da Personalidade

Podemos encontrar referências à técnica denominada "duplicação da personalidade" voltando aos inícios do século XVIII. Com essa técnica, a pessoa basicamente desenvolve uma personalidade alternativa, intencional, *controlada*. Para assumir efetivamente várias personalidades alternativas, sem que elas acabem no controle, você precisa conhecer a sua Personalidade Essencial. Neste caso, a Personalidade Essencial é idêntica ao seu nome verdadeiro. O exercício apresentado abaixo ajudá-lo-á a desenvolver várias personalidades alternativas e também a manter o controle sobre quem você é, porque ele protege a Personalidade Essencial.

Lance o seu Círculo como de costume. O exercício em si será a Ação Principal deste Círculo.

Exercício de Duplicação da Personalidade

ETAPA 1

Num ritual intencional elaborado de acordo com o seu sistema de crenças, dê-se um nome (seja ele mágico ou mundano) que seja o seu "*nome verdadeiro*".

Esse nome será a sua "Personalidade Essencial". Faz parte dessa Personalidade Essencial tudo o que você conhece a seu respeito. Dê à sua Mente Subconsciente a oportunidade de acrescentar outros dados considerados relevantes.

Etapa 2
Visualize-se lançando outro Círculo mágico em torno dessa Personalidade Essencial e reconheça que ela é você.

Você não precisa mentir a si mesmo sobre quem você é. Esta deve ser uma avaliação o mais honesta possível de si mesmo. Essa "persona com nome verdadeiro" será a sua personalidade básica.

Observação: Se você já "sabe quem é", devido às várias técnicas de autodescoberta que já praticou, você pode pular esta etapa. Apenas reexamine-se periodicamente para verificar se ainda "sabe quem é".

Etapa 3
Agora, numa parte bem diferente do ritual, escolha uma situação que você julga que precisa abordar, mas que se sente pessoalmente inadequado para fazê-lo.

Escolha um papel ou um tipo de personalidade que você gostaria de imitar. Essa personalidade deve ser escolhida pela capacidade que ela possa ter de enfrentar a situação em tela. (Por exemplo, é válido basear uma persona no personagem Conan dos livros de Howard — não na atuação cinematográfica de Schwazenegger —, se você precisa destruir algum "monstro do mal". Entretanto, esse não é um modelo tão eficaz se você quer ser um astrólogo ou um matemático.)

Construa essa persona em sua mente e dê-lhe um nome.

Etapa 4
Agora (e esses dois últimos aspectos são muito importantes se você não quer "Se" perder numa persona, como já vimos acontecer com algumas pessoas) escolha um signo de invocação, algum gesto ou palavra que sempre usará para invocar essa personalidade.

Por exemplo, ao vestirem seus trajes ritualísticos, muitas Sacerdotisas invocam uma persona que podemos descrever como sua personalidade "Sacerdotisa da Deusa". Esta pode ser absolutamente diferente da personalidade mundana.

Etapa 5
Finalmente, escolha um signo de dispensação, um gesto ou palavra que você usará para dispensar determinada personalidade depois que ela realizou a sua função. Com relação a uma das personalidades alternativas que assume, Paul a invoca puxando o lóbulo da orelha direita e a dispensa puxando o lóbulo da orelha esquerda.

Talvez esta última etapa seja a mais importante, e a que muitos magos em geral omitem. Como diz um antigo ditado da magia: "É preciso ser capaz de dispensar o que foi invocado." E, de fato, se não consegue dispensar com facilidade uma dessas personalidades "artificiais", talvez você esteja começando a enveredar pelo caminho de uma verdadeira esquizofrenia clínica.

Este é o término da Ação. Desfaça o Círculo como sempre.

Desde o encerramento deste ritual até a dispensa definitiva dessa persona recém-criada, você deve usar conscientemente esses signos de invocação e de dispensação sempre que quiser recorrer a essa personalidade.

Para os que têm treinamento ou experiência como atores, essas técnicas são semelhantes às que um ator aplica quando entra ou sai de um personagem. Esse conjunto de técnicas (bem documentado em outros lugares) também pode ser muito eficaz na duplicação da personalidade.

É possível criar praticamente qualquer persona aplicando essa técnica de duplicação da personalidade, para lidar com quase qualquer situação. Com o passar do tempo, se quiser, você poderá incorporar partes dessas personalidades artificiais, ou todas elas, em sua Personalidade Essencial. Mas lembre-se: se não mantiver essas personalidades separadas de "Você mesmo", e se não controlar conscientemente o momento e o modo como elas são invocadas e usadas, se você não as despedir conscientemente quando não forem mais necessárias, talvez você perceba que de fato está "Se" perdendo — em outras palavras, essas personalidades alternativas podem assumir o controle dos seus pensamentos e ações quando é inapropriado agirem desse modo.

A propósito, uma das razões que justificam o desenvolvimento do seu nome verdadeiro é o controle firme sobre todas as suas personalidades. Você então terá alguém com quem se comparar; assim, se tiver problemas com uma situação em que uma ou mais personalidades alternativas tentam assumir o comando (ou fazer algo semelhante, mas também confuso), você pode recobrar o equilíbrio e remediar a situação.

Se você está lendo este livro, imaginamos que o esteja fazendo porque quer ser um Praticante das Artes Mágicas e está tentando desenvolver a consciência de que às vezes impressões psíquicas externas a você podem influenciá-lo (isto é, existem pensamentos e sentimentos que tentam fazê-lo sentir ou fazer coisas que não são você ou que você não quer). Se sabe conscientemente quem você é de fato, você deve ser capaz de perceber quando essas "sensações estranhas" não são você — quando elas vêm de fora da sua "Personalidade Essencial" ou "Verdadeira" — e essa é uma boa razão para desenvolver e manter uma Personalidade Essencial. Uma maneira apropriada de então banir esses pensamentos intrusos é invocar o seu nome verdadeiro.

CAPACIDADES PSÍQUICAS

Magia não é a mesma coisa que capacidade psíquica, embora esta seja muito importante para aumentar a eficácia daquela. Os wiccanianos acreditam na existência das capacidades e dos fenômenos psíquicos e os aceitam totalmente. Se eles, pessoalmente, possuem ou não alguns desses poderes, essa é outra questão.

Acreditamos que as capacidades psíquicas são um componente normal da existência humana. É por isso que os termos paranormal e extra-sensorial são pouco usados nas comunidades pagãs e wiccanianas. Empregamos mais comumente a palavra talentos. Capacidade psíquica é apenas um tipo de talento que as pessoas manifestam e põem em ação. As capacidades psíquicas são inerentes a todos nós em graus diferentes. Entretanto, como qualquer outro talento, elas podem ser praticadas, estimuladas e desenvolvidas. Não existem muitos lugares disponíveis onde se possa desenvolver a telepatia ou a precognição. A Wicca é um foro para isso. Como efeito secundário, muitas técnicas deste livro podem ajudar a desenvolver o talento psíquico. Também podem ajudar a pessoa a manter o controle das suas capacidades psíquicas, de modo a ter condições de agir com mais tranqüilidade no mundo profano. Proteção, embasamento e centramento são ferramentas necessárias e inestimáveis para a magia e também para viver proveitosamente com capacidades psíquicas aperfeiçoadas.

Provavelmente, a porcentagem de sensitivos é maior entre os wiccanianos do que entre a população em geral, e uma das razões para isso é que a Wicca aceita, permite e favorece a aplicação e o controle desses talentos. No filme *O Sexto Sentido* (1999), o menino que vê pessoas mortas certamente não é o único a fazer isso, mas para ele essa capacidade é assustadora porque parece que ninguém mais vê o que ele vê, e ele não consegue controlar essa força. Se ele aprendesse a se proteger e a controlar esse poder, a submetê-lo à sua vontade, a vida dele não seria povoada de medos, mas então o próprio filme deixaria de ser interessante e de provocar emoções.

Parte da mudança de paradigma exigida de muitas pessoas que se tornam wiccanianas é passar a aceitar que fantasmas, espíritos e capacidades psíquicas existem, que em geral fazem parte da vida cotidiana normal e que as habilidades associadas a esses fenômenos são controláveis, utilizáveis e sujeitas a desenvolvimento e aperfeiçoamento. O medo nasce do que é desconhecido e estranho, pouco familiar, ou que tenha sido declarado "impossível". A partir do momento em que essas coisas começam a fazer parte da sua vida diária, elas perdem muito do seu apelo assustador. Lembre que no passado, tanto o vôo como a capacidade de um ser humano descansar deslocando-se a uma velocidade superior a cinqüenta quilômetros por hora eram considerados impossíveis.

Como Consigo Isso?

O modo de nos tornarmos psiquicamente abertos é outra daquelas situações típicas de "Ardil-22". Você só consegue acreditar depois de ver, e só consegue ver depois de acreditar. No início, o processo de abertura é em geral lento. Nós descobrimos que a maioria das pessoas era psiquicamente aberta quando criança. Mas, com o passar do tempo, seja porque os pais ou a sociedade viviam dizendo que aquilo que elas viam não existia, seja porque alguma coisa as assustava, a Mente Consciente começou a recusar-se a "ver" essas coisas. Ora, a sua Mente Subconsciente ainda "vê" coisas, quer a sua Mente Consciente acredite ou não. É por isso que mesmo as pessoas mais apegadas à matéria ainda têm "sensações estranhas", ou o que se chama de "intuição" ou "pressentimentos".

Quando acontece alguma coisa que parece, dá a sensação, soa ou cheira "engraçado", não a rejeite automaticamente. A aceitação de fenômenos inusitados ajudá-lo-á a se tornar psiquicamente perceptivo. Permita-se explorar a possibilidade de que seja um evento "sobrenatural". Depois de aceitar um evento psíquico, será mais fácil reconhecer outro. Ao admitir mais e mais eventos psíquicos (sejam eles quais forem), a sua Mente Consciente começará a acreditar e, então, a *saber* que esses eventos impossíveis são reais. E, finalmente, quando o seu Consciente souber que tudo o que o seu Subconsciente esteve lhe dizendo todos esses anos é real, você estará transpondo um enorme vão de comunicação entre a sua Mente Consciente e a sua Alma.

O Lado Desvantajoso

Quando as pessoas começam a captar muitas informações psíquicas, elas ficam sobrecarregadas de dados. Assim como acontece com quem usa um aparelho auditivo depois de anos de audição inadequada, de repente você pode ouvir todo o ruído de fundo, sendo então necessário aprender a filtrar o material intruso do que é importante e relevante. As pessoas começam a ouvir os ratos psíquicos andando no sótão de um lado para outro (por assim dizer), e isso é muito inquietante, e também enervante.

Essa é uma das razões da "Síndrome da Guerra Psíquica" vivida por muitas pessoas que começam a perceber o que acontece. Essa síndrome pode ocorrer quando alguém que vem tomando consciência psíquica há pouco tempo interpreta mal alguma coisa (e freqüentemente tudo) que ela agora entende como "ataque psíquico". Fenômenos como ataque psíquico e guerra psíquica podem ocorrer quando alguém está rezando ou lançando encantamentos *contra* outra pessoa. Mas a realidade é muito menos freqüente do que as instâncias imaginadas, e é necessária muita experiência para perceber a diferença. Ao abrir-se psiquicamente, você ficará exposto também a coisas ruins, mas depois de algumas experiências, você não terá grandes dificuldades para distinguir um "vampiro psíquico" de uma "fada". Infelizmente, sem passar pelos dois, você não saberá que existe diferença. Com sorte, você poderá conhecer algumas pessoas experientes que podem dizer o que é um vampiro psíquico e o que é uma fada, quando acontecer. Se não houver ninguém que o ajude, você terá de descobrir a diferença por si mesmo. Nesse caso, confie em suas sensações. Se tiver uma sensação ruim, acredite que se trata de algo ruim. Se a sensação não for ruim, mas apenas estranha, pode ser algo apenas diferente, mas não mau.

À medida que for adquirindo experiência, você será capaz de distinguir o que é importante daquilo que não lhe diz respeito. Como uma pessoa da cidade aprende a filtrar o ruído aleatório da vida urbana, e um camponês filtra os sons naturais do seu ambiente, uma pessoa psíquica precisa aprender a distinguir dados importantes de dados irrelevantes. Pode demorar, mas é possível.

Uma dos motivos por que as capacidades psíquicas são temidas no mundo profano é que em geral se acredita que elas dão às pessoas algum tipo de vantagem injusta. Se todos têm essas capacidades, de fato elas não são injustas. É injusto alguém poder desenvolver as suas habilidades em basquete ao nível de um Magic

Johnson? Se a pessoa as usar para magoar ou importunar os outros, então sim. Mas se as usar para o aperfeiçoamento pessoal, e talvez para o bem do próximo (e entretenimento é um serviço à comunidade como um todo), então não é injusto. Nem todo mundo pode jogar basquete como Magic Johnson. Nem todo mundo pode ser sensitivo acima da média. Mas se você tem uma capacidade natural, você pode trabalhar sobre ela e aperfeiçoá-la. O segredo é a prática.

Exercícios Psíquicos

Apresentamos nas páginas seguintes quatro exercícios que têm por objetivo aumentar a sua consciência do mundo psíquico. Eles já estão dispostos em seqüência, por isso pratique-os nessa ordem, e só passe para o seguinte depois de chegar tanto à apreensão intelectual como à sensação física do anterior. Em outras palavras, você deve conhecer cada exercício tão bem, que será suficiente apenas ler o último exercício.

O primeiro exercício é a Respiração Diafragmática, praticamente o fundamento de quase todas as disciplinas físicas e espirituais. Se você não dominar nenhum outro exercício apresentado neste ou em outros livros, domine pelo menos este.

O segundo, denominado Relaxamento Progressivo, é um exercício muito ensinado e adotado de uma forma ou de outra em muitas disciplinas metafísicas. Para várias dessas disciplinas (inclusive algumas artes marciais), o Relaxamento Progressivo é o exercício metafísico mais importante.

O terceiro, Meditação da Árvore, é uma versão mais avançada do Ritual de Ancoramento e Centramento apresentado anteriormente (ver página 72). Além de ajudá-lo a construir uma base sólida e a concentrar-se, o objetivo deste exercício é uni-lo metaforicamente com o "mundo abaixo" e com o correspondente "mundo acima". Esses dois mundos são analisados minuciosamente em outros livros sobre xamanismo, por isso não nos estenderemos aqui senão para dizer que eles não têm nada a ver com os conceitos cristãos de céu e inferno. Eles são representações simbólicas da relação do homem com os mundos físico e espiritual. Este ritual ajudá-lo-á a aumentar a sua força espiritual, pois ele cria um circuito de energia entre o mundo abaixo, você, e o mundo acima.

O quarto exercício, Radar Psíquico, só deve ser praticado depois que você dominar totalmente os três exercícios precedentes. A seqüência a adotar ao realizar esses rituais é: Primeiro, pratique a Respiração Diafragmática até sentir-se bem relaxado. Além de praticar esse ritual como um exercício em si, sugerimos que você crie o hábito de realizar pelo menos uma versão abreviada dele antes de qualquer outra coisa. Repetimos, qualquer outra coisa mesmo, tanto fisicamente exigente como metafisicamente desafiadora.

Passe então para o Relaxamento Progressivo, para preparar-se mental e espiritualmente.

Continue com a Meditação da Árvore, para preparar-se psiquicamente e ligar-se com os reinos astrais.

Em seguida, pratique o Radar Psíquico, para ver o que consegue "captar".

Terminada a seqüência, realize o Ritual de Ancoramento e Centramento, como descrito anteriormente (ver página 72), para purificar-se psiquicamente e voltar a se centrar. Não é bom levar bagagem extra ou energia indesejada dos reinos psíquicos com você; por isso, forme sempre a sua base e centre-se depois de cada Trabalho de magia.

Exercício 1. Respiração Diafragmática

Algumas disciplinas dão à Respiração Diafragmática o nome de respiração profunda. Incluímos essa técnica aqui porque ela:

- ajuda a desenvolver uma grande capacidade de meditação;
- fornece grande quantidade de oxigênio ao seu sistema sanguíneo, para ser usado em situações estressantes;
- é um bom meio para ensinar e reforçar as práticas de visualização, porque você pode sentir fisicamente o que está acontecendo dentro do corpo;
- ajuda a desenvolver e a concentrar a sua energia psíquica interna; e
- pode também ser usada como uma técnica simples de centramento e defesa pessoal.

A rapidez, a duração e a perseverança com que você realizar cada uma dessas fases determinará o maior ou menor nível de oxigênio nos pulmões. Outro nome para essa técnica é "Hiperventilação Controlada". Como você estará substituindo o dióxido de carbono (que

Exercício de Respiração Diafragmática

PASSO 1
Primeiro, fique de pé, deite de costas ou sente-se relaxadamente com a coluna reta. Coloque uma das mãos sobre o estômago, logo acima do umbigo, e a outra sobre o peito, na altura do coração; encoste a língua no céu da boca.

PASSO 2
Inspire lentamente pelo nariz. Sinta com a mão o estômago elevar-se, mas procure não levantar o peito. Não queira encher os pulmões completamente, fazer o que se chama de grande respiração. Apenas procure levar o ar para as camadas mais profundas dos pulmões. A isso se dá o nome de respiração profunda.

PASSO 3
Em seguida, contraia os lábios como se fosse assobiar, mantendo a língua no céu da boca. Expire lentamente pela boca, pressionando o estômago com a mão. Novamente, não deixe o peito subir ou descer.

PASSO 4
Continue respirando assim, ritmicamente. Esse padrão deve criar um ritmo agradável, mas regular, de *Inspiração* — inspire pelo nariz e dirija o ar para as camadas mais profundas dos pulmões; *Retenção* — mantenha o fôlego enquanto se sentir bem; *Expiração* — expire pela boca o mais suavemente possível; *Retenção* — mantenha os pulmões vazios pelo tempo que conseguir.

Repita a seqüência durante dez minutos, pelo menos.

a maioria das pessoas armazena no fundo dos pulmões) por oxigênio numa quantidade considerável, você pode induzir a hiperventilação. Por isso, tenha cuidado, pois poderá ficar inconsciente. Alguns sinais que mostram que o ritmo não está adequado ao corpo (talvez você esteja respirando muito rápido ou muito lentamente) são tosse, bocejo ou tontura.

Não podemos dizer com precisão o que cada um desses sinais significa; eles podem variar entre as pessoas e as necessidades fisiológicas de cada indivíduo. No caso de Paul, por exemplo, ele às vezes *boceja*, quando retém a inspiração por muito tempo — detém parte do ciclo; *tosse*, se retém a expiração por muito tempo — detém parte do ciclo; ou fica *tonto*, se respira com muita rapidez ou com muita força. Lembre-se, essas são três experiências pessoais e não incluem todas as variações que foram observadas. Esperamos que cada um observe outras alterações em si mesmo.

Ao acostumar-se com esta técnica, você pode aplicá-la em qualquer situação — correndo, caminhando, deitado — e em qualquer lugar. Ela é uma técnica de meditação excelente, e pode ser-lhe útil sempre que tiver de enfrentar uma dificuldade física ou psíquica, pois ela centra e focaliza automaticamente a sua mente num padrão de comportamento que relaxa o corpo e o prepara para a ação.

Exercício 2: Relaxamento Progressivo
A expressão Relaxamento Progressivo descreve o processo de entrada efetiva em estados receptivos. Esta técnica é também chamada de "transe auto-hipnótico leve". Um estado psicologicamente receptivo lhe dá condições de entrar em contato direto com a sua Mente Subconsciente. Nesse estado mental, é muito mais fácil aprender novas técnicas e também tornar-se receptivo psiquicamente.

Diferentes fontes ensinam métodos distintos para alcançar níveis variados de receptividade (isto é, ir mais fundo). A maior parte dessas práticas tem em comum a metáfora de algum tipo de descida (por exemplo, descer de uma árvore, descer pela raiz, descer um rio, etc.).

O processo que descrevemos ensiná-lo-á a descer dois níveis. Se essa modalidade der resultado, você pode acrescentar outras técnicas para descer ainda mais. Mas se ela não lhe agradar, tente outras alternativas até descobrir uma com que você se sinta bem. Existem muitas técnicas descritas em vários livros da Nova Era, de caráter psicológico, psíquico, de artes marciais e mesmo de treinamento esportivo. Alguns desses recursos estão relacionados no fim deste livro.

Exercício de Relaxamento Progressivo

Passo 1

Deite de costas, relaxadamente, afrouxe as roupas e feche os olhos.

Passo 2

Inspire e, ao fazê-lo, tensione (o máximo que puder) os músculos dos pés. Em seguida, expire, ao mesmo tempo que relaxa os músculos dos pés. Simultaneamente, diga para si mesmo "Relaxe".

Passo 3

Repita o processo inspirar-tensionar, expirar-relaxar com os grupos de músculos relacionados abaixo; use o comando "Relaxe":

- Pés — Inspire...Tensione os pés...Expire e Relaxe.
- Panturrilhas — Inspire...Tensione as panturrilhas...Expire e Relaxe.
- Coxas — Inspire...Tensione as coxas...Expire e Relaxe.
- Quadris — Inspire...Tensione os quadris...Expire e Relaxe.
- Estômago — Inspire...Tensione o estômago...Expire e Relaxe.
- Peito — Inspire...Tensione o peito...Expire e Relaxe.
- Mãos — Inspire...Tensione as mãos...Expire e Relaxe.
- Antebraços — Inspire...Tensione os antebraços...Expire e Relaxe.
- Bíceps — Inspire...Tensione os bíceps...Expire e Relaxe.
- Ombros — Inspire...Tensione os ombros...Expire e Relaxe.
- Pescoço — Inspire...Tensione o pescoço...Expire e Relaxe.
- Cabeça — Inspire...Tensione a cabeça...Expire e Relaxe.
- Todo o corpo — Inspire...Tensione todo o corpo...Expire e Relaxe.

Passo 4

Ao inspirar, imagine-se e sinta-se, bem como todo o seu corpo, subindo até o teto. Ao expirar, imagine-se e sinta-se afundando, penetrando na terra, cada vez mais, sempre mais; repita para si mesmo: "Relaxe." Repita esse processo três vezes: Inspire, eleve-se; Expire, afunde e Relaxe; Inspire, eleve-se; Expire, afunde e Relaxe; Inspire, eleve-se; Expire, afunde e Relaxe.

Isso deve deixá-lo agradavelmente relaxado e num estado mental receptivo. Depois de fazer este exercício na posição deitada, procure fazê-lo sentado, de pé, e finalmente com os olhos abertos.

Exercício Três: Meditação da Árvore

Este exercício envolve algumas visualizações bastante detalhadas, mas se praticou os exercícios anteriores e se sentiu bem com eles, você poderá realizá-lo com facilidade. Caso ocorra algum problema, leia a descrição inteira algumas vezes e então pratique-o lentamente.

Este exercício tem o objetivo de ligá-lo com a Árvore do Mundo, um eixo simbólico a partir do qual todos os mundos do Universo psíquico ou astral se ramificam. Além de fornecer-lhe uma base e centrá-lo, ele lhe dá acesso à energia psíquica.

Paul pratica uma versão abreviada deste exercício antes de qualquer Trabalho de magia, e quando o tempo permite, realiza uma modalidade bem mais complexa.

Meditação da Árvore

Comece colocando alguma música relaxante de sua preferência, em volume baixo. Escureça a sala, deixando-a na penumbra. Desligue o telefone. Fique em pé ou sente-se relaxadamente, com as costas retas. Embase-se e centre-se aplicando as técnicas descritas anteriormente. Quando estiver bem relaxado:

PARTE 1 — DO MUNDO EMBAIXO

Passo 1

Concentre-se na respiração na região inferior do estômago colocando a mão direita sobre o estômago, com o polegar tocando o umbigo. Os praticantes de artes marciais chamam essa região de "Tan-Tien" inferior ou "Hara". O Tan-Tien inferior é a área onde a "energia da Terra e a energia do Céu se encontram e se equilibram". Comece nesse ponto.

Inspire profundamente, imaginando que está "respirando força" para o Tan-Tien, até sentir-se relaxado e "cheio de energia". Talvez sejam necessárias várias respirações, ou apenas uma.

Passo 2

Ao expirar, visualize-se descendo psiquicamente pela espinha, desde o Tan-Tien, e chegando aos joelhos, tornozelos e solas dos pés. Inspire e relaxe.

Passo 3

Ao expirar, continue descendo psiquicamente ainda mais: visualize uma linha de energia saindo dos seus pés e passando por qualquer revestimento do assoalho, atravessando o assoalho, o porão, a superfície do solo, a camada rochosa, o manto da Terra, e chegando ao Centro da Terra. Desça com essa linha de energia.

Passo 4

Sinta e reforce a sua ligação com o núcleo da Terra. Torne-a sólida, *saiba* que ela está aí!

PARTE 2 — PARA O MUNDO ACIMA

Passo 5

Ao inspirar, começando novamente no Tan-Tien, visualize-se subindo psiquicamente pela espinha até o diafragma, o coração, a garganta, o centro do crânio e a coroa da cabeça.

PASSO 6
Ainda inspirando, projete-se psiquicamente através da cabeça e visualize uma linha de energia passando pelo teto da casa e atravessando o céu, o Centro do sistema solar e o Centro da galáxia, até chegar ao Centro do Universo.

PASSO 7
Sinta e reforce sua ligação com o Universo. Torne-a sólida, *Saiba* que ela está aí!

PASSO 8
Neste ponto, visualize uma linha de energia desde o Centro da Terra, passando pelo Tan-Tien e chegando até o Centro do Universo. Sinta essas ligações, *Saiba* que elas estão aí!

PARTE 3 — DE VOLTA, ENCONTRANDO-SE E UNINDO-SE

PASSO 9
Agora, visualize a energia que sobe do Centro da Terra, passa por você e chega ao Centro do Universo voltando à Terra em forma de chuva. A energia que retorna penetra profundamente e alcança o Centro da Terra. Sinta novamente essa energia elevando-se através de você, para encontrar o Centro do Universo. Mais uma vez, deixe-a voltar para a Terra, até você visualizar um circuito de energia sólida que parte do Centro da Terra, passa por você, alcança o Centro do Universo e torna a voltar.

(Esse exercício é chamado de "Árvore" porque a energia se eleva através do corpo, sobe até o Centro do Universo e volta à Terra. A árvore visualizada é em geral um salgueiro que absorve a energia da Terra pelas raízes, leva essa energia para cima através do tronco e a distribui pelos galhos que se estendem para o Universo e em seguida tornam a pender para a Terra.)

PASSO 10
Sinta a energia subindo por seu corpo, chegando aos seus galhos e voltando à Terra, para ser recolhida por suas raízes e remetida novamente ao tronco. Reforce essa energia, *Saiba* que ela está aí!

Agora você é totalmente parte da Árvore do Mundo, e através dela pode compartilhar a energia de toda a criação.

Neste ponto você dispõe de toda a energia mágica que pode utilizar. Para aterrar essa energia, repita o exercício "Ritual de Ancoramento e Centramento", página 72.

Exercício 4: Os Sentidos como "Radares"
Depois de relaxar completamente com a Respiração Diafragmática, de abrir os sentidos para o Universo com o Relaxamento Progressivo e de unir-se ao Universo com a Meditação da Árvore, este exercício lhe possibilita estender metaforicamente os sentidos até a copa da "Árvore", e daí para fora. Este é um modo de "observar" psiquicamente o que existe ao seu redor. Chamamos de "radar", porque Paul desenha imagens do que sente psiquicamente numa tela de radar imaginária na sua cabeça.

Paul se vê "estendendo-se" como um radar psíquico, com um "raio" bem estreito que esquadrinha lentamente uma área circular de 360 graus. As impressões psíquicas lhe chegam como sensações as mais diversas. Por exemplo, ele pode ter a sensação de claridade intensa numa direção ou ver um Gigante da Tempestade numa nuvem colossal.

Essas podem ser apenas impressões psíquicas, sem existência física. Você está usando os sentidos psíquicos da Mente Subconsciente para perceber essas coi-

Meditação do radar psíquico

Faça os exercícios da Respiração Diafragmática e do Relaxamento Progressivo.

Faça a Meditação da Árvore, do Passo 1 ao 10.

PASSO 1
Visualize-se subindo na Árvore; ultrapasse o teto da sala e o telhado da casa e eleve-se alguns metros no ar.

PASSO 2
"Estenda" os sentidos (do tato ou da visão, o que achar melhor) e "perceba" o que há para ver.

sas; por isso, se reage a essas impressões como se elas fossem reais, você leva também o Subconsciente a agir como se elas fossem reais. Lembre-se, para o seu Subconsciente, essas impressões *são absolutamente reais*.

Tudo é uma questão de perspectiva. Num festival em que Paul trabalhou, algum tipo de energia psíquica estava afetando os participantes, deixando-os muito nervosos e pouco à vontade; muitos estavam tendo os mesmos pesadelos de estupros e assassinatos. Com a Meditação do Radar Psíquico, descobriu-se que havia um dragão perturbado nas proximidades do acampamento. Alguns queriam destruir o dragão, outros achavam que essa era uma medida excessivamente drástica. Finalmente, uma pessoa perguntou ao dragão o que o incomodava tanto. Ele respondeu que as pessoas estavam jogando lixo em seu pequeno lago, situado no centro do acampamento. O entulho foi removido, o dragão foi embora, os participantes relaxaram e os pesadelos coletivos de estupro e assassinato desapareceram.

Talvez você esteja pensando que isso não faz sentido, mas o fato é que a maioria dos participantes do festival pagão estava ficando cada vez mais agitada, muitos deles tendo pesadelos violentos, sem nenhuma causa física perceptível. Paul realizou a Meditação do Radar Psíquico. A resposta física sugerida pelos resultados da meditação foi posta em prática e os sintomas da agitação dos participantes desapareceram. Chegou-se a um final positivo com o mínimo de estardalhaço e ninguém se feriu ou ficou incomodado no decorrer da solução do problema.

Assim, havendo ou não realmente um dragão irritado, o exercício foi eficaz, trouxe resultados positivos e todos ficaram felizes. O lixo havia sido depositado no lago por grupos anteriores, não pelos presentes nesse festival específico. Pelo menos o lago ficou limpo e as pessoas não tiveram mais pesadelos, dois resultados muito positivos. Como isso aconteceu, e se poderia ser comprovado cientificamente, é questão discutível. O que importa é que funcionou. É essa atitude pragmática orientada para resultados que deve predominar em nossas relações com a magia.

Ao capacitar-se a aplicar essas técnicas psíquicas/mágicas, você terá à disposição as ferramentas necessárias para investigar e ter respostas para muitas situações desse tipo, e a melhor parte de tudo isso é que, com experiência, essas técnicas são muito rápidas e podem ser realizadas em qualquer lugar.

Passemos agora da análise das nossas capacidades psíquicas internas para a explicação de como devemos envolver a intenção para que a Mente Subconsciente a compreenda e valorize.

Encantamentos

Uma das principais razões que leva as pessoas a estudar a Arte é aprender a criar e lançar encantamentos. As pessoas querem ter capacidade de influenciar significativamente sua vida. No início, elas desejam amor, segurança, etc., mas, à medida que progridem na Arte, descobrem que o trabalho psicológico pessoal (o progresso espiritual interior que possibilita a realização da magia) passa a ser mais importante e realizador do que o trabalho de encantamento.

Oração e encantamento são duas coisas diferentes. Quando uma pessoa reza, ela quase sempre pede a intercessão de Deus, seja em benefício próprio, seja a favor de alguém. Um encantamento é realizado pela força da vontade ou do poder do indivíduo, sem intervenção divina. Podemos discutir indefinidamente sobre se é realmente possível separar-nos do divino, mas a diferença paradigmática da ação é que uma (oração) envolve os Deuses *diretamente*, enquanto o outro (encantamento) não.

Como se faz um encantamento? O procedimento intelectual mais eficaz parece-se muito com as técnicas de realização de um ritual por razões semelhantes. Para maior clareza, repetimos aqui os pontos mais relevantes:

- Antes de começar o encantamento propriamente dito, saiba *o que* você quer realizar, *por que* quer e *como* procederá.
- Envolva o maior número de sentidos possível.
- Faça o que agrada tanto aos seus sentidos como à sua Mente Subconsciente.
- Visualize o que você quer da maneira mais simples possível.
- Faça alguma coisa *especial* para deixar o Subconsciente "de sobreaviso" de que algo *especial* está acontecendo.
- Procure objetivar cada conceito com metáforas ou histórias que a sua Mente Subconsciente possa compreender.
- Não fale, *faça*.
- Concentre-se num único conceito por vez.
- Concentre-se acima de tudo no *objetivo*, ou no resultado final do que você quer alcançar, e não no modo de chegar lá.
- Alterne períodos de intensa concentração (ou conceitos) com períodos de maior relaxamento.
- Use a repetição o mais possível, tanto num Trabalho específico como em Trabalhos semelhantes, embora separados.
- Ao terminar, libere os pensamentos para o Universo, e *desligue-se* de tudo.

Pode-se considerar o encantamento como um ritual inserido num ritual. Se você é principiante, sugerimos enfaticamente que siga os procedimentos acima até se sentir à vontade enquanto desenvolve encantamentos. Se, porém, a intuição entrar em cena, e você se sentir inspirado a fazer alguma coisa de determinada maneira, confie nas suas sensações e proceda da forma sugerida. Depois avalie os resultados e altere o encantamento seguinte, caso julgue necessário.

As "Leis?" da Magia

Nos últimos anos, a comunidade ligada à magia vem discutindo alguns conceitos que passaram a ser chamados de "Leis da Magia". Essas "Leis" descrevem critérios de ação. Relacionamos abaixo algumas delas — referidas como Teorias da Magia — para que você as aplique em seus encantamentos. Observe que as chamamos de "Teorias", "Princípios", "Conhecimento", e não de "Leis", porque achamos que não é possível descrevê-las em termos suficientemente técnicos de modo a classificá-las como "Leis".

Os requisitos fundamentais para o trabalho de magia são os princípios do Conhecimento e do Autoconhecimento. Quanto mais você souber o que está fazendo, o que estará afetando e, especialmente, quanto mais conhecer a si mesmo, mais eficaz você será.

Causa e Efeito significam que sempre que você fizer alguma coisa, haverá um resultado. Teoricamente, fazendo a mesma coisa duas vezes seguidas, o efeito deve ser o mesmo cada vez.

A Teoria do Caos diz que tudo está conectado, e por isso qualquer mudança em qualquer lugar afeta tudo em todos os lugares. Por essa razão, um mago competente sabe que é impossível controlar todas as variáveis. Chamamos a isso de Efeito Dominó. Quando colocamos peças de dominó de pé uma ao lado da outra, se tocarmos na peça de uma das extremidades, todas as demais cairão em cascata. Em geral, um dos problemas com a magia é que você não é a única pessoa que cria imagens e derruba peças de dominó, e todas essas imagens estão interconectadas durante todo o tempo.

A Teoria do Universo Holográfico, derivada da Teoria do Caos, afirma que tudo que existe, existe e se reflete em tudo, e que uma pequena mudança num nível da existência reflete-se proporcionalmente em cada um dos demais níveis. Outra maneira de dizer isso é "Como em cima, assim embaixo".

A Sincronicidade pode ser definida como dois ou mais eventos semelhantes ocorrendo ao mesmo tempo; é também chamada de coincidência. Podemos descrever melhor um dos aspectos desse efeito com a expressão "A pessoa certa, no lugar certo, na hora certa".

A Teoria da Associação diz que, se duas coisas têm elementos em comum, elas interagem por meio do que têm de semelhante, e o controle dos elementos comuns de uma delas garantirá o controle da outra.

A Lei da Semelhança, e a seguinte, a Lei do Contágio, foram descritas pela primeira vez pelos autores populares L. Sprague deCamp e Fletcher Pratt em seu romance de ficção *The Incompleat Enchanter* (Ballantine Books, Nova York, 1975, pp. 7-8), e as definições que deram ainda são consideradas padrões. Nessa obra, eles escreveram que "A Lei da Semelhança pode ser enunciada assim: Os efeitos se assemelham às suas causas. Isso não é válido para nós, mas os povos primitivos acreditam firmemente nessa idéia. Por exemplo, eles pensam que, com o fetiche adequado, pode-se fazer chover derramando água no chão".

Para descrever a Lei do Contágio, deCamp e Pratt escrevem: "As coisas que estiveram em contato continuam a interagir a distância depois de separadas." Nesse caso, o contato tanto pode ser físico como psíquico; a força do contato dependerá da quantidade de energia ou da intensidade da atenção posta na conexão, sendo irrelevante se a separação se dá no tempo ou no espaço.

Mencionamos aqui duas teorias opostas e complementares — Atração Positiva e Atração Negativa. Na Atração Positiva, se quer criar uma realidade específica, você precisa aplicar uma energia correspondente. Por exemplo, se quer atrair amor, você precisa ser amoroso. O melhor enunciado para Atração Negativa é "os opostos se atraem". Está além dos objetivos deste livro explicar minuciosamente como essas duas teorias interagem e, como quase todos nós fomos educados na teoria filosófica ocidental do Dualismo, é difícil explicar que esses dois conceitos aparentemente opostos são, na verdade, complementares. Talvez a melhor maneira de descrever essa interação seja o leitor pesquisar o conceito oriental de yin e yang, que descreve bem melhor os efeitos dessas duas teorias da "Atração".

A última propriedade que mencionaremos é o nome verdadeiro. Para essa questão, reporte-se à explicação que demos anteriormente neste capítulo.

Existem outras "Teorias da Magia", mas como você não precisa conhecer todas elas para ser um mago eficaz, ficamos por aqui. Caso você se interesse por outras teorias mais exóticas e complexas, consulte o Guia de Recursos na página 382 para obter mais informações. O Trabalho com as teorias que expusemos aqui dar-lhe-á um grande impulso no aperfeiçoamento das suas capacidades de magia.

Para ilustrar a aplicação de algumas dessas teorias, descreveremos um encantamento de cura para um amigo com um braço quebrado.

Encantamento de Cura

PASSO 1

O objetivo é ajudar a curar o braço do amigo, fortalecendo a capacidade para cura que ele tem dentro de si mesmo e diminuindo a dor. O primeiro passo é dizer a ele o que você pretende fazer e obter a permissão dele.

Obviamente, se o seu amigo está no hospital, inconsciente, não será possível conseguir essa autorização. Mas afora situações como essa, só faça alguma coisa com o consentimento da pessoa. Se ela está inconsciente e não pode responder, informe-a do que planeja fazer. É importante obter permissão por dois motivos.

Independentemente dos motivos ou dos eventuais resultados, os wiccanianos consideram antiético praticar um ato de magia sem autorização. É importante manter um padrão ético elevado porque, do contrário, você desvaloriza o que faz, e desvalorizar a sua magia aos próprios olhos não é uma maneira adequada de fazer o seu Subconsciente compreender a importância da sua magia.

É importante que o receptor da ação compreenda o que você está querendo fazer. Se isso não acontecer, ele pode resistir ao encantamento. Se o Subconsciente dele não compreende o benefício que você quer prestar-lhe, ele pode interpretar suas ações como um ataque e tratará o encantamento como tal.

PASSO 2

Se você faz esse encantamento a distância (isto é, você está em casa e o receptor no hospital), faça um boneco do paciente. Um boneco é um símbolo que em sua Mente Subconsciente tem ligação com o receptor. (Ao fazer um boneco, aplique o maior número de princípios de magia que puder. Por exemplo, uma mecha do cabelo da pessoa envolveria a Lei do Contágio, uma fotografia incluiria a Lei da Semelhança, um boneco com um braço quebrado implicaria a Teoria da Associação, e assim por diante.)

PASSO 3

Lance um Círculo e prepare-se para o Trabalho.

PASSO 4

Pegue o boneco e visualize-se retirando a dor do paciente e dirigindo-a para outro objeto (talvez uma vela). À medida que a vela queima, visualize a dor diminuindo (Teoria da Associação).

PASSO 5

Se o boneco tem um braço que você possa arrumar, conserte-o fisicamente (se possível, coloque uma tala) e visualize o braço do paciente sendo restaurado. (Que princípios de magia se aplicam aqui?)

PASSO 6

Segure o braço consertado do boneco na mão. Respire fundo. Ao inspirar, insufle energia boa (de cor azul) no paciente. Ao expirar, expulse a energia ruim (de cor cinza) do paciente.

PASSO 7

Ao terminar, desfaça o Círculo, envolva o boneco numa manta, coloque-o num lugar seguro (você pode desmontá-lo mais tarde) e faça uma visita ao amigo. Só fale sobre o ritual depois de bastante tempo que a cura tiver acontecido. Se ele perguntar, você pode dizer, "Está sendo feito".

Visualização

Visualizar é usar a imaginação para "ver" o mundo psíquico. A mente por si só não está equipada para interpretar fenômenos psíquicos. É com a cooperação entre os cinco sentidos físicos (olfato, paladar, tato, visão e audição), a Mente Consciente, a Mente Subconsciente e a Alma que a imaginação acontece. E a imaginação só trabalha com imagens. O exercício a seguir o ajudará a melhorar as imagens vistas por sua imaginação.

Exercício de Visualização Um

PASSO 1

Crie um ambiente relaxante, livre de perturbações, uma sala com pouca iluminação, música de fundo suave e um aroma leve e agradável. Envolva todos os sentidos que puder, sem distrair-se. Sente-se numa posição confortável.

PASSO 2

Coloque uma vela acesa a aproximadamente 1,80 m de distância, e olhe para a chama. Observe suas cores, como ela se movimenta, veja tudo o que acontece com ela. Familiarize-se com a chama.

PASSO 3

Depois de fitar a chama durante alguns minutos, feche os olhos e continue vendo-a à sua frente. Em outras palavras, recrie a chama na sua mente.

Decorridos alguns minutos visualizando a chama na mente, abra os olhos e veja se o que esteve visualizando é o que você vê.

Repita o procedimento até visualizar e ver precisamente a chama com os olhos da mente.

Exercício de Visualização Dois

Sob as mais diversas formas, este é o exercício básico que muitas Tradições adotam para desenvolver a capacidade de visualização.

PASSO 1
Crie um ambiente relaxante, como no Exercício Um; sente-se confortavelmente numa cadeira e feche os olhos.

PASSO 2
Veja à sua frente uma tela de veludo totalmente preta. Saiba que a tela preta está aí.

PASSO 3
Veja um pequeno ponto amarelo aparecer no centro da tela. Observe o ponto aumentar até transformar-se numa bola. Tome consciência de que a bola está aí.

Veja a bola transformar-se num quadrado, e em seguida numa estrela. Veja essas transformações. Sinta que elas estão aí.

Torne a transformar a estrela numa bola, depois num ponto, e veja o ponto desaparecer na tela preta.

Repita este último passo até familiarizar-se com ele.

À medida que for se tornando mais habilidoso com essa técnica, procure visualizar figuras cada vez mais complexas.

A capacidade de visualizar o que a mente "vê" é muito importante para lançar encantamentos e para adivinhação.

Rimas e Cantos
A técnica de criar rimas é antiga, e algumas Tradições de magia exigem que todos os encantamentos, para eficácia plena, sejam "expressos em rima". Embora não sejam um requisito para encantamentos eficazes, as rimas facilitam a memorização das fórmulas. Elas transmitem uma cadência e um ritmo de tempo que favorecem o trabalho de magia. Nós não ensinamos a fazer rimas, preferindo outros métodos para criar uma magia eficaz, mas se você gosta de rimas, e se elas lhe ocorrem com facilidade, vá em frente e use-as em seus encantamentos.

Cantos e mantras também são muito antigos, têm certa semelhança com as rimas e podem dar excelentes resultados. Faça experiências com eles e veja de que modo podem ser-lhe úteis. Depois de adquirir experiência com uma determinada habilidade, como meditação ou ancoramento e centramento, uma frase-gatilho pode ser suficiente para realizar a tarefa. Se associar as sensações e técnicas que você aperfeiçoou a um bordão (adotado durante o processo de aprendizado), você poderá chegar quase instantaneamente ao estado que precisa para uma determinada habilidade apenas usando esse bordão, que então é um mantra para você. Há pessoas que criam um Círculo apenas com um mantra. Outras podem lançar um encantamento de maneira semelhante.

Seja cauteloso com esses mantras. Esteja seguro de que você realmente quer o efeito evocado pelo mantra. Talvez seja mais adequado reservar esses mantras como escudo e proteção pessoal.

Prática, prática, prática é a chave para um encantamento e uma magia eficazes. Não há necessidade de nenhum esforço; tudo deve ser natural e produzir bem-estar. Às vezes saber de cor também ajuda em certos Círculos ou encantos e técnicas. Quanto mais magia fizer, mais você se aperfeiçoará. O mesmo se aplica às capacidades psíquicas.

Encantamentos com Velas

Encantamentos com velas são alguns dos mais fáceis de realizar. Se for a uma loja especializada, você encontrará velas pilares em recipientes de vidro com encantos impressos nelas. Algumas vêm com nomes de santos cristãos ou de outros Deuses; ao queimá-las, você invoca as energias impressas nelas. Acredita-se que quando a vela termina de se consumir, você obtém o encanto escrito ou o que pediu de maneira geral. Bastante fácil. As velas pilares são chamadas de velas de sete dias, porque podem queimar por várias horas durante sete dias antes de terminar. Infelizmente, as pessoas geralmente perdem o interesse e não concluem o procedimento de forma apropriada, ou seja, não queimam a vela até o final.

A magia wiccaniana com velas é semelhante aos conceitos acima.

Encantamento da Vela

Passo 1

Primeiro defina o que, o porquê e o como do seu encantamento.

Passo 2

Escolha uma vela de cera que fique firme num castiçal comum. Veja que seja uma vela da cor apropriada ao objetivo que você tem em mente e que também tenha sentido para você. Pode ser uma das cores especiais listadas em qualquer livro que contenha quadros de correspondências, mas a cor da vela não precisa estar necessariamente em nenhum desses quadros. Ela pode ter significado apenas para você. Idealmente, a vela não deve ter cheiro, a não ser que você escolha um aroma que também corresponda a seu propósito. Você também pode usar uma vela totalmente branca ou uma vela de cera de abelha incolor. Nesse caso, acrescente cor ao seu encantamento valendo-se de outras técnicas.

Passo 3

Reúna todos os materiais que vai precisar para o ritual, inclusive os instrumentos ritualísticos próprios de um Círculo.

Passo 4

Lance o Círculo.

Passo 5

Uma vez lançado o Círculo, pegue a vela e purifique-a com sal e água para remover influências indesejadas; purifique-a com Fogo e Ar e abençoe-a com óleo ou vinho para impregná-la com as energias que deseja. Em seguida, consagre a vela para o seu objetivo. Isso pode ser feito de várias maneiras.

Você pode gravar na vela palavras que representem os seus desejos para o encantamento. Escolha palavras positivas (lembre que o Subconsciente não entende "não") e curtas o suficiente para caberem na vela. O recomendável são uma ou duas palavras afirmativas; por exemplo, você poderia escrever saúde, prosperidade, amor, paciência, coragem, compreensão, simpatia, bom emprego, casa financiada, aprendizado e conhecimento, aumentar capacidades psíquicas, proteção, segurança contra males, distância de inimigos, família feliz, etc.

Se quiser, use óleos aromáticos para ungir a vela e assim comunicar-lhe a sua intenção. Os óleos só funcionam se a vela não for aromática. Velas de cera de abelha têm um cheiro natural de mel, mas isso não será problema se você acrescentar outro aroma com óleo. Use um óleo que corresponda ao que você quer. Há muitos bons livros disponíveis que relacionam os óleos e seus atributos (ver Guia de Recursos). Ao untar a vela, afirme o seu propósito para que o óleo sele esse propósito na vela. Passe uma leve camada de óleo na vela e esfregue-a suavemente.

Diga em voz alta ou cante a sua intenção para a vela.

Você pode atar uma fita da cor apropriada em torno da vela, amarrando assim a sua intenção nela.

Você pode combinar alguns ou todos os procedimentos acima.

PASSO 6

Depois de consagrar a vela para o propósito desejado, acenda-a no Círculo e envie o encanto imediatamente, ou então desfaça o Círculo e guarde a vela para outra ocasião.

A vela está carregada com a sua intenção. A queima da vela libera a intenção para o Universo. Normalmente serão necessárias várias queimas para consumi-la totalmente. Não espere queimá-la toda numa única sessão, a menos que seja uma vela pequena ou que você disponha de muito tempo. A vela provavelmente levará alguns dias para queimar. Ao acendê-la, lembre-se da intenção que colocou nela. Concentre-se na chama enquanto a acende e durante alguns minutos depois de acendê-la. Depois deixe-a queimando, e dedique-se a outras atividades.

Nunca deixe uma vela queimando sozinha. Se tiver de sair, apague-a. Acenda-a novamente quando voltar. Concentre-se na sua intenção ao acendê-la e ao apagá-la.

Quando a vela termina de queimar, o encantamento está feito. O que acontece depois compete ao Universo. Dê ao Universo tempo suficiente para que ele realize o seu propósito. Queimar uma vela de amor e apenas uma semana depois dizer que foi um fracasso não é ser realista. Os encantamentos da vela são mais eficazes para processos que demoram a acontecer. São também bons para modificação do comportamento ou do caráter, se você quer mudar ou melhorar. Você pode repetir o encantamento, mas só depois de passado um mês, pelo menos. Depois de um mês, caso não observe uma mudança de comportamento ou atitude, ou se o objetivo pretendido não se realizou, talvez esse objetivo não sirva para você ou você não esteja vendo o que lhe é oferecido. Às vezes você pode perder uma oportunidade que não relacionou com o seu encantamento ou talvez você não precisava do que pediu. Existem muitas razões para o que parece um encantamento inoperante. Seja honesto consigo mesmo, e você provavelmente descobrirá que todos os encantamentos são respondidos, embora não necessariamente da maneira que você queria.

Magia com Cordão

Esta magia envolve os sentidos físicos, a mente e as emoções. Estelle gosta desta técnica porque pode tecer cordões de proteção, cordões que têm relação com certas Divindades específicas, e encantamentos que têm como objetivo certas alterações de caráter. Por exemplo, ela queria ser mais profissional e menos emocional no trabalho. Para isso, ela teceu um encantamento num cordão que podia usar no trabalho, embaixo da roupa. O cordão recebeu determinadas características que a ajudavam a alcançar os seus objetivos. Deu tudo certo. No fim, você acaba descobrindo que não precisa mais do cordão e deixa de usá-lo, porque absorveu as instruções tecidas nele.

Ilustramos aqui dois encantamentos com cordão. Embora não sejam muito diferentes no grau de dificuldade, na forma do ritual ou no material usado, eles diferem significativamente nas partes do cérebro envolvidas. Um é feito com canto, o outro com visualização. Sugerimos que faça os dois para ver a qual deles você se adapta melhor.

Materiais

Você vai precisar de algum tipo de cordão ou fio. Recomendamos seda ou poliéster acetinado em três larguras diferentes. Os cordões estão disponíveis em muitas cores brilhantes e podem ser encontrados em lojas de tecidos ou de artesanato. Você pode usar fio, mas será difícil encontrá-lo com pouco comprimento, o que o obrigará a comprar um novelo inteiro. Fitas também servem, desde que sejam estreitas e relativamente finas, e podem ser compradas em comprimentos específicos. Cordão de macramé também dá bons resultados.

As cores que você escolher devem ter relação com o encantamento que espera tecer. Essas cores devem ter sentido para você, sem necessariamente aplicar-se a outras pessoas. Quanto mais cordões você tecer juntos, maior a quantidade de cores que pode usar; no início, porém, recomenda-se apenas três. Você pode usar qualquer combinação de cores para os três cordões — diferentes, três tons parecidos, dois da mesma cor, etc. As cores devem ser brilhantes ou fortes e, enquanto as tece juntas, elas o ajudarão a aumentar a energia do encantamento. Se está fazendo um cordão para uma Divindade, use as cores dela, se as conhecer. Escolha cores que evoquem uma resposta emocional e que o liguem com o encantamento que vai tecer. Se tecer um encantamento para outra pessoa, peça algumas informações sobre ela, mas lembre-se, é você que tece o encantamento.

Cabe a você decidir sobre o comprimento do cordão. Quanto mais comprido, mais tempo será necessário para tecê-lo, mas também mais energia você poderá colocar nele. O comprimento máximo recomendado é de 2,70 m, e o mínimo, de 1m. Esse mínimo justifica-se porque é necessário algum tempo para desenvolver o ritmo do encantamento, e comprimentos mais curtos dificultam o trabalho. Além disso, provavelmente você não conseguirá amarrar em torno da cintura um cordão trançado a partir de 1 metro de comprimento (ele fica mais curto depois de trançado). Por outro lado, será mais fácil colocar no bolso ou na bolsa um cordão mais curto. De qualquer modo, o encantamento dará resultado.

Os Nós

No primeiro ritual, você vai amarrar o encantamento no cordão com nós. Essa modalidade de encantamento é muito antiga e muitas culturas usaram alguma variação dele durante séculos. Faça os nós como achar melhor. Para este encantamento específico, escolhemos um padrão relativamente simples. Algumas pessoas usam o padrão Cat's Cradle (cama de gato) ou macramé. A complexidade dos nós depende de você. A menos que tenha experiência com macramé ou com nós complicados, recomendamos que simplesmente comece; com prática e sucesso, passe para nós mais complexos.

Encantamento de Cordão Número Um

Passo 1

Antes de começar, decida o que, o porquê, e o como do seu encantamento; também escolha o material, a cor e o comprimento do cordão que usará.

Passo 2

Lance um Círculo. Invoque as Divindades da sua preferência. Consagre o cordão passando-o pelo incenso. Purifique-o com sal e água e unte-o com óleo.

Passo 3

Sente-se confortavelmente no centro do Círculo. Segure o cordão na mão. Visualize o que quer amarrar nele e diga:

> *Pelo primeiro nó, o encantamento começa.*
> (Dê um nó no meio do cordão.)
> *Pelo segundo nó, esse encantamento é verdadeiro.*
> (Dê um nó no ponto intermediário entre uma ponta do cordão e o nó central.)

Pelo terceiro nó, uma coisa para mim.
(Dê um nó no ponto intermediário entre a outra ponta e o nó central.)
Pelo quarto nó, a porta se abre.
(Dê um nó no ponto intermediário entre o nó número dois e o nó central.)
Pelo quinto nó, o encantamento está vivo.
(Dê um nó no ponto intermediário entre o nó número três e o nó central.)
Pelo sexto nó, meu encantamento eu firmo.
(Dê um nó no ponto intermediário entre o nó número dois e a ponta do cordão.)
Pelo sétimo nó, iremos para o céu.
(Dê um nó entre o nó número três e a outra ponta do cordão.)
Pelo oitavo nó, este trabalho é grandioso.
(Dê um nó numa das pontas do cordão.)
Pelo nono nó, alcançarei o meu objetivo.
(Dê o último nó na outra ponta do cordão.)
Assim Seja.
(Mergulhe as pontas do cordão na cera derretida de uma vela, selando o poder dentro dele.)

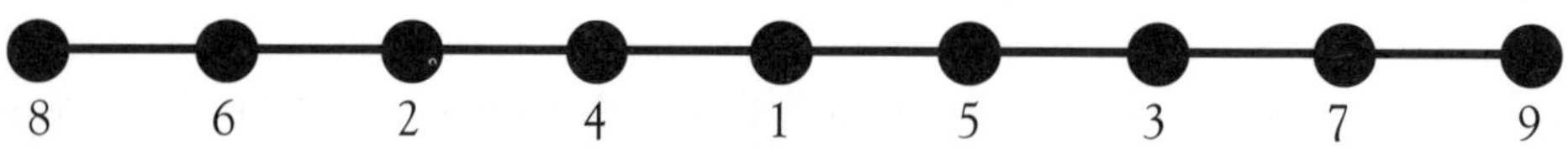

Cordão com Nós

PASSO 4
Agradeça aos Deuses. Desfaça o Círculo. Termine o ritual.

(Versão inglesa, rimada, deste encantamento:

By knot of one, the spell's begun.
By knot of two, this spell is true.
By knot of three, a thing for me.
By knot of four, open the door.
By knot of five, the spell's alive.
By knot of six, my spell I fix.
By knot of seven, we'll go to heaven.
By knot of eight, this work is great.
By knot of nine, my goal I'll find.
So Mote It Be.)

Cordão Trançado

Este encantamento é feito sem uma fórmula verbal específica, e você o trançará, sem dar nós, entre os fios do cordão. Em vez de escrever exatamente o que você vai dizer, recomendamos que tenha uma idéia clara do que quer alcançar e elabore uma expressão ou mantra simples que o ajudará a ater-se à essência do encantamento. Estelle normalmente usa palavras ou frases que descrevem de forma positiva o que ela quer. No encantamento para um emprego, mencionado acima, ela disse, "profissional, orientado para a carreira, objetivo, diplomático, confortável, excelente, muito trabalhador". Ela não disse, "não-emocional", porque o Subconsciente não ouviria *não* (ou negativas) e interpretaria "não-emocional" como emocional. Em vez disso, ela usou profissional e objetivo como formas alternativas para expressar o seu desejo de não ser emocional.

Seria interessante trabalhar com três fios apenas em seus esforços iniciais com este encantamento. A sua energia deve ir para o encantamento, não para a realização de uma atividade complicada. Quando quiser algo mais elaborado, consulte alguns dentre os muitos livros sobre macramé que ensinam várias formas de trançamento.

Encantamento de Cordão Número Dois

PASSO 1

Resolva antecipadamente o que, o porquê, e o como do seu encantamento, e escolha o material, a cor e o comprimento dos fios que usará.

PASSO 2

Lance um Círculo. Invoque as Divindades que preferir. Consagre os fios passando-os pelo incenso. Limpe-os com sal e água e unte-os com óleo. Em seguida, mergulhe as extremidades em cera derretida para impedir que desfiem.

PASSO 3

Amarre uma das pontas dos fios em algo firme e trance a partir daí. Estelle usa o puxador de uma gaveta. Ela trança os fios em anéis, como os de uma corrente de chaveiro, fáceis de encontrar em lojas e baratos. Também é suficiente simplesmente dar um nó nas pontas.

PASSO 4

Visualize o objetivo do encantamento e comece a trabalhar, dizendo o mantra ou as palavras em voz alta ou em sussurro enquanto trança. Mesmo em silêncio, diga e forme as palavras com os lábios. Você "fala" o encantamento para o cordão enquanto ele está sendo trançado. Enquanto faz o trançado, outras palavras ou frases podem vir-lhe à mente. Se forem adequadas e positivas, use-as. Você pode improvisar as palavras, e provavelmente fará isso à medida que o cordão aumentar. Ao terminar o cordão, você não precisa lembrar-se exatamente do que disse. Enquanto trança, talvez você entre num estado de "não-mente", um tanto inconsciente do que fazia enquanto recitava o mantra. É a repetição que torna essa magia eficaz — a repetição e a concentração, tanto no ato de trançar como no de dizer as palavras.

Estelle trança com agilidade, e pode fazer um cordão de 2,70 m em vinte ou trinta minutos. Se você é mais lenta e meticulosa, precisará de mais tempo. Adapte o tempo disponível ao comprimento do cordão. Se trança lentamente, faça um cordão mais curto; se é rápida, faça um cordão de 2,70 m. Reserve tempo suficiente para terminar o cordão sem interrupções. Se tiver cãibra nos braços e nos ombros, movimente-se e massageie-se, mas não deixe de terminar o cordão. Passe o cordão de uma mão para a outra enquanto faz alongamentos. Não o solte, porém, porque o trançado pode desfazer-se e é preciso manter contato energético com o cordão até que o encantamento esteja todo amarrado e terminado.

PASSO 5

Ao terminar, pingue cera derretida nos nós das pontas para fixá-los. Fios de cetim são lisos e escorregadios, e por isso difíceis de segurar os nós.

PASSO 6

Desfaça o Círculo. Limpe o espaço e guarde todo o material. Dedique-se às suas atividades normais. No momento oportuno, pegue o cordão e use-o.

O cordão está energizado pelo trançado e pelas palavras nele tecidas. Ele está sempre em sintonia com o propósito que você teceu nele. Este é um encantamento instantâneo que você pode invocar simplesmente usando ou manuseando o cordão, enquanto relembra a intenção que inseriu nele. Ao terminar, retire o cordão para voltar a seu estado mental normal.

O Que Fazer com os Cordões

Estelle tem toda uma coleção de cordões, tecidos para muitos objetivos, um kit que sempre leva consigo em suas viagens. Ela os guarda em bolsinhas e tira os que precisa de acordo com o momento. Quase todos são cordões de Divindades, e ela usa um ou mais sempre que realiza um ritual ou participa de um Sabá.

Não recomendamos usar cordões de encantamento continuamente. Em primeiro lugar, você pode ficar dependente deles. Eles devem ser apenas um lembrete. Com o tempo, você adaptará e absorverá a sua intenção; assim, ela se tornará automática e você não precisará mais do cordão. Se você usa um cordão para proteção e defesa, ele pode ser muito eficaz, mas também pode se tornar uma muleta. Você deve ser capaz de ancorar, centrar e proteger a si mesmo. Um cordão dever ser reservado para quando você precisa fazer outras coisas, e talvez necessite da defesa extra oferecida pelo cordão. O cordão o defenderá, deixando suas energias livres para outras tarefas. Uma ou outra vez, você pode emprestar um cordão a alguém que ainda não aprendeu a se proteger de fato. A pessoa pode então sentir como é estar protegida, o que pode ajudá-la a aprender.

Há mais tempo, Estelle teceu um Círculo completo num conjunto de cordões, seis ao todo, para Ar, Fogo, Água, Terra, acima e abaixo, todos nas cores apropriadas. Esses cordões, quando colocados em torno de uma sala, invocando mentalmente o elemento da área correspondente (Ar é Leste, etc.), e pedindo sua ajuda para proteger o Círculo, se transformam num Círculo portátil; e quando ligado mentalmente com energia, ele sela e protege um espaço com a mesma eficácia de um Círculo lançado. Tecido em cordões, esse Círculo pode ser montado rapidamente (em questão de minutos) e não requer nenhum material especial. Terminado o Trabalho com esse Círculo, Estelle "desconecta" a energia, recolhe os cordões, agradece a cada elemento a proteção do Círculo e os guarda até uma próxima ocasião. Eles recebem novas energias cada vez que são usados.

Você também pode trançar cordões dedicados a uma ou várias Divindades, dizendo o nome dela(s), os atributos, etc., enquanto tece. Esses cordões servem para pedir proteção a essa Divindade em particular, para entrar em contato com as qualidades ou atributos dela ou apenas como símbolo da Divindade num Círculo.

Você pode tecer encantamentos de cura em cordões. Mas depois de obtida a cura, o cordão deve ser destruído, de preferência com fogo, pois ele já cumpriu a sua missão. Você não precisa, necessariamente, destruir outros encantamentos, mas os cordões de cura devem ser destruídos porque ficam impregnados da energia da pessoa curada, e isso pode afetar negativamente outras pessoas se o cordão for reutilizado.

Cordões de encantamento também podem ser usados para criar o símbolo de um coven. O coven recebe um nome e cada pessoa contribui com cordões na cor de sua preferência. Os cordões então são trançados juntos, contendo as energias de todos os membros do coven. Por exemplo, num coven de cinco pessoas, cada uma contribui com cinco cordões de sua cor, no comprimento combinado. Numa reunião, cada adepto dá um cordão para os outros e guarda um para si mesmo. Como ritual de grupo, cada um trança os cordões ao mesmo tempo, seguindo um padrão de sua preferência. Os cordões trançados contêm as energias de cada integrante do grupo, podendo ser usados nas reuniões e rituais ou como insígnia de filiação nesse coven ou em outros ambientes ritualísticos. O trançado de cordões em grupo é um ótimo ritual para um coven começar a formar um espírito de grupo.

Adivinhação

A adivinhação é antiga. Na China foram encontradas amostras de carapaças de tartaruga usadas para escapulomancia e datadas de aproximadamente 7500 AEC. Outras culturas documentaram várias técnicas com o passar dos milênios. A adivinhação é uma tentativa de receber uma mensagem dos Deuses, mas pode ser concebida também como o inverso do encantamento. Com o encantamento você procura mudar o Universo, com a adivinhação você tenta entender o que o Universo é realmente. Essas capacidades são complementares — quanto melhor você "lê" o Universo (adivinhação), com mais perfeição você pode "escrever" sobre ele (encantamento). Não vamos detalhar o modo de funcionamento de nenhum método específico de adivinhação, mas explicaremos como ela pode fazer parte da sua vida espiritual.

Muitos acham que adivinhar é simplesmente "prever o futuro", dizer o que vai acontecer. As pessoas em geral não fazem adivinhação para si mesmas, mas vão a um adivinho para descobrir o que o futuro lhes reserva. Alguns livros e instrutores chegam a dissuadir as pessoas de fazer suas próprias leituras. Nós discordamos dessa posição.

Quem mais sabe sobre você, sua situação e seu futuro é *você* mesmo. Poderíamos prever que você se envolverá num acidente de carro, mas se você não dirige e anda de ônibus, a previsão é inútil. Não sabemos nada sobre você e sobre as suas circunstâncias; você sabe. Entretanto, você está intimamente envolvido com sua vida e talvez lhe falte a perspectiva necessária para interpretar o significado da leitura. Por exemplo, você pode fazer uma leitura para si mesmo e divisar algum revés no horizonte. Você se lembra da infiltração no teto da sala e acha que esse é o revés. Então a tia Madalena vem para a cidade e se instala no seu sofá durante uma semana, transtorna totalmente a sua vida, e você esquece de pagar uma conta, obrigando-se a pagar uma multa pesada exatamente num momento em que já não tem mais dinheiro. O infortúnio aconteceu, mas não como você imaginava.

Você precisa ter uma dupla atitude ao fazer adivinhação — uma leitura — para si mesmo. Você precisa estar ao mesmo tempo consciente de si, das suas circunstâncias e da sua vida, e também aberto para possibilidades que não havia considerado antes. Isso exige habilidade e prática, mas é possível.

A adivinhação também pode ser feita como orientação espiritual e como instrumento para o desenvolvimento da alma. Perguntas sobre o que deve trabalhar, o que estudar, como aperfeiçoar-se, são boas e adequadas para quase todos os sistemas divinatórios.

Depende de você e dos seus recursos o sistema divinatório a escolher. Alguns sistemas são relativamente baratos e fáceis de aprender e aplicar. O pêndulo é um dos mais fáceis. Simplesmente pendure um peso numa corrente ou num cordão, de modo que ele possa se movimentar livremente. Imobilize-o. Pergunte-lhe: "Qual é o seu sim?" e observe o movimento. Pergunte novamente: "Qual é o seu não?" e observe o movimento. A partir daí, faça perguntas; o movimento do pêndulo lhe dará as respostas. Um movimento diferente de sim ou não pode indicar que você formulou a pergunta errada, ou que a resposta é mais complicada do que sim ou não. Fazer perguntas mais específicas pode ajudar a tirar as dúvidas. Você pode comprar pêndulos especiais que indiquem o significado de cada direção, mas nós preferimos os mais pessoais, simples, fáceis, e também mais baratos. Ao terminar a sessão, agradeça sempre ao pêndulo e a quem quer que o tenha ajudado.

Tarô

Para os wiccanianos, o principal sistema divinatório é o tarô. A maioria dos wiccanianos tem certa familiaridade com o tarô, mesmo que não o pratique ativamente. Há centenas de baralhos de tarô disponíveis. A Internet relaciona muitos bons *sites* que o ajudam a escolher o baralho que mais lhe agradar. Muitos adeptos têm vários baralhos que utilizam de acordo com o objetivo que querem alcançar. Estelle usa um *Robin Wood Tarot* para perguntas normais, mas gosta também do baralho *Rider-Waite*, que possui desde os quatorze anos de idade. Para perguntas mais espirituais e de desenvolvimento da alma, ela prefere o *Voyager Tarot*, por causa das diferentes imagens de cada carta. O *Osho Zen Tarot** é outro bom baralho espiritual. Paul usa um *Fantasy Tarot* para leituras, o que muitas pessoas acham quase impossível. Para alguns wiccanianos o *Rider-Waite*, ou qualquer outro baralho *Waite*, é muito carregado de simbolismo cristão. Muitos gostam do *Aquarian Tarot*. Examine vários baralhos, carta por carta, e veja qual deles se harmoniza melhor com você. Leia algumas páginas dos livros que acompanham cada baralho para formar uma idéia do enfoque e do simbolismo por ele adotado.

O tarô se serve de figuras e cores para prender a atenção do Subconsciente e fazê-lo concentrar-se nas perguntas que você formula. As imagens são intensas, mas contêm também fortes laços culturais. Uma estrela pode significar coisas diferentes para um cristão, um wiccaniano ou um animista africano. Escolha um sistema e uma simbologia que façam sentido para você e com os quais você se sinta bem. Existem baralhos de tarô por toda parte, por isso deve ser fácil encontrar um que seja do seu agrado.

Não espere estar capacitado a fazer leituras perfeitamente claras desde o início. Use o manual que normalmente acompanha as cartas ou compre um bom livro sobre tarô (ver Recursos, página 382). Esteja preparado para sair das interpretações e significados do livro se uma determinada imagem lhe sugerir interpretações diferentes. Pratique consigo mesmo. Você pode ler num Círculo, o que ajudará a eliminar ruídos externos e interferências. Você também pode simplesmente ancorar-se, centrar-se e relaxar antes de ler. Procure sempre fazer as leituras num lugar silencioso e reservado. Acenda uma vela para indicar ao Subconsciente que algo especial está para acontecer e medite para dissipar pensamentos ligados ao dia-a-dia, antes de começar a leitura propriamente dita. Mantenha registros da data, das perguntas, das cartas que tira e, se possível, de uma breve interpretação. Isso pode fazer parte de seu Livro das Sombras. Mais tarde, você pode retomar as anotações e ver o seu grau de precisão. Talvez a sua interpretação seja imprecisa, mas reexaminando-a posteriormente, você pode ver com maior facilidade o que as cartas queriam dizer-lhe.

Outros Sistemas Divinatórios

Alguns wiccanianos se tornam peritos em vários sistemas divinatórios. Isso pode ser uma busca espiritual em si mesma. A atividade com diferentes sistemas o põe em contato com visões e paradigmas distintos. As Runas nórdicas têm origem numa cultura e numa cosmovisão diferentes do tarô. O tarô tem semelhanças com a astrologia, e existem inúmeras modalidades de astrologia (apesar de 95% do material disponível ter relação com a astrologia ocidental). A numerologia é um sistema divinatório com organização independente, embora alguns dos seus elementos façam parte também do tarô, da astrologia e de outros sistemas.

A parte 3, Glossário Wiccaniano, contém verbetes sobre uma miríade de sistemas divinatórios, alguns ainda praticados atualmente, outros não. Alguns envolvem várias formas de sacrifício, o que é ilegal e, sem dúvida, não são recomendados. Outros não são práticos, como dançar com um machado ao redor de um mourão de cerca. Poucas pessoas ainda têm machados e mourões, e as que os têm provavelmente não querem danificar o mourão.

Certamente, você pode comprar sistemas divinatórios vistosos, criados com fins comerciais, alguns dos quais garantem resultados com um mínimo de espalhafato e estudo. Esses são atraentes, mas tornam-se rapidamente maçantes para o estudante sério. Os sistemas que resistiram ao teste do tempo conseguiram-no porque são precisos, podem ser aprendidos por pessoas razoavelmente inteligentes e oferecem uma multiplicidade de interesses que os preserva intactos através dos anos. Recomendamos os sistemas mais tradicionais, orientados para o estudo, testados e aprovados (tarô, etc.), em vez das belas novidades comerciais pré-embaladas. Se tiver dúvidas, consulte um ou dois livros sobre o sistema que você está pensando adotar. Se hou-

* O Tarô Zen, de Osho, publicado pela Editora Pensamento, SP, 1998.

ver vários ou muitos livros sobre o assunto, é muito provável que esse sistema seja sólido e que resistirá à prova do tempo.

Usos Variados

Há muitas maneiras de associar a adivinhação com o culto. Em alguns grupos, cada indivíduo pega uma carta de tarô na época de Beltane ou Samhain. Essa carta oferece algumas indicações de como será o ano (ou o semestre) seguinte. Transforme os símbolos em tema de meditação e veja o que eles lhe sugerem. Transforme os símbolos em pontos de energia para encantamentos. Escolha um símbolo que corresponda ao que você quer, acrescentando assim a energia daquele símbolo ao seu Trabalho. Você pode estudar as cartas de tarô uma a uma, aos pares, em seqüência, em grupos, do modo que preferir. Você pode pegar dois baralhos diferentes e compará-los. Em que são diferentes? Em que se assemelham? Que baralho parece derivar do outro?

Tomamos o tarô como exemplo principal de um sistema divinatório, mas outros sistemas também se prestam a esse tipo de estudo. O tarô é muito popular porque as figuras falam para quase todas as pessoas, e por isso é fácil aplicá-lo, geralmente com bons resultados.

Quando aprende e trabalha com um sistema divinatório, você também absorve os paradigmas, a visão e o simbolismo desse sistema. Quando aprende um sistema diferente, você não apenas absorve e aprende esse novo sistema, mas ainda o compara subconscientemente com o primeiro que aprendeu. Pode ser difícil aprender o primeiro sistema, mas o aprendizado se torna progressivamente mais fácil com cada novo sistema estudado, se eles procedem de um paradigma e cultura semelhantes. O tarô, a astrologia, a cabala e a numerologia derivam todos das mesmas culturas e cosmovisões. Eles se inter-relacionam, e as pessoas integram conscientemente elementos de uns nos demais. As runas nórdicas são um sistema em si mesmo, porque derivam de um paradigma cultural que difere da visão mediterrânea que está por trás do tarô e da cabala. O I-Ching, o Feng Shui, o Ki das Nove Estrelas e outros sistemas orientais são semelhantes, mas, naturalmente, bastante diferentes dos demais aqui mencionados, no que diz respeito ao enfoque e à filosofia subjacente. Todas as formas de astrologia têm elementos semelhantes, embora possam diferir significativamente em suas filosofias e visões.

A maioria dos baralhos de tarô se baseia num único modelo, embora alguns sejam mais exóticos do que outros. E muitos sistemas de cartas não são tarô (cartas de guias espirituais ou de anjos, por exemplo) e adotam os seus próprios paradigmas e símbolos. Conheça a cultura em que o sistema se baseia e em que é usado normalmente (porque podem não ser as mesmas), e você terá um bom respaldo em seu trabalho com o sistema.

Flexibilidade e estudo para fazer correlações, encontrar semelhanças e diferenças, tudo isso tem importância no trabalho de magia. Quanto mais você pratica, mais fácil será "inclinar a mente" para formas novas e diferentes de tornar sua magia mais eficaz. Às vezes o problema não é aprender o sistema divinatório em si, mas abrir a mente para coisas novas e diferentes, e assim tornar-se mais eficaz e flexível na sua atividade mágica. Tudo está interligado.

Sistemas Divinatórios que Não São Indicados para Principiantes

Existem alguns sistemas divinatórios que não recomendamos, e inclusive Estelle proíbe seus alunos de Primeiro Grau de praticá-los. Um deles é a tábua Ouija™, uma versão moderna da conjuração de espíritos. Há variações dessa modalidade, mas em geral são feitas perguntas e algum mecanismo como um ponteiro ou um copo dá as respostas num tabuleiro. *Não* são usados cartas, símbolos ou outros objetos (como uma bola de cristal) como foco, nem a mente para interpretar algo. Apenas libera-se a mente e deixa-se que "o que for que ponha o mecanismo em ação" responda.

O funcionamento da tábua Ouija™ ainda suscita muita polêmica. Alguns acham que é o Subconsciente ou a Mente Superior que age. Outros acham que é o anjo da guarda, ou então a falecida tia Genoveva. Para outros ainda, são os demônios ou talvez os Deuses. Infelizmente, qualquer uma dessas alternativas e mesmo todas são possíveis. A nossa experiência com esses sistemas mostra que o aspecto mais regular que os caracteriza é a sua falibilidade e imprecisão. Em resumo, "*Os espíritos podem mentir!*" Freqüentemente você recebe a mensagem ou a resposta que quer, ou que algo ou alguém (sabe Deus qual dos dois!) acha que você quer ouvir, mas não a verdade. Os espíritos que se manifestam podem simplesmente não saber nada além do que você mesmo sabe sobre o que está acontecendo. Normalmente, esses sistemas são usados num clima festivo ou de entretenimento, não se constituindo em buscas espirituais sérias. Além disso, quase chegam aos limites da ingenuidade, pois qualquer pessoa pode acioná-los, pelo pouco esforço, conhecimento e treinamento que exigem.

Infelizmente, recorrendo a esses sistemas, algumas pessoas se prejudicam emocionalmente. Elas podem abrir-se psiquicamente a entidades ou energias que talvez estejam nas "proximidades astrais" (boas e ruins), sem treinamento ou consciência do que está acontecendo ou de como lidar com isso. Podem ficar dependentes desses sistemas, quase como um alcoólatra. Em alguns casos, raros, podem ficar suscetíveis a possessões de entidades desencarnadas. Ou, ainda mais provável do que essas possibilidades mencionadas, as pessoas podem irritar-se ou ficar frustradas quando o que foi dito não acontece. Elas então se tornam amargas e passam a acreditar que todas as experiências divinatórias são inúteis.

Estelle permite que seus alunos mais avançados façam experimentos com a tábua Ouija™ e com outros sistemas. Às vezes ela inclusive os incentiva a isso. Eles então dedicam várias sessões à técnica, fazendo perguntas as mais diversas e obtendo respostas; no fim, a imprecisão e as declarações falsas ficam muito claras e evidentes. Então a brincadeira deixa de ter graça, e o estudo sério substitui o passatempo.

Escolha de um Sistema Divinatório

Ao pesquisar um sistema divinatório para o seu uso pessoal, procure encontrar os sistemas que pertencem às culturas das suas divindades particulares. Entretanto, muitas técnicas antigas não se adaptam facilmente ao mundo moderno. Os Oráculos do mundo antigo, por exemplo, eram sistemas organizados, mas muitas Sacerdotisas usavam substâncias psicotrópicas para chegar ao estado de transe. Elas também precisavam de um Sacerdote, que era especialmente treinado para ajudá-las a interpretar as mensagens. Em geral, não dispomos da estrutura de um templo que nos dê respaldo nem de um Sacerdote (ou Sacerdotisa) especial que nos ajude com as mensagens e interpretações; sem mencionar que o uso da maioria das substâncias psicotrópicas é ilegal. No entanto, o sistema de augúrio — a leitura do vôo de pássaros e de seus gritos — adapta-se facilmente aos tempos modernos.

Às vezes, basear-se em suas impressões e interpretações pessoais é tão válido e tem igual ou até maior valor do que recorrer a livros e instruções de um sistema divinatório comprado. Por exemplo, os livros de interpretação de sonhos trazem muitas interpretações de vários símbolos que se adaptam a muitas coisas diferentes, inclusive à interpretação de sonhos — outro método antigo de adivinhação. Se, para você, um corvo significa companhia e a chegada de pessoas, não se preocupe se ele significa morte para o autor de um livro ou para o seu amigo. Seus símbolos são pessoais. Livros podem dar-lhe significados gerais, mas estes são normalmente superados por seus significados pessoais. A sua experiência de vida acrescentará cores e matizes aos significados dados por outras fontes. Se você tem muito medo de cachorros, a interpretação de que cachorros significam fidelidade e lealdade não é apropriada para você. Se é geólogo, e vê uma rocha durante uma visão, você naturalmente quererá pesquisar que tipo de rocha é. Por exemplo, ela está *in situ* ou foi retirada do seu solo original? Qual a idade dela? Quais as influências do tempo e do clima sobre ela? Que outras rochas estão associadas a ela, e que mecanismo a formou? Como geólogo, você tem conhecimentos especializados que fazem com que o símbolo de "rocha" assuma mais níveis de significado do que assumiria para alguém que não conhece geologia. O Subconsciente se comunica com imagens; se o seu Subconsciente tem um conhecimento especializado em decorrência de suas experiências de vida, ele usará esse conhecimento para compor imagens que incorporam essa especialização.

Basicamente, adivinhação é a interpretação de símbolos para receber uma mensagem. Independentemente do meio pelo qual você recebe esses símbolos — cartas, runas, bola de cristal ou sonhos — os símbolos sempre transmitem a mensagem. Escolha um sistema com que você se sinta bem. Escolha um sistema que lhe dê mensagens razoavelmente claras e precisas ao longo do tempo. Escolha um sistema que se adapte a você em seu momento atual, à cultura a que você pertence e aos paradigmas com que você trabalha. Escolha um sistema que seja razoavelmente fácil de conseguir e de aprender. Pratique, pratique, pratique, e mantenha registros das suas leituras.

Se seguir essas orientações simples, você acabará assimilando perfeitamente um sistema divinatório. Então estará pronto para dedicar-se a outro sistema, e depois a outro e a mais um. Nessa trajetória, você conhecerá cada vez mais a si mesmo, as outras pessoas e o mundo em geral.

Dedicação

Wicca é uma religião de mistério, e muitas das suas atividades são classificadas como mistérios. Os wiccanianos acreditam que certas palavras ou nomes de Deus são secretos, e os consideram impregnados de poder e energia. No passado, quando essas palavras ou nomes eram revelados a pessoas estranhas ao grupo, eles eram substituídos. Alguns acreditam que determinadas técnicas e práticas são "secretas", a maioria delas relacionada com o aumento do poder. Para essas pessoas, as técnicas adotadas para desenvolver as capacidades psíquicas ensinadas numa Tradição devem ser secretas, e tradicionalmente toda técnica ou fórmula que diz respeito à magia é considerada especial, secreta e potencialmente perigosa.

Entretanto, por paradoxal que seja, alguns mistérios que podem ser revelados permanecem secretos. Esses são os segredos que derivam de práticas experimentais. No mundo antigo, os Mistérios Eleusinos eram um culto muito popular, com seu centro no Templo de Deméter, nos arredores de Atenas. Os verdadeiros ritos e práticas desses mistérios continuam secretos, em parte porque os iniciados tinham de jurar não revelar o que viam, e também porque eram uma experiência pessoal. Sabemos que os ritos tinham relação com morte e ressurreição, e com um feixe de cereais. Mas o modo como exatamente a experiência mística se processava perdeu-se no tempo.

Na Wicca, as experiências de Iniciação, e em menor grau de Dedicação, são mistérios. Foram publicados muitos diferentes rituais para Dedicações e Iniciações, mas a simples leitura de um ritual num livro jamais proporciona a experiência mística oferecida por uma boa Iniciação ou Dedicação, e duas pessoas iniciadas pelo mesmo oficiante e com o mesmo ritual provavelmente terão experiências diferentes.

ASSUNTOS PRIVADOS

Há poucas penalidades na Wicca, e as que existem normalmente se relacionam com sigilo e assuntos privados. Em geral, não nos incomodamos se você divulga os nossos ensinamentos ou usa os nossos encantamentos e receitas. Mas nos preocupamos muito se você publica ou divulga, pelo meio que for, quem é wiccaniano, onde mora e onde são feitas as reuniões do coven. Os wiccanianos chamam a isso de *declaração*, e o expulsarão do grupo por trair essas informações confidenciais. Os juramentos de sigilo exigem que você mantenha privacidade, não revelando os nomes dos seus membros e os lugares onde moram e se reúnem.

Alguns wiccanianos preferem expor-se, ou pelo menos não esconder as suas crenças. Essas pessoas são "declaradas", estão expostas. Essa é a opção que fizeram, e nós elogiamos os que têm coragem e segurança suficientes para fazer isso, mas a maioria dos wiccanianos não é declarada e prefere manter suas crenças em segredo.

Tradicionalmente, os wiccanianos se consideram "Filhos Secretos da Deusa". Em conseqüência disso, uma aura de sigilo e mistério sempre envolveu as nossas crenças e cerimônias, em parte devido à natureza experimental de algumas práticas, e em parte porque os wiccanianos acreditam que alguns conhecimentos são mais bem transmitidos de pessoa a pessoa, não divulgados a todos. Em mãos erradas, com intenções escusas, a magia pode ser perigosa, especialmente para o praticante, porque certas técnicas podem às vezes levar a resultados indesejáveis. Na concepção dos wiccanianos, as pessoas devem aprender a usar os instrumentos — e a magia é um instrumento — adequadamente e com responsabilidade; para isso, é necessário tempo e prática. Precisamos de tempo e diligência para nos tornarmos hábeis no manuseio de um instrumento; a magia não é exceção.

O QUE É DEDICAÇÃO?

A Dedicação se assemelha ao batismo ou à crisma da Igreja católica. O Postulante realizou alguns estudos preliminares, compreendeu alguns aspectos da religião da Wicca e chegou à conclusão de que a Wicca é um caminho de vida possível para ele. A Dedicação é a cerimônia pela qual a pessoa estabelece contato com os Deuses e declara a sua intenção de aprender mais sobre a Wicca. Essa cerimônia pode ser pública, reservada ou solitária. Nesse rito a pessoa declara — em voz alta — para si mesma e para os Deuses (e para os presentes) que escolheu conscientemente estudar a religião e as práticas da Wicca. Não se trata de adesão definitiva à Wicca, de compromisso para toda a vida, de juramento de compromisso eterno com a Wicca; é apenas uma promessa de estudar e aprender Wicca para constatar se é com essa espiritualidade mesmo que a pessoa quer se envolver, para talvez mais tarde fazer um juramento de adesão definitiva.

A Wicca não faz proselitismo. O caminho wiccaniano não é necessariamente fácil. Sem dúvida, ele está à margem dos grandes movimentos religiosos. Mesmo com relação aos nossos mistérios, fazemos o possível para que a pessoa esteja bem informada e consciente antes de exigir-lhe os juramentos de compromisso. Se um Postulante estuda e conclui que a Wicca não é para ele, o compromisso dele termina aí. Tudo o que se exige de um Postulante é que se esforce para ler, aprender e praticar. Não há punições se a pessoa resolve não se tornar um Iniciado. A pessoa não é punida por escolher outro caminho de vida, por não seguir a Wicca. Mesmo resolvendo não seguir esse caminho, ela fica mais bem informada sobre ele e sobre o significado de ser wiccaniano.

Apresentaremos dois rituais de Dedicação. O primeiro é realizado num coven. Antes da cerimônia, o candidato toma um banho ritual no próprio local ou em casa, e veste um traje ritualístico, próprio ou emprestado de um colega. Deve ser decidido previamente se a Dedicação será realizada com as pessoas desnudas. No curso de Estelle, a Dedicação acontece no quarto dia de aula, o que dá aos alunos tempo para aprender um pouco sobre a Wicca e a Dedicação e conseguir uma roupa para o ritual. Se no seu coven a Dedicação for feita com as pessoas desnudas, seja coerente — todos os participantes ficam nus ou então ninguém.

Nudez

Há várias razões para realizar o ritual de Dedicação — e de Iniciação — completamente nu. Primeiro, ele representa simbolicamente o nascimento, e como a Dedicação e a Iniciação são uma forma de renascimento, a nudez ajuda a reforçar essa idéia no Subconsciente. Segundo, a nudez mostra aos nossos colegas de coven e aos Deuses que não temos nada a esconder ou a temer, que estamos abertos e prontos para aceitar uma nova vida. A nudez ajuda a reforçar a confiança. Terceiro, a energia do ritual é diferente quando estamos despidos. Isso não significa que a energia não é boa ou eficaz se as pessoas estão vestidas, mas é definitivamente diferente, e até mesmo mais forte e profícua quando realizamos as cerimônias sem roupa. Quarto, a prática da nudez em nossas cerimônias distingue a Wicca das demais religiões e exige um grau de compromisso que é diferente de outros grupos religiosos; à medida que se aprofunda na Wicca, você passa por diversas mudanças de paradigmas. Como o tabu da nudez é muito forte na sociedade em geral, aprender a livrar-se dessas inibições é um modo de promover a mudança desses padrões de comportamento.

Uma candidata não deve estar menstruada por ocasião do ritual de Dedicação, porque a energia feminina nesse período é bastante diferente, não sendo apropriada para uma Dedicação ou Iniciação.

Nomes

Cada candidato escolhe cuidadosamente um nome na Arte. Escolhendo um nome na Arte, você tem a oportunidade de dar-se um nome diferente do nome civil, e assim começar a criar a sua persona mágica. Alguns adotam como nome na Arte o próprio nome profano, mas a maioria prefere alguma coisa diferente. Procure evitar nomes que sejam comuns na comunidade wiccaniana.

Alguns escolhem nomes do Deus ou da Deusa, mas isso cria laços com essa Divindade, além de invocá-la. Há quem pense que uma escolha assim é sinal de arrogância.

Prefira um nome fácil de pronunciar, para não acabar com um apelido. Alguns nomes celtas e galeses são muito bonitos, mas pouco familiares aos ouvidos de outras línguas, e então serão mal pronunciados ou abreviados.

Você pode escolher um nome que seja completamente mágico, ou então que seja mundano, mas com significado mágico.

Não há obrigação de manter o mesmo nome para sempre, mas cada vez que o mudar, as outras pessoas terão de aprender o novo nome, e algumas continuarão a usar o antigo. Alguns escolhem um nome e acrescentam-lhe modificações posteriormente.

Livros com sugestões para nomes de bebês têm opções interessantes para a escolha de nomes, e em geral dão a origem, as variantes, apelidos e o significado de cada um.

Você pode adotar características físicas ou apelidos que já possui, mas tenha cuidado com a escolha desses nomes. Às vezes eles o relacionam com o traço de caráter que descrevem (como perdido ou solitário) ou podem suscitar comentários (como o inteligente ou o bom) se as pessoas perceberem que você não tem uma vida coerente com o nome escolhido.

Às vezes verter uma palavra, uma frase ou o seu nome para outra língua pode resultar num nome interessante; por exemplo, cavalo em alemão é Pferd.

Evite nomes que remetam a títulos ou posições, a não ser que se relacionem com a sua profissão mundana e você não se importe que os outros a conheçam. Rei, Rainha, etc., geralmente não têm nenhum significado na Wicca, mas as pessoas podem achar inadequado você autodenominar-se Rei Tal e Tal, o Poderoso. Os títulos Senhor e Senhora são usados em certas Tradições, por isso evite adotá-los até que tenha maior conhecimento e compreensão das implicações desses títulos.

Às vezes você pode usar o nome de um lugar, real ou lendário, como Meaghan de Avalon. Faça pesquisas sobre esse lugar para saber o que ele significa e ver que sentido faz para você.

Acima de tudo, pesquise o seu nome. "Magno" talvez soe bonito, mas pode transmitir a idéia de superioridade e arrogância. Você quer se prender a essa energia? Mesmo um nome inventado pode ter algum significado numa língua estrangeira.

Depois de escolher um nome, teste-o durante algum tempo. Escreva-o, medite sobre ele. Faça adivinhação com ele. Imagine como será ser chamado por ele durante muito tempo. Se servir, ótimo. Se não, tente novamente. Seja paciente, e seu nome chegará a você.

RITUAIS DE DEDICAÇÃO

Ritual de Dedicação para um Grupo

Leia duas vezes pelo menos o ritual de Dedicação a seguir, antes de realizá-lo. E faça pelo menos um ensaio antes de querer mudar alguma coisa.

O ritual deve ser realizado por quem tem mais experiência. Tradicionalmente, um homem preside o ritual para mulheres e uma mulher preside o ritual para homens. Os ecléticos fazem o que é mais conveniente e não se sentem forçados a seguir esse procedimento. Se muitas pessoas são Dedicadas ao mesmo tempo, é recomendável haver vários oficiantes para dividir as tarefas entre si. Mas a Dedicação de um indivíduo deve ser realizada por uma única pessoa.

Ritual de Dedicação para um Grupo

Preparação

INSTRUMENTOS NECESSÁRIOS — Você precisará dos instrumentos e suprimentos utilizados pela Suma Sacerdotisa ao presidir um Círculo comum. Também precisará de óleo, aromatizado ou não, para ungir o candidato. Para verificar se o candidato é suscetível a possíveis reações alérgicas, pingue uma gota de óleo na parte interna do pulso dele. Óleo de amêndoa ou de oliva puro normalmente não provocam reações. Não use óleo vegetal de cozinha.

INSTRUMENTOS DO CANDIDATO — Deve usar um traje apropriado para ritual e um nome na Arte. Também leva uma vela — uma vela longa comum, na cor preferida.

PRÉ-RITUAL — O candidato é levado para uma sala isolada onde senta tranqüilamente e medita sobre a experiência que se aproxima. Não deve ver nem ouvir o Círculo sendo lançado. Você pode fazer a Dedicação de várias pessoas sucessivamente, uma por vez. Os candidatos permanecem em silêncio, exceto quando são interrogados.

Início do Ritual

SUMA SACERDOTISA E SUMO SACERDOTE — Lançam o Círculo. Invocam as Deusas e os Deuses preferidos e os quadrantes elementais.

SACERDOTE E SACERDOTISA ASSISTENTES — Acompanham o candidato vestido até a entrada do Círculo e anunciam sua presença.

Ação

OFICIANTE — (Idealmente, do sexo oposto ao do candidato, embora essa não seja uma exigência) pergunta:

É teu desejo conhecer a Arte e seus caminhos?

CANDIDATO — O Postulante responde afirmativamente. Ele e os que o acompanham entram no Círculo, cortando para dentro. (Ver página 264 para uma explicação sobre o significado de cortar para dentro e para fora.)

OFICIANTE — Dá as boas-vindas ao Postulante, dizendo:

Um Círculo completo foi lançado, e estamos aqui contigo. Trouxeste o que te foi solicitado?

CANDIDATO — A vela do Postulante é colocada sobre o altar.

OFICIANTE — Diz:

Neste momento, pedimos que faças um juramento de sigilo. Pedimos que mantenhas em segredo o nome dos teus irmãos e irmãs na Arte e a localização deste e de qualquer outro local de nossas reuniões. Juras?

CANDIDATO — O candidato responde afirmativamente. (Se, em algum momento, a resposta a uma pergunta for negativa, o ritual é interrompido.)

OFICIANTE — Diz:

Embora o conhecimento da Deusa, do Deus e da Arte esteja disponível a todos, há mistérios que queremos que mantenhas em segredo para que não sejam profanados por aqueles que não pertencem à Arte. Juras?

CANDIDATO — O Postulante jura.

OFICIANTE — Diz:

Entras na Arte do mesmo modo que entraste no mundo. Queres prosseguir e dedicar-te ao aprendizado da Arte e dos seus caminhos?

CANDIDATO — O Postulante concorda.

OFICIANTE — Diz:

Então tira a tua roupa e apresenta-te à Deusa e ao Deus como estavas quando nasceste — vestido de céu.

CANDIDATO — O Postulante tira a roupa e a entrega à Sacerdotisa Assistente, que as guarda.

OFICIANTE — Diz:

Estás aqui para dedicar-te à Deusa, ao Deus e ao aprendizado dos seus caminhos.

Benditos sejam os teus olhos, que viram este dia.

TODOS RESPONDEM — *Benditos sejam.*

Benditos sejam os teus ouvidos, que ouvem as palavras da Deusa e do Deus.

TODOS RESPONDEM — *Benditos sejam.*

Benditos sejam os teus lábios, que falarão das Bênçãos da Deusa e do Deus.

TODOS RESPONDEM — *Benditos sejam.*

Benditos sejam os teus pés, que te trouxeram a estes caminhos.

TODOS RESPONDEM — *Benditos sejam.*

Escolheste um nome pelo qual serás conhecido pela Deusa, pelo Deus e por teus irmãos e irmãs na Arte. Como queres ser chamado?

CANDIDATO — Responde com o seu novo nome. Todos devem ouvir claramente; o nome deve ser soletrado ou escrito, se necessário. O Sumo Sacerdote (ou a Suma Sacerdotisa) diz o nome em voz alta.

OFICIANTE — Acompanha o candidato aos quatro quadrantes — Leste, Sul, Oeste e Norte — e o apresenta aos guardiões elementais, dizendo:

Guardiões das Torres de Vigia do [direção], criaturas do(a) [elemento], nós vos apresentamos [nome do candidato], que está se comprometendo a aprender os vossos caminhos e os caminhos da Arte. Protegei-o e instruí-o.

OFICIANTE — Acompanha o candidato ao centro do Círculo, e diz:

Senhora e Senhor [ou nome da Deusa/Deus substituto do coven; alternativamente, use Mãe Terra, Pai Céu], nós vos apresentamos [nome do candidato] que está se comprometendo a aprender os vossos caminhos e os caminhos da Arte. Pedimos-vos: concedei-lhe as vossas bênçãos, protegei-o, guiai-o e instruí-o.

SUMA SACERDOTISA — Pega o sal e a água do altar.

SUMO SACERDOTE — Pega o incenso aceso do altar.

SACERDOTISA ASSISTENTE — Pega o óleo de unção e o segura para o Oficiante.

SACERDOTE ASSISTENTE — Pega a vela do candidato e a segura para o Oficiante.

SUMA SACERDOTISA — Unge a testa, a garganta e o coração do candidato com sal e água, dizendo:

Que esta unção com sal e água te purifique.

SUMO SACERDOTE — Incensa a testa, a garganta e o coração do candidato (soprando suavemente a fumaça do incenso sobre o candidato), e diz:

Que esta unção com Fogo e Ar te purifique.

OFICIANTE — Unge a testa, a garganta e o coração do candidato com óleo, dizendo:

Que esta unção com óleo te abençoe e consagre na Arte.

SUMA SACERDOTISA — Purifica a vela do candidato com água salgada.

SUMO SACERDOTE — Purifica a vela do candidato com incenso.

SUMA SACERDOTISA — Consagra a vela do candidato com óleo.

SUMO SACERDOTE — Inscreve um pentagrama na vela do candidato.

OFICIANTE — Segura a vela consagrada e diz para o candidato:

Entregamos-te esta vela ungida e gravada — símbolo de conhecimento e vida. Acende-a na chama do nosso altar. Medita sobre ela e oferece por meio da sua chama uma pequena oração à Deusa e ao Deus — aspectos que gostarias de mudar em ti mesmo — coisas que necessitas em tua vida. Ao terminar a tua breve oração, apaga a vela, mas guarda-a. Leva-a para casa e queima-a até o fim para oferecer as tuas orações aos Deuses. Faze isso quando tiveres tempo de meditar sem ser perturbado.

CANDIDATO — Acende a vela e oferece as suas orações — em silêncio ou em voz alta — e apaga a chama ao terminar.

OFICIANTE — Diz ao candidato:

Agora podes vestir as tuas roupas, como símbolo da tua Dedicação.

As roupas do candidato lhe são devolvidas, e ele as veste.

OFICIANTE — Declara:

Bem-vindo à Arte, irmão/irmã!

CONGREGAÇÃO — Todos se abraçam e cumprimentam, etc.

(Se houver várias Dedicações, o candidato é levado de volta ao local de meditação e o seguinte é introduzido. Ao término da cerimônia de Dedicação, todos são trazidos de volta e introduzidos no Círculo, com o corte para dentro.)

CONGREGAÇÃO — Todos os presentes se dão as mãos no centro do Círculo.

SUMA SACERDOTISA — Declara:

Sejam todos bem-vindos. Novos irmãos e irmãs, vou contar-lhes um segredo: somos TODOS estudantes da Arte. Todos aprendemos juntos e ensinaremos uns aos outros o melhor de nossas capacidades. Assim seja!

TODOS RESPONDEM — *Assim seja!*

Encerramento

SUMO SACERDOTE E SUMA SACERDOTISA — Realizam o Grande Rito e abençoam o vinho e os bolos. O cálice e os bolos são distribuídos entre todos. Aterram a energia no pentáculo, dispensam a Deusa e o Deus e desfazem o Círculo.

CONGREGAÇÃO — Todos festejam e se divertem. Limpam e arrumam o ambiente. Despedem-se e vão para casa.

Ritual de Dedicação Individual

Este ritual é específico para a Dedicação de um candidato solitário. Algumas Tradições só reconhecem os seus rituais de Iniciação, mas muitos wiccanianos consideram a Dedicação individual válida.

Preparação

INSTRUMENTOS NECESSÁRIOS —
- instrumentos e suprimentos de um Círculo padrão
- vestimenta ritualística
- vela comprida comum na cor preferida do candidato
- óleo para unção (aromatizado ou não, mas pingue uma gota na parte interna do pulso do candidato para verificar se há possibilidade de reações alérgicas. Caso haja, troque de óleo. Óleo puro de amêndoa ou de oliva geralmente não causam reações. Não use óleo vegetal de cozinha.)

ALTAR — Prepare o altar e os oratórios dos quadrantes do modo mais cuidadoso e completo possível. Lembre-se, você passa por uma única Primeira Dedicação. Torne-a especial para você.

PREPARAÇÃO DO POSTULANTE — Medite sobre as mudanças que ocorrerão em sua vida. Como essa Dedicação afetará seus relacionamentos? Sua atitude com relação ao seu emprego, etc.? Também lembre de escolher um nome na Arte.

Início do Ritual

CANDIDATO — Lance o seu Círculo como de costume. Invoque a sua Deusa, Deus e os guardiões elementais.

Ação

CANDIDATO — Depois de consagrar e postar as defesas do seu Espaço Sagrado, fique no centro do Círculo e diga:

Apresento-me diante da Deusa e do Deus para declarar a minha intenção de obter o conhecimento da Arte e dos seus caminhos.

Juro que guardarei os segredos de todos os irmãos e irmãs companheiros na Arte que encontrarei ao longo do caminho. Juro que guardarei segredo da localização deste e de qualquer outro lugar de reuniões.

Juro que guardarei segredo de todo mistério que me seja revelado, para que não seja profanado por quem não pertence à Arte.

Apresento-me à Deusa e ao Deus como vim ao mundo — nu.

CANDIDATO — Tira a roupa e a coloca de lado. Então diz:

Estou aqui para me dedicar à Deusa, ao Deus e ao aprendizado dos seus caminhos.

Benditos sejam os meus olhos que vêem este dia.

Benditos sejam os meus ouvidos que ouvem as palavras da Deusa e do Deus.

Benditos sejam os meus lábios que falarão das Bênçãos da Deusa e do Deus.

Benditos sejam os meus pés que me trouxeram a estes caminhos.

[seu novo nome na Arte] é o nome que escolhi para ser conhecido pela Deusa, pelo Deus e pelos irmãos e irmãs na Arte.

CANDIDATO — Dirige-se aos quatro quadrantes, Leste, Sul, Oeste e Norte, apresenta-se a cada guardião e diz:

Guardiões das Torres de Vigia do [direção], criaturas do(a) [elemento], eu, [nome na Arte], dedico-me a aprender os vossos caminhos e os caminhos da Arte. Protegei-me e instruí-me.

CANDIDATO — Vai para o centro do Círculo e diz:

Senhora e Senhor [ou nome da Deusa/Deus substituto do coven; alternativamente, use Mãe Terra, Pai Céu], eu, [nome na Arte], comprometo-me a aprender os vossos caminhos e os caminhos da Arte. Peço-vos: concedei-me as vossas bênçãos, protegei-me, guiai-me e instruí-me.

CANDIDATO — Dirige-se para o altar. Pega o sal e a água e unge a testa, a garganta e o coração, dizendo:

Que este sal e esta água me purifiquem.

CANDIDATO — Pega o incenso e incensa a testa, a garganta e o coração, dizendo:

Que este Fogo e este Ar me purifiquem.

CANDIDATO — Pega o óleo e unge a testa, a garganta e o coração, dizendo:

Que este óleo sagrado me abençoe e consagre na Arte.

CANDIDATO — Purifica a vela com água salgada e, logo em seguida, com incenso. Depois consagra a vela com óleo, e por fim, inscreve nela um pentagrama, dizendo:

Eu, [nome na Arte], purifico, consagro, unto e inscrevo esta vela — símbolo de conhecimento e vida.

CANDIDATO — Acende a vela do altar e oferece as suas orações aos Deuses, meditando durante algum tempo sobre o que aconteceu. Apaga a vela ao terminar a meditação. Guarda o que restou dela para meditações posteriores. Veste-se, dizendo:

Eu, [nome na Arte], visto novamente as minhas roupas como símbolo da minha Dedicação. Que a Deusa e o Deus me protejam e me guiem enquanto aprendo e me aperfeiçôo na Arte. Assim seja!

Encerramento

POSTULANTE — Realiza o Grande Rito e abençoa o vinho e os bolos. Agradece à Deusa, ao Deus e aos guardiões elementais, e os dispensa. Desfaz o Círculo. Arruma tudo. Festeja.

Iniciação

Podemos comparar a Iniciação com a ordenação ao sacerdócio ou ao ministério numa religião cristã. A Dedicação é a primeira cerimônia de que todo wiccaniano participa. Depois de pelo menos um ano e um dia da Dedicação, o Postulante pode ser iniciado na Wicca.

Tradicionalmente, há um intervalo de um ano e um dia entre a Dedicação e a Iniciação (e os demais graus) porque há muito a aprender, não apenas em livros, mas também na experiência prática. Você pode ler sobre Círculos e Sabás, mas se não participar e realizar alguns deles, não os compreenderá realmente. A opção pela Wicca exige mudanças em seu modo de ver as coisas, em sua perspectiva, em suas prioridades e valores, e essas mudanças não acontecem em poucos dias ou após a leitura de um livro ou dois. Você precisa de tempo para integrar essas mudanças na sua vida diária.

Além disso, é importante que cada iniciado em potencial vivencie a Roda do Ano. Nessa Roda, os Sabás ocupam um lugar específico no grande esquema do ano e na seqüência das estações. Esse ciclo se repete incessantemente, mas nenhum ano é idêntico ao que o antecede nem ao que o sucede. Como o ciclo anual espelha as estações, ele é também uma alegoria da vida da Deusa e do Deus; por isso, é necessário um ano inteiro para que o principiante tenha a sua primeira experiência do Ciclo das Estações e compreenda os rituais e o significado dos Sabás.

O QUE É A INICIAÇÃO?

Enquanto a Dedicação é uma promessa de estudar e aprender a Wicca, a Iniciação é uma confirmação na Wicca. O Postulante estudou, praticou, chegou à conclusão de que esse é o caminho que deseja seguir e quer entregar a sua vida a essa religião. Obviamente, nem todo Iniciado permanece na Wicca para sempre. As pessoas mudam de religião, do mesmo modo que acontece com as várias denominações cristãs. Entretanto, a Iniciação não deve ser considerada com leviandade, pois é um grande passo.

A Iniciação de Primeiro Grau é, para muitos wiccanianos, a única pela qual passarão, pois talvez não optem por avançar para os graus superiores. Não há nenhum problema que seja assim, mas, na verdade, a Iniciação indica que o wiccaniano quer e é capaz de atuar como Sacerdote/Sacerdotisa para si mesmo. Os Iniciados têm o conhecimento, o treinamento e a experiência necessários para realizar os próprios Círculos e Sabás, para fazer magia e tudo o que acham que precisam para viver uma vida espiritual e religiosa plena e saudável. Às vezes parece que um ano é pouco tempo para aprender tudo o que é preciso saber, mas um Iniciado nunca pára de aprender, de praticar e de se desenvolver. Na Magia Cerimonial, a meta final é a autoperfeição pela realização de atos de magia. Na Wicca, a autoperfeição e o desenvolvimento da alma são os objetivos últimos, mas esses são praticamente inatingíveis. Assim que a pessoa alcança um nível de capacidade e maestria, os Deuses transtornam as coisas e tudo fica mais difícil. Podemos assim comparar a Iniciação com o primeiro passo na longa e infinita estrada a ser percorrida para se tornar wiccaniano.

Nem todos os wiccanianos passam pela Dedicação, e a Iniciação de Primeiro Grau pode ser o primeiro compromisso formal do candidato com a Wicca.

QUANDO UMA PESSOA DEVE SER INICIADA?

Se a pessoa faz parte de um grupo, os líderes e instrutores têm critérios para decidir quando ela está preparada para a Iniciação. Ela deve estar familiarizada com a Roda do Ano, compreender o significado e os rituais dos Sabás e ter organizado pelo menos um Sabá. Um potencial Iniciado deve ter conhecimento prático da Wicca e saber aonde buscar respostas a perguntas e conceitos pouco conhecidos. O conhecimento e a prática da magia são úteis. Algumas Tradições não se dedicam à magia, mas a maioria delas a pratica. Repetindo, não se exige maestria, mas certo conhecimento e boa compreensão dos princípios subjacentes e das práticas básicas são necessários.

O conhecimento de si mesmo é essencial para um Iniciado. Você deve formular um código de ética pessoal e compreender realisticamente suas forças e fraquezas. É importante que um Iniciado em potencial compreenda algumas atitudes e crenças básicas sustentadas pelos wiccanianos: 1) É fundamental assumir responsabilidade pelas próprias ações e omissões. Na Wicca não há confissão, absolvição ou salvação. Os wiccanianos preparam o próprio lugar onde estarão após a morte ou na próxima vida. 2) Colhemos o que semeamos, sem recorrer à intervenção divina para lavar nossos pecados, nossos erros e nossas más ações. 3) Temos mais liberdade para escolher por nós mesmos, e não estamos presos a nenhum livro sagrado, código de comportamento ou regras de vida que não sejam as que nós mesmos nos impomos. 4) Nosso código moral prescreve honestidade, respeito e lealdade. Tendemos a ter uma consciência ecológica maior do que a média das pessoas e assumimos papéis ativos nas causas que apoiamos. Também defendemos o sistema democrático em que vivemos.

O QUE A INICIAÇÃO FARÁ POR MIM?

A Iniciação pode dar início a uma transformação pessoal profunda e fundamental ou pode mostrar que a mudança já ocorreu. A Iniciação é profundamente pessoal e mística — a experiência subjetiva do Iniciado.

Se o ritual de Iniciação não o emocionar e exultar, não se desespere. O movimento místico profundo já pode ter acontecido, ou pode estar a caminho. Em termos práticos, a Iniciação pode desencadear um processo que talvez dure algum tempo, pelo menos um mês ou mais.

Algumas Tradições acreditam que Imbolc é a época para Dedicações e Iniciações. Em geral, porém, as pessoas são iniciadas em qualquer período do ano, quando estiverem preparadas.

RITUAL DE INICIAÇÃO

O ritual descrito a seguir é o da Iniciação do Primeiro Grau. Uma pessoa pode celebrá-lo sozinha ou pedir a outro Iniciado que o realize. Conforme preceitua a Arte, um adepto pode iniciar outras pessoas até o grau em que ele mesmo foi iniciado. Um Iniciado de Primeiro Grau pode realizar Iniciações de Primeiro Grau, um de Segundo Grau pode fazer Iniciações de Primeiro e de Segundo Graus e um de Terceiro Grau, de Primeiro, Segundo e Terceiro Graus. (Naturalmente, a questão filosófica última é "Quem Iniciou o Primeiro wiccaniano?" A resposta é: os Deuses.) Até onde sabemos, não existem rituais para auto-Iniciação de Segundo e Terceiro Graus, mas certamente essas auto-iniciações são possíveis. Sendo um praticante solitário, você não precisa desses graus, porque eles são específicos para quem é responsável por grupos e pela comunidade como um todo. Não descrevemos um ritual para o Segundo e o Terceiro Graus, pois isso fugiria aos objetivos deste livro. As pessoas de Segundo e Terceiro Graus geralmente trabalham num grupo, e quando um wiccaniano está preparado para avançar para esses graus, ele tende a seguir o seu próprio caminho. Há pouca concordância quanto aos conhecimentos que um Iniciado de Segundo ou de Terceiro Grau precisa ter.

Um aspecto não especificamente abordado no ritual de Iniciação que descrevemos é o do Livro das Sombras a ser adotado pelo Iniciado. Em algumas Tradições, o

Livro das Sombras é parte essencial da Iniciação em si. Mas é mais fácil e prático tratar um e outro separadamente, de preferência examinando o Livro logo antes ou então num outro momento e lugar que não o da Iniciação. Algumas pessoas não examinam o Livro das Sombras como um todo e optam por revisar porções e fragmentos dele à medida que o ano de estudos avança. Independentemente do método escolhido, cada Iniciado deve ter um Livro das Sombras que contenha o essencial para se tornar wiccaniano. Cabe a você decidir sobre o conteúdo do seu Livro das Sombras. Alguns professores aceitam que livros e materiais de outras pessoas sejam incluídos num Livro de Sombras, pois é desse modo que muitos ensinamentos wiccanianos são disseminados no mundo moderno. Outros acham que só o material escrito ou copiado pelo Iniciado é válido, e baseiam essa exigência na antiga tradição de copiar à mão todos os escritos transmitidos.

Quaisquer que sejam os critérios, o Iniciado deve dispor de um corpo de ensinamentos escritos ao qual possa se reportar. Ele não será completo no nível do Primeiro Grau — em certo sentido, ele jamais será completo —, mas deve conter boa parte dos elementos estudados neste livro. E se algo ficar faltando, o Iniciado deve ter conhecimento, experiência e material suficientes para coligir o que precisa ou o entendimento dos recursos para encontrá-los por si mesmo. Um Livro de Sombras deve ser, no mínimo, uma pasta relativamente completa e alguns cadernos.

Equipe

As pessoas (ou pessoa) responsáveis pela Iniciação devem ser Iniciados de Primeiro Grau, pelo menos, ou acima. Testemunhas ou convidados (normalmente de outros covens) podem estar presentes, mas também devem ser de Primeiro Grau ou acima. Outras testemunhas ou participantes podem ser convidados pela Suma Sacerdotisa, pelo Sumo Sacerdote ou pelo candidato, com concordância de todos os envolvidos. Possíveis convidados ou testemunhas podem incluir o professor ou mentor do Sumo Sacerdote ou da Suma Sacerdotisa que preside a cerimônia, um membro mais antigo da comunidade, o parceiro/cônjuge do candidato, desde que seja de Primeiro Grau ou acima, ou um companheiro de coven de Primeiro Grau ou acima. Uma Iniciação não é um passatempo, mas uma cerimônia religiosa séria, realizada para benefício do candidato. As testemunhas são convidadas para atestar a validade da Iniciação, para dar o seu selo pessoal de aprovação da Iniciação ou simplesmente para participar da energia e alegria do novo Iniciado.

Se o Iniciado tem amigos na Arte com os quais quer celebrar, estes podem vir à festa mais tarde. Estes não precisam ter nenhum grau, mas se não forem pelo menos de Primeiro Grau, ninguém deve comentar com eles sobre a Iniciação em termos específicos.

O Ritual de Iniciação Passo a Passo

O candidato deve apresentar-se ao grupo de Iniciação com os seus instrumentos pessoais (athame, varinha mágica, cálice e pentáculo), com as vestes que usará e com uma vela comprida. Pode trazer também outros instrumentos e objetos pessoais como jóias, etc., mas na menor quantidade possível porque serão todos consagrados, e quanto mais numerosos mais longa será a Iniciação. Essa Iniciação é geralmente feita com as pessoas desnudas. Cada Iniciação é absolutamente individual, e a prova pela qual o Postulante passará deve ser personalizada. Num grupo, os professores tiveram um ano para conhecer o candidato.

Com Prova ou Sem Prova?

A prova tradicional é a cadeira quente, ou seja, o questionamento intenso do candidato sobre o seu conhecimento e intenções na Wicca. Esse questionamento é quase sempre muito minucioso e provoca reações emocionais muito fortes. No tempo da Inquisição, as pessoas que achavam que poderiam ser chamadas pelos Inquisidores exercitavam-se com sessões de cadeira quente para adquirir resistência caso fossem inquiridas com hostilidade. A Inquisição desapareceu, mas existem muitas situações estressantes no mundo real em que a capacidade de agir com equilíbrio é indispensável. Estelle foi intimada e teve de depor numa ação judicial. Ela pôde então valorizar as suas experiências com a cadeira quente porque elas a ajudaram realmente durante os depoimentos. Assim, embora possa ser desagradável e estressante, há muitas aplicações na vida real que recomendam que se passe pela cadeira quente para aprender a dominar a si mesmo. Naturalmente, espera-

Hermes

mos que você nunca precise usar essas habilidades, mas, se isso acontecer, você estará muito mais preparado.

Outras modalidades de provas de Iniciação podem querer explorar as fraquezas de uma pessoa para abrir-se a novas experiências ou idéias. O objetivo de uma provação é criar uma mudança mental na pessoa, por isso seja criativo. Apresentamos aqui algumas idéias para ajudá-lo a decidir que provas seriam mais adequadas em situações específicas.

Um candidato que acreditava não ter criatividade e habilidades artísticas recebeu argila para modelagem, com instruções para criar uma estatueta da Deusa.

Um candidato que sentia vergonha de ficar nu foi orientado a dançar com as pessoas do grupo em círculo, todas desnudas. Isso ajudou a quebrar o constrangimento e deu início a uma mudança de paradigma.

Um candidato foi interpelado rigorosamente numa cadeira quente a respeito das escolhas que havia feito na vida e das possíveis conseqüências de suas ações impensadas. Ele acabou chorando muito, mas compreendeu que cada ação ou omissão implica uma conseqüência; tornou-se mais consciente de si mesmo e entendeu que ele, e não outras pessoas ou circunstâncias, era responsável por sua vida.

O objetivo de uma prova ou da cadeira quente é criar uma situação de desconforto para o candidato e fazê-lo passar por um certo *stress;* essa situação é sempre controlada, com pessoas que permanecem ao lado do postulante. A idéia é planejar uma prova que seja desafiadora, mas realizável. No fim, a pessoa precisa ter a sensação de vitória, não de fracasso. Também é necessário ser maleável e ter disposição para mudar de acordo com as circunstâncias. Lembre-se, às vezes as coisas não acontecem como foi planejado; por isso, esteja pronto para improvisar.

Às vezes pode ser útil realizar a Iniciação num lugar onde o candidato nunca tenha estado, o que pode criar um estado de confusão psicológica. O lugar escolhido deve sempre preservar a privacidade e a segurança, não possibilitando a intrusão de estranhos. É ótimo realizar esse ritual ao ar livre, mas, repetimos, a privacidade é necessária; por isso, faça-o numa propriedade particular, com a autorização e as bênçãos do proprietário. Verifique se há estradas ou trilhas que possam permitir o acesso casual de estranhos.

Tomada das Medidas

A tomada das medidas é um ritual wiccaniano em que o candidato é "medido" nu com algum tipo de cordão (como o material usado em macramé), normalmente branco. É um ritual que "amarra" simbolicamente o candidato ao coven. Você vai precisar de um cordão comprido, pois deverá tirar sete medidas — cabeça, peito, quadris, altura, comprimento dos braços (estendidos, de ponta a ponta), pulso e polegar (da mão dominante) — sem cortar o cordão. No final do procedimento você terá um cordão bastante longo com vários nós.

Meça a circunferência da cabeça (normalmente na testa) e faça um nó. A partir desse nó meça o peito e dê outro nó. A seguir meça os quadris e repita o nó. Depois, meça a altura do candidato e dê um nó. Meça o comprimento do braço dominante (da mão esquerda ou direita, a que é usada para escrever) e faça um nó. Meça a circunferência do pulso e dê um nó. Meça a circunferência do polegar (da mão dominante) e faça um nó.

Ao terminar, corte o cordão logo após o último nó e mergulhe as pontas em cera derretida para evitar que desfiem. As medidas se tornam propriedade do coven e comprometem a pessoa com esse coven. Se ela deixar o grupo antes da Iniciação seguinte, a medida lhe é devolvida, cortando simbolicamente os laços entre o candidato e o coven. Depois da Iniciação, o cordão fica com o coven enquanto a pessoa permanecer como membro. A medida tomada na Iniciação de Primeiro Grau pode ser usada para outros objetivos, mas estes têm relação com as Iniciações de Segundo e Terceiro Graus e não estão incluídos aqui. Se quiser, você pode tirar uma segunda medida, em separado, que é entregue ao candidato no encerramento da Iniciação. Ela pode ser tecida num cordão que se torna símbolo do Primeiro Grau.

Servidão Ritual

Durante o ritual de Iniciação, normalmente o candidato é amarrado e vendado. Os atos de amarrar e vendar simbolizam o estado anterior do candidato, de não-iluminação. A amarração não deve limitar demais os movimentos do postulante. Alguns atam apenas as mãos; outros, também os pés, mas o candidato deve ter condições de andar, subir e descer escadas, etc. Se ele for exigido fisicamente de um modo ou outro, leve isso em consideração. Se necessário, seja flexível.

Bebida da Morte

A finalidade da Bebida da Morte é possibilitar que o candidato "sinta o sabor da própria morte" (um sabor amargo), lembrando-o da sua mortalidade. É também um risco implícito, porque os que se apresentam para a Iniciação em circunstâncias falsas ou frívolas estão supostamente colocando a própria vida em perigo. A assim chamada "Bebida da Morte" é tradicionalmente feita com algumas ervas amargas, de gosto desagradável. Ela *não* deve conter nenhuma substância alérgica, alucinógena ou tóxica ao candidato. Uma receita de Bebida da Morte começa com um café instantâneo (quanto mais barato melhor), com água suficiente apenas para torná-lo um líquido possível de beber. Acrescenta-se suco de limão e vinagre, com orégano e outras ervas. Embora tenha cheiro e gosto horríveis, essa bebida amarga e densa é totalmente livre de substâncias tóxicas. Suco de uva-do-monte sem açúcar também tem um gosto muito ruim e pode ser uma boa opção para uma Bebida da Morte. O candidato deve tomar apenas o conteúdo de um copo pequeno, ou até menos. Leve em conta possíveis distúrbios estomacais que o candidato possa apresentar.

Desafios Rituais

Tradicionalmente, o Desafio na beira do Círculo é feito com a ponta da espada. Se você não tiver uma espada, qualquer lâmina com ponta cumprirá esse papel. Como o candidato está vendado, você precisa encostar a lâmina no peito dele para que possa senti-la. Mas não pressione, para evitar cortes. A pressão da lâmina em ângulo agudo (quarenta e cinco graus) deprime a pele sem causar lesão. Devido à intensificação das emoções do candidato durante uma Iniciação, é provável que esse processo assuma dimensões desproporcionais na mente dele. Se você achar esse procedimento traumático ou faz objeções ao uso de uma lâmina, pressione a palma da mão firmemente contra o peito do candidato para deter o avanço. O candidato só precisa saber que não pode prosseguir sem resistência ou embaraço. O objetivo do processo é aumentar a importância do desafio.

O candidato é desafiado a dizer a senha correta para entrar no Círculo, a senha que você lhe passou previamente. Se ele a esquecer devido à forte emoção do momento, repita-a para ele. Você não pretende levar o candidato ao fracasso, mas desafiar suas capacidades, seu conhecimento e sua coragem. Faça o teste, mas um teste que ele possa superar.

Acompanhamento do Candidato

A descrição do acompanhamento do candidato para o Círculo pode parecer complexa, mas a sua execução é bem simples. Depois do beijo, o Sumo Sacerdote ou a Suma Sacerdotisa coloca as mãos nos ombros ou na parte superior dos braços do candidato, e gira suavemente com ele, realizando um círculo completo no sentido horário, ao mesmo tempo que o dirige e conduz para o Círculo. O movimento deve ser cuidadoso e lento, porque o candidato está vendado e talvez amarrado, o que o deixa desorientado.

Dentro do Círculo, o candidato é guiado de um ponto a outro. Segure-o com firmeza, mas suavemente, e guie os movimentos dele, sem empurrar ou puxar bruscamente. Se necessário, diga-lhe quando deve movimentar-se. É muito importante que as pessoas que conduzem a Iniciação sejam conscientes e sensíveis às reações do candidato. Elas podem fazer as coisas fluírem mais tranqüilamente e adaptar os movimentos caso seja preciso. Como os candidatos terão de se ajoelhar e levantar várias vezes durante a Iniciação, eles precisam de assistência; essa exatamente é a função da Sacerdotisa e do Sacerdote Assistentes. Deve-se dizer ao candidato quando ele deve ajoelhar-se ou levantar-se.

Consagrações

A bênção quíntupla é outro mistério wiccaniano. Nós modificamos a bênção tradicional para esta Iniciação porque é difícil incluir num livro todas as maneiras possíveis de realizá-la, e também porque acreditamos que certos mistérios são mais bem ensinados de professor para aluno.

Tradicionalmente, o candidato é consagrado desenhando-se um pentagrama em sua testa com um dedo que foi mergulhado num líquido. Uma alternativa é escrever na sua testa, com vinho, o nome na Arte por ele escolhido. Ao consagrar o candidato com um beijo, este deve ser um beijo casto nos lábios.

O Iniciado consagrará os próprios instrumentos no momento apropriado, primeiro com água salgada (do altar), depois com incenso (também do altar) — passando os instrumentos pela fumaça — (se for preciso acender outra vareta, tenha uma à mão e faça isso), e untará os instrumentos com óleo e vinho (também do altar). Se algum objeto pode ser danificado por líquidos, pode-se correr o dedo sobre ele, mas sem tocá-lo. O Iniciado pode também untar os instrumentos e depois secá-los. Às vezes um Iniciado fica paralisado de tanto nervosismo, e por isso uma sutil estimulação é aceitável.

O procedimento de unção da vela é o mesmo da Dedicação, nesta ordem: limpeza com água salgada, purificação com incenso, unção com óleo e vinho, e inscrição do pentagrama.

O Oficiante entrega ao candidato as suas vestes (e cordão, se foi tomada uma segunda medida), a varinha mágica, o athame, o cálice e o pentáculo, descrevendo brevemente a finalidade de cada um. As descrições devem ser curtas, reforçando o que já foi ensinado ao candidato.

Roteiro

O ritual é longo, geralmente precisando de uma hora a uma hora e meia, e com passagens extensas que devem ser faladas. O Oficiante deve treinar esses trechos antes da cerimônia. Tenha um roteiro escrito e marque-o para indicar ênfases ou pausas. Pronuncie as palavras imprimindo-lhes significado. Compreenda o que diz. Se algumas palavras parecerem estranhas, ou seu significado não estiver claro, substitua por outras que se adaptem melhor a você, mas cuide para não se desviar muito do que está escrito.

Planeje toda uma noite (ou manhã, ou tarde) para uma Iniciação. Podem ser necessárias até quatro horas desde a preparação até a limpeza. Por causa do tempo que demanda, só uma pessoa pode ser iniciada por vez. Planeje também uma pequena festa para depois da Iniciação, mesmo que seja apenas um pequeno lanche com bebidas. Isso ajudará o Iniciado a voltar à realidade e também facilitará o seu retorno ao mundo profano. Preveja algum tempo para que a pessoa assimile a experiência vivida antes de fazê-la voltar ao mundo real. Observe se o candidato está bem alerta e se voltou ao normal antes de sair, ou peça a alguém que o leve para casa. Reduza o álcool ao mínimo, para não perturbar a atmosfera criada pela cerimônia.

Depois da Iniciação, mantenha contato e acompanhe o Iniciado durante alguns dias ou semanas. Às vezes a Iniciação provoca grandes mudanças, e o Iniciado pode precisar de ajuda para lidar com as energias. Às vezes a Iniciação abre a pessoa para novos reinos, e isso pode causar confusão. Diga ao Iniciado que você está à disposição para conversar e responder perguntas caso seja necessário, e também esteja preparado para agir nos raríssimos casos em que a Iniciação pode desencadear experiências emocionalmente difíceis.

Ritual de Iniciação de Primeiro Grau

Preparação

INSTRUMENTOS NECESSÁRIOS — Altar e equipamentos habituais, boline do Oficiante, venda e cordão para amarrar, óleo para unção, cordão para medir, ervas misturadas (Bebida da Morte), cesto para as vestes e objetos pessoais do candidato.

CANDIDATO — Leva todos os seus instrumentos ritualísticos, jóias e (possivelmente) o seu Livro das Sombras.

PRÉ-RITUAL — O candidato é levado a uma sala isolada, com instruções para vestir-se, enfeitar-se com os adereços que tiver, deixar os instrumentos à mão e meditar. Também nesse momento, o candidato escreve o seu nome civil e o novo nome na Arte, em duas folhas de papel diferentes.

Início do Ritual

SUMA SACERDOTISA E SUMO SACERDOTE — Lançam o Círculo padrão e invocam a sua Deusa e Deus preferidos e os quadrantes elementais.

SACERDOTE ASSISTENTE — Vai até o candidato na sala onde está isolado e lhe apresenta o Primeiro Desafio. (Você está preparado para o que está para acontecer? etc.) Se o candidato concorda, a Sacerdotisa Assistente entra na sala levando o cesto com o copo que contém a Bebida da Morte e o entrega ao Sacerdote Assistente.

SACERDOTISA ASSISTENTE — Apresenta o Segundo Desafio dizendo:

Tu te preparaste?

CANDIDATO — Responde. Se a resposta for positiva, o ritual continua. Em qualquer momento, havendo uma resposta negativa, o candidato não está preparado, e o ritual termina nesse ponto.

SACERDOTISA ASSISTENTE — Recebendo uma resposta positiva, diz:

Estás disposto a submeter-te à nossa clemência?

CANDIDATO — Responde.

SACERDOTISA ASSISTENTE — Abre bem os braços e diz:

Eu sou a tua morte! Vem e abraça-me!

CANDIDATO — Abraça a Sacerdotisa Assistente.

SACERDOTISA ASSISTENTE — Pede a folha de papel com o nome mundano do candidato. Ela o queima, dizendo:

Eu destruo a tua identidade!

SACERDOTISA ASSISTENTE — Pega a folha de papel com o novo nome na Arte e a entrega ao Sacerdote Assistente, que a põe no cesto, e diz:

Eu tomo o teu eu secreto!

SACERDOTISA ASSISTENTE — Pega todos os adereços do candidato, entrega-os ao Sacerdote Assistente, que os coloca no cesto, e diz:

Toda a tua riqueza é pó!

SACERDOTISA ASSISTENTE — Toma todos os instrumentos ritualísticos do candidato, passa-os ao Sacerdote Assistente, que os coloca no cesto, e diz:

Todo o teu poder desapareceu!

SACERDOTISA ASSISTENTE — Pede ao candidato que tire as vestes, entrega-as ao Sacerdote Assistente, que as põe no cesto, e diz:

Nu vieste ao mundo, e nu o deixarás!

SACERDOTISA ASSISTENTE — Tira as medidas do candidato: (altura, comprimento do braço, cabeça, peito, quadris, punho e polegar (uma ou duas vezes), e diz:

Em torno do polegar; dá um nó. Em torno do pulso; dá um nó. Em torno dos quadris; dá um nó. Em torno do peito; dá um nó. Em torno da cabeça; dá um nó. De uma ponta a outra dos dedos das mãos; dá um nó. Do dedo do pé ao topo da cabeça; dá um nó.

SACERDOTISA ASSISTENTE — Ao terminar, entrega a medida (ou as medidas) ao Sacerdote Assistente, que as põe no cesto, e diz:

As tuas dimensões não existem mais!

SACERDOTISA ASSISTENTE — Coloca a venda no candidato, e diz:

Sozinho, na escuridão, estás perdido!

SACERDOTISA ASSISTENTE E SACERDOTE ASSISTENTE — Tiram simbolicamente a liberdade do candidato amarrando ou prendendo as suas mãos, de leve. (Este passo é opcional, dependendo das circunstâncias, especialmente se outra prova está preparada.) Enquanto o candidato é amarrado, a Sacerdotisa Assistente diz:

Pelo bem que te faz, não precisas sequer mover-te!

SACERDOTE ASSISTENTE — Sussurra no ouvido do candidato:

Entrego-te duas chaves: Amor Perfeito e Confiança Perfeita.

SACERDOTISA ASSISTENTE — Oferece ao candidato um gole da Bebida da Morte, e diz:

Prova a tua morte!

SACERDOTISA E SACERDOTE ASSISTENTES — Colocam-se ao lado do candidato, com o Sacerdote Assistente levando o cesto, e se preparam para acompanhar o candidato até o Círculo. Ao deixar o lugar de meditação, a Sacerdotisa Assistente diz:

Somente passando pela porta e entrando no grande
Desconhecido, podes chegar ao próximo Ciclo!

SACERDOTISA E SACERDOTE ASSISTENTES — Conduzem cuidadosamente o candidato até o Círculo. O Oficiante os aguarda na entrada do Círculo (Observação: as Iniciações devem ser realizadas de um sexo para outro, sempre que possível. A Suma Sacerdotisa deve realizar a Iniciação completa para um candidato do sexo masculino; o Sumo Sacerdote preside a Iniciação completa para uma candidata do sexo feminino. A pessoa que realiza a Iniciação é o Oficiante.) O Sacerdote Assistente então bate três vezes na entrada.

OFICIANTE — Responde com:

Quem bate nesta porta?

SACERDOTISA ASSISTENTE — Responde:

Trago-lhe alguém que quer ser Iniciado.

OFICIANTE — Diz:

Pede e te será concedido. Porque ninguém pode ser recusado por aquele que tem o poder. Mas, perguntamos três vezes ao candidato se ele está realmente preparado para esta experiência, porque se não estiver, a si mesmo somente poderá censurar, além de ficar preso entre os mundos, incapaz de retornar ao mundo dos homens como era e incapaz de prosseguir ao mundo dos Deuses. Porque pediu o que não era dele. Sabe que, na magia, pedir o que não te pertence é uma barreira para obtê-lo.

OFICIANTE — Coloca a ponta da arma contra o peito do candidato e o desafia pela terceira e última vez, dizendo:

Ó tu, que estás no limiar entre o mundo agradável dos homens e os reinos temíveis dos Deuses, tens coragem de passar por esta experiência?

CANDIDATO — Responde.

OFICIANTE — Diz:

Porque digo-te, verdadeiramente, que é melhor lançar-te sobre a minha lâmina e perecer do que tentar com medo no coração! Que chaves tens para que te admitamos em nosso Círculo?

CANDIDATO — Deve responder com as senhas que lhe foram dadas: "Amor Perfeito e Confiança Perfeita." (Caso não as lembre, o Sacerdote Assistente pode sussurrar-lhe.)

OFICIANTE — Responde:

Todos os que trazem essas chaves são duplamente bem-vindos. (O Oficiante então afasta a espada.) Dou-te uma terceira chave, um beijo. (O Oficiante beija castamente o candidato nos lábios.)

Ação

OFICIANTE — Conduz o candidato para dentro do Círculo e o acompanha numa volta completa, no sentido deosil, e diz:

Este é o caminho que todos percorrem ao serem introduzidos num Círculo, sempre na direção do Sol, da escuridão para a luz.

OFICIANTE — Leva o candidato para o centro, vira-o para o Leste e diz:

Ó tu, que declaraste a intenção de te tornares um de nós, ouve então o que deves saber fazer. Uma só é a raça dos homens e dos Deuses. De uma única fonte sorvemos o alento, mas uma diferença de poder em todas as coisas nos mantém separados. Contudo, na grandeza do espírito, podemos ser como os Deuses.

Mas não sabemos que meta perseguir, seja de dia seja de noite; o destino escreveu que iremos além de todos os mares e dos limites extremos da terra, além do início da noite e da vastidão do céu, onde se encontra um poder majestoso que é o reino dos Deuses.

Os que querem passar pelos portões da noite e do dia e entrar no sublime espaço entre o mundo dos homens e o reino dos Deuses saibam que se não houver verdade no coração, todo esforço redundará em fracasso.

Ouve então a Lei:

Ama todas as coisas da natureza,
Não permitas que um inocente seja prejudicado por tua mão ou por tua mente.
Trilha os caminhos dos Deuses,
Aprende a alegria por meio do sofrimento, de uma vida longa e da nobreza de espírito e intenção.

E se entre as experiências comuns, surgirem algumas descobertas relacionadas com a tua crença nos Deuses, conserva-te em silêncio. E quando alguém te disser: "Não sabes nada", e isso não te incomodar, então fica sabendo que começaste a obra. Mesmo assim: Não reveles os princípios aos comuns, mas apenas as obras que deles procedem quando são assimilados e compreendidos.

Como te chamarás na Arte?

CANDIDATO — Responde com o nome na Arte escolhido.
OFICIANTE — Conduz o candidato a cada um dos quadrantes e diz:

Prestai atenção, Poderosos do [direção], criaturas de [elemento], pois [nome], adequadamente preparado, será consagrado Sacerdote/Sacerdotisa e Bruxo(a)!

OFICIANTE — Volta ao centro do Círculo com o candidato, e ordena:

Ajoelha.

CANDIDATO — Ajoelha-se.

OFICIANTE — Toca a sineta onze vezes. Então ordena ao candidato:

Levanta-te.

Em outras religiões, o postulante ajoelha enquanto o sacerdote/sacerdotisa invoca o poder supremo. Mas na Arte aprendemos algo diferente: nós nos ajoelhamos e dizemos:

(O Oficiante se ajoelha aos pés do candidato.)

Benditos sejam os teus pés que te trouxeram a estes caminhos.
Benditos sejam os teus joelhos, que ajoelharão no altar sagrado.
Benditos sejam os teus (rins/ventre), dos quais brota a vida.

Bendito seja o teu peito, moldado em (força/beleza).
Benditos sejam os teus lábios, que pronunciarão os nomes sagrados.

OFICIANTE — Retira as cordas e a venda do candidato.

CANDIDATO — Realiza outra prova que possa ter sido planejada além da amarração.

OFICIANTE — Declara:

Tua prova está realizada. Foste bem. Estás pronto para jurar que serás sempre sincero com a Arte?

CANDIDATO — Responde.

OFICIANTE — Diz:

Estás sempre pronto a ajudar, proteger e defender
teus irmãos e irmãs na Arte?

CANDIDATO — Responde.

OFICIANTE — Diz:

Não te exigimos um juramento de não revelar os segredos da Arte, mas apenas de manter em sigilo os nomes dos teus irmãos e irmãs, do local das reuniões e das comunicações administrativas feitas no Círculo.

Pedimos-te um juramento em tuas próprias palavras, declarando o teu compromisso com a Arte, com o conhecimento da magia e com os teus irmãos e irmãs de que estás disposto a oferecer ajuda quando solicitado, a sempre servir à Wicca e aos Deuses com honra, a trabalhar em paz e confiança com teus irmãos e irmãs na Arte; e se te sentires em desarmonia conosco, solicitarás afastamento, mas ainda assim manterás o teu juramento.

CANDIDATO — Promete cumprir a promessa e faz um juramento pessoal com palavras próprias.

OFICIANTE — Consagra o candidato com os vários elementos, um de cada vez, dizendo:

Consagro-te com água e com terra para que sejas puro em tuas ações com a Arte. (Asperge o candidato com sal e água.)

Consagro-te com fogo e com ar para que sejas fervoroso em tuas ações com a Arte. (Incensa o candidato com a fumaça do incenso.)

Consagro-te com óleo para que sejas ungido no serviço da Arte. (Unge o candidato com óleo.)

Consagro-te com vinho para que sejas resoluto em tudo o que diz respeito à Arte. (Unge o candidato com vinho do cálice, do mesmo modo que o ungiu com óleo.)

Consagro-te com meus lábios para que dês amor e verdade à Arte. (Beija-o castamente nos lábios.)

Para obter poder mágico, aprende a ter constância de pensamento. Só aceita idéias que estejam em harmonia com o objetivo almejado. A constância de pensamento é um meio para chegar a um fim. Presta atenção ao poder do pensamento silencioso e da meditação. O ato material não é senão a expressão externa do pensamento. Por isso, o pensamento é o princípio da ação. Se um pensamento casual pode produzir o efeito de uma ação, o que não pode fazer o pensamento constante!

Instala-te firmemente no equilíbrio das forças, no centro da cruz dos elementos. Aprende tanto o poder do pensamento como o poder da moderação, para que possas controlar os teus pensamentos e as tuas ações. Entregar-te-ei agora os instrumentos de trabalho do(a) Bruxo(a).

OFICIANTE — Entrega ao candidato suas vestes, cordões, varinha mágica, athame, cálice e pentáculo, descrevendo brevemente a finalidade de cada um, e diz:

Eu te saúdo no nome da Senhora e no nome do Senhor, agora que és Sacerdote/Sacerdotisa e Bruxo(a). Por meio de que nomes cultuas um e outro?

CANDIDATO — Responde.

OFICIANTE — Diz:

Escreverei agora teu nome de magia na tua testa. Eu te confirmo [diz o nome do candidato]. (Traça o nome com vinho do cálice.)

Tua tarefa agora é estudar a prática da Arte. Sabe, porém, que a verdadeira religião não comporta seitas. Presta atenção para não usar indignamente o nome pelo qual os outros conhecem seus Deuses. Não penses que um pouco de conhecimento te dê autoridade mortal. Lembra-te da provação, e sabe que é por meio da disciplina e do sofrimento que a alma é purificada.

OFICIANTE — Limpa e unge a vela do candidato com sal e água, fogo e ar, vinho e óleo, e grava nela um pentagrama. Em seguida, o Oficiante acende a vela e a entrega ao candidato, dizendo:

Recebe esta vela acesa que simboliza a luz divina que está dentro de ti. Alimenta essa luz interior e protege-a como proteges a chama da vela das correntes de ar.

CANDIDATO — É convidado a consagrar os seus instrumentos. (A menos que ainda haja bastante tempo, ou que o candidato tenha poucos instrumentos, incentive-o a consagrar um ou dois instrumentos apenas. O objetivo dessas consagrações é mostrar à congregação reunida que o recém-Iniciado é capaz de cumprir os deveres inerentes à sua nova condição.)

Encerramento

SUMO SACERDOTE E SUMA SACERDOTISA — Realizam o Grande Ritual. O cálice é passado e aterrado.

OFICIANTE — Posiciona o novo Sacerdote no centro do Círculo e, postando-se atrás dele, gira com ele, de modo a voltarem-se para cada um dos quadrantes; diz:

Ouvi, ó Poderosos do [direção], criaturas do [elemento]! [Diz o nome do Iniciado] foi consagrado como Sacerdote/Sacerdotisa da Arte e como (irmão/irmã) da Wicca.

CONGREGAÇÃO — Os presentes cumprimentam e dão as boas-vindas ao Bruxo recém-ordenado.

SUMO SACERDOTE E SUMA SACERDOTISA — Agradecem e dispensam a Senhora, o Senhor e os quadrantes; desfazem o Círculo.

CONGREGAÇÃO — Relaxam e celebram. Limpam e organizam o espaço e se despedem, indo para casa.

INICIAÇÃO SOLO OU AUTO-INICIAÇÃO

A Iniciação solo ou auto-Iniciação é um tema controverso na Wicca. Algumas Tradições não admitem a auto-Iniciação, e sustentam que uma pessoa só pode ser Iniciada por outro Iniciado. A Wicca eclética geralmente reconhece a auto-Iniciação, mas a posição e a autoridade de quem se auto-inicia depende do grupo a que ele está ligado. Alguns tratam o auto-Iniciado como qualquer outro Iniciado, mas isso não acontece com todos. No entanto, se uma pessoa só tem a si mesma como professor, sem ninguém que a inicie, ela pode iniciar a si mesma.

A auto-Iniciação exige que o candidato tenha pelo menos um ano de estudos e práticas. As exigências de aprendizado e realizações são as mesmas. Por falta de recursos, talvez seja necessário mais tempo para chegar ao estágio em que você se sente preparado e com competência para se tornar um iniciado, mas você será mais independente e autoconfiante. Algumas pessoas se auto-iniciam e mais tarde, depois de se ligar a um grupo, resolvem passam por outra Iniciação de Primeiro Grau com esse grupo.

Quando se Auto-Iniciar

Como você sabe quando está pronto para a sua Iniciação? Nem sempre é fácil dizer. É difícil explicar, mas quando você se sente calmo e tranqüilo, tem uma sensação de solidez que lhe indica que você sabe o que precisa saber, mas também sabe que ainda tem muito a aprender, quando, de maneira inexplicável, você compreende que na verdade é irrelevante se vai haver ou não um ritual de Iniciação, porque com tranqüilidade, desapego e maturidade você sabe que alcançou aquele nível de conhecimento e capacidade — então, paradoxalmente, você provavelmente está pronto para a Iniciação. Se você almeja e suspira por ela, é sinal de que esse não é ainda o momento certo. Se você sabe que cumpriu uma etapa e está pronto para aprender mais e prosseguir para o estágio seguinte, provavelmente você está preparado.

Você precisa ser impiedosamente honesto consigo mesmo e examinar escrupulosamente os seus sentimentos e idéias. Se você se Iniciar prematuramente, é provável que não tire proveito disso, apesar de não se expor a nada que possa prejudicá-lo, porque não tem capacidade ou entendimento para chegar ao nível seguinte.

Se a Divindade entrou em contato com você, isso é bom. Se não, continue tentando, mas você precisa escolher uma ou duas Divindades antes de se Iniciar (Veja o capítulo sobre a Divindade, páginas 132-133.)

Esta Iniciação solo, como o termo indica, é específica para uma pessoa só, ou solitária. Você pode adaptá-la para um pequeno grupo, mas se os outros não passaram por uma Iniciação, ela não terá eficácia ou significado para eles. Se você faz parte de um grupo pequeno, um dos membros deve se auto-Iniciar, e então, se os demais participantes querem iniciar-se, podem fazê-lo, ou talvez adaptar a Iniciação para um grupo de forma a atender às suas necessidades.

Uma boa Iniciação abre a pessoa para o Divino. Esperamos que você tenha realizado o trabalho de base para que isso aconteça com você.

Parâmetros para o Ritual

Como na Iniciação realizada para um grupo, uma Iniciação solo precisa de tempo: pelo menos uma hora para o ritual, e mais um tempo para a preparação e a limpeza. Procure não ter pressa. É melhor não ter relógios à vista, para não se distrair. Tranque a porta, desligue o telefone e feche as cortinas para eliminar toda possível distração. Conceda-se tempo suficiente para realizar o ritual e também para relaxar e aquietar-se.

Lembre que o tempo que ocupar depois da Iniciação limpando e realizando tarefas mundanas é importante porque possibilita ao seu Subconsciente e à sua Alma processarem a experiência sem distrações. Vá às compras, saia com amigos, veja um filme, pague contas, organize o guarda-roupa, faça palavras cruzadas ou exercite-se fisicamente, algo bem diferente que afaste a sua mente da experiência. Esse não é um bom momento para dormir; procure ocupar-se com atividades um pouco "mundanas" antes de ir para a cama.

Tirar as Medidas numa Iniciação solo é um pouco diferente. Faça isso medindo a sua altura três vezes, dando um nó entre elas. Cuide para que o cordão não fique frouxo; ponha-se de pé e ereto. Meça desde a sola dos pés até o topo da cabeça. Esse cordão deve ser trançado e se tornará o símbolo de seu Primeiro Grau. As cores mais usadas são o branco e o vermelho.

Sua prova neste caso é o estudo e a prática realizados no último ano e um dia. Você demonstrou disciplina, perseverança, paciência e determinação. É prova suficiente.

Ritual para Iniciação Solo de Primeiro Grau

Preparação

INSTRUMENTOS — Os instrumentos e equipamentos do altar de costume, o Livro das Sombras, óleo para unção, cordão para tirar a Medida e um cesto para as vestes e adornos pessoais.

PRÉ-RITUAL — Prepare-se reunindo todo o material necessário e purifique-se com um banho ritual. Por banho ritual entende-se um banho rápido realizado com intenção. A água do banho deve ser uma solução salina, por isso use o sal que você utiliza normalmente nos seus rituais ou então outro sal para banho, neste caso consagrando-o com a mesma seqüência adotada para benzer o sal e a água para o seu Círculo.

Ao terminar o banho, vista-se e enfeite-se com adornos e instrumentos ritualísticos pessoais. Feche as portas. Apague as luzes. Desligue o telefone, e comece.

Início do Ritual

CANDIDATO — Lance o Círculo do modo habitual, invocando a sua Deusa e Deus preferidos e os guardiões elementais. Lançado o Círculo, medite sobre o que está prestes a realizar. Escreva em duas folhas de papel separadas o seu nome mundano e seu novo nome na Arte.
Quando estiver pronto, coloque-se no centro do Círculo e diga:

Ouvi-me, ó Poderosos!

Preparei-me pelo estudo, pela prática e pelo aperfeiçoamento pessoal. Estudei durante um ano e um dia, pelo menos. Estou pronto, e apresento-me para este ritual livremente e por escolha própria. Submeto-me ao que os Deuses puserem à minha frente. Por meu livre-arbítrio aceitarei o que me oferecerem. Estou preparado para me declarar Sacerdote/Sacerdotisa e Bruxo(a), atribuindo-me as prerrogativas inerentes a este título.

CANDIDATO — Pegue a folha de papel com o seu nome mundano e queime-o na vela do altar, dizendo:

Destruo minha velha identidade!

CANDIDATO — Pegue a folha de papel com o seu nome na Arte, coloque-o ao lado num lugar seguro e diga:

Assumo meu eu secreto e o ponho num lugar seguro!

CANDIDATO — Tire todos os enfeites e coloque-os no cesto, dizendo:

Toda minha riqueza é pó!

CANDIDATO — Coloque os instrumentos ritualísticos no cesto, dizendo:

Todo o meu poder desapareceu!

CANDIDATO — Tire as roupas e coloque-as no cesto, dizendo:

Nu vim ao mundo e nu o deixarei!

CANDIDATO — Pegue o cordão e meça a sua altura três vezes, dando um nó a cada medida; diga:

Minhas medidas não existem mais!

Entendo que só passando pela porta e entrando no Grande Desconhecido poderei chegar ao próximo Ciclo!

CANDIDATO — Dê três batidas, dizendo:

Bato na Porta para demonstrar minhas intenções de tornar-me um Iniciado. Preparei-me adequadamente para esta experiência; estudei, aprendi e me aperfeiçoei. Venho pedir o que me pertence.

Compreendo que, se não estou realmente preparado para este passo, somente a mim poderei censurar, e posso ficar preso entre os mundos, incapaz de retornar ao mundo dos homens como era e incapaz de avançar ao mundo dos Deuses. Sei que, na magia, pedir o que não me pertence é impedir-me de obtê-lo.

Eu, que estou no limiar entre o mundo agradável dos homens e os reinos temíveis dos Deuses, pela última vez afirmo que tenho coragem de dar este passo.

Ação

CANDIDATO — Caminha uma vez ao redor do Círculo, no sentido deosil, retorna ao centro, volta-se para o Leste, e diz:

Uma só é a raça dos homens e dos Deuses. De uma única fonte sorvemos o alento, mas uma diferença de poder em todas as coisas nos mantém separados. Contudo, na grandeza do espírito, podemos ser como os Deuses.

Mas não sei que meta perseguir, seja de dia seja de noite; o destino escreveu que irei além de todos os mares e dos limites extremos da terra, além do início da noite e da vastidão do céu, onde se encontra um poder majestoso que é o reino dos Deuses.

Quero passar pelos portões da noite e do dia e entrar no sublime espaço entre o mundo dos homens e o reino dos Deuses. Sei que se não há verdade no meu coração, todo esforço estará destinado ao fracasso.

Faço o meu juramento aos Deuses:

Amarei todas as coisas da natureza,
Não permitirei que um inocente seja prejudicado por minha mão ou por minha mente.
Trilharei os caminhos dos Deuses,
Aprenderei a alegria por meio do sofrimento, de uma vida longa e da nobreza de espírito e intenção.

E se entre as experiências comuns, surgirem algumas descobertas relacionadas com as minhas crenças nos Deuses, manterei silêncio. E quando alguém me disser: "Não sabes nada", e isso não me incomodar, então terei começado a obra. Não revelarei os princípios aos comuns, mas apenas as obras que deles procedem quando são assimiladas e compreendidas.

Meu nome na Arte será [diga o seu nome na Arte]!

CANDIDATO — Em seguida, dirija-se a cada um dos quadrantes, dizendo:

Prestai atenção, ó Poderosos do [direção], criaturas do [elemento]! Eu, [nome na Arte], adequadamente preparado, serei consagrado Sacerdote/Sacerdotisa e Bruxo(a)!

CANDIDATO — Volte ao centro do Círculo e ajoelhe-se. Toque a sineta onze vezes, levante-se e diga:

Em outras religiões, o postulante ajoelha enquanto o sacerdote/sacerdotisa invoca o poder supremo. Mas na Arte aprendemos algo diferente.

Benditos sejam os meus pés que me trouxeram a estes caminhos.
Benditos sejam os meus joelhos, que ajoelharão no altar sagrado.
Benditos sejam os meus (rins/ventre), dos quais surge a vida.
Bendito seja o meu peito, moldado em (força/beleza).
Benditos sejam os meus lábios, que pronunciarão os nomes sagrados.

Apresento o meu Livro das Sombras como prova dos meus estudos e realizações. Juro que defenderei os conhecimentos que Tu me deste e que os compartilharei somente com os que estão preparados e são capazes de usá-los de maneira correta e segura.

Juro que serei sempre fiel à Arte.

Estou sempre pronto a ajudar, proteger e defender os meus irmãos e irmãs na Arte, sejam eles quem forem.

Juro que manterei em sigilo os nomes dos meus irmãos e irmãs na Arte, o local das reuniões e as comunicações administrativas feitas no Círculo.

Juro sempre servir à Wicca e aos Deuses com honra, a trabalhar em paz e confiança com meus irmãos e irmãs na Arte; e se me sentir em desarmonia com algum deles, afastar-me-ei, mas ainda assim manterei o meu juramento.

CANDIDATO — Faça um juramento pessoal. Em seguida consagre-se ungindo a testa, os lábios e o coração com cada um dos seguintes elementos, dizendo:

(Sal e água) *Consagro-me com água e terra para ser puro em minhas ações com a Arte.*

(Incenso) *Consagro-me com fogo e ar para ser fervoroso em minhas ações com a Arte.*

(Óleo) *Consagro-me com óleo para ser ungido no serviço da Arte.*

(Vinho do cálice) *Consagro-me com vinho para ser resoluto em tudo o que diz respeito à Arte.*

Juro com meus lábios para poder dar amor e verdade à Arte.

Para obter poder mágico, devo aprender a ter constância de pensamento. Só aceitarei idéias que estejam em harmonia com o objetivo almejado. A constância de pensamento é um meio para chegar a um fim. Prestarei atenção ao poder do pensamento silencioso e da meditação. O ato material não é senão a expressão externa do pensamento. Por isso, o pensamento é o princípio da ação. Se um pensamento casual pode produzir o efeito de uma ação, o que não pode fazer o pensamento constante!

Instalar-me-ei firmemente no equilíbrio das forças, no centro da cruz dos elementos. Aprenderei tanto o poder do pensamento como o poder da moderação, e controlarei os meus pensamentos e ações.

Peço agora os instrumentos de trabalho do(a) Bruxo(a).

CANDIDATO — Pegue as suas roupas e vista-as; pegue também os demais instrumentos: cordões, varinha mágica, athame, cálice, pentáculo, etc., revisando mentalmente a finalidade de cada um. Depois de vestido e pronto, diga:

Cultuo a Senhora e o Senhor com os nomes [mencione os nomes das suas Divindades preferidas]. Escrevo o meu nome de magia no meu peito para gravá-lo em meu coração para sempre. (Escreva o seu novo nome na Arte sobre o coração com vinho do cálice.)

A verdadeira religião não comporta seitas. Não usarei indignamente o nome pelo qual os outros conhecem os seus Deuses. Um pequeno conhecimento não pode dar-me autoridade mortal. É por meio da disciplina e do sofrimento que a alma é purificada.

CANDIDATO — Limpe e unte a sua vela, grave nela um pentagrama e acenda-a numa das velas do altar, dizendo:

Esta vela acesa simboliza a luz divina que está dentro de mim. Alimentarei essa luz interior e a protegerei como protejo a chama da vela das correntes de ar. Reafirmo tudo o que jurei neste dia, e que os Deuses façam o que deve ser feito se eu quebrar meus votos. Assim seja!

CANDIDATO — Consagre novamente um ou dois instrumentos, ou todos, conforme achar conveniente.

Encerramento

CANDIDATO — Realize o Grande Rito. Aterre o cálice. Poste-se no centro do Círculo, volte-se para cada quadrante, e declare:

Ouvi, ó Poderosos do [direção], criaturas do [elemento]! Eu, [diz o nome do Iniciado], fui consagrado Sacerdote/Sacerdotisa da Arte e (irmão/irmã) da Wicca.

INICIADO — Agradeça e dispense a Senhora, o Senhor e os quadrantes e desfaça o Círculo. Limpe tudo. Relaxe e alegre-se.

Ritos de Passagem

A Iniciação é apenas um dos inúmeros ritos de passagem pelos quais os wiccanianos passam na vida. Seguem-se descrições de alguns ritos de passagem importantes celebrados na Wicca. Os rituais para essas ocasiões não são rígidos, podendo ser alterados e modificados para adaptar-se a objetivos específicos.

NOMEAÇÃO/WICCANATO

Quando uma criança passa a fazer parte da comunidade, por nascimento, adoção ou apadrinhamento, esse evento é uma dádiva da Deusa. Passada a euforia inicial, com a família mais tranqüila, chega o momento de apresentar o recém-nascido à comunidade. Não há uma regra específica que defina o momento mais apropriado para a Nomeação. Alguns pais esperam um ano, ou mais. A Nomeação não implica um compromisso definitivo da criança com a Wicca. Como os wiccanianos não fazem proselitismo, a Wicca é uma religião que deve ser escolhida livremente, e as crianças dificilmente estão preparadas para essa opção. A Nomeação apresenta a criança aos Deuses e à comunidade. Ela comunica a todos que essa criança é preciosa, tem valor e deve ser cuidada e atendida, sendo por isso posta sob a proteção dos Deuses e da Comunidade Wiccaniana, além dos pais e da família. Normalmente realiza-se uma festa, com possível entrega de presentes após a cerimônia. Este ritual deve ser relativamente breve e simples, porque poucas crianças conseguirão ficar quietas e silenciosas se ele se prolongar demais. Esta não é uma Iniciação, nem mesmo uma Dedicação, por isso há pouca ativação de energia. Membros da família não-wiccanianos podem participar.

Essa pode ser uma ótima ocasião para amigos e familiares não-adeptos conhecerem um pouco a Wicca, pois a informação dissipa medos e preconceitos. Não se trata de um ritual profundo que utilize linguagem e práticas pouco familiares, e além disso mostra como os wiccanianos amam e valorizam suas crianças. Ilustra ainda o acolhimento que damos às pessoas para que vejam quem somos e o que fazemos.

Se houver estranhos, é possível que eles se sintam nervosos e pouco à vontade. Tranqüilize-os dizendo que essa é uma cerimônia para acolher a criança na família e na comunidade. Explique-lhes em que consiste o ritual, o que acontecerá; diga-lhes que haverá partilha de vinho e bolos, e que se não se sentirem bem em virtude de proibições de suas religiões, não precisam participar. Mostre-lhes como reverenciar o cálice (segurá-lo e elevá-lo), caso optem por não participar. Providencie para que haja espaço para todos, talvez até sentados. Procure incluir os não-wiccanianos no grupo; não os deixe de lado ou separados. Eles devem fazer parte do Círculo, e se tiverem objeções ao Círculo mágico, talvez seja melhor se despedirem. Não permita a presença de convidados hostis. Enfatize que esse ritual é para a criança e para demonstrar amor e apoio à criança e à família. Diga aos presentes que o objetivo do ritual é possibilitar à família, aos amigos e à comunidade receberem a criança em seu meio. Responda possíveis perguntas com paciência e satisfação. Esse pode ser o primeiro contato de muitas pessoas com a Wicca; transforme-o numa experiência positiva.

Ao planejar este ritual, o Sacerdote ou Sacerdotisa que o presidirá deve encontrar-se com a família e conhecer a criança. Em conjunto, a família e o Sacerdote/Sacerdotisa escolhem as Divindades que cuidarão da criança durante o seu crescimento. Essas Divindades devem ser dirigidas à criança. Pesquise. Se os pais têm Divindades, talvez essas sejam adotadas, ou talvez outras do mesmo panteão. Por exemplo, Hécate é uma Grande Deusa, mas um tanto imprópria para crianças. Consiga quadros ou estatuetas das Divindades. Eles pertencerão à criança, por isso devem ser resistentes e baratos. Uma família que conhecemos deixa as imagens das Divindades no quarto do filho; assim, quando o "bicho papão" vem, os Deuses o protegem de todo mal. E funciona. Se você conseguir um brinquedo de pano ou algum objeto familiar para representar a Divindade, ótimo. À medida que a criança se desenvolve, diga-lhe que essas Divindades cuidam dela e a protegem de possíveis males.

O Sacerdote ou Sacerdotisa deve preparar um breve discurso sobre cada Divindade direcionado para a criança e para os participantes. Incluímos aqui alguns exemplos de discursos, mas você mesmo deve preparar aquele que se ajusta às Divindades escolhidas. As explicações e bênçãos devem ser redigidas e incluídas no roteiro da cerimônia ou então numa cartolina.

Uma variação desse ritual foi realizada para crianças adotadas de um país estrangeiro. Elas começaram o ritual vestidas com as roupas do seu país de origem. Durante o ritual, porém, tiraram o traje nativo (ficando apenas com a roupa de baixo) e vestiram roupas americanas. Essas crianças eram mais velhas, por isso participaram da escolha dos dois trajes. Isso também ajudou a simbolizar a passagem do país de origem para a nacionalidade americana, e a participação delas no planejamento aumentou o seu interesse e envolvimento no ritual.

Você também pode incluir as bênçãos das testemunhas para a criança, que devem ser apenas uma frase curta. As bênçãos devem começar com alguém dos presentes que esteja preparado e passe aos não-wiccanianos a idéia do que dizer. As bênçãos são um recurso para incluir todos os presentes no ritual. Mas se o número de pessoas for muito grande, esse processo pode se alongar. Se você explicar antes do início do ritual o que vai acontecer, e providenciar alguns exemplos de bênçãos (por exemplo, que a criança cresça em força, saúde e amor; que a criança seja abençoada com amor e segurança; que a criança seja feliz e bem tratada), normalmente as pessoas captam a idéia. Os presentes (se houver) devem ser entregues no fim do ritual.

Outro toque pessoal pode ser a inclusão de fotografias de parentes falecidos, mas ainda carinhosamente lembrados na família. Você pode apresentar a criança a esses parentes e talvez dizer uma frase sobre cada um. Lembre-lhe que esses familiares também cuidam dela.

Este Círculo é muito mais simples do que os outros apresentados neste livro. Embora seja breve e singelo, é muito eficaz. Recomenda-se substituir a espada pelo athame ou pelo bastão, e usar os dedos em vez do athame ao invocar os quadrantes, se achar que assim é melhor.

Ritual de Nomeação

Preparação

ALTAR — Prepare sal/água, incenso, velas de presença e de leitura, óleo, vinho/sidra. Inclua também estatuetas ou quadros das Divindades escolhidas, colocando-os num lugar de destaque sobre o altar.

Ritual

SUMA SACERDOTISA — Varre em torno do Círculo, do lado de fora dos participantes, no sentido deosil.

SUMO SACERDOTE — Desenha o Círculo com a espada, também no lado externo e no sentido deosil.

SUMA SACERDOTISA — Asperge o Círculo com sal e água, dizendo:

Limpo este Círculo com água e terra para que toda impureza seja expelida e toda bondade entre.

SUMO SACERDOTE — Incensa o Círculo, dizendo:

Limpo este Círculo com fogo e ar para que nenhum mal possa maculá-lo e para que tu o protejas com amor.

OFICIANTE — Chama os quadrantes dizendo:

Guardiões das Torres de Vigia do [direção], criaturas do [elemento], acolho-vos em nosso Círculo. Pedimos que testemunheis este rito e protejais este Círculo e todos os que dele participam. Salve e Bem-vindos! (A resposta Salve e Bem-vindos dos presentes é opcional.)

SUMO SACERDOTE — Dá uma volta ao redor do Círculo com a varinha mágica, agitando a tinta e selando o Círculo.

A Suma Sacerdotisa e o Sumo Sacerdote declaram juntos:

O Círculo está lançado. Estamos num tempo que não é mais um tempo, num lugar que não é mais um lugar, porque estamos entre os mundos e além deles. Que os Deuses nos protejam em nossa jornada de magia. Assim seja! (A resposta Assim seja dos participantes é opcional.)

Uma vez lançado o Círculo, introduza nele a criança com o(s) pai(s).

OFICIANTE — Dá as boas-vindas à criança, dizendo:

Estamos aqui para acolher [nome da criança] em nossa comunidade e pedir a proteção e a bênção dos Deuses para ele/ela enquanto cresce entre nós.

OFICIANTE — Saúda a criança, e em seguida a abençoa e purifica com sal, água, incenso, óleo e vinho, ungindo-lhe a testa, as mãos e os pés.

Então conduz, ou carrega, a criança a cada quadrante e a apresenta a cada um deles, dizendo:

Guardiões das Torres de Vigia do [direção], criaturas do [elemento], eu, [seu nome], Sacerdote/Sacerdotisa e Bruxo(a), trago à vossa presença [nome da criança], filho/filha de [nomes dos pais]. [Pode incluir nome dos avós, de tios, tias, etc., se for adequado.] *Sabei que ele/ela está sob nossa orientação e proteção, e pedimos que acrescenteis a vossa proteção à nossa, para que ele/ela possa crescer e prosperar em sua vida com sua família, amigos e comunidade. Assim seja. Assim seja.* (Todos respondem)

OFICIANTE — Fala sobre os Deuses escolhidos — por exemplo, Ana, Dagda, Brigit e Cernunos, mostrando à criança estatuetas ou quadros de cada um deles, enquanto conta histórias a eles relacionadas. (Esses são apenas exemplos; escolha os Deuses que você e os pais acharem mais apropriados.)

Ana é a Grande Mãe, Mãe da Irlanda, nutridora da Tuatha Dé Dannam. Seu nome significa riqueza e abundância.

Dagda é o "Deus Bom" dos Celtas. Ele é o Pai de todos, o senhor de grande conhecimento. É o dono do grande caldeirão da abundância, com o qual ninguém terá fome.

Brigit, nome que significa a enaltecida, é filha de Dagda. Ela é a Deusa da lareira, do fogo, da forja, da fertilidade, do gado, das plantações e da poesia. É mãe e avó.

Cernunos é o Deus cornífero, Senhor da natureza, dos animais, das frutas, das pastagens e da prosperidade.

OFICIANTE — Atrai as bênçãos dos Deuses para a criança dizendo:

Invocamos a Grande Mãe Ana para que vele por esta criança e derrame suas bênçãos sobre [nome]; que ele/ela cresça, se desenvolva e prospere. Alimentai-a para que possa crescer forte e saudável. Cuidai dela e protegei-a de todo mal.

Invocamos Dagda, o Pai de Todos, para que vele por esta criança e a mantenha livre do mal, interior e exterior. Concedei a [nome] paz e plenitude. Que Dagda encha esta criança com amor ao conhecimento e ao aprendizado. Permiti que ela se alimente do caldeirão da fartura de Dagda.

Invocamos Brigit, a enaltecida, para que vele por esta criança. Agraciai [nome] com vossas habilidades e amor pelo trabalho. Que esta criança aprenda a ser habilidosa e capaz.

Invocamos Cernunos, o Deus cornífero, para que vele por esta criança e lhe conceda força, resistência e perseverança. Que [nome] ame a natureza e os animais como Cernunos. Concedei-lhe prosperidade.

Bem-vindo(a) à nossa comunidade! (Todos respondem *Bem-vindo(a)!*)

OFICIANTE — Continua:

Criança, cresce e prospera com a tua família. Encontre amor, aceitação e carinho em tua vida. Aproveita o melhor de tudo que a vida te oferecer; reúne tudo numa coisa só para te tornares um ser completo, realizado, feliz, próspero e seguro onde estiveres e com tua família, tua comunidade, teu país e o mundo. Em nome dos Deuses Ana, Dagda, Brigit e Cernunos eu invoco vossas bênçãos sobre [nome]. Assim seja! (Todos respondem *Assim seja!*)

OPCIONAL — O(s) pai(s) mostra(m) fotografias dos ancestrais à criança e a apresenta(m) a eles.

OFICIANTE — Em seguida o Oficiante conduz, ou carrega, a criança ao redor do Círculo, pedindo a cada participante que a abençoe com as suas bênçãos pessoais; diz:

Como sinal do nosso amor e compromisso de ver esta criança crescer forte, saudável, solícita e sábia, demos-lhe cada um a nossa bênção.

OFICIANTE — Devolve a criança aos pais.

SUMO SACERDOTE E SUMA SACERDOTISA — Realizam o Grande Rito, dizendo:

Assim como a taça é o feminino e o athame é o masculino, juntos eles são uma coisa só e fonte de toda vida.

SUMA SACERDOTISA — Abençoa os bolos, enquanto diz:

Que esses bolos sejam abençoados pelos Deuses para que possamos participar da sua generosidade.

SUMA SACERDOTISA — Faz circular o vinho e os bolos (neste caso, possivelmente suco de frutas e bolachas), para que todos partilhem ou apenas reverenciem o cálice, de acordo com suas crenças. Depois que cada um teve a oportunidade de partilhar o vinho e os bolos, ela termina o vinho e coloca o cálice sobre o pentáculo.

SUMO SACERDOTE — Caminha ao redor do Círculo com a varinha mágica, abrindo-o.

SUMA SACERDOTISA — Dispensa os quadrantes dizendo:

Guardiões das Torres de Vigia do [direção], criaturas do [elemento], agradecemos a vossa presença em nosso Círculo. Que haja paz entre nós, agora e sempre, e ao partirdes nós nos despedimos dizendo, Salve e Adeus! (Todos respondem *Salve e Adeus!*)

SUMO SACERDOTE — Abre o Círculo com a espada, caminhando widdershins e aterrando a energia; diz:

O Círculo está aberto, mas intacto. Felizes nos encontramos, felizes nos separamos e felizes tornaremos a nos encontrar.

CONGREGAÇÃO — Entregam seus presentes à criança, abrem, festejam e celebram.

MAIORIDADE (PUBERDADE)

Nas sociedades antigas, a puberdade assinalava a etapa em que a pessoa deixava de ser considerada criança e passava a ser adulta. A maturidade sexual era geralmente seguida muito de perto pela paternidade/maternidade. Na sociedade moderna, escolhemos arbitrariamente os dezoito anos como período em que entramos na vida adulta, e na maioria dos Estados a pessoa não pode beber álcool legalmente ou estabelecer certos contratos legais até a idade de 21 anos. Para alguns, dirigir um carro aos dezesseis anos é sinal de emancipação, sendo praticamente o único símbolo público da idade adulta em nossa cultura dominante. No judaísmo, o Bar ou Bar Mitzvah normalmente coincide com a puberdade. Como a Wicca é uma religião voltada para a Terra e para a fertilidade, faz sentido celebrar a fertilidade e a puberdade. Para as meninas, o momento está claramente demarcado: a menarca, quando a jovem tem o seu primeiro fluxo menstrual. Para os meninos, o momento não é tão preciso, mas a puberdade começaria quando o garoto dá mostras de estar desenvolvendo características sexuais secundárias: voz grave, barba, pêlos no corpo, aumento dos músculos, ou quando tem a sua primeira polução noturna.

As celebrações da puberdade não são universais entre os wiccanianos. Muitas conotações culturais negativas ainda cercam a sexualidade, a puberdade, a imagem do corpo e as funções fisiológicas. As mulheres freqüentemente relutam em mencionar quando estão em seu período menstrual. Algumas denominações cristãs ensinam que a menstruação e a dor menstrual e do parto são o castigo de Eva, ou apenas o castigo: a punição de Deus a todas as mulheres pela primeira desobediência de Eva. A sexualidade e o sexo são regulados pela lei e pelos costumes. Aos meninos ensina-se que as poluções noturnas são provocadas por demônios maus (súcubos) que os tentam com pensamentos impuros. A masturbação é um tabu sobre o qual não se deve falar, embora seja extensamente praticada.

Os wiccanianos estão tentando reviver alguns paradigmas antigos sobre a sexualidade e as funções físicas. Muitos deles cultuam a nudez e preferem participar de festivais e de reuniões privadas despidos como opção de traje.

Acredita-se que, nos tempos pré-históricos, a menstruação era considerada um grande mistério. O que sangra, mas não morre? A mulher. Numa sociedade em que feridas que sangravam podiam levar à morte, quase metade da população sangrava regularmente e não sofria de nenhuma doença evidente. E a correspondência temporal desse ciclo com as fases da Lua foi rapidamente observada. Alguns wiccanianos se referem à menstruação como o tempo da Lua da mulher, ou o sangue da Lua. Cada mulher contém em si as três fases da Deusa: Donzela, Mãe e Anciã. Cada fase está associada à menstruação: Donzela pela menarca, Mãe pela interrupção da menstruação que acompanha a gravidez, e Anciã pela cessação da menstruação e início da menopausa. Esses três aspectos estão ligados à fertilidade e ao parto.

Tudo isso transforma o primeiro período da menina num momento natural de celebração. Entretanto, ainda há problemas. Primeiro, não se pode esperar que uma jovem faça com lucidez a principal escolha da vida, que é a religião, numa idade tão precoce. Além disso, algumas meninas começam a menstruar com nove anos e às vezes antes (fato atribuído a alguns hormônios de crescimento atualmente presentes na alimentação). O tempo médio para a menarca ainda ocorre por volta dos doze anos, mas essa idade também é considerada bastante imatura em nossa cultura predominante. Se uma jovem resolve se tornar wiccaniana, ela ainda precisa da autorização dos pais, porque toda criança está sob a responsabilidade legal dos pais até os dezoito anos. Devido a essas restrições, as celebrações da puberdade são realizadas para jovens que já pertencem a uma família wiccaniana.

Algumas pessoas na Arte estão pensando em fazer ressurgir os mistérios das mulheres e dos homens. Desde o movimento Diânico, os mistérios das mulheres estão bastante bem instituídos. A celebração do primeiro período de uma jovem é realizada com maior freqüência, e não apenas em círculos wiccanianos ou diânicos. Um dos resultados do movimento feminista é as mulheres se sentirem melhor com relação a si mesmas e ao seu corpo. O movimento homossexual masculino conta com integrantes que estão procurando recuperar os mistérios masculinos. Em algumas sociedades, os mistérios dos homens estavam associados à caça. Alguns wiccanianos praticam a caça, mas a maioria não. Devido à mistura de sentimentos envolvidos com a caça e a morte de animais em geral (para alimento ou por outras razões), ela não é necessariamente popular. Alguns estão substituindo a caça pelo acampamento, pelo conhecimento das matas e por habilidades de sobrevivência. Outros estão estudando conscientemente a sexualidade masculina e os modelos de papel como padrões para rituais de Maioridade.

Qualquer que seja a cerimônia que você crie para um ritual de Maioridade, a responsabilidade e o orgulho pessoais devem ser fortemente enfatizados. Maturidade sexual não significa liberdade licenciosa para praticar sexo. Em nossa sociedade moderna, sexo irresponsável pode matar. A AIDS mata, mas outras doenças sexualmente transmissíveis também. E algumas doenças sexualmente transmissíveis (DSTs) que não matam podem acompanhar a pessoa por toda a vida e exigir mudanças drásticas no seu modo de vida; por exemplo, a herpes. Nos tempos antigos, a gravidez normalmente era a penalidade para o sexo irresponsável. Atualmente é a gravidez mais todo um complexo de DSTs que variam desde a meramente incômoda até a letal.

As informações sobre sexo, sexualidade, controle de natalidade e responsabilidade pessoal podem ser passadas aos jovens como parte da cerimônia da Maioridade ou à parte, mas devem ser transmitidas. Os valores e crenças pessoais de sua família certamente inspirarão o que você dirá ao jovem. Alguns pais wiccanianos vão mais longe: levam o jovem ao médico para um exame geral e também para que ele receba orientações sobre controle de natalidade. Pelo menos alguma educação sobre o assunto é oportuna, nem que seja a recomendação de não praticar sexo até que esteja casado.

Outro tema delicado é a auto-estima e a imagem do corpo. A cultura predominante cria um corpo ideal para homens e mulheres, uma cultura que varia com o tempo. Marilyn Monroe era considerada uma mulher perfeita em seu tempo, mas seria considerada gordinha e fora de forma para os padrões atuais. Johnny Weissmuller seria um pouco fraco e pálido. A boa forma dos corpos atléticos bronzeados atuais certamente dará lugar ao que vier a seguir. No período renascentista, uma figura cheia, rubenesca, era considerada sexualmente sedutora. Antigamente, uma pessoa gorda trazia implícito o significado de riqueza, e por isso desejável como companheiro(a).

A imagem do corpo é causa de muito sofrimento e angústia na sociedade moderna. Para os wiccanianos, todo o corpo é bonito. Somos todos Filhos da Deusa e Ela ama todos os seus filhos. Nosso corpo também abriga nossa alma, que é sempre bela. Essa postura, porém, não elimina o fato de que muitos norte-americanos estão com excesso de peso, devido principalmente ao fato de viverem numa cultura rica, que oferece infinitas opções de alimentos estimulantes e um mínimo de exercícios.

Além disso, há a questão do tipo corporal. Existem pessoas de todos os tipos, tamanhos e cores. Podemos fazer dieta, exercitar-nos ou até mesmo passar por uma cirurgia para modificar nosso corpo, mas pouco pode ser feito se uma pessoa tem pele muito branca e ela gostaria de ser preta, morena, amarela ou vermelha. O segredo é ficar contente, feliz mesmo, se possível, com aquilo que a natureza e a genética dos pais o agraciaram. Faça o melhor com o que você tem, e não desperdice tempo lamentando pelo que não tem ou não pode ter. Mesmo as pessoas mais bonitas geralmente são inseguras em algum aspecto de sua auto-imagem. Se você está contente com o seu corpo, come bem, exercita-se regularmente e faz o máximo com o que tem, você está à frente de 90% das pessoas da nossa cultura, que dissemina a insegurança sobre a imagem do corpo por meio das indústrias multimilionárias de publicidade, que sobrevivem criando necessidades para vender seus produtos.

No geral, os wiccanianos procuram não se deixar levar por essas mensagens e voltam toda a sua atenção para a consciência e a responsabilidade pessoais.

Todas essas questões, infelizmente, convergem na puberdade, que é o momento das mudanças hormonais, corporais e emocionais, e um período de grande *stress*. As novas emoções, sentimentos e anseios são tão fortes e poderosos, que pode ser difícil conter-se. Apaixonar-se pela primeira vez é algo especial, e as emoções são muito intensas e reais. Jovens adultos começam a aprender a arte do galanteio, do acasalamento e os rituais e comportamentos da socialização. A vida é emocionante, cheia, e acrescente as modas passageiras, as panelinhas, os namorados e namoradas e todo o resto, e é uma surpresa à qual todos sobrevivemos.

Assim, a Maioridade é um período em que todas essas mudanças acontecem. Seu pico ocorre por volta dos dezenove anos, mas na verdade nunca acaba, porque mesmo depois que os hormônios deixam de fluir, a socialização que aprendemos continua operando intensamente. É um momento de celebração, mas também de tristeza. A infância terminou, e chega o momento de começar a assumir responsabilidades na preparação para a independência e para a vida por nossa própria conta. O ritual para a Maioridade deve incorporar algumas emoções da nova fase na vida, mas deve também enfatizar a responsabilidade e as escolhas que chegam com o desenvolvimento. Deixe os discursos assustadores sobre sexo, etc., para outra oportunidade. De qualquer modo, é provável que os jovens já tenham ouvido falar sobre o assunto. Seja receptivo e ouça muito e com atenção. Fique disponível e torne-se uma fonte para informações precisas. Se não souber a resposta para alguma pergunta, diga que não sabe, e procure a solução junto com quem perguntou. A adolescência é um período em que os jovens descobrem que seus pais não são os semideuses infalíveis que eles imaginavam que fossem quando eram crianças.

É comum que apenas pessoas do mesmo sexo participem do ritual. Essa é uma recriação moderna dos mistérios de homens e mulheres, e estes eram sempre cerimônias exclusivas do mesmo sexo. Crianças menores de cinco anos normalmente não têm consciência da dinâmica sexual, e por isso podem participar independentemente do sexo, se os pais não conseguirem encontrar alguém que cuide delas. Convide parentes para participar, se forem pessoas de mente aberta e o convite for apropriado. Presentes podem ser oferecidos, mas isso não é importante. Ou então cada convidado pode contribuir com uma pequena quantia para comprar um presente maior. Isso deve ser decidido antecipadamente, se possível com a participação do jovem. Em algumas famílias wiccanianas, é nessa ocasião que o jovem consegue pela primeira vez o próprio athame ou os instrumentos ritualísticos. Os presentes podem incluir algo durável, que não se desgaste nem estrague, mas tenha vida prolongada.

Talvez uma nova série de estudos mais voltados para a idade adulta possa se iniciar. Estelle começou a aprender astrologia com sua mãe na época da menarca, e ela ainda está praticando, aprendendo e estudando. Revendo o passado, alguns wiccanianos descobrem que foi na adolescência que começaram ou fizeram alguma coisa de grande impacto ou que produziu impressão duradoura na vida deles. Esse é um tempo mágico, e por isso merece ser celebrado. É o momento em que os jovens ingressam na vida adulta e começam a participar de todas as coisas adultas que nossa sociedade tem para oferecer.

O ritual não deve ser planejado como se fosse uma festa-surpresa. O jovem deve saber o que vai acontecer, e por que, e deve ser incentivado a participar do planejamento e da preparação. Uma das lições a ensinar é a da consciência, e uma festa-surpresa contraria essa mensagem. Além disso, em virtude das mudanças corporais, talvez o jovem demore um pouco até adaptar-se à idéia de celebrar mudanças sexuais, etc. Deixe-o ocupar-se um pouco com isso antes de colocá-lo na berlinda.

Os familiares do sexo oposto não devem participar do ritual e nem ficar em casa. Tratando-se de pais solteiros do sexo oposto ao da criança, esse é o momento em que irmãos e irmãs na Arte podem ajudar. É de se esperar que o jovem conheça alguns adultos do sexo oposto, e talvez alguém possa acolhê-lo como uma espécie de tio ou tia por adoção. É essa pessoa que deve prontificar-se, planejar e executar o ritual para o jovem, em comum acordo com o(a) pai(mãe).

Celebre um ritual leve e alegre. Uma festa é oportuna. Jogos e disputas também podem ser um bom passatempo.

Ritual da Maioridade

Apresentamos a seguir um esboço para um ritual da Maioridade. Não o descrevemos em detalhes porque achamos que não seria justo para o garoto ou garota a quem ele se destina. Não conhecemos a situação familiar do(a) jovem. Não sabemos quem são seus amigos ou o que é importante para ele(a). Por exemplo, se o jovem é especialista em computação, um ritual com motivos relacionados com um acampamento pode não ser uma boa saída. Com as idéias que discutimos anteriormente você será capaz de adaptar esse roteiro e realizar um ritual apropriado.

Ritual de Maioridade

Preparação

Antes da cerimônia, analise com o adolescente o significado do ritual, revisando com ele os pontos principais do que vai acontecer. Deixe que ele sugira o que poderá ser feito. Peça-lhe que separe algum objeto da infância que abandonará simbolicamente, e que escolha um símbolo apropriado que represente sua entrada na vida adulta (um athame, um carro, chaves, etc.).

A Suma Sacerdotisa ou o Sumo Sacerdote (dependendo do sexo da pessoa para quem se realiza o ritual — este ritual é executado por um oficiante do mesmo sexo do adolescente) prepara o altar, o Círculo e o Espaço Sagrado conforme seja adequado. Se o ritual for realizado num templo particular na casa de alguém, pode ser lançado um Círculo Cerimonial completo. Por outro lado, se pelo menos parte do ritual acontecer num restaurante público, ou na presença de um grupo misto de wiccanianos e não-wiccanianos, é preciso ser mais discreto. Isso deve ser planejado previamente com o pai/mãe, com o Sumo Sacerdote/Suma Sacerdotisa e com o adolescente.

Ritual

Depois de tudo planejado, e todos os convidados estando nos seus devidos lugares, o Oficiante anuncia o objetivo da cerimônia e o significado da passagem da infância para as responsabilidades adultas.

O Oficiante apresenta o adolescente ao grupo, perguntando-lhe se ele compreende o passo que está para dar e se está pronto para prosseguir.

ADOLESCENTE — Responde.

OFICIANTE — Pergunta ao adolescente se ele tem um símbolo da vida que está deixando para trás; o Sacerdote ou Sacerdotisa recebe o símbolo das mãos do adolescente, mostra-o a toda a congregação (que está testemunhando a transição da infância para a maioridade) e o põe de lado. Esse símbolo pode ser destruído publicamente ou guardado como lembrança da infância; ambas as alternativas são válidas, desde que o adolescente tenha consciência da separação que esse ato simboliza.

O Oficiante descreve algumas responsabilidades ou privilégios que todos esperam que o adolescente assuma a partir de agora, e pergunta aos presentes se têm algum conselho a dar-lhe. Isso deve ser feito com frases curtas. Você pode começar com alguém que conhece bem a cerimônia, ou então dar um ou dois exemplos antes de começar, para que o ritual não se prolongue em demasia.

Feito isso, o Oficiante investe o adolescente com o símbolo da idade adulta escolhido. O novo adulto é então apresentado ao grupo; a festa começa assim que o Círculo é desfeito.

CASAMENTO WICCANIANO (HANDFASTING)

O casamento wiccaniano é a união pública de um casal wiccaniano. Ele difere de um casamento regular em alguns aspectos significativos. Normalmente, não é uma cerimônia reconhecida legalmente, não requer um ministro reconhecido pelo Estado ou um juiz de paz, e pode ser realizado por qualquer Sacerdotisa ou Sacerdote wiccaniano. Além disso, como o governo não tem voz ativa nessa cerimônia, ela pode ser realizada para relacionamentos que não são considerados legais, como entre pessoas do mesmo sexo ou com múltiplos parceiros (três ou quatro pessoas, chamados popularmente de relacionamentos poliamorosos). É comum haver um limite de tempo implícito e combinado previamente, e a união não é "para sempre", a não ser que esses sejam os termos. Um ano e um dia é o tempo geralmente estabelecido para casamentos wiccanianos. Depois desse período, se desejar, o casal pode realizar um novo casamento para o mesmo período ou para um tempo mais longo.

Se o casal quer unir-se legalmente, clérigos wiccanianos podem realizar a cerimônia. Nesse caso, o casamento wiccaniano pode também ser uma união legal. Às vezes um casal mantém o casamento wiccaniano por alguns anos, e depois resolve casar legalmente. A sociedade já não condena mais tanto o fato de duas pessoas viverem juntas sem um casamento legalizado, por isso o casamento wiccaniano, mesmo não sendo legal, pode ser uma maneira de manifestar a parceria quando pessoas se unem por razões românticas. Indivíduos que pretendem apenas dividir o espaço físico e ser companheiros de quarto não devem realizar o casamento wiccaniano, que se destina a relações em que há comprometimento. Um casal pode também se unir privadamente, com ou sem um Sacerdote/Sacerdotisa para presidir a cerimônia.

O casamento wiccaniano é uma cerimônia religiosa que reconhece o comprometimento do casal, um perante o outro, perante seus Deuses e perante possíveis convidados. O matrimônio é um contrato legal reconhecido pelo governo e por outras entidades legais. Você pode realizar um ou outro, ou ambos.

O Deus Cornífero

Ritual do Casamento Wiccaniano

PARTICIPANTES — A Noiva e o Noivo.

TESTEMUNHAS — Um(a) amigo(a) da Noiva, com idade legal, para apoiá-la. Um(a) amigo(a) do Noivo, com idade legal, para apoiá-lo.

OFICIANTE — O Sacerdote, Sacerdotisa ou Ministro para presidir.

Preparação (Antes do Dia do Casamento)
Os participantes devem escrever os juramentos de um para o outro e algo de especial que gostariam de fazer ou dizer durante a cerimônia. Deve haver um ensaio com todos os participantes e suas famílias, se possível no fim de semana (ou noite) anterior à cerimônia. Os anéis (ou algum outro símbolo) que vão ser trocados (se houver troca) devem ficar com cada nubente durante uma semana pelo menos (isto é, o Noivo deve levar consigo o anel que dará à Noiva, e vice-versa).

Prepare o cordão do casamento, que é um cordão com 60 a 90 centímetros de comprimento, feito de fita ou de outro material apropriado, ao qual são amarrados os anéis. Se houver intenção de passar o cordão entre amigos e familiares dos noivos para que nele trancem os votos de boa sorte, ele deve inicialmente ter três peças, com 90 centímetros de comprimento, pelo menos. Algumas cores tradicionais são o vermelho e o branco.

O Noivo define qual será o cordial de casamento (cordial de casamento é uma libação que o casal escolhe: alcoólica como vinho, licor ou cerveja, ou não-alcoólica como sidra ou suco de uva espumante) e o cálice, responsabilizando-se pela compra de ambos.

A Noiva escolhe o pão de casamento e o cesto e os adquire.

Preparação (No Dia do Casamento)
PARTICIPANTES — Passam algum tempo sozinhos, meditando sobre a celebração que está para acontecer.

OFICIANTE — Prepara um altar ritual padrão sobre uma mesa pequena. Além disso, devem estar disponíveis os seguintes objetos: uma vassoura, uma sineta, os anéis que foram amarrados no cordão de casamento, o cesto da Noiva com o pão de casamento e o cálice do Noivo com o cordial de casamento.

OFICIANTE — Prepara e consagra o Espaço Sagrado.

CONVIDADOS DO CASAMENTO — São os participantes e as testemunhas; todos esperam nos bastidores até que o Oficiante vá buscá-los.

Preparação do Espaço
OFICIANTE — Depois de criado o Espaço Sagrado e com os convidados nos seus lugares, o Oficiante agradece a presença de todos e anuncia o início da cerimônia, assinalando o início e outros momentos importantes da cerimônia com a sineta; descreve o que é o Espaço Sagrado e pede aos presentes que reservem um momento para rezar ao guia espiritual que gostariam que estivesse presente.

Lembre-se de que podem estar presentes convidados que não sabem o que a Wicca é; assim, se houver muitos não-wiccanianos, uma sessão de perguntas e respostas pode ser programada para antes ou depois da cerimônia.

Procissão

OFICIANTE — Busca os participantes e as testemunhas que estão esperando nos bastidores e os conduz ao local do casamento. (Esse é um bom momento para começar o acompanhamento musical.) O Oficiante desafia os nubentes pela primeira vez ao saudá-los e perguntar-lhes se estão prontos.

Esses desafios são semelhantes aos do ritual de Iniciação (ver página 220). O primeiro desafio deve ser feito em particular, para dar a um participante que esteja se sentindo pouco à vontade a possibilidade de ficar só. Os outros dois serão feitos diante dos convidados presentes, para que todos testemunhem que os nubentes estão realizando essa união por livre e espontânea vontade.

Durante a procissão, o Oficiante pára na entrada do Espaço Sagrado, onde lança o segundo desafio, tendo os convidados como testemunhas.

A Cerimônia (Introdução)

OFICIANTE — Quando os participantes, as testemunhas e o Oficiante tiverem ocupado seus lugares no altar, o Oficiante apresenta os nubentes aos convidados e justifica a presença das testemunhas.

O Oficiante anuncia o objetivo da cerimônia, mostra e explica a razão do cordão de casamento e o passa entre os convidados para que a família imediata o abençoe; explica a prática de "pular a vassoura", fala sobre o significado do ritual, etc.

Quando o cordão tiver passado por todos, o Oficiante o recolhe, pede aos Deuses (os que forem mais convenientes e da preferência dos presentes) uma bênção especial para o cordão e lança aos participantes o terceiro e último desafio.

Declarações

OFICIANTE — Pede aos participantes que façam seus juramentos, um ao outro e à comunidade, diante das testemunhas.

NOIVA — Faz a sua promessa ao Noivo, segurando o cordão de casamento e os anéis.

NOIVO — Faz a sua promessa à Noiva, segurando o cordão de casamento e os anéis.

Confirmação do Casamento

OFICIANTE — Pede o cordão de casamento e os anéis. Desamarra os anéis do cordão e os entrega aos respectivos participantes.

PARTICIPANTES — Trocam os anéis, possivelmente fazendo mais uma promessa mútua.

OFICIANTE — Confirma o casamento amarrando o braço dominante dos participantes com o cordão de casamento, dando um nó simples e entregando uma ponta a cada um. O Oficiante pode fazer um comentário sobre as palavras "Somente se ambos persistirem, o relacionamento permanecerá intacto, etc."

OFICIANTE — Abençoa o pão e o cordial do casamento, e os oferece aos participantes.

PARTICIPANTES — Dão-se mutuamente um pedacinho de pão e um gole do cordial com a mão livre. Esse ato simboliza que ambos sustentarão um ao outro e também que, usando a mão livre e geralmente mais fraca, terão de depender um do outro para cumprir essa missão.

Comemoração do Casamento

OFICIANTE — Com a vassoura, varre ao redor do casal, traçando um Círculo; simbolicamente, esse ritual varre toda má sorte para longe deles.

OFICIANTE — Agradece às testemunhas a participação na cerimônia e lhes entrega a vassoura; as testemunhas seguram a vassoura para que o casal salte sobre ela. O casal "pula a vassoura" com as mãos amarradas; o Oficiante pode sugerir às testemunhas que a segurem desordenadamente para criar um efeito dramático.

O Oficiante agradece o comparecimento de todos.

PARTICIPANTES — "Pulam a vassoura."

OFICIANTE — Corta o cordão no meio, deixando o nó intacto, declara os noivos casados, encerra a cerimônia e desfaz o Espaço Sagrado.

Algumas Observações sobre o Casamento Wiccaniano

Expomos a seguir algumas idéias relacionadas com várias tradições de casamentos wiccanianos, algumas mencionadas no ritual descrito acima, e que merecem uma explicação mais profunda.

A troca de anéis, ou de algum mimo semelhante, embora considerada uma tradição antiga, não é assim tão remota. Foi apenas nos últimos séculos que as pessoas dessa cultura tiveram recursos para fabricar anéis. Orientar os futuros nubentes a usarem o anel que entregarão à pessoa amada, de preferência junto ao corpo, se possível preso ao pescoço, pelo menos durante uma semana antes da cerimônia, possibilita que os anéis entrem em sintonia com a energia de quem o oferece; assim, o que colocam no dedo do bem-amado é realmente alguma coisa que lhes pertenceu, e não apenas um objeto comprado numa loja, sem nenhuma ligação com a pessoa que o oferece.

Embora populares, os anéis não são as únicas lembranças possíveis. Temos visto braceletes, colares e mesmo tatuagens complementares. Tudo isso são símbolos do comprometimento de um com o outro.

A mistura do sangue (e a junção de mãos que a segue) não é mais realizada com muita freqüência, mas é um rito antigo que celebrava a união física de duas linhagens familiares. Basicamente, cada pessoa recebe o parceiro em sua própria família. Se você quer realmente realizar uma mistura de sangue, tome todas as medidas de segurança possíveis. Limpe o local do corte com álcool. Tenha à mão bisturis esterilizados, bandagens, etc. Nesse rito é comum fazer a incisão na parte carnosa da base do polegar da mão dominante do casal, porque eles juntarão as mãos imediatamente; por isso, faça incisões iguais, com o máximo cuidado para não cortar tendões ou vasos sanguíneos. Lembre-se, essa deve ser uma ocasião feliz, não uma preparação para um combate.

Os juramentos ou promessas recíprocos devem ser algo previamente combinado entre os noivos. Os votos podem e até devem incluir alguns termos do casamento wiccaniano (se há limite de tempo, se planejam passar o maior tempo possível na companhia um do outro, etc.), alguma declaração de perseverar no amor pelo outro, e as pessoas ou entidades espirituais (ou seja, Deus, etc.) que gostariam de ter como testemunhas de seus juramentos.

Como exemplos desses juramentos, incluímos partes de casamentos wiccanianos em que fomos Oficiantes. Como você pode ver, há uma variedade considerável de juramentos disponíveis, do mais simples ao mais sublime. E há muitos livros disponíveis no mercado que lhe darão outras idéias para votos.

Exemplos de Juramentos para o Casamento Wiccaniano

Exemplo 1

Noiva e Noivo juntos:

Pelo pôr-do-sol,
pelo nascer da Lua,
Eu, (X), tomo a ti,(Y), pela minha mão.

Exemplo 2

Oficiante:

Façam agora, (X) e (Y), diante dos Deuses, dos seus ancestrais e destes seus bons amigos e familiares, os juramentos de amor e comprometimento recíproco. E coloquem no dedo do ser amado o anel que é o Círculo de Eternidade.

Noiva:

É maravilhoso encontrar nesta vida alguém que me compreenda totalmente e que realmente leve a sério todos os meus objetivos e interesses.

Noivo:

É maravilhoso conhecer alguém que olhe nos meus olhos e veja a minha alma, deleitando-se por saber que estou aí.

Noiva:

É maravilhoso estar completamente feliz, não ter dúvidas e estar certa de ser amada por alguém.

Noiva e Noivo juntos:

Eu, (X/Y), não questiono nenhuma parte deste compromisso, não reconheço nenhuma escuridão que não possamos superar com o coração aberto, e te aceito como meu(minha) companheiro(a) acima de todos(as) os(as) outros(as). Diante de todos os presentes, prometo amar-te e sustentar-te para sempre, como meu (minha) (marido/mulher) no reconhecimento do milagre que somos.

Exemplo 3

Noiva e Noivo juntos:

Não podes possuir-me, pois pertenço a mim mesmo(a). Mas enquanto nós dois o quisermos, eu te darei o que é meu e que posso dar-te.

Não podes mandar em mim, pois sou livre. Mas te servirei naquilo que for necessário e a maçã que te oferecerei será mais doce.

Prometo que teu será o nome que chamarei à noite, e teus os olhos para os quais sorrirei pela manhã.
Prometo que teu será o primeiro bocado da minha refeição e o primeiro gole da minha xícara.
Prometo-te o meu viver e o meu morrer, entregando cada um igualmente aos teus cuidados.
Serei um escudo para as tuas costas, e tu para as minhas. Não te difamarei, nem tu me depreciarás.
Respeitar-te-ei acima de tudo e de todos, e quando discutirmos, faremos isso reservadamente e não contaremos a estranhos as nossas mágoas.

Este é o meu voto de núpcias a ti. Este é o casamento de iguais.

Se não quer fazer a mistura de sangue (ver discussão sobre o assunto na página 243), mas mesmo assim deseja unir as mãos, você precisará de um cordão de pelo menos sessenta a noventa centímetros de comprimento. Faça o casal unir mão dominante com mão dominante — aquela com que escrevem. Parte dessa tradição consiste simbolicamente não apenas em unir pessoas, mas também em ilustrar como cada um ficará dependente do outro. Ter a mão dominante presa não apenas força a pessoa a fazer tudo com a mão que usa pouco, mas também, quando o companheiro se movimenta, ela o tira ligeiramente do equilíbrio. Isso diminui a autoconfiança. Na cerimônia acima, cada um alimenta o outro com um pedaço de pão e segura o cálice para que possa beber, tarefas que não são particularmente difíceis, mas ainda assim pouco praticadas. Lembre-se de que o casal está sendo observado por seus familiares e amigos e que estará muito consciente do embaraço causado, o que aumenta a tensão. Mais tarde talvez tenham de "pular a vassoura" com as mãos atadas. Isso também reforça a idéia de cooperação mútua.

O cordão de casamento pode ser feito com praticamente qualquer corda ou fita colorida. Você pode prender flores ou outros enfeites, desde que não faça um cordão tão rijo que se torne impossível dar um nó.

Nós "damos o nó", literalmente, (essa expressão lhe dá uma idéia da antiguidade dessa prática?) fazendo o casal unir as mãos dominantes, enrolando o cordão ao redor das mãos duas ou três vezes e dando um nó simples. Ou você pode dar um nó fantasia, se quiser. Uma ponta do cordão é dada a cada noivo, com a advertência de que somente se ambos segurarem, a relação será duradoura. Ao soltar o casal no fim da cerimônia, sugerimos que você corte o cordão no meio. Não desate o nó. A fita ou o cordão que une as mãos deve ser preservada com o nó intacto, e de preferência guardada perto da cama do casal. Desatar o nó poderia desfazer simbolicamente o casamento (algo que se aplicaria a um ritual de separação).

Publicamente, o casal "partilha um prato e uma taça", o que em várias culturas, é o anúncio da união do casal. Nessas culturas, a partilha de um prato era tudo que se exigia para a realização de um casamento. Na cerimônia acima, a Noiva providencia o pão (como símbolo de suas habilidades como dona de casa) e o Noivo providencia a taça e o líquido (como símbolo de suas habilidades como provedor). Entendemos que esses símbolos podem ser muito patriarcais para algumas pessoas. É por isso que os mencionamos aqui, para que você possa alterá-los e usar o que achar apropriado. Mas, opte pelo que optar, em consideração à antiga linhagem da prática tradicional original, faça com que o casal se alimente reciprocamente. Outras promessas entre a Noiva e o Noivo podem ser feitas aqui; também os presentes podem brindar ou apresentar votos de felicidades para o casal.

O beijo é outra manifestação pública do casamento. Na antiga cultura celta, uma prática chamada *Shivaree* era realizada nesta parte do ritual. Dependendo do grupo, por essa prática o casal deitava-se publicamente na cama e realizava a consumação do ato sexual! Sua forma mais comum, porém, consiste em acompanhar o casal até a câmara nupcial (ou à tenda, dependendo do caso) e fazer-lhe uma serenata com cantos inspiradores pelo resto da noite. O restante da cerimônia continua no amanhecer do dia seguinte.

Embora algumas versões do *Shivaree* sejam realizadas em casamentos wiccanianos, se não há condições de preparar um ambiente físico adequado (em geral apenas durante um acampamento), um beijo em público já é suficiente.

Enfeitada com fitas e flores, a vassoura é usada primeiramente para varrer a má sorte, ao redor dos recém-casados, em direção aos quatro ventos. Então, como um encantamento de fertilidade (que, como a maioria das outras práticas de casamento tradicional, remonta a um passado remoto), o casal "pula a vassoura". Alternativas para a vassoura, também de tradições ancestrais, podem ser uma espada, uma vela ou uma pequena fogueira.

O casal pula a vassoura com as mãos dominantes ainda amarradas, símbolo da forte interdependência subconsciente que os une. A Aia e o Pajem da Noiva seguram a vassoura, para demonstrar o apoio dos amigos. Esses atos, como o restante da cerimônia, podem ser alterados se você achar oportuno. Talvez os pais do casal devam segurar a vassoura? Ou quiçá essa parte da cerimônia poderia incluir filhos de relacionamentos anteriores de um ou outro dos nubentes ou de ambos?

O Grande Rito é outro ato sexual simbólico que pode ser realizado para finalizar o ritual e encerrar a cerimônia. O Grande Rito é tradicionalmente executado para recolher toda energia remanescente. Quando a Suma Sacerdotisa se une com o Sumo Sacerdote, o objetivo desse ritual é demonstrar o compromisso que eles têm como parceiros de trabalho, além das obrigações implícitas do casamento.

Um último comentário. Um casamento wiccaniano normalmente é planejado para um período de tempo específico. Um ano e um dia, cinco anos, enquanto nosso amor durar, etc. Se o casal que se une começa a falar em termos de para sempre, você pode perguntar-lhes com seriedade se é isso que realmente desejam e pretendem. Porque se jurarem que se amarão eternamente, suas promessas terão essa duração, quer se amem ou não.

Jurar amor eterno um ao outro (ou qualquer compromisso semelhante) não é apenas uma fantasia romântica. Num ritual de magia sério, é um compromisso pessoal grave. Criar um laço kármico que pode perdurar até depois que o casal se separe e cada um siga o seu caminho não é algo desejável. Às vezes o laço precisa durar apenas sete anos, ou talvez sete vidas. E o juramento de amar alguém eternamente torna o laço muito mais difícil de romper e acrescenta possíveis conseqüências kármicas. Fique atento aos juramentos que os nubentes planejam fazer. A propósito, a Wicca não é a única religião que acredita em amor eterno (*Soulfasting*), também conhecido como Matrimônio Celestial. Qualquer casal que pretenda realizálo deve saber realmente o que está fazendo.

SEPARAÇÃO (*HANDPARTING*)

Nessa época de divórcios e casamentos múltiplos, uma Separação pode ser tão importante quanto um Casamento. O casamento wiccaniano não é apenas uma cerimônia religiosa; é também um vínculo mágico de uma pessoa com outra, pelo tempo que resolveram mantê-lo. Quando o relacionamento acaba, uma desvinculação mágica é oportuna para ajudar o casal a separar-se.

Às vezes, no caso de um divórcio litigioso (ou de morte de um dos cônjuges), uma das partes não estará presente no ritual de Separação. Mesmo assim, a cerimônia deve ser realizada com o parceiro que comparece para que este possa expressar seus votos de paz ao que está ausente. Essa é uma ruptura mágica dos laços que foram atados magicamente no Casamento. A cerimônia não é uma oportunidade para asperezas e recriminações, mas um ato mágico sagrado, em que os que se separam dizem aos Deuses, às testemunhas e ao até então parceiro que não são mais companheiros de caminhada e que cada um escolheu seguir seu próprio caminho. Nada de recriminações, nada de acusações recíprocas. Os dois podem tirar os anéis, mas cada um fica com o que lhe pertence.

Se o casal tem filhos, eles podem participar do ritual, de acordo com a idade e se os pais o desejarem. Talvez os pais queiram prometer aos filhos que eles serão sempre amados, cuidados e valorizados, apesar da separação dos pais.

É muito provável que este ritual não termine em festa.

Algumas Observações sobre a Separação

A Separação é realizada na ordem inversa. A má vontade é varrida para longe do casal, ainda unido pelo nó; eles pulam a vassoura de costas (uma ação tradicional) e na direção contrária; então cortam ou desatam o nó e soltam as mãos. Os anéis podem ser tirados, mas não trocados. Você pode entregar uma metade do cordão de casamento a cada cônjuge para que façam com ele o que quiserem. Alguns o queimarão para simbolizar o fim do relacionamento. Outros talvez guardem sua metade como lembrança da relação. O que cada um faz com a parte que lhe pertence é assunto dele.

No caso de uma Separação com a ausência de um dos parceiros, a metade do cordão do ausente deve ser-lhe enviada para simbolizar que a Separação foi concretizada. Se um dos parceiros está morto, a sua metade deve ser enterrada com ele ou guardada como recordação do relacionamento. Às vezes, um substituto do cônjuge ausente pode participar, de preferência a Aia da Noiva ou o Pajem do Noivo que estiveram presentes no Casamento. Outra alternativa é a participação do Sumo Sacerdote ou da Suma Sacerdotisa.

Quando você realiza um casamento, a sua responsabilidade não termina com a cerimônia ou a recepção. Como Oficiante, você é responsável pela união do casal. Por isso, espera-se que você também ajude os dois a enfrentarem dificuldades na vida, normalmente como orientador ou conselheiro. Você pode indicar-lhes outros recursos caso sinta que as suas habilidades são inadequadas para lidar com o problema que surge. Às vezes essa ajuda pode ser dada como celebrante da Separação, se solicitado. Nem sempre é possível acompanhar de perto as pessoas cujo casamento você testemunhou, mas será sempre uma atitude responsável fazer tudo o que estiver ao seu alcance. Ao realizar o Casamento Wiccaniano, as suas energias também se ligam à dos nubentes.

ANCIANIDADE OU ENVELHECIMENTO

Alguns rituais de Iniciação são realizados pelos Deuses, outros são celebrados na esperança de que o Iniciado se desenvolva tomando consciência dos seus novos deveres, e outros ainda são um reconhecimento público de algumas conquistas já efetivadas. É isso que acontece com o ritual da Ancianidade ou Envelhecimento. Essa é uma cerimônia realizada menos freqüentemente do que a da Maioridade, porque são poucas as pessoas idosas na Arte. Às vezes ouve-se alguém que está com quarenta ou mesmo trinta anos ser chamado de *Elder* ou Ancião, mas tecnicamente um Ancião é alguém que está próximo da aposentadoria, que já viveu bastante e não está mais na ativa, tem muita experiência de vida, idéias e recomendações.

Para as mulheres, o tempo tradicional da Ancianidade é a menopausa, em geral por volta dos cinqüenta anos. Alternativamente, você pode combinar a cerimônia da Ancianidade com a da aposentadoria, atualmente aos sessenta anos. Se alguém se aposenta mais cedo, esse também pode ser um bom momento para este ritual.

Nas sociedades primitivas, os Anciãos eram a riqueza da comunidade, sendo valorizados, respeitados e cuidados. Eles tinham muita experiência e eram o repositório das memórias transmitidas por outros Anciães que haviam partido. Podiam não ser ativos na caça e na colheita, mas o seu conhecimento, experiência e sabedoria acumulados compensavam sua pouca produtividade. Os Anciães ajudavam a cuidar das crianças na ausência dos pais, por estarem trabalhando ou buscando alimento. Eram também contadores de histórias, Sacerdotes e Sacerdotisas. Ajudavam ainda a transmitir a história e a sabedoria da tribo para as gerações seguintes. Sua sabedoria e experiência orientavam pais e filhos nos caminhos da vida, os caminhos considerados como os melhores para eles e para a tribo.

Infelizmente, a cultura atual está excessivamente orientada para a juventude. A idade é vista como o inimigo que deve ser disfarçado, negado e evitado a todo custo. Os velhos são considerados ultrapassados, resistentes às mudanças e retrógrados. Suas habilidades e conhecimentos estão obsoletos por causa da tecnologia, e eles são vistos como trabalhadores menos valiosos do que os jovens (e com freqüência mais baratos). Tudo isso contribui para a assustadora estatística de que 50% por cento das pessoas que se aposentam têm um problema sério de saúde no primeiro ano da aposentadoria, muitas vezes resultando em morte.

Na Wicca, estamos tentando reverter essa tendência nefasta. Em primeiro lugar, como a Wicca é uma recriação das antigas tradições pré-cristãs, procuramos valorizar conscientemente os nossos idosos. Eles são os nossos ancestrais na magia, pois deram origem a essa forma de religião. Se não fosse por eles, não seríamos wiccanianos. O fato de ainda estarem vivos e disponíveis para contar as histórias dos bons tempos é altamente sugestivo. Eles são o receptáculo da história viva.

Além disso, praticamos na Wicca certas habilidades e disciplinas que não são dominadas em poucas semanas, meses ou mesmo anos. Uma pessoa pode literalmente dedicar a vida ao estudo da magia, do ritual, do tarô e de outras matérias, e ainda assim ter sempre novas coisas a aprender e descobrir. Procuramos incentivar dinamicamente o ensino e o monitoramento dentro da Wicca. Os Anciães são professores e mentores naturais. E a própria Wicca ainda está em crescimento e evolução. Procuramos honrar o nosso passado, lembrá-lo e aplicar suas lições para construir um futuro melhor. E nossos idosos têm idéias e percepções de valor incalculável. A Ancianidade pode representar o tempo em que a pessoa deixa de liderar e ganha assento em torno dos fogos do conselho.

O ritual de Ancianidade é semelhante ao da Nomeação e da Maioridade. Não é um ritual intenso, mas uma celebração e reconhecimento das realizações. Os não-wiccanianos também começam a celebrar essa fase da vida, pelo menos as mulheres. Uma festa de aposentadoria, que celebra a saída do trabalho, da profissão ou da carreira, não é um ritual de Ancianidade. A Ancianidade celebra a vida e as experiências no seu todo, não apenas o trabalho. Ela celebra as possibilidades do tempo que lhe resta de vida e o que você realizou que forma as bases do seu futuro. A Ancianidade celebra o que você pode fazer agora, e que não teve tempo, recursos ou inclinação para fazer antes.

Ritual da Ancianidade

Apresentamos a seguir um rápido esboço do ritual da Ancianidade, não porque ele não seja importante, mas porque deve ser personalizado, elaborado de acordo com as necessidades e práticas características da sua comunidade como foco principal.

Ritual da Ancianidade

Preparação

A Suma Sacerdotisa ou o Sumo Sacerdote (dependendo do sexo do sujeito do ritual, porque esse também é um ritual específico para cada sexo, como o da Maioridade) prepara o altar, o Círculo e o Espaço Sagrado como adequado. O futuro Ancião pode aguardar pelo início da procissão nos bastidores (como acontece no ritual do Casamento). Presentes da comunidade e algum símbolo da posição do Ancião devem ser preparados antecipadamente. Este pode ser uma túnica nova, um bastão, ou talvez um medalhão ou um diadema a ser usado em ocasiões especiais. Você pode também preparar alguma lembrança duradoura que simbolize a sabedoria e a experiência. Peça sugestões a amigos e familiares do Ancião e à comunidade. Reflexão e amor devem guiar sua opção. Escolha um presente engraçado, mas também um sério. Esse é um ritual que *pode* ser realizado como festa-surpresa. Tudo depende do que é melhor para todos os participantes, para os Oficiantes e para o homenageado.

Ritual

Depois de tudo preparado, e estando os convidados nos seus lugares:

OFICIANTE — Anuncia o objetivo do ritual e o significado que tem para a comunidade o fato de um dos seus membros chegar à condição de Ancião.

O Oficiante e uma delegação discreta de membros da comunidade saem para acompanhar o Ancião até um lugar de destaque dentro do Círculo (perto do altar ou num trono preparado). Em seguida o Oficiante apresenta o futuro Ancião à congregação, perguntando se ele/ela compreende o passo que está para dar e as responsabilidades que lhe são inerentes.

FUTURO ANCIÃO — Responde.

OFICIANTE — Pergunta aos membros da congregação se eles compreendem o grande potencial que um Ancião representa e os privilégios inerentes a essa posição na comunidade.

CONGREGAÇÃO — Responde.

OFICIANTE — Apresenta à congregação um breve resumo das realizações e conquistas do Ancião (preparado de antemão) e investe o Ancião com o(s) símbolo(s) de sua nova condição.

CONGREGAÇÃO — Os membros da congregação podem pedir a palavra e dizer o que acharem apropriado.

OFICIANTE — Quando a congregação termina de falar ao Ancião, o Oficiante convida o novo Ancião a dizer algumas palavras. Ele deve falar pelo tempo que quiser, sem ser interrompido. Esse é o momento dele. Deixe que ele o desfrute.

Desfaça o Círculo e celebre.

RITUAIS FÚNEBRES

Muitos livros foram escritos sobre a morte e o morrer. Em geral, a cultura dos nossos dias se sente pouco à vontade em abordar esses assuntos. Como a nossa cultura está toda voltada para a juventude, a morte é praticamente ignorada ou relegada a atividades comerciais específicas, que assumem a responsabilidade de resolver essa questão por nós (geralmente a preços exorbitantes).

A Wicca vê a morte como uma parte natural do ciclo da vida. Ela é a outra metade da vida. Quando wiccanianos morrem, nós ficamos tristes, sentimos saudades deles, choramos e lamentamos. Entretanto, também sabemos que a vida é mais do que a nossa mera existência física nesta Terra, e provavelmente outras vidas virão, do mesmo modo que outras vidas vieram antes desta. A reencarnação é uma das crenças mais comuns entre os wiccanianos, embora não seja universal. A maioria acredita que a alma sobrevive à morte, e a comunicação entre os vivos e os mortos é um princípio aceito.

Em geral, os wiccanianos acreditam que a alma vai para um lugar chamado *Summerlands*, onde reina o amor e a alegria, e que depois de um certo tempo, ela volta à Terra em outro corpo para continuar seu desenvolvimento.

O corpo é um veículo para a alma, um receptáculo que usamos quando estamos na Terra; quando morremos, ele não é mais necessário. É ilógico ter cuidados especiais com o corpo. Alguns wiccanianos que são jardineiros expressaram o desejo de ser transformados em fertilizante, pois assim poderiam aprimorar seus jardins. Claro que isso não é possível em nossa sociedade moderna. Alguns wiccanianos tornaram-se doadores, para que seus órgãos e tecidos sejam usados por outras pessoas depois de sua morte. Para muitos, a cremação é um bom equilíbrio entre a conservação de recursos e a remoção do morto.

A indústria funerária moderna trabalha de formas que muitos wiccanianos consideram desagradáveis. Encher o corpo com uma substância tóxica — fluido para embalsamar — não é ecologicamente saudável. Gastar uma grande soma de dinheiro num esquife extravagante e hermético para retardar a volta do corpo à terra não parece lógico. Infelizmente, a indústria funerária não se desviará do seu modelo de embalsamamento e dos arranjos para o funeral a menos que os parentes solicitem algo diferente. Muitos wiccanianos pedem para ser enterrados numa caixa de pinho tradicional, o que poupa recursos e dinheiro. Para muitos, a cremação é a solução ideal.

Há poucos cemitérios especificamente wiccanianos. A maior parte dos wiccanianos pertencia originalmente a alguma outra religião, e em geral suas famílias providenciam o enterro do corpo por ocasião do falecimento (a menos que o cônjuge ou os filhos sejam wiccanianos) e eles são enterrados na tradição religiosa em que nasceram. Alguns wiccanianos não revelam a religião que seguem para a família, isto é, não se declaram, e isso pode se estender à morte e para além dela.

Algumas Tradições recomendam que o Livro das Sombras, os instrumentos e outros artefatos do adepto falecido sejam destruídos ou distribuídos entre os colegas de coven. No prazo de 24 horas após o passamento, não deve haver evidências em sua casa ou em qualquer lugar de que ele/ela tenha sido wiccaniano. Esse costume provavelmente vem da época da Inquisição e do fato de que um bruxo podia ser julgado após a morte e condenado ao inferno, ou sua família podia ficar sob suspeita se fosse descoberto que ele/ela era bruxo(a). Havia também a crença de que as bruxas podiam agir e de fato agiam depois de morrer, às vezes até com maior poder do que quando viviam.

Atualmente quase todas essas superstições desapareceram. Mas devido à natureza secreta da Wicca e dos wiccanianos, ainda existem costumes remanescentes do passado.

Se a pessoa era abertamente wiccaniana, todos os ritos e preparativos para o funeral podem ser wiccanianos, se a família assim o desejar. Os agentes funerários geralmente se adaptam aos desejos da família, desde que ela saiba exatamente o que quer. Existe um clero wiccaniano, e um Sacerdote/Sacerdotisa competente pode muito bem realizar algum tipo de ritual/cerimônia fúnebre/memorial.

Como os wiccanianos celebram conscientemente a morte e o morrer anualmente, no Samhain, eles provavelmente refletiram sobre a própria morte e pelo menos expressaram seus desejos à família e às pessoas amadas.

Se forem exageradamente previdentes, terão deixado seus desejos por escrito, de modo a não haver dúvidas. Mas como os wiccanianos também são pessoas e vivem no mundo real, muitos não estão preparados para a própria morte melhor do que o restante da sociedade.

Seja como for que a morte encontre os wiccanianos, eles provavelmente deixarão para trás amigos e pessoas queridas na Arte. Talvez fossem membros de um coven. Talvez fossem membros de uma organização ou igreja wiccaniana. Os funerais não são tanto para a pessoa morta, mas para os que ficam. Um serviço fúnebre tem o objetivo de confortar, oferecer consolo e tranqüilizar as pessoas amadas, confirmando que apesar de não estar fisicamente presente, o falecido ainda vive em nossa memória e em outra esfera, seja como for que cada um compreenda isso. Essa cerimônia pode também ser a única ocasião, além dos casamentos, em que a família pode reunir-se e conversar. E pode ser a única oportunidade, além dos casamentos, em que a família nuclear se encontra com os amigos do falecido.

O ritual apresentado aqui pode ser realizado como um serviço fúnebre ou como um memorial num ambiente exclusivamente wiccaniano, e pode ser adaptado conforme for conveniente. Há bons livros wiccanianos sobre o assunto, por isso o que apresentamos é uma visão geral. É possível celebrar mais de um memorial para um wiccaniano. Seu coven talvez queira realizar uma cerimônia particular, e o mesmo pode acontecer com o seu Círculo. Se ele pertencia a uma organização wiccaniana, esta pode planejar algo nesse sentido. Uma dessas alternativas ou todas elas podem ser realizadas em conjunto com a cerimônia pública oficial, se assim for programado.

Se o wiccaniano não pertencia a uma Tradição que determina o que deve ser feito em casos de morte, as sugestões apresentadas a seguir podem ser úteis.

Os cordões pessoais do wiccaniano podem ser enterrados com ele ou queimados. Se o coven conserva um cordão separado, este deve ser tratado do mesmo modo. Nenhum coven deve guardar o cordão de um membro falecido, pois isso pode impedir a caminhada da alma.

Se houver um coven, os seus integrantes devem ter definido o destino a ser dado aos objetos de propriedade coletiva.

O Livro das Sombras do wiccaniano pode ser destruído ou ficar de posse da Arte. Se ele não era declarado para a família, isso é muito importante, porque protege sua privacidade após a morte. É de se esperar que ele tenha tomado todas as providências previamente. Se a família toma as providências antes que isso aconteça, uma pequena delegação pode explicar delicadamente a situação e pedir respeitosamente a devolução do Livro das Sombras.

As opções para os instrumentos do wiccaniano são várias: podem ser destruídos, enterrados ou lançados num grande rio ou lago; podem ser enterrados com o wiccaniano; podem ser entregues à família ou a amigos na Arte; *não* devem ser vendidos ou entregues a pessoas desconhecidas; *não* devem se tornar peças de museu ou objetos de curiosidade.

As vestes e outros pertences do wiccaniano, exceto os instrumentos específicos de magia e semelhantes, podem receber o destino expresso pelos desejos do wiccaniano, ser uma doação da Arte, ser vendidos num bazar para wiccanianos ou, como opção menos desejável, ser entregues à família (não-wiccaniana) ou vendidos num bazar para não-wiccanianos.

Livros e outros materiais escritos (exceto o Livro das Sombras) podem ser tratados da mesma forma, mas como a maioria deles foi comprada em livrarias, há menos perigo se terminarem em mãos não-wiccanianas. É possível uma venda na Arte, e sebos geralmente recebem de bom grado materiais sobre ocultismo e metafísica.

Animais de estimação e também os familiares devem permanecer com a Arte, se possível. Espera-se que o wiccaniano tenha tomado as providências cabíveis. É bastante comum alguns familiares morrerem pouco antes ou pouco depois do seu companheiro wiccaniano. Por outro lado, alguns voluntários podem entrar em contato com a família para verificar se os animais de estimação/familiares do wiccaniano estão em boas condições junto a uma família da Arte.

Outros bens não-wiccanianos devem ser tratados conforme a lei e o costume estabelecem. Se o wiccaniano deixou um legado, ele pode ter destinado uma doação à sua igreja ou organização local.

O ritual apresentado aqui é funerário. Provavelmente não difere de um serviço memorial padrão, exceto pelo lançamento do Círculo e pela partilha de vinho e dos bolos. Ele pode ser alterado ou adaptado conforme a família e as circunstâncias determinarem. Se houver não-wiccanianos presentes, o Círculo pode ser lançado antes que as pessoas cheguem e desfeito depois que tenham saído, guardando o vinho e os bolos para alguns poucos logo antes do final.

Você pode incluir uma leitura inspiradora se lhe parecer apropriado.

Ritual Fúnebre

Materiais

ALTAR — Prepare-o como sempre; acrescente uma sineta e caixa(s) de lenços de papel.

SANTUÁRIO MEMORIAL — Uma mesa extra para o Santuário Memorial, colocada no quadrante norte do Círculo, com uma vela para o falecido. Possivelmente também cartões memoriais com o nome do falecido, datas de nascimento e falecimento, uma frase ou um poema inspiradores, uma figura agradável. Algo para personalizar e levar para casa como recordação.

Preparação

À ENTRADA — Deve haver um livro para ser assinado pelos convidados e, se possível, cartões memoriais. O corpo pode ou não estar exposto. Ele deve ficar próximo ao Santuário Memorial, se possível. Se não houver corpo, o Santuário Memorial o substitui. O Círculo deve incluir o corpo e o santuário.

ALTAR — Prepare-o da forma costumeira. O altar deve ficar ao lado — o foco deve ser o corpo ou o Santuário Memorial.

SANTUÁRIO MEMORIAL — Fotografias e lembranças do falecido sobre a mesa do Santuário Memorial. As velas permanecem apagadas.

Início do Ritual

SUMA SACERDOTISA E SUMO SACERDOTE — Lançam o Círculo da maneira habitual, invocam a Deusa e o Deus, etc. O Círculo pode ser modificado (isto é, sem mesas ou velas nos quadrantes, um Círculo mais geral, etc.) se não-wiccanianos estiverem presentes. Use o seu discernimento e planeje tudo com a família (se vai estar presente) antecipadamente.

SUMO SACERDOTE — Anuncia que este é um rito fúnebre para (nome do falecido):

Estamos aqui reunidos para lembrar [nome] e prestar-lhe os nossos respeitos. (Toca a sineta três vezes.)

SUMA SACERDOTISA — Acende a(s) vela(s) no Santuário Memorial.

Ação

SUMA SACERDOTISA — Estando a vela acesa e as pessoas acomodadas, ela agradece a presença de todos e diz algumas palavras sobre a morte e o morrer. Pode ou não falar sobre as *Summerlands*. Relembra alguns fatos da vida do falecido e convida o Sumo Sacerdote para fazer o mesmo. Em seguida convida os membros do grupo para recordarem passagens da vida do falecido. As lembranças devem ser breves e agradáveis. Pessoas podem chorar. Tenha lenços de papel à mão e passe-os conforme seja necessário. Normalmente, uma hora é o tempo que as pessoas agüentam com facilidade o ritual inteiro. Quando o tempo está quase acabando, a Suma Sacerdotisa convida os membros da congregação para partilhar outras histórias depois que o ritual tiver acabado. Estimule as pessoas a assinarem o livro de convidados e a levarem para casa um cartão de recordação.

SUMO SACERDOTE — Toca a sineta três vezes.

Encerramento

SUMA SACERDOTISA E SUMO SACERDOTE — Abençoam o vinho e os bolos, isto é, realizam o Grande Rito. Passam o vinho e os bolos pelo Círculo. Tenha diversos cálices e pratos se houver muita gente. A Sacerdotisa e o Sacerdote Assistentes ajudam na distribuição. Se houver wiccanianos e não-wiccanianos, use copos de plástico. Tenha um cálice principal para a Suma Sacerdotisa e para o Sumo Sacerdote, e passe os copos de plástico e os bolos em bandejas depois de abençoados.

SUMA SACERDOTISA — Aterra a energia no pentáculo. Faz um aterramento reforçado, porque energias emocionais intensas foram evocadas.

SUMA SACERDOTISA E SUMO SACERDOTE — Agradecem e dispensam a Deusa, o Deus e os elementos. Desfazem o Círculo. Deixam as velas queimar até o fim no Santuário Memorial, se possível. Se não for possível, a Suma Sacerdotisa ou outros amigos íntimos do falecido levam as velas para casa para terminar de queimá-las.

CONGREGAÇÃO — Comem e conversam. As pessoas devem ser incentivadas a levar cartões de lembrança para casa. Limpam tudo. Vão para casa.

Ritual do Sepultamento

Lance um Círculo ao redor da sepultura. Prepare um pequeno altar portátil, com poucos instrumentos e sem estátuas ou velas.

O túmulo deve ser limpo com sal e água, purificado com incenso, untado e consagrado com óleo e vinho. O caixão também pode ser limpo, purificado e untado. Uma pequena bênção pode ser pronunciada. As pessoas podem deixar flores ou símbolos como lembrança.

O caixão é baixado e o Círculo é desfeito. A energia é aterrada no caixão e na terra. Não há vinho nem bolos; apenas desfaça o Círculo e aterre-o.

Alternativamente, o Círculo pode ser lançado antes da chegada das pessoas e desfeito depois de saírem. Então a cerimônia de limpeza, purificação e unção é realizada junto com a breve bênção.

Sugestões, Técnicas e Idéias

Reunimos neste capítulo alguns temas que não se adaptavam em outros lugares. Esperamos que estas sugestões facilitem as coisas para você. Alguns tópicos são raramente analisados em outros livros, pois foram sugeridos pela experiência; esperamos que você possa tirar proveito também dos nossos erros.

ALTARES

Algumas Tradições exigem que o altar seja colocado no centro do Círculo; outras, no Leste ou no Norte. Normalmente, por conveniência, o altar é erguido onde possa ser mais útil. Veja qual pode ser a melhor disposição no cômodo ou no espaço para os elementos que você tem. Não tenha medo de tentar disposições e arranjos diferentes. Faça o que lhe facilita mais.

O que é um bom altar? Não há uma resposta única para essa pergunta. Uma das peças mais úteis para isso é uma penteadeira ou escrivaninha antiga. A superfície superior normalmente tem uma boa altura para se trabalhar e a sua estrutura contém gavetas ou escaninhos onde guardar os instrumentos de um Trabalho para outro. Sobre ele, como decoração, você pode colocar estatuetas ou enfeites, quando não estiver sendo usado. Se o espaço permite, você pode manter o altar montado. Naturalmente, para uma peça grande, você precisa dispor de um espaço amplo.

Algumas pessoas gostam de usar um baú de viagem. Há baús grandes que podem ser usados para guardar o que for necessário e também como altar. Você precisa retirar e recolocar nele o material cada vez que for usá-lo, mas ele tem a vantagem de abrir-se e duplicar-se como uma mesa de café e pode ser levado para uma saleta quando não está sendo usado.

Alguns usam um tabuleiro de xadrez ou outra peça de pedra ou de madeira como altar. Este é menor e mais fácil de transportar, mas você dispõe de menos espaço para os instrumentos e outros objetos. Colocando um tabuleiro de xadrez sobre uma mesa, você terá um altar e também mais espaço para os vários equipamentos. Se você quer alguma coisa mais elaborada, há pessoas que entalham um pentagrama no lado inferior da tábua, e então o pentáculo faz parte do próprio altar, podendo ser facilmente ocultado para os wiccanianos que não são declarados. Num lado ele é um tabuleiro de xadrez, e no outro um altar com o pentáculo. Painéis de mármore e alabastro podem ser facilmente esculpidos com ferramentas denteadas.

Um cachecol ou tecido de boa aparência também pode ser usado como altar, colocado sobre outra superfície, sobre o assoalho ou sobre a grama. É aconselhável que seja de seda, mas qualquer material firme serve. Você pode costurar ou decorar o tecido como achar apropriado, e quando não estiver realizando um Trabalho ele pode ser dobrado e guardado facilmente. Sobre o altar normal você pode pôr uma toalha, mas o tecido em si pode ser um substituto.

Uma pasta para documentos ou uma velha pasta com as laterais resistentes é outra variante do baú de viagem. Você pode acondicionar os instrumentos dentro dela, e se o fizer com cuidado, terá um altar portátil junto com o seu *kit* de viagem. Você pode usar a maleta fechada como superfície do altar, talvez com uma toalha sobre ela. Essa maleta também pode ser guardada facilmente num armário ou debaixo da cama.

Cada wiccaniano deve planejar o modo de guardar os seus instrumentos. Ao planejar uma Ação, será mais fácil dispor de todo o material num só lugar. Algumas pessoas têm os seus instrumentos em lugares diferentes, o que torna a preparação da Ação mais trabalhosa.

Recipientes modernos para armazenagem são úteis para o wiccaniano, desde as pequenas jarras e potes para ervas até as cubas plásticas maiores para outros artigos. Não recomendamos que você use uma cuba plástica como altar. O plástico é uma substância feita pelo homem e pouco mágico, não conduzindo a energia adequadamente para uso como altar. Guarde o material no plástico, mas use alguma coisa mais natural como altar.

Alguns wiccanianos gostam de usar uma pedra plana como altar. Se você tiver uma que seja de fácil transporte, muito bem. Tampos de mesa de mármore (especialmente quando quebrados) são fáceis de encontrar, e em geral são baratos. Ladrilhos também podem ser usados. Facilidade de transporte e praticidade de uso são os detalhes importantes aqui. Você pode fazer, ou comprar, uma mesinha com superfície de pedra elaborada, específica para o altar. O mármore pode manchar, por isso, se usar vinho vermelho, tenha cuidado. Às vezes, marmorarias que fazem lápides para túmulos têm pedaços de granito e outras pedras decorativas baratas. Se uma só for muito pequena, junte vários pedaços para preparar a superfície de um altar.

Se você tem uma mesa de plástico ou de fórmica, coloque sobre ela alguma coisa natural — madeira, pedra, tecido — e torne-a mais apropriada para servir de altar.

INSTRUMENTOS

Muitos wiccanianos têm dificuldade para encontrar seus primeiros instrumentos. Uma boa orientação é você adquirir tudo o que estiver dentro das suas possibilidades inicialmente e conseguir aos poucos algo mais sofisticado ou de melhor qualidade. O importante é que os instrumentos lhe sejam úteis. Não é interessante comprar o punhal mais ornamentado, vistoso e maior e depois descobrir que não consegue empunhá-lo sem causar perigo a você e aos demais. Algumas pessoas acham que um instrumento cheio de enfeites é mais satisfatório e eficaz para elas. Outras preferem um modelo simples, mas elegante. O modo como o instrumento lhe serve, como a energia flui por ele e como ele se adapta ao seu estilo de ritual e magia devem ser os critérios para escolher um instrumento, e não seu preço, quem o fez ou a quem vai impressionar.

As dimensões são um fator a levar em consideração. Se você é uma pessoa pequena, com mãos pequenas, provavelmente não vai escolher um punhal com lâmina curva de quarenta centímetros como athame, nem uma taça bojuda como cálice. Você deve ter condições de segurar o instrumento com conforto e segurança (especialmente o athame). Algumas pessoas têm dois conjuntos de instrumentos: um, mais elaborado, que é deixado em casa, e constituído dos principais instrumentos formais. O segundo conjunto é geralmente menor, mais leve, portátil e talvez menos valioso. Esses instrumentos podem ser usados em qualquer lugar, transportados e guardados numa sacola. A maioria dos wiccanianos, se trabalha ao ar livre ou fora de casa, tem algum kit de altar de viagem, que é de fácil acondicionamento e está pronto para ser levado onde for necessário. Sacolas de estilo esportivo são perfeitas para este propósito, têm espaço para as vestes e não chamam a atenção.

Algumas Tradições exigem que todos os instrumentos sejam feitos à mão, inclusive o athame. Isso não é tão impossível como parece. Muitas lojas têm *kits* ou conjuntos completos para montar. Você pode conseguir uma lâmina, adaptar-lhe um cabo ou uma empunhadura e dar-lhe polimento e acabamento. Fazendo os próprios instrumentos, você ganha inclusive no custo, além de pôr sua energia pessoal enquanto o fabrica. Embora possa ser menos elegante ou decorado do que um industrializado, um instrumento feito à mão pode ser mais adequado e eficaz, simplesmente porque foi você que o fez. Alguns grimórios antigos trazem instruções precisas para a confecção de instrumentos. Uma delas, para fazer um athame, começa assim: "Consiga um pedaço adequado de ferro de meteorito e transforme-o numa lâmina." Poucas pessoas têm as facilidades, as habilidades ou a paciência para fazer isso, quanto mais conseguir um pedaço de meteorito de comprimento adequado. Mas começar com um bom *kit*, e personalizá-lo, pode propiciar-lhe uma lâmina bem-feita e de aparência agradável.

Muitas pessoas simplesmente não têm tempo ou habilidade para confeccionar os próprios instrumentos. Onde comprar instrumentos de magia? Até que alguém crie um Beco Diagonal, o centro comercial de magia descrito nos livros *Harry Potter*, precisamos ser mais criativos. A maioria das livrarias especializadas em Nova Era, ocultismo, metafísica ou magia vende alguns instrumentos e objetos. Há muitas lojas virtuais que suprem as necessidades mágicas.

Fique atento quando estiver procurando instrumentos. A Museum Store, a Nature Conservancy e outras lojas semelhantes têm objetos que podem ser usados para fins de magia. Bazares são uma vantagem para a Wicca. Se for a vários deles, você pode encontrar praticamente de tudo. Mostras de armas e de antiguidade são um bom lugar onde encontrar punhais e uma grande variedade de outros itens. O mesmo acontece com lojas de artigos esportivos. Há muitos catálogos com artigos que podem ser usados em magia. Encontrada a fonte, não a perca de vista. Mantenha um diário das fontes, dos locais onde pode conseguir ervas, athames, incenso, etc. Mantenha o registro de onde e quando comprou determinados artigos, e de quanto custaram. Você pode fazer uma lista desses catálogos no seu Livro das Sombras.

Pode ser difícil encontrar imagens da Deusa e do Deus. Se necessário, fotocopie uma figura e use-a. Plastificar a figura numa loja que preste esse serviço fará com que ela tenha maior durabilidade. Preste atenção a pequenas estátuas, representações e símbolos. Se a Divindade tem um símbolo, como Atena a coruja, talvez seja mais fácil conseguir o símbolo do que a imagem. Seja criativo e aberto a idéias.

Poucos wiccanianos começam com um conjunto completo de instrumentos, estatuetas, etc. Eles conseguem o que é possível, e improvisam até obter tudo o que precisam. Com relação a objetos de madeira, uma forma ecologicamente correta de consegui-los é aproveitar árvores derrubadas pela própria natureza ou que sejam produto de desbaste. *Não* tire madeira de árvores vivas de lugares públicos. As árvores urbanas estão nos parques, e danificar a propriedade pública não é uma forma de criar um karma bom.

Para suprimentos gerais, seja flexível e mantenha a mente aberta. Bazares e quermesses têm coisas que podem ser usadas nos rituais. Por vezes, se precisar de algo para um ritual específico, procure fazer uma oração para encontrar o que precisa (que precisa, não que deseja) ou um breve encantamento de localização antes de ir às compras. E sair às compras com intenção, tendo uma meta (ou metas) específica em mente, é uma atitude positiva que geralmente produz bons resultados. Se uma de suas Divindades está associada ao comércio (como Hermes), invoque-a para orientação e auxílio. E se encontrar o que precisa, não esqueça de agradecer, imediatamente, ou logo ao chegar em casa. As palavras mágicas *por favor* e *obrigado* são eficazes também com os Deuses.

ETIQUETA PARA A ESPADA E O ATHAME

O cuidado e o manuseio consciente dos instrumentos cortantes são importantes, por isso resolvemos fazer uma análise mais aprofundada da espada e do athame. Não que os outros instrumentos (varinha mágica, cálice, pentáculo) sejam menos importantes, mas eles são fisicamente menos perigosos nas mãos de um noviço entusiasmado. Como não temos espaço para dissertar sobre a diferença entre athame e espada (assunto para um livro inteiro), examinaremos esses dois instrumentos em conjunto. Há diferenças significativas entre eles, mas dentro dos limites deste livro, não se preocupe com elas. As sugestões que seguem se referem ao uso responsável das lâminas.

O primeiro e mais importante aspecto que se precisa saber e compreender tanto sobre o athame como sobre a espada é que eles são, antes de mais nada, e fisicamente, armas! Devem ser tratados com o mesmo cuidado e respeito devido às armas, em toda e qualquer circunstância.

Ocasionalmente, os pagãos, por se sentirem constrangidos com o conceito de lâminas como armas, usam athames confeccionados de materiais "não-perigosos". Essa é uma prática muito arriscada, por dois motivos:

primeiro, leva o usuário do athame a ser descuidado; mesmo que o seu athame seja feito de pena, ainda assim pode machucar se atingir o olho de alguém. Segundo, leva o usuário do athame a tornar-se desleixado e displicente com sua magia. Se você não tem respeito por seu instrumento como o objeto físico real que ele é, como pode respeitá-lo como instrumento simbólico ritualístico específico para magia?

Poucas coisas são mais inúteis (para não dizer imprevisíveis e potencialmente problemáticas) do que um mago descuidado, desleixado e displicente movimentando uma lâmina desembainhada sem um objetivo claro.

Você deve saber a cada instante onde está o fio e a ponta da sua lâmina! Temos visto membros da Society for Creative Anachronism (um grupo de entretenimento medieval) gritar "saiam da frente" ao empunhar a espada, esperando que todos os transeuntes saiam do caminho. Portando uma lâmina, você é responsável por ela, pois só você pode controlá-la.

Paul participou de um festival pagão alguns anos atrás. Uma praticante de artes marciais exercitava-se com a espada num local que ela imaginara ser totalmente isolado. No meio de um golpe indefensável, uma criança de quatro anos saiu correndo dos arbustos em sua direção. A criança só teve um arranhão no nariz e não a cabeça decepada por causa da extraordinária habilidade da artista, que conseguiu deter-se no meio do movimento.

Cuide da lâmina. Que respeito você demonstra se deixa o seu athame enferrujar? Ou se deixa resíduos de vinho acumulados, sabe-se lá de quantos Grandes Ritos realizados? Repetindo, se você não cuida e não respeita os seus instrumentos ritualísticos, qualquer deles, como pode esperar realizar uma magia eficaz? A magia, como muitas outras tentativas, começa com respeito, respeito por si mesmo, respeito por seus instrumentos e equipamentos, respeito por seus companheiros de Trabalho e respeito por suas capacidades. Sem isso, você pode muito bem jogar monopólio.

Outro ponto da etiqueta a ter sempre presente é não tocar uma lâmina com os dedos — nem a sua, nem a de outra pessoa, nem a que você está pensando em comprar. Seus dedos têm óleo e resíduos que se transferem para a lâmina. Temos visto lâminas excelentes arruinadas com digitais enferrujadas em ambos os lados porque as pessoas as desembainhavam, tocavam e voltavam a embainhá-las sem enxugá-las ou limpá-las. Ao examinar uma lâmina, se for preciso segurá-la ou sustentá-la, pouse-a na manga e examine-a girando-a suavemente sobre o braço.

Se quiser proteger a lâmina da umidade e de toques casuais, use uma cera para polimento de carro. Siga as instruções contidas na embalagem, e você terá lâminas muito bem protegidas contra a ferrugem e o manuseio ocasional. Enxugue-a e limpe-a adequadamente depois de realizar o Grande Rito. É para isso que serve a toalha que está no altar. Talvez seja necessário encerar a sua lâmina uma vez ou duas por ano.

Como Escolher uma Lâmina

Qual é a lâmina adequada para você? Uma espada é muito mais do que parece, e isso se aplica ao athame, apesar de ser menor. Muitos punhais e réplicas de espadas disponíveis atualmente são basicamente armas de baixa qualidade. Descobrimos que uma arma verdadeira, de boa qualidade, em geral é um instrumento de Trabalho mais apropriado do que algo cromado e reluzente. Também é melhor se você consegue algo que possa manusear fisicamente. O peso, o equilíbrio e o comprimento são muito importantes. Você precisa ser capaz de movimentar o objeto em várias direções, quase sempre num espaço limitado.

Com relação ao peso, se o objeto pesa 5 quilos e você terá de segurá-lo durante cinco minutos para a invocação dos quadrantes, será melhor começar já a solucionar o problema dos pesos. Escolha uma arma com tamanho e peso adequados para lembrá-lo de que ela está aí, mas que não seja um fardo usá-la. É mais eficaz e impressiona melhor manejar com competência uma espada pequena.

O equilíbrio é uma propriedade relacionada com a distribuição do peso. Duas lâminas podem ter o mesmo peso, mas uma pode estar mais equilibrada no sentido da ponta, o que provavelmente a tornará mais firme para segurar e movimentar com maior facilidade durante bastante tempo. Procure encontrar uma espada que tenha o ponto de equilíbrio aproximadamente a um palmo do punho. A maioria dos punhais é equilibrada exatamente na frente do protetor.

Achamos que o melhor comprimento para uma espada ritual é o que corresponde ao comprimento do braço (entre sessenta e setenta e cinco centímetros) ou pouco menos. Existem algumas possíveis razões ocultas para isso, mas não temos espaço para aprofundá-las aqui. Entretanto, uma razão prática é que ela não será muito longa para ser movimentada facilmente durante um Círculo ritual. A lâmina do athame deve ter o comprimento aproximado de um palmo da sua mão (entre quinze e dezoito centímetros). Uma lâmina maior terá o efeito de uma espada, não de um athame. O tamanho do cabo também é importante. Procure encontrar um que se ajuste à sua mão. Se tiver de segurar uma espada por um período de tempo mais prolongado — em gestos ritualísticos dramáticos — talvez você precise comprar uma com punho suficientemente longo para empunhá-la com as duas mãos.

Uma lâmina de aço-carbono temperado, com proteção de latão e cabo envolvido em couro, provavelmente produzirá um ritual mais eficaz do que uma peça de alumínio. Mesmo que a lâmina de aço esteja um tanto velha e enferrujada, ela terá um efeito melhor do que o alumínio ou mesmo do que aço inoxidável barato. Baseado na experiência, Paul aplica duas regras básicas: "Se você pode usar uma lâmina para um combate real, pode também usá-la para um ritual." E: "Quanto melhor uma lâmina for para um combate, mais eficaz ela será num ritual." Em outras palavras, as propriedades que ajudariam uma arma real a sobreviver ao esforço de um combate verdadeiro são as mesmas que produzem um instrumento bom condutor de energia.

Quanto mais a lâmina for agradável esteticamente, mais agradável ela será para o seu Consciente e Subconsciente, mas às vezes as pessoas dão muito valor à aparência em detrimento do peso, do equilíbrio e da elaboração. Há uma grande variedade de lâminas reluzentes, enfeitadas, que são totalmente inúteis no mundo real, do mesmo modo que são inúteis no mundo da magia. O banho a ouro ou metal e o revestimento plástico são aspectos secundários com relação à qualidade da lâmina, ao peso, equilíbrio, punho e utilidade. Uma lâmina bem-acabada, bem manejada, impressiona muito mais (e é mais eficaz) do que qualquer instrumento de "Conan, o Bárbaro".

O valor de coleção pode ser um aspecto relevante. Há muitas lâminas de valor histórico que podem ser usadas eficazmente num ritual. Isso dependerá do seu interesse e da sua carteira, porque talvez pague mais por uma boa lâmina de colecionador do que por uma produzida com fins comerciais. Ter uma lâmina histórica com certificado de origem pode acrescentar uma aura mística à sua espada ou athame ritualístico. Uma dessas armas históricas, atualmente usada em cerimônias por um grupo de Nativos Americanos conhecidos de Paul, foi conseguida com um cavalariano do general Custer, tendo sido usada no massacre da Batalha de Greasy Grass (mais conhecida como Batalha de Little Big Horn).

Você precisa sentir o peso e segurar muitas lâminas para apreciar a grande variedade de possíveis instrumentos ritualísticos disponíveis. Sugerimos que assista a algumas demonstrações ou participe de convenções e manuseie tantos punhais e espadas quanto possível, sempre com a devida permissão. Fazendo isso, você compreenderá melhor o que pode ou não servir para você. Raramente a pessoa encontra a lâmina perfeita na primeira busca. Seja paciente, pois você conseguirá o que procura.

Bainhas

Alguns talvez pensem que o tipo de capa que usam para seus athames ou espadas é um assunto irrelevante, mas como dizem os japoneses, "Só as espadas mais inferiores não têm bainha". A bainha que você escolhe é importante por razões de segurança e de respeito.

Podemos ter dois tipos de bainha, o primeiro (*sheath*) é geralmente feito de couro ou de um material flexível; o segundo (*scabbard*) é uma bainha normalmente mais rígida, feita com uma estrutura de madeira ou de metal.

Seja qual for o nome que se lhe dê ou o material de que é feita, isso é pouco importante. O que *é* importante é que você tenha uma bainha, mesmo que precise fazê-la de papelão ou de outro material. Uma das Espadas Vivas de Paul é guardada numa dessas bainhas de papelão. Não usar uma bainha demonstra falta de respeito do usuário da lâmina para com os seus instrumentos. Tanto para um athame como para uma espada, uma bainha tem vários usos práticos. Ela protege a lâmina de danos acidentais, protege você (e outras pessoas) de cortes e permite-lhe levá-la adequadamente na cintura.

A bainha também tem aplicações na magia, porque ajuda a proteger a lâmina de influências psíquicas indesejáveis e também porque parece "pôr a lâmina para dormir" (como expressa uma Tradição), quando você não precisa dela. Esse "modo de sono" pode ser muito importante se você tiver uma arma com alma ou personalidade forte. Há ocasiões em que você não quer um demônio (se está usando uma das espadas lendárias más que gostam de ferir pessoas) perdido em seu Círculo. Por outro lado, desembainhar (ou soltar) um demônio num momento apropriado de um ritual pode ser muito eficaz.

Considerações Legais

Em algumas jurisdições administrativas, uma espada ou athame de magia podem ser considerados armas de assalto. Embora geralmente seja permitido por lei usar um athame ou uma espada para funções religiosas legítimas, alguns departamentos de polícia o prenderão se mostrar ou usar abertamente um desses instrumentos, em viagem ou fora do lugar do ritual. Também podem prendê-lo por portar uma arma escondida, se tentar escondê-la, por exemplo, nas dobras da roupa ou no bolso.

Para resolver esse problema, não apenas embainhe a sua lâmina, mas coloque-a num estojo separado e trancado, e este num lugar que dificulte acesso imediato (como no bagageiro do carro). Se você for a pé até o lugar do ritual, enrole a espada embainhada nos trajes rituais e coloque tudo no fundo da mochila (com o restante das coisas por cima), feche a mochila e leve-a presa às costas (quanto mais longa a lâmina, maior terá de ser a mochila). Uma alternativa é levar a lâmina numa maleta fechada à chave. Estojos para transportar instrumentos musicais são ideais para esse fim, e muitas espadas caberão facilmente no estojo para trombone ou guitarra de tamanho médio. Uma maleta de tamanho padrão também pode ser usada, e muitos colecionadores e comerciantes de espadas usam uma maleta para arma, com fechadura, de lateral resistente, há anos.

É melhor errar pelo lado da legalidade e da precaução do que precisar recorrer aos direitos implícitos na Primeira Emenda. A lei não autoriza o exercício religioso se pode ser provado que ele é danoso à sociedade como um todo, e muitas comunidades acham que portar armas escondidas ou afiadas é perigoso, qualquer que seja a intenção. Em geral pode-se atender perfeitamente às normas legais e ainda assim ter um instrumento de magia. Por isso, lembre-se, todo instrumento não é senão uma extensão das energias do mago; em si mesmo, ele não cria a energia. Trabalhe conforme as suas possibilidades e com o que lhe é permitido, o que é um teste no mundo real para a eficácia do mago.

Onde Encontrar uma Boa Lâmina?

Se você resolver que quer uma lâmina de boa qualidade, faça uma seleção cuidadosa. Algumas pessoas esperam anos antes de encontrar sua espada ou athame. Outras simplesmente compram o que encontram, sem realmente examinar as opções possíveis. Um problema para encontrar uma espada de trabalho ideal é que ela é um objeto pouco comum, e seja onde for que você a consiga, uma boa espada provavelmente será uma aquisição importante. Há vários lugares onde se pode encontrar muitas variedades de lâminas.

O primeiro é numa exposição de armas. A maioria das exposições de dimensões medianas geralmente apresenta uma variedade bastante grande de artigos manufaturados, e normalmente dispõe de vários tipos de punhais e de uma ou duas espadas para venda. Exposições de armas podem ser lugares ideais para examinar e manusear espadas e punhais (athames), além de poder comprá-los. Nelas você pode, pelo menos, informar-se com os vários comerciantes e colecionadores sobre as armas que eles portam. A maioria ficará feliz em discutir as qualidades de armas de fio com fregueses e colecionadores potenciais. Essa é uma das melhores maneiras de se educar sobre idiossincrasias e qualidades dos inúmeros tipos de armas afiadas.

Há muitos fabricantes de lâminas que trabalham por encomenda nos Estados Unidos, e se procura uma lâmina especial, personalizada, você pode encontrar essas pessoas numa exposição de armas, num festival Renascença ou Pagão ou em endereços na Internet. Prepare-se para esperar e ter paciência, pois os trabalhos sob encomenda podem demorar. E será caro, mas provavelmente você conseguirá uma qualidade bem melhor do que a da média de espadas ou punhais encontrados no mercado.

Uma terceira forma de comprar uma lâmina é por meio de catálogos de mala direta especializados em armas de fio. Duas das melhores empresas, nos Estados Unidos, são a Museum Replicas Ltd. e Arms & Armor Inc. A Museum Replicas é uma das maiores dessas empresas de mala direta e oferece algumas reproduções de armas de lâmina da melhor qualidade disponíveis no mercado atual.

Uma terceira empresa norte-americana que comercializa por mala direta é a W. Fagan & Co. Eles trabalham com material antigo de qualidade. Se vendem uma reprodução, ela é normalmente uma cópia de cem anos de idade de um objeto ainda mais antigo. Eles trabalham com muitas coleções antigas e com objetos do mundo todo. E embora muitos possam achar esses artigos dispendiosos, em que outro lugar você poderia encontrar um colar egípcio autêntico, uma ponta de lança romana ou uma máscara cerimonial iorubá com certificados de originalidade datados de 1862? Há sempre a possibilidade de você adquirir alguma coisa com que não se sinta fisicamente bem, mas nesse caso "Você paga e corre o risco".

O inconveniente em comprar por catálogo é que o artigo pode parecer ótimo na imagem, mas você não pode senti-lo ou manuseá-lo para ver se ele se ajusta a você. Antes de efetuar a compra, verifique com a empresa a política de devolução adotada. No mínimo, você terá de pagar o frete duas vezes. Mas as empresas de renome negociarão com o cliente até deixá-lo satisfeito. E se a mercadoria chegar danificada ou com defeito, você pode solicitar reembolso ou devolução, seja com a empresa seja com a transportadora. Conserve todos os documentos. Você pode também registrar o que pediu, com quem falou e o que lhe informaram sobre o artigo ou sobre suas políticas, etc. Ter tudo anotado facilita muito as coisas.

Outros lugares para comprar lâminas são as várias convenções que acontecem no país, sejam elas relacionadas com ficção científica, paganismo, Renascimento ou entretenimento. A maioria das convenções conta com comerciantes que vendem algum tipo de punhal ou espada. Essas são geralmente as mesmas armas que você pode conseguir pelo catálogo, mas nesse caso pode segurá-las e sentir seu equilíbrio. Você pode também examinar alguns itens específicos reservados para clientes especiais. Muitos fabricantes que trabalham por encomenda também comparecem nessas convenções; o trabalho que fazem é bastante interessante e eles podem personalizar as suas necessidades e gostos pessoais.

Há outros lugares onde é possível conseguir espadas, punhais e outros artigos específicos para magia. Antiquários e bazares são lugares viáveis, mas você precisa saber o que quer, porque em geral as pessoas que vendem esses artigos pouco ou nada sabem sobre eles. Os preços também podem variar desde barganhas de ocasião até o exorbitante, dependendo do conhecimento e da perícia do vendedor. A Cutlery e outras cadeias de lojas que vendem facas em centros comerciais sempre dispõem de algumas espadas. Você pode encomendar, caso o que lhe oferecerem não seja do seu agrado. Os preços costumam ser mais elevados que os de catálogo, e a qualidade das lâminas que oferecem se situa entre mediana e satisfatória. Lojas de importação, principalmente as especializadas em artigos da Índia, freqüentemente oferecem espadas, mas a maioria tende a ser de baixa qualidade. Algumas lojas ocultistas comercializam espadas e athames, e geralmente dispõem de um catálogo que você pode consultar. Lojas de armas podem vender punhais, mas poucas vendem espadas. Alguma coisa pode ser encontrada em lojas de penhor.

IDÉIAS PRÁTICAS PARA CÍRCULOS

Sempre que usar velas ou alguma outra forma de chama, saiba sempre como extingui-las no caso de algum acidente. Extintores de incêndio domésticos são relativamente baratos e podem ser instalados em lugares discretos. Alternativamente, se não for possível usar chamas abertas, você pode substituí-las por fontes de luz artificial. O uso de pequenas lâmpadas protegidas também minimiza o risco de incêndio.

Tenha alguma fonte de luz à mão para a leitura de roteiros, textos, etc. Se for uma vela, procure colocá-la num castiçal que recolha a cera, para que não caia sobre pessoas, tapetes, assoalho, instrumentos, etc. Se for uma lanterna elétrica, diminua sua intensidade e verifique, antes de começar o ritual, se ela funciona bem. Não conte com a luz do ambiente para leitura. Deixe que as pessoas usem seus óculos, se necessário.

Não escreva em vermelho ou em outras cores de tinta. Use preto sobre branco. Use o computador para imprimir com letras grandes versões de discursos ou o ritual inteiro, se isso facilitar as coisas. Se memorizar, tenha sempre um roteiro de apoio à mão. Peça para a Sacerdotisa Assistente segurar a luz e o roteiro ou designe outra pessoa para realizar essa tarefa.

Se o ritual for longo, e poucos os oficiantes, deixe que os participantes sentem durante algumas partes da cerimônia. Fique atento às limitações físicas dos presentes e oficiantes. Se alguém não puder ficar de pé por muito tempo, tenha uma cadeira disponível.

Teste todos os óleos, incensos e preparados em todas as pessoas do grupo para detectar possíveis reações alérgicas. Em caso de dúvida, não utilize o produto e descubra um hipoalergênico substituto. Óleos de amêndoa ou de oliva geralmente são bons para aplicar em pessoas alérgicas. Se alguém apresentar reações, troque de incenso. Os incensos provenientes da Índia, em sua maioria, não são tão puros como os produzidos nos Estados Unidos. Por outro lado, você pode acender o incenso por um período curto de tempo e apagá-lo se não houver mais necessidade. Velas de cera de abelha parecem provocar menos reações alérgicas do que as de parafina. Velas sem corantes ou perfumes são melhores para pessoas sensíveis. Para ter certeza de que as velas estão nos lugares certos no Círculo, amarre uma fita da cor adequada ou coloque-a num castiçal colorido para indicar o quadrante.

Planeje a Ação de acordo com a área disponível. Não é adequado levar a Suma Sacerdotisa numa liteira se o local de trabalho medir 3 metros por 3,6. Um espaço com muitas pessoas e com velas acesas será quente e abafado. Providencie um ventilador ou abra a janela se for necessário ar fresco. Tenha uma cadeira para quem se sentir fraco. Não programe uma Ação complicada e longa para um cômodo acanhado e quente.

Peça às pessoas que se vistam adequadamente se o ritual for realizado ao ar livre. Tenha planos alternativos para o caso de mudança do clima e do tempo. Ao ar livre, é recomendável designar algumas pessoas para atuar como Tylers a fim de afastar pessoas estranhas à Ação. Os Tylers não são guardas palacianos, mas vigias. Eles podem comunicar delicadamente às pessoas que uma cerimônia particular está em andamento e que deverá terminar dentro de tanto tempo. Se houver uma saída alternativa, eles podem guiar os estranhos. Ou então podem pedir ao coven que oculte os instrumentos ou suspenda o ritual enquanto os estranhos estiverem presentes. Se o Círculo for realizado ao ar livre, num parque público, consiga as autorizações pertinentes, conheça e siga as regras, e limpe tudo no final. Numa propriedade particular, tome providências para não ser perturbado e ter autorização dos proprietários. Num espaço público, algumas jurisdições reivindicam todas as terras sem dono para si, e qualquer invasão é ilegal. Infelizmente, há poucos espaços amplos não reclamados atualmente. Se você suspeita que a polícia pode rondar em patrulha, entre em contato com as autoridades e comunique que você estará realizando uma cerimônia religiosa com tais e tais características. Se essas providências lhe forem maçantes, lance o seu Círculo dentro de casa.

É de bom senso verificar antecipadamente se há algum problema alérgico com a comida ou com a bebida. Se alguém não puder ou não quiser beber álcool, providencie um substituto não-alcoólico (use dois cálices) ou adote uma forma de reverenciar o cálice que não implique a ingestão de álcool. Menores de idade podem partilhar o álcool num contexto religioso se os pais estiverem presentes e consentirem. Entende-se então que devem beber um pequeno gole, e não grandes quantidades. A mistura de uma parte de álcool com uma de água torna a bebida mais aceitável para menores, corta o gosto de vinhos baratos e ásperos e ajuda o líquido a descer melhor. Essa é uma prática antiga. Se a pessoa está resfriada ou com alguma doença transmissível, prepare um cálice separado (ou copo de papel) só para ela ou peça-lhe que apenas reverencie o cálice. Os Deuses não querem que compartilhemos doenças e também não nos protegerão magicamente de doenças só porque estamos num ambiente religioso.

Tenha uma toalha (o que é mais estético do que um rolo de toalhas de papel e mais agradável ao ambiente) sobre o altar ou perto dele para limpar líquidos derramados, etc. Pode ser um pano de prato ou uma toalha de mão, nada tão grande como uma toalha de banho.

Use cartões pequenos para escrever suas notas para o ritual e para os Sabás. Tenha sempre um roteiro escrito à mão, mesmo se memorizar o texto, porque há momentos em que a pessoa pode "ter um branco" a ponto de esquecer o próprio nome. É bom indicar alguém, uma pessoa que, num ritual com grande participação, segure o roteiro para o Sumo Sacerdote e para a Suma Sacerdotisa, para que possam ler e ter as mãos livres. Essa pessoa fica em pé ao lado e um pouco atrás de quem estiver lendo e segura o roteiro a uma distância cômoda para o leitor.

Quando imprimir um roteiro por computador, use fontes de tamanho grande e negrito. Assim o texto poderá ser lido mais facilmente, mesmo com pouca luminosidade (como à luz de velas). Além disso, esse procedimento ajuda a distinguir as palavras que serão faladas das direções e orientações de cena, que não são lidas em voz alta. Tenha cópias extras para você e para os demais participantes, para usar e também para arquivar nos Livros das Sombras. Esses antigos rituais e Sabás podem ser recursos para o futuro, além de um registro de sua atuação.

SUGESTÕES PARA O LIVRO DAS SOMBRAS

O que contém um Livro das Sombras? Idealmente, o Livro das Sombras conterá todas as informações de que você precisa para ser wiccaniano. Praticamente, ele significará que você tem um Círculo, rituais de consagração, bênçãos, curas, Sabás e Esbás, Dedicação, Iniciação e demais ritos de passagem. Ele deve incluir materiais sobre magia e encantamento, além de alguns pontos da história da Arte, do significado de ser wiccaniano e do que é a Wicca. O livro que você está lendo é um bom começo para um Livro das Sombras. Ele não está completo, e de certo modo nenhum Livro das Sombras ficará completo, porque você está sempre aprendendo, crescendo, pesquisando.

A compilação do seu Livro das Sombras é um processo sem fim. A estrutura é aquela que você escolher. Os wiccanianos geralmente adotam pastas ou cadernos de notas com materiais que são escritos ou repassados, como fotocópias ou catálogos. Alguns incluem em seu Livro das Sombras alguns livros que compraram. A maioria tem uma biblioteca particular como complemento aos registros, apostilas e outros materiais coletados. Em termos ideais, você deveria ter vários cadernos de anotações, para assuntos diferentes: um para leituras, um para aulas e palestras, um diário de sonhos, um para receitas, um para relatórios do que foi realizado, dos Sabás ou festivais de que participou, dos atos de magia praticados, um para pesquisa, um diário pessoal dos seus pensamentos e idéias sobre Wicca e magia. Quando um caderno está cheio, ele é arquivado para referências futuras e um novo é iniciado.

Guarde um registro cronológico do que você realizou na Arte, dos rituais e Sabás de que participou, de festivais, aulas, seminários, etc. Registre também suas próprias Ações e Trabalhos, não com muito detalhamento, apenas com uma breve menção — por exemplo, fiz uma leitura sobre rituais — apenas para constar. Forme esse hábito e mantenha essa prática; é muito fácil esquecer e algumas coisas se perdem.

Se você só trabalha com computador, armazene tudo em disquetes ou em CDs. Tenha um arquivo de disquetes para material antigo ou desatualizado, apenas para eventuais referências. Se atualizar seu computador, transforme e transporte os arquivos velhos para o novo formato. É trabalhoso, mas pelo menos assim você perde menos dados. Nada é mais frustrante do que ter um disco com material bom e não poder acessá-lo porque se está defasado em uma ou duas versões. Nós procuramos guardar material em papel e também em disco. Isso pode exigir a derrubada de árvores, mas o papel ainda é um dos melhores sistemas de armazenamento permanente que existe. Além de ter outra cópia, você pode fotocopiar se quer partilhar o material.

Reveja suas antigas anotações e diários de vez em quando. Esse procedimento pode ser incluído num ritual pessoal anual (ou mesmo semestral). O Imbolc se adapta bem a isso. Tire um tempo de vez em quando para atualizar e reorganizar o seu Livro das Sombras.

Estelle tem um armário das sombras. Uma pilha é reservada para material geral, e a cada poucos meses, quando essa pilha fica muito alta, ela se senta e classifica o que guardou, arquiva os materiais em pastas específicas e revisa e reorganiza tudo o que for necessário. É uma tarde de trabalho, mas é prazeroso ver o Livro das Sombras crescer e revisar materiais que ficaram parados durante algum tempo. Materiais antigos são geradores de boas idéias. É motivo de satisfação ver como você avançou e quanto aprendeu e absorveu, podendo ainda lembrar-se de antigos projetos que foram abandonados ou adiados. Essa tarefa é produtiva nos períodos em que Mercúrio está retrógrado, uma indicação astrológica para os que gostam de astrologia.

Repassar o seu Livro das Sombras deve fazê-lo sentir-se bem. Você tem um registro tangível do que realizou, dos locais para onde foi e do quanto sabe. É um grande feito. Orgulhe-se dele.

Seja cuidadoso com relação a partilhar o seu Livro das Sombras com pessoas que não são colegas de coven ou de absoluta confiança. É provável que ele contenha material pessoal (ou deve conter se você faz registros adequados), e você deve ser discreto nesse sentido. Quando você está comprometido com um juramento, deixe isso claro, fazendo uma anotação à margem. Você tem o direito de registrar suas experiências e sentimentos, mas se fez o juramento de não revelá-los, escreva isso. Não espere lembrar de tudo perfeitamente. Quando a humanidade passou a manter registros escritos, as técnicas de memorização começaram a desaparecer lentamente. Muitas pessoas escrevem apenas para não ter que atravancar o cérebro com informações.

CRIANÇAS

As crianças divertem e podem acrescentar magia ao ritual, especialmente em Yule, com a troca de presentes e a Mãe Bertha distribuindo mimos. Mãe Bertha é uma personagem do folclore alemão, uma velha feia. Ela cavalga um bode gigante com uma barba imensa, chamado Gnasher Skeggi. Ela distribui presentes, mas pode também levar crianças travessas. Mãe Bertha acrescenta ao Yule uma certa atmosfera Halloween. É uma brincadeira segura, mas com um componente de medo.

Seja comedido com velas e incensos quando há a participação de crianças, porque elas são fascinadas pelo fogo. Esteja sempre atento aos instrumentos do ritual, especialmente os punhais, porque as crianças ficam tentadas e às vezes apenas um "não" é insuficiente. Se levar os filhos, responsabilize-se por eles. Não deixe que corram para cá e para lá. Não espere que outras pessoas disciplinem seus filhos ou que cuidem deles. Provavelmente elas o ajudarão com essas coisas, mas, no mínimo, é falta de respeito esperar ou confiar que outras pessoas assumam responsabilidades que são suas. Leve roupas extras para o caso de acidentes.

O que segue é um excerto de um conjunto de orientações sugeridas para crianças que participam de um ritual; foram formuladas por nossa igreja wiccaniana. Esperamos que possam dar alguma idéia de como agir nessas circunstâncias:

Separe as crianças por faixas etárias, pois o que pode ser adequado para uma idade pode não sê-lo para outra. Essas faixas não são rígidas, apenas parâmetros gerais, podendo apresentar as seguintes subdivisões:

Bebês de colo — Crianças que precisam ser seguradas/carregadas, em geral incapazes de movimentos independentes; normalmente do nascimento até a idade de um ano.

Crianças pequenas — Crianças capazes de caminhar (e também de engatinhar) e que não precisam ser seguradas; de um a cinco anos de idade.

Idade escolar — Crianças que freqüentam a escola e têm um certo grau de autonomia e compreensão correspondente à idade; dos cinco aos doze anos.

Adolescente — Meninos e meninas que entraram na puberdade; embora possam ser fisicamente adultos, em termos legais são considerados crianças. Há uma certa medida de maturidade, de autonomia e entendimento, mas temperados com a inexperiência e com o tumulto emocional dessa fase da vida; dos doze aos dezoito anos.

Geralmente não há restrições para que bebês de colo participem dos rituais. Eles ficam no colo e normalmente dormem a maior parte do tempo. Se um bebê fica nervoso ou inquieto, os pais devem resolver calmamente o problema ou então sair do Círculo e acalmar a criança.

Uma boa idéia para quem planeja rituais é adequá-los aos vários grupos etários; algumas crianças têm condições de participar, outras não. Meditações dirigidas podem ser praticadas por adolescentes, talvez também por crianças em idade escolar, mas certamente não por crianças pequenas. Os pais também devem ser estimulados a perceber o grau de maturidade e a índole de seus filhos, delimitando então a participação deles de acordo com essas características.

Certos rituais contêm elementos que podem torná-los intrinsecamente inadequados para crianças. Para ajudá-lo a determinar o nível de adequação de um ritual para crianças, apresentamos a seguir descrições de três categorias de elementos que constam de rituais:

Apropriado para crianças: Ritual aberto, não-Iniciados podem participar; Sumo Sacerdote/Suma Sacerdotisa resolve se crianças estarão presentes; narração de histórias, material apropriado para a idade; se pais/tutores acompanham (isto é, presença de adulto responsável). Vinho no cálice como sacramento é aceitável para crianças e é permitido por lei na maioria dos Estados, com ou sem consentimento dos pais.

Impróprio para crianças: Ação de grande intensidade (pode ou não incluir o Samhain, dependendo do ritual específico); nudez — questão legal (roupas transparentes ou vaporosas, com nudez parcial, enquadram-se na categoria nudez); álcool não sacramental sob qualquer forma.

Depende: Participação num ritual (nada contra o chamamento dos quadrantes, as invocações, as evocações, etc. Analise caso a caso); objetos pontudos (athames/espadas) — para Iniciados, tudo bem; substitua por algo adequado à idade, se necessário (varetas ou plástico em vez de athames); Iniciados menores de dezoito anos não podem estar presentes havendo nudez — é a lei; Samhain — depende do ritual em si, a critério do Sumo Sacerdote/Sacerdotisa e dos pais; em caso de dúvida, deixe as crianças em casa; meditações dirigidas, seguir o critério da conveniência à idade.

Seguem algumas diretrizes sobre as responsabilidades de várias pessoas da comunidade com relação à participação de crianças em situações ritualísticas:

Sumo Sacerdote/Suma Sacerdotisa — Devem incluir nos anúncios do ritual se será permitida a presença de crianças. Adote o sistema de classificação ou faixa etária, se necessário; se o ritual pode ser apropriado para algumas idades e desaconselhado para outras, reflita sobre o ritual. Se for permitida a presença de crianças, e for usado álcool, dê preferência ao vinho e à cerveja, e não a licores fortes. Como alternativa, previna-se com um cálice não-alcoólico. Se optar por permitir a presença de crianças, prepare-se para um nível de distração maior do que o normal.

Pais/Tutores — Seja responsável por seus filhos. Se fizerem travessuras, acalme-os ou retire-os do Círculo e fique preparado para sair, se necessário. Saiba lidar com os filhos que leva — relação adulto/criança — por exemplo, se um pai (mãe) trouxe oito crianças indisciplinadas não conseguirá controlá-las adequadamente. Não largue seus filhos — acompanhe-os nos rituais. Você pode deixá-los à vontade se forem adolescentes responsáveis e maduros, mas isso deve ser discutido previamente com o Sumo Sacerdote/Suma Sacerdotisa. Instrua os seus filhos pelo menos sobre aspectos básicos da etiqueta do Círculo (por exemplo, ficar em silêncio num momento de silêncio, não correr, não gritar, etc.). Prepare-se para qualquer distúrbio psíquico que possa ocorrer com seu filho. Nem sempre se consegue prever as reações de uma criança na atmosfera de um ritual. Esteja atento aos movimentos de outros; restrinja saltos, correrias, brincadeiras rudes e grosseiras, etc. Fique atento aos assuntos particulares/confidenciais. As crianças têm condições de entender o que se diz sem expressar? Saiba o tempo todo onde estão seus filhos.

Crianças — Sejam educadas e tenham modos na presença de outras pessoas. Prestem atenção ao ritual e ao que os outros fazem. Entendam a etiqueta do Círculo e comportem-se da maneira adequada à sua idade. Saibam onde estão seus pais/tutores. Não toquem em nada; apenas olhem. Façam perguntas no momento apropriado, se quiserem saber alguma coisa que aconteceu durante o ritual. Depois, só discutam o ritual com os pais/tutores e com a família — não falem sobre ele na escola ou com amigos.

Comunidade — Releve pequenas faltas de comportamento das crianças. Prepare-se para conviver com certos níveis de barulho. Instrua e ensine, se for necessário; não seja implicante ou repressor. Prepare-se para um nível de desordem um pouco maior. Ajude os demais membros ficando atento às crianças presentes. Se não gosta de crianças, e não consegue lidar com elas, fique em casa.

A privacidade é uma questão importante. Há membros da comunidade wiccaniana que não são declarados, e as crianças têm pouca maturidade e podem não compreender a seriedade dos assuntos particulares. Além disso, podem inadvertidamente pôr os pais e a família em risco se falarem sobre o ritual das Bruxas a que assistiram na noite anterior na frente de um professor desinformado. Os órgãos de defesa e proteção da criança podem ser alertados, e nesse caso caberá aos pais provar que não houve dano. Compreende-se que as crianças não podem manter os juramentos de sigilo como os adultos. Do mesmo modo, a maneira como os pais tratam os assuntos particulares com os filhos pode mudar a situação. As crianças são naturalmente menos discretas. Cabe aos pais avaliar como os filhos lidam com assuntos particulares. Se não conseguem ser discretos ou não compreendem o que é privacidade ou guardar segredo, talvez seja melhor deixar os filhos em casa.

A idade é um problema quando se trata de privacidade. Bebês de colo e crianças pequenas não causam dificuldades. Eles não são suficientemente sofisticados no falar e no entender para descrever ou revelar os eventos que observaram. Porém, as crianças em idade escolar e os adolescentes são outro assunto. Infelizmente, nossa religião não é bem aceita em determinadas áreas da sociedade; assim, nossas crenças devem ser mais discretas, e as crianças nem sempre conseguem entender com clareza suficiente a necessidade de discrição.

Além disso, por mais que se fale, nunca se esgotará a questão da nudez no ritual e a sua influência sobre as crianças. Algumas pessoas acham que, por se tratar de religião, não acontece nada. Sem dúvida, *não* é esse o caso. A Suprema Corte dos Estados Unidos se pronunciou definitivamente sobre esse assunto no processo Employment Division x Smith (494 U.S. 872 (1990)) ("o caso do peiote"), entre outros. E como o Religious Freedom Restoration Act — RFRA (42 U.S.C. Seção 2000bb et seq. (Supp. V 1993)) — foi declarado inconstitucional em junho de 1997, existem ainda fortes restrições com relação aos comportamentos legalmente protegidos num contexto religioso. Se há um grupo misto de crianças e adultos, *ninguém* pode ficar nu, e isso inclui crianças e adultos. Qualquer roupa que revele partes do corpo consideradas sensuais ou genitais gera a idéia de nudez. Isso põe em risco os adultos e ameaça as famílias presentes.

Esse é um tema muito debatido em alguns círculos wiccanianos. Algumas pessoas sustentam que, se o ritual é realizado numa propriedade particular (e em alguns casos propriedades alugadas podem ser consideradas particulares), a nudez entre pessoas de várias idades não é problema. Embora os autores deste livro não sejam advogados, eles acompanham de perto os casos que dizem respeito à liberdade de expressão religiosa nos Estados Unidos. O espírito da lei indica que, se uma atividade pode ser considerada prejudicial à sociedade como um todo, em qualquer ambiente que seja, religioso ou secular, público ou privado, ela é ilegal. Naturalmente, é necessário haver uma denúncia para que se abra um processo, mas a Rede Wiccaniana declara, "Podes fazer o que quiseres, desde que não prejudiques ninguém". Não prejudicar ninguém inclui não pôr em perigo, por meio de ações ou comportamentos, os companheiros participantes do ritual. E isso significa legal e moralmente, como também psicológica e magicamente. Se você está em casa com sua família, há pouca possibilidade de denúncia, a não ser que você pratique com as venezianas abertas, mas num grupo ou comunidade, as possibilidades de queixa crescem exponencialmente. Você nunca consegue saber exatamente quem está participando do seu ritual, a menos que conheça pessoalmente cada um dos presentes.

Lendo um artigo numa importante revista regional/local, Paul e Estelle descobriram alguns meses depois que o repórter de uma revista participara de um ritual Samhain promovido por outro grupo. Isso foi um choque e uma excelente lição para aqueles que acham que entrar num Círculo com amor perfeito e confiança perfeita é toda a proteção de que precisam.

Algumas jurisdições têm leis compulsórias que exigem que determinados profissionais — médicos e enfermeiros, professores, clérigos e outros — relatem qualquer abuso ou comportamento ilegal, por eles testemunhado, que coloque em risco uma criança ou um adulto vulnerável. Esses profissionais são *obrigados* a denunciar o comportamento ou ficam sujeitos a denúncia. Por isso, tenha bom senso e erre no sentido da precaução e da discrição.

CORTAR PARA DENTRO E PARA FORA DO CÍRCULO

Às vezes você precisa sair do Círculo enquanto um ritual está em andamento: seu filho pequeno resolveu *agora* que esse é o melhor momento para um acesso de birra; você não se sente bem; você não quer participar de uma etapa do ritual; talvez você seja o Sumo Sacerdote ou a Suma Sacerdotisa e queira introduzir alguém de fora para dentro do Círculo.

Essa saída/entrada é feito com a técnica denominada cortar para dentro e cortar para fora (dependendo da direção que você vai seguir). É uma técnica simples e, quando aplicada adequadamente, não quebra as energias do Círculo. Primeiro, se você precisa sair, encontre os olhos do Sumo Sacerdote/Suma Sacerdotisa ou de outro Oficiante. Peça autorização, com a maior discrição possível. O melhor é deixar que as pessoas que conduzem o ritual "o cortem para fora". Se isso não for possível, você mesmo aplica a técnica.

Pegue o athame, o punhal propriamente dito ou o seu athame universal de dois dedos estendidos, e "desenhe" uma porta, começando no chão, subindo até mais ou menos a sua altura e descendo novamente até o chão e o ponto inicial, criando assim uma passagem com a parte superior arredondada. Se projetar energia enquanto desenha a porta, você criará uma passagem mágica no Círculo e ao mesmo tempo permitirá que a energia do Círculo flua ao redor da abertura feita. Saia ou entre no Círculo e "retire" a porta desenhando-a novamente e recolhendo a energia que usou para fazê-la. Você pode então "alisar" as energias do Círculo com a mão para facilitar a restauração completa do Círculo. Você cruzou os limites sem quebrar as energias do Círculo.

Depois de cortar para fora, saia o mais discretamente possível. Espere em algum lugar até que o ritual termine para recuperar seus pertences, se necessário. Prepare-se para explicar educadamente por que cortou o Círculo. Há Sumos Sacerdotes e Sumas Sacerdotisas que criticam essa atitude e talvez o impeçam de participar de outros Círculos lançados por eles. Prepare-se para lidar com isso também. Por outro lado, se for sensível ao que as pessoas fazem, procure ter informações antecipadas sobre o ritual, para não precisar sair por não se sentir à vontade. E se tem dúvidas, não participe do ritual. Naturalmente, se descobrir durante o ritual alguma coisa que não seja do seu agrado, o melhor a fazer é proteger-se das energias que considera importunas e esperar pelo fim da cerimônia. Você pode ficar surpreso ao se deparar com algo que pensava ser horrível e ver que era interessante ou até mesmo atraente. Reserve o corte de um Círculo para crises reais, e não apenas por capricho.

Às vezes surgem situações em que o Oficiante precisa "cortar-se" para fora para resolver algum problema que ocorre fora do Círculo. Espere com paciência e deixe as pessoas responsáveis cuidarem da ocorrência, pois o ritual é delas.

ATERRAMENTO SÚBITO

Às vezes um ritual é interrompido por circunstâncias imprevistas. É útil conhecer alguma coisa sobre o aterramento súbito, uma extinção rápida e quase instantânea de um Círculo. Você reúne mentalmente todas as energias invocadas, convocadas e geradas, e então, num movimento fluido, recolhe-as na mão dominante e as projeta para baixo, para a Terra, encostando a mão no chão (ou solo) com força. Mantenha a concentração até sentir que todas as energias voltaram para a Terra. O Círculo está desfeito, todos os Deuses e Deusas se retiraram e os elementos voltaram para os seus lugares. Nada resta das energias do Círculo. Só então você e os demais podem guardar os instrumentos e equipamentos e sair rapidamente. Numa situação dessas, assegure-se de que todos os elementos ritualísticos sejam apanhados rápida e silenciosamente. Veja o que pertence a quem numa outra ocasião. Esse aterramento súbito deve ser deixado para a Suma Sacerdotisa oficial. Se ela não puder realizá-lo, o Sumo Sacerdote é o seguinte pela ordem, e por fim o Tyler.

VESTES RITUAIS

Onde obter vestes rituais? Uma túnica muito simples pode ser um cafetã, uma medida de tecido com o dobro da sua altura, dobrado, com um corte para a cabeça e os lados costurados deixando um espaço para os braços. Use o material de sua preferência e que seja adequado ao seu estilo de ritual, e pronto.

Você pode eventualmente comprar trajes antigos parecidos com túnicas. Acrescente um capuz a uma roupa comprada em loja. Vá a lojas de roupas usadas e encontre peças que podem ser adaptadas para uso ritualístico. Estelle e Paul gostam de usar quimonos, vendidos em brechós: são de seda, têm boa aparência, normalmente vestem bem e permitem liberdade de movimentos.

Também é possível comprar uma capa ou um manto num festival Renascença ou em outro lugar onde roupas medievais ou da Renascença são oferecidas.

Se você costura, Folkways Patterns dispõe de inúmeras opções interessantes. Visite lojas de confecções, que sempre têm capas, mantos e capuzes. Umas poucas lojas vendem túnicas prontas para ritual, mas prepare-se para pagar um preço alto. Se for a um festival ou a uma reunião, talvez encontre túnicas em oferta. Mantenha a mente aberta e seja criativo, e você encontrará alguma coisa que pode ser adaptada para uso ritualístico.

CONHEÇA OS SEUS DIREITOS

Fazer parte de uma religião lhe dá certa proteção na maioria das jurisdições governamentais de língua inglesa, mas essa proteção varia muito de país para país, de Estado para Estado e de localidade para localidade. Conheça as leis locais, estaduais e nacionais sobre religião e prática religiosa do lugar onde você vive.

Parte da condição de wiccaniano é ser autoconsciente e capaz de assumir responsabilidade por suas ações. A Wicca é uma religião reconhecida pelo governo federal, mas não é suficiente apenas dizer que é wiccaniano e esperar que a sua declaração seja aceita por todas as autoridades. Você pode fazer muitas coisas para ajudar a "validar" suas crenças e práticas religiosas.

Sendo membro de uma organização religiosa legalmente reconhecida, pague as suas obrigações. Pagar as obrigações e conservar os recibos para provar que pagou ajuda a demonstrar sua sinceridade aos olhos da lei.

Tenha alguns recursos para explicar o que é a Wicca; por exemplo, este livro. A organização a que você está ligado pode ter materiais à disposição dos membros. O *Army Chaplain's Manual* contém uma seção sobre Wicca, especificamente a Wicca Gardneriana.

Conheça as leis locais. Os wiccanianos usam athames como instrumento sagrado. Infelizmente, os responsáveis pelo cumprimento da lei verão apenas uma grande faca e acreditarão que se trata de uma arma. Alguns Estados (Califórnia e Massachusetts) e localidades estabelecem que qualquer lâmina de fio duplo é ilegal. Assim, nesses lugares, você pode ter um athame maravilhoso, mas se ele for de fio duplo também é ilegal. A lei federal dos Estados Unidos determina que tudo que possa ameaçar o bem maior da sociedade seja declarado ilegal, seja ou não usado para fins religiosos. Isso inclui athames, drogas, álcool para menores (embora isso normalmente não exista num cenário religioso), nudez, determinados atos sexuais e tudo que você possa praticar num ritual e que seja normalmente ilegal se for realizado no meio da rua principal ao meio-dia.

Consiga *sempre* as autorizações apropriadas; se está usando um patrimônio público para os seus rituais, pague as taxas, conheça e siga as regras. Havendo dúvidas, entre em contato com a polícia local e informe-a sobre quem você é, o que fará e quando. Conheça as leis locais sobre armas escondidas; um athame numa mala de ritual pode ser considerado uma arma oculta. Se você tem uma bainha, para ter segurança, guarde-a na mala e coloque a mala no bagageiro ou num compartimento fechado para transporte. Muitas espadas são, por definição, ilegais. Oito centímetros ou menos é o comprimento máximo para uma lâmina ser considerada legal.

Seja um bom cidadão e não provoque suspeitas. Não procure problemas. Algumas pessoas simplesmente não conseguem calar diante da injustiça, ou acham que devem protestar contra aquilo que acreditam ser moral ou ilegal. Faça o que acha que deve fazer, mas, nesse sentido, não faça nada em nome da Wicca. Essa atitude pode prejudicar outros wiccanianos. Se a única experiência de um oficial de polícia com um wiccaniano envolver protestos, palavras agressivas e possivelmente violência, esse policial ligará essa experiência à Wicca até que algum fato de impacto emocional maior a substitua. Tenha consideração por seus irmãos e irmãs companheiros na Arte e torne a Wicca alguma coisa que as pessoas respeitem e sintam como algo benéfico.

Mantenha sua paranóia sob controle. Se está usando um pentagrama e algum balconista o trata rudemente, não presuma automaticamente que isso acontece porque você é wiccaniano. Em sua maioria, as pessoas nem mesmo percebem o pentagrama e, quando o notam, não compreendem que você é wiccaniano. Nem todas as coisas ruins que lhe acontecem se devem ao preconceito. Seja suficientemente maduro para entender que o preconceito se deve ao medo e ao pouco conhecimento. Lembre-se dessa máxima, "Não atribua à malícia o que é simplesmente fruto da ignorância". Isso ajuda muito.

Não espere tratamento especial ou preferencial porque você é membro de uma religião minoritária. Ao longo de toda sua existência, membros da religião wiccaniana tiveram que se adaptar a culturas predominantes que variaram desde hostis até indiferentes. Se você escolhe ser um wiccaniano declarado e luta por seus direitos, faça isso de maneira profissional, digna e madura. Lembre que você representa outros wiccanianos.

Informe-se sobre a liberdade religiosa e sobre os aspectos legais vigentes na localidade, no Estado e no país em que você vive. Isso pode tomar tempo, mas em geral produz bons resultados. E, no mínimo, no final você estará mais informado, podendo ser um recurso informal para outras pessoas. Mas lembre-se, se você não for um advogado especializado nesse tipo de legislação, suas opiniões serão apenas opiniões.

PARTE III

WICCA DE A A Z

Glossário Wiccaniano

INTRODUÇÃO AO GLOSSÁRIO WICCANIANO

Com a crescente popularização das questões ocultas, metafísicas e da magia, e com o ressurgimento de religiões pagãs pré-cristãs que vêm formando uma subcultura própria, cada dia mais as pessoas se defrontam com termos desconhecidos. Esta obra procura reunir as definições desses termos num único volume. Por causa da cultura dinâmica do paganismo, essas definições não podem ser definitivas, e talvez nem sequer sejam uniformes de um extremo a outro da América do Norte. Entretanto, com o uso da Internet, houve uma padronização no emprego das palavras e um esforço no sentido de rejeitar uma terminologia arcaica ou que se corrompeu devido ao tempo ou a equívocos intencionais. Algumas definições serão acentuadamente diferentes das originais por causa das influências cristianizadoras de traduções de obras pré-cristãs para o inglês. É grande a interdependência entre muitas obras nos últimos cinqüenta a cem anos. Chega a ser interessante observar quem aproveitou o que de quem e que diferentes pontos de vista cada novo autor resolveu adotar ao compor o seu material.

Esta obra também segue uma tendência, derivada da visão dos autores, os quais porém esperam que seja mais fiel aos materiais originais do que o foram alguns estudiosos do período vitoriano. Quando ocorrem grafias diferentes, procuramos informar isso, embora as traduções possam dar origem a várias grafias. Às vezes suspeitamos que algumas variantes são realmente erros ortográficos perpetuados por vários autores no decorrer do tempo. Quando possível, oferecemos as derivações da língua original e os seus significados primitivos.

A Wicca é uma subcultura, e como tal desenvolveu um conjunto de termos e expressões específicos do wiccanismo/paganismo. Às vezes, um leigo ou um novato nos caminhos de Wicca pode ter dificuldades em compreender o significado de algumas palavras. Muitas Tradições exigem um ano e um dia de estudos antes da Iniciação, e um dos motivos para isso é dar tempo suficiente para a assimilação dos termos e dos usos das palavras.

Os meios de comunicação populares tendem a confundir a Wicca com o oculto, o sobrenatural, o estranho e o sensacional. Ao pesquisar a Wicca, podemos encontrar um grande número de referências, algumas adequadas, outras concordantes e outras ainda constituindo-se em ensinamentos intencionalmente equivocados. Incluímos aqui muitos verbetes que podem parecer "não-wiccanianos", mas que encontramos associados à Wicca, e é útil saber quais são e quais não são válidos. Esperamos que, com este glossário, você possa consultar termos que tenham associações com a Wicca e encontrar os sentidos e as informações relacionadas com suas aplicações específicas na subcultura wiccaniana.

Os termos são definidos de modo que as pessoas pouco familiarizadas com a Wicca possam entendê-los. Freqüentemente usamos analogias para conceitos conhecidos do público em geral; daí a grande quantidade de referências cristãs, budistas e hinduístas.

Também incluímos diversos sistemas divinatórios, alguns arcaicos, outros ainda praticados. A adivinhação é importante no mundo wiccaniano e é interessante ver como muitos sistemas se desenvolveram ao longo dos milênios. Também é interessante (pelo menos para nós) ver que sistemas derivaram de outros que os precederam.

Este glossário reúne diferentes fontes num único volume bastante abrangente. Provavelmente, há coisas que inadvertidamente deixamos de abordar, pelo que pedimos escusas.

Evitamos intencionalmente certos temas, tratando-os apenas de forma muito geral — astrologia, tarô, cabala, magia cerimonial, alquimia, etc. — porque existem excelentes obras que tratam desses assuntos. Também omitimos os nomes de várias divindades porque, do mesmo modo, existem obras ótimas disponíveis.

Alguns personagens e organizações de magia proeminentes no decorrer dos tempos foram incluídos para acrescentar uma perspectiva histórica. Mais uma vez, os incluídos e os excluídos foram unicamente escolha dos autores, sem nenhuma intenção de desconsiderar nenhuma pessoa nem corrente filosófica.

A

abençoado — Alguma coisa que recebeu a bênção ou está protegida com magia.

aberto — Termo usado para indicar que alguma coisa está disponível a praticamente todos os que se interessam por ela. Quando usado com relação a um Círculo — Círculo "aberto" — significa que esse Círculo está disponível a quem quer fazer parte dele. Com referência a um grupo — "Este grupo está aberto" — significa que há espaço e interesse em novos membros. Contrário de fechado. Em termos práticos, aberto geralmente implica algumas restrições, como para amigos, para convidados apadrinhados e para os que ouviram falar da atividade. Os wiccanianos geralmente empregam esse termo para indicar os que já pertencem à comunidade de um modo ou outro, e aberto raramente significa aberto ao público em geral.

abracadabra — 1) Palavra especial que faz a magia acontecer. Atualmente, representa mais um *cliché* do que qualquer outra coisa. 2) Antigo encantamento de proteção romano, repetido várias vezes, eliminando cada vez uma letra a partir do final. Ao chegar ao "A" o encanto de proteção está completo. 3) Encantamento cabalístico possivelmente derivado de Ab, Ben e ruach a Cadesh — Pai, Filho e Espírito Santo.

abraço — Poder ou energia psíquica que pode ser transmitida, enviada ou recebida por meio de um abraço ou de um toque, às vezes com conhecimento e outras sem conhecimento do transmissor ou do receptor. Também um modo de transferir uma sanguessuga psíquica de uma pessoa a outra. (Uma sanguessuga psíquica é uma entidade psíquica que se alimenta de energia psíquica, um parasita que precisa se fixar num hospedeiro para sobreviver; também chamado de vampiro psíquico.) Muitos wiccanianos e outros sensitivos não abraçam, nem mesmo se tocam, a não ser que conheçam a pessoa e que se sintam seguros na presença dela. Trocar energia sem o consentimento voluntário de ambas as partes é uma forma de ataque psíquico.

abraxas — 1) Termo gnóstico que significa "não me atinja", essa palavra era inscrita num amuleto e usada para proteção. 2) Palavra gematricamente equivalente a 365 e associada ao ciclo solar; simbolizada pela imagem de um homem com cabeça de galo segurando um escudo e um chicote. Essa imagem hermética encontra-se em amuletos, entalhada em gema ou pedra.

abraxas, talismã — Peça decorativa, pingente, camafeu ou medalha usada para afastar bruxaria.

abuso — 1) Ações que prejudicam a própria pessoa ou terceiros. 2) Expressão insultuosa, intimidadora, agressiva ou autoritária. A Comunidade Pagã condena todo comportamento abusivo, mas a solução mais comum é abandonar o grupo em que o abuso é cometido, em vez de enfrentar o(s) agressor(es). A atitude vingativa também pode ser considerada abusiva.

abuso ritual — Abuso físico, sexual ou emocional perpetrado com relação ao uso específico e sistemático de símbolos e cerimônias ou num contexto religioso. O satanismo geracional associado com o abuso ritual e descoberto por meio de lembranças recuperadas de vítimas é um assunto polêmico; alguns pesquisadores comprovaram que ele é falso e que foi criado por alguns membros da comunidade psicoterapêutica (ver *Satanic Panic*, 1993, de Jeffrey S. Victor).

Entretanto, ainda existem modalidades de abuso ritual que podem ser encontradas entre grupos wiccanianos e pagãos. O abuso ritual mais comum é um relacionamento de ordem sexual entre um instrutor e um aluno ou Iniciado por insistência do instrutor. Instrutores com senso moral não se envolvem com essa prática. Alguns consideram o ritual de flagelação uma forma de abuso ritual, outros acham que se trata apenas de outra maneira de aumentar o poder.

Em geral, qualquer atividade possível de ser interpretada como prejudicial quando imposta a uma pessoa que a desconheça, não a deseje ou não tenha consciência dela num contexto religioso ou mágico é considerada abuso ritual. O termo também se aplica aos que usam um contexto religioso para obter domínio e poder sobre outros. Pode ser caracterizado por isolamento, medo e intimidação, dependência emocional, exigências financeiras ou de mão-de-obra, ameaças ou imprecações contra os que querem abandonar o grupo religioso e outras práticas condenáveis.

actorius — Pedra mágica encontrada nos frangos (capões). Usada no pescoço, transmite coragem.

Adam Weishaupt — Mago do século XVIII; supõe-se que tenha sido o predecessor que ajudou a manter e preservar o conhecimento que depois passou para a Ordem

Hermética da Aurora Dourada, e dela para os ocultistas de todo o mundo.

adepto — Pessoa versada em magia, misticismo e conhecimento arcano. Termo geral que pode ser usado para se referir a qualquer praticante de magia, inclusive pagãos e wiccanianos.

ADF, An Driaoch't Fein — Organização de Druidas.

ádito — Do grego, o santuário do templo. Termo usado em referência à área mais sagrada de um local de iniciação. A BOTA (Builders of the Adytum/Construtores do Ádito) é uma organização de magia cerimonial secreta.

adivinhação — Do latim *divinare* (prever), e também do latim *divinus* (divino ou pertencente aos Deuses). Descrever o passado, o presente ou o futuro por meios indiretos, quer tendo um ponto de referência, quer apenas com habilidades psíquicas. Obter informações sobre uma pessoa ou situação por meio de meios mágicos ou psíquicos. Clarividência servindo-se de recursos como cartas de tarô, bola de cristal, pêndulo, etc. Alguns afirmam que a adivinhação é meramente uma manifestação de sincronicidade e deve ser usada como técnica junguiana de auto-análise.

Havia dois tipos de adivinhação no mundo antigo — a direta ou natural, que consistia de sonhos, necromancia, oráculos e profetas, e a indireta ou artificial, que se dividia em duas categorias: 1) a observação de fenômenos animados, aruspícios (adivinhação pela leitura das entranhas de animais sacrificados), augúrios (análise do vôo das aves) e a observação de deformidades humanas inatas; e 2) a observação de fenômenos inanimados, como tirar a sorte ou lançar dados, a observação de fenômenos atmosféricos, a observação de eventos terrestres (como terremotos) ou a observação de fenômenos celestes, dos quais surgiu a astrologia. Para os antigos, as mulheres praticavam a adivinhação direta, e os homens, a indireta.

Há muitos sistemas divinatórios na Wicca e também no mundo profano. Cartas de tarô, astrologia, runas, numerologia, cristalomancia, augúrios, quiromancia, leitura das folhas de chá, frenologia, fisiognomonia, grafologia (alguns contestam que esta seja adivinhação), tabuleiros Ouija™, bolas de cristal, etc., são todos métodos de adivinhação. Os wiccanianos podem usar a adivinhação como instrumento de desenvolvimento e aperfeiçoamento pessoal. Alguns praticam a adivinhação para aumentar a renda ou ajudar outras pessoas. Os wiccanianos não cultuam os objetos ou sistemas que usam para adivinhar, i.e., cartas de tarô, astrologia, etc., mas os usam como ferramentas e pontos de referência para capacidades psíquicas.

adjuração — Na Magia Cerimonial, fórmula pela qual um demônio ou espírito recebe em nome do Deus Cristão a ordem de fazer o que o mago ordena. Pode ser usada em invocações ou exorcismos.

adoração — Veneração e comunhão com a divindade, seja como for que o devoto defina isso.

AEC — Antes da Era Comum; termo menos cristocêntrico para os anos anteriormente denominados "antes de Cristo" ou a.C.

aéreo — Estado de falta de base e de centramento; atenção dispersa.

aeromancia — 1) Adivinhação pela observação das condições atmosféricas, nuvens, tempestades, ventos, etc. Às vezes é sinônimo de nefelomancia. Uma forma dessa adivinhação encontra-se, por exemplo, no ditado "Céu pardacento, chuva ou vento". 2) Predição do futuro examinando as condições celestes, atmosféricas ou do tempo. No antigo Egito, forma primitiva de astrologia, em que cometas, estrelas cadentes e eclipses eram analisados para prever o futuro, tanto das pessoas como do Estado. Às vezes sinônimo de astrometeorologia, ela é a astrologia da predição do tempo e do uso de cometas, estrelas cadentes e eclipses para antever o futuro. 3) Cenas ou visões no céu testemunhadas por muitas pessoas, mas que não são manifestações celestes típicas. Diz o folclore que no final da primavera de 1914, ao colherem feno, camponeses europeus viram uma grande espada no céu, que diziam ser um presságio da Primeira Guerra Mundial. 4) Ramo da geomancia em que o consulente faz uma pergunta e em seguida joga terra ou sementes ao vento. A forma da nuvem ou do desenho do material ao cair fornece a resposta.

afrit — Do persa/árabe, demônio; alma de uma pessoa morta. Tem mais características de trapaceiro, mas pode-se convencê-lo a ser útil.

agitar a tinta — Etapa de um ritual, depois da invocação dos quadrantes, em que o Sumo Sacerdote, com a varinha mágica, mistura as energias dos quadrantes e sela o Círculo. Abrandar é a função contrária, e faz parte da etapa de desativação do Círculo, antes da dispensa dos quadrantes. Não é uma prática wiccaniana universal; foi desenvolvida por Paul Tuitéan na década de 1980 e é adotada em Círculos Ecléticos no Meio-Oeste dos Estados Unidos.

AGLA — Nome cabalístico, um tetragrammaton, o nome de Deus formado por quatro letras. Um acrônimo para Atheh Gabor Leolam Adonai — Vós sois grande e poderoso, ó Senhor. Usado como encantamento ou mantra para assegurar a bênção e a proteção de Deus, particularmente contra forças satânicas. Usado na Magia Cerimonial para invocar os arcanjos, os Vigias das Torres, etc.

agnóstico — Do grego *a-gnosis* (sem conhecimento); pessoa desprovida de certos conhecimentos sobre assuntos espirituais, místicos ou religiosos; pessoa que não sabe se existe ou não um Deus. É possível ser agnóstico e ao mesmo tempo wiccaniano.

água da vida — Tradução do gaélico *usquebaugh*. Os primeiros alquimistas acreditavam que este era o elixir da vida. Derivação da palavra moderna *whiskey*, usada para designar aguardentes duplamente destilados.

akasha — Força vital mágica, semelhante ao conceito oriental do Chi. Éter espiritual que tudo permeia, comumente considerado como sendo de cor violeta ou ultravioleta. Um conceito hindu e budista popularizado no Ocidente por Madame Blavatsky e pelo movimento teosófico na década de 1870.

Akáshicos, Registros, Crônicas ou Planos — Do sânscrito *akasha* (substância original). Plano etéreo superior onde os registros de todos os tempos estão gravados.

Edgar Cayce podia acessar esses Registros Akáshicos quando estava em transe, e assim era capaz de fazer avaliações e diagnósticos de saúde, além de comentários sobre vidas passadas e futuras das pessoas.

Rudolf Steiner afirmava ter acessado esses registros para poder descrever as civilizações perdidas da Atlântida e da Lemúria. Os livros de registros são guardados na Biblioteca Akáshica, e acredita-se que cada alma tenha seu próprio livro, contendo todas as informações sobre as suas encarnações, passadas, presentes e futuras. Os Registros Akáshicos são o critério de julgamento que determina o karma de cada alma.

Alberto Magno — (1193–1280 EC) Também conhecido como o Doutor Universal; teólogo e bispo de Ratisbona. Ocultista e alquimista, dizia-se que era possuidor da pedra filosofal. Deixou muitos volumes escritos sobre alquimia e outros assuntos, que ainda são estudados por alquimistas modernos.

alectoromancia — Do grego *alectruon* (galo) e *manteia* (adivinhação). 1) Adivinhação por meio de um galo, de uma galinha preta, ou de um pássaro que debica grãos colocados sobre letras do alfabeto. 2) Adivinhação pela enunciação de letras do alfabeto; quando o galo cantava durante a recitação de uma letra, essa era considerada significativa. 3) Na Babilônia, água era derramada três vezes sobre a cabeça de um boi adormecido. Havia o registro de dezessete reações possíveis do boi que prediziam o futuro. 4) Adivinhação geral pelo comportamento de animais. Os hititas, por volta de 1600 AEC — 1200 EC, estudavam o movimento de uma enguia num tanque com água. Também eram usados formigas, chacais, besouros e marmotas.

aleuromancia — Do grego *aleuron* (farinha de trigo) e *manteia* (adivinhação). Adivinhação com farinha de trigo. As mensagens eram colocadas na massa para fazer pão ou bolo, e levadas para assar; a mensagem encontrada no pão assado era uma predição para o futuro. Os biscoitos da fortuna chineses são uma forma moderna dessa prática. Numa versão alternativa, uma moeda ou um grão de feijão era posto dentro do bolo; quem o pegava tinha direito a um desejo ou era escolhido como Senhor do Desgoverno para as celebrações do inverno. Na época medieval e na Renascença, as celebrações do solstício de inverno em geral incluíam a escolha de um Senhor do Desgoverno, que se comportava levianamente e podia exigir que as pessoas praticassem ações tolas e inusitadas; semelhante a um mestre de cerimônias travesso.

alfabeto hebraico — Às vezes usado como alfabeto mágico. O hebraico é escrito da direita para a esquerda, ao contrário da maioria das línguas modernas. A cada letra desse alfabeto corresponde um número. Com a palavra escrita e o seu equivalente numérico podem-se encontrar correspondências múltiplas. Esse estudo se chama Gematria, e é um ensinamento hebraico adotado também por magos. No livro *777*, Aleister Crowley aplicou a Gematria e outras técnicas para estabelecer correspondências.

alfabeto mágico (ou linguagem mágica) — Um alfabeto, próprio de uma cultura ou criado artificialmente, em que cada letra tem um significado tanto exotérico como esotérico. Em sua maioria, os alfabetos antigos eram considerados mágicos, a escrita em si era tida como magia e dom da Deusa, e as letras seriam impregnadas de energias e significados distintos das palavras escritas. Para a maioria das culturas antigas, a linguagem e a escrita eram um dom divino. Há pessoas que, por precaução e sigilo, escrevem os seus Livros das Sombras num alfabeto diferente do sistema de signos da língua falada.

Existem vários alfabetos mágicos comuns adotados pelos adeptos da Arte e de outros sistemas de magia. Alguns inclusive estão disponíveis como fontes de computador. O alfabeto tebano ou honoriano é um alfabeto artificial e usado inicialmente pela Aurora Dourada. Alguns usam runas baseadas em vários alfabetos rúnicos. Ogham ou Ogham Bethluisnion baseia-se num antigo alfabeto celta. Angerthas ou Elvish foi inventado por J.R.R. Tolkien em seu romance O *Hobbit* e na Trilogia O *Senhor dos Anéis*, sendo adotado por alguns como alfabeto mágico. Outros usam o Malachim ou Língua dos Magos. Magos Cerimoniais usam principalmente o alfabeto Passing the River e também o Angélico ou Celestial. Existem outros mais, inclusive alfabetos inventados por particulares.

Alguns desses alfabetos (especialmente os rúnicos) são de natureza fonética (isto é, não têm uma correspondência de letra a letra, mas de som a som), de modo que "cheque" e "xeque" começariam com a mesma letra porque as duas palavras iniciam com som de "ch", embora sejam grafadas diferentemente.

alfitomancia — Do grego *alphitomansis* (adivinhação usando cevada). Espécie de julgamento por provação. Bolos de cevada ou de trigo eram dados aos suspeitos; se não conseguissem engolir, eram considerados culpados e condenados por suas ações. Com base em princípios psicológicos, acreditava-se que a pessoa culpada ficaria mais nervosa e com a boca seca.

alho — Amuleto contra vampiros e mau-olhado, também usado como potencializador de imunidade e, claro, excelente condimento para muitos pratos.

alma — O espírito eterno que contém a centelha essencial do ser e que anima o corpo. A alma é vista como eterna, o corpo como mortal. Alguns acreditam que a alma teve origem com a divindade e que no fim voltará a dissolver-se no divino, depois de satisfazer diversas condições, que variam amplamente dependendo das crenças religiosas específicas de cada um. Muitos wiccanianos acreditam na reencarnação, segundo a qual uma alma evolui ao longo de muitas vidas em vários corpos e culturas, depois do que finalmente evolui espiritualmente e retorna à divindade, saindo da roda de reencarnações.

almas gêmeas — Almas que se encontram em diversas encarnações e em vários relacionamentos com o objetivo de cumprir um karma comum. Resolvido esse karma, as almas não precisam mais continuar irmanadas. No emprego atual, esse termo é às vezes empregado para explicar o amor à primeira vista ou o instante de reconhecimento de uma pessoa que até esse momento era estranha. Também forma de descrever uma relação profunda e intensa.

alquimia — Antiga precursora da química, teve origem no Egito, na cidade de Alexandria, e na China, durante o primeiro século da era cristã. A alquimia tinha como objetivos a transformação de metais básicos em ouro e a criação/descoberta da pedra filosofal — originalmente um conceito chinês que foi trazido para o Ocidente nos séculos VIII e IX EC. Alguns alquimistas acreditavam que essa meta objetiva da alquimia era seu propósito primordial e criaram muitos compostos interessantes e perigosos por meio de métodos que evoluíram até a química. Outros praticantes acreditavam que essas metas eram metafísicas, e as interpretavam como a transformação do metal básico da sua alma em ouro espiritual, aperfeiçoando desse modo a personalidade e a alma. Nessa tentativa, eles adotavam cálculos astrológicos porque acreditavam que a posição e a influência dos planetas precisavam ser corretas para que a transmutação tivesse sucesso. A revolução científica incorporou os métodos alquímicos, nascendo daí a ciência da química, com a aplicação desses princípios à análise e aprimoramento de elementos e compostos para uso prático; com isso as práticas espirituais foram abandonadas. Ainda praticada por alguns, a alquimia é um meio para buscar o elixir da juventude e a cura universal de todas as doenças, para obter a vida eterna e para outras realizações mais.

Alguns alquimistas famosos e autores de tratados alquímicos foram al-Razi (886–925) e Avicena (980–1036), médicos persas; Arnold de Villanova (1240–1313), Roger Bacon (1214–1294) e Alberto Magno (1193–1280), sábios medievais e tradutores de materiais mais antigos; e Philipus Aureolus von Hohenheim, conhecido como Paracelso (1493–1541), médico alemão.

Muitos experimentos alquímicos deram origem a fórmulas efetivamente úteis. Roger Bacon criou uma receita para pólvora e elaborou instruções para a construção de um telescópio. Arnold de Villanova descreveu a destilação do vinho. Paracelso transformou a medicina ao adotar compostos químicos para combater os agentes causadores das doenças, deslocando assim o foco da busca da pedra filosofal para a manipulação de remédios.

altar — 1) Centro de ritos sagrados. 2) Lugar de sacrifício. 3) Lugar onde os instrumentos de ritual e outros materiais necessários para uma Ação podem ser depositados. Pode ser permanente ou portátil. Geralmente feito de algum material natural, como pedra, madeira ou o próprio solo. A localização do altar não é unanimidade entre os wiccanianos. Algumas Tradições determinam o quadrante em que o altar deve ser colocado (em geral no leste, no norte ou no centro), outras estabelecem algumas diretrizes e outras ainda deixam a questão a critério dos grupos e das possibilidades do espaço disponível. A localização do altar pode provocar debates acirrados entre os wiccanianos.

altar, toalha do — Toalha consagrada que cobre um altar e sobre a qual são colocados os instrumentos ritualísticos.

altrunes — Do alemão, "runas antigas".

aluno — Pessoa que estuda a Wicca, a Arte, a magia ou uma das muitas e variadas disciplinas relacionadas com o ocultismo ou com a metafísica. Não necessariamente um *newbie*, pode ser um praticante da Arte durante muitos anos, resolver aprender algo novo e tornar-se aluno de um especialista na disciplina de seu interesse. A função de aluno exige que a pessoa dedique certo tempo e energia durante um período, determinado ou indeterminado, para assimilar o que o professor ensina. O aluno deve ser pontual e esforçar-se para aprender e realizar as tarefas e exercícios que lhe são atribuídos. Ele também precisa entender que na disciplina de estudo específica o professor é o mestre, e por isso deve aceitar as suas regras e respeitar o seu conhecimento.

aluno, roubo de — Prática antiética pela qual um professor atrai estudantes de outro professor para que estudem com ele. Atitude considerada covarde e desleal. Os professores respeitáveis jamais tirarão alunos de um colega — mesmo que algum deles esteja insatisfeito com o professor atual —, a menos que a relação professor-aluno tenha sido formalmente desfeita.

amniomancia — 1) Adivinhação pela observação de uma membrana que cobre a cabeça da criança ao nascer. Alguns acreditam que a criança que nasce com a membrana tem a segunda visão. 2) Também conjunto geral de presságios de boa ou má sorte que eram usados no nascimento de uma criança para predizer o futuro ou o caráter dela.

amor — Condição que existe quando a felicidade de outra pessoa é essencial para a nossa. Devoção com compromisso. Força universal que dirige a magia, como em "O Amor é a Lei, o amor sob a vontade".

amuleto — De uma raiz árabe que significa carregar; objeto, desenho, imagem ou inscrição impregnados de energia para alcançar um objetivo desejado. Normalmente é usado como "talismã de boa sorte", e também para proteção, defesa, embasamento e outras finalidades. Os amuletos podem ser feitos ou achados; alguns são achados e modificados. Usados como talismã protetor contra o mal, ou especificamente contra o mau-olhado, alguns amuletos trazem inscritas palavras, fórmulas ou marcas mágicas. Amuletos simples são artigos incomuns, atraentes, ou raros, como um trevo de quatro folhas. Geralmente os amuletos são usados no pescoço ou num anel. Ver também talismã, encantamento e fetiche.

Anciã — A terceira face da Deusa, o aspecto que representa maturidade e sabedoria, mulher que perdeu a sua capacidade reprodutiva — depois da menopausa. Também título de grande respeito por uma mulher. Mulher que passou pela cerimônia de Ancianidade.

Ancianidade *(Croning)* — Cerimônia que celebra a menopausa e o término do período fértil de uma mulher. Pode ser um rito de passagem ou uma cerimônia em homenagem a um líder que assumiu uma função de conselheiro e orientador. Pode celebrar o tempo de tomar assento em torno do fogo do conselho e possivelmente de afastar-se da liderança ativa.

Anciães *(Elders)* — Membros de Segundo e Terceiro Graus de um coven ou grupo. Geralmente, pessoas que participam do grupo há muito tempo, têm experiências de vida a compartilhar e alcançaram sabedoria e maturidade pelas suas experiências e conhecimento. Podem atuar como conselheiros extra-oficiais na Comunidade Pagã.

ancorado, embasado, enraizado, fundamentado, aterrado, com os pés no chão *(grounded)* — Estado que consiste em estar totalmente "no mundo"; não-desorientado. Significa também ter equilíbrio psíquico, não ser afetado em demasia por influências psíquicas extraviadas. Esse estado faz a pessoa sentir-se mais estável e confiante e também menos sujeita a abalos emocionais e psíquicos.

A pessoa pode criar bases para si ou para outras pessoas recorrendo a vários procedimentos apropriados, como técnicas específicas, cantos, rituais, objetos feitos ou energizados para esse fim, ingerindo alimentos pesados (lanches rápidos gordurosos podem criar bases inabaláveis), deitando no chão, tomando um banho ou uma ducha, usando sal de várias maneiras, etc.

ancoragem e centramento — Ato de ancorar-se e centrar-se, criando estabilidade interior e protegendo-se de influências psíquicas, de agitações e males. O treinamento wiccaniano inclui muitas técnicas de ancoragem e centramento, recomendáveis para se aplicar antes e depois de um ritual para conseguir os melhores resultados. Alguns grupos e Tradições exigem que cada participante esteja ancorado e centrado antes do início de qualquer Trabalho.

anel — O anel tem significado místico desde os tempos pré-históricos porque simboliza o Círculo sagrado. É considerado um amuleto poderoso e quando incrustado com uma pedra e gravado com palavras, ele se torna ainda mais forte. Diz a mitologia grega que Zeus inventou o anel como forma de punir Prometeu para sempre depois que ele foi libertado do seu tormento. Outras culturas conferiram ao anel atributos de divindade, soberania, força, poder, unidade e proteção. Usado em certos dedos, recebe significados específicos. Os romanos o usavam como símbolo de cidadania.

anima — Força espiritual. A presença da Divindade, força vital, ou o princípio criador cósmico encontrado em todos os seres vivos.

Anima Mundi — Do latim, alma do mundo. Antigo termo filosófico referente à essência que envolve e energiza toda a vida no universo.

animado, inanimado — Transformar objetos inanimados em criaturas vivas, e depois reverter o processo. O *golem* (no folclore judeu, um ser humano criado artificialmente e dotado de vida por meios sobrenaturais) é uma espécie de construto animado.

animal de poder — Pessoas que praticam técnicas xamânicas podem ter um animal de poder que atua como espírito-guia no mundo xamânico. Esse animal também pode exercer o papel de mascote ou modelo de caráter. Este conceito foi tomado de empréstimo dos Nativos Americanos e de outros ensinamentos. Em geral, as pessoas têm um animal de poder principal, mas podem ter vários outros aliados ou guias no mundo do espírito.

animismo — A crença de que todas as coisas têm alma ou espírito. Tudo foi criado por Deus, e portanto todos os seres têm uma porção da centelha divina primordial.

anjos — Ser espiritual imortal que atua como intermediário entre Deus e a humanidade. No judaísmo, mensageiros divinos. No cristianismo, habitantes do céu. Os anjos também são reconhecidos por outras religiões e possuem vários atributos e funções. São seres bons, criados por Deus para seus propósitos. Anjos caídos são seres criados por Deus que se voltaram contra Ele e agora usam seus poderes para fazer mal e combater os planos divinos. Os wiccanianos geralmente não se relacionam com anjos, preferindo trabalhar com seus deuses ou outros espíritos da natureza. Nos inícios do século VEC, Dionísio, o Pseudo-Areopagita, em seu *De Hierarchia Celesti*, classificou os anjos numa hierarquia constituída de três tríades (dos "mais inferiores aos mais superiores"): 1) Serafins, Querubins e Tronos no primeiro círculo; 2) Dominações, Virtudes e Potestades no segundo círculo; 3) Principados, Arcanjos e Anjos no terceiro círculo. Emmanuel Swedenborg e Rudolf Steiner diziam que se comunicavam com anjos.

Ankh

ankh — Hieróglifo egípcio que significa vida. Em heráldica (e no cristianismo), recebe o nome de Cruz Ansada. Também conhecida como "cruz de vida". Usada como símbolo de proteção e de imortalidade, e também como símbolo secreto para o princípio da vida e ainda como talismã contra a morte.

antídoto — Remédio ou cura para maldição, feitiço, veneno ou doença. Pode ser produto puramente de magia, de magia e fitoterapia ou apenas de fitoterapia em sua composição. A farmacologia derivou do conhecimento das ervas e das poções mágicas destinadas a curar inúmeros males.

Antiga Religião — O paganismo em suas múltiplas formas. A religião que existia antes do judaísmo, do cristianismo e do islamismo. Alguns pagãos neomodernos afirmam que estão retomando (ou continuando) as práticas da Antiga Religião.

antinopomancia — Semelhante à antropomancia, mas usando crianças como principais vítimas sacrificiais.

antropofagismo — Canibalismo, ato de comer carne humana. Na Idade Média, as bruxas tinham fama de fazer isso, e por conseqüência alguns Estados promulgaram leis estabelecendo penalidades contra essa prática.

antropomancia — Do grego *anthropos* (homem) e *manteia* (adivinhação). 1) Praticada pelos antigos egípcios e gregos, consistia em adivinhar interpretando as entranhas de seres humanos sacrificados. Pode ter continuado esporadicamente durante o Império Romano. 2) Adivinhação pela leitura dos intestinos de pessoas sacrificadas (geralmente crianças), atribuída ao imperador Juliano, o Apóstata (reinou de 361 a 363), um dos sucessores de Constantino, o Grande (reinou de 306 a 337). Juliano teria também praticado necromancia e outros atos depravados. Ele procurou ainda revigorar e restabelecer as religiões pagãs em Bizâncio depois do decreto de Constantino que instituía o cristianismo como religião oficial do Estado, em 313. Quando Juliano foi assassinado, os seus sucessores extinguiram as religiões pagãs. 3) Adivinhação geral pelo exame das vísceras de vítimas de sacrifícios. Usada em muitas culturas tanto do mundo antigo como da história mais recente. 4) Adivinhação que usa fluidos corporais, especialmente sangue, mas sem implicar em morte. Na Idade Média, hemorragias nasais espontâneas indicavam boa ou má sorte, dependendo das circunstâncias.

antropomorfizar — Atribuir características humanas a alguma coisa não humana.

antroposomancia — Ver frenologia.

apantomancia — 1) Adivinhação feita por um oráculo que se dirigia a um determinado local sagrado onde esperava por algum tipo de símbolo ou mensagem que lhe fosse comunicada pelos deuses, normalmente pelo aparecimento de um animal, pássaro ou fenômeno natural. 2) Adivinhação geral por meio de encontros casuais com animais. 3) Adivinhação pela observação do comportamento de animais, especialmente para previsões do tempo e das estações.

aparição — Aparecimento de fenômeno paranormal. Inclui fantasmas, espíritos, *poltergeists*, ectoplasma, imagens clarividentes, visões ou materialização de objetos inanimados, possivelmente também sonhos, especialmente com pessoas mortas ou com o futuro. O fantasma é a aparição de uma pessoa morta. Geralmente acompanhada de uma sensação de frio, cheiros estranhos ou deslocamento de objetos.

Apolônio de Tiana — Filósofo grego do primeiro século da era cristã. Viajou muito em busca do conhecimento esotérico e alcançou grande reputação como taumaturgo extraordinário. Na Ásia Menor, era considerado um Deus, com templos a ele dedicados. Na Idade Média, teve o seu nome associado a lendas e histórias que continham temas de magia, e Apolônio foi considerado o Arquimago.

aporrheta — Do grego, instruções esotéricas reveladas a iniciados durante cerimônias secretas nas escolas de mistério egípcias e gregas. Deviam ser mantidas em segredo absoluto.

aporte — Manifestação psíquica de objetos, formas, sons ou cheiros provocada por um médium. Algumas pessoas acham que essas manifestações são criadas pelo próprio médium; outras, que elas apenas se revelam e que sempre estiveram presentes, mas de modo invisível. Essas manifestações podem ser simuladas e são consideradas suspeitas, pois foram usadas para "provar" o poder de médiuns.

apotease — Deificação, tornar-se Deusa.

apoteose — Deificação, tornar-se Deus.

Arádia — 1) *Aradia, or the Gospel of the Witches* (1899) [*Arádia, ou o Evangelho das Bruxas*], de Charles Leland (1824–1903), tradução e versão moderna de um livro escrito por volta de 1353, que descrevia um culto de bruxaria medieval feminista, culto esse que surgira como reação e como proteção contra a Igreja Católica. Descrito a Leland por uma bruxa cigana. 2) Supostamente uma mística, tida como uma representação de Cristo, que ensinou na Itália por volta de 1353. 3) Filha divina de Diana (Deusa da Lua) e de Lúcifer (Deus do Sol), considerada a Rainha das Bruxas. 4) Deusa popular entre os wiccanianos, às vezes conhecida como Deusa dos Wiccanianos, embora não de modo geral. O nome Arádia aparece em cantos e rituais que têm origem na Wicca Gardneriana, daí a popularidade entre os wiccanianos em geral.

arcanjos — Seres espirituais da esfera de Mercúrio que dirigem o destino espiritual de grupos de pessoas e de nações. Na iconografia cristã os arcanjos são muitas vezes representados com esboços de cidades em seus braços. No judaísmo e no cristianismo, os sete arcanjos mais importantes, cada um responsável por uma esfera celeste (e pelo respectivo planeta) são Gabriel, Rafael, Miguel, Uriel, Jofiel, Zadquiel e Samael.

arcano — Do latim *arcanus*, coisas fechadas. Secreto, misterioso, oculto.

arcanum, plural arcana — O que é fechado, escondido, oculto. Pode ser um termo geral para descrever toda a sabedoria esotérica ou conhecimento oculto. Usado mais especificamente para se referir ao tarô, especialmente aos trunfos dos Arcanos Maiores e aos naipes dos Arcanos Menores.

Ardanes — Conjunto de regras que regem um coven. Compiladas originariamente por Gerald Gardner e seus seguidores, elas receberam acréscimos, anotações, comentários e aperfeiçoamentos ao longo dos anos. Embora sejam supostamente segredo da Tradição, são muito semelhantes de uma Tradição a outra e de um ramo a outro. Alguns grupos só as adotam como roteiro; outros, como determinação absoluta e outros ainda nem mesmo as usam, preferindo elaborar suas próprias regras. Elas variam desde normas atinentes aos relacionamentos interpessoais até exigências bastante restritivas. Usadas principalmente por Gardnerianos e Alexandrinos, e por grupos desmembrados dessas duas Tradições.

AREN — Alternative Religious Educational Network [Rede Educacional Religiosa Alternativa], anteriormente WADL, Wiccan Anti-Defamation League. Grupo de pessoas que apóiam e auxiliam wiccanianos e pagãos que precisam de orientação jurídica. Geralmente recorrem à Primeira Emenda e a leis que defendem a liberdade religiosa para ajudar wiccanianos e pagãos em assuntos legais relacionados com a sua religião.

O advogado residente da Rede recebeu autorização para representá-la diante da Suprema Corte dos Estados Unidos, que permite à AREN defender casos dos pagãos ante a mais alta corte estadunidense, se necessário.

A dissolução da WADL e o seu reaparecimento como AREN foi conseqüência de uma ação judicial movida por B'nai Brith e pela JADL (Liga Judaica Antidifamação) por infração de direitos autorais.

aríolo — Latim. Do latim *ara* (altar) ou possivelmente do sânscrito *hira* (entranhas). Adivinho, aquele que prevê o futuro pelo exame de presságios. Os romanos tinham um colégio de treinamento de áugures, os quais também ocupavam posições importantes na sociedade. Nenhum evento importante era realizado sem que os auspícios e augúrios fossem examinados e interpretados. Uma função sacerdotal.

ariolomancia — Adivinhação pela interpretação de um altar.

aritmancia, aritmomancia — Do grego *arithmos* (número) e *manteia* (adivinhação). Adivinhação pelos números. A numerologia e as seqüências verticais são dois exemplos.

Armagedon — O conflito final entre o bem e o mal que resultará na destruição do mundo e no Juízo Final; é conceito cristão. Os wiccanianos normalmente não acreditam em nenhum Armagedon.

armanen — Alemão (nobre). 1) Nome de um alfabeto rúnico inventado pelo sábio pangermânico Guido von List, em 1902 EC. List canalizou esse alfabeto, que é parcialmente baseado em alfabetos rúnicos históricos mais antigos. 2) Em torno de 1900, termo coloquial para o movimento, e para os grupos dele originários, que tentou desenvolver uma cultura pangermânica; mais tarde esse conceito foi adotado pelo Partido Nazista e pelo Terceiro Reich. Por causa da sua ligação com o partido nazista, o movimento ficou desacreditado.

armomancia — 1) Adivinhação pela observação dos ombros de um animal dado em sacrifício. 2) Arte de escolher candidatos sacrificiais por inspeção visual, especialmente por defeitos ou impurezas.

arqueologia psíquica — Ver psicometria.

arquétipo — 1) Na psicologia junguiana, modelo ou motivo universal presente no inconsciente coletivo em que são representadas coisas da mesma classe ou idéia. 2) Elementos fundamentais do inconsciente coletivo que determinam padrões de pensamento e de comportamento, mas que não podem ser definidos diretamente, e sim apenas representados aproximativamente por meio de símbolos. Símbolos de sonhos normalmente são arquétipos. Os signos, os planetas e as casas da astrologia são arquétipos. Para algumas pessoas, os deuses são arquétipos. Os símbolos usados na divinação são arquétipos.

Arte (Craft) — Nome alternativo para Wicca, como em The Craft ou "the craft of the wise" (A Arte ou "a arte dos sábios"). *Crafter* é um termo coloquial que designa a pessoa que pratica Wicca. Atualmente é considerado uma abreviação de *witchcraft* (bruxaria, feitiçaria), embora nem todos os wiccanianos se considerem bruxos, e nem todos os bruxos se considerem wiccanianos.

Arte, nome da — Nome que a pessoa escolhe e usa dentro da Wicca. Pode ser também um nome mágico ou apenas alternativo. Muitos wiccanianos se conhecem somente pelo nome da Arte.

Artes Negras — Termo medieval referente a práticas que incluíam a convocação e o controle de demônios, necromancia, possivelmente feitiçaria, praticamente qualquer forma de adivinhação e também a prática geral da magia. Normalmente, todo conhecimento ou prática ocultista ou arcanos vistos com suspeitas ou proibidos pela Igreja. A Igreja presumia que ao praticar as Artes Negras a pessoa punha em risco a sua alma imortal ou então que já estava condenada.

arúspice — Possivelmente do sânscrito *hira* (entranhas). Termo latino para adivinho. Pode derivar do método etrusco de adivinhação que lê as entranhas de animais sacrificados. Tem como sinônimo extispice.

Árvore da Vida — 1) Nome dado ao diagrama cabalístico que representa as dez sefirotes e os caminhos entre elas; é um diagrama cabalístico de cosmologia. Originariamente traçado como uma árvore genuína, o diagrama que hoje é de aplicação comum era um tanto padronizado por volta do século XIV. 2) Representação simbólica da evolução emergente de formas de vida. Representa o cordão umbilical da Mãe Terra.

árvore do mundo — Ygdrasil, a representação escandinava dos nove mundos e das pontes entre eles. Diagrama cosmológico escandinavo. Às vezes comparada com a Cabala, mas não existem provas históricas de que os dois sistemas tenham sido praticados juntos antes da era moderna.

Ygdrasil

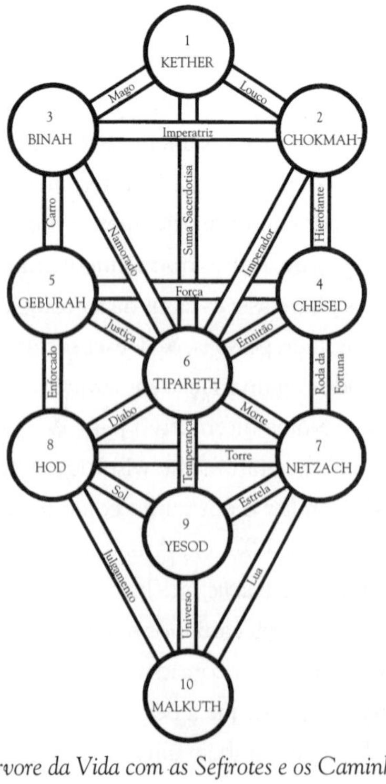

Árvore da Vida com as Sefirotes e os Caminhos

aspergir — Borrifar com água benta para purificação; limpar com água consagrada.

aspersório, hissope — Instrumento para aspergir água benta ou consagrada.

aspidomancia — 1) Adivinhação que o adivinho faz sentado sobre um escudo dentro de um Círculo mágico. Ele pronuncia certas palavras mágicas, entra em transe e então profetiza. 2) Adivinhação que a pessoa faz depois de deixar-se possuir por um demônio, anjo ou outro ser sobrenatural enquanto permanece dentro de um Círculo mágico. Ao voltar ao estado natural, ela escreve o que lhe foi revelado durante a possessão.

asporte — Desaparecimento psíquico de objetos que não ficam detidos por nenhuma barreira física, como paredes; normalmente feito durante uma sessão espírita por um médium. Pode ser simulado, o que pôs essa prática sob suspeição, pois esses fenômenos eram praticados para ajudar a "provar" a competência de médiuns. Pode também ocorrer pela ação de *poltergeists*. Contrário de aporte.

Associação, Lei da — Esta lei afirma que um objeto continua mantendo ligação com a pessoa de quem proveio, a quem pertence ou mesmo com a que o tocou por último. Entrando em sintonia com esse vínculo energético, um mago pode obter informações sobre a pessoa, talvez descobrir sua localização ou ainda influenciá-la de alguma forma. Pode ser usado na magia branca e negra. De posse de um objeto da pessoa, de uma peça do seu vestuário ou de uma mecha de cabelo, pode-se encontrar uma pessoa perdida. Ver também psicometria.

assombrar, assombração — Ocorrências sobrenaturais atribuídas às ações de fantasmas ou espíritos, geralmente associadas com uma morte traumática ou repentina. Pode ocorrer com uma pessoa, lugar, coisa ou estrutura. Geralmente considerado um evento desagradável.

Muitas assombrações se tornaram famosas, e até atrações turísticas. Fenômenos de assombração incluem aparições, ruídos, cheiros, sensações táteis, extremos de temperatura, movimento de objetos, etc. Em algumas assombrações famosas, os espíritos continuam no andar térreo e na área dos quartos que existiam quando eles estavam vivos, mesmo que a residência tenha passado por reformas. O resultado são espíritos caminhando no ar ou num andar inferior ao atual e também atravessando paredes onde anteriormente havia portas. Nem todos conseguem ver uma assombração, apenas quem possui determinadas capacidades psíquicas. Muitas pessoas apenas se sentem pouco à vontade ou com uma sensação de opressão ou pavor.

O exorcismo é um ritual usado para livrar um local de um espírito e dissipar uma assombração, normalmente enviando a entidade para o plano a que pertence. As assombrações podem ser momentâneas ou continuar durante alguns dias, semanas, meses, anos ou mesmo séculos. As pesquisas científicas sobre esses fenômenos começaram no final do século XIX e vêm continuando desde então, com sucesso variável. Como o fenômeno é subjetivo, em geral é difícil ou mesmo impossível documentá-lo ou repeti-lo.

assoprar o vento — Forma de magia do tempo; uma pessoa pode literalmente assoprar e criar, intensificar ou mudar a direção do vento.

astragalomancia, astragiromancia — Do grego *astragalos* (dados ou ossinhos) e *manteia* (adivinhação). Adivinhação por meio de ossinhos (mais tarde, dados) que, depois de lançados, eram interpretados pelo adivinho.

astral, plano(s) astral(is) — Derivado do latim *astra* (estrela). 1) Os planos da consciência superior. O *continuum* incorpóreo onde sonhos, magia, viagem astral e outras ações místicas acontecem. Uma outra esfera de realidade que interage com este plano somente por meio da magia, dos sonhos ou da mente; o nível de realidade intermediária entre o físico e o mental. É o nível das emoções e dos instintos. 2) O tecido dos céus.

astral, projeção ou viagem — Viagem não física em que o corpo espiritual da pessoa deixa o corpo físico e viaja para outros lugares. Pode ser um modo de "fiscalizar" uma pessoa sem estar fisicamente presente. Também pode descrever uma "viagem em sonho" em que a pessoa vai para diferentes lugares em sonhos. Pode ser voluntária ou involuntária.

astral, corpo — Aparência espiritual de uma pessoa nos reinos astrais. A aparência astral pode ser diferente da aparência habitual da pessoa. Ela pode parecer jovem, cheia de vida e vigorosa, independentemente da idade física real ou de doenças. Alguns adeptos aparecem usando certas vestes coloridas ou vestimentas mágicas especiais, ou exibindo jóias, sinetes ou instrumentos.

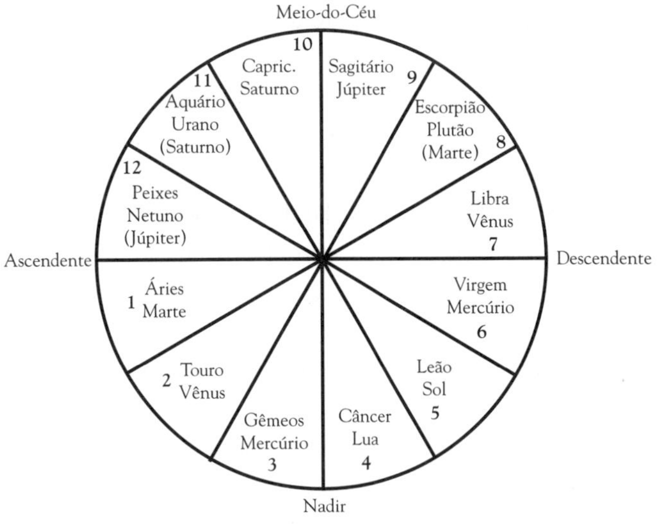

Mapa Mundano

astrologia — Adivinhação e determinação do caráter de uma pessoa com base na posição dos planetas no momento do nascimento. Pode também ser usada para fazer previsões em aspectos não pessoais. Há muitos ramos de astrologia ocidental:

1) *Astrologia horária* é a astrologia de adivinhação em que um consulente faz uma pergunta e o astrólogo elabora um mapa para o dia, hora e lugar para a pergunta feita (pode ser pessoalmente, por telefone ou correio). A resposta está contida no mapa. Antes dos tempos atuais, essa era a forma de astrologia mais praticada.

Astrologia eletiva é a astrologia a que a pessoa recorre quando quer planejar um evento futuro (como um casamento ou o fechamento de um negócio imobiliário); o astrólogo procura a data mais favorável para que o evento tenha sucesso. É o inverso da astrologia horária; em geral, as duas são praticadas concomitantemente.

Astrologia natal ou genética é a astrologia dos mapas natais dos horóscopos pessoais. Noventa por cento ou mais de toda astrologia moderna faz parte desta ramificação.

Astrologia terrena ou política é a astrologia de nações e de desastres naturais; analisa os mapas de nações, governantes, eclipses, equinócios e calamidades; interpreta eventos com base nesses mapas. Uma das mais antigas formas de astrologia.

Astrometeorologia é a astrologia da previsão do tempo; vale-se de cometas, estrelas cadentes e eclipses para predizer o futuro; atualmente suplantada pela meteorologia.

Astrologia uraniana é um construto moderno desenvolvido na Alemanha nos anos de 1920; de lá para cá vem se expandindo e aperfeiçoando. Utiliza mapas e medidas especiais para interpretar a personalidade e os eventos.

Há três principais escolas de astrologia:

1)*Astrologia Ocidental ou Tropical* é uma forma de astrologia popular em todo o Ocidente. Baseia-se num zodíaco que começa a 0° de Áries, que está localizado no ponto da eclíptica em que o Sol cruza o equador em seu movimento para o norte. Esse ponto é normalmente conhecido como Equinócio da Primavera e não tem correspondente entre as constelações do céu (ver Era de Aquário). Esta é a astrologia de mais de noventa por cento de todos os livros populares oferecidos pelo mercado.

2) *Astrologia Hindu, Védica, Jyotish ou Sideral:* baseia-se nas práticas e tradições dos Vedas. Esse zodíaco tem por base as posições das estrelas e está atualmente cerca de 23 graus "atrás" do zodíaco tropical. Essa astrologia também se serve das 27 mansões lunares ou nakshatras como posições divinatórias adicionais, aumentando os signos do zodíaco.

3) *Astrologia Chinesa:* baseia-se nos doze signos zodiacais chineses, mas utiliza frações de tempo do dia e do ano em que a pessoa nasceu, num ciclo de sessenta anos.

astromancia — Adivinhação por meio dos planetas, do Sol e da Lua em relação com outras condições. Precursora da astrologia, que dependia de cálculos matemáticos dos horóscopos. Sobrevive em ditados como "Cerração baixa, sol que racha".

ataque psíquico — Energia psíquica enviada a um alvo que não a quer ou não tem consciência dela. Uso da magia ou psi para prejudicar ou destruir um ser. Tipo de energia negra. Nas comunidades wiccanianas e mágicas, é comum as pessoas confundirem influências psíquicas com ataques psíquicos, quando, de fato, essas energias não são direcionadas a elas. Quando alguém se abre a influências psíquicas, é importante saber fortificar-se e defender-se para que essas energias não interfiram na vida diária, sendo por isso necessário praticar e treinar. Algumas pessoas de pouca ética envolvem-se em ataques psíquicos ativos, o que pode produzir resultados desagradáveis. O uso de "bonecas vodu" e de fotografias de um alvo são formas de ataque psíquico, como também o é a tentativa de comunicar-se psiquicamente com alguém que não quer fazer isso ou desconhece o fato. Às vezes, mesmo curar uma pessoa sem que ela saiba ou aceite é considerado um ataque psíquico. Rezar pela salvação de uma pessoa contra a vontade dela também é uma forma de ataque psíquico.

ateu — Do grego *a-theos* (sem Deus), denota a pessoa que não acredita na existência de Deus.

athame — Tradicionalmente, punhal de cabo preto (embora modernamente possa ser de qualquer cor); é um instrumento sagrado importante de todo wiccaniano — para alguns, o principal. Simboliza o elemento Fogo ou Ar. Representa o aspecto masculino do Grande Ritual. Direciona a energia e é usado para desenhar, cortar ou desfazer um Círculo e traçar pentagramas, além de outras aplicações com energia direcionada controlada. É um instrumento sagrado e não uma ferramenta de corte. O athame deve ter uma lâmina de dois gumes (para mostrar que o poder corta dos dois modos) com pelo menos dez centímetros. Uma bainha protege a lâmina da ferrugem e da corrosão. Alguns wiccanianos decoram o cabo e a lâmina com símbolos mágicos e sinetes. A Tradição recomenda que cada um faça o próprio athame, mas a maioria das pessoas os compra por meio de catálogos ou em lojas de armas.

Alguns wiccanianos acreditam que se um athame provoca derramamento de sangue, ele não serve mais como instrumento sagrado. Alguns também acham que ele deve ser um instrumento estritamente pessoal, pertencendo e sendo usado unicamente pelo proprietário. Outros acreditam que o athame possa ser compartilhado em situações de aula ou de reunião do grupo. Na Magia Cerimonial, o athame é um instrumento sagrado importante, às vezes mais rigorosamente pessoal do que para os wiccanianos. Alguns magos cerimoniais recomendam que a própria pessoa faça o seu athame, de preferência com ferro meteórico. O athame não precisa ter uma lâmina afiada, pois só corta energia.

Atlântida, atlante — O continente mítico que se acredita tenha ocupado a área que é hoje o Oceano Atlântico. Diz a lenda que a cultura atlante era muito avançada, mas seus habitantes cometeram um grande erro e provocaram a destruição da sua terra numa série de explosões e cataclismos ao longo de vários séculos.

No folclore moderno, os atlantes (povo da Atlântida) foram responsáveis pela construção das pirâmides, da esfinge e de outros monumentos. Para muitos, eles também foram os fundadores de algumas ou de todas as grandes civilizações do passado. Alguns acreditam que o território perto de Bimini, que parece conter antigos artefatos de edifícios, é remanescente da antiga Atlântida.

A crença na existência da Atlântida (e também da Lemúria e de Mu, outras civilizações lendárias antigas) é popular na cultura moderna. Entre os wiccanianos, a crença na existência da Atlântida varia muito. Alguns acreditam (e Edgar Cayce afirmava isso em suas palestras) que a sociedade tecnológica atual deve todo o seu avanço à reencarnação de muitos atlantes neste tempo e lugar e que muitos dos que vivem hoje lembram dos seus conhecimentos e habilidades tecnológicos anteriores. O uso de cristais seria um remanescente da Atlântida.

O vórtice de energia conhecido como Triângulo das Bermudas, que pode provocar o colapso do funcionamento de equipamentos elétricos e também perturbação mental em algumas pessoas, teria relação com a Atlântida. A localização exata do Triângulo (além da que se conhece no Atlântico ocidental, na região do Caribe), e as áreas por ele abrangidas, é objeto de muita controvérsia.

A Atlântida foi mencionada pela primeira vez por Platão, por volta de 350 AEC, que retransmitiu lendas narradas pelos sacerdotes egípcios 200 anos antes. Os relatos diziam que os atlantes tentaram dominar o mundo mediterrâneo 9.000 anos antes de Platão. Tanto Helena Blavatsky como Rudolf Steiner mencionaram a Atlântida em seus escritos. Segundo a lenda, os Nativos Americanos seriam descendentes de refugiados da Atlântida. Os arqueólogos modernos identificaram a Atlântida com a civilização minóica que desapareceu quando a ilha de Santorim/Thera, no Mediterrâneo, foi assolada por uma explosão vulcânica por volta de 1450 AEC.

áugure — Derivação do latim *avis* (ave). 1) Adivinho, vidente. 2) Sacerdote romano que interpretava presságios pelo comportamento dos pássaros e por outros fenômenos do céu, ou ainda pela leitura das entranhas.

augúrio — Genericamente, adivinhação por qualquer meio que se tenha à disposição. Mais especificamente, adivinhação pelos movimentos e sons das aves ou pela leitura das entranhas.

aura — Campo de energia biomagnética que envolve todos os seres vivos. Semelhante ao Chi. Alguns acreditam que as camadas internas da aura sejam de substância etérica e funcionem como elo de ligação entre os planos físico e astral. Algumas pessoas conseguem ler a aura e definir as condições de saúde, estado de espírito, temperamento e desenvolvimento espiritual pelas cores, dimensões e forma da aura. Teoricamente, qualquer pessoa pode aprender a ler auras; basta praticar. Supostamente, a fotografia kirlian reproduz as auras.

Aurora Dourada, Ordem da — Ordem ocultista fundada em 1887 por três membros da Sociedade Rosacruciana da Inglaterra, tornou-se a principal influência na magia ritualista ocidental e é um ancestral ocultista da Wicca moderna. Graças aos esforços de seus membros, grande parte da tradição esotérica ocidental foi reavivada, codificada, ampliada e publicada. Alguns de seus membros proeminentes foram S.L. MacGregor Mathers, Moina Mathers, W.B. Yeats, Israel Regardie, Dion Fortune, Annie Horniman, Florence Farr, Maud Gonne, A.E. Waite e Aleister Crowley (posteriormente excluído). Tinha como objetivo "realizar a Grande Obra: obter o controle da natureza e do poder do meu próprio ser". Desfez-se por volta da I Guerra Mundial e ressurgiu mais tarde, mas numa forma um tanto reduzida. Vários grupos se declaram sucessores atuais da Tradição Aurora Dourada. Seus rituais são basicamente cabalistas, com elementos dos Oráculos Caldeus, do Livro Egípcio dos Mortos e dos livros proféticos de Blake.

austromancia — Adivinhação pela observação da direção e força dos ventos e da forma das nuvens. Usada para prever o tempo (forma primitiva de meteorologia) e também o destino de nações e indivíduos.

avatar — Termo derivado do sânscrito *aloatara* (descida). 1) No hinduísmo, um Deus que se encarna numa forma humana ou animal para experimentar a vida mortal e ajudar os menos iluminados a alcançarem o nirvana. 2) Pessoa que passou por um longo processo de preparação como meio de alcançar a iluminação e a elevação espiritual para viver uma vida melhor, mais equilibrada e agradável.

axinomancia, axiomancia — Do grego *axine* (machado) e *manteia* (adivinhação). Adivinhação por meio de um machado. 1) Para verificar se uma pessoa é culpada, o machado é suspenso por um fio, os possíveis culpados são postos em círculo e o machado é girado; ao parar, ele estará apontando para o culpado. 2) O adivinho aquece a cabeça do machado, coloca-o de pé, põe um mármore ou uma ágata na cabeça do machado e a gira lentamente até que o mármore role na direção da pessoa culpada, ou de um tesouro. 3) A lâmina do machado é cravada num poste, em torno do qual as pessoas dançam. Ao cair, o cabo aponta para o culpado, se ele está presente; do contrário, apontará na direção que seguiu ao ser arremessado.

B

báculo — Do latim, bastão ou vara. Termo para a varinha mágica usada nos rituais wiccanianos em algumas Tradições.

bainha — Invólucro em que se guarda e transporta uma arma branca, em geral uma espada ou punhal (athame). Também usada para prender uma lâmina com segurança.

bálsamo universal — Segundo a crença popular, um linimento mágico que podia sarar todas as feridas, curar todas as doenças e reverter qualquer feitiço. Conceito presente em muitas Tradições mágicas. Sua aplicação não devolvia a vida nem concedia a imortalidade. Ver elixir da vida.

banho lustral — Ver purificação.

banimento — 1) Ato pelo qual se expulsam influências psíquicas ou mágicas indesejadas. Pode ser tão elaborado quanto um exorcismo ou tão simples como a queima de incenso, dependendo da influência e da intensidade do banimento. 2) Forma reduzida de "banir o Círculo" ou desfazer um Círculo depois que ele cumpriu a sua função. 3) Expulsar uma bruxa de um coven por alguma transgressão cometida; a bruxa expulsa pode pedir para ser readmitida depois de um ano e um dia; em caso de infração grave, o banimento pode ser definitivo.

banshee — Do irlandês arcaico *ben sidhe* (mulher do mundo das fadas). Espírito de famílias escocesas ou irlandesas que com seus lamentos anunciaria a morte de um membro da família. No folclore escandinavo, espírito benevolente. No uso moderno, espírito maléfico que assustaria os viajantes, especialmente à noite.

Baphomet — Provavelmente corruptela de Maomé. Os cavaleiros templários foram acusados de cultuar esse demônio, acusação essa, entre outras, levantada para justificar o ataque e a dissolução da Ordem por Filipe da França em 1307. Deus com cabeça de bode e qualidades andróginas, ele faz parte dos ensinamentos da Magia Cerimonial. Popularizado pelos escritos de Éliphas Lévi, é reverenciado como divindade, apesar de rodeado de mistérios. Na cultura popular, essa imagem é usada para ilustrar o culto ao Diabo e o Satanismo. Baphomet é uma divindade cultuada por alguns satanistas. Para os cristãos, essa entidade é um demônio. Alguns wiccanianos cultuam Baphomet, em geral na proporção direta do seu envolvimento com a Magia Cerimonial.

Baphomet

bardo — Um dos níveis de Iniciação na Tradição druídica; também cantor, narrador de histórias e mágico.

barômetro psíquico — Pessoa que é sensitiva e pode captar a "atmosfera" de um grupo ou de um lugar e ser afetada por ela. Pode ser útil em dinâmica de grupo ou na caça a fantasmas, mas pode ser difícil para a pessoa que é barômetro psíquico porque ela sente as emoções dos outros e pode ser exaurida por elas. Sabendo defender-se, essas pessoas podem manter-se mais relaxadas e tranqüilas. Os barômetros psíquicos geralmente ficam longe de grandes agrupamentos.

bastão — 1) Vara de madeira do comprimento de uma bengala ou pouco mais, podendo ser usada como tal. Pode ser um repositório de energia mágica e instrumento em trabalhos de magia. Para alguns, o bastão é uma varinha mágica grande, para outros é um instrumento diferente. O bastão é um dos dois instrumentos comuns que supostamente devem tocar o chão quando usados (o outro é o altar). 2) Principal instrumento mágico de um bruxo. Deve ter comprimento igual à altura da pessoa, e contém, direciona e concentra energia mágica. O bastão encarna a energia pessoal do bruxo, e só pode ser usado por ele.

Pessoa com bastão

Bath-kol — Hebraico (filhas da voz). Uma voz divina que anuncia a vontade de Deus. Método de adivinhação entre os antigos judeus em que a pessoa invocava Bath-kol; as primeiras palavras pronunciadas depois da invocação eram aceitas como proféticas.

batidas na mesa — Método de comunicação entre um médium e o mundo espiritual em que os espíritos se comunicam batendo numa mesa. O processo é assim: em grupo, as pessoas se dão as mãos, o médium entra em transe e faz a conexão com o mundo sobrenatural. Em geral essas técnicas são suspeitas porque normalmente médiuns inescrupulosos dispõem de mecanismos sofisticados para montar fraudulentamente suas mesas e produzir os sons.

beijo quíntuplo, saudação quíntupla — Ritual de saudação celebrado durante um Círculo, em Iniciações e em outras cerimônias formais. Tradicionalmente, método de saudação à Deusa e ao Deus presentes na Suma Sacerdotisa e no Sumo Sacerdote. Também por tradição, feito apenas de homem para mulher ou de mulher para homem, norma que a Wicca Eclética abandonou. Duas versões estão em vigor atualmente. Pela primeira versão, um beijo é dado em cada pé, em cada joelho, no baixo-ventre, em cada seio e nos lábios; oito ao todo. Pela segunda, um beijo é dado em cada pé, no baixo-ventre, em cada seio, nos lábios e nos olhos; novamente oito beijos. Não é um ato sexual ou libidinoso.

belomancia — Adivinhação pela interpretação de flechas. 1) Arremesse uma flecha para definir a direção do caminho a seguir. 2) Pegue três flechas, uma preta, uma branca e uma de cor natural; com os olhos vendados, escolha uma delas, fazendo ao mesmo tempo uma pergunta que exija uma resposta sim/não. A flecha preta representa não, a branca, sim, e a de cor natural significa perguntar novamente mais tarde. 3) Heródoto (cerca de 450 AEC) descreveu adivinhos citas usando flechas como varas de adivinhação. 4) Várias setas podem ser gravadas com dizeres, etc.; a mensagem na flecha escolhida aleatoriamente seria a resposta à pergunta feita ou o conselho a seguir.

Beltane, Beltaine — O Grande Sabá também conhecido como Véspera de Maio, Dia de Maio, Walpurgisnacht, etc. Celebrado em 30 de abril ou 1º de maio. O sentido original é Bel-fire, derivado do Deus celta conhecido como Bel, Balar, Balor ou Belenus. Tradicionalmente, este festival representava a união da Deusa e do Deus, e era um festival da fertilidade para assegurar uma boa safra. Fogueiras eram acesas, as pessoas dançavam nuas e os casais se deitavam nos campos arados para garantir a fertilidade da terra e uma boa colheita.

Belzebu — Variação hebraica de Baalzebu, traduzindo-se aproximadamente por "Senhor das Moscas". Baalzebu deriva do antigo Deus sírio Baal, e significa Senhor da Casa Alta. Nome alternativo para Satã, às vezes individualmente considerado como o principal representante dos Deuses caídos. Em Mateus 12:24, ele é mencionado como o Príncipe dos Demônios.

bênção — 1) Oração feita sobre alguma coisa para mantê-la sagrada e segura contra danos ou influências indesejadas, ou também sobre uma pessoa para defendê-la de males e atrair-lhe a proteção dos Deuses. 2) Ato de usar energia psíquica para fins benéficos. A oração é um tipo específico de bênção.

Bendito sejas — Frase usada entre os wiccanianos como saudação de chegada, de despedida e de bênção. Às vezes abreviada, em inglês, como BB (Blessed Be).

berserk, berserker (fúria, furioso) — Do nórdico *bare sark* (de peito nu). Estado de êxtase divino que ocorria durante uma batalha em que o guerreiro lutava sem cessar, insensível à dor e aos ferimentos. Considerado uma forma de proteção divina contra os ferimentos; se o guerreiro morresse, essa era a garantia de que ele seria levado ao Valhala. Às vezes o *berserker* atacava quem quer que surgisse à sua frente, fosse amigo ou inimigo. Acredita-se que seja um estado mental de fúria incontrolável devido ao excesso de adrenalina. Os *berserkers* eram respeitados por sua loucura divina, mas também temidos porque eram irrefreáveis enquanto estivessem possuídos por ela. Em geral, os *berserkers* não tinham consciência das suas ações. O conceito está presente em muitas culturas sob vários nomes e associado com várias Divindades. Às vezes também reflete a crença de que uma pessoa se transformaria num animal durante a batalha, geralmente em urso ou leão.

Besant, Annie — (1847–1933) Reformadora social inglesa e teosofista. Militante a favor do livre pensamento, do controle da natalidade e dos direitos da mulher. Membro da Fabian Society, de orientação socialista. Aderiu à teosofia em 1889 e mudou-se para a Índia. Viajou pelos Estados Unidos e pela Grã-Bretanha com seu filho adotivo Krishnamurti, a quem apresentava como um novo messias, pretensão a que ele mais tarde renunciou. Presidente da Sociedade Teosófica desde 1907 até a morte. Escreveu muito sobre teosofia e muitas obras suas ainda são publicadas e adotadas para estudos esotéricos.

besom (vassoura) — Do inglês arcaico *besema* ou *besma*, feixe de galhos. Vassoura de bruxa, usada em rituais wiccanianos. Ver também vassoura.

bezoar — Pedra preciosa encontrada no estômago de certos animais; eram-lhe atribuídas propriedades mágicas.

bibliomancia — Adivinhação por meio de livros, especificamente da Bíblia. Outros textos sagrados e livros clássicos (especialmente Shakespeare) também são usados. A pessoa pensa numa pergunta, fecha os olhos, abre o livro ao acaso e assinala uma passagem com o dedo. Alguns usam um objeto com ponta para marcar a passagem com precisão. O trecho ou o parágrafo que for apontado é a resposta à pergunta. Forma de adivinhação aprovada pela maioria das seitas cristãs. Também chamada de rapsodomancia em textos poéticos. Esticomancia é a adivinhação pelo recurso a uma passagem casual de um livro.

bigghes, beighes — Ver jóias da bruxa.

bilocação — Capacidade de estar em dois lugares ao mesmo tempo. Realizada por meio da viagem astral, mas a pessoa conserva a consciência do ambiente, do corpo físico e do eu astral. Tipo de experiência fora do corpo.

bisba — Forma moderna de leitura do caráter pelo tamanho e forma dos seios femininos. A crença que sustenta esse método é que os seios da mulher revelam mais sobre o caráter dela do que qualquer outra característica.

Blavatsky, Madame Helena Petrovna — (1831–1891) Médium, espiritualista e fundadora do movimento teosófico em 1875, em Nova York, com o Coronel Henry Steel Olcott. A teosofia foi precursora da Aurora Dourada e de outras organizações ocultistas. Madame Blavatsky era médium natural e manifestava habilidades psíquicas extraordinárias, algumas das quais foram testadas e verificadas cientificamente, enquanto outras foram consideradas como altamente suspeitas. Ela esteve no Tibete durante alguns anos e voltou para a Inglaterra em 1870, viajando daí para os Estados Unidos. Era carismática e contava com muitos seguidores. A teosofia é uma mistura de elementos hindus, budistas, ocultistas e místicos, sendo ainda praticada por um grande número de pessoas. Blavatsky escreveu muitos livros, ainda hoje editados e usados como textos para estudo do esoterismo.

boline — Faca ou pequena foice de cabo branco. Instrumento sagrado usado para várias funções corriqueiras: cortar cordas, inscrever palavras ou marcas em instrumentos, fatiar alimentos, colher ervas, etc. Conhecido como *kerfan* na Tradição galesa. O athame é usado somente para "cortar energia" e o boline para cortar e talhar coisas materiais de uso diário. Pode ser algo tão simples como uma faca de cortar bife, de descascar batatas, um canivete ou uma faca de caça. O boline tradicional tem lâmina com um gume apenas. Alguns wiccanianos combinam o athame e o boline numa única lâmina, mantendo-o afiado e usando-o para cortar coisas materiais e também energia.

Bolines: em forma de foice e com lâmina reta

boneco — Imagem pequena de uma pessoa, feita de pano, cera ou materiais vegetais, e usada num ato de magia. A "boneca vodu" é um tipo de boneco não-wiccaniano. Pode-se utilizar um boneco como alvo da cura na ausência da pessoa. Algumas tradições acreditam que seja necessário ter algo que pertença à pessoa para "carregar" o boneco e torná-lo eficaz; outras acham que é suficiente fazê-lo com intenção.

Boneco

borla — Segundo muitos acreditam, amuletos com borlas ou franjas protegem contra mau-olhado ou espíritos desencarnados. Os rosários de preocupações geralmente têm uma borla e ajudam a proteger quem os usa.

botânica — Loja ocultista que supre as necessidades de praticantes afrocatólicos do vodum, do umbandismo, da santeria, etc. Pode também dispor de materiais ocultistas mais "genéricos". As botânicas armazenam ervas, encantamentos, talismãs, velas votivas, imagens de santos, etc. Podem também ter um praticante de plantão para ajudar os que precisam e talvez para ler a sorte.

botanomancia — Adivinhação pela queima de ramos de urze-branca e de verbena com inscrições de perguntas.

boticário — Versão antiga da farmácia e drogaria moderna. Teve origem na Grécia antiga, onde muitos médicos prescreviam certas ervas e antídotos e o paciente levava a fórmula prescrita ou a receita a um boticário para que ele a aviasse, poupando ao médico a necessidade de ter um depósito de ervas. Muitos boticários eram parteiros ou ervanários. Na China, os boticários ainda prosperam. Normalmente, um boticário trabalha diretamente com as substâncias naturais; uma farmácia, por sua vez, lida com os derivados modernos, que são refinados, processados e embalados.

bracelete — Em algumas Tradições, o bracelete simboliza um Iniciado do Terceiro Grau. Ele pode ser inscrito com certos símbolos ou datas. As mulheres podem ter um bracelete de prata, e os homens, de ouro ou bronze.

braseiro — Queimador de incenso ou turíbulo. É feito de materiais não inflamáveis, como cerâmica ou metal; põe-se areia no fundo para absorver o calor e firmar o incenso. Grãos de incenso também podem ser espalhados sobre brasas. O turíbulo pode ser suspenso por uma corrente.

Braseiro

brutch — Área de distorção psíquica em espaço/tempo local, como o Triângulo das Bermudas; em geral, é bem maior que um portão.

bruxa — 1) Mulher velha, geralmente feia e mal-humorada, quase sempre viúva ou solteirona. Em muitos lugares "mulher velha" era sinônimo de bruxa, o que deu origem à crença de que todas as bruxas eram velhas e feias. 2)Termo medieval aplicado aos dois sexos para denotar uma pessoa que pratica magia. Deriva de *wicca*, uma palavra do inglês arcaico que significa bruxo; wicce é bruxa. Termo moderno para uma praticante de magia do sexo feminino. 3) Modeladora mágica da realidade. Muitos wiccanianos se consideram bruxos, mas nem todos os bruxos se consideram wiccanianos. Existem bruxos de ambos os sexos. A bruxa usa magia, lança encantamentos e pode praticar a adivinhação. Os seguidores da Tradição Z Budapest consideram-se bruxas feministas, mas não são wiccanianos. Às vezes título pretendido por um iniciado da Wicca que é instruído nas práticas e mistérios da sua Tradição. Termo que nem todos se sentem à vontade em usar ou adotar, a despeito do uso na sua Tradição específica. O termo tem conotações sociais que alguns estão se empenhando em eliminar (como em "wicked witch" [bruxa malvada] ou um eufemismo educado para "bitch" [cadela], entre outros), enquanto outros usam a palavra intencionalmente para chocar e chamar a atenção. Para alguns, o termo é sinônimo de wiccaniano, o que não é certo. Os wiccanianos em geral identificam-se com as bruxas do passado que foram perseguidas e assassinadas, especialmente as que morreram na fogueira. Historicamente, as bruxas se especializaram em ervas e como parteiras, e eram principalmente mulheres, às vezes solteiras.

bruxa de cozinha — Termo coloquial para alguém que pratica Wicca num estilo menos elevado, que usa ervas e objetos comuns como instrumentos de magia. Também designa alguém que pratica magia com alimentos e ervas (como canja de galinha para curar um resfriado, etc.).

Bruxa Rainha, Rainha do Sabá — 1) Pessoa que fundou um grupo wiccaniano, com posterior desmembramento de dois ou três outros grupos do grupo original. Pessoa que fundou três ou mais grupos wiccanianos de certa duração. 2) Menos comumente, termo usado em sentido pejorativo com relação a wiccanianos que permitem que o ego dirija grande parte de suas atividades públicas.

bruxaria — O conhecimento e as práticas específicos das bruxas. Às vezes, sinônimo de Wicca (também conhecida como Arte). Nos tempos antigos, medievais e do Renascimento, a bruxaria geralmente incluía o trabalho com ervas, a cura, o ofício de parteira e outros tratamentos populares, podendo ainda ter incluído encantamentos, talismãs ou imprecações. Algumas bruxas conheciam venenos e abortíferos.

bruxo (*wizard*) — Do anglo-saxão *wyzard*, sábio. Praticante solitário de magia e dispensador do conhecimento arcano, mestre do conhecimento, em geral termo masculino. Às vezes sinônimo de feiticeiro.

bruxo do tempo — Pessoa que produz energia ou faz feitiços para influenciar o tempo. Um bruxo do tempo não pode "criar" o tempo, mas pode trabalhar com condições existentes e direcionar o desenvolvimento e o fluxo do tempo de acordo com essas condições. Nos festivais, os bruxos do tempo trabalham para desviar o grosso de tempestades e outros fenômenos potencialmente perigosos do local do evento. Algumas pessoas acreditam que podem afetar as ações do tempo numa área extensa, como uma cidade ou um município, com efeitos de longo prazo. A dança da chuva dos Nativos Americanos é uma forma de bruxaria do tempo.

Bulwer-Lytton — (1831–1891) Escritor inglês ocultista e amigo de Éliphas Lévi; ajudou a levar o conhecimento esotérico aos que depois criaram a Aurora Dourada. É também o autor do imortal primeiro verso, "Era uma noite negra e tempestuosa", em cuja homenagem realiza-se todos os anos uma competição de prosa ruim.

Bruxo Rei — Título não usado entre os wiccanianos. Os covens são autônomos e as diferentes Tradições não mantêm laço entre si, não havendo portanto pessoa que seja eleita, designada ou aclamada Bruxo Rei. O Sumo Sacerdote de uma Bruxa Rainha é às vezes chamado de Mago, como título honorífico.

buraco negro psíquico, vampiro psíquico — Ver vampiro.

C

Cabala, Kabala, Qabala, QBL e outras variações — Derivada da raiz hebraica de "aceitar" ou "receber", é um sistema místico hebraico que representa o Universo num diagrama chamado Árvore da Vida, composto de dez esferas (sefirotes) e de caminhos ou linhas que as unem. A Cabala é mais do que apenas o estudo do diagrama da Árvore da Vida, mas a Árvore da Vida é a parte da Cabala mais estudada e aplicada na Wicca e na sabedoria ocultista ocidental. Adaptada e adotada por magos medievais e trazida para os tempos atuais, a Cabala é um campo de estudos popular entre adeptos de muitas tradições religiosas relacionadas com o misticismo. A gematria é um instrumento do estudo cabalístico na tradição hebraica e está associada à Cabala.

Por ser de origem hebraica, a palavra pode ser grafada de várias maneiras, não havendo correspondência em português. As letras que entram na grafia hebraica de "Qabala" são Qoph, Beth, Lamed — daí QBL.

A Cabala moderna descende diretamente do antigo sistema hebraico de filosofia esotérica, mas difere dele. Muito provavelmente, mais do que qualquer outra disciplina mística, foi ela que teve a maior influência individual sobre o ocultismo ocidental. A Cabala foi codificada e escrita durante os séculos XII e XIII EC, mas consta que derivou de uma tradição oral muito mais antiga, talvez remontando aos tempos de Moisés ou a períodos ainda mais remotos, mas sempre ligada ao Velho Testamento. Estudiosos cristãos e árabes da Idade Média e da Renascença também utilizaram, estudaram e ampliaram os conhecimentos cabalísticos através dos séculos.

cabeça-cega — Pessoa sem capacidades psíquicas. Ser cabeça-cega não desqualifica ninguém para a prática da Wicca. Alguns acham que essas pessoas não deveriam praticar magia. Algumas técnicas da Magia Cerimonial não exigem capacidades psíquicas.

cabelos — Uma crença medieval diz que a capacidade de praticar magia está nos cabelos. Antes de ser torturadas, as bruxas tinham o cabelo cortado para que os torturadores ficassem protegidos. O cabelo também serve de talismã para "amarrar" uma pessoa ou carregar um boneco.

caça às bruxas — 1)Termo moderno que remete a uma campanha de perseguições baseadas em informações espúrias ou falsas. Alguns chamaram de "caça às bruxas" as perseguições e os julgamentos de comunistas realizados pelo exército-McCarthy nos Estados Unidos durante os anos de 1950. Pode ser contra um indivíduo, alguns indivíduos, um grupo ou uma categoria de pessoas. 2) Fenômeno social do fim do período medieval e da época do Renascimento que serviu de veículo para livrar a sociedade de bruxas, do mal, de proscritos sociais e de agitadores.

A primeira grande caça às bruxas aconteceu na Suíça em 1427. O *Malleus Maleficarum*, o clássico texto de identificação de bruxas, foi publicado em 1486. A perseguição das bruxas na Europa alcançou o auge entre 1580 e 1660, quando os julgamentos se tornaram praticamente generalizados em toda a Europa. Alemanha, Áustria e Suíça foram o centro das perseguições, mas poucas regiões ficaram livres delas. A tortura foi proibida na Inglaterra e apenas em torno de vinte por cento das bruxas lá acusadas foram executadas por enforcamento. A Holanda condenou poucas bruxas, e a Irlanda parece não ter aderido a esse fenômeno.

Muitos julgamentos eram provocados por desentendimentos entre vizinhos ou por ganância. Se uma pessoa encontrasse e denunciasse uma bruxa, ela passava a ter direito de até metade das propriedades e posses da bruxa presa; o governo local e as autoridades da igreja apropriavam-se do restante. Isso tornava a caça às bruxas muito lucrativa, e freqüentemente era suficiente ser manifestamente abastado e não ter proteção política para ser acusado de bruxaria.

Nas Américas, as perseguições foram mais lentas do que na Europa. Nas colônias francesas e espanholas, os casos de bruxaria estavam sob a jurisdição da Igreja e ninguém foi condenado à morte por esse crime. Nas colônias inglesas, umas quarenta pessoas foram executadas por essa prática entre 1650 e 1710. Os julgamentos das bruxas de Salém de 1692 foram responsáveis pela morte de vinte pessoas. Na Europa, os julgamentos diminuíram depois de 1680. Uma onda tardia de perseguições chegou à Polônia e a outras regiões da Europa oriental, mas dissolveu-se em torno de 1740. Na Inglaterra, a pena de morte por bruxaria foi abolida em 1736, embora ainda fosse considerada crime até 1951. A última execução legal de uma bruxa ocorreu na Suíça em 1782.

Em torno de oitenta por cento de todas as bruxas acusadas eram mulheres, especialmente solteiras, viúvas ou mulheres independentes. Como tinham pouca força política, as mulheres não conseguiam reunir os mesmos meios para defender-se que os homens. As mulheres eram o repositório tradicional da cultura das ervas e da magia, e também eram parteiras. Algumas comunidades consideravam qualquer forma de conhecimento de ervas, e especialmente o que se relacionava com a contracepção e o aborto como bruxaria. A função de parteira era tida como especialmente desejável para uma bruxa, porque ela tinha acesso a bebês para sacrifícios, podia entregar bebês a Satã logo que nasciam e antes de ser batizados, e tinha conhecimentos sobre sexo, procriação e as partes íntimas da mulher, então consideradas pela Igreja as mais poluídas e abjetas. Alguns acreditam que as perseguições às bruxas não eram nada mais do que uma campanha contra as mulheres e o poder feminino. (Ver também Era das Fogueiras, Inquisição.)

caça selvagem — Na mitologia céltica, é o tempo negro do ano entre Samhain e Beltane em que a caça selvagem está solta. A caça selvagem é um grupo sobrenatural de seres que imitam um grupo de caça, mas que também pode caçar pessoas ou fadas. Uma pessoa pode ser presa pela caça selvagem, tornar-se participante e desaparecer, só voltando anos mais tarde sem sinais visíveis de envelhecimento. Às vezes uma maneira de explicar desaparecimentos misteriosos, acredita-se que viajantes solitários à noite eram atacados e assassinados pela caça selvagem. A mudança de ênfase de um estilo de vida agrário praticado durante o verão para um estilo de vida caçador-coletor que ocorre durante o inverno é explicada pela caça selvagem e pelo Rei Carvalho e Rei Azevinho, os "deuses" do verão e do inverno, respectivamente.

caçador de bruxas — Pessoa que emprega as suas capacidades, naturais ou sobrenaturais, na busca de bruxas para entregá-las às autoridades. No passado, às vezes uma bruxa capturada era forçada a exercer esse papel em troca da própria vida e da vida dos seus familiares e parentes. Historicamente, a função era remunerada, podendo assim ser muito lucrativa para os que resolviam exercer a profissão voluntariamente. Matthew Hopkins foi o Caçador Geral de Bruxas para a Inglaterra e em 1645, no auge do poder, com o incentivo de John Stearns, foi responsável pela descoberta e enforcamento de várias centenas de bruxas.

cacodemo — Do grego *kakos daimon* (mau espírito); termo que os astrólogos antigos e medievais usavam para descrever a casa doze, tradicionalmente uma casa de infortúnio, prisão, desastre, ruína e outras calamidades. Essa interpretação fatalista é rejeitada pelos astrólogos humanistas modernos.

Cadeia do ser — Conceito antigo que propõe uma ordem e hierarquia de criação imutáveis, desde o Trono de Deus até os seres mais inferiores da Terra. A cadeia do ser se estende desde o mais alto dos céus até o centro da Terra. Desenvolvida por Platão e continuada por Aristóteles e pelos neoplatônicos, a idéia é a base de muitas cosmologias, inclusive a da Igreja Católica. Dante popularizou esse conceito nos seus livros, *Inferno*, *Purgatório* e *Paraíso*, conhecidos como *A Divina Comédia*.

cadeira quente — Uma prova, normalmente parte de uma Iniciação, em que o candidato é questionado e interpelado rigorosamente sobre suas crenças, sobre o que aprendeu e sobre o seu compromisso com a Arte. Pode ser usada também como processo de inquirição numa sala de aula. Tradicionalmente, as bruxas a usavam como preparação para uma possível inquisição, caso a pessoa fosse apanhada e revelasse ser bruxa. Geralmente pode variar desde um questionamento brando até interpelações pesadas, e possivelmente desde um comportamento agressivo até uma sondagem psicológica profunda, tudo com o objetivo de verificar se a pessoa tem convicções sólidas para suportar um inquiridor implacável sem se deixar abater.

caduceu — Nome dado a diferentes bastões simbólicos que apareceram inicialmente na Mesopotâmia por volta de 2600 AEC e posteriormente em várias outras culturas. Os bastões consistiam em duas serpentes (ou basiliscos) enroscadas em torno deles. O bastão com as serpentes entrelaçadas sob um par de asas era levado por Hermes/Mercúrio. O bastão branco era conduzido por mensageiros romanos em rogo de paz. Nos ensinamentos esotéricos hindus e budistas, ele simboliza a energia kundalini envolvendo a espinha. Na maçonaria, representa a harmonia e o equilíbrio entre forças negativas e positivas, o constante e o inconstante, a continuidade e a degeneração da vida. Adotado pelos médicos como símbolo da sua profissão, é um símbolo de cura e também de magia.

Caduceu

Cagliostro, Conde Alessandro, nascido Giuseppe Balsamo — (1743–1795) Mago e aventureiro italiano nascido em Palermo, Sicília, foi iniciado na sociedade dos Cavaleiros de Malta aos 23 anos, quando estudou Cabala, alquimia e assuntos ocultos. Mais tarde, em Londres, juntou-se aos franco-maçons. Viajou pela Europa realizando feitos de magia e vendendo um preparado que chamava de elixir da vida. Foi acusado falsamente e em seguida julgado por fraude. Depois de finalmente libertado, seguiu para Roma onde tentou iniciar uma Ordem Franco-Maçom Egípcia. Foi então preso pela Igreja, interrogado pela Inquisição e condenado à morte em 1791, mas a sentença foi comutada em prisão perpétua. Suas capacidades psíquicas incluíam cura psíquica, alquimia e cristalomancia. Depois de sua morte, correram rumores na Europa, na Rússia e na América de que ele escapara e estava vivo.

calcomancia — Adivinhação por meio da batida de vasos de cobre ou latão. O Oráculo de Dodona usava esse método de adivinhação, atribuindo significados aos vários tons produzidos. Está associada à música das esferas.

caldeirão — Do francês arcaico *caudron* ou *chaudron*, derivado do latim *caldaria*, uma caldeira para água quente. Em inglês, antes de 1330, era chamado de *caudrun*, depois de *caldron* ou *caudrona*. Vaso de metal, de cor preta, usado para várias finalidades mágicas, e tradicionalmente feito de ferro fundido, com três pernas e alças. Pode ser usado para preparar poções e para infusão de ervas ou cozimento; ainda (com areia no fundo e velas) serve como "fogo" portátil. O caldeirão simboliza o útero, e por isso pode ser chamado de "caldeirão do renascimento", quando usado em cerimônias de renascimento. Em rituais gerais, o termo também se refere ao útero de renascimento da Deusa, que tem o poder tanto de criar como de destruir, e é necessário para a perpetuação da vida. Tradicionalmente usado para reviver os mortos ou tornar o solo fértil.

Caldeirão

cálice — Do grego *kylix* (ver também taça), taça cerimonial consagrada usada em rituais. Normalmente um copo com pé, embora possa ter qualquer forma. Simboliza o elemento Água, usada para conservar a libação sagrada. Representa o aspecto feminino no Grande Rito.

Cálice

caminho — Método, sistema ou abordagem de conhecimentos mágicos, místicos ou espirituais. O Caminho Vermelho, por exemplo, refere-se especificamente à espiritualidade e ao modo de vida dos Nativos Americanos. A escolha de um caminho pode implicar mudança de estilo de vida, especialmente se a pessoa escolhe um caminho pagão. Termo que descreve os princípios gerais e áreas de interesse de um indivíduo, ou então áreas de interesse e estudo perseguidas por adeptos de várias Tradições.

caminho da mão direita — Seguido por aqueles que trabalham para a construção, a persuasão e o bem. Nas disciplinas orientais, o caminho da mão direita é aquele que se caracteriza pela meditação, pela renúncia e pelo jejum. O caminho da mão esquerda é um caminho físico para a iluminação, como as artes marciais, o tantra, o Tai Chi e outras disciplinas físicas que incluem um componente espiritual. No ocultismo moderno, seguir o caminho da mão direita significa ser "bom", seguir o caminho da mão esquerda significa ser "mau". Os termos tiveram origem na tradição ocidental através da Magia Cerimonial e da Cabala. O emprego moderno pode implicar julgamento, mas com o conhecimento mais difundido das técnicas orientais, há uma consciência maior da distinção entre físico e espiritual.

caminho da mão esquerda, Caminho das Sombras — 1) Seguido por aqueles que trabalham para a destruição, para a manipulação e para o mal. Alguns equiparam o caminho da mão esquerda à magia negra e o caminho da mão direita à magia branca. 2) Nas tradições orientais, o caminho da mão esquerda é uma via física para a iluminação, como as artes marciais, o tantra, o Tai Chi e outras disciplinas físicas que também têm um componente espiritualista. O caminho da mão direita é uma via puramente espiritual caracterizada pela meditação, renúncia e jejum. No ocultismo moderno, seguir o caminho da mão esquerda é ser "mau" e seguir o caminho da mão direita é ser "bom". Essa visão procede da adesão do mundo ocidental ao cristianismo e às doutrinas da oração, da renúncia, da negação da carne e da rejeição deste mundo, exaltando ao mesmo tempo o mundo espiritual e a promessa da redenção e de uma outra vida em bem-aventurança eterna. 3) Termo às vezes usado com relação aos que praticam o Satanismo em suas várias formas. Também pode caracterizar os que praticam magia com fins de promoção pessoal, não de auto-aperfeiçoamento ou de ajuda aos outros ou ao cosmos.

Caminho Vermelho — Práticas e modo de vida dos Nativos Americanos, especialmente as práticas espirituais, ensinamentos e tradições. Alguns assimilaram certas práticas religiosas dos Nativos Americanos e as integraram a práticas religiosas wiccanianas, pagãs ou da Nova Era, mas os caminhos são distintos; os Nativos Americanos vêem essa mistura com tristeza, sendo também desestimulada pela maioria dos instrutores wiccanianos.

caminhos — Termo que descreve as "linhas" que unem as sefirotes da Cabala. Esses caminhos correspondem às 22 cartas dos Arcanos Maiores do tarô. Há também "caminhos ocultos", caminhos que existem, mas que não aparecem na Árvore da Vida.

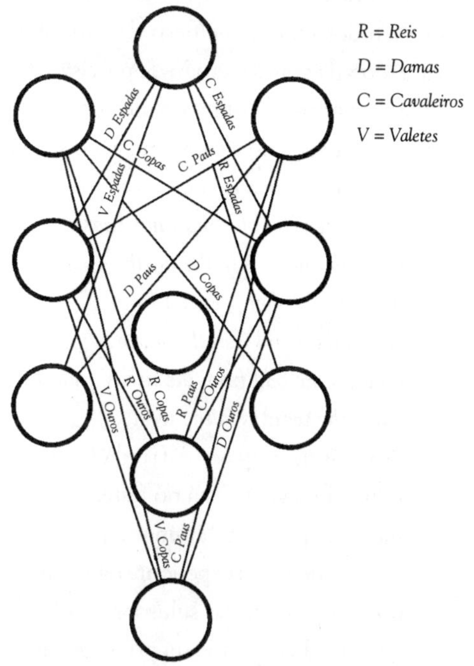

Caminhos Ocultos da Árvore da Vida

canalização — Termo da "Nova Era", é também chamado de mediunidade, e foi denominado espiritismo no século XIX. Estado semelhante ao do transe, em que a pessoa deixa que sua personalidade fique à margem e permite que uma entidade use o seu corpo para comunicação. Não é recomendada para os que não têm treinamento ou que alimentam intenções frívolas, porque pode levar à possessão se não for feita num ambiente cuidadosamente controlado (como num Círculo), com fortes salvaguardas e pessoas que sabem como conduzir qualquer problema que surja. A invocação de uma Deusa ou Deus é um tipo de canalização, o que exige um treino cuidadoso. Não é comum uma Divindade falar por meio de um Sacerdote ou Sacerdotisa, embora isso possa às vezes acontecer. Sob diferentes formas, a canalização é universal ao longo da história. Os xamãs, os antigos sacerdotes egípcios, os oráculos gregos, os profetas e santos das tradições judaica, cristã e islâmica e muitos outros praticaram várias formas de canalização e receberam mensagens das Divindades. Madame Helena P. Blavatsky é uma das mais famosas médiuns modernas. J. Z. Knight, que canaliza Ramtha, é um canal muito conhecido da "Nova Era".

cantrip — Encanto ou fórmula encantatória escrita que se pode ler tanto da frente para trás como de trás para a frente.

caomancia — Adivinhação feita com base nas condições atmosféricas em geral. Pode ser um termo genérico para os métodos mais específicos da adivinhação atmosférica. Adotada como método de previsão do tempo, sobrevive em vários aforismos e superstições. Um exemplo de aforismo associado à caomancia é o seguinte:

"*When the wind is in the east,*
'tis neither good for man nor beast;
when the wind is in the north,
the skillful fisher goes not forth.
When the wind is in the south,
it blows the bait from the fishes' mouth;
when the wind is in the west,
then it is the very best." (tradicional)

[Quando o vento está no leste, não é bom para os homens nem para os animais;/quando o vento está no norte, o pescador experiente não sai para pescar./Quando o vento está no sul,/sopra a isca da boca do peixe;/quando o vento está no oeste,/então é excelente.]

capnomancia — Adivinhação que utiliza espirais de fumaça. 1) Usada por camponeses europeus até os tempos atuais, que em certos festivais acendem uma fogueira sagrada e interpretam a fumaça por ela desprendida. Normalmente feita para prever o tempo para uma estação, a fumaça permite a observação de camadas de ar e pode assim mostrar as condições meteorológicas. 2) Em recintos fechados, substâncias inflamáveis eram jogadas na lareira e a fumaça analisada para responder perguntas ou transmitir mensagens. 3) Substâncias psicotrópicas eram queimadas, a fumaça inalada, e a adivinhação feita em estado de transe.

carregado — O que tem energia mágica internamente e pode ser usado para fins de magia.

carregar — 1) Impregnar ou infundir com energia mágica. 2) Instruir ou designar, como na Declaração da Deusa.

Cartas de Zener — Baralho de 25 cartas com figuras especiais, composto de cinco conjuntos de cinco cartas cada um e cada carta com os seguintes desenhos: estrela, quadrado, círculo, sinal de mais e três linhas onduladas. O baralho é misturado e, por meio de vários testes, os sujeitos são avaliados para determinar se têm habilidade de prever que carta aparecerá; os resultados são registrados e a variação da probabilidade estatística é analisada. Usado para testar a habilidade psíquica na comunidade psicológica. Não é uma forma de adivinhação.

Símbolos das Cartas de Zener

cartomancia — Adivinhação feita pela leitura e interpretação de cartas de jogar, mais especificamente das cartas de tarô. Há muitos métodos de adivinhação que usam cartas, e muitos tipos de cartas: cartas de jogar comuns, de tarô, baralhos especiais baseados em sistemas que não usam cartas (mah jong, runas), cartas inventadas pelo próprio cartomante, às vezes equivocadamente também chamadas de tarô.

casamento wiccaniano (*handfasting* — enlace/vínculo matrimonial — Do inglês médio (1100–1500) *handfasten* ou *handfesten*. Termo medieval para designar um casamento não aprovado pela Igreja. Cerimônia wiccaniana e passagem da vida em que as pessoas se comprometem com um companheiro. O casamento pode ser entre duas pessoas (de sexos opostos ou do mesmo sexo) ou às vezes até entre mais de duas pessoas. Pode ser um matrimônio civil ou apenas uma cerimônia religiosa. Pode ser por um período específico de tempo (um ano e um dia é o mínimo habitual) ou "até nos separarmos", tanto por morte como por opção. Os enlaces matrimoniais podem ser renovados ou desfeitos por vontade das partes envolvidas. Uma pessoa pode vincular-se sem casar. Os wiccanianos não exigem que os parceiros sejam legalmente casados para ser reconhecidos como casais comprometidos dentro da comunidade wiccaniana.

Cassandra — 1) Na mitologia grega clássica, filha do rei Príamo e de Hécuba. Ela conquistou o coração de Apolo por sua beleza, que em troca lhe concedeu o dom da profecia. Como, porém, ela recusasse as suas propostas, Apolo a amaldiçoou, não lhe retirando o dom da profecia, mas fazendo com que ninguém acreditasse nela. Personagem importante da *Ilíada*. 2) Mulher profeta ou vidente, às vezes desacreditada, mas cujas profecias acabam se revelando verdadeiras.

catabomancia — Adivinhação com vasos de bronze. Na China antiga (dinastia Zhou, séculos VIII–V AEC), eram usados inúmeros tipos de vasos de bronze especialmente modelados para propósitos sagrados e divinatórios.

catoptromancia, catoxtromancia — Adivinhação com um espelho mágico. É uma forma de cristalomancia; o espelho fica suspenso na água ou é colocado em ângulo para captar a luz da Lua. As versões modernas usam um espelho preto. Segundo alguns, na Idade Média seriam usados espelhos côncavos.

causimomancia — Adivinhação pelo fogo. Quando objetos jogados no fogo não queimavam, o fato era considerado bom presságio.

CAW, Church of All Worlds [Igreja de Todos os Mundos] — Organização neopagã não-denominacional. Ramificações locais são chamadas de "Ninhos", com base nas idéias apresentadas no romance *Stranger in a Strange Land,* de Robert A. Heinlein. A revista *Green Egg* é a publicação oficial da igreja, lida por muitas outras pessoas interessadas em Wicca e em neopaganismo. A igreja foi inspirada pela ficção científica enquanto mitologia e dedica-se à celebração da vida, à realização máxima do potencial humano, da liberdade individual e da responsabilidade pessoal numa relação eco-psíquica harmoniosa com a biosfera inteira da Santa Mãe Terra. Um catalisador para a fusão das consciências. Visão de mundo ecológica.

Cayce, Edgar — (1877–1945) Também conhecido como o Profeta Adormecido — Sensitivo norte-americano que, em transe, canalizava, tinha acesso direto aos Registros Akáshicos (psiquicamente), diagnosticava doenças e receitava medicamentos, muitas vezes localizando remédios em lugares ocultos esquecidos em cômodos dos fundos. Inicialmente apenas leitor e curador habilidoso, mais tarde revelou uma doutrina cristã da reencarnação e uma tradição cristã oculta que remontava à Atlântida e explicava os anos "perdidos" de Jesus. Fotógrafo por profissão, Cayce nunca cobrava por suas leituras e estava permanentemente à beira da falência. As suas leituras foram em grande parte transcritas, primeiro por sua mulher, Gertrude, e mais tarde por sua secretária, Gladys Davis. Esse material ainda existe e forma a base da Association for Research and Enlightenment — ARE, com sede em Virginia Beach, na Virgínia. Muitos livros foram escritos sobre Cayce, e seu trabalho contribuiu significativamente para chamar a atenção do público para os fenômenos psíquicos.

celebração — Sabá, Esbá ou outro evento em que um Círculo é criado para entreter ou para celebrar um festival ou outro tipo de acontecimento não mágico. Pode ser combinado com trabalho de encantamento, mas o objetivo principal é celebrar, não realizar um ato de magia.

centrado — Condição de estar psiquicamente desperto e todavia recolhido em si mesmo. Psiquicamente relaxado e em estado de prontidão.

centro de operação — Realização das funções de Suma Sacerdotisa ou de Sumo Sacerdote durante um ritual.

ceraunoscopia — Antigo método de adivinhação que se vale de fenômenos meteorológicos, do trovão e do relâmpago. Uma forma de aeromancia.

Cernunos — Deus celta; pouco se sabe sobre essa divindade além do seu nome e imagem — que é a de um homem com chifres de veado —, descobertos no Caldeirão Gundestrap por volta de 250 EC. O caldeirão fora feito pelos celtas e encontrado na região dos Bálcãs. O folclore moderno conferiu-lhe uma mitologia e atributos. Deus muito estimado entre os wiccanianos, às vezes conhecido como Deus dos Wiccanianos, embora esse não seja um ponto de vista unânime. O nome Cernunos aparece em cantos e rituais derivados da Wicca Gardneriana.

Cernunos

ceromancia, ceroscopia — Adivinhação pela interpretação de cera derretida. A cera é derretida numa vasilha e derramada num recipiente com água fria; as formas resultantes são interpretadas. As formas e suas interpretações são bem documentadas, constituindo a base para a tasseografia.

chakra — Do sânscrito, roda, um centro de energia biomagnética no corpo humano. Há muitos sistemas de chakras, mas o sistema "padrão" tem sete chakras. Semelhante à idéia de Chi nas artes marciais e espirituais do Oriente. "Abrir os chakras de uma pessoa" é possibilitar o livre fluxo da energia psíquica no corpo e a sutilização da sua percepção psíquica. Um "chakra bloqueado" pode inibir a capacidade do indivíduo de manipular a energia e afetar a sua saúde espiritual, emocional, mental e física. Cada chakra corresponde a uma região do corpo, a uma condição de vida e a uma cor. Despertar a Serpente Kundalini significa abrir os chakras e liberar um fluxo de energia que pode pôr a pessoa em sintonia com o infinito. Sabemos que uma pessoa pode limpar os próprios chakras ou os chakras de outros com energia, cristais, meditação, exercícios e outras técnicas psíquicas e espirituais. Os sete chakras são: primeiro, ou da base/raiz, que é vermelho e se localiza na base da coluna; segundo, ou do sacro, que é laranja e se localiza nos órgãos sexuais; terceiro, ou chakra do plexo, que é amarelo e está centrado no estômago ou diafragma; quarto, ou do coração, que é verde e está centrado no coração ou no meio do peito; quinto, ou da garganta, que é azul e está centrado na garganta; sexto ou do terceiro olho, que é índigo e está no centro da testa; e o sétimo ou da coroa, que é violeta e está localizado no topo da cabeça.

chamado — Comunicação vocal direta de aviso por parte de um espírito. Pode ser de um parente falecido ou apenas uma voz desencarnada. Não é uma habilidade psíquica ou telepática. Pode avisar sobre acidente, perigo, desastre, ruína financeira, guerra, rompimento de sociedade, espíritos maléficos, etc.

chartomancia — Adivinhação por meio de inscrição escrita. A pessoa pode escrever ou interpretar inscrições. Quando reveladas, as inscrições escritas com tinta invisível são uma das formas. Cartões de felicitações são outra forma moderna dessa arte.

Chave de Salomão — 1) Selo atribuído ao rei Salomão, usado para aprisionar todos os demônios soltos no mundo. Também figura mágica de natureza protetora usada em amuletos. Magia Cerimonial. 2) Grimório medieval sobre magia (*A Chave do Rei Salomão* ou *Clavicula Salomonis*), teoricamente antigo e atribuído ao rei Salomão bíblico, amplamente usado e transmitido através dos séculos. Uma das fontes "originais" do conhecimento mágico mais extensamente citadas.

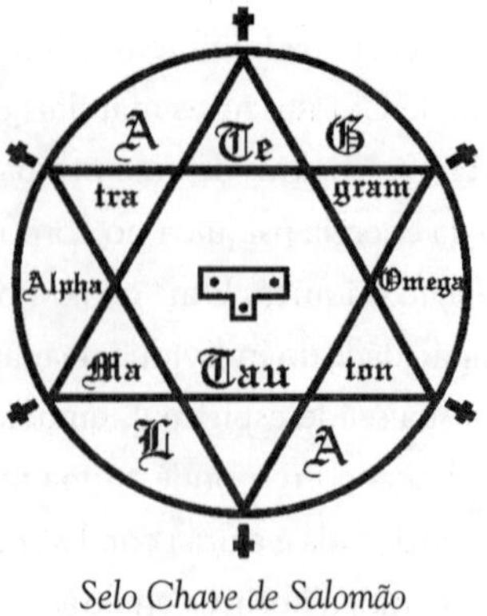

Selo Chave de Salomão

cheresmomancia — Adivinhação por interpretação das palavras pronunciadas por uma pessoa em estado de frenesi. Método usado pelo Oráculo de Delfos. O oráculo inalava a fumaça de ervas sagradas (provavelmente alucinógenas), e os sacerdotes interpretavam o que ele dizia. Semelhante à glossolalia.

Chi, Ki, Qi — Chinês/japonês; pronuncia-se "tchi". Energia de força da vida que pode ser usada em artes marciais, na cura e nas disciplinas psíquicas. Energia etérica que pode ser utilizada e controlada para produzir efeitos admiráveis. Energia que permeia todos os seres vivos e não vivos, animais, plantas, pedras, o universo e tudo o que ele contém. Semelhante ao prana.

chifres, coroa cornífera — Símbolo do Deus como veado macho, geralmente identificado com Cernunos, o Deus cornífero. Alguns o adotam como símbolo do papel do Sumo Sacerdote ou do Homem Verde. Pegar ou usar os chifres é atuar como Sumo Sacerdote ou Homem Verde. Símbolo antigo de uma divindade masculina usado nos tempos atuais. Quando o cristianismo suplantou as crenças pagãs originais, os chifres foram demonizados e se tornaram atributo de Satã ou do Demônio, a antítese do Deus cristão, numa tentativa de suprimir os ritos pagãos que, com freqüência, continuaram veladamente lado a lado com as novas práticas cristãs. A frase "pôr chifres", gíria que se aplica a um cônjuge enganado ou à infidelidade conjugal, também pode ter sua origem nos ritos pagãos, que não eram necessariamente monogâmicos.

ciclomancia — Adivinhação que usa um dispositivo giratório. 1) A roda do júri era um dispositivo antigo para escolher os membros de um júri; seus nomes eram escritos numa roda, que então era girada até que o júri estivesse completo. 2) A roleta é uma roda da fortuna moderna, que gira e pára nos números premiados. 3) Faz-se um objeto (como um pião) girar num círculo com desenhos ou letras; o lugar onde ele cai indica a resposta. 4) Um objeto como um pião é inscrito com símbolos e posto a girar; ao parar, o lado sobre o qual ele cai determina a resposta. Em vez de uma roda ou pião, podem ser usadas flechas giratórias.

cifomancia — Adivinhação por meio de uma taça. 1) No Egito antigo, enchia-se uma taça até a borda, fazia-se uma pergunta e invocava-se um Deus, oferecendo-lhe uma libação. Procurava-se então a resposta na taça. 2) Pequenas partículas de ouropel ou de outra substância eram depositadas numa taça de água, interpretando-se as figuras que formavam. A leitura das folhas de chá deriva dessa prática.

cigano — O termo inglês, *gipsy*, é forma abreviada de egípcio. Por volta de 1100–1300 EC, um grupo de povos arianos migrou do Oriente para a Europa. Quando alguém perguntava a esses migrantes de onde vinham, a resposta entendida era "from Egypt" (do Egito), uma terra lendária para os europeus nessa época; assim, eles passaram a ser chamados de *gypsies* (ciganos). O nome com que se autodenominam é Rom ou Romany, que significa O Povo. Os ciganos são nômades e não se fixam em lugar nenhum, mas ganham a vida viajando de um lugar a outro, fazendo biscates, como funilaria, vendendo ervas e poções e tirando a sorte. Em algumas regiões, o termo cigano é sinônimo de bruxo. Eles são isolados e reservados e conservam boa parte da sua cultura e língua originais.

Durante a II Guerra Mundial, os nazistas lançaram uma campanha sistemática para exterminar os ciganos, como também os judeus, os homossexuais e os deficientes mentais; em muitos países, toda a população cigana foi dizimada.

Atualmente, os ciganos ainda são vistos com desconfiança, porque sabe-se que alguns deles praticam fraudes e negócios escusos, além de roubos em caso de necessidade. Alguns países europeus têm políticas definidas que exigem que eles se fixem e formem uma comunidade.

Acredita-se que o povo cigano concentre uma alta porcentagem de indivíduos com capacidades psíquicas e que preserve uma longa tradição de conhecimentos relacionados com ervas e encantamentos. Alguns wiccanianos eminentes se dizem descendentes de ancestrais ciganos. Boa parte do conteúdo medieval e renascentista referente à bruxaria foi elaborado para lançar suspeita sobre os ciganos e também sobre os bruxos "nativos". Os ciganos foram romantizados ao longo dos séculos, e é possível que a Wicca moderna tenha adotado grande parte dos conhecimentos e ensinamentos deles, às vezes deliberadamente, outras vezes inconscientemente. Diz a lenda que os ciganos são descendentes diretos dos antigos pagãos europeus e que ainda praticam algumas ou todas aquelas religiões pagãs.

cíngulo — Ver cordão; cordão carregado de energia, usado em volta da cintura e que serve para atar, medir e contar.

ciomancia — Adivinhação pela observação das sombras. Pode-se observar a sombra de uma pessoa viva ou chamar a "sombra" ou o espectro de uma pessoa morta e inquiri-la sobre eventos futuros. Esta última é uma forma de necromancia. Como se acreditava que um ataque à sombra de uma pessoa podia causar a morte ou provocar uma doença por lesão à alma, esta podia também ser considerada uma forma de magia negra.

Círculo — 1) Forma comum do Espaço Sagrado. 2) Área do Espaço Sagrado. Algumas tradições exigem que o Círculo tenha 2,70 m de diâmetro, seja medido com um cordão e desenhado no solo com giz. Outras fazem o Círculo de acordo com o espaço disponível e as necessidades do momento. 3) "Construir um Círculo" significa realizar um ritual e definir uma área do Espaço Sagrado para um Trabalho. 4) Três ou mais pessoas que se reúnem para trabalhos rituais ou de magia (ver coven). 5) Reunião de wiccanianos ou de pagãos. 6) Grau alcançado na Igreja de Todos os Mundos. Existem nove círculos nessa igreja; para alcançar cada um são necessários muito estudo e leituras, como também testes de conhecimento e de habilidades.

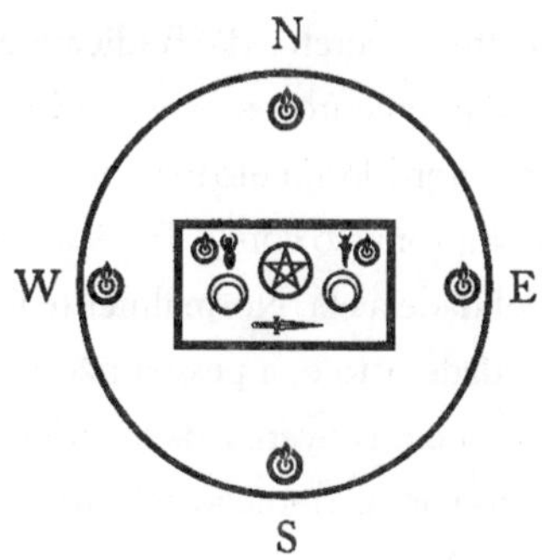

Círculo com Altar e Quadrantes

Círculo de Iniciados — Círculo somente para Iniciados. Exclusivo por inúmeras razões: costume da Tradição, conteúdo emocional de um ritual, natureza dos segredos a serem revelados. Algumas Tradições só praticam magia num Círculo de Iniciados.

círculo externo (*outer court*) — Algumas tradições comportam dois grupos de pessoas — o círculo interno (*inner court*) e o círculo externo. O círculo externo é formado pelos Iniciados de grau mais baixo e pelos novatos, talvez Postulantes, pessoas que ainda estão na fase de estudos e aprendizado. Esses estudos e atividades iniciais podem ficar restritos a temas e níveis específicos. Os segredos da Tradição são reservados para os Iniciados do círculo interno, e um aspirante não pode passar do círculo externo para o interno sem participar durante um certo tempo e sem ter estudado e alcançado certos níveis de capacitação. As exigências para admissão no círculo interno variam de tradição para tradição. Geralmente, o simples fato de se tornar membro do círculo externo (e não apenas simpatizante ou afiliado de uma Tradição) exige juramento de compromisso e sigilo.

círculo interno (*inner court*) — Em algumas tradições, wiccanianas ou não, existe um círculo externo e um círculo interno. O círculo interno é composto pelos Iniciados mais graduados que têm acesso a uma maior quantidade de segredos da Tradição e realizam Trabalhos e projetos que requerem maior perícia, conhecimento, discrição e responsabilidade. A Suma Sacerdotisa e o Sumo Sacerdote estão no centro (ou ápice) da hierarquia e por isso também fazem parte do círculo interno. Os Iniciados do círculo interno podem ser instrutores e mentores dos adeptos do círculo externo, ajudando-os a aprender e supervisionando seus estudos e progresso. Os membros do círculo interno são os que têm acesso aos conhecimentos secretos da Tradição, estando comprometidos por juramento a não revelá-los a não-iniciados. Para ser membro do círculo interno são exigidos anos de estudo e compromisso com a Tradição, além do juramento de fidelidade a ela. Normalmente é exigida também exclusividade, isto é, a pessoa não pode ser membro de outro grupo ou coven, e deve dirigir todas as suas energias apenas para a Tradição escolhida.

Círculo mágico — Área em que a magia é praticada e espaço seguro para o praticante de magia. Área em que os wiccanianos praticam a magia e realizam rituais. O Círculo é "desenhado" com um athame (ou espada) e infundido com energia, podendo ser visualizado como um "cone de poder" ou como uma esfera de energia que circunda e define uma área. Num Círculo mágico adequadamente formado, o mago está "num lugar sem lugar e num tempo sem tempo, pois está entre os mundos e além deles". O Círculo é uma passagem ou um portal criado entre dimensões. Mesmo num templo fixo e permanente, o Círculo é recriado cada vez que se faz necessário. Terminado o ritual, ele é desfeito. Idealmente, não devem ficar marcas, quer físicas quer psíquicas, de que ali houve um Círculo. Com o tempo, um espaço permanente pode acumular energias que facilitam o traçado do Círculo.

cirurgia psíquica — Cirurgia realizada por meios psíquicos; inclui a habilidade de abrir e fechar o corpo e remover tecidos afetados, geralmente por imposição de mãos ou manipulando campos de energia para ativar as defesas naturais do corpo; ativadas, essas defesas convergem para a região enferma e estimulam o paciente a curar a si mesmo. Os pacientes que se submetem a uma cirurgia psíquica permanecem totalmente conscientes e dizem que não sentem dor. É uma forma de psicocinese. Alguns casos de cirurgia psíquica foram denunciados como fraude; mesmo entre esses, porém, podem-se constatar efeitos terapêuticos benéficos. Há casos documentados de cirurgias psíquicas que são inexplicáveis e produziram curas consideradas milagrosas.

clariaudiência — Do francês, audição clara; capacidade de ouvir psiquicamente eventos que estão distantes no espaço ou no tempo, ou não perceptíveis à audição normal.

clarissenciência — Do francês, sensação clara; capacidade de sentir psiquicamente coisas que estão distantes no espaço ou no tempo, ou que não são discerníveis aos sentidos normais. Termo geral que pode incluir a clariaudiência e a clarividência, mas que compreende também os sentidos do olfato, do gosto e do tato e as sensações emocionais.

clarividência — Do francês, visão clara; capacidade de ver psiquicamente eventos que estão distantes no espaço ou no tempo, ou que não são distinguíveis à visão normal. Também termo mais geral para qualquer capacidade psíquica pela qual a pessoa vê coisas a distância.

cledonomancia — Adivinhação pela interpretação de declarações emitidas em estado de transe, semelhante à glossolalia, ou capacidade de falar línguas desconhecidas.

cleromancia — 1) Adivinhação pelo lançamento de sortes. 2) Adivinhação por meio de dados ou de outros pequenos objetos.

clidomancia, cleidomancia — Do grego *kleis* (chave) e *manteia* (adivinhação). 1) Adivinhação por meio de uma chave suspensa por um cordão preso ao dedo. Forma que evoluiu para a adivinhação com o pêndulo. A chave era também usada com livros, especialmente a Bíblia. Suspendendo a chave sobre uma página, ela indicaria a passagem para orientação ou adivinhação. 2) Numa das formas, a pessoa esconde uma chave num punho fechado e apresenta os dois punhos para uma mulher grávida. Se ela escolhe a mão com a chave, isso é sinal de que o nascituro será menina.

climatério — Determinados anos críticos na vida de uma pessoa. Geralmente considerados os anos múltiplos de sete: sete, quatorze, vinte e um, vinte e oito, trinta e cinco, etc. Associado com os ciclos lunar e de Saturno na astrologia, e popularizado por Madame Blavatsky e Rudolf Steiner.

COG, Covenant of the Goddess — Organização de bruxas em que algumas são wiccanianas e outras não. COG é uma entidade internacional, uma organização ecumênica aglutinadora de covens que oferece condições jurídicas legais para os grupos membros. Fundada originalmente seguindo um modelo mais Diânico e Eclético do que atualmente. Aberta a homens e mulheres igualmente, dos covens COG locais participam membros da organização maior com ramos locais denominados "conselhos". Há vários níveis de participação e ascensão. A organização realiza um Grande Conselho anual no outono, chamado *Merry Meet* (geralmente no final de semana próximo ao Dia do Trabalho) em que os dirigentes são eleitos e as atividades do grupo planejadas. O local do *Merry Meet* é definido de acordo com um rodízio regional anual que inclui todos os Estados Unidos, segundo um padrão fixo. A organização tem conselhos nos Estados Unidos, no Canadá, na Austrália e na Nova Zelândia.

colar — Um colar com um pentagrama ou com algum outro símbolo pode ser insígnia de uma Suma Sacerdotisa ou de uma Bruxa Rainha. Muitos wiccanianos usam um colar com um pentagrama para simbolizar sua fé, à semelhança dos cristãos que levam consigo uma cruz. Num Círculo, o colar simboliza renascimento.

comunidade — População wiccaniana total de uma determinada região, uma comunidade pode ser um bairro, uma cidade, um estado, um país, um continente, o mundo. A expressão "Grande Comunidade Wiccaniana" (ou pagã) geralmente denota um grupo de pessoas de um país inteiro, associadas convencionalmente e em contato informal pela Internet e por meio de várias revistas, boletins informativos, de associações de grupos e de festivais. Há muito mais wiccanianos praticando do que em geral se sabe, porque é grande o número de solitários e grupos pequenos que estão isolados e desligados da Grande Comunidade Pagã. Por causa do sigilo, alguém pode ter um amigo que também é pagão, e não saber disso até encontrá-lo por acaso num festival, por exemplo.

cone de poder — Construto mágico criado por meio de uma Ação de magia; energia psíquica acumulada dos participantes, comprimida por um Círculo mágico, dirigida por uma única vontade (geralmente da Sacerdotisa ou do Sacerdote que preside), liberada no auge da Ação para alcançar os objetivos que a desencadearam. Energia que se forma dentro de um Círculo. Usada para auxiliar o trabalho de magia para cura ou celebração. Pode ser visualizado como um cone cuja base é o Círculo das pessoas que trabalham e o vértice é um ponto acima do centro desse Círculo.

confirmação (*binding*, atar) — 1) Selo de uma ação de magia. "Assim nos encontramos, numa noite que não é mais noite, num lugar que não é mais lugar, num tempo que não é mais tempo. Que os Deuses nos protejam em nossa jornada de magia", é a confirmação num Círculo que está sendo criado. 2) Encantamento feito com o objetivo de restringir e limitar as ações de uma pessoa ou coisa. Alguns o consideram magia negra, feita somente quando há uma necessidade urgente, e da maneira mais restritiva possível. 3) Em certas Tradições, a confirmação é usada em Iniciações, quando então consiste em atar realmente as mãos ou os pés ou efetuar outras amarrações. Esta prática é de origem maçônica.

conjuração de espíritos — Forma de comunicação com espíritos por meio de um copo virado para baixo e letras escritas numa mesa ou prancheta. Embora possa ser feita individualmente, em geral são necessárias duas pessoas pelo menos. Os participantes se concentram e em seguida fazem uma pergunta em voz alta; os espíritos então guiam o apontador para que forme palavras e comunique mensagens. Não é um método recomendado porque permite a entrada de entidades desencarnadas, e as informações obtidas em geral são enganosas ou errôneas. Embora raramente, pode predispor a pessoa à possessão.

conjurar, conjuração — Ato de convocar ou criar entidades não físicas ou espíritos. Às vezes genericamente usado para trabalho de magia.

consagrado — Dedicado ao serviço de magia. Dedicado ao serviço de uma divindade. Termo também aplicado a instrumentos ou objetos mágicos que foram abençoados em ritual.

consciência coletiva — Mentalidade grupal que pode ser criada por várias pessoas trabalhando juntas ao longo do tempo. Idealmente se manifesta como uma consciência única mas, na prática, um grupo em que os participantes conhecem tão bem uns aos outros e o modo como trabalham juntos magicamente, que não há necessidade de instruções referentes a papéis ou deveres. Essa é uma das metas de um coven.

Conselho de Themis — No final dos anos de 1960 e início da década de 1970, formou-se na Califórnia um Conselho Pan-Pagão (não filiado ao festival Pan-Pagão). Vários líderes pagãos formaram um grupo para comunicar-se com grupos menores e representá-los. Como essa agremiação era muito eclética e os vários grupos tinham pouco em comum, o Conselho foi extinto em poucos anos devido ao sectarismo. Foi um precursor do Covenant of the Goddess (COG).

consenso — Decisão tomada por concordância ou uniformidade de opiniões. Muitos grupos pagãos e wiccanianos adotam o consenso como critério de tomada de decisões, embora, em alguns casos, a autoridade e a responsabilidade estejam claramente definidas. Requer mais tempo e conversa do que a votação normal, mas pode resultar em menor dissensão e maior cooperação.

Contágio, Lei do — Coisas ou entidades que estiveram em contato físico ou psíquico podem continuar interagindo umas com as outras depois de separadas no espaço ou no tempo. Por exemplo, pode-se usar um objeto pessoal para "entrar em sintonia" com o proprietário, não importa onde ele esteja.

convenção/aliança/pacto — Documento ou acordo verbal que detalha as regras que regem um determinado coven. Pode ser tão elaborada como a Constituição dos Estados Unidos ou tão simples quanto umas poucas regras verbais. Os membros decidem como o coven deve ser administrado, quem o dirigirá, para que objetivos, quantos novos participantes podem ser admitidos, procedimentos para quem quer ou deve sair, como manter a ordem, etc. Muitas dessas questões são tratadas apenas de modo implícito; teoricamente, todas são pelo menos reconhecidas e discutidas. Normalmente, o coven só elabora um documento escrito quando começam a existir problemas interpessoais entre os seus membros; a convenção, então, é uma resposta a esses problemas. As Ardanes provavelmente começaram como uma convenção, e há grupos que adotam como diretrizes.

cordão — Material flexível longo, como barbante ou corda. Instrumento para atos de magia que envolvam amarrar, atar ou desatar um encantamento para direcionar a intenção. Pode ser trançado e em determinadas cores para indicar graduação.

cordão de prata — Fenômeno astral que une o corpo físico ao corpo astral ou alma. Quando uma pessoa está fora do corpo, o cordão de prata a mantém ligada ao corpo físico, de modo que seguindo-o ou recolhendo-o ela pode voltar ao corpo. Se o cordão se rompe, sobrevém a morte, pois o vínculo da "alma" com o corpo se desfaz.

cordão trançado — (Normalmente) cinto trançado com três ou mais fios que simboliza o grau alcançado pelo Iniciado dentro da Tradição Wiccaniana que ele segue. Com freqüência, cinto trançado onde se leva o athame. Cinto trançado que tem um encanto ou intenção tecido nele. Geralmente um objeto de uso e intenção mágicos, parte do vestuário wiccaniano. Em algumas Tradições, o comprimento dos cordões é especificado, e esse comprimento é usado como raio para medir um Círculo padrão para aquela Tradição em particular. Veja também cíngulo.

Cordão trançado

coroa — Diadema de prata com uma lua crescente ou uma tríplice Lua, é a insígnia do grau da Suma Sacerdotisa, da Bruxa Rainha ou da Rainha de Maio. Uma coroa com chifres é o emblema do Sumo Sacerdote ou do Homem Verde. Normalmente as coroas são usadas apenas no Círculo durante Sabás e outras atividades do coven. Várias Tradições têm regras e costumes referentes a quem pode usar quais coroas e diademas e quando podem ser usados. "Usar a coroa" ou "Usar os chifres" significa assumir o papel da Rainha de Maio ou do Homem Verde nas

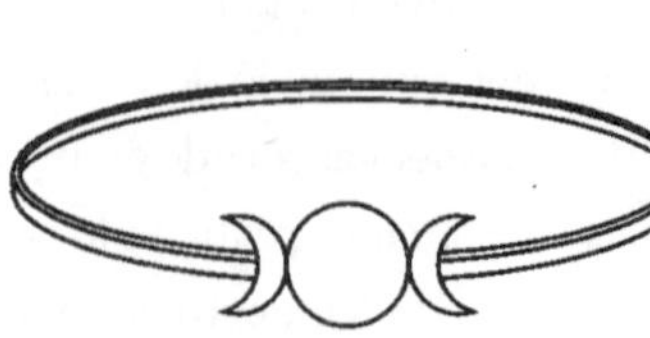

Coroa

Coroa Cornífera

celebrações de Beltane, ou também assumir a função de Suma Sacerdotisa ou de Sumo Sacerdote.

corpo etérico — Estrutura incorpórea, intermediária entre o corpo astral e o corpo físico. Trata-se de uma rede de energia que liga o corpo físico aos correspondentes corpos astral, mental e espiritual, mantendo-o assim vivo, literalmente. A aura é a manifestação do corpo etérico. Às vezes sinônimo de duplo etérico.

correlação de cores — Existem na magia inúmeras correspondências de cores que se relacionam com diversas idéias e objetos. A Cabala e a Magia Cerimonial têm uma lista de correlações de cores tanto do Rei como da Rainha, além de centenas de interpretações transmitidas desde tempos remotos. A teoria psicológica moderna adota e defende algumas premissas de fontes antigas (vermelho como a cor da paixão, da luxúria, do ódio, da agressão, e também da energia). Não existe uma lista correta que inclua todos os significados ou correspondências. *777*, de Aleister Crowley, é uma fonte excelente para listas de correlações.

correspondências — Na magia e na Arte existem muitos sistemas de correspondências em que vários atributos podem se relacionar com um conceito mais amplo. Na Cabala, cada uma das dez sefirotes tem inúmeras correlações, inclusive de cores, atributos, emoções, qualidades, incensos, plantas, números e muitas outras. Há muitas correspondências no tarô, nas runas, na astrologia e em outros sistemas. O livro *777*, de Aleister Crowley, apresenta listas de centenas de correlações. Algumas pessoas tentaram "forçar" o cruzamento de correspondências entre sistemas — runas e astrologia, por exemplo; alguns sistemas aceitam bem esse cruzamento (astrologia, tarô e Cabala, por exemplo); outros não aceitam (runas, por exemplo). Cada símbolo (runa, carta de tarô, sefira, símbolo astrológico, etc.) é mais um conceito ou idéia do que uma coisa em si e as correspondências permitem que se compreenda melhor o conceito global simbolizado pela coisa. Quanto mais correspondências a pessoa apreende, mais facilmente ela pode captar as idéias subjacentes a um conceito ou disciplina específicos.

coven — Do Latim *convenire* (concordar, estar de comum acordo, unir-se). Um grupo wiccaniano que se reúne para realizar trabalho de magia e estudar Wicca e assuntos correlatos. Sob vários aspectos, pode ser comparado a um grupo de estudos da Bíblia. Por tradição, os covens são formados por até treze membros, mas podem ser maiores ou menores de acordo com a vontade dos que o integram. Grupos com mais de treze pessoas são ineficientes, e com mais de vinte tendem a se dividir em grupos menores. Três membros em geral é o mínimo. Freqüentemente o número é ditado pelo espaço onde o coven se reúne — comumente a sala de estar de um dos integrantes. A hierarquia interna, as regras e o funcionamento são decididos pelos membros. Os covens são formados por várias razões: covens de ensino ou treinamento ensinam ou treinam novas pessoas; um coven de trabalho é um grupo de Iniciados que se encontram, fazem magia e estudam Wicca e temas afins. Covens também são subgrupos de várias denominações de Wicca, isto é, um coven gardneriano é um "ramo" local da Wicca Gardneriana. Normalmente, um coven é dirigido por uma Suma Sacerdotisa ou por um Sumo Sacerdote, embora isso não seja obrigatório. Em algumas Tradições, um coven é um grupo do Círculo Interior.

Coven, ramificação ou desmembramento do — 1) Quando um coven se torna muito grande para agir com eficácia, alguns membros podem separar-se do grupo original e começar um coven irmão em outro lugar. Ou, se uma facção dentro de um coven está insatisfeita por qualquer motivo, os dissidentes podem desligar-se e começar um grupo separado em outro lugar. 2) Ritual em que alguém sai do Círculo em que foi treinado para formar ou juntar-se a um novo Círculo.

Covenant of the Goddess (COG) — Ver COG.

covenstead — Lugar onde o coven se reúne regularmente, quase sempre a casa de alguém. Pode ou não ser a casa da Suma Sacerdotisa ou do Sumo Sacerdote. Nem todos os covens têm um *covenstead*.

cowan — Pessoa não-pagã ou não-wiccaniana. Termo emprestado da maçonaria por Gerald Gardner.

creatrix — Mulher criadora. Deusa.

credenciais — A Wicca confere poucas credenciais acadêmicas ou religiosas. Certas Tradições concedem graus, mas estes geralmente não são reconhecidos por outras Tradições. Credenciais ministeriais outorgadas por autoridades estaduais ou locais têm valor, mas são raras; poucas igrejas wiccanianas têm isenção de impostos ou autoridade para conceder credenciais ministeriais reconhecidas. A Universal Life Church — ULC às vezes acolhe wiccanianos que desejam credenciais ministeriais. A igreja Unitarian Universalist — UU oferece às pessoas a oportunidade de receber credenciais ministeriais após a conclusão dos seus cursos. Alguns wiccanianos fizeram esses cursos, e a CUUPS (Congregation of Unitarian Universalist Pagans) surgiu em várias partes do país. Alguns wiccanianos têm grau universitário em magia, religião comparada ou estudos feministas. Entretanto, em sua grande maioria, os adeptos são autodidatas ou recebem instrução de outras pessoas com poucas ou nenhuma credencial reconhecida. Uma boa conversa é a melhor maneira de verificar se uma pessoa é instruída. Um grau universitário não necessariamente significa que a pessoa tenha conhecimento ou competência nos caminhos wiccanianos ou mágicos. Há pouco esnobismo acadêmico na Wicca, mas ser um autor publicado substitui às vezes um diploma em termos de posição e autoridade na comunidade wiccaniana.

criminologia psíquica — Ver solução de crimes.

criptograma — Algumas pessoas escrevem o seu Livro das Sombras em criptograma — código secreto — para protegê-lo de estranhos. Algumas Tradições têm criptogramas especiais que são compartilhados. Semelhante a um alfabeto mágico.

cristais — Minerais com uma dentre muitas configurações estruturais específicas. Os cristais têm várias propriedades, mas podem ser identificados por meio de testes e técnicas mineralógicas específicas. Termo coloquial para quase toda "pedra bonita" a que se atribuem propriedades psíquicas ou espirituais. Instrumento psíquico para trabalho com energias. Presume-se que os cristais contenham certas vibrações ou energias intrínsecas e que essas energias ou vibrações podem ser absorvidas e canalizadas para trabalho psíquico. Há muitos livros disponíveis que supostamente descrevem as propriedades psíquicas de minerais, cristais e rochas (geralmente incluindo espécies orgânicas como âmbar, coral, azeviche, mármore e outras). Infelizmente, não existem dois livros sequer que concordem sobre qual mineral específico é usado para quê. Os wiccanianos podem colecionar e usar cristais, mas eles os usam basicamente como instrumentos, não como objetos de culto. Os wiccanianos não se tornam dependentes de instrumentos ou objetos, mas os usam para manipular energias. Eles são muito cautelosos em atribuir significados e usos a cristais específicos.

cristalomancia — Adivinhação feita fitando um cristal ou uma bola de cristal. Provavelmente derivada da catoptromancia, olhar fixamente um espelho.

critomancia — Adivinhação feita com grãos em ritos sacrificiais. O praticante analisa as formas criadas pelos grãos ou pela farinha que produzem, ou também a massa ou os bolos feitos com essa massa. O estudo inclui o comportamento da massa e a qualidade e características dos produtos assados.

cromniomancia — Adivinhação pela interpretação de cebolas plantadas. Nomes ou eventos são escritos em cebolas que são plantadas durante uma cerimônia especial. A primeira cebola a brotar tem a resposta.

Crowley, Aleister, nascido Edward Alexander Crowley — (1875–1947) Auto-intitulado "o homem mais cruel do mundo", ou "a Grande Besta 666" e ainda a "Besta do Apocalipse". Crowley, inglês de nascimento, é uma figura proeminente na magia ocidental do século XX. Foi membro da Ordem Hermética da Aurora Dourada (1898–1907?), fundador do A.A. (Astrum Argentum — Estrela de Prata — 1911) e membro da OTO (Ordo Templi Orientis — Ordem do Templo Oriental — 1912), todos grupos de Magia Cerimonial. Os pais de Crowley eram membros da Plymouth Brethren, uma seita protestante fundamentalista, e o criaram num ambiente de disciplina rígida, repressão e fanatismo religioso. Ele era extremamente rebelde; desolada e enfurecida, sua mãe o chamou de Besta depois do Anticristo. No Cairo, em 1903, o anjo da guarda pessoal de Crowley, Aiwass, apareceu e ditou-lhe *The Book of the Law* (1904) [O Livro da Lei]. Essa é a base para o sistema Telêmico de magia, cuja premissa básica é a Lei de Telema: "Faças o que quiseres deverá ser o todo da lei. O Amor é a Lei. O Amor sob a Vontade."

Crowley trabalhou com magia e ocultismo e escreveu inúmeros livros sobre vários assuntos, sendo o mais importante *Magick in Theory and Practice* (1929) [Magia na Teoria e na Prática], que foi o texto básico para muitas gerações de Magos Cerimoniais. Ele escreveu também *Moonchild* (1929) [Filho da Lua], um relato ficcional sobre suas tentativas de gerar um filho mágico, e *The Book of Thoth* (1944) [O Livro de Thot]. Crowley foi também um aventureiro, de comportamento sexual compulsivo e viciado em drogas, neste último caso por causa das suas constantes crises de asma. Alguns dizem que ele teria sido iniciado na bruxaria do estilo antigo de Old George Pickingill. Se Crowley conheceu Gerald Gardner realmente, se o iniciou em seu estilo de Wicca ou se lhe entregou algum material wiccaniano ou mágico, todas essas são questões lendárias e controversas dentro da Arte. O material escrito de Crowley deixou um legado mágico e oculto enriquecedor, amplamente estudado pelos wiccanianos e por outros grupos de magia.

ctônico — Do grego *chthon* (Terra). De ou pertencente às profundezas da Terra. Cavernas, vulcões, vales com fendas profundas acima e abaixo da água, praticamente qualquer lugar que esteja abaixo do nível médio do solo. As divindades que habitam esses lugares podem ser chamadas de ctonianas.

cubomancia — Adivinhação pelo uso de dedais, cubos ou dados. Técnica grega antiga, também praticada pelos imperadores romanos Augusto e Tibério.

culto — Do Latim *cultus* (sistema de adoração). Os rituais de uma religião. Também, mais recentemente, termo negativo para descrever organizações religiosas ou pseudoreligiosas que exploram e praticam alguma forma de controle mental com seus membros. Termo bastante subjetivo usado para descrever qualquer grupo religioso "questionável". Coloquialmente, alguns fundamentalistas o empregam como sinônimo de oculto. P.E.I. Bonewits desenvolveu o "Advanced Bonewits' Cult Danger Evaluation Frame" (ABCDEF) [Modelo Avançado de Bonewits para Avaliação do Perigo de um Culto] (ver apêndice 1), que permite a uma pessoa avaliar uma organização por meio de quinze perguntas e determinar até que ponto ela é realmente um culto. Esse questionário é usado por todas as comunidades ocultistas e por autoridades responsáveis pelo cumprimento da lei. Muitos grupos pagãos e wiccanianos alcançam uma pontuação muito baixa nesse questionário, o que é o contrário de um comportamento cultual. Geralmente os grupos que alcançam uma pontuação muito alta ou muito baixa são vistos como suspeitos pela sociedade em geral.

Cypher Manuscript — Livro de magia, traduzido por S.L. McGregor Mathers, da Aurora Dourada, que continha o núcleo para muitos dos seus rituais e práticas. Está disponível em reimpressão, com tradução. A origem do Cypher Manuscript é nebulosa e um tanto controversa. É um manuscrito relevante para a Magia Cerimonial e não tem relação direta com a Wicca ou com o Paganismo, exceto pelo fato de que a Wicca moderna descende de pessoas que também praticavam a Magia Cerimonial. Os criptogramas do Cypher Manuscript podem ser usados como alfabeto mágico.

D

dafnomancia — Antigo método de adivinhação grego em que perguntas cuja resposta seria "sim ou não" eram respondidas lançando-se folhas de louro no fogo sagrado de Apolo. Quanto mais forte o ruído produzido, mais intenso era o sim. Silêncio significava não.

daimon — Do grego, poder divino, destino, ou Deus. Antigo conceito grego de uma entidade espiritual que, segundo a crença, acompanhava e velava por todo ser vivo. Menos poderosos que os anjos, podiam ser enviados pelos Deuses para conceder boa ou má fortuna, conforme os méritos da pessoa ou simplesmente segundo os caprichos da divindade.

datilomancia — Do grego *dakterlios* (anel de dedo), e *manteia* (adivinhação). Adivinhação por meio de um anel. 1) Forma de encanto que consistia em inscrever anéis com dizeres que trariam sorte ou determinadas capacidades. As gemas também podiam ter significado especial, e quando incrustadas num anel dariam ao usuário certas habilidades ou defesas. Anéis de metais específicos também podiam ser usados em determinados dedos para atrair benefícios astrológicos. 2) Anel que, suspenso por um fio, podia ter aplicações diversas, como pêndulo, por exemplo. 3) Forma de obter respostas analisando o modo e o local onde um anel se posiciona ao se soltá-lo num recipiente com água.

Declaração *(outing)* — Termo emprestado da comunidade *gay*, significa revelar a condição wiccaniana de um adepto contra a vontade dele. Muitos wiccanianos preferem manter a sua religião em segredo. Mesmo uma revelação involuntária e acidental é considerada imprópria e leviana. Revelar intencionalmente a identidade religiosa de um membro do coven é uma forma de magia negra e às vezes quem faz isso é declarado feiticeiro e evitado pelos companheiros.

Declaração, A — Forma reduzida para Declaração da Deusa (ou do Deus). Essa é a alocução tradicional da Deusa para os seus seguidores, pronunciada pela Suma Sacerdotisa. A versão mais comum é a compilada por Gerald Gardner, com a ajuda, pelo que se sabe, de Doreen Valiente e outros, e incluindo materiais de Crowley e de outras fontes. Existem atualmente muitas outras "declarações" escritas, do Deus, da Anciã, da Deusa Negra e de outros, todas adaptadas e seguindo o modelo da Declaração original de Gardner, que se baseou em passagens da clássica fábula alegórica de Apuleio, *O Asno de Ouro*, e de *Aradia, or The Gospel of the Witches* [*Arádia, ou o Evangelho das Bruxas*], de Leland.

Dedicação — 1) Cerimônia em que uma pessoa é apresentada aos quadrantes, à Deusa e ao Deus e declara a sua intenção de estudar e aprender a Wicca. Não é uma iniciação, mas muitas Tradições exigem que a pessoa passe pela Dedicação (tornando-se assim um *Dedicant*, isto é, postulante ou devoto) antes de ser aceita num grupo de treinamento. As Dedicações são em geral realizadas com o candidato nu. Ser postulante não garante nem exige que a pessoa se torne um Iniciado. 2) Nível alcançado em algumas Tradições, podendo ou não equivaler à Iniciação. Varia entre as Tradições. 3) Declaração de abertura feita no início de um ritual para deixar claros a intenção e o objetivo do ritual.

Dee, Dr. John — (1527–1608). Autor do *Liber Mysterium (Livro dos Mistérios)*, Dee foi um matemático inglês que também estudou astrologia, alquimia e outros temas ocultistas. Preso (1555), segundo se alegava, por fazer horóscopos e usar encantamentos contra a rainha Maria da Inglaterra (reinou de 1553 a 1558), tornou-se cortesão no reinado da rainha Elizabete (reinou de 1558 a 1603). Diz-se que teria sido enviado à Europa continental para realizar uma tarefa de natureza delicada e secreta para o governo. Seu sócio, Edward Kelley, um homem ignóbil, o acusou de maquinações e conluios. O livro de Dee é a base do sistema enoquiano de magia.

Deidade — Deusa ou Deus. Termo genérico para Deus, com conotações menos sexistas do que "Deus", e mais curto do que "Deusa ou Deus". Espírito de grande poder.

demônio — Do sânscrito *div* (brilhar) e do grego *daimon* (espírito ou poder divino). 1) No cristianismo, os servos de Satã ou do Diabo. Anjos menores ou caídos. De acordo com Johann Weyer, havia 7.405.926 demônios servindo sob as ordens de 72 príncipes. Espíritos maus. 2) Espíritos existentes no Id humano. 3) Espíritos de nível inferior que interagem com o mundo material. O conceito clássico de daimon denotava um espírito intermediário entre os seres humanos e os deuses.

demonologia — 1) Ramo da magia negra que emprega conjurações e o controle de entidades e forças demoníacas para realizar a vontade do mago. 2) Conjunto de conhecimentos, encantos e sortilégios que, segundo consta, são usados para chamar, controlar e expulsar demônios. Uma forma de cristianismo negativo não praticada pelos wiccanianos.

demonomancia — Adivinhação por meio da evocação de demônios para fazer-lhes perguntas e obter respostas. Entretanto, como os demônios são mentirosos e enganadores notórios, é difícil conseguir uma resposta confiável. Autoridades medievais concluíram que havia 1.758.064.176 demônios menores constantemente à solta no mundo, prontos para aparecer sob qualquer forma, ao menor desejo. Algumas seitas cristãs consideram todas as formas de adivinhação obras realizadas com a ajuda de demônios ou de espíritos.

deosil, deasil — Latim (na direção do movimento do sol; no sentido horário, dos ponteiros do relógio). Para os wiccanianos, o movimento deosil é de natureza invocadora, e eles só se movimentam nessa direção quando estão num Círculo, para não dissipar a energia acumulada. Contrário de *widdershins*.

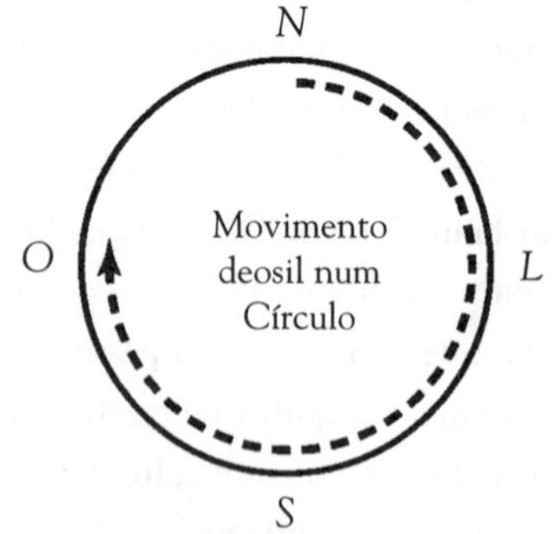

Movimento Deosil

desafio — Algumas Tradições exigem que cada provável participante de um Círculo seja desafiado ao entrar no Círculo. Normalmente uma lâmina é encostada na garganta ou no peito e é-lhe lançado um desafio verbal. Se a resposta for satisfatória, a lâmina é afastada e a pessoa é acolhida no Círculo. Também usado em Iniciações. Simboliza a importância de guardar os segredos da Tradição. Emprestado da Maçonaria.

desancorado (*ungrounded*) — O ato ou estado de não estar ancorado, embasado; estar psiquicamente à deriva, não ter equilíbrio psíquico; estar "aéreo", sem atenção consciente no aqui e agora. Uma maneira comum de ficar desancorado é deparar-se com um evento psíquico estranho, espantoso ou assustador e não conseguir permanecer calmo e equilibrado. Às vezes, quando desancorada, a pessoa pode sentir sintomas físicos, especialmente se está sujeita a condições físicas/médicas exacerbadas por distúrbios emocionais. Se esses distúrbios não são tratados adequadamente, podem levar ao temor, medo, pânico ou ansiedade.

A preparação wiccaniana geralmente inclui técnicas para ancorar-se e modos de evitar distúrbios psíquicos/emocionais em si e nos outros. A pessoa precisa estar firme para praticar a magia com eficácia; a Magia Cerimonial dispõe de muitos rituais e técnicas para construir essa base sólida e levar ao centramento exigido. Estar desancorado é geralmente um estado indesejado, embora alguns grupos metafísicos (em geral não-pagãos) possam praticá-lo para aprofundar as suas experiências com os fenômenos psíquicos. Equivocadamente, alguns podem confundir o estar desancorado com o estar aberto e consciente. A pessoa pode estar aberta e consciente e ainda assim estar ancorada, de modo que experiências incomuns não a perturbarão; o contrário pode acontecer se ela se defronta com fenômenos psíquicos estando desancorada. Geralmente, a falta de solidez também intensifica as emoções e as reações emocionais.

desencarnado — Contrário de encarnado. Estado de ser de uma entidade espiritual que não está "na carne". Pode manifestar-se como fantasma ou espírito, mas as divindades também são seres desencarnados.

desmembramento — Ritual em que um adepto deixa o Círculo em que foi treinado para formar ou juntar-se a outro. Ver também ramificação.

destino — Conceito ocidental de que a vida é predeterminada de acordo com um conjunto específico de regras estabelecidas por Deus, pelo Universo, pela Divindade, etc. Não tem relação com vidas ou ações passadas. Fardo de caráter cósmico e involuntário que ninguém pode evitar ou ignorar.

Deus — Divindade manifesta como gênero masculino. Também usado como termo genérico para Divindade, embora Divindade tenha uma conotação menos sexista.

Deusa Tríplice

Deusa — Divindade manifesta como gênero feminino.

Deusa Tríplice — Donzela, Mãe, Anciã. As três faces da Deusa conforme ela se manifesta nas idades de uma mulher após a puberdade. Forma genérica de culto à Deusa.

deva — Do sânscrito (brilhante). 1) Termo hinduísta ou budista, seres espirituais glorificados ou Deuses. 2) Termo ocultista popularizado por Madame Blavatsky, para quem os devas eram entidades semelhantes a anjos ou Deuses que evoluíram de um período planetário anterior e que estavam aqui para ajudar a humanidade em seu desenvolvimento espiritual. 3) Tipo de espírito da natureza que pode ajudar as pessoas.

Dez mil anos da Deusa — Conceito generalizado nos círculos pagãos de que o culto à Deusa surgiu em torno de 10.000 AEC, ou alternativamente, 10.000 anos atrás, aproximadamente em 8.000 AEC. Esses círculos acreditam que o período atual de culto patriarcal e de domínio social é apenas uma fase no ciclo da Deusa, e em breve (a época varia muito entre os adeptos) Ela surgirá novamente para ocupar o Seu devido lugar como Grande Deusa. Para muitos, a Deusa orientou a humanidade para a agricultura e para a civilização, e as sociedades primitivas atribuíam-lhe a dádiva das letras e da escrita. Essa concepção também tem seguidores que datam o tempo com um dígito extra, e assim 1999 torna-se 11999, acrescentando os 10.000 anos extras da existência do culto à Deusa. O dígito extra também serve para lembrar que a civilização e a religião existem há mais tempo do que os 2.000 computados pelos nossos calendários.

dharma — Preceito religioso budista relacionado com a colheita dos méritos passados. A pessoa vive o seu dharma em resposta ao karma que construiu ao longo de vidas anteriores.

Diabo (Devil) — Do sânscrito *devi* (pequeno deus). Também abreviado do francês *Homme d'Evil* (homem do mal). Também derivado da tradução do hebraico "Satã" para o grego "Diabolos". No cristianismo, o principal adversário de Deus (Javé) e de Jesus; a personificação do mal; regente do inferno; chefe dos demônios. A figura popular do Diabo desenhado como uma meia besta antropomórfica cornífera é uma corruptela da representação do Deus pagão Pã. Como personificação do mal, essa entidade tem muitos nomes, entre os quais Belzebu (o senhor das moscas), Asmodeu (a criatura do julgamento), Abadon, Behemoth (a besta), Belial (sem mestre), Diabolos (duas porções ou, do grego, decaído), demônio (o suposto significado de "demônio" é sedento de sangue, como Lúcifer é portador da luz) e Satã (adversário). Ver também Baphomet, Lúcifer, Satã. Esta entidade é um conceito cristão e não faz parte do sistema de crenças wiccaniano.

diadema — Faixa fina de metal usada sobre a cabeça. Normalmente de prata, identifica um Sumo Sacerdote ou Suma Sacerdotisa. Pode também ser o sinal de um Iniciado ou de Iniciado de determinado grau. Na Society for Creative Anachronism — SCA, indica posição hierárquica. Tradições diferentes têm costumes e regras diferentes para quem pode ou não usar um diadema e outras insígnias de Iniciação ou posição. Ver também coroa.

Diadema

Diânica — Tradição da Wicca de feições feministas que geralmente só aceita a Deusa como divindade. Para as seguidoras dessa Tradição, somente mulheres podem ser bruxas.

dias de poder — Sabás, mas também dias com ocorrências astronômicas e astrológicas, o aniversário da pessoa, os dias de menstruação da mulher, aniversários de Iniciações e outros dias especiais. Em sentido amplo, os dias em que o poder mágico é mais intenso, tanto para a humanidade como para cada indivíduo.

direção do sol — Ver deosil.

direções — (Ver quadrantes) As direções cardeais, Norte, Sul, Leste e Oeste. As quatro Torres de Vigia. A maioria dos Círculos orienta-se para as direções cardeais, e muitos grupos determinam a direção em que o oficiante deve começar a lançar o Círculo ou onde o altar deve se situar. Não há um padrão universal para o ponto onde começar o Círculo, localizar o altar ou mesmo definir o quadrante para cada elemento.

dispersão de nuvens — Suposta demonstração de habilidade psicocinética; as nuvens se dispersariam ou mudariam de forma à vontade do mágico. Forma de trabalho com as condições meteorológicas.

Divindade — 1) Deusas e Deuses. Entidade espiritual que habita num plano superior e pode ou não ser acessível ou inteligível a seres encarnados. 2) Momento de consciência em que a pessoa sente que é una com a Divindade, o que pode resultar numa transformação pessoal de natureza positiva.

divindade imanente — Idéia de que a natureza inclui a Divindade, que a Divindade é uma qualidade, não uma entidade separada, e pode ser encontrada tanto dentro como fora. Idéia ampliada e popularizada pela Nova Era.

djim, gênio — Do árabe, demônio ou espírito. Diz a lenda que o rei Salomão aprisionou todos os djins em garrafas para que a humanidade ficasse livre dos seus ardis e tribulações. A lâmpada de Aladim seria a garrafa de um djim.

dólmen — Pedra assentada em posição vertical num local sagrado antigo, em geral na Grã-Bretanha ou na Europa. Pedra colocada como parte de um círculo de pedras, num padrão não-circular ou mesmo sozinha.

Dólmen

domo de centramento — Espaço (geralmente uma tenda) num festival, perto da tenda de remédios, onde ficam alojados os voluntários que têm capacidade para ajudar pessoas com dificuldades para suportar a energia gerada no evento. Também uma zona psíquica neutra e um local seguro, aonde as pessoas com problemas psicológicos podem ir e conversar.

Donzela — 1) Aspecto da Deusa Tríplice que representa juventude, liberdade, independência e a estação da primavera. Corresponde a uma mulher que está no início da sua consciência sexual e da menarca. A Donzela tem muita vitalidade, energia e vigor, mas ainda precisa aprender as lições da vida e da experiência. Essas serão assimiladas à medida que ela passa da fase de Donzela para Mãe, de Mãe para Anciã, e daí renova-se na primavera para se tornar Donzela novamente e reiniciar o processo. 2) Alguns grupos adotam este termo em lugar de

Sacerdotisa Assistente, auxiliar da Suma Sacerdotisa na celebração de rituais e que pode ou não ser representante da Suma Sacerdotisa na função de líder. 3) No passado, o termo era às vezes empregado para identificar a função hoje exercida pela Suma Sacerdotisa.

doppelgänger — Do alemão, duplo andarilho ou caminhante. Gêmeo espiritual de uma pessoa viva; parece-se tanto com a pessoa que pode enganar quem o encontra. Diz o saber popular que a pessoa pode morrer caso encontre o seu *doppelgänger*. O que distingue o *doppelgänger* da pessoa viva é que ele paira acima do solo.

Dorothy, Old Dorothy — Mulher que presidia o New Forest Coven e que iniciou Gerald Gardner na Wicca. Também conhecida como Old Dorothy Clutterbuck. A identidade exata de Old Dorothy não foi provada, mas as pesquisas revelaram que essa pessoa pode ter existido. Hipoteticamente, a tradição de Dorothy foi uma TradFam. Supõe-se que tenha pertencido à classe alta, dispondo de meios e propriedades, que foi também bruxa e dirigiu um coven wiccaniano hereditário, descendente de Old George Pickingill.

Dríade — Do grego, espírito da árvore, geralmente considerado feminino.

drogas — O uso de drogas psicoativas como meio de chegar a estados alterados de consciência e de estabelecer contato com o divino é uma prática universal antiga. Muitos wiccanianos são contrários ao uso de drogas, acreditando que se pode chegar aos estados de êxtase mais adequadamente por meios auto-induzidos do que pela ingestão de substâncias psicoativas. Alguns wiccanianos usam drogas em situações ritualísticas controladas, mas são muito cuidadosos e praticam em locais fechados. O uso de drogas alucinógenas é em geral uma técnica xamânica. Há uma consciência de que o uso dessas substâncias num espaço sagrado deve ser respeitoso, compreendido e realizado de modo sagrado.

druida — Do gaélico, Homem do Carvalho, ou que conhece o carvalho. Pessoa que segue uma religião e Tradição celta renovada. Tradição pagã, mas não wiccaniana. As pessoas podem ser wiccanianas e druidas ao mesmo tempo. Os druidas originais formavam um clero celta poderoso e uma Ordem mágica que realizavam os seus cultos em bosques de carvalho e consideravam o visco como sagrado. O poder social e político dos druidas (e dos celtas em geral) foi destruído pelo romanos em sua conquista do mundo antigo. Há poucos registros dos rituais druídicos; o culto dessa tradição foi perseguido e extinto pelos romanos, porque os druidas constituíam o centro de resistência à conquista romana.

dualismo — Doutrina segundo a qual a cada princípio corresponde outro que lhe é contrário e irreconciliável. Normalmente visto na dicotomia bem–mal. De modo geral, a Wicca não é dualista, embora reconheça a existência das trevas e do mal e veja as dualidades como forças da natureza ou da humanidade mais do que como princípios cósmicos.

duende — Espírito da natureza, geralmente ligado a uma área específica, como uma clareira ou cachoeira. Manifestação às vezes visível de um ser elemental.

duplo — Aparição de uma pessoa que pode se manifestar como resultado de viagem astral ou de outras experiências fora do corpo. Pode ser sinal de morte iminente da pessoa. Corresponde ao termo irlandês *fetch* e ao alemão *dopplegänger*.

E

EC — Era Comum, termo menos cristocêntrico para designar os anos antes denominados "depois de Cristo" ou A.D. (Anno Domini — "ano de nosso Senhor," em Latim).

eclíptica — A trajetória aparente do Sol em seu movimento no céu. As constelações por onde a eclíptica passa formam o zodíaco. (Ver também zodíaco.)

ecologia — A crença na prática da ecologia e numa vida ecologicamente saudável é um princípio fundamental da cosmovisão dos wiccanianos. Renovar, reutilizar, reciclar são verbos que denotam ações levadas muito a sério. É recomendável evitar toxinas. Os pagãos preferem comprar produtos saudáveis da Terra (os que crescem natural e organicamente), se possível.

ectoplasma — Material etérico, translúcido e luminoso que emana do corpo de um médium, normalmente por algum orifício natural. Substância viscosa branca, com cheiro semelhante ao do ozônio, tem sido fotografada em formas reconhecíveis moldadas por espíritos. 2) Material de que fantasmas e outros seres espirituais são feitos.

efeito bumerangue — Expressão coloquial para a Lei de Três: tudo o que sai de você retornará triplicado. Pode referir-se especificamente a um ataque psíquico que encontra uma defesa mais forte.

ego — A parte individual e consciente da psique humana; inclui as características da personalidade do indivíduo.

elemental — Espírito de um dos quatro elementos: Terra — gnomo; Ar — sílfide; Água — ondina; Fogo — salamandra. Termo usado também em jogos teatrais como *Dungeons and Dragons*, etc., que se refere a entidades semelhantes consideradas "monstros" e que podem ser controladas ou combatidas. Um ser elemental não é visto como adversário na Wicca; os elementos e suas manifestações são aliados ou servos. Na Magia Cerimonial, o objetivo é controlar e dominar os elementais e suas manifestações para realizar o propósito do mago. Essa é uma das diferenças filosóficas fundamentais entre a Wicca e a Magia Cerimonial. Os elementais da natureza são criaturas como fadas, duendes benfazejos, trasgos, dríades (donzelas das árvores), dragões, etc. Em alguns casos, o elemental é usado de maneira muito semelhante a uma forma-pensamento.

elementos — Os elementos gregos clássicos do Fogo, Ar, Água e Terra. Não são interpretados literal, mas alegoricamente, como representações de paixão e zelo — Fogo; conhecimento e inspiração — Ar; emoção e passagens da vida — Água; e manifestações, o mundo tangível — Terra. Existe também um quinto elemento — o Espírito (às vezes éter) que representa a presença mágica, espiritual, invisível mas perceptível, dos Deuses. Os elementos também podem simbolizar os quatro estados da matéria: Terra — sólido; Água — líquido; Ar — gasoso; e Fogo — plasma. Não se deve confundir a tabela periódica dos elementos com os elementos "mágicos". Os dois tipos de elementos têm seu lugar na Wicca.

eleomancia — Adivinhação por meio da superfície de um líquido. Normalmente não apenas água (ver hidromancia), mas também óleo sobre água, óleo e outros líquidos.

elixir, elixir da vida — Líquido ou às vezes pó que, ao ser aplicado ou ingerido, cura milagrosamente uma ferida mortal e prolonga a vida indefinidamente. Muito presente em várias tradições mágicas. O Santo Graal pode ser visto como um elixir. Para alguns, o elixir da vida é a pedra filosofal.

Elvish — Língua e alfabeto artificiais, às vezes usados como alfabeto mágico. Inventados por J.R.R. Tolkien que os utilizou em seu romance *O Hobbit* e na *Trilogia do Senhor dos Anéis*.

emético — Agente químico que induz ao vômito quando ingerido. Usado às vezes na tentativa de expelir um espírito mau de uma pessoa possuída. Também usado como julgamento por provação: se a pessoa vomitava facilmente depois de tomar um emético, era considerada inocente; se sentia vertigem ou perdia o controle, o fato era tido como prova de culpa.

empatia — Sintonia com as emoções de outra pessoa; uma capacidade psíquica.

encantamento — Palavras ou expressões de fácil memorização usadas para lançar um encanto, geralmente faladas ou cantadas ritmicamente. A frase "que saia o ar ruim e entre o bom" é um exemplo simples de encantamento. Normalmente, um encantamento é acompanhado por outras técnicas e entoado enquanto se prepara ou faz alguma coisa. Ajuda a mente a concentrar-se na tarefa e é recitado para envolver todos os sentidos no encanto que está sendo lançado. Quanto maior o número de sentidos envolvidos, mais eficaz é o encanto.

encanto — Do Latim *carmen* (canto). 1) Encantamento; palavras mágicas faladas, cantadas ou escritas. 2) Objeto que se leve junto ao corpo por seus poderes mágicos ou propriedades de proteção. Ver fetiche e amuleto.

encarnação — Uma vida dentre uma série de vidas através das quais uma alma individual aprende, progride, cresce e finalmente se aperfeiçoa, até que o processo de encarnações se torna desnecessário e a alma pode então dissolver-se no Divino. Conceito oriental. Reencarnar é encarnar repetidas vezes.

encarnar — Do latim, entrar na carne, nascer e revestir-se de um corpo, ter um corpo físico, estar num corpo físico no plano material.

entidade — Um ser, espírito, criatura ou personificação. Alguma coisa com uma centelha divina de espírito ou alma.

equinócio — Do latim *aequus* (igual) e *nox* (noite). Os dois dias do ano em que a duração do dia e da noite é igual. O Equinócio da Primavera ocorre em torno do dia 21 de março e o Equinócio do Outono por volta de 21 de setembro. Momento em que a trajetória do Sol, a eclíptica, cruza o equador da Terra. Astrologicamente, o Equinócio da Primavera corresponde ao ponto 0° de Áries e o Equinócio do Outono ao ponto 0° de Libra. O Equinócio da Primavera é celebrado pelo Sabá menor de Ostara e o Equinócio do Outono pelo Sabá menor de Mabon.

Era das Fogueiras, Caça às Bruxas, Tempos de Queima (Burning Times) — Expressões que se referem às perseguições às bruxas no curso da história, às vezes especificamente às da Inquisição Católica, outras vezes usadas de forma geral para descrever qualquer perseguição religiosa a pagãos, gentios, hereges ou adeptos dos "antigos caminhos". Os wiccanianos consideram esses mártires como seus ancestrais espirituais, e estão firmemente determinados a não permitir que essa forma de perseguição religiosa torne a acontecer. "Fogueiras nunca mais" é um brado que os wiccanianos compreendem, pois muitos sofreram perseguições em tempos recentes por causa das suas crenças religiosas. Na realidade, as bruxas na Inglaterra eram geralmente enforcadas, não queimadas; outros métodos de tortura e morte (afogamento) também eram usados mais extensamente que a fogueira. Por trás do brado "Fogueiras nunca mais" está a idéia de que as bruxas ou os pagãos eram perseguidos, torturados e mortos pelos primeiros cristãos e por outros perseguidores por causa das crenças que professavam.

Era de Aquário — Devido a uma oscilação no eixo de rotação da Terra, o Equinócio da Primavera (o ponto em que o Sol cruza o equador celeste em seu movimento do sul para o norte — primavera no hemisfério norte) "precessa", ou seja, realiza um movimento retrógrado no curso dos milênios. De 2260 AEC até 100 AEC aproximadamente, esse ponto estava na constelação de Áries (Era de Áries). De 100 AEC até 2060 EC aproximadamente, ele está na constelação de Peixes (Era de Peixes). De aproximadamente 2060 EC até 4420, estará em Aquário (Era de Aquário). São necessários cerca de setenta e dois anos para um movimento de um grau (um signo tem 30 graus — doze signos vezes trinta graus cada um totalizam 360 graus, um círculo completo). As datas não são precisas porque, embora se compreenda que o espaço de tempo de um ciclo inteiro seja de 25.900 anos e a duração média de uma era seja de 2.160 anos, não há concordância universal sobre os pontos onde cada constelação começa e termina. Por isso, a literatura moderna define a Era de Aquário começando em algum ponto entre 1860 e 2680. As linhas das constelações nos livros de astronomia são parâmetros arbitrários decididos por volta de 1760 e não têm nada a ver com astrologia. Nem todos os astrólogos ou sistemas de astrologia concordam com o tamanho e estrelas componentes de cada constelação. A maioria concorda que os tempos atuais se situam próximo ao fim da Era de Peixes e ao início da Era de Aquário. Acredita-se que a Era de Aquário pressagie um período de paz, amor e fraternidade universal. O termo assumiu uma conotação de ressurgimento de ensinamentos e práticas espirituais, ocultas e metafísicas, e a aceitação generalizada desses ensinamentos e práticas.

eromancia — Técnica divinatória em que uma pessoa cobre a cabeça com um pano e faz perguntas inclinada sobre um recipiente com água. Qualquer ondulação ou agitação da água é tomada como resposta positiva. Praticada no Oriente.

ervas — Plantas aromáticas de clima temperado usadas para tempero, para fins medicinais e também com objetivos mágicos e espirituais. No passado, o conhecimento das ervas era exclusividade das bruxas. Além de ser parteiras, as bruxas curavam pessoas comuns, e a sua farmacopéia era composta de ervas e de outros produtos colhidos em determinadas épocas para produzir os melhores efeitos. Em diferentes épocas, a mulher que manipulava ervas era considerada bruxa.

ervas, molho de — Feixe de ervas queimadas para purificação. A erva mais comum é a sálvia, mas muitas outras podem ser usadas puras ou misturadas. Num ritual solene, uma maneira fácil e eficaz de purificar ritualmente um grupo de pessoas é fazê-las passar pela fumaça produzida por um molho de ervas à medida que entram no Círculo. Deve-se sempre mencionar as ervas que compõem o molho, porque algumas plantas são levemente alucinógenas quando queimadas e há pessoas que são alérgicas a determinadas essências. Prática inspirada pelos Nativos Americanos, embora as evidências indiquem que eles adotam esse sistema há apenas cem anos, aproximadamente.

Esbá — Do francês arcaico *esbatment*, divertir-se ou entreter-se. Margaret Murray (1863–1963) usou este termo pela primeira vez para descrever uma reunião mundana (não-wiccaniana) de bruxas. Atualmente denota as celebrações da Lua Cheia e da Lua Nova. Dias Santos baseados no ciclo lunar (assim como os Sabás se baseiam no ciclo solar). Alguns grupos celebram apenas as Luas Cheias; outros apenas as Luas Novas, e alguns celebram as duas. Há também grupos que celebram cada quarto da Lua. Os Esbás são mais voltados para a Deusa. Podem também se referir a um encontro regular (semanal, quinzenal ou mensal) de um coven ou de um grupo, quando são realizados cultos, magias ou curas, ou também tratados assuntos administrativos.

escada da bruxa — Uma fita com quarenta contas ou um cordão com quarenta nós usado como recurso para repetição concentrada sem efetivamente contar. Semelhante a um rosário.

escapulomancia, espealomancia — 1) Adivinhação pela observação de sinais no osso escapular de um animal, especialmente de uma ovelha, às vezes aquecido no fogo. 2) Adivinhação feita com o osso escapular ou a carapaça de uma tartaruga. Esquenta-se um ferrete ou algo equivalente, marca-se o osso ou a carapaça e interpretam-se as fissuras produzidas. Praticada amplamente na China antiga, supõe-se que o I Ching derive deste sistema divinatório, com a substituição das fendas pelas linhas yin e yang.

escarpomancia — Descrição do caráter pelo exame dos sapatos velhos do consulente. Método moderno de adivinhação.

escriar — Do inglês, *to scry*. Adivinhação fixando o olhar num objeto chamado *speculum*. Os objetos usados podem ser tão variados como uma bola de cristal, um espelho, um jarro de água, um cristal, fogo, a chama de uma vela, fumaça ou incenso, padrões aleatórios na tela da TV, um córrego, uma cachoeira. A pessoa concentra a atenção no objeto, deixando a mente vaguear (ao acaso ou focalizando-se em alguma coisa — uma pergunta ou pessoa), e percebendo as influências "vistas" no objeto, o "vidente" então interpreta as imagens. Por vezes, imagens oníricas são analisadas com as imagens percebidas, mas as mensagens são altamente subjetivas e interpretadas pelo "vidente" que recorre às próprias experiências e julgamentos. Termo geral; existem muitas formas específicas de adivinhação que podem ser classificadas como ato de escriar.

escrita automática — Forma de comunicação com espíritos pela qual uma pessoa permite que um ser desencarnado se aposse parcialmente dela e escreva servindo-se das suas mãos. Em geral, a escrita é bem diferente da forma de escrever habitual da pessoa, e esta normalmente não tem consciência do que escreve. Pode ser realizada em estado de transe ou não, pode ser voluntária ou involuntária. Algumas mensagens são recebidas em línguas estrangeiras ou escritas de trás para a frente, precisando ser lidas com a ajuda de um espelho. Ruth Montgomery praticou escrita automática durante muitos anos e publicou vários livros contendo os ensinamentos recebidos. Geralmente não é recomendada, pois é uma forma de possessão e a pessoa pode não saber a quem está autorizando a usar a sua mão.

escrita direta — Comunicação escrita do mundo espiritual sem a intermediação de um agente físico, ao contrário da escrita automática. Por exemplo, uma comunicação incompleta é terminada por uma mão desconhecida diferente ou numa máquina de escrever, num quadro-negro ou no computador. Pode ser benevolente ou malevolente.

escrita em ardósia/lousa — Meio para escrita automática, comum diante de um público.

escudo — Barreira de energia psíquica que bloqueia energias e influências indesejadas. Uma forma-pensamento ou barreira psíquica de proteção. Do mesmo modo que bloqueia as energias externas, pode conservar as internas. Os escudos são criados mental e magicamente e podem envolver pessoas, lugares ou objetos, sendo necessária atenção e trabalho para mantê-los ativos. Podem ser temporários ou permanentes e ajudam a bloquear ruído psíquico.

esferas dos planetas — Na cosmologia clássica, cada planeta estava preso a uma esfera real. O cosmos era feito de uma série de esferas concêntricas: a Terra no centro, e na seqüência o tempo climático e a atmosfera, a Lua, Mercúrio, Vênus, Sol, Marte, Júpiter, Saturno, as estrelas fixas envolvendo tudo, com Deus e o plasma do Universo (dependendo da cultura e da cosmologia).

As estrelas fixas seriam "buracos" na esfera mais afastada, com a luz ou Deus gotejando por eles.

Cada esfera girava ou vibrava numa freqüência específica, produzindo certos efeitos, um dos quais era um som musical, conhecido como música das esferas. Esse conceito de esferas hospitaleiras foi adotado pela cosmologia cristã antiga e depois ampliado por Dante Alighieri na *Divina Comédia*.

espaço pagão — Num festival, o ambiente de convivência e fraternidade que se forma quando muitos pagãos se reúnem; também a liberdade e descontração de espírito que se desenvolvem num festival ou coven. A liberdade desse espaço é freqüentemente expressa em festivais ao ar livre em que o uso de roupas é opcional. Em alguns festivais existem inclusive placas no portão de saída com o aviso, "Você está deixando um espaço pagão; você sabe onde estão suas roupas?" Outra informação adverte, "Espaço pagão, onde os homens podem vestir suas saias e as mulheres podem tirá-las".

Espaço Sagrado — Área sagrada num Círculo. Pode ser permanente, como num prédio ou ao ar livre, ou temporário, existindo apenas durante o tempo em que o Círculo está formado. Os wiccanianos criam um Espaço Sagrado cada vez que formam um Círculo, e por isso não têm necessidade de construções que outras religiões resguardam como lugares de culto. Não-pagãos têm dificuldade de compreender isso, especialmente os que professam religiões mais organizadas que têm espaços de culto permanentes. Quando um círculo está formado, os wiccanianos consideram que a área é tão sagrada e sacrossanta quanto uma igreja, esteja onde estiver, dentro de casa ou ao ar livre, e sendo de propriedade do grupo ou alugada. Como não existe estrutura permanente, uma pessoa pode invadir involuntariamente um Espaço Sagrado e tumultuar um ritual, talvez provocando dissabores e desentendimentos.

espada — Lâmina de dois gumes mais comprida que um punhal, geralmente com mais de 35 cm, usada como arma cerimonial para defender o Círculo de influências indesejadas. Muitos grupos têm uma espada de grupo. Usada como um athame maior. Também usada em grandes rituais em lugar do athame para que todos possam vê-la, como recurso para manter a mente concentrada. A espada de um grupo também pode ser símbolo desse grupo. Simboliza Ar ou Fogo, dependendo da Tradição. A Chave de Salomão descreve como uma espada mágica deve ser feita e inscrita, o que pode ou não ser seguido por um grupo ou Tradição específica.

Espada Mágica

espatulomancia — Versão escocesa da escapulomancia.

especialidade (como em Iniciados de Segundo Grau têm alguma especialidade) — Habilidade ou perícia de um wiccaniano em algum campo da atividade humana. Em geral, expectativa que wiccanianos de Segundo Grau sejam hábeis em alguma área do conhecimento. Uma especialidade pode ser perícia num sistema divinatório, habilidade para organizar e realizar um festival, capacidade em artes e ofícios, conhecimento especializado, traquejo em trabalhar com crianças, facilidade de planejar e executar rituais com grandes grupos, etc. Uma especialidade pode ou não ter relação com o trabalho e a profissão de uma pessoa, pode ser uma verdadeira vocação ou apenas um passatempo.

espelho — 1) Instrumento mágico para escriar e adivinhar. Também usado para repelir o mal. Um espelho (ou lâmina) negro é um instrumento de adivinhação. (Também pode ser utilizado como janela psíquica para sondar a casa de uma pessoa.) 2) Um espelho negro e branco não é um objeto, mas um instrumento de auto-ajuda criado por uma pessoa. É uma lista de traços positivos e negativos adotada como recurso para auto-avaliação e auto-aperfeiçoamento.

Antigamente, os espelhos eram artigo de luxo e raramente vistos ou usados pela pessoa comum. Ver precisamente o próprio reflexo como os outros nos vêem (e mesmo assim ele é contrário) é uma coisa mágica. Para algumas culturas, o espelho pode capturar a alma da pessoa, à semelhança da câmera fotográfica para outras culturas, que pode roubar a alma do fotografado. Em outras culturas ainda, ver o próprio reflexo num sonho, numa visão ou na realidade é presságio de morte. Muitos povos retiram todos os espelhos do quarto de uma pessoa doente para que eles não roubem nem enfraqueçam a sua alma. Teoricamente, vampiros, bruxas e demônios não projetam reflexo num espelho. Um mau-olhado pode quebrar um espelho. Diz a supertição que se uma pessoa quebra um espelho, ela terá sete anos de má sorte. Os espelhos também podem refletir ou devolver o mau-olhado e outros conjuros e encantamentos. Algumas culturas consideravam os espelhos malignos e instrumentos do Diabo, e estabeleciam inúmeras regras sobre o seu uso: deviam ser cobertos à noite; a pessoa não devia olhar-se no espelho à luz de vela; o Diabo podia capturar a alma da pessoa se ela olhasse no espelho à noite; e assim por diante.

espiral — Antigo símbolo de manifestação da Deusa. Simboliza também movimento para um centro. Pode ter utilidade semelhante à de um labirinto.

Espiral

espírito — Consciência discreta; pode manifestar-se separadamente de um corpo físico. Se for a alma de um falecido, é chamado de fantasma. Se for a alma de uma pessoa viva, separada do corpo físico, é uma manifestação de projeção astral.

espiritualidade — O sentimento de proximidade e ligação com Deus (ou Deuses) e as práticas que ajudam a alimentar esse sentimento. Espiritualidade não é religião (embora se possa vivê-la por meio da prática religiosa). A Wicca é um caminho espiritual e também uma religião. A pessoa pode seguir um caminho espiritual ou desenvolver a sua espiritualidade e não ser religiosa ou adepta de uma religião específica. Na linguagem wiccaniana moderna, ser espiritualizado é mais desejável do que ser religioso.

espiritismo — Religião baseada na crença na vida após a morte e na comunicação com os "mortos" por meio de médiuns. A teosofia é um caminho espiritualista que começou em Hydesville, Nova York, em 1848 com Margaret Fox e suas irmãs, que tinham a habilidade de obter respostas de espíritos por meio de pancadas ou batidas numa mesa. Posteriormente o grupo mudou-se para Rochester, também Nova York. As irmãs Fox ficaram famosas e viajaram muito. Imitadores surgiram, e em meados da década de 1850 o espiritualismo já contava com mais de 2 milhões de seguidores. Mais tarde Margaret Fox confessou que produzira as batidas estalando as articulações.

O espiritismo teve altos e baixos em termos de popularidade, mas nunca desapareceu por completo. A canalização é a versão moderna desse fenômeno e alguns canalizadores conseguem entrar em contato com extraterrestres, anjos, seres espirituais poderosos e entidades de antigas sociedades míticas, como também com os mortos.

espodomancia, espudomancia — Adivinhação pelo exame das cinzas, especialmente as cinzas de um fogo sagrado.

esticomancia, estoicomancia, estoiquiomancia — Ver bibliomancia.

estolisomancia — Adivinhação pela observação do modo de vestir-se de uma pessoa.

esvaziamento do coven — Quando um coven se desmembra de outro, o novo grupo evita trabalhar com o original a fim de estabelecer a sua nova identidade.

éter — Meio pelo qual a energia mágica é transmitida. Outro termo para espírito.

ética — Guia para o comportamento pessoal no que se refere ao bem e ao mal, ao certo e errado, ao relacionamento com outras pessoas, a dilemas morais e a outras situações da vida. Propriedade pessoal. Princípios de comportamento e conduta correta que brotam do interior da pessoa e regem o seu pensamento e modo de agir. Como a Wicca não tem um corpo doutrinário, um credo e uma moralidade imposta, cada wiccaniano formula o seu próprio código de ética que norteia a sua vida. À ética é reservada a uma grande parte do treinamento wiccaniano, e espera-se que cada estudante pense e reflita sobre as regras que orientam a sua vida e sobre os motivos que o levam a adotá-las. A ética é considerada um sistema de regras de vida pessoal mais ativo do que a moral, que é imposta externamente por uma sociedade e geralmente não possibilita escolhas pessoais.

evocar, evocação — 1) — Chamar. 2) Chamar alguma coisa de dentro para fora. 3) Chamar uma Deusa ou Deus que não habita num Sacerdote ou Sacerdotisa, semelhante a convidá-los para a festa. 4) Chamar ou convocar como no chamamento de um elemental como Torre de Vigia. 5) Convocação de uma entidade não-material pertencente a uma ordem de ser inferior à de quem convoca.

exorcismo — Expulsão por meios psíquicos de uma entidade indesejada que tenha se apossado de uma pessoa, lugar ou objeto. Ritual destinado a banir um espírito, fantasma ou entidade desencarnada. Conceito universal na maioria das culturas em toda a história humana, o exorcismo é uma forma de limpeza profunda e de banimento, realizado especificamente para afastar uma entidade mais do que apenas energias perturbadoras. Pode ser feito por um sacerdote católico ou por outros praticantes de magia, inclusive wiccanianos. Pode envolver a invocação da autoridade de um poder superior.

experiência de quase-morte — Fenômeno psíquico observável em todo o mundo, embora mais extensamente a partir do advento da medicina moderna e das suas extraordinárias técnicas de reanimação. Pessoas à beira da morte relatam ver uma luz brilhante e viver um sentimento de transcendência ou de vida nova. Elas também podem ter experiências fora do corpo e ver a si mesmas sendo atendidas por uma equipe médica. Em geral a pessoa se desloca a algum lugar sobrenatural e pode ou não falar com Deus ou com outros seres espirituais, mas então sente como se caísse e fosse puxada de volta para a Terra e para o corpo. Quem passou por essa experiência acredita que ela seja uma prova da existência de Deus ou de outra vida. Em geral produz mudança radical na vida da pessoa.

experiência fora do corpo (ver também viagem astral) — Também conhecida como EFC (ou, em inglês, OBE, *out-of-body experience)*. Ocorrência em que o eu espiritual viaja para outros lugares enquanto o corpo físico permanece em estado de meditação.

extático — Latim (fora do corpo), regozijo indizível. Prática espiritual causadora de um estado mental que parece tirar a pessoa de si mesma e pô-la em contato com algo maior do que ela. Pode ser alcançado por vários meios, desde o mais puramente mental (meditação), passando pela música, dança, canto e uso de drogas, até a privação dos sentidos e aplicação de outras técnicas. Em geral adotado como caminho para entrar em comunhão com a divindade.

extispício — Adivinhação pelo exame das vísceras de uma vítima sacrificial, geralmente animal. Os extispices dos colégios religiosos romanos eram os áuspices ou áugures.

F

faca de cabo branco — Ver boline.

fadas — Seres alados diminutos com capacidades e propriedades mágicas. Podem ajudar ou atrapalhar as pessoas. Ver também *faery*. As fadas são consideradas mais atraentes e envolventes do que os *faery*, embora nas histórias folclóricas também possam ser temíveis e más.

faery — 1) Povo das fadas — povo pequeno — seres sobrenaturais que às vezes coexistem neste plano de existência e podem interagir com as pessoas. Podem ser amistosos ou neutros — os *Seelie* ou *Seelie Court*; ou hostis, agressivos — os *Unseelie* ou *Unseelie Court*. 2) Nome usado por duas Tradições wiccanianas, a Radical Faery (ou Fairy) e Faery Wicca.

família — Pessoas que vivem juntas numa unidade econômica. Os wiccanianos são mais inclusivos com relação à composição familiar do que a sociedade em geral. Pode ou não incluir menores e parceiros casados.

familiar, animal amigo — Do latim *familiaries*. Nomes alternativos eram os *magistelli* e *martinelli* romanos e os *paredrii* gregos. 1) Animal companheiro que ajuda em assuntos psíquicos, mágicos e religiosos. Entidade não-humana, normalmente um animal, com que a pessoa tem empatia e laços de magia. Mais ativo e imediato do que um animal de poder. Um animal de estimação não é necessariamente um familiar, nem um familiar é necessariamente um animal de estimação, embora normalmente os dois se identifiquem. O saber wiccaniano diz que os gatos podem entrar e sair de um Círculo sem desfazê-lo. Os cachorros dificilmente cruzam um Círculo, e sentem a presença da barreira mágica. Qualquer animal pode se tornar um familiar, embora o gato seja o mais comum. Por exemplo, Sybill Leek tinha uma gralha chamada Mr. Hotfoot Jackson. Cães, gatos e cavalos particularmente são muito sensíveis a influências negativas, e podem sinalizar antecipadamente ou comprovar posteriormente. 2) Certas formas-pensamento criadas e mantidas também podem ser consideradas como familiares. Termo derivado de livros de bruxaria ingleses do início do século XVII; não aparece nos julgamentos e na literatura da bruxaria européia continental.

fantasma — Espírito desencarnado, entidade desencarnada, fenômeno que indica um excesso de energia psíquica e algum distúrbio psíquico ou emocional que dispara a "aparição". Os fantasmas também podem ser criaturas de outro mundo (fadas ou elementais). Termo usado genericamente pelos leigos; os wiccanianos tendem a ser mais específicos ao descrever distúrbios psíquicos.

faquir — Homem santo hindu, praticante de ioga e de técnicas de controle mental e físico, capaz de realizar feitos sobrenaturais, como deitar-se numa cama de pregos, caminhar sobre brasas e ser enterrado vivo. Às vezes, certas "façanhas" são produzidas por prestidigitação e outros ardis.

fascinar, fascinação — Do latim *fascinare* (encantar). 1) Ato de encantar uma pessoa com mau-olhado. 2) Encantamento que anuvia o julgamento de uma pessoa e a induz a agir de maneira contrária ao seu caráter, desejos ou modo de pensar mais lúcido. 3) Encanto que estimula o olhar do receptor a dirigir-se a uma pessoa ou objeto e nele fixar-se. Considerada uma forma de magia negra.

fatalismo — Conceito de que certos eventos são predeterminados e nada pode mudá-los. Opõe-se ao livre-arbítrio. Esse conceito é fundamental em certos sistemas religiosos, e é o que justifica a existência de algumas seitas cristãs (destino vs. salvação). A Wicca prega o livre-arbítrio e o karma (colhe-se o que se semeia), em oposição ao destino imutável.

fechado — Na magia, esse termo é usado para indicar que algo não está aberto ou disponível para todos os interessados. Antônimo de aberto. Quando empregado com referência a um Círculo, um "Círculo Fechado" é um Círculo de alguma maneira restrito a alguns participantes apenas; todos os outros ficam excluídos. Em referência a um grupo, "este grupo está fechado", significa que não é possível admitir novos membros nesse momento específico. Em geral, é usado não por razões de exclusão, mas de segurança, benefício dos participantes ou prudência. Por exemplo, o ritual de mistérios de mulheres seria fechado para os homens. Um ritual de Iniciação seria fechado, exceto aos participantes e observadores daquela Tradição de um determinado grau e acima, menos para o candidato.

feitiçaria — Artes taumatúrgicas. A feitiçaria é considerada uma modalidade mais negra da prática mágica. Às vezes, o termo é sinônimo de necromancia, podendo também indicar magia coerciva ou sem ética.

feiticeiro (*sorcerer*) — Adepto ocultista do sexo masculino; pode ou não ter pacto com Satã em troca de conhecimentos e habilidades, especialmente com relação ao controle de demônios. Diz a lenda que os feiticeiros têm um olhar hipnotizador e que o seu poder mantém-se intacto enquanto os pés estão em contato com o solo. Às vezes, termo depreciativo.

feitiço — 1) Encanto destinado a submeter uma pessoa à dependência mágica — ver fascinação. 2) Objeto carregado e mantido em segredo que pode ser usado para entrar em contato com divindades ou espíritos, ou para afetar a aura de uma pessoa. O *Retrato de Dorian Grey* é um exemplo ficcional dessa forma de feitiço. Pode-se usar uma gema ou um sortilégio escrito como feitiço.

feitiço da água/procura da água — Ver rabdomancia.

felidomancia — Adivinhação pela observação das ações, humor e comportamentos de um gato. Remonta à Idade Média.

feng shui — Chinês, "vento" e "água" — Antigo estudo chinês sobre o vento e a água, e mais especificamente sobre as correntes de energia que circulam sobre a Terra, na Terra e em torno da Terra. Aplicado para escolher locais propícios para morar, sepultar e realizar práticas religiosas. Muitos livros contemporâneos enfatizam a necessidade de se corrigir o lugar de residência e propõem curas para o feng shui negativo. Ainda muito praticado no Oriente, está se tornando popular nos Estados Unidos. Assemelha-se ao estudo do Chi e das linhas de energia.

fertilidade — Capacidade de procriar. Capacidade de produzir ou cultivar alimentos, tanto vegetais como animais. Capacidade de ser criativo em qualquer plano que se deseje: físico, mental, psíquico, espiritual. A Wicca é uma religião de fertilidade, representada no Grande Rito, que é uma procriação simbólica. Entretanto, os wiccanianos modernos reconhecem que nem todas as pessoas são talhadas para a agricultura ou para a paternidade, e por isso celebram a fertilidade em todos os planos e sob todos os aspectos, não se limitando exclusivamente à procriação física.

festival — Encontro de adeptos pagãos ou wiccanianos para atividades de grupo, seminários, rituais de grandes grupos, compra e venda, contatos pessoais e entretenimento. Mescla de acampamento da igreja wiccaniana/pagã com programação wiccaniana/pagã e exposição de produtos. Os festivais são muito voltados para atividades de ensino/aprendizagem e cursos. Normalmente incluem comerciantes que vendem artigos, artesanais e comerciais, de interesse dos participantes. Na origem, os festivais eram realizados ao ar livre e a maioria das pessoas acampava no local, mas atualmente são mais celebrados em pavilhões semelhantes aos das mostras comerciais. Há dezenas de festivais promovidos anualmente nos Estados Unidos. Quase todos são abertos aos interessados, mas há pouca divulgação, exceto nas publicações pagãs. Termo que também descreve um dos oito Sabás sazonais.

fetch — 1) Aparição, duplo, ou espectro de pessoa viva. 2) Corpo astral projetado ou forma-pensamento deliberadamente enviada para anunciar sua presença a outra pessoa. Pode-se usá-la como uma espécie de familiar astral. 3) Projeção astral coletiva de um grupo de magia.

fetiche — Possivelmente do latim *factitius* (feito pela arte) ou do português *feitiço* (encanto ou sortilégio). Objeto criado que tem poderes mágicos ou que foi carregado com energias mágicas, diferentemente de um amuleto, que pode ser encontrado ou feito. Os fetiches normalmente têm algum produto orgânico animal que lhes dá poderes — um olho de salamandra, cálculos biliares de uma ovelha, mechas de cabelo ou amostras de unhas. Termo às vezes usado para representar espíritos e criar um vínculo com o mundo sobrenatural. Geralmente os fetiches são considerados mais primitivos e supersticiosos do que os talismãs e os amuletos.

Filhos da Luz — Nome que às vezes denota os que praticam magia branca.

filorodomancia — Adivinhação batendo folhas de rosas com a lateral da mão e interpretando os sons produzidos.

filtro — Feitiço em que um encantamento é introduzido numa poção. Pode ser usado para transferir poderes ao objeto do feitiço. Também afrodisíaco ou feitiço de amor, geralmente em forma de beberagem. Poção dotada de poder mágico.

fisiognomia — Também antroposomancia. Leitura do rosto. Determinação do caráter de uma pessoa pelos traços do rosto. Remontando à dinastia Zhou (1122–221 AEC) na China, teve um tratado popular publicado na dinastia Sung (906–1279 EC). No Ocidente, é tratada como um ramo da frenologia, embora não o seja. O caráter é definido pelo tamanho, posição relativa, proporções e forma de vários traços faciais. Cicatrizes e outras marcas no rosto também são levadas em consideração, como também a cor e as condições dos cabelos. Praticada pelos antigos gregos. Os japoneses recorrem ao *ninso* — aspecto da pessoa — e levam em conta a forma do rosto, a qualidade da pele, os olhos, o cabelo e a coloração para detectar a disposição de espírito e o caráter. Não foi avaliado como a cirurgia plástica moderna modifica uma leitura.

flagelação — Algumas tradições wiccanianas adotam a flagelação como forma de induzir estados alterados de consciência. A flagelação branda (sem contusões ou laceração da pele) pode produzir estados alterados de consciência e liberar endorfinas. Em sua maioria, os wiccanianos ecléticos abandonaram a flagelação como parte dos seus ritos. Ainda é praticada em algumas Tradições da Wicca e, quando feita, é aplicada em cerimônias reservadas. A forma impressa "$" é usada como símbolo do flagelo ou da flagelação. Servidão e disciplina ou sadomasoquismo (BDSM, Bondage and discipline or sado-masochism, em inglês) — ser obrigado ou envolver-se em flagelação ritual, por consentimento mútuo, em vista de prazer sexual — não é um caminho mágico, religioso ou wiccaniano, mas um modo de vida alternativo que não se deve confundir com a prática da flagelação adotada em algumas Tradições wiccanianas.

flagelo — Chicote ritual que simboliza firmeza, em contraste com a varinha mágica que simboliza compaixão. Em geral, o flagelo tem um cabo e várias tiras, normalmente de seda. Pode ser usado como símbolo apenas ou como instrumento de fato. A flagelação é uma técnica aplicada para despertar ou estimular a consciência, não para ferir ou causar dor.

floromancia — Adivinhação pela observação, plantio e colheita de plantas e flores. Inclui exame do tamanho, cor e forma das flores, época de plantio, período de brotação e locais onde as plantas podem crescer inesperadamente. Deu origem à crença de que um trevo de quatro folhas traz boa sorte.

fogueira ritualística — 1) Também fogueira da bruxa. Fogo etéreo que pode existir num fogo material ou isoladamente. Termo às vezes tomado como sinônimo de fogo-fátuo ou de gás do pântano, a combustão de gás metano que pode ocorrer em terrenos pantanosos em conseqüência da decomposição de matérias orgânicas. Em outras circunstâncias, pode surgir quando há uma atividade etérea em processo, sendo então considerado prova da presença do pequeno povo ou do povo das fadas. 2) Fogueira acesa na celebração de um Sabá, geralmente dos Grandes Sabás, Imbolc, Beltane, Lugnasad e Samhain, embora possa fazer parte também dos Sabás menores.

fórmula mágica — Conjunto harmonioso de mudras, mantras e mandalas elaborado em vista de um objetivo mágico. Intenção clara direcionada por um aumento ritual de energia. Os encantamentos podem ser muito simples, mas às vezes também bastante complexos, envolvendo diversas partes. Muitos encantamentos são textos rimados, o que facilita a memorização, a concentração e o acesso mais espontâneo ao subconsciente.

forteano, fenômenos forteanos — Adjetivo calcado sobre o nome de Charles Fort (1874–1932), jornalista norte-americano que coletou e catalogou descrições de fenômenos estranhos, como chuvas de rãs, de peixes, de pedras, de pássaros mortos e de cobras; fenômenos paranormais, bolas de luz flutuantes, combustão humana espontânea, casos de estigmas e outras ocorrências inusitadas que pareciam desafiar qualquer explicação. Ele escreveu *Book of the Damned* (1919) (Livro dos Condenados), uma catalogação parcial desses fenômenos. Serviu-se dos exemplos, que nunca tentou explicar, para mostrar as limitações e deficiências do conhecimento científico e o perigo intrínseco de aceitar as leis naturais dogmaticamente, sem deixar espaço para ocorrências estranhas dessa natureza. Fort contestou o método científico de aceitar um fenômeno como verdadeiro apenas se pudesse ser provado e repetido isoladamente. Ele catalogou inúmeras "esquisitices celestes" com data retroativa a 1779, as quais evoluíram e se transformaram na atual pesquisa dos OVNIs. Pesquisadores modernos continuaram o trabalho de Fort em vários campos. Os fenômenos psíquicos se enquadram na categoria das ocorrências forteanas.

fotografia kirlian — Recebeu esse nome em homenagem a Semyon Kirlian, eletricista e inventor russo. A fotografia kirlian é uma técnica que possibilita fotografar pessoas na presença de campos elétricos de alta freqüência, alta voltagem e baixa amperagem, e obter fotografias que revelam emanações luminescentes multicoloridas. As emanações mudam conforme as alterações que ocorrem nos estados emocionais e na energia vital da pessoa fotografada. A natureza das emanações fotografadas ainda é objeto de conjecturas e controvérsias. Em termos populares, a fotografia kirlian capta imagens da aura. Trazida para o Ocidente em 1960, esta técnica está disponível comercialmente. Há estudos científicos desse fenômeno, nem sempre aceito unanimemente.

franco-maçonaria — Organizações secretas e fraternais, cuja Grande Loja, em Londres, foi fundada em 1717. Segundo a tradição maçônica, as cerimônias e os ritos maçônicos evoluíram das associações medievais (guildas) dos pedreiros, mas supõe-se que a ordem tenha segredos esotéricos transmitidos ao longo dos milênios desde o Antigo Egito. Gerald Gardner era maçom e muitas Iniciações e cerimônias da Wicca são de inspiração franco-maçônica, exceção feita aos segredos. Devido à natureza secreta dos ritos e graus e ao fato de que apenas os homens podem se tornar maçons (embora se saiba que algumas mulheres participaram da sociedade em circunstâncias atípicas), há muita suspeita e desconfiança sobre a organização, o que não se justifica. A única exigência para filiação é ser cidadão honesto e crente em Deus, não havendo imposição de nenhum credo religioso específico. São objetivos da organização: possibilitar aos homens encontrar-se em harmonia, promover a amizade e praticar a caridade. Os *Shriners* são uma derivação maçônica. As Lojas (ramos locais) existem em todo o mundo, e a excomunhão papal aos membros católicos foi revogada em 1983.

franja — Fios soltos na borda de um tecido. Para algumas tradições, as franjas têm propriedades mágicas. No judaísmo, por determinação de Deus, Moisés ordenou aos filhos de Israel que fizessem franjas na orla de suas vestes, costume que ainda sobrevive com o *tellis* franjado usado durante a oração. Atualmente, além de usada no *tellis*, a franja é uma forma de decoração, e se aplicada com intenção, pode adquirir efeitos mágicos.

Tecido franjado

Fraudulent Mediums Act — Lei inglesa que, em 1951, substituiu as leis contra a bruxaria que constavam dos livros desde os tempos medievais. A lei foi sancionada para proteger o público de praticantes de reputação duvidosa que ganhavam a vida aplicando fraudes, embustes ou coerção psicológica de origem mediúnica e mágica. A maioria das comunidades nos Estados Unidos e no Canadá dispõe de legislação que incrimina nominalmente quase todas as formas de adivinhação feita com pagamento em dinheiro ou outros bens. Na prática, muitos bruxos exibem a placa — "apenas para entretenimento" — enganando assim a lei. Algumas organizações de cartomantes e astrólogos elaboraram códigos de ética e instituíram certificados que asseguram ao público que seus membros são honestos e não estão envolvidos em atividades criminosas. O sucesso desses esforços é relativo, pois o público em geral os ignora, por falta de publicidade ou por apatia.

frenologia — Leitura do caráter pela interpretação da dimensão, do formato e da estrutura do crânio. Desenvolvida por Franz Joseph Gall, em Viena, no século XIX, pelo final desse mesmo século havia degenerado em pseudociência e vista como charlatanismo. As máquinas de frenologia que mediam a cabeça e forneciam uma análise do caráter (um computador mecânico primitivo) foram fabricadas e comercializadas em torno de 1900.

função do cérebro direito — As funções de intuição, de formação de imagens e de síntese, às vezes chamadas de "femininas", que pertencem ao hemisfério direito do cérebro, responsável pelo controle do lado esquerdo do corpo. Para uma magia eficaz, utilizamos as funções tanto do lado direito como esquerdo do cérebro.

função do cérebro esquerdo — São as funções linear, lógica, analítica, "masculina", geralmente governadas pelo hemisfério esquerdo do cérebro, que controla o lado direito do corpo. Precisamos tanto das funções do cérebro esquerdo como das do direito para praticar magia com sucesso.

fundie, fundy — Expressão coloquial inglesa que designa o cristão fundamentalista; pessoas com a mente fechada com relação à Wicca e que acreditam nas informações falsas espalhadas sobre a Wicca, o ocultismo e o satanismo. Não é um termo favorável, embora seja mais neutro do que reprovável.

Futhark — Alfabeto rúnico; o nome deriva das seis primeiras letras do alfabeto rúnico ("th" é uma delas). Há várias versões do *Futhark*, adotadas por várias tribos germânicas em lugares e períodos diversos. Também usado como alfabeto mágico. E ainda, referência ao conhecimento e ao corpo de ensinamentos místicos nórdicos.

G

Gaia — Deusa grega da Terra, também conhecida como Mãe Terra ou Terra Mãe. Entidade primitiva, mãe de todos os Deuses, Titãs e seres humanos. Invocada em rituais com temática ecológica. Às vezes considerada Deusa dos ecologistas.

Gaia, Hipótese — Paradigma científico que reúne geologia, biologia, ecologia, evolução, oceanografia, estudos atmosféricos e cosmologia numa teoria unificada para explicar a Terra, sua história e a evolução desde a poeira cósmica até a humanidade e as tecnologias atuais. Trata-se de um estudo interdisciplinar que acredita que a Terra é um ente vivo, que nós somos parte desse ente, e que a Terra é produto de uma série de eventos científicos que moldaram a ela e a vida que há nela em todas as suas formas. Freqüentemente classificada como filosofia pagã pelos críticos, existem muitos dados científicos que sustentam e explicam o número incalculável de mudanças por que a Terra passou em reação a múltiplas forças. A Hipótese Gaia surgiu como resultado do entrosamento entre o movimento ecológico e campos científicos mais tradicionais. Não se trata de um sistema de crenças religiosas em si, embora tenha muitos paralelos com as crenças pagãs.

gaiano — Termo genérico para um devoto da Deusa. Pode ser feminista, mas não necessariamente.

Gardner, Gerald — (1884–1964) Servidor civil britânico aposentado que ajudou a codificar as práticas da Wicca; também divulgou e popularizou o ressurgimento da religião Wicca e foi fundador da Wicca Gardneriana. Autor do romance (com o pseudônimo Scire) *High Magic's Aid* (1949) e do livro *Witchcraft Today* (1954), entre outros. Consta que Gerald Gardner estava envolvido com vários grupos ocultistas e, logo antes da II Guerra Mundial, foi convidado para juntar-se a um coven wiccaniano na região de New Forest (o New Forest Coven), dirigido por uma mulher chamada "Old Dorothy" (Dorothy Clutterbuck). Supostamente, esse grupo descendia da Arte como forma praticada por Old George Pickingill. Gardner adotou os ensinamentos e práticas desse grupo, acrescentou elementos da maçonaria, da Magia Cerimonial e de outras práticas e ensinamentos ocultistas e codificou tudo num sistema abrangente. Quando as leis da bruxaria foram finalmente revogadas na Inglaterra em 1951 (sendo substituídas pelo Fraudulent Mediums Act), Gardner tornou público o que passou a ser conhecido como Wicca Gardneriana. A imprensa britânica o chamou de "Bruxo Oficial da Inglaterra" e ele teve um longo e profícuo relacionamento com os meios de comunicação, o que provocou sentimentos confusos em outros bruxos, tanto no seu grupo como em outros. Gardner treinou e iniciou muitas pessoas que levaram a Wicca Gardneriana à Irlanda, aos Estados Unidos, ao Canadá, à Austrália, à Nova Zelândia e à Europa. Ele criou e dirigiu um museu de bruxaria na Ilha de Man.

gardneriano — Tradição da Wicca que descende de Gerald Gardner ou de uma de suas Sumas Sacerdotisas. Termo cunhado por um dos inimigos de Gardner na imprensa, o rótulo fixou-se e agora é o título "oficial" dessa Tradição de bruxaria.

gastromancia — Literalmente, "adivinhação pelo estômago". Adivinhação por meio da audição de ruídos inesperados, como os do estômago, mas também provenientes de árvores, riachos, etc. Os ruídos pareciam surgir dos lugares apontados pelo adivinho. Pode ser resultado da ventriloquia, mas também de manifestações de possessão ou de glossolalia.

geas — Encanto mágico que obriga a pessoa a realizar um ato ou uma tarefa específica, auto-imposta ou imposta externamente por meios naturais ou sobrenaturais. Teoricamente, a pessoa fica tolhida ou restringida em suas atividades cotidianas até que o *geas* seja retirado. A Busca do Santo Graal era um *geas* desse tipo para os cavaleiros que empreenderam a busca.

Geller, Uri — (1946–) Sensitivo israelense que demonstrou suas habilidades psicocinéticas na televisão durante a década de 1970. Era também considerado telepata e passou bem pelo teste de PES, embora a avaliação das suas habilidades psicocinéticas não tenha sido conclusiva. No final da década de 1970, retirou-se da vida pública e atualmente dá consultas particulares. Trabalha também com rabdomancia para localização de minerais e petróleo.

gelomancia, geloscopia — Adivinhação pela interpretação do riso histérico. Semelhante à glossolalia, pode ter surgido com os oráculos antigos que costumavam queimar substâncias alucinógenas e inalar a fumaça para provocar transes e visões. Os resultados podiam ser imprevisíveis.

Gematria — Estudo hebraico do alfabeto e das correspondências numéricas de cada letra. Palavras cujos valores literais produzem um total numérico idêntico são consideradas semelhantes em essência e em algum nível de significado. Ensinamento talmúdico, adotado e adaptado para uso moderno, também fora da esfera judaica. Na tradição ocidental, a numerologia é uma derivação da Gematria. Cada letra do alfabeto hebraico tem um determinado valor numérico; somando o valor de cada letra, obtém-se o equivalente numérico da palavra. O número da besta do Apocalipse — 666 — foi obtido desse modo.

geomancia — 1) Adivinhação feita usando-se terra, pedras, areia ou barro. 2) Sistema divinatório específico, de origem italiana, às vezes ligado à astrologia. 3) Sistema divinatório praticado fincando-se estacas na terra em pontos aleatórios, interligando-os com um barbante e interpretando as formas resultantes.

ghoul — Do árabe *ghul* (agarrar). Demônio árabe com um olho, asas e forma de animal que come carne humana.

giromancia — Adivinhação por meio do giro. 1) A pessoa gira sem parar enquanto entoa determinados encantamentos. Ao cair, ela teria uma visão oracular. 2) Desenha-se no chão um círculo dividido em vários segmentos, em geral 24. Cada segmento recebe letras hebraicas, símbolos cabalísticos, símbolos astrológicos, etc. A pessoa gira sem parar, às vezes cantando, e o segmento do círculo em que ela tropeça ou cai é então interpretado para obter respostas e mensagens. 3) Desenha-se um círculo de letras no chão; o praticante anda ao redor do círculo até ficar tonto. As letras em que ele tropeça são consideradas proféticas.

giz — Substância natural obtida de esqueletos decompostos de organismos marinhos, é usado para desenhar e riscar Círculos. Considerado mágico devido à sua origem animal, possui energia natural e força vital residual que pode ajudar nos trabalhos de magia.

glifo — Símbolo escrito ou desenhado. Símbolo sagrado ou mágico. Pode ser usado como símbolo de uma pessoa, de um grupo ou de uma tradição. Possível de adotar como nome mágico. Pode ser carregado com energia mágica ou possuir energia psíquica própria (como as runas). Pode-se utilizar um glifo para marcar objetos mágicos pessoais e também como encanto, com o objetivo de chamar determinadas energias.

glossolalia — Capacidade também conhecida pela expressão "falar em línguas" — 1) Fenômeno em que uma pessoa enuncia palavras numa linguagem incompreensível, que pode ser uma língua estrangeira atual, antiga ou mesmo desconhecida, em estado de transe ou não. Às vezes vista como forma de possessão. Pode ser uma comunicação do mundo espiritual. 2) Prática cristã que indicaria a presença do Espírito Santo na pessoa, normalmente realizada num ambiente carismático ou evangélico.

gnomo — Elemental da terra.

Gnomos de Zurique — Supostamente um grupo de *Illuminati* que controla o sistema bancário suíço, e possivelmente também os sistemas financeiros do mundo inteiro, alvo preferido de grupos arianos e nazistas.

gnose — Do grego, significa conhecimento. Conceito teológico segundo o qual cada um é responsável por estabelecer a sua própria ligação com a divindade, seja ela qual for.

gnóstico, gnosticismo — Sistema de crenças pré-cristão, pagão, judaico e cristão primitivo (século II AEC até o século III EC) baseado em ensinamentos místicos e espirituais e na relação e diálogo diretos do devoto com Deus. Heresia cristã do período inicial do cristianismo. Há muitos documentos gnósticos entre os manuscritos do Mar Morto e nas coleções de Nag Hamaddi, todos eles escritos religiosos e místicos descobertos no Oriente Médio em 1945, datados de aproximadamente 200 AEC até em torno de 150 EC. Esses escritos são os remanescentes de pequenos grupos religiosos que viviam isolados, na tentativa de alcançar a iluminação. Os wiccanianos adotaram imediatamente o princípio gnóstico de que o indivíduo é livre para ir em busca de Deus a seu modo.

O gnosticismo também representa um sistema de crenças fortemente dualista, bem/mal, luz/escuridão, espiritual/físico. Os gnósticos acreditavam que o ascetismo e os rituais de iniciação libertavam as almas imortais dos crentes da prisão da existência física. No antigo

Oriente Médio, o gnosticismo era praticado por pagãos, judeus e cristãos.

Na igreja cristã primitiva ocorreram debates acirrados entre os gnósticos e os que mais tarde seriam os católicos, porque as duas visões eram incompatíveis e havia muito em jogo. Os protocatólicos finalmente venceram, e os gnósticos foram eliminados, convertidos ou obrigados a se esconder. Os relatos que sobreviveram foram escritos pelos católicos, e por isso é provável que muitos registros sejam uma distorção do gnosticismo, com algumas práticas flagrantemente propagandistas e vulgares atribuídas aos primeiros gnósticos. Há elementos gnósticos na Igreja Copta, no Cristianismo Nestoriano e em outros pequenos grupos remanescentes daqueles dissidentes primitivos, mas em grande parte essas idéias foram declaradas heréticas. Quando elas invariavelmente reapareciam a cada poucos séculos ou mais, sob várias formas, os adeptos eram implacavelmente eliminados, porque um aspecto fundamental da religião católica é a necessidade de um sacerdote que seja intermediário entre o homem e Deus. Carl Jung acreditava que a retomada de idéias gnósticas beneficiaria a humanidade, e pesquisou a alquimia para descobrir alguns conceitos gnósticos ocultos há muito tempo.

Goetia — Livro ocultista escrito por Aleister Crowley. O termo deriva do grego e denota bruxaria.

goética — Magia que envolve a evocação e a submissão de espíritos do mal para realizar a vontade do mago.

golem — Criação hebraica que consiste numa figura do tamanho de um homem; é feita de argila e animada por um rabino com atos de magia e orações. Tem escrita na testa a palavra *emet* (vida, em hebraico). Uma vez criada, obedece aos comandos do seu criador, é sobrenaturalmente forte e imune a ferimentos. Para deter um *golem*, é preciso retirar a primeira letra, o que resulta na palavra *met* (morte, em hebraico). O rabino Judah Loew, de Praga, teria criado um *golem* para proteger o seu povo durante os pogroms ocorridos nos guetos judaicos no século XVI. Um *golem* teria protegido e ajudado os judeus no gueto de Varsóvia, insurgindo-se contra os nazistas na II Guerra Mundial.

grafologia — Análise da escrita manual para determinar o caráter. Uma vez considerada parte da leitura da sorte, é atualmente um componente muito respeitado do conjunto de técnicas de análise do caráter utilizadas pelos psicólogos.

Grande Grimório — Coleção de encantamentos, invocações e magias atribuída ao rei Salomão. Na verdade, o manuscrito data do século XVI e é um compêndio interessante de pensamentos e técnicas mágicas usadas naquela época.

Grande Obra — Ponto culminante de todo trabalho de magia, a Grande Obra consiste no processo de aperfeiçoar a mente e a alma para criar um ser humano tão perfeito e eficaz quanto possível. Pela magia e por outros meios, a pessoa aprimora constantemente a sua alma e o seu caráter, examina os seus defeitos e imperfeições e trabalha para se tornar total, plena e perfeita. Esse conceito surgiu no sistema hermético, mas foi adotado pelos wiccanianos e outros que procuram o aperfeiçoamento mágico.

Grande Rito — Sexo ritual realizado no Círculo mágico. A bênção sacramental do vinho e dos bolos num ritual wiccaniano. As palavras "assim como a taça é o feminino e o athame é o masculino, juntos eles são uma coisa só", seguidas do mergulho do athame no cálice para consagrar o vinho, simbolizam o ato de amor e procriação — sexo. O Grande Rito é sexo simbólico, e ilustra bem que a Wicca é uma religião de fertilidade. Fertilidade tem múltiplos sentidos, mas a procriação propriamente dita também está incluída nela. "O Grande Rito em si" consiste em fazer sexo realmente, em geral num Círculo ou num ritual particular em casa. Algumas tradições prescrevem que somente um casal legalmente constituído ou parceiros comprometidos podem celebrar o Grande Rito propriamente dito. Os wiccanianos não celebram com sexo grupal ou público nem praticam orgias ritualísticas.

Sacerdotisa e Sacerdote realizando o Grande Rito

grau, Primeiro, Segundo e Terceiro Graus — Níveis de Iniciação. A maioria das Tradições tem três níveis de Iniciação. Uma pessoa com Primeiro Grau é a que estudou durante o tradicional um ano e um dia e compreende os conceitos básicos da Wicca. Essa pessoa sabe como agir num Círculo e entende a linguagem e as práticas básica da Wicca, conforme prescritas pela Tradição a que aderiu. Uma pessoa com Segundo Grau estudou pelo menos mais um ano e um dia, sendo mais capaz e proficiente no conhecimento e na prática. Muitas Tradições esperam que um membro com Segundo Grau tenha alguma especialidade numa área de conhecimento e estudo e ensine o que sabe. Uma pessoa com Terceiro Grau estudou outro ano e um dia (em geral mais do que isso) e tem grande capacidade e mestria no conhecimento e na prática. Essas são as Sumas Sacerdotisas e os Sumos Sacerdotes da Wicca. A maioria das Tradições permite que apenas membros com Terceiro Grau iniciem seus próprios covens. Esses três graus podem receber outros nomes ou títulos, dependendo da Tradição; as exigências também podem variar bastante entre as Tradições.

Green Egg — Revista pagã de abrangência nacional e órgão oficial da Igreja de Todos os Mundos (CAW), uma igreja pagã com ninhos (ramificações) nos Estados Unidos, Canadá, Nova Zelândia e Austrália. É a revista pagã mais conhecida e de maior circulação do século XX. Traz uma relação de festivais, de grupos CAW locais e seções de cartas, artigos e artes.

gremlin — Espírito travesso que causa problemas de menor importância, mas que são difíceis de descobrir e resolver. Popularizou-se durante a II Guerra Mundial, e daí em diante passou a servir de explicação para problemas estranhos e inexplicáveis em equipamentos de alta tecnologia. O termo feminino correlato é *fifinella*.

grimório — também *gramerie*. (Ver também Livro das Sombras.) Compêndio mágico de encantos, ervas, sortilégios, receitas e outras informações. Pode ser transmitido por herança ou copiado à mão pelo beneficiário do conhecimento. Termo medieval para designar um livro ou gramática de procedimentos mágicos, o mais famoso dos quais é *Chave Maior do Rei Salomão*, conhecido coloquialmente como *Chave de Salomão* ou *Grand Grimoire*. Às vezes definido corriqueiramente como livro satânico de magia negra. Na Wicca, o termo é usado genericamente e às vezes como forma alternativa do Livro das Sombras e do Livro Negro, mais antigo. Outros grimórios famosos são o *Grimorius Serum*, *Chave Menor de Salomão*, *Heptameron*, *Enchiridium*, *Grimorium Verum* e o Grande *Grimório do Papa Honório*.

grove — 1) Grupo druida local. 2) Grupo de pessoas que se reúnem para estudar. 3) (arcaico) Coven com mais de treze membros. Também semelhante a Círculo Externo de um coven hierárquico tradicional.

Gurdjieff, George Ivanovich — (1872?–1949) Líder espiritual e fundador de um movimento que tem por objetivo alcançar a iluminação por meio da meditação e da consciência de si intensificada. Criou o Instituto para o Desenvolvimento Harmonioso do Homem, em Fontainebleau, França. Gurdjieff empregava técnicas de hipnotismo e ensinava a necessidade de obediência a um instrutor que tivesse alcançado a iluminação (um Homem que Sabe). Auto-observação constante, trabalho físico, tarefas humilhantes, emoções intensas, exercícios e danças, tudo isso era vivenciado para ajudar a pessoa a alcançar um estado elevado de autoconsciência, para transcender a existência mecânica e entrar em comunhão com a alma verdadeira. Também conhecido como Quarto Caminho, esse sistema conta com muitos adeptos em todo o mundo.

guru — Termo hindu, professor iluminado, alguém que possui conhecimento, capacidade e treinamento místicos superiores. Embora a Wicca seja ensinada em pequenos grupos, há poucos gurus verdadeiros. A maioria dos wiccanianos não se sente à vontade com a idéia de ser seguidor de alguém, seja pelo tempo que for. A Wicca ensina uma forte autodeterminação, autoconfiança e um ceticismo saudável.

H

Halloween, Véspera de Todos os Santos — Nome secular para o Sabá que os wiccanianos celebram como Samhain, geralmente no dia 31 de outubro.

halomancia — Do grego *halo* (sal) e *manteia* (adivinhação). Adivinhação por meio do sal.

Heathen — "*Of the heath*," (da charneca) pessoa que mora no campo, nas regiões onde cresce a urze (*heather*). Termo inglês originariamente empregado para designar uma pessoa não-urbana, mas posteriormente passou a significar não-cristão. A religião pagã chegou para representar as crenças pagãs originais que foram suplantadas e mais tarde suprimidas pelo cristianismo. No início, o termo se referia especificamente aos pagãos rurais nas Ilhas

Britânicas. Em inglês, alguns seguidores modernos das religiões pré-cristãs preferem ser chamados de *Heathens* em vez de *Pagans*.

Hécate — Antiga Deusa grega (embora tenha existido bem antes dos gregos clássicos, suas origens estão na região do Mar Negro). Para muitos estudiosos, ela preexiste ao universo ou então ao panteão grego. Era a Deusa da magia, dos bruxos e da bruxaria, da escuridão, do caos e de outras forças anteriores à civilização. Tinha três cabeças, e a serpente era um dos seus símbolos. Muitas estátuas de Hécate são idênticas às de Atena, e ambas pretendiam ter a coruja como pássaro patrono. Na época medieval e no período da Renascença, Hécate era considerada um demônio, padroeira das bruxas e da bruxaria.

Hell-Fire Club — Também Medmenham Franciscans, Ordem de São Francisco, Irmandade de São Francisco em Wycombe, Apóstolos de Dashwood. Ordem satânica fundada por volta de 1742, por *sir* Francis Dashwood, dedicava-se ao satanismo, à licenciosidade, à política e à libertinagem. Na Inglaterra, esses clubes existiram sob diversas formas, ora aparecendo ora desaparecendo desde finais do século XVII; também apareceram esporadicamente na década de 1880 (e possivelmente desde então), mas o de Dashwood é o Hell-Fire Club. Esse grupo era formado por membros importantes do governo britânico e da realeza; entre os anos de 1750 e 1770, grande parte da política da Inglaterra foi traçada nas reuniões desse clube. Havia certamente atividade satânica, mas é discutível se era séria, paródia da sociedade burguesa ou apenas tentativa de evitar o tédio do convencional. É indiscutível, porém, que os encontros normalmente acabavam em orgias. A tradição ocultista estabelece ligações do grupo com a Maçonaria, com a Revolução Americana (supõe-se que Benjamin Franklin tenha sido convidado de honra quando esteve na Inglaterra) e com a rede de grupos ocultistas que preservaram e aumentaram o conhecimento ocultista através dos séculos.

henge — Estrutura circular sagrada para rituais externos, normalmente de pedra, mas também de madeira.

henoteísmo — Crença ou culto a um único Deus supremo, sem negar a existência de outros.

hepatoscopia — Adivinhação pela observação da configuração do fígado de um carneiro.

Hereditário — 1) Pessoa que foi educada na Arte, como numa Tradição Hereditária. 2) Pessoa que segue as formas Trads-Fams mais antigas da Arte, as tradições pré-gardnerianas. 3) Pessoa que diz pertencer a uma tradição familiar histórica contínua de feitiçaria.

herege — Membro de uma igreja que professa crenças contrárias aos dogmas pregados por ela.

heresia — Crença religiosa oposta ou diferente das doutrinas ortodoxas de uma igreja, especialmente crenças que foram denunciadas por uma igreja. A igreja cristã condenou muitas crenças consideradas heréticas ao longo da história, mas o que é heresia num século pode se tornar ortodoxia em outro. Geralmente as crenças e práticas pagãs são consideradas heréticas.

Hermanúbis — Divindade greco-egípcia, fusão de Hermes e Anúbis. Era o Deus da magia e dos estudos místicos, guardião dos portões para outros reinos, guia dos viajantes astrais. Posteriormente foi adotado pelos magos medievais e renascentistas como seu Deus ou demônio da sabedoria mágica e mística. Foi a principal divindade dos Herméticos, e por meio dos ensinamentos deles tornou-se figura proeminente na Magia Cerimonial.

Hermético, Hermética — Tradição ocultista baseada nos ensinamentos de Hermes Trismegisto (Hermes Três Vezes Grande), alquimista e mago medieval. Também termo alternativo para as artes alquímicas. Combinado com a Cabala, esse corpo de conhecimentos foi o fundamento do ocultismo ocidental. O livro original em vários volumes, *Corpus Hermeticum* ou *Hermetica*, sobrevive em fragmentos e teria sido originariamente escrito em papiro e guardado na grande biblioteca de Alexandria. A maior parte do volume original perdeu-se quando a biblioteca foi destruída, mas supõe-se que iniciados conservaram fragmentos em esconderijos secretos no deserto. Polêmicas sobre a origem e a autoria da *Hermética* existem pelo menos desde a Renascença; estudiosos modernos acreditam que a obra foi escrita por diversos autores anônimos, desde o cristianismo primitivo até a era medieval e possivelmente até a Renascença.

Herne, o Caçador — Deus celta, Senhor da Caçada Selvagem. Deus cultuado por muitos wiccanianos de descendência celta tradicional. Num programa da televisão britânica sobre Robin Hood, transmitido nos Estados Unidos entre o final dos anos 80 e início dos anos 90, Herne, o Caçador, era uma divindade que assegurava a Robin e seus seguidores ajuda e proteção em troca do culto a ele. Essa série apresentava Robin e seu bando

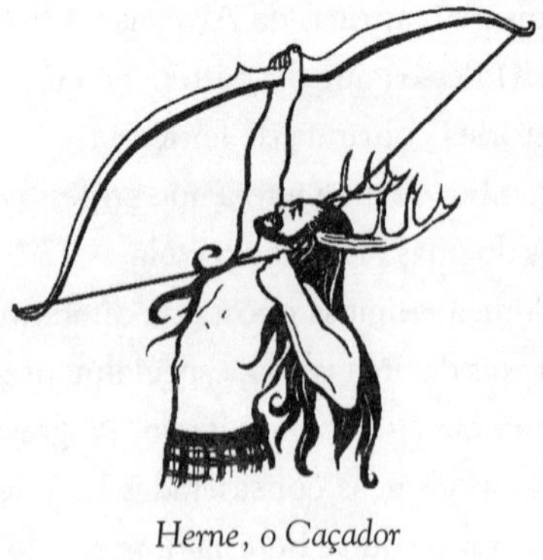

Herne, o Caçador

como devotos pagãos perseguidos pelos normandos cristãos.

hexagrama — Estrela de seis pontas, formada pelo entrelaçamento de dois triângulos eqüiláteros (por exemplo, a Estrela de Davi, ou Magen David, adotada como símbolo do judaísmo) ou por uma linha única (hexagrama unicursal, inventado por Aleister Crowley). O hexagrama é usado como símbolo ocultista desde tempos remotos e simboliza o princípio hermético "como em cima, assim embaixo". 2) Figuras de seis linhas do I Ching, compostas por dois trigramas.

Magen David, Hexagrama Unicursal, I Ching

hidromancia — Adivinhação que consiste em observar a superfície da água, seja numa tigela, numa fonte, num tanque, lago, córrego ou as ondas do mar. Pedras lançadas numa piscina de águas paradas, galhos ou folhas boiando num riacho, etc., são interpretados segundo os padrões e figuras que formam. 2) Adivinhação pela invocação dos espíritos da água, ouvindo então as suas mensagens ou lendo-as na água. 3) Adivinhação feita lançando objetos na água e interpretando o comportamento que revelam: se afundam, é bom presságio; se flutuam antes de afundar, é mau presságio. O costume de jogar moedas numa fonte para atrair sorte ou realizar um desejo pode ter sua origem nessa prática. 4) Adivinhação com um recipiente de água que, quando agitada por espíritos ao comando do adivinho, vibra até ferver, produzindo sons que são interpretados pelo bruxo.

hieromancia — Adivinhação por meio do sacrifício ou da preparação do sacrifício quando feita por sacerdotes ou iniciados especialmente designados segundo ritos e costumes estabelecidos.

hipnose — Estado alterado de consciência produzido por ondas cerebrais de baixa freqüência (alfa-teta), deixando a pessoa altamente suscetível à sugestão. Semelhante ao estado de sonho, porém mais induzido do que espontâneo. Algumas meditações dirigidas assumem a forma de uma sessão de hipnose. A hipnose em si não é uma técnica especificamente ocultista; ela deve ser usada com precaução, e apenas por especialistas e pessoas experientes. A maioria das regressões a vidas passadas se serve da indução hipnótica. Oficialmente descoberta pelo Dr. Anton Mesmer na década de 1770, que a denominou magnetismo animal. Foi historicamente chamada de mesmerismo, em homenagem a Mesmer. Na verdade, sob aparências e formas as mais diversas, as técnicas de hipnotismo fazem parte da sabedoria ocultista há milênios.

hipomancia — Adivinhação pela observação do andar de um cavalo, normalmente durante desfiles ou cerimônias especiais.

hocus pocus — Possível corruptela do latim *hoc est corpus* (este é o corpo), frase usada durante a missa católica. Palavras mágicas, encantos mágicos, encantamentos, orientação mágica errada, ou disparate. Não é usado para descrever Trabalhos de magia autênticos. Coloquialismo moderno para denotar atividades menos honestas ou não inteiramente expostas.

holismo, holístico, Teoria Holística do Universo — Essa teoria afirma que o Universo se reflete em todas as suas partes. Versão moderna da antiga máxima hermética "como em cima, assim embaixo".

Fractais, Mandelbrot sets e Julia sets são equações matemáticas que podem ser transformadas em imagens visuais; quando reduzidas ou ampliadas, essas imagens acabam sendo iguais às imagens iniciais. Esta é uma ilustração matemática e visual da teoria holística.

Esta teoria desenvolveu-se a partir do momento em que os físicos teóricos começaram a pesquisar os quarks e outras partículas subatômicas e suas propriedades, descobrindo então que ela se aplica a muitas outras áreas além do campo da física teórica. A ciência do caos também tem relação com essas teorias e construtos. Esta visão está sendo aplicada para "explicar" astrologia, magia e outros fenômenos paranormais, todos, aparentemente, sem uma ligação direta com a realidade objetiva, embora operem coerentemente. Macrocosmo e microcosmo são termos mais antigos para explicar essas idéias.

Homem de Preto — ver Ministro; diferente de Homens de Preto.

Homem Verde — 1) Também conhecido como Jack o' the Green, John Barleycorn — Deus da vegetação e da agricultura. 2) Pessoa (normalmente do sexo masculino) escolhida no festival de Beltane para representar o Deus, tanto para o dia como para o ano, em algumas Tradições. Geralmente escolhido por sorteio.

Homem Verde

Homens de Preto — 1) Termo que denota uma suposta fraternidade secreta de adeptos que superintendem todas as operações de magia. Por exemplo, quando uma pessoa pratica ações consideradas "proibidas" ou perigosas para outras pessoas ou para a humanidade como um todo, esse grupo visitaria o praticante, admoestá-lo-ia sobre a sua ação e, se as advertências fossem ignoradas, entraria em ação para impedir que ele continuasse com suas práticas. Essas ações podem variar desde restrições ao seu poder mágico, dependência total, acompanhada de instabilidade mental ou insanidade, até a morte em si.

Teoricamente, essa fraternidade é muito antiga e vem supervisionando o desenvolvimento espiritual, secreto e mágico da humanidade há milênios. São muitas as teorias sobre os Homens de Preto: seriam descendentes dos atlantes, dos antigos egípcios ou de monges tibetanos, seres espirituais que podem assumir forma corpórea, uma espécie de anjos da guarda mágicos. Pessoas de muitas comunidades de magia relataram ter sido visitadas pelos Homens de Preto, ocasiões em que as suas atividades, consideradas secretas, foram descritas tão minuciosamente e elas advertidas de forma tão veemente, que abandonaram o que estavam fazendo e passaram a dedicar-se a campos de pesquisa menos perigosos. 2) Coloquialismo para agentes do governo vestidos de preto que reúnem e guardam informações sigilosas sobre OVNIS, função essa que implica abafar relatos de sobreviventes, propor teorias plausíveis sobre avistamentos (o clássico balão do tempo) e em geral manter a tranqüilidade e impedir que a população entre em pânico por boatos da presença de alienígenas entre nós. Humoristicamente caracterizados no filme de ficção científica do mesmo nome, os Homens de Preto verdadeiros não são tão benévolos como o filme os apresenta, a acreditar-se nos depoimentos de pessoas que supostamente foram visitadas por eles. Os Homens de Preto estão principalmente nos Estados Unidos, embora haja informações de sua existência também na Europa, na Austrália e na África do Sul.

I

I Ching, Livro das Mutações — O mais antigo livro chinês existente. É um livro de adivinhação que contém 64 figuras (hexagramas) compostas de seis linhas cada uma, interrompidas (yin) e contínuas (yang). As linhas podem ser "móveis" ou "fixas".

As linhas móveis têm duas interpretações: seu caráter inicial e o caráter em que se transformam, criando um novo hexagrama. Cada hexagrama tem significados que derivam das partes componentes e sentidos adicionais que decorrem das linhas móveis (se houver alguma). Pode-se obter cada linha de muitas maneiras; jogar varetas de milefólio é o modo tradicional, mas praticantes modernos normalmente substituem as varetas por moedas. A filosofia que fundamenta o I Ching é confuciana e patriarcal, mas oferece boas sugestões, e quando a técnica é aplicada adequadamente e com respeito, a impressão que se tem é de estar sendo aconselhado por um sábio antigo.

A origem do I Ching é obscura, mas como sistema divinatório ele dataria de 3000–5000 AEC. Presume-se que seja um aperfeiçoamento das técnicas da escapulomancia, pois em sítios chineses antigos foram encontrados muitos cascos de tartaruga e ossos escapulares com fissuras e interpretações escritas. Segundo a lenda, o texto original data do Primeiro Imperador Fu Hsi, que viveu de 2852 a 2738 AEC. O rei Wen e o seu filho Chow (por volta de 1150 AEC) seriam os principais autores do texto atual, e Confúcio e seus discípulos (cerca de 500 AEC) teriam escrito os comentários.

ícone — Imagem ou representação sagrada. Os wiccanianos são liberais no que se refere aos símbolos que podem representar a Deusa ou o Deus. As velas brancas e pretas no altar geralmente simbolizam a Deusa e o Deus. Outros símbolos podem ser pedras, penas, objetos naturais, figuras, estátuas e formas semelhantes. Muitas imagens populares são representações genéricas, mas existem também imagens específicas de Deusas e Deuses.

ictiomancia — 1) Adivinhação pelo exame das vísceras de peixes. 2) Adivinhação pela observação dos movimentos e do comportamento de um peixe.

idolomancia — Adivinhação por meio de um ídolo. Algumas culturas tinham grandes estátuas vazias em que os sacerdotes se escondiam e falavam como se a própria divindade falasse para os consulentes. Em outros contextos, os ídolos eram usados como foco central, em imagens oníricas e de outras maneiras.

igualdade — A maioria dos wiccanianos acredita na igualdade absoluta de sexos, raças, capacidades, idades; alguns estendem essa igualdade a espécies, animais, plantas, rochas, planetas, estrelas e a todas as coisas do Universo.

***Illuminati* bávaros** — Ver *Illuminati*.

Illuminatus, Illuminati — Do latim, o(s) iluminado(s). 1) Trilogia de livros escritos por Robert Anton Wilson que supostamente descreveriam em forma de ficção uma conspiração secreta ocultista que estaria dirigindo os destinos do mundo, como uma "eminência parda", em muitas frentes da política e do comércio internacionais. Jogo com o mesmo nome, divertido mas bastante simplório, que trata dessas teorias. Uma teoria da conspiração ocultista, de caráter mais popular, preexiste a esses livros, e com eles popularizou-se ainda mais. 2) Nível de Iniciação em várias sociedades secretas. 3) Ordem dos *Illuminati*, também conhecida como Illuminati da Baviera, fundada em 1776 por Adam Weishaupt, na Baviera, que queria se tornar maçom, alcançando esse objetivo em 1777.

O Rito Maçônico Escocês contém muitos elementos dos *Illuminati*, o que inclui o antimonarquismo e o republicanismo. Em 1784, a maçonaria foi denunciada ao governo da Baviera como politicamente perigosa, e os maçons, os *Illuminati* e outras sociedades secretas foram suprimidos. A tentativa de colocar o Príncipe da Lorena no trono da França, devolvendo assim o domínio da Europa aos Habsburgos, foi uma das razões por que esse grupo era considerado politicamente perigoso. 4) Segundo a propaganda, a Wicca foi criada e é controlada pelos *Illuminati*; a Wicca, porém, é real, os *Illuminati*, não. 5) Na Magia Cerimonial e às vezes em algumas Tradições wiccanianas, *Illuminatus* é também o título que identifica um adepto.

imagens de cera — As pessoas acreditavam que figuras feitas de cera tinham propriedades mágicas especiais, pois a cera era vista como a substância da alma do reino animal. As pessoas podiam fazer uma imagem de si mesmas em cera para aumentar seus poderes mágicos ou sua potência sexual desde que a imagem não sofresse nenhum dano. Como essas imagens podiam ser usadas contra seus próprios criadores ou destruídas, era importante mantê-las num lugar seguro. Ver também boneco.

Imbolc, Imbolg — Do gaélico, no ventre, também conhecido como Oimelc, Immilch e Candelária. Sabá celebrado em torno de 2 de fevereiro. Astrologicamente, a 15 graus de Aquário.

incenso — Substâncias que liberam aromas diversos ao serem queimadas; usadas em cerimônias religiosas e de magia. Pode-se usar incenso para purificar, limpar ou como oferenda. Existem milhares de correspondências entre os vários incensos e seus atributos. Como estimulante do sentido do olfato, o seu uso repetido pode provocar determinadas respostas imediatamente. Quanto maior o número de sentidos envolvidos, mais eficaz será o encantamento ou o Trabalho de magia.

Os incensos são vendidos em muitas formas e variedades. Um tablete de carvão vegetal (especialmente preparado) com incenso salpicado na superfície é a forma com a menor quantidade de ingredientes artificiais. Um feixe de ervas secas para queimar é chamado de molho. Cones e varetas são artesanais e podem conter mais ingredientes artificiais, inclusive alguns que talvez provoquem reações alérgicas. Certos incensos indianos e orientais são notórios por conter óleos e resinas prejudiciais especialmente irritantes. É recomendável testar um incenso antes de usá-lo, para saber se provoca alguma reação alérgica. Quando queimadas, algumas ervas e especiarias podem produzir efeitos alucinógenos brandos;

os ingredientes num molho ou incenso devem ser testados antes de expor as pessoas à fumaça.

incensório, incensar — Veja braseiro.

inconsciente — A parte da psique humana que não está disponível ao ego consciente. A mente inconsciente pode ser dividida em duas partes: o inconsciente coletivo, repositório comum de toda a raça humana e habitação dos arquétipos, e o inconsciente individual que contém todos os elementos ocultos da personalidade. Realizar a Grande Obra é esforçar-se para melhorar a comunicação entre o ego e o inconsciente.

inconsciente coletivo — Conceito junguiano; os símbolos coletivos e a compreensão dos símbolos que influenciam uma sociedade e possivelmente toda a humanidade. A memória e o conhecimento coletivos de um grupo que se acumulam através do tempo e podem ser acessados por meio de sonhos, meditação e técnicas psíquicas. Os arquétipos são manifestações do inconsciente coletivo. A interpretação de sonhos se baseia em símbolos universais que fazem parte do inconsciente coletivo.

individualidade — A porção reencarnatória imortal de uma pessoa, aproximadamente equivalente à alma. A individualidade é imortal, mas a personalidade muda de encarnação para encarnação.

inferno — Conceito cristão que denota um lugar de tormento, para onde as pessoas vão após a morte se não foram bons cristãos, se praticaram más ações ou se abandonaram o Senhor (significando Javé e Jesus) e os seus caminhos. Os wiccanianos não acreditam no inferno nem na condenação.

Iniciação — Metamorfose mágica. Cerimônia mágica em que um adepto passa a um grau mais elevado de entendimento e sabedoria, como também de perícia e capacidade. Ritual que representa um teste final das qualificações de uma pessoa para obter determinado grau ou posição. O ritual é uma confirmação dada pelo(s) iniciador(es), pelas testemunhas e também pela Deusa e pelo Deus. A maioria das Iniciações wiccanianas contém os mesmos elementos: um desafio, um juramento, a transmissão do conhecimento e uma morte e renascimento simbólicos. Iniciações ao Primeiro, Segundo e Terceiro Graus são comuns na Wicca, embora não sejam universais.

Existem muitos costumes relacionados com as Iniciações: deve haver um intervalo de pelo menos um ano e um dia entre elas; não podem ser aplicadas a uma criança; não podem ser realizadas com uma mulher menstruada (durante o período); não podem ser realizadas com uma mulher grávida ou nos três meses seguintes ao parto; o candidato não deve conhecer de antemão o texto ou as cerimônias de Iniciação; devem ser realizadas por uma pessoa de grau igual ou maior (isso varia muito entre as Tradições); devem produzir uma mudança na pessoa para mostrar que foram eficazes; os "segredos" da Tradição são transmitidos; exige-se um juramento e esse deve ser cumprido; o desafio proposto deve ser aceito e superado.

A maioria das Iniciações wiccanianas tem por modelo as Iniciações maçônicas para o Primeiro, Segundo e Terceiro Graus. Quase todas as Tradições wiccanianas oferecem Iniciações, embora nem todas concedam graus.

Na auto-iniciação, a pessoa realiza a cerimônia sozinha, depois de um longo treinamento e muita prática. Essa também pode ter sua validade reconhecida (ver *Wicca: A Guide for the Solitary Practioner*, de Cunningham, para uma Iniciação solitária), embora muitas Tradições não reconheçam as Iniciações que não são realizadas dentro de uma Tradição específica. "Iniciação pelos Deuses" é um termo usado para reconhecer a aprendizagem e o crescimento através de uma série de crises na vida pessoal que são resolvidas e que confirma a sabedoria assim obtida. Essa expressão pode ser considerada tão válida quanto uma Iniciação tradicional.

O ditado "Deus inicia, nós apenas oficiamos" justifica/explica uma Iniciação que não segue os padrões estabelecidos, mas também explica por que as pessoas não reagem exatamente da mesma forma quando iniciadas. Para alguns, uma pessoa não pode ser chamada de bruxa se não passou pela Iniciação.

iniciado — 1) Pessoa que passa por uma cerimônia mágica realizada com o objetivo de constatar níveis de capacidade e despertar para uma consciência e habilidades mais avançadas. Uma Iniciação pode ser formal ou informal. Muitos grupos wiccanianos não reconhecem as Iniciações de outras Tradições, exigindo que cada membro passe pelas Iniciações específicas da Tradição a que quer pertencer. Nem todos os wiccanianos são Iniciados, e nem todas as Tradições exigem ou mesmo oferecem Iniciações. A pessoa pode também se auto-iniciar, o que pode ou não ser reconhecido por outros. 2) Novo membro de um coven. 3) Wiccaniano de Primeiro Grau.

Inquisição — Tribunal da Igreja Católica criado no século XIII e desenvolvido para descobrir e suprimir a heresia e punir os hereges. Os acusados eram culpados presumidos até provarem inocência. A tortura era um método válido para extrair confissões e confirmar informações. Concebida originariamente como método a ser usado raramente e sob circunstâncias especiais para descobrir hereges no seio da Igreja, com o passar dos séculos a prática se disseminou e se tornou indiscriminada. O ofício formal da Inquisição foi finalmente dissolvido pelo Papa João Paulo II em 1991. Inicialmente, apenas um ofício católico, mas quando a reforma protestante se propagou e cresceu, inquisições realizadas por protestantes e também por católicos tornaram-se prática comum. Os Julgamentos das Bruxas de Salém, na década de 1690, foram uma forma de inquisição protestante. A bruxaria se tornou heresia na Idade Média, e durante a Renascença os julgamentos de bruxas se tornaram uma forma conveniente para algumas pessoas conseguirem dinheiro e se livrarem de rivais e inimigos — o acusador geralmente podia confiscar as terras e as propriedades do acusado depois de dar um "presente" aos inquisidores ou à Igreja.

A idéia popular de que nove milhões de mulheres européias perderam a vida devido à Inquisição e aos julgamentos de bruxaria pode ser um exagero. As vítimas das inquisições quase sempre morriam na prisão ou durante as sessões de tortura. O número real de pessoas queimadas foi pequeno. Muitos cometiam suicídio (uma heresia em si mesma) antes de enfrentar os inquisidores. Na Inglaterra, a punição mais comum era a decapitação ou o enforcamento. A frase moderna "fogueira nunca mais" refere-se ao desejo ardente de que os pagãos nunca mais sejam submetidos a qualquer tipo de inquisição ou a outras formas de perseguição religiosa.

intenção — Realização de um ato com eficácia e concentração, com uma afirmação claramente focalizada de vontade e propósito. Quando você realiza com intenção uma tarefa tão comum como lavar pratos, por exemplo, você faz mais do que lavar pratos. Esse ato se torna um ritual que inclui limpeza e consagração. A intenção é necessária para tornar um encanto ou um Trabalho eficaz.

invocar, invocação — 1) Chamar. 2) Chamar algo de fora para dentro. 3) Chamar uma Deusa ou um Deus para que habite na Sacerdotisa ou no Sacerdote. A Deusa ou o Deus compartilha o corpo da Sacerdotisa ou do Sacerdote com a permissão deles e sob circunstâncias controladas por um período fixo de tempo. 4) Pedir ajuda e apoio. 5) Convocação de uma entidade não-corpórea e de ordem superior à de quem convoca.

ioga ou yoga — Tradição indiana, específica do hinduísmo. Série de disciplinas mentais que têm por objetivo a identificação pessoal com a consciência. Também conjunto de exercícios e práticas de meditação. Tornou-se popular no Ocidente na década de 1960 e ainda é amplamente adotada como forma de manter-se flexível e em boas condições de saúde, especialmente para pessoas que podem não ter condições de praticar exercícios mais exigentes e desagradáveis.

Ipsissimus — Título ou grau na hierarquia da magia, supostamente o penúltimo. Pertence à Magia Cerimonial.

iridologia — Exame da condição mais ou menos saudável, ou do maior ou menor equilíbrio do corpo, pela interpretação da cor e das irregularidades na íris. Tem origem nos antigos ensinamentos chineses. No diagnóstico médico, os olhos são examinados para detectar sintomas os mais diversos. Por exemplo, se o branco dos olhos está amarelo, isso geralmente indica icterícia.

Irmãos das Sombras, Irmãos Negros, Irmãos Cinzentos — Nome às vezes aplicado aos que seguem o caminho da mão esquerda ou que praticam magia negra. Diferente de Homens de Preto.

J

jejum, jejuar — Técnica de alteração da consciência pela abstenção de alimento ou água durante um período específico de tempo. Segundo testemunhos, o jejum clareia a mente, possivelmente aumenta as capacidades psíquicas e torna a pessoa mais receptiva aos planos etéreos. Pode ser praticado para ajudar nos trabalhos de magia ou de adivinhação. Técnica extensamente usada em todas as religiões do mundo.

jóias da bruxa — As jóias usadas por uma Bruxa Rainha para indicar hierarquia. A coroa de prata, uma faixa prateada com uma lua crescente, a liga, o bracelete e o colar são os sinais da posição usados num Círculo.

Sacerdotisa com Jóias

julgamento por provação — Método medieval aplicado para testar fatos, a inocência de uma pessoa, a validade de um juramento, as habilidades de uma bruxa ou para decidir entre dois litigantes. A pessoa (ou pessoas) era submetida a uma provação que, se completada com êxito, provaria que ela estava certa ou tinha Deus ao seu lado. Normalmente, um desfecho favorável indicava inocência. Uma pessoa culpada sucumbiria ao teste e o terminaria ferida ou até morta. Alguns julgamentos por provação eram surpreendentemente ardilosos: um deles consistia em dar à pessoa um bolo de cevada seco. Se ela se engasgasse ou não conseguisse engoli-lo, era julgada mentirosa ou culpada. Esse método era considerado eficaz porque uma pessoa culpada ficaria mais nervosa e teria a boca mais seca. Outros testes eram mais perigosos e potencialmente mortais: atravessar uma fogueira ou caminhar sobre brasas, julgamento por luta física, por água (mergulhando a cabeça ou nadando), veneno ou tortura. As bruxas acusadas eram geralmente submetidas a algum tipo de julgamento por provação. Atualmente, um julgamento por provação é quase sempre uma série de tarefas ou exercícios difíceis que, quando completados ou bem conduzidos, conferem uma certa habilidade ou sabedoria à pessoa. Pode ser aplicado em Iniciações ou mesmo substituir uma Iniciação formal. Hoje, provação é o termo usado para essas modalidades de experiência.

juramento — Afirmação de compromisso feita num contexto sagrado. Os wiccanianos prestam vários juramentos no curso de suas Iniciações. Os juramentos de confidencialidade e sigilo são comuns, normalmente feitos para proteger os colegas e os segredos da Tradição. As pessoas também juram para o seu Deus.

jurisdição — Área geográfica de um coven. Tradicionalmente, cada coven abrangia uma área de aproximadamente cinco quilômetros em qualquer direção, um círculo com cerca de dez quilômetros de diâmetro. Atualmente, com tantas Tradições diferentes e pagãos urbanos, isso geralmente é ignorado.

K

karma — Do sânscrito, trabalho, ação, feito, ou causa e efeito. Originariamente conceito hindu e budista, passou a fazer parte de muitos caminhos do misticismo moderno e do pensamento esotérico. Karma é o mérito que a pessoa acumula em decorrência da sua conduta em encarnações precedentes. O karma não é fatalista; ações de mérito excepcional podem apagar um karma negativo e levar a pessoa a evitar conseqüências desagradáveis de ações praticadas em vidas passadas. O karma pode ser bom ou mau, dependendo das ações passadas, e pode explicar problemas, dificuldades, dons especiais e outras circunstâncias da vida que parecem não ter nenhuma ligação direta com a vida atual. Algumas interpretações modernas do karma são inadequadas, chegando mesmo a ser ofensivas. Por exemplo, na linguagem moderna, a idéia de "karma imediato" se popularizou como uma espécie de justificativa moral para "aqui se faz, aqui se paga" e "desgraças acontecem". O karma também é invocado como desculpa moral para os aborrecimentos da vida. Já que você os atraiu, não deve queixar-se, mas recebê-los como uma bênção e ficar feliz por ter a oportunidade de resgatar o seu karma negativo, superar a situação e tornar-se uma pessoa melhor. A Wicca ensina a responsabilidade pessoal pelas próprias ações, mas também reconhece que a vida nem sempre é justa; entretanto, isso não significa que a pessoa deva acolher ou bendizer a adversidade. Diferente de destino, que é um conceito ocidental sem nenhuma relação com ações do passado, o karma representa os frutos de ações passadas.

Keltria — Organização de druidas.

kerfan — Ver boline.

kundalini — Do sânscrito, energia da serpente, conceito hindu derivado dos ensinamentos sobre os chakras e a bioenergia pessoal. A serpente kundalini está enroscada na base da espinha; com meditação, ioga ou outras disciplinas tântricas, ela pode ser despertada e a energia liberada através do corpo, abrindo os chakras e teoricamente promovendo a iluminação e proporcionando um vislumbre do Universo. Sabe-se que a liberação dessa energia sem preparação e treinamento adequados pode provocar choques psíquicos, sendo por isso recomendável trabalhar com um instrutor ou guru experiente. O uso moderno equipara essa energia ao Chi.

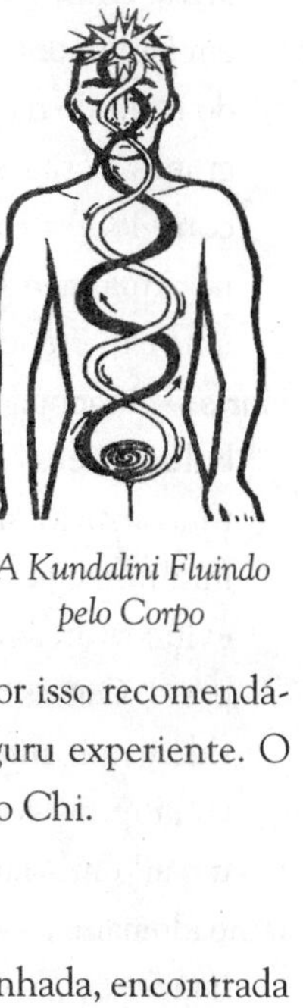

A Kundalini Fluindo pelo Corpo

L

labirinto — Estrutura complexa e emaranhada, encontrada em todo o mundo. Pode servir como recurso de magia e

Labirinto

símbolo do caminho da Iniciação; também pode ser percorrido para criar um estado alterado de consciência e desencadear uma resposta iniciatória. Alguns labirintos antigos eram construídos sobre linhas de energia, de modo que quando a pessoa "percorria o labirinto", ela sentia as energias do lugar e podia ter uma experiência de Iniciação. Serpent Mound, perto de Locust Grove, no sul de Ohio, é um labirinto, embora de configuração diferente dos labirintos europeus. "A travessia do labirinto" era às vezes exigida como prova para um iniciado em potencial e, se bem concluída, celebrava-se a cerimônia de Iniciação. Muitas igrejas cristãs têm labirintos desenhados nos mosaicos do piso, às vezes intencionalmente, outras vezes com fins estéticos. O fiel pode percorrer esses mosaicos em sinal de devoção ou como meditação ativa. Uma dança em espiral é uma espécie de labirinto em movimento, uma vez que as pessoas dançam entrando e saindo da espiral. Um ritual muito proveitoso para grupos é criar um labirinto e fazer os participantes percorrê-lo. Às vezes um labirinto é também uma mandala. Atualmente, a travessia do labirinto é considerada uma experiência espiritual.

lábris — Machado de cunha dupla. Simboliza a Deusa e a Lua. Em algumas culturas antigas, símbolo dos mistérios femininos, e por isso os homens deviam evitar as áreas onde o lábris estava exposto. Outras culturas também o consideravam símbolo do raio de Deus. Como arma sagrada, pode ser usado como athame ou espada.

Lábris

lampadomancia — Adivinhação feita com a chama de uma lamparina.

lançar — Ato criador com intenção, como em lançar um Círculo ou lançar Círculo (criar um Espaço Sagrado); lançar um encantamento (acumulando, concentrando e então enviando energia mental); ou expulsar todas as impurezas (limpeza com intenção).

lecanomancia — Adivinhação feita lançando gemas na água e interpretando mensagens e presságios.

Lei de Três — "Tudo o que fizeres retornará triplicado" é uma máxima que essencialmente ensina aos que trabalham com magia que devem prestar atenção ao que projetam. Se envia amor, você terá três vezes mais amor; se emite negatividade, também terá como retorno negatividade triplicada. Lei cósmica que tem como objetivo aumentar a consciência — pois tudo o que você projeta, consciente ou inconscientemente, voltará triplicado; por isso, é recomendável ter consciência de tudo o que você envia. Uma idéia semelhante é expressa pela Regra de Ouro, "Faze aos outros o que queres que te façam".

leitura da mão — Adivinhação pelo exame da mão: das suas linhas e formas, e também da forma dos dedos e das unhas. Os textos quiromânticos chineses mais antigos datam de aproximadamente 3200 a.C. Leitura da mão é uma expressão geral que inclui as disciplinas mais antigas e específicas da quiromancia — adivinhação por meio da observação das linhas das mãos; quirognomia — adivinhação pelo exame da forma e da configuração geral das mãos e dos dedos; onicomancia — adivinhação pelo estudo das unhas.

leitura da sorte — As bruxas, as ciganas e outros grupos tinham a fama de ganhar a vida em parte lendo a sorte e prevendo o futuro. Até que ponto essas práticas resultavam de capacidade psíquica verdadeira ou de observação psicológica arguta e de escuta atenta é assunto de muita discussão. Hoje, alguns wiccanianos ainda lêem a sorte em feiras esotéricas e em outras situações.

leitura psíquica — Ver ler, leitor, leitura.

Lemúria, lemuriano — Continente perdido situado no Oceano Índico que seria o Jardim do Éden original e o berço da humanidade. Mais antigo que a Atlântida, apesar de alguns pensarem que tenha existido no mesmo período. A teoria do continente perdido surgiu no século XVIII para explicar a existência de lêmures na Índia, Malásia, Madagáscar e África, massas de terra que no mundo moderno não estão mais interligadas. Atualmente, a teoria da deriva continental explica adequadamente como essas massas estavam unidas 85 milhões de anos atrás.

Os ocultistas associavam o continente da Lemúria a um centro de atividades na história primitiva da humanidade. Madame Blavatsky considerou a Lemúria como o domicílio da Terceira Raça-Raiz da humanidade, tornando-se assim parte do conhecimento teosófico. Conjectura-se que, quando a Lemúria foi destruída, os lemurianos sobreviventes migraram para a Atlântida, onde evoluíram para a Quarta Raça-Raiz. Quando a Atlântida foi destruída, os que sobreviveram migraram para outros territórios e deram origem à atual Quinta Raça-Raiz.

lenda urbana — Termo usado para descrever uma história popular que se espalha rapidamente por conversas e outros meios e é imediatamente aceita como verdade. Os cultos hereditários satânicos são uma lenda urbana muito difundida e perniciosa dos fins do século XX. O livro *Satanic Panic* detalha o fenômeno do início ao fim. Infelizmente, a Wicca está incluída em muitas lendas urbanas, entre elas: The Satanic Conspiracy Myth — que a Wicca seria uma linha de frente para o satanismo; O W.I.C.C.A. Letters Myth [The Witches International Coven Council (of America)] (Conselho Internacional de Covens de Bruxos da América) — existiria um grupo secreto com planos de assumir o controle do mundo, baseado nos *Protocolos dos Sábios de Sião* — uma artimanha anti-semita que apareceu pela primeira vez na Rússia em 1903; Os *Illuminati* — organização semi-ocultista secreta que procura conquistar o controle do mundo e que supostamente descende dos templários e maçons; Os *Palladists* ou Order of the Palladium — grupo satânico obscuro possivelmente ligado à maçonaria e aos templários; o Mito da Missa Negra — os wiccanianos celebrariam algum tipo de rito cristão pervertido ou inverso (baseado principalmente em materiais da Inquisição); mitos de sacrifícios rituais — os wiccanianos realizariam sacrifícios sangrentos (conceito também baseado em materiais da Inquisição); e outros. A existência desses grupos ou mitos não é verdadeira, mas foi criada para expor a Wicca e outras denominações como perigosas e como ameaça imediata às crenças e instituições ortodoxas modernas.

ler, leitor, leitura — A prática de uma arte psíquica para fins de aconselhamento, adivinhação ou obtenção de conhecimento recebe o nome de leitura, quer a pessoa a faça para si mesma ou para outros, por dinheiro ou não. Quem faz a leitura recebe o nome de leitor. As leituras são feitas por praticantes de muitas disciplinas; o termo é genérico e não está vinculado a nenhum sistema divinatório ou psíquico específico. Sinônimo de adivinho, termo mais antigo e menos recomendável.

levantamento de mesa — Forma de levitação demonstrada por um médium como prova de atividade espiritual. O médium não necessariamente precisa tocar a mesa, que pode elevar-se do chão, inclinar-se ou girar. Como está muito sujeito a truques, esse fenômeno é geralmente visto com muito ceticismo. Pode ser feito por uma pessoa em estado de consciência normal ou em transe e dentro ou fora de uma sessão espírita.

Lévi, Éliphas; nome verdadeiro Alphonse Louis Constant (1809–1875) — Mago e estudioso francês; publicou vasta correspondência sobre magia e estabeleceu as bases da Magia Cerimonial e dos rituais celebrados pelos adeptos da Aurora Dourada e por outros. Não se sabe como Lévi recebeu os seus conhecimentos místicos; alguns acreditam que ele mesmo os concebeu, enquanto outros acham que lhe foram transmitidos por iniciados de alguma Tradição desconhecida. Lévi foi o primeiro a relacionar as cartas do tarô com os caminhos entre as sefirotes da Cabala, atualmente considerada uma correspondência "antiga" e mágica.

levitação — Manifestação de psicocinese. Fenômeno pelo qual objetos, animais ou pessoas elevam-se no ar e flutuam ou voam sem nenhum recurso físico conhecido. A levitação pode ocorrer em situações de mediunidade, transe místico, magia, obsessão e possessão. Algumas levitações mostraram-se fraudulentas, mas muitas continuam sem explicação. Habilidade também atribuída a místicos, santos e adeptos de muitas religiões, raças e caminhos.

libanomancia, livanomancia — Adivinhação pela fumaça de incenso.

licantropia — Do grego *lukos* (lobo) e *anthropos* (homem). Transformação de uma pessoa em lobo, em geral na Lua Cheia, ou o fenômeno geral de uma pessoa sendo transformada em algum animal, quase sempre de natureza selvagem e feroz. Muitas sociedades preservam lendas de pessoas transformadas em vários animais. Os europeus medievais acreditavam que as bruxas podiam se transformar em animais e vagar durante a noite praticando atos bons e maus.

licnomancia — Adivinhação por meio das chamas de três velas idênticas dispostas em triângulo. A resposta é dada pelo comportamento das chamas em relação umas com as outras e também pelo modo como cada vela queima em comparação com as demais.

liga — Usada por uma Bruxa Rainha como símbolo da sua posição hierárquica. Tradicionalmente confeccionada com couro verde (pele de cobra) forrado com seda azul. Uma fivela prateada grande simboliza o coven original e as fivelas menores representam cada um dos covens filiais que se desmembraram do grupo original. Usada na perna esquerda, logo acima do joelho.

Liga

limpar — Remover influências indesejáveis ou extraviadas, tornar puro magicamente. Ver também purificação.

linhagem — Linha de descendência, ancestrais mágicos. Quando uma pessoa é iniciada no Terceiro Grau, o ritual prevê a leitura da linhagem ou relação dos seus antecessores na prática da arte da magia. A linhagem geralmente termina com "e todos os não citados que nos precederam". Nos Estados Unidos, as linhagens geralmente retrocedem até Gerald Gardner e os seus Iniciadores, mas algumas vêm de outras origens. A comparação de linhagens é um dos modos pelos quais os wiccanianos determinam a legitimidade das Iniciações. Cada um memoriza a sua linhagem e, por tradição, nunca a escreve, mas ela deve ser passada adiante se o adepto dá a Iniciação a outras pessoas — com o seu nome em primeiro lugar, seguido pelos nomes dos Iniciadores anteriores, possivelmente até Gardner e além dele. Algumas Tradições têm linhagens para o Segundo e às vezes até para o Primeiro Grau. Ao transmitir uma linhagem, o adepto usa nomes mágicos, e pode ou não conhecer a identidade civil das pessoas que fazem parte dela. Nem todos os Iniciados de Terceiro Grau recebem uma genealogia. Algumas linhagens se perderam, romperam ou foram esquecidas.

linhas de energia/força (*ley lines*) — Linhas de força ou energia que unem lugares de poder mágico ou natural. Um fenômeno natural, essas linhas são perceptíveis aos sensitivos ou aos magos experientes. Podem ser usadas como fontes de poder, embora os pontos que unem sejam fontes de energia mais poderosa. Na Inglaterra, os antigos círculos de pedra eram construídos sobre locais de poder, interligados por essas linhas. A energia pode ser equiparada ao Chi e a outras forças de energia naturais. Os pontos de interseção das linhas de energia são considerados propícios a fenômenos sobrenaturais.

litomancia — Adivinhação com pedras. Pode referir-se a pedras de origem rara, que inspiram visões ou que se comunicam com um adivinho em palavras ou símbolos que só ele compreende ou sabe interpretar. As pedras podem variar desde meteoritos até anomalias geológicas. Também termo genérico para várias formas especializadas de adivinhação com pedras, como a lecanomancia.

livre-arbítrio — Conceito de que uma pessoa tem controle sobre a sua vida e pode escolher mudar a si mesma, suas idéias e circunstâncias. Sustenta a crença de que nada é predeterminado absolutamente. As várias religiões interpretam esse conceito de modo diferente através dos tempos. O karma não é fatalista, mas admite que ações de mérito excepcional podem apagar o karma negativo e levar a pessoa a evitar conseqüências desagradáveis de ações de vidas passadas, o que acrescenta uma parcela de livre-arbítrio a um conceito que muitas vezes é mal compreendido. O pensamento moderno tende para o modelo do livre-arbítrio. A Wicca postula o livre-arbítrio, que possibilita à pessoa mudar a si mesma e a sua vida para melhor.

Livro das Mutações — Ver I Ching.

Livro das Sombras — Também conhecido como Grimório ou Livro Negro. Livro dos wiccanianos que contém tudo o que eles aprendem. É uma mescla de caderno, diário, livro de memórias, livro de conjuros, de receitas, enciclopédia e de registro geral de informações sobre magia e de ensinamentos Wicca. Compêndio do conhecimento wiccaniano e mágico, era originariamente um documento comum de um coven ou Tradição, escrito pela Suma Sacerdotisa. Quando um coven se desmembrava, a nova Suma Sacerdotisa copiava o Livro das Sombras à mão de modo que o seu novo grupo dispusesse do seu próprio exemplar. Atualmente, a maioria dos wiccanianos tem o seu Livro das Sombras pessoal.

Como a Wicca não tem uma bíblia, cada membro é incentivado a manter um Livro das Sombras para as suas atividades religiosas. Este se torna um guia para a formação do wiccaniano. Algumas Tradições exigem que o Livro seja copiado à mão do exemplar do professor. Os wiccanianos que têm computador adotam um Disco das Sombras, guardando suas informações no disco rígido ou em disquetes. Também a xerografia é bastante usada hoje para difundir informações. Grande parte do material que no passado constava apenas dos Livros das Sombras e passava de Iniciado para Iniciado, hoje está publicado, de modo que uma biblioteca também pode ser um grande apoio a um Livro das Sombras wiccaniano.

Algumas Tradições exigem que o Livro seja mantido em sigilo e mostrado somente a estudantes e Iniciados. Outras exigem que ele seja destruído quando o proprietário morre. Outras ainda, que ele seja entregue aos sucessores no coven. Originariamente, cada livro era copiado à mão por seu usuário e passado adiante por segurança, uma vez que, estando ele escrito com a caligrafia do usuário, somente ele era responsável por sua divulgação. Hoje em dia, dada a existência de computadores e de máquinas xerográficas, é praticamente impossível reportar materiais a qualquer fonte específica, e por isso um número cada vez menor de Tradições exige que os materiais sejam transcritos à mão.

Livro do Destino de Napoleão — Ver Oráculo Místico.

Livro Egípcio dos Mortos — Série de antigos textos religiosos e mágicos egípcios que descrevem a jornada da alma depois da morte, dando conselhos e ajuda mágica para uma passagem segura pelo Amanti (o mundo subterrâneo egípcio). Esse documento era enterrado com todos os que morriam, mas havia três versões comuns, a curta, a média e a longa. Essas versões eram escritas nas oficinas dos escribas, e sempre reservavam um espaço em branco para o nome do falecido. Os parentes do defunto compravam um exemplar de acordo com os recursos financeiros que dispunham, o nome era escrito no espaço em branco e o livro era enterrado com o morto durante as cerimônias fúnebres. Ao ser traduzido nos tempos modernos, tornou-se um texto esotérico. Na década de 1970, o rolo de papiro original entregue a Joseph Smith pelo anjo Moroni, e do qual ele pôde "traduzir" o Livro de Mórmon, passou a ser considerado uma versão mediana, não usada, do Livro dos Mortos. No tempo em que Smith traduziu o papiro, os hieróglifos eram uma linguagem desconhecida e as suas traduções antecederam a descoberta da pedra Roseta. Desde então o papiro desapareceu e a igreja mórmon nega todas as versões dessa informação.

Livro Negro — Termo alternativo para o Livro das Sombras, usado antes que este fosse introduzido por Gerald Gardner. Ver Livro das Sombras.

lobisomem — No folclore europeu, distúrbio ou doença que leva uma pessoa a transformar-se num lobo à noite ou durante a Lua Cheia. Licantropia é o termo mais genérico para uma pessoa que pode mudar de forma e transformar-se em animais diversos. A capacidade de mudar de forma está relacionada com a bruxaria, embora tenha existido em muitas culturas ao longo da história.

logaritramancia — Adivinhação com matemática e logaritmos. Esta forma de adivinhação foi basicamente superada com o surgimento dos computadores.

loup-garou — Termo francês para lobisomem.

Lua — Satélite da Terra. A Lua é considerada mágica e fonte de poder mágico. As fases da Lua e outros efeitos astrológicos, especialmente lunares, compreendem um verdadeiro corpo de conhecimentos mágicos. Muitas culturas ainda adotam um calendário lunar para medir o tempo.

O calendário islâmico é lunar e o mais preciso do seu gênero. Os calendários chinês e judaico são lunares/solares, tendo meses lunares e um décimo terceiro mês acrescentado a cada três anos para estabelecer correspondência com o ciclo solar. Do contrário, os feriados alterariam o ano sazonal, como fazem os feriados islâmicos num ciclo de 33 a 34 anos.

Os geólogos afirmam que a Terra não seria o que é e a vida não teria se desenvolvido se o planeta não tivesse um satélite. Proporcionalmente, a Lua é o maior satélite do sistema solar, muito maior que qualquer outro, e por isso exerce uma influência gravitacional muito maior sobre a Terra. Pode-se ficar aluado — encantado ou vulnerável à influência de outros devido aos raios da Lua Cheia. A mania é revelação extática causada pela Lua. Lunatismo significa ser possuído pelo espírito de Luna, um tanto perturbado ou fora do normal. Na astrologia hindu, a Lua é considerada o planeta mais importante, em contraposição ao Sol da astrologia ocidental. Vampiros e lobisomens são supostamente controlados pelas fases da Lua.

Lua Cheia — Fase em que a Lua está em oposição ou 180 graus com relação ao Sol. Supostamente, o momento mais intenso para as energias lunares. Os Esbás são normalmente celebrados nessa fase. Símbolo da Deusa como Mãe. Símbolo da mulher durante a ovulação.

Lua Negra — Ver Lua Nova.

Lua Nova, Lua Negra — Fase em que a Lua está em conjunção com o Sol e é invisível (exceto durante um eclipse solar). Simboliza o período entre a morte e o renascimento. Algumas culturas consideram o escuro da Lua um tempo de mudança e o distinguem da Lua Nova, visto que a Lua Nova ocorre quando o crescente aparece pela primeira vez no céu ao pôr-do-sol, aproximadamente 34 horas depois da conjunção propriamente dita. Há grupos que celebram as Luas Novas como Esbás. Para alguns, a Lua Nova simboliza a Deusa como Anciã, enquanto para outros é a fase do Quarto Minguante, que representa a Anciã. Também é símbolo da mulher que menstrua.

Lúcifer — Latim, portador de luz. 1) Termo aplicado a Vênus — Vênus Lúcifer — quando este planeta é a estrela da manhã, isto é, surge antes do Sol. 2) Outro nome para Diabo, Satã, Belzebu, etc.

Lugnasad — Palavra celta para "Festival de Lugh" ou, coloquialmente, o casamento de Lugh. O Sabá é geralmente celebrado dia 31 de julho ou 1º de agosto. Também conhecido como Lammas, Lunasa (gaélico irlandês), Lunasda ou Lunasdal (gaélico escocês), Laa Luanys ou Laa Lunys (manês). É um festival de colheita. A data é comemorada com jogos e competições.

M

macaromancia — Adivinhação com espadas, adagas e facas.

maçonaria — Ver franco-maçonaria.

macrocosmo — O Universo é o todo, o microcosmo é a manifestação desse todo em detalhes. Podemos tomar um ser humano como exemplo de um microcosmo, com base no princípio hermético, "como em cima, assim embaixo". Para uma versão mais moderna desses mesmos conceitos, ver Teoria Holística do Universo.

Mãe — Segundo aspecto da Deusa, a Mãe representa realização, criatividade, nutrição, sensualidade. É representada pela Lua Cheia. A Mãe é a força feminina madura, capaz, ativa e poderosa. Corresponde a uma mulher fértil e que está grávida ou que deu à luz ou está criando filhos.

Donzela, Mãe, Anciã

Mãe Terra — 1) Grego, Gaea ou Gaia. 2) Personificação da Terra, sua biosfera, e todas as coisas que dela brotam; divindade da fertilidade original. 3) Princípio feminino da divindade, equiparada à Terra Mãe e à Natureza Mãe. A maioria dos wiccanianos reconhece que a Terra é nossa Mãe. 4) Representação genérica da Deusa.

magia — (inglês, *magick*) Do grego *magikos*, as artes dos magos, uso controlado da vontade para produzir uma mudança no ambiente ou nas circunstâncias. "A Ciência e a Arte de causar Mudança em consonância com a Vontade." (Aleister Crowley) Habilidade de conformar a realidade segundo a vontade por métodos que os paradigmas científicos atuais não conseguem explicar. ("Qualquer tecnologia suficientemente avançada é indistinguível da magia." — Heinlein). Em inglês, grafada com um 'k' para diferenciá-la da mágica (a partir de Aleister Crowley). Querer, saber, fazer e silenciar são os quatro elementos da magia.

Embora nem todos os wiccanianos a pratiquem, a magia é um dos componentes da religião Wicca. A prática da magia não deve ser empreendida levianamente ou com intenções frívolas e superficiais. Há casos de praticantes inábeis ou ignorantes que causam grandes danos a si mesmos, aos outros e ao ambiente que os cerca. Em geral, porém, os resultados são menos prejudiciais e variam de uma dor de cabeça a menos do que isso. É comum acreditar que uma pessoa precisa de um professor, mentor ou guia para tornar-se seguro, eficiente e habilidoso na magia. Apresentamos a seguir vários estilos e subdivisões da magia:

Alta Magia/Magia Cerimonial — Termos equivalentes para um sistema específico de magia característico de grupos como Aurora Dourada, OTO (Ordo Templi Orientis) e outros. Adota fórmulas e rituais específicos e em geral invoca anjos, arcanjos e outras formas divinas. Serve-se do hebraico, da Cabala e de algumas divindades egípcias. Não necessariamente wiccaniano, pode-se ser cristão, judeu ou seguidor de outra tradição religiosa e ao mesmo tempo ser Mago Cerimonial. A Wicca Gardneriana e a Wicca Alexandrina tendem para sistemas de Alta Magia. Sob certos aspectos, a Alta Magia depende da força de vontade do mago e da sua capacidade de comandar seres astrais a cumprirem ordens.

baixa magia — Forma de magia mais livre e menos estruturada e ritualizada. Os praticantes de Alta Magia tendem a realizar sempre os mesmos rituais e Círculos. Os de baixa magia fazem o que parece apropriado a cada ocasião. Wiccanianos ecléticos e bruxas de cozinha praticam estilos de baixa magia. A baixa magia depende da criatividade do momento e de imaginação fértil. Ela não adota fórmulas e é pouco estruturada, ou tem a estrutura que o praticante deseja, em contraposição à Alta Magia que em geral é um sistema estruturado. Existem tantas formas de baixa magia quantos são os praticantes. Esses tendem a usar elementos, espíritos guias e seres astrais como aliados e trabalham em conjunto com eles em vez de dar-lhes ordens que devem ser cumpridas.

magia negra — Magia realizada para induzir uma pessoa a fazer alguma coisa sem a sua participação voluntária; magia lançada sobre uma pessoa à revelia da sua vontade. Magia negra é também a praticada com um objetivo indevido ou restritivo, como enviar energia a um alvo que não a deseja ou não tem consciência dela. Os wiccanianos não vêem a magia negra com bons olhos, preferindo trabalhar para pessoas, e não "sobre" pessoas, ou trabalhar para um bem comum positivo. O que especificamente constitui magia negra pode ser altamente subjetivo, dependendo do praticante e das circunstâncias.

magia branca — Magia feita para alguém que a quer; magia realizada para auto-aperfeiçoamento ou para um objetivo positivo; magia praticada para cura e para ajudar outros que concordam com ela. Em geral, se uma mudança é desejável e a magia seria para alguém que não tem consciência dela ou não a quer, o praticante envia a energia para o cosmo (ou para os deuses), pedindo ao Universo que disponha as coisas da melhor maneira possível, o que inclui a possibilidade de não acontecer nada. Decorre daí que não se deve enviar energia a um alvo que não a quer ou que não tem consciência dela. Os wiccanianos praticam magia branca.

Algumas outras "cores" de magia são as seguintes: **magia azul** — para trabalho emocional, paz, espiritualidade; **magia verde** — para trabalho com a vegetação, como em jardinagem e horticultura, para fertilidade; também para cura, saúde e bem-estar; e ainda para riqueza, prosperidade e dinheiro; **magia laranja** — para orgulho e coragem, heroísmo; **magia púrpura** — para riqueza e boa sorte, prosperidade; também para estudos psíquicos; **magia vermelha** — para trabalho físico, como na cura, paixão e trabalho com energia; **magia amarela** — para trabalho mental, meditação, intelecto, memória.

magia da Terra — Magia praticada para a Terra, pela Terra e com a cooperação da Terra. Pode ter um enfoque ecológico. É também a magia que se serve de lugares naturais, ocorrências, rochas e pedras. Às vezes invoca-se Gaia (a Mãe Terra) para ajudar ou curar. Sistema de magia que recorre mais a técnicas xamânicas e a objetos e lugares naturais do que a instrumentos e lugares construídos pelo homem. Celebração da Terra primitiva e incontaminada.

Magia Greco-Egípcia — Sistema mágico e religioso praticado desde o século I AEC até o século II EC e possivelmente mais além. Uma mistura da teologia e da magia gregas e egípcias combinadas com outros elementos místicos e filosóficos. Grande parte da Magia Cerimonial fundamenta-se nas tradições e escritos greco-egípcios, a que se acrescentam elementos da prática hebraica e cabalista. Acredita-se que a Tradição Hermética descenda dessas práticas. A maçonaria também remonta suas origens a essa tradição mágica.

magia inversa — Recitação de certos encantamentos de trás para a frente com o objetivo de inverter os seus efeitos ou de repelir os efeitos de outros. No satanismo (oposto ao cristianismo), a missa era celebrada inversamente, de modo especial o Pai-Nosso, a oração do Senhor, ou certos salmos, e invocava Satã.

magia negra — Ver magia.

magia simpática — Magia por associação ou imitação. As leis da magia simpática afirmam que o efeito se assemelha à causa e que o que se faz no microcosmo se reflete no macrocosmo. O uso de um boneco para simbolizar uma pessoa é uma forma de magia simpática.

mágica — (inglês, *magic*) 1) Magia encenada, ilusão, prestidigitação, entretenimento, fuga da realidade. Não implica habilidade psíquica, vontade ou intenção. Aplicação de técnicas ilusionistas para estimular uma experiência de admiração. 2) Criação psíquica de um sentimento alterado sem intenção focalizada. 3) Ação ritual para produzir a intervenção de força sobrenatural para um objetivo específico, tanto em questões naturais como humanas.

A mágica existe em todas as sociedades humanas desde os tempos pré-históricos, em geral como manifestação anterior à religião e ao reconhecimento da divindade. As práticas mágicas eram geralmente consideradas secretas e transmitidas de um membro da família a outro ou de um mestre ao seu aprendiz. Ao longo da história, vários termos passaram a designar praticantes da magia popular: curandeiro, benzedeiro, feiticeiro, adivinho, bruxo, xamã, mulher sábia, mulher ou homem hábil, necromante, mago, etc. De maneira geral, com o surgimento da religião organizada, a classe sacerdotal passou a assumir toda a prática mágica. Ver magia.

mágico — Praticante de mágicas.

magíster — Bruxo mestre; uso arcaico, geralmente usado para um bruxo do sexo masculino responsável por um grupo grande ou por vários grupos, às vezes fundador de uma Tradição.

magnetismo animal — Força orgânica magnética que pode ser transmitida de uma pessoa para outra, favorecendo a cura. Termo popularizado pelo médico austríaco Franz Mesmer, que desenvolveu técnicas terapêuticas utilizando essa força no final do século XVIII.

mago — 1) Poderoso praticante de magia e disciplinas correlatas. Adepto do ocultismo do sexo masculino. 2) Bruxo do Segundo ou do Terceiro Graus (mais nas Tradições Gardneriana e Alexandrina). 3) Título honorífico usado pelo Sumo Sacerdote de uma Bruxa Rainha. 4) O *Mago* (1801), livro de Francis Barrett (1764–?) que descreve a vida e as atividades de um praticante de magia daquela época; clássico do ocultismo. 5) Termo geral para quem pratica magia, em qualquer estilo ou sistema. Aplicado aos praticantes ativos mais do que aos "pesquisadores" apenas.

magos — Sacerdotes zoroastrianos. Praticantes experientes de magia e de disciplinas correlatas. Posteriormente, termo aplicado a praticantes experientes de magia de qualquer tipo.

mahatma — Do sânscrito, grande alma. Verdadeiros mestres do conhecimento esotérico que alcançaram a perfeição e atuam como gurus e instrutores da humanidade. Derivado das culturas hindu e budista por meio da teosofia, como em Mahatma Gandhi.

mal — Obsessão para destruir, infligir dor e crueldade, tanto com a intenção de obter poder sobre outras pessoas como para benefício próprio. O mal é contra a vida, contra a evolução e contra a consciência. Ele normalmente tem uma intenção que o respalda, como nas ações deliberadas de uma pessoa ou grupo, ou é um subproduto de atos intencionais. Uma calamidade também pode ser destrutiva; por exemplo, uma inundação é um processo natural, e é considerada uma catástrofe, mas não um mal.

maldição — Encantamento feito para causar mal ou dano. Encantamento de má sorte. Encanto de magia negra. Uso da magia para produzir resultados negativos.

malefica — Latim, malefícios, termo medieval que denotava ocorrências nocivas que não podiam ser atribuídas a causas imediatas, sendo por isso imputadas a supostas ações de bruxas ou do Diabo. Às vezes, sinônimo de bruxa.

malefício — Uso da energia psíquica para prejudicar ou destruir um ser vivo. Alguns o consideram magia negra.

Malleus Maleficarum — Latim, O *Martelo das Bruxas*. Livro do Renascimento sobre bruxaria, continha instruções para identificar bruxas e métodos para torturá-las e extrair-lhes informações. Publicado em 1486, sendo seus autores dois monges dominicanos alemães, Heinrich Kramer e Jakob Sprenger, professores de Teologia da Ordem dos Frades Pregadores. O *Malleus* tornou-se o texto dos caçadores de bruxas até quase o fim do século XVIII.

mana — Do polinésio, energia psíquica. A soma de todas as energias pessoais, psíquicas, carismáticas e físicas de uma pessoa. Semelhante ao Chi.

mancha, manchar — Poluir psiquicamente. Estar aberto e deixar que a sua energia negativa afete os outros. Criar vibrações negativas.

mandala — Do sânscrito, "círculo". Imagem usada como foco para meditação. Recurso de associação usado como foco para meditação que pode desencadear certos estados meditativos. Geralmente de configuração circular. Existem mandalas no hinduísmo, no budismo chinês, japonês e tibetano, no cristianismo, no gnosticismo, na mitologia, na alquimia e em outras disciplinas. As mandalas podem simbolizar o Universo, várias divindades, símbolos mágicos, forças naturais. Alguns templos têm mandalas inseridas em sua estrutura ou inscritas em pisos ou paredes. Podem ser desenhadas ou pintadas em tecido ou papel. Os monges budistas tibetanos criam mandalas com areias coloridas, um ato mágico acompanhado com cantos e orações. Uma vez concluída, a mandala é desfeita para que se concretize a sua intenção e também para simbolizar a crença na impermanência do mundo físico. Jung considerava as mandalas como arquétipos, representações mitológicas do *self*. A psicoterapia moderna usa mandalas como recurso terapêutico.

mandrágora — A raiz da mandrágora (*mandragora officinarum*) se desenvolve com a forma de um ser humano. Como talismã ou amuleto, pode ser usada como boneco. Pertence à família das batatas. Geralmente usada em poções de amor.

manifestação — 1) Resultado tangível da magia. 2) Algo perceptível neste plano como análogo de alguma coisa existente em outro plano. Fantasmas e *poltergeists* são manifestações de atividade ou perturbações no plano astral. 3) Reflexo de uma entidade de um plano superior neste plano, como a Terra é um reflexo da Deusa Mãe ou a Natureza é um reflexo da divindade criadora.

Mansões Lunares, Mansões da Lua, Mansões — Termo astrológico que identifica as 27 ou 28 divisões do zodíaco baseadas no movimento diário da Lua de 13° ou 13° 20'. A astrologia ocidental contém 28 mansões lunares que se tornaram graus críticos (ou psíquicos) em 0°, 13° e 26° dos signos cardeais (Áries, Câncer, Libra e Capricórnio), 9° e 21° dos signos fixos (Touro, Leão, Escorpião e Aquário) e 4° e 17° dos signos mutáveis (Gêmeos, Virgem, Sagitário e Peixes). Na astrologia hindu, existem 27 asterismos distintos, cada um com exatamente 13° 20', usados de modo semelhante aos signos astrológicos, com nomes, símbolos, atributos, qualidades, regentes e outras correspondências. Esses atuam lado a lado com os doze signos astrológicos e oferecem outro nível de significado.

Alguns acreditam que a passagem bíblica "Na casa de meu Pai há muitas mansões" (João 14:2) se refere às Mansões Lunares e indicaria que Jesus era iniciado e adepto em muitas formas de conhecimentos esotéricos. Acredita-se que Jesus passou dos doze ou treze anos até o início do seu ministério, com trinta anos, estudando os ensinamentos esotéricos. A Magia Cerimonial dá atenção às Mansões Lunares, aos seus sentidos esotéricos e ao seu significado.

mantra — Frase ou palavra usada como recurso de meditação. "Om mane padme Om" é um mantra hindu entoado para focalizar a mente e criar um estado propício à meditação. Com o tempo, a simples recitação de um mantra pode pôr a pessoa nesse estado. Algumas orações cristãs, como o Pai-Nosso e a Ave-Maria, agem como mantras.

Mão de Fátima — Talismã de proteção em forma de mão, que pode ser direita ou esquerda, com símbolos místicos inscritos na palma.

Mão de Fátima

Mão de Glória — Tradicionalmente, mão decepada de um criminoso enforcado; depois de seca, era banhada em vários sais e mergulhada em cera, podendo-se então acender os dedos ou colocar velas entre eles. Os ladrões as usavam como talismã para manter a família dormindo enquanto eles roubavam. Passou a fazer parte do conhecimento ocultista e se tornou peça poderosa de magia negra para prejudicar e confundir um inimigo. Provavelmente mais raras do que sugere a literatura, réplicas modernas dessas velas são fabricadas na China, para ser comercializadas na época do Halloween. Essas réplicas teriam por objetivo causar o mal e não devem ser encaradas com leviandade.

Mão de Glória

marca do diabo — Ver marca de bruxa.

marca(s) de bruxa(s) — 1) Também marcas do diabo. Imperfeições na pele que podem indicar que a pessoa é uma bruxa; acredita-se que essas marcas não sejam doloridas nem sangram. Nos tempos medievais e do Renascimento, qualquer marca congênita, pinta ou outros sinais epidérmicos podiam ser considerados uma marca de bruxa se o inquisidor assim julgasse. Geralmente um sinal vermelho ou azul supostamente gravado na bruxa por Satã ou por um dos seus agentes. Ver picar, "picar a bruxa". 2) Atualmente, muitas Tradições exigem uma tatuagem ou outra marca permanente para assinalar os diversos graus alcançados. O desenho, o local do corpo onde deve ser gravado e a época de gravação dependem de cada Tradição.

margaritomancia — Adivinhação com uma pérola encantada colocada num recipiente tampado. Citam-se então os nomes de possíveis ladrões ou de outros infratores; quando o nome do infrator procurado é mencionado, a pérola salta e bate na tampa, com som audível. É usada a pérola porque ela é uma gema criada por um organismo vivo e por isso estaria impregnada de uma vida residual própria. Teoricamente, para poder funcionar, esse método de adivinhação implica alguma forma de fraude, e por isso é considerado suspeito.

Mastro de Maio (*Maypole*) — Mastro fixado no solo com flâmulas ou fitas presas no alto, em torno do qual as pessoas dançam. As mulheres movimentando-se numa direção e os homens na direção contrária, todos com uma fita que entrelaçam ao redor do mastro. Às vezes uma coroa

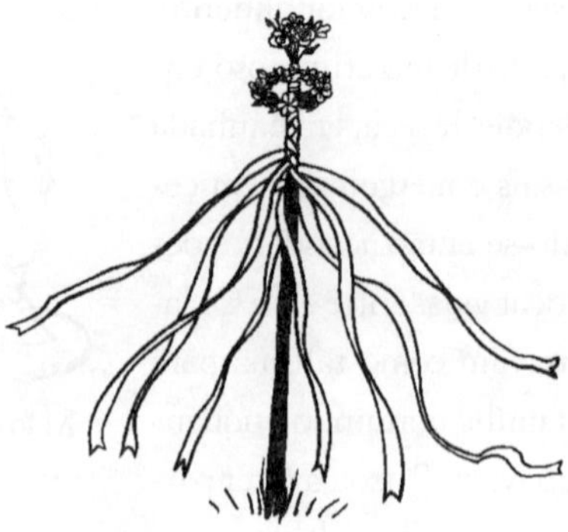

Mastro de Maio

de flores desce pelo mastro à medida que o entrelaçamento das fitas se processa. Ritual de fertilidade. O mastro é um elemento essencial em muitos ritos de Beltane.

materialização — Aparecimento de objetos que sairiam do ar rarefeito; associada com atividades psíquicas ou paranormais. Fenômeno relacionado com o espiritismo e popularizado no final do século XIX e início do XX. Às vezes realizado com fraude e prestidigitação, é um fenômeno suspeito; entretanto, muitas materializações divulgadas nunca foram comprovadas como fraudulentas. Alguns médiuns podem desmaterializar e em seguida tornar a materializar partes de si mesmos durante uma sessão.

matriarcado, matrilinear — Sociedade em que as mulheres são o sexo dominante. A propriedade é herdada por meio da mãe ou de outras parentas; a paternidade é desconhecida ou é irrelevante. Nas sociedades matriarcais, as mulheres são proprietárias da terra e responsáveis pela agricultura; os homens são sócios e auxiliares das mulheres, e também caçadores. Acredita-se que o paganismo se desenvolveu em épocas matriarcais, e por isso a figura proeminente é a da Deusa Mãe. Os wiccanianos acreditam que são descendentes espirituais de uma antiga religião e sociedade matriarcal. Na Wicca, o matriarcado é considerado pacífico, cooperativo, formador de consenso e positivo; o patriarcado é considerado belicoso, conquistador, partidário do poder, agressivo e negativo. Na realidade, teoricamente, os wiccanianos lutam por uma sociedade que não seja matriarcal nem patriarcal, mas igualitária, que propicie igual poder e valor a ambos (ou todos) os sexos.

mau-olhado — Capacidade de transmitir intenção maldosa ou maliciosa, com um olhar penetrante, para causar dano. Lançar encanto maligno com o olhar. Pode ser também um olhar encantador que prende a pessoa encantada a quem tem essa capacidade. Conceito universal ao longo da história em muitas culturas. Muitos encantos e amuletos são usados especificamente para afastar o mau-olhado. Talismãs com representações de olhos são criados especificamente para repelir o mau-olhado. Alemão — *boser blick;* italiano — *malocchio;* francês — *mauvais veil;* latim — *fascinum*.

Medéia — Na mitologia grega clássica, filha de Eteu, rei da Cólquida, feiticeira e sacerdotisa de Hécate. Quando Jasão e os Argonautas chegaram à Cólquida à procura do Tosão de Ouro, Medéia apaixonou-se por ele e concordou em ajudá-lo a apoderar-se do Tosão se ele se casasse com ela e a levasse consigo. Ela o ajudou na procura e na fuga com a sua magia. Eles se casaram e tiveram dois filhos, um menino e uma menina. Mais tarde, quando Jasão a repudiou para casar-se com outra princesa, Medéia vingou-se provocando a morte da rival e dos próprios filhos que tivera com Jasão, fugindo em seguida num carro puxado por cavalos alados enviado por Hécate. Posteriormente, ela se casou com Egeu e teve um filho, Medo, que foi o fundador/pai da antiga tribo/reino meda. Mais tarde ainda, voltou à Cólquida com o filho e reconduziu o pai ao trono, assassinando o usurpador Perses, irmão de Eteu, com magia.

Medéia é considerada o arquétipo da mulher rejeitada, e também da feiticeira poderosa e determinada que traça o seu próprio destino. Essa lenda mitológica, derivada de um relato matriarcal anterior centrado na Deusa, foi alterada e corrompida pelos gregos clássicos patriarcais e assim passou a ser demonizada.

medida — Durante uma Iniciação, várias dimensões do corpo físico são medidas com linha ou cordão e os comprimentos registrados ritualmente. As medidas podem ser usadas para fazer um cordão, podem ser guardadas pelo coven, e às vezes as duas coisas (se são tiradas duas medidas). Também podem ser mechas de cabelo ou algum outro registro físico. A medida se torna um elo mágico entre o Iniciado e o coven e um laço de lealdade. A frase que descreve esse processo é "tirar as medidas de uma pessoa". Algumas Tradições devolvem as medidas se o Iniciado abandona o coven; outros guardam as medidas para sempre. Tradicionalmente, as medidas são destruídas com a morte do Iniciado.

meditação — Técnica mental pela qual a pessoa dissipa a tagarelice constante que ocupa a sua mente e passa a ouvir a voz interior suave que nela habita. Pode-se meditar sentado ou deitado em posição imóvel ou aplicando técnicas e práticas de movimento, como artes marciais, Tai Chi, caminhando em ritmo acelerado, ou mesmo apenas passando ferro; essencialmente, realizando qualquer atividade física que não exija pensamento ativo, mas envolva o corpo enquanto libera a mente. Em alguns caminhos espirituais, a meditação é um fim em si mesmo.

Para os wiccanianos, a meditação é uma técnica que lhes possibilita purificar a mente e preparar-se para a magia ou para a adivinhação. Aquilo a que se chega por meio da meditação é empírico — alguns acham que é Deus, ou os Deuses, outros que é o subconsciente; alguns acreditam que pode ser o inconsciente coletivo, outros pensam que é o Diabo. A meditação é uma prática que pertence a todas as denominações; todas as grandes religiões têm tradição e técnicas que utilizam a meditação e especificam os benefícios espirituais que ela produz.

médium — Pessoa com capacidade de canalizar entidades desencarnadas; em geral, pessoa que faz a intermediação entre uma pessoa e um ente querido dela, já falecido. O médium entra em transe e deixa a entidade apossar-se da sua mente ou corpo. Médiuns existiram em muitas culturas em todos os tempos, sendo conhecidos por muitos nomes: oráculo, áugure, feiticeiro, mulher sábia, bruxa, curandeiro, necromante, xamã, adivinho, benzedeiro, místico, sacerdote, profeta e canal. Muitos médiuns se comunicam com os espíritos por meio de um controle, de outro espírito-guia ou de uma entidade que fica permanentemente com o médium. Os médiuns mentais usam a clariaudiência ou a psicografia para comunicar-se, enquanto os médiuns físicos recorrem a batidas, levitação e outros fenômenos paranormais.

Os wiccanianos dificilmente praticam a mediunidade, preferindo trabalhar diretamente com os seus Deuses ou simplesmente usando as suas habilidades psíquicas inatas em vez de comunicar-se com entidades desencarnadas.

mensageiro — 1) Pessoa que trabalha como um sistema de informações públicas, divulgando mensagens e anúncios num festival; pregoeiro da cidade. 2) Agir na qualidade de mensageiro, apregoando anúncios. Pode ser também alguém que leva mensagens e saudações de um grupo a outro.

mente grupal — *Gestalt* que se cria quando muitas pessoas realizam juntas um trabalho psíquico e de magia. Consciência coletiva que pode ser consciente ou inconsciente. É a mente grupal que capacita um grupo a trabalhar com magias que são mais poderosas do que qualquer pessoa poderia realizar tanto individual como coletivamente.

Mesmer, Franz Anton — (1734–1815) Descobridor nos tempos modernos do hipnotismo (também chamado de mesmerismo), que usou como parte de suas técnicas de magnetismo animal. Todo o conjunto de técnicas tinha por objetivo influenciar a energia magnética do corpo humano para produzir a cura. Ele usava ímãs, imposição de mãos, hipnotismo e vara magnética. Seus contemporâneos o acusaram de ilusionismo e charlatanismo. Atualmente, a hipnose é uma técnica terapêutica válida e aceita.

metafísica — Termo mais "politicamente correto" para o que se costumava chamar de "oculto". Estudo das relações entre a realidade invisível e as suas manifestações. Estudos psíquicos e disciplinas correlatas.

meteorologia — Previsão do tempo e das condições sazonais. Originariamente uma forma de adivinhação, hoje é praticada profissionalmente por pessoas que tenham pelo menos o Mestrado e conhecimentos profundos de matemática superior e computação. Imagens via satélite, monitoramento de curta e longa distância e mapeamento do ar da superfície e das camadas superiores da atmosfera são recursos à disposição do meteorologista para obter informações, avaliar e prever. A previsão meteorológica é em geral oitenta por cento precisa para um período de 24 horas ou menos, ou cinqüenta por cento para um período de três dias ou menos; quanto maior o período de abrangência, menor a precisão. As previsões meteorológicas de grande abrangência do *Old Farmer's Almanac* — que ainda adotam métodos secretos (embora a astrometeorologia seja supostamente consultada) — são em geral tão precisas (ou imprecisas) como as do National Weather Service.

meteoromancia — Adivinhação pela observação de estrelas cadentes e pela interpretação do seu tamanho, brilho, duração e trajetória. Ramo da astromancia. Os áugures romanos também incluíam o trovão, o raio, os eclipses e outros fenômenos celestiais.

metopomancia, metoposcopia — Adivinhação do futuro de uma pessoa pela leitura das linhas da testa. Esse sistema associa conhecimentos astrológicos com fisiognomia. A testa é dividida em sete faixas que correspondem aos sete planetas clássicos, com Saturno posicionado no alto e a Lua na linha das sobrancelhas. Uma linha na faixa de um planeta confere à pessoa características semelhantes às do planeta.

microcosmo — Ver macrocosmo.

milênio — Data em que o ano civil passou de 2000 a 2001 — 1º de janeiro de 2001. Como não houve ano 0, o fim dos primeiros 2000 anos acontece em 1º de janeiro de 2001. O fim dos primeiros 2000 anos e o começo dos 1000 anos seguintes. Um momento grandioso na história do mundo.

miomancia — Adivinhação pela observação da aparência, movimentos, sons, ações e comportamentos de ratos e camundongos.

Missa Negra — Arremedo intencional e repulsivo da missa católica feito com fins de magia negra; estritamente falando, só pode ser realizada por um sacerdote perjuro ou corrompido. Foi criada durante a Inquisição Espanhola e alimentada pela ilusão de massa e também por pessoas inescrupulosas que queriam chocar e desafiar a sociedade (como *sir* Francis Dashwood e o Hell-Fire Club na Inglaterra do século XVIII). Versões modernas aparecem na literatura satânica, em várias formas e níveis de escárnio e desdém. Este rito nunca fez parte da verdadeira Wicca.

mistério — Do grego *myein* (fechar), refere-se ao fechamento dos lábios e dos olhos. Princípio místico central de uma religião que é parcialmente experiencial e parcialmente simbólico de uma verdade cósmica maior. A comunhão é um mistério para a fé católica. Alguns wiccanianos consideram a Iniciação como um mistério. Metáforas místicas reveladas apenas aos iniciados. Nos tempos clássicos, era exigência que o *mystes*, ou Iniciado, mantivesse em segredo o que lhe era revelado durante os ritos.

misticismo — Aspecto religioso da magia.

místico — Pessoa que tem relação com os mundos sobrenaturais; pessoa que usa as suas habilidades psíquicas para curar, adivinhar, prever o futuro, etc.; pessoa que tem experiência direta do divino, que tem revelações.

mito — Metáfora com enredo e elenco de personagens. Ensinamento religioso de uma religião extinta. História dos Deuses e dos tempos primitivos. História com objetivos educativos. De modo geral, uma teologia que não faz parte da cultura dominante do seu tempo é chamada de mito.

molibdomancia — Adivinhação com chumbo derretido. O chumbo era vertido numa superfície lisa ou na água; as figuras que ele formava eram "lidas". O som do chumbo sibilando ao entrar em contato com a água também era interpretado.

monólogo — Religião que tem uma divindade suprema com muitos diferentes atributos ou aspectos. Kemet, a religião do antigo Egito, era monóloga. Netcher era o Deus supremo e todos os "deuses" do panteão egípcio eram aspectos de Netcher em várias aparências e funções. A antiga religião egípcia não era politeísta, a despeito das aparências. Alguns pagãos tendem a ver Deus desse modo, um Ser Supremo com vários aspectos e atributos, alguns dos quais são chamados Jeová, Atena, Thor, Fréia, Vishnu, Buda, Alá, Jesus, Virgem Maria, Kwan Yin, Diana, etc.

monoteísmo — Crença de que há um único Deus que criou e que governa o Universo, sendo onipotente, onisciente, onipresente, sem princípio nem fim. Religião que tem um Deus todo-poderoso. O judaísmo, o cristianismo e o islamismo são religiões monoteístas.

moral — Costumes e convenções sociais. Princípios de conduta correta impostos pela sociedade, pela família, etc., que regem o modo de pensar e de agir.

morte — Cessação da vida orgânica. Situação em que um organismo vivo se torna entrópico.

morte e vida, morte e renascimento — Dois lados da mesma moeda; os wiccanianos acreditam que vida e morte fazem parte do mesmo processo. Exemplo da crença de que a vida é cíclica, ilustrado pela Roda do Ano, pela natureza cíclica das estações, ou pela crença de que a morte leva ao renascimento; manifestação da reencarnação.

morte, oração da — 1) Orações feitas em favor da alma recém-desencarnada tanto para acelerar sua jornada como para obter intercessão por ela ou pedir sua ajuda para os vivos. 2) Forma de magia negra em que são feitas orações por uma pessoa viva como se ela já estivesse morta. Uma Missa de Réquiem rezada para uma pessoa viva é uma forma de maldição para apressar o seu falecimento. Oração que um mago negro dirige aos demônios para matar uma determinada pessoa. Oração para a morte de alguém. Supostamente, magos negros são capazes de amaldiçoar uma pessoa e causar-lhe a morte.

morte, panorama da — Visão geral da vida que um espírito recém-desencarnado tem logo após a morte. Relatado por pessoas que viveram experiências de quase-morte.

mudança de paradigma — Mudança da visão de mundo para provocar uma mudança na realidade, refletida por uma alteração nas ações e crenças do indivíduo.

mundano — Latim, do mundo, que pertence ao mundo ordinário; não-mágico, não-psíquico, comum. Os wiccanianos adotam este termo para referir-se a coisas ou pessoas não-wiccanianas, não-pagãs, não-mágicas. Por exemplo, "Preciso vestir minhas roupas mundanas antes de ir para o trabalho", "Meus familiares são pessoas muito boas, mas mundanas". Ver também trouxa.

mundo real — Termo subjetivo usado com referência tanto ao mundo material, terreno, não-mágico, quanto ao mundo mágico, psíquico, etéreo, dependendo do ponto de vista de quem o emprega. São preferíveis termos menos ambíguos, como mundo material e mundo mágico.

Museu de Magia e Feitiçaria (Museum of Magic and Witchcraft) — Criado por Cecil Williamson depois da II Guerra Mundial em Castleton, na ilha de Man; Gerald Gardner tornou-se sócio de Cecil Williamson em 1951. Pouco depois, incompatibilidades pessoais levaram ao rompimento da sociedade; Williamson ficou com metade dos artefatos e mudou-se para outro lugar. Gardner dirigiu o museu até o fim dos seus dias. Os objetos e muitos documentos gardnerianos antigos foram leiloados depois da morte de Gardner.

música — Os ritos pagãos e wiccanianos freqüentemente envolvem cantos e às vezes danças. Os cantos geralmente são canções folclóricas modificadas. Alguns são especificamente pagãos, outros são "mundanos" com letra readaptada, como "Mother Bertha's Coming to Town", uma adaptação pagã de "Santa Claus Is Coming to Town". Muitas canções pagãs "originais" são compostas na escala menor e o canto propriamente dito pode variar desde muito ágil e profissional até monótono e fúnebre. Alguns festivais proíbem música não-pagã, preferindo manter a atmosfera pagã livre de influências modernas ou mundanas. Alguns artistas de renome têm canções de sabor nitidamente pagão e são muito favorecidos, como por exemplo Loreena McKennit.

música das esferas — Antigo conceito cosmológico grego transferido para a alquimia e para a Magia Cerimonial. Notas musicais são atribuídas a cada esfera dos planetas. (Ver esfera do planeta.)

mythos — Sistema de metáforas no seio de uma sociedade ou cultura. Sistema de crenças e cosmologia relativamente completo e internamente coerente. Às vezes usado como sinônimo de panteão.

N

natureza — Forças do tempo, da geologia, da climatologia e efeitos da flora e da fauna que plasmam o ambiente terrestre, excluídas as mudanças provocadas pela ação humana sobre o planeta. A Wicca é uma religião da natureza, e por isso celebra Sabás, Esbás e os ciclos da vida. Praticar a ecologia, reciclar e respeitar a Terra são atitudes e formas de culto à natureza.

necromancia — 1) Grego, (adivinhação por meio de contato com os mortos), evocação dos espíritos dos mortos, especialmente para adivinhação. Antigamente, modo que possibilitava receber mensagens diretamente dos Deuses. Muito popular na Idade Média, quando era praticada com a feitiçaria e a alquimia e também com a conjuração e o controle dos demônios, era considerada uma das "artes negras". 2) Termo aplicado a certas práticas de magia negra cujo ritual tem como elemento central um cadáver ou que precisam de uma morte como forma de aumentar o poder. Termo pouco lisonjeiro nos dias atuais.

nefelomancia — Do grego *nephele* (nuvem) e *manteia* (adivinhação). Previsão do futuro pela observação das nuvens, das suas formas, formações, cor, etc.

negro, lado — O lado da vida associado com a morte, o declínio, a entropia. O lado da vida infeliz, amargo, desagradável. "Dark siders" são pessoas que se divertem na escuridão e celebram esse aspecto da vida. Em sua maioria, os wiccanianos compreendem que esse lado da vida existe, e embora não se entreguem a ele, festejam-no como parte necessária da existência. Sob muitos aspectos, Samhain é uma celebração da escuridão, assim como também Yule (a noite mais longa). Morte, destruição, guerras, doenças, calamidades, os acontecimentos negativos que acometem uma pessoa, tudo isso se deve ao lado negro. Os wiccanianos entendem que deve haver um equilíbrio entre trevas e luz, mas empenham-se ao máximo para viver na luz, e também compreendem que, para evoluir, cada pessoa precisa encarar o seu lado escuro e conquistá-lo. Embora desagradável, o negro não é intrinsecamente mau, mas o mal pode assumir aspectos do negro. Ver também mal. Por exemplo, os personagens da Família Adams, da televisão e do cinema, eram sombrios, embora certamente não maus.

neófito, postulante — Pessoa que se integra a um coven, preparando-se para a Iniciação ou talvez para a Dedicação, dependendo da Tradição. Mais formal e menos usado que *newbie*.

neopagão — Pagãos modernos; denota o atual reflorescimento de várias religiões pagãs. Existem muitas religiões e correntes neopagãs, entre as quais a Wicca, o Druidismo, a Bruxaria, o Kemet (religião do antigo Egito), as sociedades Asatru (seguidores do panteão escandinavo), os odinistas (seguidores de Odin), as religiões Nativas Americanas, as versões americanas modernas do Budismo, do Zen, do Taoísmo e de outras seitas pagãs. Todas essas religiões são versões ou recriações de antigos credos adaptados para a vida moderna. Alguns acham que, para ser uma verdadeira religião neopagã, um corpo de crenças precisa desaparecer completamente (como Kemet) para dar lugar a práticas modernas e renovadoras de fato. Outros afirmam que algumas dessas religiões nunca desapareceram completamente (como a Wicca), mas apenas se ocultaram, voltando a ressurgir agora.

newbie — Novato; também chamado de neo. Termo para um novo seguidor do paganismo ou da Wicca.

ninfa — Coloquialmente, mulher na fase pré-púbere. A Deusa tem três formas, Donzela, Mãe e Anciã. Uma criança é reconhecida como divindade, mas muitas meninas mais velhas/jovens antes da menarca não gostam do termo criança e ainda não são Donzelas; por isso foi criada esta categoria, que é às vezes usada para descrever adolescentes e pré-adolescentes nas Tradições pagãs.

ninho — Grupo CAW local.

Noite de Walpurga — Ver Beltane.

Noite do diabo — "Festival" norte-americano profano comemorado na noite de 30 de outubro, véspera de Halloween. Teve origem na região de Detroit durante os anos de 1960, e é uma noite de incêndios, pilhagens, vandalismo e destruição geral, com o que a Wicca não tem nada a ver. Pode ter derivado das travessuras tradicionais praticadas durante o Halloween contra os desafetos ou como "castigo" para quem não dava doces e guloseimas para os que festejavam. Ultimamente, esse "festival" vem sendo abandonado, e as ocorrências de incêndios criminosos nessa data são iguais às dos demais dias do ano.

nome mágico — Nome usado durante a realização de um ato de magia. Geralmente um nome escolhido — embora alguns sejam atribuídos — que o praticante adota num Círculo com o objetivo de identificar-se com divindades, vigias das torres, quadrantes e outras entidades mágicas/espirituais. Pode ser usado para identificação pessoal como membro de uma linhagem. Em geral, esse nome é mantido em segredo, só sendo pronunciado no âmbito do coven ou durante iniciações caso estranhos estejam presentes. Algumas Tradições acreditam que conhecer o verdadeiro nome de outro dá ao que conhece poderes mágicos ou controle sobre ele. A adoção de nomes mágicos é antiga, e o uso moderno deriva da Alta Magia. Alguns pagãos adotam também um nome externo que usam em contextos pagãos, como em festivais, rituais em grupo e entre amigos pagãos.

nós — Usados em encantamentos mágicos. Fazem-se nós para amarrar um encantamento num cordão; depois, um nó é desfeito cada dia até terminar o encantamento. No passado, faziam-se nós para repelir maldições ou curar enfermidades. Também usados em encantamentos para "amarrar" pessoas ou coisas. Formas de nós as mais diversas estão amplamente representadas em muitas culturas, sendo-lhes atribuídos significados mágicos ou espiritualistas. Os termos "nós de amarração" ou de "união" eram sinônimos para a prática da magia em geral.

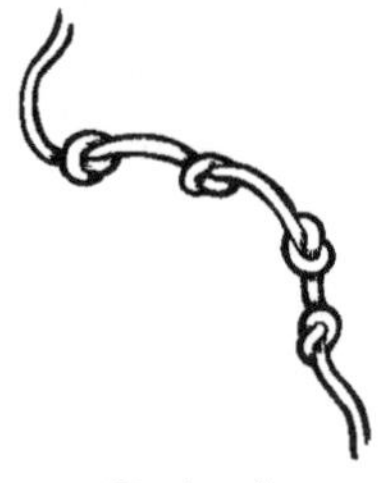

Cordão de Encantamento com Nós

Nostradamus; Michel de Nostre-Dame — (1503–1566) Astrólogo, matemático e mago francês, cortesão e conselheiro da corte. Era famoso e renomado por suas capacidades premonitórias. Escreveu muitas previsões, abrangendo desde o seu tempo até além do ano 2000. Dada a natureza melindrosa de algumas predições, ele as redigiu em poesia e em francês arcaico, o francês da Renascença, empregando muitas expressões idiomáticas e termos astrológicos; também usou imagens literárias e palavras de línguas estrangeiras para obscurecer o texto ainda mais. Chegou ao ponto de misturar as estrofes jogando as folhas para alto e pegando-as ao acaso. Os versos e estrofes assim obtidos foram publicados com o título *Centúrias*, em 1555. As profecias, compostas em estrofes de quatro versos (quadras), foram dispostas aleatoriamente em grupos de 100 (centúrias). Uma versão ampliada das *Centúrias* foi publicada em 1558. Com imagens astrológicas, refere-se explicitamente à conjunção de Júpiter com Saturno de 27 de maio de 2000. As predições supostamente prevêem eventos até o ano 3797. Como geralmente acontece, a precisão das previsões só é confirmada depois da ocorrência do fato. Alguns apelam às previsões de Nostradamus para justificar tudo o que acontece, desde a Terceira Guerra Mundial até a conquista da copa do mundo do futebol.

Nova Era — Termo criado na década de 1980 para descrever um movimento filosófico com características espiritualistas e ecléticas, mas de natureza prática e ideologia não específicas. As crenças da Nova Era abrangem espiritualismo, astrologia, misticismo, ocultismo, reencarnação, parapsicologia, ecologia, consciência planetária e medicina alternativa. Os proponentes da Nova Era estudam inúmeras filosofias e disciplinas, entre as quais cristais, canalização, regressão a vidas passadas, reencarnação, adivinhação, etc., mas não têm uma religião específica que sintetize suas convicções. Às vezes um cristianismo liberal acompanha as crenças e práticas da Nova Era. Este movimento é fruto do ressurgimento e revolução do ocultismo ocorridos nos anos de 1960.

Muitos consideram a Wicca uma prática da Nova Era, mas os wiccanianos não pensam assim, porque têm uma religião específica que começou antes da Nova Era (pelo menos em 1949, com Gerald Gardner). Os adeptos da Nova Era acreditam que participam de algo novo, enquanto os wiccanianos estão convencidos de que praticam algo muito antigo. Nenhum dos dois movimentos está totalmente correto. A Wicca teve uma explosão expansiva no auge da revolução da Nova Era, mas muitos a abandonaram porque 1) a Wicca era uma religião que exigia estudo e dedicação para ser seguida, e 2) a Wicca exigia um esforço considerável para ser compreendida e praticada.

NROOGD, New Reformed Orthodox Order of the Golden Dawn — Organização wiccaniana que, com esse nome, satiriza a Ordem Hermética da Aurora Dourada, mas não tem nenhuma semelhança com ela. Fundada por Aidan Kelley e seus simpatizantes nos últimos anos da década de 1960 na Califórnia.

Número fádico — Número que recorre na vida de uma pessoa, sendo considerado influente ou fatalista. Pode-se obtê-lo pela numerologia ou prestando atenção a datas de nascimento, números de documentos, números de letras no nome da pessoa, etc. Pode-se combinar os números e usá-los em ordens diferentes; assim, uma pessoa com nome de cinco letras, nascida nos dias sete, dezesseis ou 25, poderia ter os números 5, 7, 57 e 75 como números fádicos.

numerologia — Sistema divinatório que atribui um equivalente numérico a cada letra do alfabeto; a soma sucessiva dos valores permite que se chegue a um único dígito como valor numérico total do nome completo de uma pessoa, por exemplo. Cada dígito — de um a nove — tem um significado próprio e pode ser usado para determinar o caráter da pessoa e também os seus dias favoráveis e desfavoráveis. A numerologia ocidental deriva da gematria. Pitágoras acreditava que toda a criação podia ser expressa matematicamente — "tudo é número" — e dizia que o universo foi construído matematicamente. Ele desenvolveu os conceitos de proporção divina e de mediania dourada, expressões matemáticas que constituem a base de todas as coisas, desde a forma humana ideal até a natureza e os ciclos naturais.

O

oculomancia — Adivinhação pelo estudo dos olhos. A iridologia é uma versão atualizada desse antigo sistema. Pode ser considerada uma forma primitiva de hipnotismo e fascinação.

ocultismo, oculto — Do latim, escondido; denota os estudos de magia, metafísica e esoterismo, às vezes rejeitados pelas pessoas ou incompatíveis com o pensamento científico ou religioso. O conhecimento oculto permaneceu nessa condição porque os que detinham o conhecimento julgaram que as pessoas não estavam preparadas ou não tinham capacidade para compreendê-lo. O termo pode se referir também a verdades veladas adotadas por muitas doutrinas e grupos místicos. Atualmente, palavra pouco usada, pois os praticantes preferem o termo "metafísico". Abandonando o termo, alguns acham que estão evitando a conotação negativa que a palavra "ocultismo" acumulou ao longo do tempo; alguns afirmam que esse conhecimento deve ser livre e aberto a qualquer pessoa que queira estudá-lo e aprendê-lo.

ofiomancia — Adivinhação por meio da observação de serpentes como agentes divinos.

Ogham — Alfabeto mágico baseado num antigo alfabeto celta, considerado descendente das runas.

oinomancia — Adivinhação pela análise da cor, aparência, aroma e sabor do vinho usado como libação aos Deuses. O consulente oferecia vinho aos Deuses para apaziguá-los ou obter favores. Antigamente, numa ocasião formal, era apropriado verter as primeiras gotas para os Deuses para agradecer e dar graças.

Old George; "Old George" Pickingill — (1816–1909) Magíster (bruxo-mestre) Hereditário do vilarejo de Canewdon, em Essex. Considerado o fundador dos "Nove Covens", dos quais derivou o coven de Old Dorothy, e por isso a Wicca gardneriana tem a sua origem em Old George por meio de Old Dorothy. Acredita-se também que Pickingill tenha iniciado Aleister Crowley em 1899 e que este iniciou Gardner em 1946, compartilhando com ele o seu Livro das Sombras, o que ajudou a estabelecer as bases da Wicca gardneriana. Não há dúvida de que George Pickingill existiu de fato, mas é questionável se foi um Magíster ou se trabalhou com Crowley e outros.

óleo para unção — Numa fórmula antiga, consistia em verbena ou menta esmagada e colocada em infusão no azeite de oliva; era então espremida e coada com um pano várias vezes para purificá-la. Usado em cerimônias de magia e Iniciações.

Olho de Hórus — Também chamado de *utchat*; talismã mágico que os antigos egípcios usavam como proteção contra o mal. Olho estilizado do Deus Hórus, com cabeça de falcão e um sol no céu. Associado à regeneração, segurança, saúde, sabedoria e prosperidade.

Olho de Hórus

olhos vendados — 1) Algumas Tradições vendam os olhos dos candidatos para a Iniciação; é uma prática de origem maçônica e pode ser usada como técnica tanto para aperfeiçoar como para bloquear habilidades psíquicas. 2) Em algumas culturas, animais e aves são vendados durante o período de nascimento e criação dos filhotes. Supostamente, esse procedimento conferia aos filhotes a habilidade de encontrar ouro, tesouros ou certas plantas ou ervas úteis na magia.

ololigmancia — Adivinhação pelo uivo de cães.

omoplatoscopia — Ver escapulomancia.

ondina — Elemental da Água.

onfalomancia — Adivinhação pela contemplação do próprio umbigo. Tem relação com as disciplinas e a espiritualidade da ioga.

onicomancia — Adivinhação pela interpretação dos desenhos formados nas unhas pela luz solar. Um tipo de cristalomancia.

onimancia, oniomancia — Adivinhação pela leitura das unhas, observando o tamanho e a forma das curvaturas, manchas e possíveis irregularidades; ramo da quiromancia.

oniromancia, oneiromancia, oneiroscopia — Adivinhação pela interpretação de sonhos. Pode ser simbólica ou literal, como sonhar com um evento futuro e constatar que tudo acontece exatamente como revelado no sonho. Os psicólogos e outros profissionais da mente recorrem à interpretação das imagens oníricas, cujos símbolos e significados são universais. A simbologia onírica, conforme apresentada pelos bons dicionários de sonhos, é um recurso também para outros sistemas divinatórios, como a cristalomancia, a tasseografia, a nefelomancia e para os que baseiam as suas interpretações em formas ou figuras percebidas pelo adivinho. A interpretação dos sonhos também é aplicada para curas e desenvolvimento pessoal.

onomatomancia — Adivinhação pela análise do nome de uma pessoa e das letras que o compõem. Pode ser aplicada a pessoas, lugares ou coisas. A atribuição de um nome a alguém, a um lugar ou coisa também é muito importante, e acredita-se que essa decisão pode determinar o futuro da pessoa (ou coisa) nomeada. A escolha de um nome mágico faz parte desta disciplina.

oomancia, ovomancia, ooscopia — Adivinhação por meio de ovos. 1) Nesta forma divinatória, uma mulher grávida incubaria um ovo entre os seios; com a eclosão, o sexo do pintinho indicaria o sexo do filho. 2) Quebra-se um ovo em água fervente e interpretam-se as figuras que se formam. 3) A pessoa pinta alguns ovos e interpreta a intensidade e as formas das cores. A prática de esconder e procurar ovos coloridos pode ser uma variação moderna desta prática.

oração tóxica — Oração desagradável ou para fins com os quais o alvo da oração não concordou. Por exemplo, rezar para a salvação de alguém que não quer ser salvo, ou rezar pela desgraça de uma pessoa ou ainda por objetivos negativos ou prejudiciais.

oráculo — Grego. Pessoa inspirada diretamente por um Deus, sem intermediários, entrando num estado alterado de consciência com ou sem a ingestão de substâncias psicotrópicas. Um oráculo responde a uma consulta, em geral feita num espaço sagrado ou num contexto ritualístico. (Ver também profeta — alguém que tem visões espontâneas.) O Oráculo de Delfos e as profetizas sibilinas eram oráculos antigos famosos e perduraram durante séculos. Em geral, uma sacerdotisa era o oráculo, embora as suas respostas pudessem ser interpretadas por um sacerdote ou por outra pessoa. Alguns oráculos usavam substâncias extáticas para entrar em transe, outros entravam em transe espontaneamente.

Muitas vezes a mensagem era críptica e podia ser enganosa ou inútil. Por exemplo, quando um famoso general consultou o Oráculo de Delfos sobre uma batalha a ser deflagrada, o Oráculo respondeu que um grande general e seu exército seriam destruídos. Naturalmente, o consulente supôs que a previsão se referia à derrota do exército inimigo. Entretanto, foi ele que caiu no campo de batalha, pois os dois eram considerados grandes generais. Registros escritos de oráculos foram mantidos e alguns ainda existem.

oráculo do veneno — Adivinhação realizada administrando-se veneno a um animal para obter uma resposta verdadeira. Se o animal morre, a resposta é "Não". Aplica-se então novamente o teste a outro animal para confirmar a resposta. Geralmente, as perguntas são elaboradas de modo que um animal morre e o outro é poupado para receber duas respostas comprovadas. Os dois animais recebem a mesma dose da mesma substância.

Oráculo Místico — Também conhecido como Livro do Destino de Napoleão. Diz a lenda que Napoleão possuía um antigo papiro egípcio traduzido, o Oráculo Místico, que combinava símbolos e uma série de questões numeradas. A pessoa fazia a pergunta e em seguida escolhia aleatoriamente um símbolo. Uma tabela relacionava o símbolo com o número e remetia a uma série de páginas com respostas de uma única linha. Consultando o símbolo na página adequada, o consulente chegava à resposta. Com o tempo, surgiram várias versões modernas desse Oráculo.

Ordem dos Cavaleiros Templários — Ver Templários.

Ordem Rosa-cruz — Ver Rosa-cruzes.

ornitomancia, ornitoscopia — Adivinhação por meio da observação dos pássaros, seu vôo, cantos e hábitos alimentares. Para os antigos romanos, os pássaros, voando nos céus, podiam conhecer as intenções dos Deuses que lá habitavam ou ser enviados como seus mensageiros. Mudanças no tempo e nas estações podem ser facilmente previstas pela observação dos pássaros (e outros animais e insetos).

osculum obscenum — Latim, beijo obsceno. Na cultura da Inquisição, as bruxas cultuavam Satã por meio do *osculum obscenum*, ou seja, beijando o ânus do Diabo. Como essa informação foi obtida sob tortura infligida pelos inquisidores, é muito questionável se essa era de fato uma prática corrente.

OVNI, Objeto Voador não Identificado, também UFO — Alguma coisa que aparece no céu e que não pode ser explicada como fenômeno natural ou causada pelo homem. Popularmente, termo usado para descrever alienígenas em suas espaçonaves e outros fenômenos produzidos por eles. A Wicca é um caminho espiritual e religioso e não tem nada em comum com OVNIs ou com a UFOlogia, embora os adeptos, como indivíduos, possam acreditar em OVNIs. Os meios de comunicação tendem a englobar todos os fenômenos sobrenaturais sob o mesmo conceito, e assim alguns programas de televisão ou livros consideram wiccanianos e alienígenas como semelhantes.

ovomancia — Ver oomancia.

P

P.C. — Abreviação para Politicamente Correto, expressão que indica um esforço consciente em favor da igualdade e da valorização; por exemplo, dizer que uma pessoa é portadora de características especiais, em vez de deficiente. Muitas vezes alvo de pilhéria, a intenção dessa forma de linguagem é positiva. Se as palavras têm força — e têm — é importante usar conscientemente a linguagem de maneira positiva.

pacto com o diabo — Na crença cristã medieval e do Renascimento, para ser bruxa e obter poder, a pessoa precisava fazer um pacto com o Demônio, pacto esse que lhe permitia dar ordens aos demônios e diabos para que fizessem a sua vontade. Segundo a doutrina cristã, esse pacto podia ser feito de várias maneiras, desde participar de um Sabá de bruxos até redigir documentos que eram assinados com sangue e celebrados com atos de magia e garantias mútuas. Essencialmente, o pacto assegurava que o bruxo obteria poder temporal em troca da sua alma imortal, que passaria a ser propriedade do Demônio. Popularizados pelas lendas de Fausto e pela literatura, rituais elaborados e atos mágicos foram escritos e são publicados ainda hoje. O *Compendium Maleficarum (Manual das Bruxas)*, de Francesco Maria Guazzo, é um tratado do séc. XVII sobre bruxaria que apresenta detalhadamente esses contratos e cerimônias. Vários pactos da época ainda existem, provando que havia quem acreditasse nessas idéias e as empregasse em proveito próprio. Também pela tradição, a alma pode ser redimida abjurando esses contratos. Recurso da Inquisição. Ver também Quarto Grau.

pagão — Do latim *paganus*, camponês, habitante do interior. Palavra antiga que evoluiu para significar o seguidor de uma religião diferente da judaico-cristã; mais especificamente, o que segue religiões e culturas populares panteístas indígenas ou nativas, quer como praticadas originariamente ou como recriação e modernização de formas antigas. Inclui também os que cultuam a natureza e a vida por considerá-las sagradas. Na Wicca, abrange wiccanianos e também adeptos de outras denominações religiosas neopagãs. Uma possível derivação do termo talvez remonte aos primeiros cristãos, que se consideravam soldados de Cristo; como *paganus* descrevia um civil, os primeiros cristãos adotaram o termo para identificar os não-cristãos. Segundo outra teoria, como o cristianismo se propagava mais rapidamente nas cidades, os habitantes do interior eram os últimos a ser convertidos, às vezes de forma parcial ou incompleta; o termo era então usado com referência aos camponeses não convertidos.

Pai Céu — 1) O consorte primordial da Mãe Terra. Grego, Urano. 2) Representação genérica de Deus. A maioria das sociedades primitivas tem uma Deusa e um Deus primordiais que são essencialmente a Mãe Terra e o Pai Céu. Muitas Grandes Deusas são Deusas da Terra e muitos Reis dos Deuses são Deuses do Céu. Existem algumas exceções importantes, mas a Terra como ente feminino e o Céu como masculino é uma crença muito antiga e generalizada.

palavras de poder — Existem em algumas Tradições palavras secretas que são usadas para elevar o poder e favorecer as cerimônias de magia. Com o tempo, algumas palavras de poder foram publicadas, e por isso foram mudadas. Elas são alguns dos "segredos" de várias Tradições, sendo guardadas com todo o cuidado. Alguns acreditam que essas palavras de poder estão impregnadas com a energia e o caráter da Tradição, e por isso o fato de empregá-las dilui a energia e de certo modo dissolve a Tradição.

pantáculo — Ver pentáculo.

panteão — Sistema religioso que inclui uma hierarquia de Divindades; por exemplo, o panteão grego, romano, escandinavo, celta, egípcio, hindu, budista. Em geral, os wiccanianos cultuam as Divindades de um único panteão, mas não são inflexíveis; um wiccaniano pode ter como Divindades principais Buda e a Virgem Maria (reunindo assim o panteão cristão e o budista). A Wicca não tem um grupo padrão de Divindades. O adepto é livre para procurar e cultuar Deuses e Deusas com os quais se sente bem. Algumas Tradições exigem o culto a Divindades específicas, mas a maioria deixa liberdade de escolha.

panteísmo — Grego, tudo é Deus. A crença de que a Divindade é inerente à natureza e se manifesta por meio dela; todas as coisas naturais (que derivam da natureza) são consideradas divinas e sagradas; culto à natureza.

Paracelso — (1493–1541) Nome adotado pelo médico e alquimista suíço-alemão Theophrastus Bombastus von Hohenheim. Como reformador polêmico (à época) no campo da medicina, introduzindo uma nova teoria da doença e aplicando técnicas alquímicas para refinar os ingredientes ativos das ervas e sintetizar novos produtos, ele ajudou a criar remédios químicos. Condenava a ciência e a medicina naturais tradicionais. Paracelso acreditava que a doença era causada por agentes externos, não pelo desequilíbrio dos humores naturais do corpo. Usava os seus produtos químicos como terapia para matar esses agentes externos e restabelecer a saúde. Deslocou a ênfase dada pela alquimia à descoberta da pedra filosofal para a fabricação e descoberta de remédios, ajudando assim a criar a farmacologia. Era também estudioso das ciências ocultas e, entre outras coisas, escreveu instruções para criar um espelho mágico, usado para prever eventos futuros.

paradigma — Um padrão da realidade, realidade compartilhada, sistema de crenças de um grupo, cultura ou raça.

paranóia — Estado emocional em que a pessoa acredita que está sendo constantemente observada e/ou perseguida por alguém. Quando começamos a abrir os canais psíquicos, podemos ficar paranóicos porque tomamos consciência do "mundo invisível" e das entidades que o povoam. Uma base sólida, centramento e proteção podem acalmar essas sensações. A paranóia pode ser uma etapa de desenvolvimento normal para quem começa o estudo e a prática da Wicca. Ela pode ser resultado do medo de perseguição. Sentimentos paranóicos são normalmente reduzidos ou eliminados por meio da prática e da familiaridade com o mundo psíquico.

paranormal — O que é inusitado ou sobrenatural, não explicado pelos paradigmas científicos correntes. PES, OVNIS, vampiros, magia, etc., são por vezes considerados exemplos representativos desse termo. Com certa freqüência, os fenômenos paranormais são vistos com suspeição, embora os que se dedicam a eles os considerem facetas diferentes do Universo. Termo pouco usado na Wicca.

parapsicologia — Estudo da capacidade da mente de praticar atos para os quais a ciência moderna geralmente não tem explicações; também estudo de fenômenos psíquicos. Fruto do movimento espiritualista do último quartel do século XIX. Os primeiros grupos de parapsicologia científica da década de 1880 estudavam os médiuns para verificar se os fenômenos que produziam eram autênticos ou fraudulentos. Em 1927, o psicólogo J. B. Rhine, da Duke University, na Carolina do Norte, empreendeu o primeiro estudo científico rigoroso das capacidades psíquicas. Rhine, e depois dele os seus seguidores, usou as Cartas Zener — um baralho de 25 cartas constituído de cinco conjuntos de cinco cartas, cada conjunto representando uma estrela, um quadrado, um círculo, o sinal + e, por fim, três linhas onduladas. As cartas eram embaralhadas e vários testes eram realizados para constatar se as pessoas conseguiam prever que carta apareceria; os resultados eram analisados para determinar se havia variações com relação à probabilidade estatística. Outros métodos testavam outras habilidades psíquicas. Infelizmente, em geral os resultados não se repetiam — uma exigência para a comprovação científica — e assim, apesar das fortes anomalias estatísticas, esses estudos não ofereceram provas concretas de que existem habilidades psíquicas. A disciplina ainda é estudada, embora não intensamente nem com os recursos que recebia antes do fim da guerra fria. Durante esse período, os russos realizaram muitos testes e estudos, todos publicados na década de 1970.

parceiro(s)/parceria de trabalho — Parceiro de magia; pessoa que habitualmente realiza magia com outra; duas pessoas que realizam magia juntas. Uma Suma Sacerdotisa e um Sumo Sacerdote de um coven são parceiros de trabalho. Duas pessoas que ensinam Wicca juntas para um grupo durante um ano e um dia são parceiras de trabalho. Pessoas que realizam apenas um ritual juntas são parceiras de trabalho para esse ritual específico. Duas pessoas casadas podem ou não ser parceiras de trabalho; cada uma pode ter uma pessoa diferente com quem geralmente pratica magia.

Na comunidade wiccaniana, as pessoas podem "associar-se" de várias maneiras, e constituir uma parceria de trabalho é uma delas, uma associação quase tão forte quanto estar casado ou ter um vínculo de compromisso, e todavia diferentes em deveres, responsabilidade e escopo. É muito raro que dois wiccanianos consigam satisfazer todas as necessidades um do outro, e a comunidade wiccaniana tem vários mecanismos para possibilitar que outras necessidades sejam satisfeitas sem sacrificar a parceria estabelecida. É menos comum um Sumo Sacerdote e uma Suma Sacerdotisa serem parceiros com vínculo matrimonial do que cada um ter uma relação "familiar" com outra pessoa, que pode ou não ser membro do coven. Ver também relação primária.

parceiros — Pessoas que mantêm relações de compromisso, em geral de natureza sexual. Os wiccanianos admitem diferentes modelos de parceria, inclusive as que se formam entre pessoas do mesmo sexo e as múltiplas. Algumas Tradições wiccanianas, especialmente a Gardneriana e a Alexandrina, não permitem que casais do mesmo sexo participem dos seus ensinamentos tradicionais. A Wicca eclética permite praticamente todo tipo de parceria. A Radical Faery Wicca é, predominantemente, uma tradição de homossexuais masculinos, e os seguidores de Z Budapest, embora não necessariamente wiccaniana, acolhem bem casais de lésbicas. Muitos grupos da Wicca Diânica são estritamente feministas e podem também ser constituídos por lésbicas.

passagens da vida — Os vários estágios da vida, freqüentemente celebrados de modo semelhante por diferentes sociedades. Os wiccanianos comemoram mais as passagens da vida do que a sociedade americana moderna: nascimento, nomeação ou wiccanato (atribuição de nome à criança), puberdade (começo da participação nos mistérios da mulher ou do homem), Iniciação, casamento (ou *handfasting/enlace*), divórcio (ou *handparting/desenlace*), ancianidade (às vezes coincidente com a menopausa ou a aposentadoria, outras vezes sendo distinta delas), agonia e morte. Algumas dessas passagens seguem ordens diferentes, outras talvez nunca sejam vividas (casamento, divórcio, paternidade, etc.), mas essas são as que os wiccanianos reconhecem.

pathworkings — Processo de estudo e meditação sobre a Cabala, as sefirotes e os caminhos que as interligam. Prática de meditações ativas ou dirigidas baseadas na Cabala. Modo de chegar a uma compreensão mais profunda da Cabala, do tarô e de suas correspondências.

patriarcado — Sociedade em que predomina a autoridade do homem, como ocorreu com a cultura ocidental até o século XX, inclusive. Em geral, os wiccanianos consideram o patriarcado como um símbolo indesejável e trabalham no sentido de restabelecer a verdadeira igualdade entre os sexos, em que nenhum deles é enaltecido e as pessoas assumem funções apropriadas, em vez de adaptar-se a papéis definidos pela sociedade.

patriarcalista — Termo depreciativo aplicado a quem é adepto do patriarcado e tem como norma a opressão de mulheres, homossexuais, minorias e outros grupos de supremacia não masculina.

peace bond — (Algo como "comprometido com a paz") Prender uma arma (em geral uma espada, mas também o athame), de modo que seja difícil desembainhá-la. Normalmente, amarra-se a arma à bainha, sempre por razões de segurança. Em alguns festivais todas as armas devem ser imobilizadas desse modo, a não ser que façam parte das cerimônias. Quando se precisa levar os instrumentos de um ritual de um lugar a outro, é obrigatório transportá-los assim para que não sejam considerados armas.

Lâmina imobilizada

pecados demoníacos — Os sete pecados mortais; a mitologia cristã atribui sete demônios específicos para os sete pecados mortais. Lúcifer — orgulho; Mamona — avareza; Asmodeu — luxúria; Satã — raiva; Belzebu — gula; Leviatã — inveja; Belfegor — preguiça.

pedomancia, podomancia — Adivinhação por meio da leitura das linhas nas solas dos pés, semelhante à quiromancia. Muito praticada na China.

Pedra Angelical — Pedra usada para consulta pelo dr. John Dee, que afirmava tê-la recebido dos arcanjos Rafael e Gabriel; encontra-se atualmente no Museu Britânico.

pedras da bruxa, pedra furada — Pedra com um buraco no meio, usada como amuleto para prevenir pesadelos.

pedras do nascimento — Em muitas fontes ocultistas, inclusive na Bíblia, as pedras preciosas estão relacionadas com os signos do zodíaco, com as Tribos Perdidas de Israel e com outras coisas. Pedras preciosas e seus significados podem ser usados na magia talismânica ou em amuletos. Essas correspondências são a base para as tabelas que relacionam pedras do nascimento para os vários meses, uma prática popularizada pela indústria joalheira desde as primeiras décadas do século XX. Em geral essas listas são alteradas, dependendo do preço, disponibilidade e popularidade de várias gemas e materiais. Essas listas têm apelo comercial e muito pouco fundamento psíquico ou mágico. Existem listas mais antigas, menos voltadas para o aspecto econômico, mas também aqui a disponibilidade, a funcionalidade e a durabilidade são levadas em conta. Infelizmente, a maioria dessas correspondências é suspeita porque as descrições podem incluir vários minerais ou pedras preciosas dependendo do período do tempo ou da localização geográfica. Nomes antigos dos materiais podem não corresponder aos equivalentes modernos. No mundo antigo, o nome "lápis-lazúli", por exemplo, pode ter sido aplicado a qualquer material precioso de cor azul, o que inclui o que hoje chamamos de lápis-lazúli, sodalita, azurita, turquesa, safira azul, zircônio azul, água-marinha e vários outros materiais opacos e transparentes de tonalidade azulada. Além disso, o mesmo nome pode ter sido aplicado a dois materiais diferentes, dependendo da disponibilidade. E, inversamente, o mesmo material pode ter sido conhecido por dois ou mais nomes diferentes em localidades próximas (no espaço ou no tempo).

pegomancia — Adivinhação por meio da observação do movimento da água das fontes. Ramo da hidromancia. Alterações na cor são especialmente significativas. Observam-se e interpretam-se o fluxo e as formas da água em movimento.

pêndulo — Corpo pesado, às vezes terminando em ponta, preso a uma linha. Pode ser feito de vários materiais, mas principalmente de pedras preciosas. Forma de adivinhação pela observação do movimento oscilatório. O consulente faz perguntas que tenham como resposta sim/não; depois de definir que direções significam sim e não, observa o movimento para receber a resposta. Pode-se também colocar o pêndulo sobre um mapa ou uma figura e assim determinar a direção, localização ou obter outras informações. Método muito simples, barato e fácil de adivinhar. Relacionado com a rabdomancia.

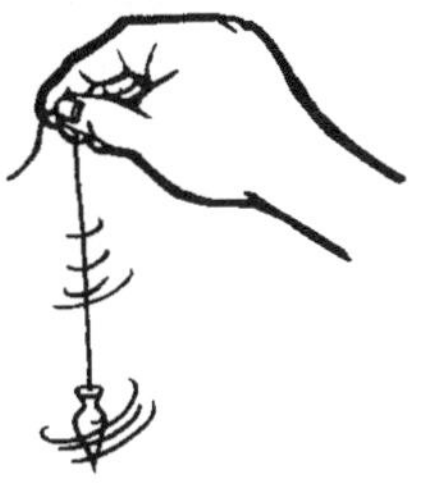

Pêndulo

pentáculo — Disco com um pentagrama nele gravado; semelhante ao símbolo do naipe de ouros do baralho de tarô. Também pode ser inscrito em chapas, placas ou jóias. Num altar cerimonial, é um "prato" e simboliza o elemento Terra, sendo às vezes usado para servir bolo ou pão. Se inserido num círculo, em geral o pentagrama é um pentáculo. Alguns grupos pintam um lado de preto e outro de branco, servindo então como escudo e como espelho mágico. Pantáculo é uma grafia alternativa, atribuída a Éliphas Lévi, que teria adotado essa cacografia propositadamente para identificar quem plagiava as suas obras. Algumas Tradições distinguem o pantáculo, prato do altar, de pentáculo, o pentagrama envolvido por um círculo.

Pentáculo

pentagrama — Estrela entrelaçada de cinco pontas, símbolo da religião e da fé Wicca, do mesmo modo que a cruz, a estrela com o crescente e a estrela-de-davi são os símbolos do cristianismo, do islamismo e do judaísmo, respectivamente. As cinco pontas simbolizam os cinco elementos: Ar, Fogo, Água e Terra, com a ponta superior representando o Espírito. Também usado como mandala e símbolo mágico em várias Tradições mágicas e/ou espiritualistas. Simboliza ainda uma pessoa, com a cabeça no alto e com os braços e pernas abertos formando os outros quatro pontos. O pentagrama (ou "flor" de cinco pétalas) é ainda um símbolo antigo do planeta Vênus, relacionado com sua órbita e seu padrão no zodíaco, que retrograda cinco vezes em oito anos. No mundo antigo, o pentagrama era um símbolo mágico e representava certos princípios matemáticos e geométricos. Pitágoras reverenciava o pentagrama do mesmo modo que o seu retângulo dourado. O pentagrama era o símbolo secreto dos pitagóricos, que recorriam às suas proporções para explicar muitas razões, propriedades e teorias matemáticas.

Na Wicca, o pentagrama é usado com a ponta para cima para simbolizar o domínio sobre os desejos e o processo de auto-aperfeiçoamento como na Grande Obra. No Satanismo, é representado com a ponta para baixo, significando submissão aos desejos humanos. O pentagrama satânico invertido representa a cabeça de um bode com chifres, orelhas e barba/queixo. Algumas Tradições wiccanianas adotam um pentagrama invertido para simbolizar vários graus ou divindades, mas, nos Estados Unidos, esse pentagrama é quase sempre um símbolo satânico e geralmente evitado pelos wiccanianos. Na Inglaterra, os satanistas tendem a usar uma cruz invertida, de modo que o pentagrama invertido não tem as mesmas conotações negativas que pode ter na América do Norte. Para muitos wiccanianos, qualquer estrela de cinco pontas representa o pentagrama, e de fato é uma das formas pelas quais os praticantes podem usar um pentagrama sem chamar atenção.

Os pentagramas são também traçados no ar como método de invocação e banimento de forças mágicas durante um Círculo. Os pentagramas mágicos são desenhados de várias maneiras, começando em vários pontos, movimentando-se em várias direções, dependendo do tipo de magia e da Tradição praticada. A Magia Cerimonial, diferentemente da wiccaniana, utiliza muito o pentagrama em cerimônias mágicas, mas quase sempre de modo diferente ao dos Círculos wiccanianos. Não existe uma forma padronizada de usar pentagramas e por isso essa prática varia muito entre os wiccanianos, dependendo da Tradição, do treinamento e das preferências.

Pentagrama, Pentagrama Invertido e Pentagrama com a Figura Humana Sobreposta

Pentalfa

pentalfa — Figura de cinco pontas formada pelo entrelaçamento de cinco letras "A" maiúsculas. Usado em ritos cerimoniais mágicos. Exemplo do caráter sagrado de alfabetos e escritas.

percepção extra-sensorial, PES — Capacidade de receber dados por meio de outros sentidos que não os cinco conhecidos (visão, audição, tato, gosto e olfato). Coloquialmente chamado de sexto sentido.

Os fenômenos psíquicos, as capacidades e habilidades psíquicas estão agrupados em quatro categorias principais: 1) Telepatia — comunicação de mente a mente. 2) Clarividência — percepção de eventos e pessoas distantes no espaço ou no tempo ou que não são perceptíveis aos sentidos normais. 3) Precognição — conhecimento de eventos futuros. 4) Retrocognição — conhecimento de eventos do passado dos quais a pessoa não tem informações prévias.

A parapsicologia é o estudo da PES. Em virtude da impossibilidade de se reproduzir resultados precisos, a apresentação de provas científicas para os fenômenos psíquicos continua sendo um problema, embora alguns estudos excelentes tenham documentado sua existência e efeitos. Os wiccanianos geralmente aceitam essas capacidades, embora reconheçam que podem variar muito entre as pessoas. Desenvolver e utilizar a PES é um dos objetivos do estudo da Wicca. A maioria dos wiccanianos acredita que todos temos alguma capacidade PES, mas o tipo e a intensidade dessa capacidade, como também o grau de treinamento, fazem toda a diferença. Acredita-se que a PES seja um fenômeno natural, disponível para qualquer um que queira cultivá-la. Grande parte do treinamento wiccaniano inclui técnicas e disciplinas para o desenvolvimento da PES, o que reforça a crença de que os wiccanianos são "mais sensitivos" do que as outras pessoas, mas isso é uma falácia. Os wiccanianos tendem a trabalhar no desenvolvimento e no uso da PES mais do que a média das pessoas.

persona mágica — Personalidade que a pessoa adota em situações de magia e que pode ser diferente da persona "habitual"; persona que a pessoa adapta ou assume com o nome mágico em situações wiccanianas.

personalidade — Conjunto de características incorporado por um indivíduo ou alma durante uma determinada encarnação. A personalidade morre com o corpo e é apenas uma pequena parte do todo da individualidade. A alma pode adotar uma personalidade específica para trabalhar certas questões durante uma existência particular. O mapa astrológico reflete a personalidade assumida durante uma dada encarnação, embora haja evidências de que o mapa permanece depois da morte física.

PES, percepção extra-sensorial — Ver percepção extra-sensorial.

pesadelo — Sonho assustador que evoca emoções fortes e desagradáveis. Algumas culturas acreditam que os pesadelos sejam causados por magia negra. Os primeiros cristãos europeus atribuíam os pesadelos a forças demoníacas. Para psicólogos e psicanalistas atuais, esses maus sonhos são sinais de angústia psicológica ou emocional.

No séc. II EC, o médico Sorano de Éfeso concluiu que os pesadelos eram resultado de condições fisiológicas ou médicas. Muitas culturas acreditavam que espíritos específicos podiam provocar pesadelos: Grécia antiga — Efialtes; clero medieval — íncubos e súcubos; Alemanha — *Wüarger* (estrangulador); Rússia — *kikimara*; França — *cauchemar*; Suíça — *chauchevielle*; Bálcãs — *Vjeschitza* (espírito feminino com asas flamejantes).

pessomancia, psefomancia — Adivinhação pelo exame de seixos. Uma das suas variantes consiste em retirar as pedras de um montículo ou de uma bolsa e interpretar o significado da ordem e do tipo de seixo. O mármore é um bom substituto moderno.

petchimancia — Adivinhação por meio da escovação da roupa. Antes das modernas lavanderias e da lavação a seco, as roupas finas eram "lavadas" escovando a sujeira.

picar, "picar a bruxa" — A Inquisição considerava pintas, verrugas, erupções cutâneas e outras imperfeições como marcas de bruxas. De modo especial, qualquer imperfeição da pele que formasse certa saliência era vista como um mamilo, um ponto por onde a bruxa podia amamentar um demônio.

"Picar a bruxa" era um método de identificação de uma bruxa. Com uma faca ou agulha, o Inquisidor cutucava ou picava a pele; se a pessoa não sangrava nem reagia, era considerada bruxa. Em geral, esse exame era feito depois que a pessoa suspeita era obrigada a ficar deitada num piso frio de pedra; assim, no momento da aplicação do teste, ela estava tão amortecida, que provavelmente sentiria muito pouco. A histeria por ser escolhida pela Inquisição também podia provocar o aumento dos níveis da adrenalina, fazendo com que a pessoa não sentisse dor ao ser picada. Alguns caçadores de bruxas usavam truques, como uma faca cuja lâmina se alojava no cabo ao ser pressionada, dando a impressão de penetrar na carne e de ser retirada, mas não ferindo nem causando sangramento.

pintas — 1) A localização, o tamanho, a forma e a cor das pintas no corpo constituíam um sistema divinatório. O Zohar (texto cabalista medieval) compara as pintas no corpo a estrelas nos céus, e os magos desenvolveram um sistema para examinar a pele de uma pessoa com objetivos proféticos. 2) A Inquisição considerava pintas, erupções cutâneas e outras imperfeições da pele como marcas de bruxas; de modo especial, qualquer saliência na pele era interpretada como um mamilo de bruxa, um lugar por onde ela podia amamentar um demônio.

Um método adotado para verificar se uma pessoa era bruxa recebia o nome de "picar uma bruxa". O inquisidor pegava uma agulha e picava ou furava a pinta; se não houvesse sangue nem reação, a pessoa era tida por bruxa. Esse exame era geralmente feito depois que a pessoa era obrigada a deitar-se nua num piso de pedra; quando da aplicação da picada, ela estava tão amortecida, que provavelmente não devia sentir nada.

piromancia — Adivinhação por meio da observação de objetos jogados num fogo sacrifical.

piromancia — Adivinhação por meio da observação do fogo e da fumaça por ele produzida. Este termo inclui várias práticas: 1) Acende-se um fogo sacrificial e interpreta-se a rapidez com que ele acende e queima. 2) Jogam-se substâncias num fogo comum; quanto mais rapidamente elas queimam, melhor o presságio. 3) Consideram-se presságios: faíscas, chamas coloridas, chamas ou fumaça com formas incomuns, pedaços de lenha queimando.

Pítia — Antiga sacerdotisa grega e profetisa de Apolo em Delfos, médium para as mensagens oraculares dos Deuses. Freqüentemente as mensagens píticas eram ambíguas e precisavam ser interpretadas por um sacerdote.

planetas clássicos — Os sete planetas clássicos são Mercúrio, Vênus, Marte, Júpiter, Saturno, Sol e Lua. Esses astros são visíveis a olho nu e eram conhecidos em todo o mundo antigo. Quando obras mais antigas se referem aos "planetas", elas se referem aos planetas clássicos. Urano, Netuno e Plutão ainda não haviam sido descobertos. Revisões modernas dessas obras antigas às vezes adotam o termo "planetas clássicos", e não apenas "planetas", para dirimir qualquer confusão que possa surgir caso o leitor desconheça a distinção. (Ver também planetas modernos.)

planetas modernos — Urano, Netuno e Plutão são os planetas descobertos na era moderna com a ajuda de telescópios e de cálculos matemáticos sofisticados. (Ver também planetas clássicos.)

planos de existência, planos, planos superiores, planos inferiores, plano astral — Esferas de existência que coexistem mas que em geral não interagem; podem ser interdependentes ou independentes. Também chamados de reinos invisíveis ou de reinos dos espíritos, dos demônios ou dos deuses, é nesse âmbito que a magia se processa. Habitação de várias entidades espirituais. A Terra física/material é apenas um dos muitos reinos ou planos de existência. Quando a pessoa pratica magia, ela entra nos planos mágicos para ativar essa magia, que então se manifesta no plano material, às vezes conhecido como "mundo real". Para os wiccanianos, os planos espirituais são tão reais quanto o plano material, e podem ofender-se com a afirmação de que o plano material é o "mundo real".

Os reinos espirituais podem ser considerados como superiores ou inferiores com relação ao plano da Terra, sendo critério de distinção a freqüência vibratória. Na prática, podemos verificar se nos "conectamos" com um plano superior ou inferior pela temperatura; os planos superiores são mais quentes que o normal, ao contrário dos planos inferiores, que são mais frios. A crença comum é que as entidades dos planos inferiores são menos evoluídas ou conscientes que nós. Os fantasmas são entidades desencarnadas de um plano inferior. Os Deuses são entidades de um plano superior. Quando uma pessoa deixa o corpo (viagem astral), o espírito viaja para o plano astral. O plano astral pode se referir ao plano do conhecimento superior, onde a pessoa pode ter acesso aos registros cósmicos, ou Biblioteca Akáshica, ou seja qual for o nome que se dê à esfera do conhecimento superior que pode ser acessada por sensitivos, médiuns e leitores, e também pelos que meditam ou estudam magia. Para alguns, o plano astral é o reino da magia. Ele também pode ser considerado como mundos paralelos aos quais se chega por meio de meios ocultos ou mágicos.

planos interiores — Níveis de ser e de consciência além do plano físico e da consciência normal do ego. Os estados de sonho e de meditação são dois exemplos.

poção — Preparado de ervas ingerido como remédio homeopático junto com tratamento psíquico. Também pode se referir a concocções venenosas feitas num contexto mágico ou psíquico.

poder — Energia, especificamente energia mágica. Também o estado de ser poderoso, tendo influência política e capacidade de conseguir que as coisas sejam feitas. Termo utilizado em contextos de dominação, numa relação dominador/dominado ou senhor/servo.

poder/energia, aumentar o — O ato de acumular energia mágica num Círculo para propósitos de magia ou celebração. Ato de intensificar a concentração e as emoções. Há muitas formas de aumentar o poder — som de tambores, dança, canto, sexo, ato de vontade, concentração e outros. Normalmente, a celebração de um ritual envolve as seguintes etapas: lançamento do Círculo, aumento da energia no Círculo, direcionamento da energia para consecução do objetivo desejado e dissolução do Círculo. Os wiccanianos aumentam o poder para magia, cura ou celebração.

politeísmo — Crença na existência de muitos Deuses. Uma religião que tenha um grupo original de Deuses é politeísta. As religiões da Grécia antiga e de Roma eram politeístas. Muitas religiões pagãs são de natureza politeísta, e muitos caminhos religiosos pagãos advogam ou toleram cultos politeístas.

poltergeist — Alemão, espírito barulhento; do alemão, *poltern*, bater, e *geist*, espírito ou fantasma — psicocinese espontânea recorrente. Pode ser um espírito que gosta de fazer travessuras, especialmente barulho. Pode também ser manifestação de capacidades psíquicas não treinadas e descontroladas. Os *poltergeists* podem se manifestar numa casa em que uma menina esteja na fase da puberdade e possivelmente passando por conflitos emocionais. Quando os fluxos hormonais da adolescente se estabilizam ou ela sai de casa, o *poltergeist* pode desaparecer espontaneamente. Ele também pode ser exorcizado, mas para isso é necessário habilidade.

Para desestimular um *poltergeist* de permanecer na casa, faça uma lista de tarefas domésticas e diga-lhe que, se ele quiser ficar, precisa conquistar esse direito, e por isso deve executar as atividades listadas. Se isso não acontecer, um exorcista será chamado. Quando aplicado com determinação e intenção, esse método realmente levou espíritos a abandonarem um local de forma relativamente indolor. Eventualmente, você até pode conseguir que algumas tarefas sejam cumpridas! A presença da maioria dos *poltergeists* se revela por barulhos ou cheiros, objetos em movimento ou lançados; às vezes, objetos desaparecem, voltando a aparecer inesperadamente tempos depois.

Perfis psicológicos mostraram que distúrbios mentais e emocionais, desordens de personalidade, fobias, repressão, comportamento obsessivo e esquizofrenia estão ligados a *poltergeists*. Em alguns casos, psicoterapia ou medicações eliminaram a atividade do *poltergeist*.

ponto de poder, lugar de poder, espaço de poder — Áreas naturais com uma quantidade singularmente grande de energia, às vezes psíquica, às vezes também associada com fenômenos naturais (como redemoinhos, vulcões, gêiseres, montanhas, mananciais, cavernas, etc.). Alguns pontos de poder podem ter estruturas construídas pelo homem, as quais podem ampliar, reduzir ou canalizar as energias do lugar. Os templos pagãos antigos eram geralmente construídos sobre espaços de poder; quando os cristãos demoliam os templos pagãos, quase sempre construíam uma igreja ou catedral sobre os antigos destroços, sendo então impregnada pelas energias do lugar. As religiões indígenas tratavam os pontos de poder de várias maneiras; as tradições Nativas Americanas geralmente conservavam esses espaços do modo mais natural possível, mas as usavam para o ensino e Iniciações. Stonehenge está construído sobre um ponto de poder.

Acredita-se que os pontos de poder têm relação com as linhas de força/energia. Existem muitas intensidades e qualidades de pontos de poder, e nem todos são claros, bons ou benéficos, sendo importante examinar a espécie, a qualidade e a intensidade da energia do lugar antes de usá-la. Lendas locais desenvolvem-se em torno dos pontos de poder, e o conhecimento e análise dessas lendas pode ser um bom começo para pesquisar a qualidade da energia do espaço. Como o poder num lugar pode não afetar todas as pessoas do mesmo modo, é recomendável ter cautela ao examinar esses sítios.

portal — 1) Abertura para outras dimensões; área localizada de distorção psíquica; área pela qual os que estão em outros planos podem entrar no nosso. Em geral caracterizado por uma sensação de frio, de distorção ou de tremor à medida que a pessoa o atravessa. Pode atuar como lente ou janela para outros planos. 2) Também chamado de porta, uma passagem num Círculo mágico por onde os participantes podem entrar e sair sem romper as energias do Círculo; sua posição pode ou não ser indicada no Círculo. Às vezes criado como parte do Círculo, outras por necessidade imediata e fechado logo em seguida.

portento — Ver presságio.

possessão — Condição em que a personalidade é alijada contra a sua vontade por uma entidade desencarnada; ocorrência extática em que a personalidade é dominada e substituída por uma entidade não-corpórea. As tábuas Ouija™, em condições inadequadas e sem controle, podem levar à possessão. A possessão pode ser demoníaca, mas em geral a pessoa fica possuída por uma personalidade que quer estar no mundo material e não segue regras e diretrizes kármicas. Às vezes é necessário um exorcismo para que a possessão acabe. Segundo a literatura, a voz e às vezes a aparência de uma pessoa possuída podem mudar. Em algumas religiões, comunicar-se com várias Divindades e aceitar ser possuído por elas é essencial para o culto, como no vodu. A invocação e o ritual de Puxar a Lua ou o Sol são formas de possessão voluntária, mas realizadas sob condições rígida e adequadamente controladas. O cristianismo pentecostal estimula a possessão voluntária pelo Espírito Santo, quando então os possuídos podem "falar em línguas", realizam curas pela fé e produzem outras manifestações.

praga, imprecação — Fonte de mal ou desgraça que causa tristeza ou morte; maldição.

prana, energia prana — Termo hindu que descreve a força vital que nos envolve. Essa energia é inalada com o ar e pode ser utilizada para cura, trabalho psíquico e de modo geral para revitalizar o corpo e o espírito. Inúmeras técnicas de respiração ajudam a aumentar a absorção do prana e a torná-lo mais eficaz. Ele é a força vital do cosmos, pois opera no nível etérico. É semelhante ao Chi, e acredita-se que tenha a cor do pêssego.

prancheta — 1) Lápis montado sobre rodinhas, usado para escrita automática. 2) Dispositivo disposto sobre uma base de feltro, para facilitar o deslizamento, e sobre o qual uma, duas ou mais pessoas pousam as mãos; aplicada na conjuração de espíritos. Usada com a tábua Ouija™. Substituiu o copo que era usado antes da invenção da prancheta.

precessão dos equinócios — Ver Era de Aquário.

precognição — Latim, conhecimento prévio; habilidade de perceber eventos antes que ocorram no tempo e espaço presentes. Diferente da clarividência, que é perceber eventos que acontecem no tempo presente, mas num lugar diferente. Com a precognição, o evento percebido está no futuro e pode ou não ocorrer no mesmo lugar em que o sensitivo se encontra. Coloquialmente, sinônimo de PES.

premonição — Intuição sobre algum possível evento futuro; menos certa ou clara que a precognição. Teoricamente, todas as pessoas têm algum grau de premonição, mas somente os que prestam atenção e desenvolvem essa habilidade podem chegar a um certo nível de certeza. Por exemplo, uma pessoa pode ter a premonição de que, se passar com o carro por um determinado cruzamento, ela pode sofrer um acidente; se segue essa intuição, ela evitará esse cruzamento até sentir-se novamente tranqüila com relação a ele. Se, porém, ela continuar passando por esse ponto e o acidente acontecer, a premonição era verdadeira. Se ela evita o cruzamento, e não há acidente, supõe-se que a premonição fosse igualmente verdadeira. Naturalmente, se ela passar pelo cruzamento e não houver acidente, pode-se concluir que a premonição era falsa, embora o acidente ainda possa ocorrer no futuro. Às vezes é chamada de superstição.

presságio (e/ou portento) — Ocorrência ou fenômeno que prenuncia um evento futuro ou uma mensagem dos Deuses. Os presságios podem incluir eventos naturais (pragas, eclipses, cometas ou erupções vulcânicas), acontecimentos corriqueiros considerados significativos (como planejar uma festa e descobrir que todo o vinho se transformou em vinagre) e adivinhação.

Princípios da Crença Wiccaniana — Documento escrito pelo Council of American Witches (uma organização já extinta) e adotado em 14 de abril de 1974 em Gnosticon, Mineápolis, Minnesota. Diversas organizações, inclusive algumas áreas do governo dos Estados Unidos, aceitam esses princípios como uma diretriz de trabalho da Wicca.

Princípios da Crença Wiccaniana

O Conselho de Bruxos Americanos julga necessário definir a Bruxaria moderna em termos das experiências e necessidades americanas.

Não somos limitados por tradições de outros tempos e culturas, e não devemos lealdade a nenhuma pessoa ou poder maior que a Divindade manifesta por meio de nós mesmos.

Como Bruxos Americanos, acolhemos e respeitamos todos os ensinamentos e tradições que promovem a vida, procurando aprender de todos e compartilhar o que aprendemos com o nosso Conselho.

É com esse espírito de acolhimento e cooperação que adotamos estes poucos princípios de crença wiccaniana. Na intenção de incluir a todos, não queremos expor-nos à destruição do nosso grupo por parte dos que buscam o poder interesseiro, ou a filosofias e práticas contraditórias com as nossas, não queremos negar a participação a ninguém que esteja sinceramente interessado em nossos conhecimentos e crenças, a despeito de raça, cor, sexo, idade, origem nacional ou cultural, ou preferência sexual.

Pedimos, portanto, aos que procuram identificar-se conosco que aceitem estes poucos princípios básicos:

1. Praticamos ritos para nos harmonizar com os ritmos naturais das forças vitais, marcadas pelas fases da Lua, pelas estações e pelos quadrantes colaterais.

2. Reconhecemos que a nossa inteligência nos dá uma responsabilidade única com relação ao nosso meio ambiente. Procuramos viver em harmonia com a Natureza, em equilíbrio ecológico, oferecendo condições à vida e à consciência segundo uma visão evolutiva.

3. Admitimos a existência de um poder muito maior que aquele que se manifesta na pessoa comum. Por ser muito maior que o normal, ele é às vezes chamado de "sobrenatural", mas o vemos inerente ao que é naturalmente possível a todos.

4. Entendemos que o Poder Criador do Universo se manifesta por meio da Polaridade — como masculino e feminino — e que esse mesmo Poder Criador habita em todas as pessoas e age por meio da interação de masculino e feminino. Não valorizamos um mais do que o outro, porque sabemos que ambos se completam mutuamente. Apreciamos a sexualidade como prazer, como símbolo e encarnação da vida e como uma das fontes das energias usadas nas práticas e cultos mágicos.

5. Reconhecemos a existência tanto do mundo exterior como do interior, ou mundo psicológico — às vezes conhecido como Mundo Espiritual, Inconsciente Coletivo, Plano Interior — e vemos na interação dessas duas dimensões a base dos fenômenos paranormais e das práticas de magia. Não negligenciamos nenhuma das dimensões, pois ambas são necessárias para a nossa realização.

6. Rejeitamos toda hierarquia autoritária, mas honramos os que ensinam, respeitamos os que compartilham o seu conhecimento e sabedoria e admiramos os que corajosamente deram de si para exercer funções de liderança.

7. Vemos a religião, a magia e a sabedoria da vida formando uma unidade no modo como uma pessoa vê o mundo e vive nele — uma visão de mundo e filosofia de vida que identificamos como Bruxaria, o Caminho Wiccaniano.

8. O dizer-se "Bruxo" não faz um bruxo — nem tampouco a hereditariedade ou a coleção de títulos, graus e iniciações. Um Bruxo procura controlar as forças dentro de si que tornam a vida possível, de modo a viver com sabedoria e bem, sem prejudicar outras pessoas e em harmonia com a Natureza.

9. Reconhecemos que o amor é a afirmação e a realização da vida, numa contínua evolução e desenvolvimento da consciência, que dá sentido ao Universo que conhecemos e ao nosso papel pessoal dentro dele.

10. Nossa animosidade com relação ao cristianismo e a outras religiões ou filosofias de vida só existe enquanto essas instituições se proclamam "o único caminho", negando liberdade a outras entidades e reprimindo outras formas de prática e fé religiosa.

11. Como Bruxos Americanos, não nos sentimos ameaçados por debates sobre a história da Arte, sobre as origens de vários aspectos de diferentes tradições. Estamos voltados para o nosso presente e o nosso futuro.

12. Não aceitamos o conceito de "mal absoluto" nem cultuamos qualquer entidade conhecida como "Satã" ou "Demônio" como definido pela tradição cristã. Não buscamos o poder por meio do sofrimento de outros nem aceitamos o conceito de que benefícios pessoais só podem ser obtidos pela negação do outro.

13. Buscamos na Natureza tudo o que pode contribuir para a nossa saúde e bem-estar.

profecia — Visões e predições sobre o futuro. Visão de inspiração divina ou revelação do futuro. Para alguns, qualquer forma de adivinhação é uma espécie de profecia. Também registro escrito de previsões.

professor — Pessoa que tem conhecimento e perícia numa área do conhecimento e está disposto a transmitir esse conhecimento ou habilidades a outros — os alunos. A relação professor-aluno é considerada sagrada, e existem convenções que devem ser observadas (de acordo com muitas tradições) para que essa relação seja fecunda e benéfica para ambas as partes.

A responsabilidade do professor é ser justo e compreensivo, ajudando o aluno a aprender da melhor maneira possível. É seu dever apresentar o material de modo a transmitir conhecimento sem condescendência e sem fazer o aluno sentir-se inferior. Ele deve estar preparado para motivar o aluno quando o interesse esmorece e certificar-se de que o aluno cumpre as suas obrigações, recorrendo a preleções rigorosas, se necessário. O professor ocupa uma posição de autoridade, mas não deve abusar dessa autoridade — especialmente na esfera do relacionamento sexual ou romântico. Muitas tradições têm normas rígidas proibindo o contato sexual ou romântico entre professores e alunos. Se um dos parceiros de um casal comprometido quer estudar, e o outro pode ensinar, ainda assim a determinação é que o primeiro procure outro professor e não receba treinamento do companheiro. Um professor não tem obrigação de conferir graus, mas é responsável pelo aluno se este está estudando para um Primeiro Grau (e em algumas tradições também depois desse grau — até que o aluno obtenha o Segundo Grau, quando então pode responder por si mesmo). O ensino é uma tarefa e um dever sagrados, e também fonte de grande alegria e aprendizado para o professor.

Os ensinamentos são em geral transmitidos em pequenos grupos — um professor pode ter apenas um aluno, ou seis (ou mais) — mas raramente ensina-se a Wicca num ambiente de sala de aula com um professor para dez (ou mais) alunos. O treinamento wiccaniano é muito intensivo e personalizado, geralmente com dois ou três alunos para cada professor. Se uma pessoa se dedica a algum conhecimento especializado, a relação pode se assemelhar mais à que existe entre mestre–aprendiz do que à de uma experiência de aprendizado numa sala de aula clássica. Um professor pode ter vários alunos a qualquer tempo, cada um aprendendo coisas diferentes e em diversos níveis de experiência.

profeta — Do grego, pessoa inspirada diretamente por um Deus, sem nenhuma forma de intermediação perceptível ou conhecida. Os profetas faziam os seus anúncios sem nenhuma preparação ou interpelação e tinham visões espontâneas. Ver também oráculo. Alguns profetas mereceram credibilidade, foram admirados e se tornaram famosos (ou lendários), como Tirésias. Outros foram desacreditados, como Cassandra, que recebeu o castigo de ter o dom da profecia e estar sempre correta, mas também de nunca ser digna de crédito. A profecia era uma das formas pelas quais os Deuses enviavam mensagens diretamente aos homens (sonhos, necromancia e oráculos eram as outras). Pessoa que fala em nome de uma Divindade ou de outro espírito poderoso, geralmente sobre eventos futuros.

projeção — 1) Forma reduzida de projeção astral. 2) Termo psicológico usado para caracterizar a atribuição de traços de caráter ou ações a outras pessoas, quando de fato esses traços pertencem à própria pessoa; em geral tem conotação negativa. Às vezes, uma experiência mágica ruim ou um sonho mau pode ser uma forma de projeção; os "demônios" que podemos encontrar são simplesmente aspectos do nosso lado negro que ainda não foram tratados e integrados na psique.

protetor, defesas — Escudo de proteção psíquico temporário erguido em torno de uma área ou de uma pessoa; pode referir-se também a objetos consagrados ou carregados que, quando interligados magicamente, criam uma área interior protegida. Os protetores são mais defensivos e ativos do que os escudos. A pessoa pode montar protetores ao redor da casa para intensificar a proteção.

Protocolos dos Sábios de Sião — 1) Grupo de supostos *Illuminati* que controla sistemas políticos por meios ardilosos e possivelmente ilegais. Teoricamente, esse grupo é formado por judeus que favorecem secretamente causas e projetos judaicos em detrimento das raças arianas, com controle sobre os negros, mas com a ajuda deles. Alvo favorito de grupos arianos e nazistas anti-semitas. 2) Documento criado pela polícia secreta do czar como forma de propaganda para justificar os *pogroms* contra os judeus a partir de 1900, aproximadamente. Termo usado ainda hoje como documento anti-semita. Ver W.I.C.C.A.

provação, prova — Situação de que um indivíduo deve participar, voluntária ou involuntariamente, e perseverar apesar das dificuldades e obstáculos. Ocorrências adversas e complicadas da vida podem ser vistas como provações. Às vezes uma Iniciação pode exigir que o candidato passe por alguma prova para demonstrar o seu valor.

psicocinese — Uso exclusivo do poder da mente (psi) para movimentar matéria ou energia. Também conhecida com telecinesia. Esta capacidade psíquica foi pesquisada, estimulada e desenvolvida pelos russos durante a guerra fria, e há filmes que mostram pessoas movimentando palitos de fósforo e limalha de ferro apenas com a força mental. De acordo com informações, a maioria dos russos que desenvolveu essa habilidade morreu de vários cânceres. Teoricamente, qualquer habilidade de cura natural também é uma forma de psicocinese.

psicomancia — Adivinhação por meio de capacidades psíquicas. Inclui clarividência, precognição, escrita automática, conjuração de espíritos, etc., e outras técnicas sem nenhuma relação com Divindades ou entidades espirituais. Às vezes, é difícil distingui-la de técnicas divinatórias derivadas de entidades não-corpóreas, sendo associada à necromancia. Teoricamente, só o praticante pode perceber a diferença, embora um sensitivo poderia perceber a presença de uma entidade não-física.

psicometria — Capacidade de captar psiquicamente imagens ou informações de um objeto. Por exemplo, segurando um relógio antigo, um psicometrista seria capaz de "ver" todos os seus proprietários e possivelmente dizer alguma coisa sobre eles. Relacionada com o uso de um testemunho energético, opera por meio da Lei da Associação. Às vezes um psicometrista pode dizer se um item foi roubado, onde o dono está ou onde o item foi feito. Essas habilidades são úteis em investigações criminais. Alguns arqueólogos usam a psicometria para localizar artefatos enterrados. Um psicometrista também pode obter informações sociológicas de um objeto antigo e ajudar a identificá-lo.

psicopompo — Guia espiritual entre o mundo dos vivos e do espírito. Hermes, Anúbis e Vanthe eram psicopompos divinos que introduziam o recém-nascido no mundo ou escoltavam os mortos para a outra vida. Um xamã que acompanha uma alma em sua jornada "para o outro lado" é um psicopompo.

psique — Os aspectos não-físicos de uma pessoa.

psíquico, abrev. psi (ou a letra grega ψ) — Do sobrenatural, dos "reinos invisíveis", do "outro mundo". Poderes ou aptidões mentais que podem afetar ou alterar a realidade sem recursos físicos. Entre as habilidades psíquicas estão a clarividência, a telepatia, a adivinhação e outros métodos. Embora muitos wiccanianos tenham habilidades psíquicas, de modo nenhum é necessário ser psíquico para ser wiccaniano, mago ou ritualista. Teoricamente, todos são psíquicos de alguma forma, mas é necessário treinamento e prática para realmente aplicar essas habilidades.

purificação — 1) Também conhecida como banho lustral. Banho ritual ou de limpeza antes de um Círculo, trabalho de magia ou Iniciação. Algumas Tradições exigem que seus adeptos tomem um banho ritual (geralmente com sal ou ervas na água) antes de entrar num Círculo. 2) Limpeza feita com o objetivo de afastar influências malignas ou indesejadas; pode-se usar sal, água, incenso, ervas, fumaça, etc.

Puxar a Lua para Baixo — Rito wiccaniano para invocar a Deusa Lua. O Sumo Sacerdote invoca — puxa para baixo — o aspecto Deusa para dentro da Suma Sacerdotisa. Esse rito foi amplamente divulgado por meio de um documento específico. O texto original encontra-se em *O Asno de Ouro*, de Apuleio, mas foi modificado, ampliado e aprimorado com o passar do tempo. Adotado inicialmente por Gardner, e possivelmente ampliado e modificado por Doreen Valiente, ele faz parte da cultura da Arte e é muito usado na Wicca e no paganismo. É também título de um livro de Margot Adler (1979, revisado e aumentado em 1986, e novamente em 1999), que detalha as práticas e os praticantes da Wicca e do paganismo atualmente nos Estados Unidos.

Puxar o Sol para Baixo — Rito wiccaniano para invocar o Deus Sol. Invocação do aspecto Deus que a Suma Sacerdotisa faz para o interior do Sumo Sacerdote.

Q

QBL, Qaballah — Grafias alternativas Qabala, Cabala, Kabala, etc. Ver Cabala.

Qliphoth — Na Cabala, o Qliphoth é uma inversão da Árvore da Vida, começando em Malkuth (ou às vezes em Tiphareth) e descendo numa Cabala reflexa de correspondências negras ou más, mas também chegando em Kether, como a Árvore da Vida. Serve como método para levar um caminho negro ou mau a bom termo e alcançar a iluminação. Às vezes considerado um caminho de mão esquerda à iluminação.

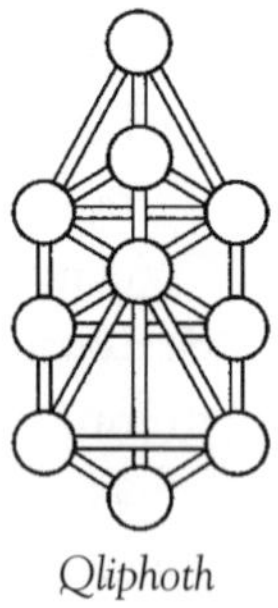

Qliphoth

quadrado mágico — Diagrama de quadrículas, geralmente de nove (3 x 3) pelo menos, embora possa ser maior, com um número em cada uma; o total dos números somados vertical, horizontal e diagonalmente é o mesmo. Considerado um talismã mágico. Cada planeta clássico tem o seu próprio quadrado mágico. Hoje visto como curiosidade matemática, mas ainda usado como amuleto de proteção.

8	58	59	5	4	62	63	1
49	15	14	52	53	11	10	56
41	23	22	44	45	19	18	48
32	34	35	29	28	38	39	25
40	26	27	37	36	30	31	33
17	47	46	20	21	43	42	24
9	55	54	12	13	51	50	16
64	2	3	61	60	6	7	57

Quadrado Mágico

quadrantes — As quatro direções cardeais num Círculo mágico, os quadrantes correspondem aos quatro elementos. Nem todas as Tradições wiccanianas atribuem os mesmos elementos aos mesmos quadrantes; as cores também podem variar. Na relação de correspondências mais geralmente aceita, Leste é Ar e amarelo, Sul é Fogo e vermelho, Oeste é Água e azul (ou púrpura), Norte é Terra e verde (ou marrom ou púrpura) e o Centro é Espírito e branco (ou claro). Também se refere aos Vigias das Torres.

quadrantes/pontos colaterais (*cross-quarters*) — As direções localizadas entre os pontos cardeais: S.L., S.O., N.O., N.L. Também linguagem coloquial para os quatro grandes festivais: Beltane, Lugnasad, Samhain e Imbolc (em contraposição aos festivais celebrados nos pontos/quadrantes cardeais — solstícios e equinócios — que são menos importantes e que alguns Tradições nem mesmo celebram).

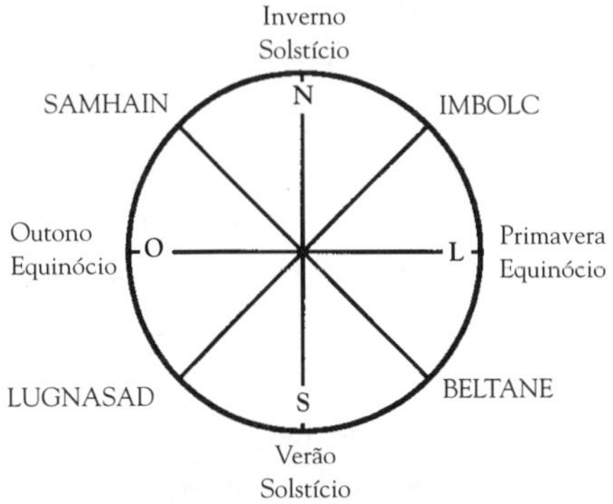

Quadrantes colaterais

Quarto Crescente, Primeiro Quarto, Arco de Diana — Fase em que a Lua Crescente está noventa graus de frente para o Sol. Período propício para magia de natureza invocatória. Ponto de referência para calcular e programar Círculos. Símbolo da Deusa como Donzela.

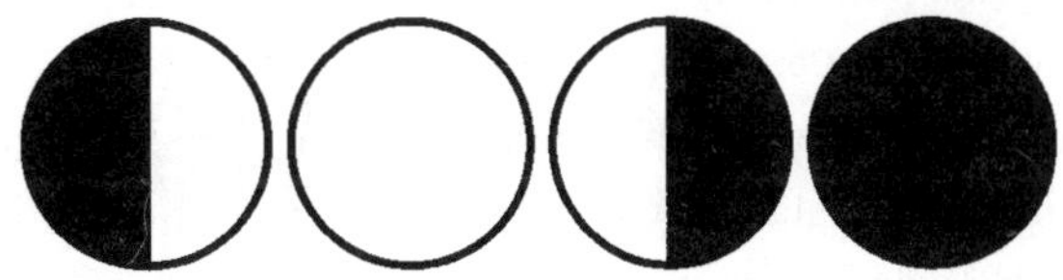

Fases da Lua: Quarto Crescente, Lua Cheia, Quarto Minguante, Lua Nova

Quarto Grau, Quinto Grau — Iniciações wiccanianas míticas que supostamente contêm juramentos de sangue, sacrifícios ou Dedicação e pactos de lealdade a Satã. Essa informação é propaganda divulgada por pessoas que acreditam que as Tradições wiccanianas são de natureza satânica.

Quarto Minguante, Segundo Quarto, Foice de Hécate — Fase em que a Lua Minguante está 90° atrás do Sol. Período propício para magia de banimento. Ponto de referência para calcular e programar Círculos. Símbolo da Deusa como Anciã.

quintessência — O quinto elemento do cosmos, equivalente ao Espírito ou ao termo alquímico elixir.

Quinto Grau — Ver Quarto Grau.

quiromancia — Leitura da palma da mão. Também conhecida como quiroscopia. Adivinhação pela interpretação das linhas da mão. Também considera a forma da mão, dos dedos, das unhas, etc.

R

rabdomancia — 1) Adivinhação com o uso de uma flecha e de um alvo. Diversas respostas são fixadas num alvo, contra o qual o sacerdote dispara uma flecha. A resposta atingida é a correta. A técnica de fixar um elemento pontiagudo no rabo de um burro pode ser vista como uma versão moderna dessa forma de adivinhação. 2) Adivinhação por meio de uma varinha mágica, que pode ter sido aplicada para confirmar outro sistema. Acabou se transformando na prática de procurar águas subterrâneas e minerais com a ajuda de uma forquilha. 3) Coloquialmente, "feitiço da água" — método de encontrar água ou outros produtos no solo usando uma forquilha de salgueiro (em forma de Y), um arame curvo ou um pêndulo. A pessoa segura a forquilha pelas extremidades, concentra-se no produto desejado e anda pela área demarcada; se o produto existe nesse lugar a haste principal da varinha aponta a sua localização exata. O rabdomante pode também usar um mapa da região e obter bons resultados. A técnica já era conhecida no Egito e na China antigos, na Inglaterra e na Europa medievais, e é praticada nos Estados Unidos desde o período colonial. Antigamente, uma maneira muito popular de encontrar água e decidir onde cavar um poço, em geral um processo dispendioso e frustrante. Atualmente, a rabdomancia também é aplicada para encontrar petróleo e outros minerais e, às vezes, usada do mesmo modo que se utilizaria um detector de metais em busca de objetos valiosos perdidos. Usada na I Guerra Mundial e no Vietnã para localizar minas e outros artefatos perigosos sem lesar os rastreadores. Ver também pêndulo.

Rabdomancia com vara de salgueiro

radiestesia — Capacidade de localizar águas, minas e tesouros ocultos ou de detectar energia com uma forquilha ou varinha mágica. Uma forma de telecinesia. Termo científico moderno aplicado a habilidades que no passado eram chamadas de adivinhação com o auxílio da varinha mágica ou rabdomancia.

Rainha das Bruxas — 1) Título que os wiccanianos não usam. Os covens são autônomos e as várias Tradições são separadas, não havendo assim uma pessoa eleita, nomeada ou aclamada Rainha das Bruxas. 2) Gíria às vezes usada com ironia em referência a Alex Sanders, que se autoproclamou Rei das Bruxas. Como ele era bissexual, é às vezes chamado de "Rainha das Bruxas".

Rainha de Maio — Pessoa (geralmente mulher) escolhida no festival de Beltane para representar a Deusa para esse dia ou, em algumas Tradições, pelo ano inteiro. Quase sempre escolhida por sorteio.

Rainha do Sabá — Ver Bruxa Rainha.

rapsodomancia — Ver bibliomancia.

realidade — O campo perceptivo, tanto subjetivo — experiência sensorial pessoal de cada um, perceptível somente ao sujeito que a vive — como objetivo, um campo hipotético deduzido subjacente a percepções de grupo, perceptível somente pela solidez evidente de dados experimentáveis ou observáveis. O estado atual de existência que tem a capacidade de nos afetar e mudar. O modo como percebemos a realidade determina o nosso modo de agir. Realidade consensual é uma metáfora de grupo com a qual todos concordam e que compartilham. Ver paradigma.

rede (web) — 1) Rede mundial, a Internet. 2) Modelo para afiliações, estrutura e organização wiccanianas. Os wiccanianos procuram evitar modelos hierárquicos, e a forma como pessoas e grupos se relacionam (fora de um pequeno coven) é mais semelhante a uma rede de associações, amizades e alianças. Semelhante à idéia de "seis graus de separação", embora provavelmente haja menos do que seis graus de separação entre os wiccanianos de todo o país. De certo modo, uma comunidade wiccaniana/pagã é como uma pequena cidade, com as pessoas vivendo próximas umas das outras (sem ser necessariamente vizinhas) e cada membro da comunidade sabendo o que os outros fazem. 3) O padrão de todas as energias que permeiam e interconectam todas as coisas vivas e o cosmos. A teia da vida. Derivado da ecologia. 4) (pronuncia-se *rid*) A rede wiccaniana. A palavra "rede" é medieval e significa conselho ou admoestação. Ethelred the Redeless (*ready-less*) não significa Despreparada, mas sim sem admoestação ou conselho.

***Rede* Wiccaniana (pronuncia-se "rid")** — "Oito palavras a *Rede* Wiccaniana cumpre — E não prejudicarás ninguém, faças o que fizeres." Estes são os versos finais de um poema mais longo, e é uma máxima que prescreve como os wiccanianos devem viver. Uma pessoa deve pensar sobre que ações praticar/não praticar na vida e sobre as respectivas conseqüências. Os que seguem a *Rede* Wiccaniana devem agir de modo a causar o menor dano possível, a si mesmos, aos outros e à Terra e seus habitantes. Usando a *Rede* como guia, cada adepto deve desenvolver seu próprio sistema ético e agir de acordo com essas crenças.

reencarnação — Crença de que uma alma ou personalidade individual habita vários corpos humanos ao longo de inúmeras vidas, com o objetivo de progredir, desenvolver-se em sabedoria e espiritualidade e cumprir o seu karma. A maioria dos wiccanianos acredita na reencarnação. Não se deve confundir reencarnação com transmigração, em que um espírito habita o corpo de um ser humano, animal ou inseto no decorrer de sucessivas existências — um conceito especificamente hindu. O objetivo da reencarnação é evoluir espiritualmente a cada existência sucessiva e finalmente retornar ao seio de Deus ou da grande força criadora. A reencarnação é um conceito adotado por muitas religiões, entre as quais o budismo, o hinduísmo e o gnosticismo.

regressão a vidas passadas — Técnica hipnótica em que a pessoa é estimulada a mergulhar num passado anterior ao seu nascimento e possivelmente obter informações sobre vidas anteriores. De caráter puramente subjetivo, essa técnica pode esclarecer problemas, situações e relações atuais. Às vezes considerada uma "prova" da reencarnação, raramente a pessoa recebe informações que podem ser pesquisadas. Tornou-se popular a partir de 1955, depois da publicação dos estudos de Bridey Murphy em que uma mulher sob hipnose por problemas emocionais teve acesso, acidentalmente, a uma vida anterior. Não é uma técnica para principiantes ou para pessoas inexperientes.

Rei Azevinho — Deus do ano que vai chegando ao fim; reina desde o solstício do verão até o solstício do inverno.

Deus Azevinho

Rei das Bruxas — 1) Título não usado pelos wiccanianos. Os covens são autônomos e Tradições diferentes não mantêm laços entre si; por isso, ninguém é eleito, designado ou aclamado Rei das Bruxas. A estrutura da Wicca não comporta uma função equivalente à do Papa. 2) Título que Alex Sanders adotou para si mesmo, mas que só é válido no contexto da Tradição Alexandrina. 3) Título da biografia de Alex Sanders, escrita por June Johns.

relação primária — Relação entre duas pessoas. As variedades de relações primárias encontradas em Wicca são as seguintes: parceria de compromisso, possivelmente incluindo casamento wiccaniano; parceria de trabalho, relação de magia ou de Suma Sacerdotisa/Sumo Sacerdote; co-autores ou co-criadores de arte, música, etc.; relação sanguínea, como pais/filhos, irmãos naturais/irmãos de confraria, parentes ou contraparentes; relação professor/aluno, possivelmente incluindo Iniciação; relacionamento de ordem sexual de certa duração; relação de amizade entre pessoas com interesses ou atividades comuns; relação de aconselhamento, como de orientação no mundo, entre pares ou divinatória; relação administrativa, como colegas dirigentes numa organização ou realizando um festival juntos; relação de negócios, como co-proprietários de uma empresa; etc. Os wiccanianos não se restringem a uma única relação primária, pois poucos casais, para não dizer nenhum, podem ser tudo um para o outro. Em geral, uma relação primária implica certo tempo de duração em que os participantes têm um senso de compromisso e responsabilidade e "laços de família" de um para o outro, e também (espera-se) laços de afeto ou pelo menos de interesses comuns. Essas relações primárias são o fator que torna as associações entre os wiccanianos uma rede de relacionamentos e podem às vezes ser vistas como o elemento aglutinador que mantém uma comunidade unida. Alguns dizem que somente relações ativas podem ser relações primárias; a maioria acredita que uma vez que uma relação primária tenha se formado, embora ela possa desfazer-se, os laços energéticos ainda se conservam e a relação pode ser restabelecida se as partes o desejarem, às vezes da mesma maneira, outras vezes de modo diferente. A idéia de "seis graus de separação" assume uma perspectiva totalmente diferente quando se analisam as relações primárias entre wiccanianos.

religião — Do latim, *religio* (religação). Conjunto de mitos sagrados, metáforas, cerimônias e práticas vividas num dado contexto cultural com o objetivo de ligar as pessoas com a idéia que fazem do divino. Algumas Tradições wiccanianas são apenas uma tradição religiosa e não praticam nenhuma forma de magia. Na Wicca, religião é o culto da Deusa e do Deus (sob qualquer forma ou aparência) e a celebração dos Sabás, Esbás e do Giro da Roda. Também se incluem as várias passagens da vida e outras cerimônias e crenças próprias de uma religião. A adivinhação, vista como um tipo de magia, é em geral aceita por seguidores de tradições de caráter apenas religioso. As invocações e conjuros também são vistos como magia e não são praticados por Tradições estritamente religiosas. A Wicca é uma religião reconhecida nos Estados Unidos e no Canadá, existindo igrejas ativas e clero wiccaniano organizados em toda a América do Norte.

religião de mistério — Religião que se apóia na experiência subjetiva para a revelação divina. Alguns consideram a Wicca como uma religião de mistério, pois os ritos e ensinamentos essenciais só são revelados aos Iniciados. A maioria das religiões de mistério exige juramento de sigilo de seus iniciados e seguidores. Os mistérios eleusinos eram uma religião de mistério clássica bem conhecida. Seus ritos foram suprimidos em 414 EC pelo cristianismo, depois de serem praticados desde aproximadamente 1600 AEC. Por causa do juramento de sigilo, ainda hoje desconhecemos a natureza exata dos ritos e ensinamentos eleusinos, embora se acredite que prometessem a vida eterna após a morte, o renascimento e a redenção. O culto era dedicado a Ceres (Deméter) e à sua filha Perséfone (Core, Prosérpina). O principal festival em homenagem a essas Deusas era realizado no outono e celebrava a morte e o renascimento, símbolos da colheita e também do ciclo da vida humana.

retrocognição — Conhecimento relativo a um evento depois de acontecidos os fatos, embora a pessoa não disponha de nenhum meio conhecido de receber as informações.

reunião — Ver festival.

riso — Expressão externa de alegria, regozijo, felicidade e satisfação. "Alegria e reverência" é uma divisa extraída da Declaração da Deusa; alguns grupos levam essa distinção mais a sério do que outros. Alguns acreditam que quanto menos se permite o riso num grupo, maior é a possibilidade de comportamentos agressivos e destrutivos. Outra percepção diz que a maioria dos praticantes de magia negra (seja qual for o entendimento que dela se tenha) tem pouco ou nenhum senso de humor, e essa é uma das formas de identificá-los.

rito — Ato cerimonial ou série de atos.

ritual — Celebração, rito ou ação mágica ou wiccaniana. Ritual é um termo geral que inclui a maioria dos tipos de Círculo e Prática. Ritual pode também referir-se especificamente a um rito ou celebração religiosa.

roda da medicina — Construto dos Nativos Americanos em que os ritos religiosos são celebrados. Assemelha-se a um Círculo Wiccaniano. Pode ser usada como mandala. Alguns introduziram certas práticas religiosas dos Nativos Americanos nas cerimônias da Wicca, do paganismo e da Nova Era, mas os caminhos espirituais são distintos e os adeptos Nativos Americanos vêem esse emaranhado com grande consternação. O Caminho Vermelho — uma prática espiritual Nativa Americana — é separado e diferente das Tradições wiccanianas, e deve ser considerado como o único legado dos Nativos Americanos, e não usado por praticantes de outras correntes.

Rodas da Medicina

Roda do Ano — O ciclo dos Sabás e Esbás ao longo do ano e também na sucessão dos anos. Pode-se compará-la com um Círculo mágico macrocósmico.

Roda do Sol — Roda de oito raios. Simboliza a Roda do Ano, podendo ser representada com os oito Sabás. Símbolo antigo também representando os Deuses, obtendo sabedoria por meio da vida e da renovação.

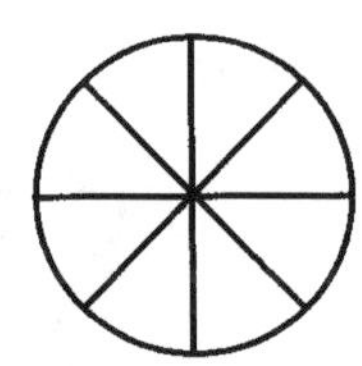

Rosa-cruzes, Ordem da Rosa-Cruz — Sociedade esotérica espalhada em todo o mundo; tem como símbolo uma cruz com uma rosa sobreposta. O lendário fundador da ordem é Christian Rosenkreutz, que teria nascido em 1378, mas que se acredita ser uma figura alegórica. Supõe-se que a sociedade foi fundada nos tempos medievais, mas três panfletos anônimos — *Fama Fraternitatis* (História da Fraternidade, 1614); *Confessio Fraternitatis* (Confissão da Fraternidade, 1615) e *The Third Chemical Wedding of Christian Ronsenkreutz* (O Terceiro Casamento Químico de Christian Rosenkreutz, 1616) — tornaram o grupo conhecido e lhe deram novo impulso. Os estudiosos acham que esses panfletos foram escritos pelo pastor luterano alemão Johan Valentin Andreae (1586–1654), para promover a ética protestante e criticar o Papa. No século XVIII, publicações anunciaram a existência dos Irmãos da Rosa-Cruz, e grupos na Rússia, Polônia e Alemanha atribuíam-se origens rosacrucianas. Em 1694, foi fundada na Pensilvânia a primeira Sociedade Rosacruciana dos Estados Unidos. Em 1909, Harvey Spencer Lewis fundou a Antiga e Mística Ordem Rosa-Cruz (AMORC), com sede em San Jose, Califórnia.

O objetivo dos rosacrucianos é desenvolver os potenciais mais elevados e os poderes psíquicos do ser humano. Os rosacrucianos foram responsáveis por manter o conhecimento esotérico vivo e por difundi-lo nos Estados Unidos nos inícios do século XX. Suas lições e livros continuam no mercado, apesar do estilo obsoleto. As crenças rosacrucianas são essencialmente cristãs, mas com elementos esotéricos e místicos.

rosário de preocupações — Contas num fio ou corrente manipuladas pelos dedos para absorver energia nervosa. Pode ser usado como encantamento ou talismã contra o mal e calamidades.

Runa das Bruxas — Canto para aumentar o poder acompanhado por uma dança de roda. A versão mais comum foi escrita por Gerald Gardner e revisada por Doreen Valiente.

runas — 1) Letras do alfabeto das culturas nórdica e germânica (teutônica) conforme descritas nos Edas, talvez derivadas do etrusco e possivelmente tendo a mesma origem. Futhark é o nome de todo o alfabeto rúnico (termo derivado das primeiras seis letras). Diferentes versões desse alfabeto foram adotadas no norte da Europa em várias épocas e lugares desde os tempos clássicos até a Idade Média. Originariamente, as runas foram usadas para escrita, magia e adivinhação. Das muitas versões, a mais conhecida é a do Eldar Futhark, de 24 caracteres. As runas desapareceram no século XV, com a expansão do cristianismo e o declínio das crenças e práticas pagãs. Ocultistas alemães as retomaram no último quartel do século XIX, e os estudos que desenvolveram foram posteriormente aproveitados pelos nazistas, que usavam símbolos rúnicos, entre eles a suástica e o emblema das SS. Atualmente, as runas são usadas para magia e adivinhação, e como alfabeto mágico de natureza fonética. 2) Sistema divinatório moderno em parte baseado no Futhark. 3) Cântico de magia como na "Runa das Bruxas". A palavra "run" significa segredo ou mistério em nórdico antigo, inglês antigo, irlandês e escocês gaélico.

runas, pedras — Pedras com carga mágica gravadas com as letras de um alfabeto rúnico e usadas como sistema divinatório, conhecido como jogar ou lançar as runas.

S

Sabá — Do hebraico *shabbath*, descanso. Um dos oito grandes feriados solares do ano. Os oito Sabás são: Imbolc (Immilch, Oimelc, Uimelc, Candlemas, Candelária, Bride, Brígida, Brigantia, Dia da Anunciação, Feile Bhride) — 1º ou 2 de fevereiro (astrologicamente, Sol a 15° de Aquário); Ostara (equinócio da primavera, Eostre, Eostar, Alban Eiler) — 21 de março (astrologicamente, Sol a 0° de Áries); Beltane (Bealtain, Beltain, Véspera de Maio, Walpurgisnacht, Dia de Maio, Festa da Primavera, Cetshamhain) — 1º de maio (astrologicamente, Sol a 15° de Touro); Meio do Verão (Midsummer, Litha, Solstício do Verão, Alban Heruin) — 21 de junho (astrologicamente, Sol a 0° de Câncer); Lugnasad (Lammas) — 1º de agosto (astrologicamente, Sol a 15° de Leão); Mabon (Término da Colheita, Equinócio do Outono, Alban Elved) — 22 de setembro (astrologicamente, Sol a 0° de Libra); Samhain (Hallowmas, All Hallow's Eve, Halloween, Calan Gaef, Nos Galan-Gaeof, Todos os Santos, e coloquialmente Ano Novo das Bruxas) — 31 de outubro (astrologicamente, Sol a 15° de Escorpião); Yule (Solstício do Inverno, Alban Arthuan) — 31 de dezembro (astrologicamente, Sol a 0° de Capricórnio). 2) Em geral, celebração de natureza religiosa ou espiritual.

Sabá das bruxas — Os documentos da Inquisição descrevem um Sabá de bruxas como um encontro semanal em que elas cultuavam Satã, realizavam festas e orgias e em geral envolviam-se em práticas sexuais licenciosas ou proibidas. Segundo esses registros, Satã se manifestaria sob a forma de um bode preto para presidir as cerimônias, podendo manter relações sexuais com as participantes (acrescentando assim bestialidade à celebração). A comida oferecida durante a festa teria cheiro e sabor repugnantes e o sexo com os demônios seria frio e doloroso. Essas descrições foram extraídas sob torturas infligidas pelos inquisidores, de modo que é muito provável que tudo isso só existisse na cabeça deles.

Sabás Maiores — Os Sabás realizados nos quadrantes colaterais — Beltane, Lugnasad, Samhain e Imbolc — são às vezes chamados de Sabás Maiores porque muitas pessoas e culturas estão familiarizadas com eles, enquanto os Sabás Menores nem sempre são celebrados, mesmo entre os wiccanianos.

Sabás Menores — Os sabás celebrados trimestralmente: Ostara, Solstício de Verão, Mabon e Yule. Em muitas culturas, o Solstício de Verão e Yule são bem representados, diferentemente de Ostara e Mabon, menos representativos. Alguns grupos wiccanianos nem chegam a celebrar Ostara e Mabon.

Sacerdote Assistente *(Summoner)* — Geralmente, pessoa do sexo masculino que ajuda o Sumo Sacerdote num ritual. Também ofício num coven. Às vezes, um Sumo Sacerdote em processo de treinamento. O Sacerdote Assistente ajuda a organizar e a manter a ordem. Pode lançar o desafio à entrada do Círculo. Durante um ritual, ele segura a vela de leitura e os roteiros, responsabiliza-se pela espada ritual e cumpre outros deveres que fazem parte da função ou que lhe sejam atribuídos. Os deveres reais do ofício variam de Tradição para Tradição e de coven para coven. Pode ser uma atribuição permanente ou temporária. 2) Também Homem de Preto ou Homem Preto — Antigamente, os covens eram avisados da hora e do lugar dos Grandes Covens ou dos Grandes Concílios pelo Homem de Preto ou Homem Preto que era também um Sacerdote Assistente, o qual passava de grupo em grupo informando cada Suma Sacerdotisa a respeito da reunião. Se um adepto era expulso de um coven por revelar algum segredo ou por outras infrações, o Homem de Preto também visitava as Sumas Sacerdotisas para informá-las sobre a pessoa, o crime e a sanção imposta, para que ela não fosse aceita em nenhum grupo relacionado com o coven prejudicado. O Homem de Preto cumpria os seus deveres disfarçado, para que ninguém além da Suma Sacerdotisa de origem conhecesse a sua identidade. Posição de muita confiança, porque somente ele e a Suma Sacerdotisa de origem sabiam sobre outros grupos, sua localização e suas Sumas Sacerdotisas.

Sacerdote Vermelho — Sacerdote wiccaniano designado para a função de auxiliar especial do Sumo Sacerdote, semelhante a um Sacerdote Assistente.

Sacerdote, Sacerdotisa — Homem/mulher que preside o ofício num Círculo. O título é atribuído a todo Iniciado wiccaniano do sexo masculino ou feminino. Homem/mulher dedicado ao serviço de um Deus. Ele/ela pode manter templos e altares, administrar sacramentos, realizar e presidir ritos, rituais, Iniciações, aconselhamento pastoral, e desempenhar outras obrigações. Pode também servir como canal direto ou indireto para a Divindade.

Sacerdotisa Assistente *(Handmaiden)* — Num ritual, pessoa geralmente do sexo feminino que ajuda a Suma Sacerdotisa. Também uma função no coven. Às vezes, uma Suma Sacerdotisa em treinamento. A Sacerdotisa Assistente ajuda a organizar o ambiente, prepara o altar, e pode ser a responsável pelo uso e conservação dos objetos ritualísticos. Durante um ritual, ela segura a vela de leitura, os textos cerimoniais, mantém o cálice cheio e executa outras tarefas inerentes ao ritual. Os deveres dessa função variam de Tradição para Tradição e de coven para coven. Pode ser uma incumbência permanente ou temporária.

sacramento — Objeto ou ato intrinsecamente sagrado. Entre os ritos sacramentais incluem-se o batismo, ritos de passagem, comunhão, matrimônio, purificação, confissão e unção dos enfermos. Substâncias sacramentais incluem o pão e o vinho, abençoados e repartidos num rito sagrado.

sacrifício — Oferenda para os deuses. Alguma coisa oferecida como propiciação ou homenagem a uma Divindade, podendo ser uma pessoa, um animal ou um objeto. Alguns rituais prescrevem que uma porção do vinho e dos bolos ou do banquete seja reservada "para os Deuses". Às vezes, uma ação ou tarefa é considerada sacrifício de tempo ou de energia. Também é possível doar dinheiro ou bens como forma de sacrifício. A Wicca não exige nem tolera nenhuma forma de sacrifício de animais ou de seres humanos.

sagrado — Algo relacionado com a Divindade ou que dela procede.

sal — Símbolo do elemento Terra. Usado para limpeza e proteção. Na água, torna-se fluido de purificação. Espalhado num círculo fechado em torno de algo maligno, pode impedir que esse mal influencie pessoas ou objetos fora do círculo. Também utilizado para delimitar um Espaço Sagrado.

salamandra — Fogo elemental.

Salomão — Antigo rei hebreu biografado principalmente na Bíblia; muitos outros documentos também fazem referências a esse personagem mágico que existiu realmente, mas que também está envolto na névoa do mito. Há quem diga que ele usou o seu Selo de Salomão para aprisionar todos os demônios. Presumido autor do grimório mágico *Livro ou Chave de Salomão*. Rei sábio e mago notável, renomado nos quatro cantos da Terra, no final da vida teria abandonado o culto a Jeová e passado a venerar outros Deuses a instâncias de algumas das suas mil mulheres. Considerado o autor do *Cântico dos Cânticos*, um dos livros do Antigo Testamento. Muitas lendas e folclore ocultista cercam essa figura no Oriente Médio e na Europa. O Selo de Salomão ainda é considerado um talismã poderoso.

Samhain — Do gaélico *samhaim*, acalmar-se, ficar silencioso. Sabá celebrado em 31 de outubro. Tem relação com o Dia de Finados. Nesse dia, os véus entre os mundos são tênues. Dia propício para entrar em contato com os mortos. Coloquialmente conhecido como Ano Novo das Bruxas. Feriado que celebra a morte e o renascimento, comemora a morte ou o sepultamento de Deus.

Sangue da Lua, Tempo da Lua — Período menstrual. Fase do ciclo menstrual em que a mulher sangra; é considerado o tempo em que ela é especialmente sensível em termos psíquicos, e mais poderosa em termos de magia, se for praticante e reconhecer seu poder pessoal.

santuário — Lugar sagrado; pode ser um local de veneração construído ou um espaço natural. Um santuário pode ser erigido em torno de uma relíquia sagrada ou de um fenômeno natural, *in situ* ou não, ou então num lugar de poder ou de energias sagradas. Pode também ser termo alternativo para um altar familiar, um oratório, geralmente montado em torno de quadros e objetos sagrados.

Satã — Hebraico, adversário. Na mitologia judaica, entidade que tinha a função de testar a relação do homem com Deus. Associado ao Set egípcio e ao Saturno romano, ambos deuses da colheita. Durante a Idade Média, o nome se tornou sinônimo de Demônio, o arquiinimigo do Deus cristão e soberano do mundo inferior cristão, o inferno. Também visto como um "anjo caído" que se rebelou contra Jeová e como castigo foi condenado a governar o inferno. No emprego atual, Satã é uma criação cristã e não se aplica diretamente à Wicca, pois esta não é uma religião cristã.

Satanismo — Adoração de Satã. Desenvolveu-se com o concurso de mecanismos diversos: propaganda, Inquisição, intelectuais descontentes que queriam parodiar o cristianismo, pessoas que queriam viver fora da sociedade, como forma de escandalizar pessoas respeitáveis, etc. É uma imagem reflexa e o lado escuro do cristianismo, mas essencialmente compartilha uma cosmovisão semelhante, a da mitologia e da história do cristianismo. Essencialmente, quem pratica o satanismo optou por apoiar o mal em vez do bem como meio de criação, um conceito que se encontra no *mythos* cristão.
O cristianismo ortodoxo acabou declarando heréticas as formas gnósticas iniciais do cristianismo. Os cultos cristãos dualistas medievais, como o dos bogomilianistas e o dos albigenses, foram considerados satânicos. Alguns sustentavam que qualquer seita ou grupo que fosse declarado herético era *de facto* satânico, pois se opunha ao cristianismo ortodoxo da época.

Satanismo tornou-se um rótulo conveniente para aplicar contra qualquer grupo impopular ou de oposição no campo político-religioso, como por exemplo o dos templários. No século XVIII, o Hell-Fire Club era um grupo pseudo-satânico de nobres ingleses que estavam mais interessados em orgias e luxúria do que no culto a Satã. Sua licenciosidade ocultava-se sob as aparências de uma ordem monástica às avessas em que reinavam a libertinagem e a devassidão.

No século XX, diversas fontes deram origem a vários grupos satânicos. O mais conhecido é a Igreja de Satã, fundada em 1965 por Anton Szandor LaVey em San Francisco, por meio do seu livro a *Satanic Bible* e outros. Segundo alguns, vários cultos satânicos atuaram nos círculos internos do partido nazista na Alemanha e em outras partes antes e durante a Segunda Guerra Mundial (e talvez desde então). O Templo de Set, fundado em 1983 por Michael Aquino, é um grupo dissidente da Igreja de Satã de LaVey. A Igreja da Libertação Satânica, fundada por Paul Valentine, a Igreja de Satã, e o Templo de Set são entidades religiosas legais nos Estados Unidos.

Os luciferianos cultuam Lúcifer (grego, "portador de luz") como Divindade e têm algumas semelhanças filosóficas com os satanistas, embora tendam a rejeitar os adornos requintados de outras formas de culto satânico. A filosofia satânica moderna varia de grupo para grupo, mas a maioria professa uma doutrina em que predominam princípios interesseiros combinados com darwinismo social. Tudo o que parece bom é exaltado, e os que são suficientemente fortes para impor-se e não ser subservientes ou intimidados por outros são honrados como iguais. A data de aniversário de cada um é considerada um festival sagrado.

Muitos grupos cristãos fundamentalistas ensinam que qualquer caminho religioso (inclusive a Wicca) que não seja especificamente cristão (ou judeu) é satânico por definição, pois não é de Deus e de Jesus.

Existe muita confusão com relação ao satanismo e à Wicca, com muitas pessoas achando erroneamente que todos os wiccanianos são satanistas, e portanto adoradores de Satã. Para os wiccanianos, como Satã é um conceito cristão, ele não tem nada a ver com a Wicca, que não é cristã nem anticristã.

Na América do Norte, vários grupos satânicos adotaram o pentagrama invertido como símbolo religioso. Na Europa, e especialmente na Inglaterra, o símbolo dos satanistas é uma cruz invertida. Os satanistas modernos se referem aos seus grupos como Grottos ou Pylons, não como covens.

Pentagrama Invertido e Cruz Invertida

scion — Ancião da Igreja de Todos os Mundos.

Seax Wicca — 1) Tradição wiccaniana. Ver Tradições. 2) Alfabeto mágico derivado das runas (Futhark) para uso da Tradição Seax Wicca.

seelie, seelie court — Subdivisão do povo das fadas (faery). Seus membros são amigáveis ou neutros com relação aos seres humanos.

sefira, plural sefirotes (às vezes grafadas sephira, sephirotes, sephiroth) — Cada uma das dez esferas da Árvore da Vida da Cabala.

segredos — As verdades místicas e ocultas relacionadas com o estudo da magia; em certos grupos, os níveis superiores de Iniciação, áreas metafísicas de estudo (como a Cabala ou o tarô). Existem originariamente duas escolas de pensamento com relação aos segredos esotéricos: 1) os segredos são importantes, conferem poder e conhecimento e devem ser zelosamente protegidos; 2) os segredos podem ser anunciados num quadro mural, por exemplo; somente os que estivessem preparados e fossem capazes de aplicá-los apropriadamente prestariam atenção ou os compreenderiam.

Com a proliferação de livros sobre ocultismo/metafísica, poucos segredos esotéricos continuam secretos; entretanto, alguns segredos não são "verdades ocultas", de modo que se deve ter condições de discernir o que é verdadeiro do que não é. Algumas Tradições ainda têm palavras de poder secretas, ciosamente conservadas, palavras que são trocadas quando reveladas a não-iniciados.

segunda visão — Termo coloquial para habilidades psíquicas, em geral clarividência ou precognição.

seita — Subdivisão de um grupo ou sistema religioso maior. Semelhante a denominação.

selenomancia — Adivinhação pela observação dos aspectos, fases e aparência da Lua.

selo (sigilo, sinete) — Desenho com significado mágico ou figura de identificação para pessoas num grupo ou Tradição. Símbolo sagrado ou mágico. Não há registro ou direito autoral de selos na comunidade wiccaniana, mas reconhece-se que alguns "pertencem" a certos grupos e como tal são respeitados. Uma pessoa pode adotar um selo como próprio depois de alcançar certos graus, dependendo da sua inclinação e Tradição.

senha — Algumas Tradições têm uma senha especial que é usada para entrar num Círculo. Outras exigem senhas complexas para a identificação dos membros. As senhas podem ser palavras de poder e ser formadas com termos ou frases com significado.

Senhor — 1) Título que algumas Tradições adotam para indicar um wiccaniano do Terceiro Grau, ou título do Sumo Sacerdote de um coven ou Tradição. 2) Termo genérico para Deus, o Senhor, quando não há referência intencional ou desejada a nenhum Deus específico. Às vezes identifica o Deus dos wiccanianos. Em geral, termo genérico para uma Divindade masculina. 3) Título às vezes adotado por wiccanianos como parte do nome mágico.

Senhora — 1) Título que algumas Tradições adotam para uma adepta wiccaniana de Terceiro Grau, ou título da Suma Sacerdotisa de um coven ou Tradição. 2) Termo genérico para Deusa quando não há especificação de uma Divindade. Às vezes representa a Deusa dos wiccanianos. Em geral, termo genérico para Divindade feminina. 3) Título às vezes adotado por wiccanianas e usado como parte do seu nome mágico.

sensitivo — Pessoa que pode entrar em sintonia com influências psíquicas. A sensitividade pode se manifestar como capacidade psíquica, mas também como intuição, segunda visão, pressentimento, e ainda como tendência ou atração por objetos, lugares e coisas. Os sensitivos podem atuar como barômetros psíquicos e precisam aprender a se proteger para manter o equilíbrio psíquico.

separação, desenlace (*handparting*) — Cerimônia wiccaniana em que uma parceria de compromisso chega ao fim. Pode ser um divórcio, mas nem sempre. Idealmente, todas as partes envolvidas devem participar, mas às vezes isso não acontece. É considerada parte necessária do fim de um relacionamento para que ambas as partes se beneficiem e fiquem livres das restrições e emoções do rompimento. O divórcio é um procedimento legal; a separação é a cerimônia religiosa.

septagrama — Estrela de sete pontas. Pode ser desenhada de duas formas. A traçada com braços menores simboliza os sete planetas clássicos da astrologia. As duas formas de septagrama são símbolos ocultos antigos.

Septagramas

seqüência vertical — Tipo de adivinhação que usa datas do ano somadas seqüencialmente para criar outros números. Somam-se os algarismos da data de nascimento (por exemplo, 1º de agosto se tornaria 8 + 1 = 9) e a esse total adiciona-se o ano de nascimento (9 + 1932 = 1941) para obter outro ano com significado. Técnica da numerologia.

serpente — Antigo símbolo sagrado da Deusa ou da Grande Mãe. A serpente mudando de pele simbolizava a reencarnação. Símbolo da sabedoria.

Serpente Mordendo a Própria Cauda

sessão — Palavra derivada do latim e do francês para "ação de sentar-se". Reunião presidida por um médium durante a qual ele entra em contato com o mundo espiritual. Esse contato é feito de várias formas. Também reunião geral de pessoas com o objetivo de entrar em contato com o mundo espiritual; ainda, encontro de pessoas para pesquisar fenômenos paranormais ou psíquicos. No passado, as sessões eram conhecidas como círculos porque os participantes — chamados *sitters* ("sentadores") — sentavam-se em círculo e davam-se as mãos, acreditando que o círculo fechado aumentava a eficácia da ação pretendida. Termo arcaico. Alguns médiuns do século XIX apelavam a truques para estimular manifestações espirituais. Devido à atmosfera de fraude que envolvia a prática — embora existam muitos médiuns autênticos — o termo *sessão* não é considerado elogioso ou desejável, sendo substituído pelo termo sentar-se e às vezes ler.

Setor Comercial — Em alguns festivais, área onde os comerciantes montam suas lojas.

sexo — A Wicca é uma religião da natureza e da fertilidade, e por isso o sexo é considerado um sacramento. "Para a Deusa, todos os atos de amor e de prazer são sagrados." O Grande Rito simboliza o ato sexual, mas alguns wiccanianos celebram o Grande Rito — o sexo — na intimidade. Não há orgias nos rituais wiccanianos. Os wiccanianos condenam todo ato sexual não consensual em geral e abominam todo ato sexual violento em particular. Sexo com menores e em grupos casuais são proibidos; no entanto, os wiccanianos geralmente são liberais com relação ao sexo entre adultos que o praticam numa parceria de compromisso. A comunidade wiccaniana abriga heterossexuais, homossexuais e pessoas comprometidas. Nenhum instrutor wiccaniano respeitável forçará um aluno ou aluna a fazer sexo com ele como exigência para obtenção do grau pretendido. Se um instrutor e uma aluna se apaixonam, recomenda-se que interrompam o treinamento; a aluna deve procurar outro instrutor ou esperar para começar o romance depois de terminado o treinamento. Algumas Tradições prescrevem que os Iniciados de Terceiro Grau celebrem o Grande Rito realmente como parte da Iniciação, e se o Terceiro Grau é concedido a casais, estes celebram na intimidade.

sicomancia — Adivinhação por meio de folhas. 1) Adivinhação que consistia em escrever nomes, perguntas ou dizeres em folhas e esperar que secassem. Quanto mais rápido as folhas secavam, piores eram os presságios. Originariamente eram usadas folhas de figueira. 2) Uma versão mais moderna usava folhas de hera que eram mergulhadas em água durante cinco dias. Se depois desse tempo as folhas estavam frescas e verdes, a pessoa com o nome inscrito na folha teria boa saúde; se estivesse manchada ou escurecida, a doença ou as adversidades seriam proporcionais ao número de manchas ou áreas escuras.

sideromancia — Adivinhação praticada jogando palha numa barra de ferro incandescente e interpretando os desenhos formados pela palha enquanto queima, além da qualidade e da velocidade da queima.

silfo — Elemental do Ar.

sincronicidade — Ocorrência simultânea, coincidência significativa. Termo usado para explicar a eficácia da magia. Coisas que acontecem ao mesmo tempo têm uma certa relação e se influenciam reciprocamente — um princípio junguiano.

sinergia — Efeito combinado de várias qualidades, ações ou eventos, de modo que o todo é maior que a soma das suas partes. Uma síntese em que novas propriedades emergem, propriedades essas que não estavam presentes em nenhum dos componentes originais.

sineta, sino — Instrumento usado para lançar, purificar e fechar um Círculo. Também faz parte de certos rituais. Sinetas com badalo, sinetas tocadas com baqueta, gongos, sinos ou conchas cantantes e pequenos carrilhões são todos termos equivalentes, neste contexto. Um tom claro pode ser purificador. Também usado para envolver o sentido da audição num ato de magia. Certos tons têm correspondências e influências mágicas.

sobrenatural — Termo que descreve as entidades, energias, etc., que existem acima, além ou fora da natureza. Para os mundanos, os fenômenos psíquicos são "sobrenaturais".

solitário — Pessoa que, pelas circunstâncias ou por opção, pratica a Wicca sozinha. Os wiccanianos quase sempre começam a praticar depois de ler um livro. Alguns podem optar por continuar sozinhos, saindo de um grupo para praticar isoladamente durante algum tempo. Uma Iniciação solitária é aquela que a pessoa dá a si mesma depois de alcançar vários níveis de habilidade e conhecimento. Algumas Tradições reconhecem Iniciações solitárias, outras não, e exigem que cada Iniciado cumpra todas as etapas de treinamento prescritas pela Tradição.

solstício — Do latim, *solstitium*, de *sol* (Sol), e *statum* (ficar parado). Na trajetória solar, ponto em que o Sol está em sua maior declinação para o sul ou para o norte, e quando a duração do dia ou da noite é maior. O solstício do verão, ou solstício do norte, ocorre em torno de 21 de junho (astrologicamente, 0° de Câncer) e o solstício do inverno, ou solstício do sul, acontece em torno de 21 de dezembro (astrologicamente, 0° de Capricórnio). No hemisfério norte, o solstício do verão é o dia mais longo, e o solstício do inverno é a noite mais longa. No hemisfério sul, ocorre o inverso (como acontece com as estações). Os wiccanianos celebram os solstícios como Sabás menores.

solução de crimes — Os responsáveis pela manutenção da ordem social recorrem atualmente às pessoas com capacidades psíquicas e divinatórias para solucionar crimes. Esporadicamente, sensitivos se apresentam por iniciativa própria, mas normalmente há uma pessoa "disponível" que é consultada em casos difíceis ou sem saída. Informações valiosas podem ser obtidas por meio de sensitivos, que muitas vezes já forneceram informações ou indicações que levaram à descoberta de vítimas ou de evidências. Esse trabalho é difícil para a maioria dos sensitivos porque envolve violência, emoções negativas, ferimentos e morte. Muitos não se dispõem a fazer isso, e os responsáveis pelo cumprimento da lei relutam em usar sensitivos, a não ser como última alternativa, em geral porque temem a publicidade negativa. Entretanto, a média de sucessos é boa, e por isso muitas autoridades recorrem a ele.

sombra — Termo psiquiátrico para os aspectos mais negativos ou desagradáveis da personalidade individual ou da vida, ou os elementos inconscientes da psique humana. Os wiccanianos acreditam que cada um deve encarar sua sombra para progredir e aperfeiçoar-se. Esta é uma parte importante da Grande Obra e componente do processo que leva à Iniciação.

sonhos — No mundo antigo, os sonhos eram considerados mensagens recebidas diretamente dos Deuses. No mundo moderno, estado de transe natural em que a pessoa, por meio de símbolos, processa eventos da vida e trabalha sobre problemas ou situações. Instrumento para cura psicológica e autodesenvolvimento.

sortilégio — Adivinhação por meio da leitura da sorte. Inclui a rabdomancia, a belomancia e outras técnicas semelhantes.

Spear of Destiny — (Lança do Destino) Livro de Trevor Ravenscroft (1973) que expôs a teoria de que Hitler e os nazistas haviam conseguido a lança que transpassara

Cristo, e que com a energia mágica dessa lança chegaram ao controle da Alemanha e mais tarde de grande parte da Europa. Até certo ponto, os historiadores aceitam que Hitler e muitos nazistas do alto escalão praticavam rituais e cerimônias de magia, mas continuam sendo temas polêmicos a natureza exata desses rituais e os sistemas mágicos postos em prática. Essas informações têm relação com as teorias ocultistas da conspiração e são às vezes utilizadas por arianos e nazistas para fins políticos.

speculum — Objeto ou dispositivo com superfície polida usado para escriar. Inclui desde uma bola de cristal, uma pedra polida brilhante, um espelho, uma jarra de água, até um lago ou uma piscina.

spiegelschrift — Alemão, escrita em espelho. Algumas escritas automáticas são feitas na ordem inversa (da direita para a esquerda) para "provar" que são autênticas. Também forma de escrita cifrada para manter diários secretos.

***Spiral Dance* (Dança em Espiral)** — 1) Dança wiccaniana com simbolismo espiral. Simboliza a "dança" da vida. 1) Livro de Starhawk, publicado pela primeira vez em 31 de outubro de 1979, 2ª edição revisada 1989, 3ª edição revisada 1999.

splancomancia — Método etrusco de adivinhação por meio do exame de vítimas sacrificiais, examinando-lhes as vísceras. Forma de antropomancia.

Steiner, Rudolf — (1861–1925) Filósofo, cientista, artista e educador austríaco. Fundador da antroposofia, uma versão cristianizada da teosofia. A Sociedade Antroposófica foi fundada em 1912 e tem ramificações em todo o mundo.

A antroposofia ensina que os seres humanos possuem conhecimento espiritual, ou pensamento puro que funciona independentemente dos sentidos e que aspira ao desenvolvimento máximo dessa capacidade. Steiner publicou mais de 350 livros e artigos. A sua filosofia ocultista inspirou muitos leitores e as suas realizações influenciaram significativamente o mundo profano: os seus ensinamentos inspiraram o sistema Waldorf de ensino e a criação de escolas para crianças deficientes ou desajustadas; seus métodos agrícolas conduziram à agricultura orgânica, livre de agrotóxicos; ele criou a euritmia, uma forma de movimento expressivo em harmonia com a música e a fala; também formulou diretrizes sobre medicina holística e farmacologia ainda hoje muito respeitadas. Escreveu ainda artigos sobre a Atlântida e a Lemúria, e também sobre os mais variados temas de ocultismo.

Strega — Bruxa italiana ou siciliana. Existem várias obras autênticas detalhando as tradições "wiccanianas" italianas e sicilianas em que os praticantes se autodenominam Strega. Alguns desses não se consideram parte de uma tradição wiccaniana, sustentando que a Wicca é que é uma forma da espiritualidade Strega.

Suma Sacerdotisa — Abreviadamente STisa. 1) Iniciada wiccaniana de Terceiro Grau do sexo feminino. 3) Mulher que dirige um coven com ou sem um Sumo Sacerdote. 3) Mulher que preside o ofício num grande Círculo público, num Sabá ou Esbá. Num Círculo ou grupo, a Suma Sacerdotisa é geralmente a autoridade máxima e líder do grupo. O Sumo Sacerdote a ajuda conforme seja necessário e cumpre suas ordens. Nem todos os covens têm uma Suma Sacerdotisa ou um Sumo Sacerdote.

Summerland(s) — (Terras do Verão) Termo espiritualista adotado pelos wiccanianos. Lugar no plano astral para onde vão os wiccanianos depois da morte. "Encontrar-nos-emos novamente em Summerland" significa que tornaremos a nos encontrar depois da morte. Visto como um lugar de verão eterno, uma paisagem pastoril com bosques, parques, jardins, etc. Pode ser também um lugar onde as almas descansam entre encarnações, assimilam o que aprenderam e resolvem para onde querem ir em seguida. Crença wiccaniana comum, mas não universal.

Sumo Sacerdote — Abreviadamente STe. 1) Iniciado wiccaniano de Terceiro Grau do sexo masculino. 2) Homem que dirige um coven com uma Suma Sacerdotisa, embora nem todos os covens tenham um Sumo Sacerdote. 3) Homem que preside o ofício num grande Círculo público, num Sabá ou Esbá.

superstição — Atos ou crenças que desafiam a lógica comum; frívolo, trivial e irracional. Qualquer crença espiritual, religiosa ou filosófica estranha à visão de mundo da pessoa.

Swedenborg, Emmanuel — (1688–1772) Fundador do movimento swedenborgiano. Swedenborg foi cientista, teosofista e místico sueco. Era um teórico científico e inventor, e escreveu várias obras científicas. Era também um visionário científico, antecipando avanços tecnológicos e científicos com mais de um século de antecedência.

Em 1745, Swedenborg passou pela experiência da iluminação mística, quando, segundo ele, teria vislumbrado a existência de um mundo espiritual que sustenta a esfera natural. Posteriormente, teve sonhos, visões extáticas e transes em que afirmava entrar em comunicação com Jesus Cristo e Deus. A visão que recebeu com relação à ordem do universo era radicalmente diferente dos ensinamentos da Igreja cristã. Abandonou o seu trabalho para dedicar-se à transcrição e publicação das suas visões e revelações. Propôs um modo de ver a realidade espiritual e Deus ou Cristo por meio da natureza material, um modo de ver que era contrário à habitual rejeição do mundo material em favor do espiritual proposto pelo místico. Os estudiosos descrevem o misticismo de Swedenborg como uma visão intelectual e científica da espiritualidade e de Deus. Grande parte da angelologia contemporânea remonta diretamente às obras e idéias de Swedenborg. Suas idéias alcançaram popularidade graças aos seus escritos e às sociedades swedenborgianas e, obviamente, à atuação da sua Nova Igreja. No século XIX, idéias e crenças swedenborgianas foram incorporadas ao espiritualismo e se disseminaram nas obras de William Blake, Samuel Taylor Coleridge e Henry James. Johnny Appleseed, cuja lenda se baseia na vida de uma pessoa real, era swedenborgiano, e divulgou as idéias do místico sueco da mesma forma que as suas sementes de maçã.

T

tabu — Do polinésio, kapu, tabu. Algo socialmente perigoso, condenado ou proibido. Um tabu pode ser algo mágico ou então uma questão de gosto ou moralidade. Se sobrenatural, um tabu é imposto para proteger a sociedade de práticas proibidas ou perigosas ou para proteger ensinamentos e práticas sagrados ou secretos. Coloquialmente, sinônimo de superstição. Na Wicca moderna e no ocultismo existem muitos tabus, que podem variar significativamente de um grupo (ou Tradição) para outro. Às vezes usado para tornar um grupo exclusivo ou para diferenciar grupos; por exemplo, um grupo praticaria a flagelação ritualística e outro a proibiria ou pelo menos a desestimularia.

Tábua da Esmeralda — Tábua feita de uma esmeralda grande da melhor qualidade e sobre a qual se revela a essência de toda magia. A lenda diz que foi encontrada por Alexandre, o Grande, na tumba de Hermes, autor presumido da Tábua.

Tábua Ouija™, William Fuld Inc. — Do francês *oui* (sim) e do alemão *ja* (sim). Pronuncia-se *uíja*. Jogo desenvolvido no fim da década de 1890 pelo americano William Fuld, é descendente da conjuração dos espíritos, uma prática espiritualista que pode pôr as pessoas em contato com entidades desencarnadas. Ver também conjuração de espíritos. Para muitos, as tábuas Ouija™ podem ser demoníacas, satânicas ou apenas potencialmente perigosas.

taça/cálice — Instrumento sagrado que contém o vinho durante o ritual. Usado no Grande Rito simbólico. Simboliza o aspecto feminino no Grande Rito. Uma taça ou outro recipiente parecido pode ser usado para conter a água para limpeza, mas este é diferente da taça ou cálice de vinho.

talento — Habilidade natural expressa em níveis acima da média. Às vezes o termo denota habilidade psíquica.

talentos selvagens — Capacidades psíquicas. Teoria segundo a qual a capacidade psíquica é natural e concedida por um gene "selvagem" e todavia não identificado, e portanto produto da evolução.

talismã — Amuleto ou mandala que a pessoa leva consigo. Em geral desenhado e feito para uma pessoa com um objetivo específico. Muitos grimórios dedicam páginas e páginas ao modo de fazer e carregar ou consagrar talismãs.

tambor, tocar tambor — Muitos pagãos celebram tocando tambor e dançando. Como nas celebrações pagãs antigas, o tambor é um recurso para alcançar estados alterados de consciência, seja ouvindo-o, dançando ao seu som ou tocando-o. Usado em rituais. Em algumas culturas, dança sagrada para celebrar. O toque do tambor e a dança aumentam a energia de um ritual. Uma batida de tambor monocórdia ou batidas de tambores coordenadas (em inglês, *tatoo*) são executadas em cerimônias com o objetivo de inspirar ou estimular.

Tambores

tantra — Prática espiritual constituída de técnicas especiais para direcionar e controlar a energia sexual. Pode ser praticado num contexto de magia. O tantra é uma disciplina que ensina a controlar e utilizar a energia aumentada por atos sexuais para mudar a si mesmo ou o mundo em geral, não uma técnica para obter maior satisfação sexual e intensificar o orgasmo; normalmente, o orgasmo é consumado para dentro, com a aplicação de técnicas físicas, e a energia redirecionada para propósitos externos.

tarô/cartas do tarô/baralho de tarô — Baralho de cartas usado para adivinhação, contendo 78 cartas subdivididas em quatro naipes de quatorze cartas cada um (os 56 Arcanos Menores nos naipes de bastões, taças, gládios e pentáculos, numerados de um a dez com quatro figuras, Valete, Cavaleiro, Dama e Rei) e 22 cartas extras chamadas trunfos (os Arcanos Maiores, cada um com um nome e um número de um a 21, com exceção da carta O Louco, que não é numerada ou então tem o número 0). As cartas são em geral ilustradas individualmente e contêm muito simbolismo arcano. Alguns sustentam que elas reúnem a totalidade do conhecimento oculto.

O tarô e o moderno jogo de cartas derivaram de um ancestral comum, mas ainda se discute sobre quem teria aparecido primeiro, se as cartas divinatórias ou o jogo de cartas. Os exemplos mais antigos conhecidos das cartas de tarô datam do século XIII. O jogo de cartas desenvolveu-se a partir do baralho completo de tarô e atualmente consiste em quatro naipes de treze cartas cada um (bastões se tornaram paus, taças se tornaram copas, gládios se tornaram espadas, pentáculos se tornaram ouros, com a eliminação do cavaleiro de todos os naipes) e uma carta extra, o curinga (derivada da carta O Louco, a única que sobreviveu à mudança). Existem atualmente dezenas de baralhos de tarô à venda. O termo tarô refere-se em geral a qualquer modalidade de baralho de cartas usado para adivinhação, inclusive cartas da Cabala, do Mah Jong, do I Ching, de animais xamânicos e de muitas outras variações de cartas divinatórias que não são estritamente tarô.

tasseomancia, tasseografia — Leitura das folhas de chá. A pessoa bebe o chá, deixando as folhas depositar-se numa pequena porção do líquido. Enquanto mexe a xícara e a coloca no pires, ela pensa numa pergunta. A xícara descansa por alguns instantes, é levantada e as folhas que permanecem são examinadas à procura de figuras ou formas, que são então interpretadas.

tatuagem — Desenho permanente gravado na pele com agulhas e alguma espécie de pigmento ou tinta. Prática que vem sendo usada desde os tempos pré-históricos. Pode ser um símbolo de iniciação, grau alcançado ou magia.

tatuar — Muitas tradições wiccanianas prescrevem que, ao alcançar o Terceiro Grau (ou em cada grau), o Iniciado faça uma tatuagem no corpo como sinal de desenvolvimento. A forma do desenho e o lugar onde deve ser gravado variam muito. Algumas tradições exigem "marcas secretas" — tatuagens ocultas em partes do corpo que passarão despercebidas a um olhar casual; outras exigem alguma marca permanente e deixam o desenho, o tamanho e a localização a critério do Iniciado. Algumas tradições aceitam um *piercing* ou alguma escarificação em substituição a uma tatuagem. A arte corporal é celebrada na comunidade wiccaniana, embora geralmente seja opção pessoal adotar ou não uma tatuagem.

taumaturgia — Realização de milagres, especificamente por magia. Emprego da magia para efetuar mudanças na realidade externa, em contraposição à magia realizada para mudanças interiores.

tealogia — Especulações intelectuais relacionadas com a Deusa e Suas relações com o mundo em geral e com os seres humanos em particular.

tebano — Alfabeto mágico adotado pela Aurora Dourada e perpetuado por outros.

tefromancia, teframancia — Adivinhação pela observação das cinzas de um fogo sagrado, às vezes escrevendo nelas. Semelhante à espodomancia.

telecinese — Ver psicocinese.

telepatia — Telecomunicação direta de mente para mente, sem sugestões verbais ou visuais. Pode ser feita a curta ou longa distância.

teletransporte, TP — Movimento instantâneo de um lugar para outro. A pessoa pode teletransportar a si mesma ou um objeto. Esta é a mais rara das habilidades psíquicas, sendo muito poucos os casos documentados de teletransporte, se é que existem.

Templários, Cavaleiros Templários, Cavaleiros da Ordem do Templo de Jerusalém — Ordem religiosa medieval de cavaleiros guerreiros fundada em 1118 por Hugh de Payens com o objetivo de proteger os peregrinos durante as cruzadas e ajudar a recuperar a Terra Santa para o cristianismo. Em 1128, o papa Honório II reconheceu oficialmente os templários como ordem independente e conferiu-lhes uma autonomia sem precedentes: não deviam obediência a nenhum governo secular, somente ao Papa; estavam isentos de impostos locais e livres da autoridade judicial; eram os únicos responsáveis pela indicação de pessoas a funções clericais. Depois de 1291 e da queda da Palestina para os muçulmanos, os templários se concentraram na Europa e passaram a desenvolver atividades relacionadas com transações financeiras.

Enquanto existiram como ordem, os templários acumularam verdadeiras fortunas, e no início do século XIV as suas riquezas e poder rivalizavam com os de Roma. O rei Filipe IV (o Belo) da França e o papa Clemente V (em Avignon) conspiraram para prender e matar a maioria dos templários e repartir os seus bens e propriedades. Esse plano secreto foi executado em toda a França e nas possessões francesas no dia 13 de outubro de 1307, uma sexta-feira, data que assinala a origem da crença atual na natureza nefasta da sexta-feira 13. Ataques semelhantes foram lançados contra a ordem na Espanha e na Inglaterra. Os templários foram acusados de traição ao cristianismo, de idolatria, sacrilégio e sodomia, além de feitiçaria, blasfêmia, satanismo e perpetração de outras práticas religiosas e de magia depravadas e maléficas. Eles foram declarados heréticos, excomungados em massa e individualmente, e a ordem foi dissolvida em 1312. O grão-mestre dos templários, Jacques de Molay, foi preso, torturado várias vezes e finalmente condenado à fogueira em 1314. Os templários que conseguiram fugir esconderam-se ou foram capturados; estes eram obrigados a abjurar ou então eram torturados para dar informações sobre suas lendárias riquezas ocultas.

Supostamente, os templários haviam também armazenado um vasto repositório de informações e práticas religiosas e mágicas utilizado com fins positivos, principalmente para a cura. Acredita-se que muitas práticas mágicas foram salvas pelos poucos templários que se esconderam. A Tradição maçônica sustenta que os templários sobreviventes se reuniram na Escócia (que estava sob interdição e por isso não reconhecia as excomunhões) e definiram os princípios básicos da maçonaria, que se fundamentava sobre os seus ensinamentos espirituais e possivelmente mágicos "secretos". Segundo a Tradição rosacruciana, os templários fugitivos repassaram o que conheciam e ajudaram a fundar o rosacrucianismo.

templo — 1) Lugar de encontro ritual de um coven usado exclusivamente para esse fim. Não é necessário ter uma construção material, uma vez que um Círculo pode ser traçado em qualquer lugar. 2) Lugar consagrado para reuniões rituais de um grupo de magos, usado exclusivamente para esse objetivo. Para os adeptos da Magia Cerimonial, é desejável um templo permanente para as cerimônias, pois a energia mágica se acumula ao longo do tempo com a realização de cada prática. 3) No contexto de uma Tradição específica, organização que inclui dois ou mais grupos (ou Círculos), em geral um coven (círculo externo) e um *grove* (círculo interno). Geralmente, o coven é mais aberto ao público e o *grove* é para estudantes e Iniciados mais sérios.

Templo de Set — Fundado em 1983 por Michael Aquino como grupo dissidente da Igreja de Satã de LaVey. Reúne materiais de caráter satânico, neonazista, nórdico e fortemente autodeterminista, sendo mais intelectual e estudioso do que a Igreja de Satã. Aquino era oficial do alto escalão do exército americano quando fundou o Templo de Set, e conseguiu (do mesmo modo que a Igreja de Satã) incluí-lo no *Army Chaplain's Manual* (Manual do Capelão do Exército) como religião reconhecida. Desde então Aquino se aposentou, mas o Templo de Set continua.

Tempo pagão padrão (PST — Pagan Standard Time) (fora da zona de tempo do Pacífico) — Expressão que em muitas assembléias pagãs representa a tendência a dar uma interpretação relativamente livre à programação. Por exemplo, se um ritual está marcado para as 8 horas, ele pode começar às 9, às 10 ou mesmo às 11, ou quando todos se dirigem para o recinto e estão prontos.

teologia — Especulações intelectuais relacionadas com Deus e Suas relações com o mundo em geral e com os seres humanos em particular.

teomancia — 1) Estudo das escrituras sagradas, ramo da Cabala. Se o estudioso domina a Cabala, por meio da teomancia ele tem poder sobre anjos e demônios e possui as habilidades de perscrutar o futuro e realizar milagres. 2) Estudo das escrituras com o objetivo de encontrar mensagens ocultas nelas contidas em forma de código ou de outros sistemas secretos. 3) Adivinhação por meio de apelo direto a um oráculo de inspiração divina. Cantos e fórmulas especiais eram empregados para fazer o apelo.

Teorias de Conspiração Oculta — Pesquisas atuais dedicam muito tempo, papel e energia a várias teorias de conspiração oculta. Essas teorias abrangem várias áreas: OVNIS, helicópteros negros, experimentos secretos de procriação, Illuminati e outras. O pressuposto básico de todas elas é a existência de um gigantesco grupo governamental ou extragovernamental secreto que tem um plano especial para a humanidade e manipula as economias, as políticas e os meios de comunicação do mundo para alcançar os seus objetivos. Essas teorias envolvem magia, ocultismo, cristianismo e misticismo, parapsicologia, PES, várias hipóteses raciais pseudocientíficas, dominação maçônica do mundo, paganismo, anti-semitismo, alienígenas do espaço externo, anjos e outros conceitos ou crenças populares à época. Muitos conhecimentos ocultos antigos, medievais e da Renascença estão sendo recuperados para "provar" várias teorias da conspiração relacionadas com dados arqueológicos e históricos dignos de respeito.

Algumas pesquisas são excelentes, embora as conclusões possam não ser válidas. Existem grupos dedicados a vários desses movimentos, alguns mais sérios e ponderados que outros.

Algumas dessas teorias são apenas a repetição de antigas lendas revestidas com dados históricos e arqueológicos recentes. Algumas baseiam-se em eventos reais e em relatos feitos por testemunhas. Algumas fundamentam-se em documentos originais recém-descobertos. Esses grupos não são religiões no sentido formal, embora a crença e a adesão ao material apresentado possam ser comparados à fé. Às vezes esses subgrupos formam uma subcultura onde alguém adota essas crenças e a partir daí desenvolve-se um certo estilo de vida ou visão do mundo que é diferente da seguida pela sociedade em geral. Como muitas teorias do passado mostraram-se posteriormente válidas e tiveram grande aceitação, não se pode rejeitar totalmente esse corpo de dados.

Teosofia — Palavra derivada do grego *theos* (Deus) e *sophia* (sabedoria). O termo significa sabedoria de ou sobre Deus. 1) Geralmente empregado com referência a um ou vários grupos ligados a diversas filosofias ocultistas ou místicas, geralmente de natureza panteísta. Até certo ponto, a teosofia deriva do hermetismo e se baseia em várias tradições espirituais/religiosas ocultas transmitidas sucessivamente desde os antigos ou reveladas a místicos mais modernos. Acredita-se que a teosofia tenha a chave para o conhecimento da natureza e do lugar da humanidade no universo. 2) Sociedade Teosófica, fundada em 1875 na Cidade de Nova York por Madame Helena Blavatsky e pelo Coronel Henry Steel Olcott. A Sociedade Teosófica reuniu elementos de teosofia, espiritualismo, hinduísmo e de outros caminhos ocultos e místicos. Três crenças fundamentais sustentam as doutrinas teosóficas: 1) A existência de um princípio onipresente, infinito e imutável que transcende a compreensão humana, identificado como Deus em várias culturas humanas; 2) a lei da periodicidade, conforme se encontra na natureza e é reconhecida pela ciência, é universal e se aplica a muitos contextos — manhã, tarde, noite e novamente manhã, nascimento, vida, morte e renascimento, e reencarnação regida pelas leis do karma; 3) todas as almas procedem da Sobrealma (*Oversoul*) universal e a ela continuam ligadas, de modo que a fraternidade é um fato da natureza e a reencarnação é um caminho para todas as almas evoluírem e finalmente voltarem a dissolver-se na Alma Universal. Buda, Jesus, os mahatmas são indivíduos aperfeiçoados e seres universais.

Depois da morte de Madame Blavatsky em 1891, surgiram conflitos pela liderança da Sociedade Teosófica. Annie Besant emergiu como líder na Europa e na Ásia e W.Q. Judge liderou um grupo dissidente nos Estados Unidos. Presidida por Annie Besant, a Sociedade Teosófica floresceu e, em 1911, ela apresentou um jovem indiano, Jiddu Krishnamurti, como Instrutor do Mundo. Besant fundou a Ordem da Estrela em torno de Krishnamurti, fato que levou Rudolf Steiner, um dos membros de proeminência, a sair da Sociedade e a fundar mais tarde sua própria Sociedade Antroposófica com inúmeros outros adeptos. Existem muitos grupos com raízes na teosofia e que continuam ativos em todo o mundo.

terceiro olho — Termo coloquial para o chakra localizado no meio da testa, o sexto chakra. É um ponto de energia pessoal normalmente considerado o centro da consciência ou da alma. Técnicas de meditação facilitam a abertura do terceiro olho, que pode conferir habilidades psíquicas à pessoa. Ele também possibilita "ver" energias psíquicas, auras e outros fenômenos psíquicos geralmente imperceptíveis à pessoa comum.

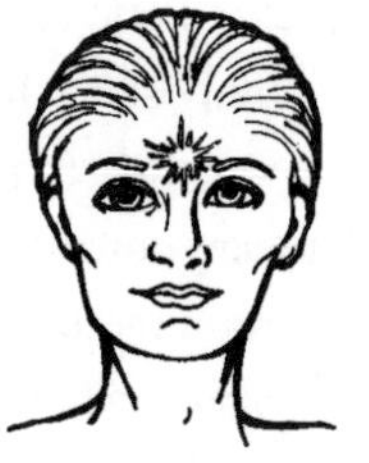

Terceiro Olho

Às vezes representado na arte, ele não representa um olho extra, mas simboliza a iluminação espiritual.

teriomancia — Adivinhação por meio de mensagens transmitidas por animais imaginários, como uma salamandra brincando no fogo ou uma serpente marinha cavalgando uma onda.

testemunho — Algum objeto — como uma mecha de cabelo, um pedaço de roupa ou um bem pessoal — usado para estabelecer uma ligação mágica entre o mago e o dono do objeto. Aplicação da Lei mágica da Associação, segundo a qual um objeto continua mantendo um vínculo com a pessoa a quem pertenceu, a quem pertence ou mesmo com a que o tenha tocado por último. Com esse testemunho energético, um mago pode obter informações sobre a pessoa, determinar a sua localização e influenciá-la de um modo ou outro. Ele serve também para fazer uma invocação mágica na ausência do receptor da energia, como na cura a distância.

teta de bruxa — Uma verruga, pinta, saliência ou outra imperfeição saliente da pele considerada pela Inquisição como um mamilo para alimentar os diabinhos de Satã. Marca de bruxaria.

tetragrammaton — Nome de Deus com quatro letras, em hebraico. INRI, YHVH e outros são tetragrammatons. Geralmente são acrônimos de orações mais longas para a glória de Deus. Usado para invocar anjos, Vigias das Torres, para repelir o mal e para outros propósitos mágicos. Adotado na Magia Cerimonial e na Cabala.

teurgia — Uso da magia para produzir mudanças na realidade interior, isto é, dentro do próprio ser. Diferente da taumaturgia, que recorre à magia para mudar a realidade externa. Magia usada para realizar a Grande Obra.

tiromancia — Adivinhação pela observação do processo de fabricação do queijo, desde a coagulação até o produto final. Com a pasteurização e a automação, este sistema divinatório é pouco praticado e os resultados não são confiáveis.

toque — Pode-se intercambiar energia por meio do toque. A imposição de mãos é uma forma de cura psíquica que se serve do toque. Alguns wiccanianos e sensitivos não tocam outra pessoa sem permissão expressa para proteger a si mesmos, a outra pessoa ou ambos. A troca indesejada de energia por meio do toque é considerada uma forma de ataque psíquico.

totem — Planta ou animal que tem uma relação ou afinidade ancestral com uma tribo, clã, família ou indivíduo. Também figura que representa essa entidade.

trabalho — Fazer magia, trabalhar magia. Por exemplo, "ele está trabalhando" significa que ele está celebrando uma cerimônia mágica e realizando um Círculo ou encantamento ou algum outro ato mágico/psíquico. Também Ação. E ainda: 1) Ato de magia; 2) Círculo usado para um fim tangível, como um feitiço, cura ou adivinhação. Diferente de celebração, que em geral não tem fim tangível senão o de cultuar os deuses ou celebrar um Sabá ou Dia Santo. Trabalhos/ações e celebrações podem ser combinados. Encantamento mágico feito para atingir um fim.

Trad-Fam — Abreviação de Tradição Familiar. Tradição hereditária de sabedoria mágica, esotérica e fitoterápica transmitida de geração a geração. Pode ou não ter relação com bruxaria.

Tradição — 1) Termo genérico, sinônimo de denominação, seita. Estilo ou modalidade diferente de prática Wicca. Pode ser nova, criada, desenvolvida a partir de um livro, esboçada num livro, transmitida de pessoa a pessoa, de geração a geração ou dentro de uma mesma família. 2) Mais formalmente, sistema de religião, espiritualidade ou ensinamentos mágicos transmitidos de forma relativamente inalterada ao longo de três ou mais gerações de estudantes. 3) Geralmente, uma Tradição é um sistema estabelecido de Wicca disseminado por meio do ensino, separação de grupos, cismas, família, gerações ou livros.

Existem muitas Tradições wiccanianas: pode-se encontrar algumas em livros, em outras deve-se ser admitido; algumas são abertas, outras, secretas. Algumas Tradições são abertas a quem quer que expresse interesse ou leia o livro que a expõe. Outras são fechadas, e então é preciso ser convidado a filiar-se. As exigências da maioria das Tradições situam-se num ponto intermediário: a pessoa pode entrar em contato com algumas práticas e crenças, mas precisa ser aceita num grupo preparatório para obter graus, tornar-se membro efetivo ou prosseguir. A pessoa que inicia uma Tradição (atualmente, o modo mais adequado de fazer isso é escrevendo um livro sobre essa Tradição) é considerada importante e em geral passa a receber o respeito da grande comunidade wiccaniana. Uma Tradição Familiar — abreviada como Trad-Fam — é aquela que é hereditária, isto é, a pessoa nasceu nessa família ou foi iniciada nela por um dos familiares. As tradições familiares geralmente são fechadas, exceto aos consangüíneos e aos que se casam com membros da família.

Tradicional — Bruxos que seguem Tradições que existiram antes da renovação gardneriana. Pode ou não ser uma Trad-Fam.

Tradições — As Tradições wiccanianas recebem o nome do fundador (por exemplo, em homenagem à primeira Tradição anunciada e divulgada — a Wicca Gardneriana recebeu esse nome como preito de respeito a Gerald Gardner, embora não seja ele o autor dessa denominação). Na maior parte dos casos, são os praticantes que dão nomes às tradições, não os fundadores. Alguns autores, por exemplo, objetaram a que suas obras servissem de base para uma Tradição. Mas as pessoas que lêem os livros usam o material como acham conveniente e com freqüência o autor tem pouco a dizer depois que o material passou para o domínio público. Algumas Tradições têm nomes dados por seus fundadores, e esses nomes se consolidam — Seax Wicca e Pecti Wicca são nomes dados por Raymond Buckland em seus livros. Outros são nomes descritivos — como Tradição Caledoniana ou Wicca Teutônica. Algumas Tradições são conhecidas por diferentes nomes em diferentes partes dos Estados Unidos. Como a Wicca tem um corpo doutrinário reduzido, as pessoas se sentem livres para agregar à sua prática tudo o que consideram enriquecedor. Quando essas práticas e ensinamentos são transmitidos a terceiros, surge uma nova Tradição. Segue relação parcial de algumas Tradições wiccanianas:

Tradição 1734 — Baseada na filosofia mágica e espiritual de Robert Cochrane. O número 1734 e os algarismos que o formam têm simbolismo e significado para os seguidores dessa Tradição.

Wicca Alexandrina — A primeira Tradição wiccaniana cismática no movimento wiccaniano moderno. Fundada por Alex Sanders em torno de 1960, ele sustentava que fora iniciado por sua avó aos onze anos de idade quando distraidamente a interrompeu durante uma cerimônia. Sanders foi membro de um coven gardneriano por pouco tempo, ocasião em que conheceu Gardner. Pouco depois ele abandonou o grupo e criou o seu próprio coven. A Wicca Alexandrina é semelhante à gardneriana. *What Witches Do*, de Stewart Farrar, descreve as crenças e rituais dessa Tradição.

Estrela Azul (Blue Star) — Tradição wiccaniana iniciada por Tzipporah Klein, vagamente baseada numa Trad-Fam fechada. Tradição essencialmente religiosa, com pouca prática de magia além da oração e da cura.

Tradicional Britânica — Uma mescla de crenças e práticas celtas e gardnerianas. A International Red Garter é um ramo bem conhecido dessa Tradição. Janet e Stewart Farrar abordaram extensamente essa Tradição em seus muitos livros. É uma Tradição estruturada que prepara iniciados e confere graus em covens que aceitam pessoas de ambos os sexos.

Tradição Caledoniana — Também Tradição Hecatiae; é de origem escocesa e trabalha para preservar as tradições e festivais típicos dos escoceses num contexto wiccaniano mágico.

Wicca Céltica — Combina ensinamentos célticos e druídicos com parte da estrutura e dos métodos gardnerianos. A ênfase recai sobre a cura, a horticultura, o conhecimento das pedras e o contato com espíritos elementais, gnomos, fadas e duendes. Dispõe de um corpo de conhecimentos de magia.

Igreja da Fonte Eterna — Grupo de orientação egípcia que celebra o dia 14 de julho como aniversário de Osíris. Anteriormente (meados da década de 1970), grupo pagão com clero, mas não wiccaniano.

Diânica — 1) Também Feminista Diânica. Refere-se a uma grande variedade de Tradições ligeiramente relacionadas que celebram a Deusa, às vezes excluindo completamente qualquer Divindade masculina. Em geral compostas só por mulheres, algumas abrigam mulheres lésbicas. A maioria dos grupos diânicos orienta-se para o fortalecimento da mulher de vários modos. O ritual está voltado para a espiritualidade feminina, para a valorização da mulher e o desenvolvimento da auto-estima, para celebrações, cantos, danças e toque de tambores. O ativismo feminista e ambiental é comum. 2) Grupo fundado por Morgan McFarland em Dallas, Texas. Enfatiza a consciência de si e o contato com a natureza; acentua a criatividade, as habilidades psíquicas e a sensitividade.

Elite — Tradição fundada por um homem que se autodenominava Eli; teve início em Minnesota e expandiu-se para incluir grupos em todas as regiões dos Estados Unidos. Tradição extremamente secreta, inclusive para outros wiccanianos. Acredita-se ser uma ramificação do gardnerianismo, com elementos do mormonismo, da Magia Cerimonial e de outras fontes. Sabe-se que houve três homens com o título de Eli sucessivamente.

Fairy/Faery Wicca — Tradição voltada ao estudo da interface entre a humanidade e o mundo maravilhoso ou encantado, conforme descrito em muitas mitologias e folclores. Apresentada no livro *Faery Wicca*, de Francesca DeGrandis, embora esta não seja a única fonte.

Feraferia — Grupo fundado na Califórnia na metade dos anos de 1970 e liderado por um artista muito criativo; este grupo tem muitos rituais e belas estátuas, mas os seus integrantes não são bruxos nem wiccanianos.

Gardneriana — Os descendentes dos praticantes da Wicca que adotaram as formulações e redefinições propostas por Gerald Gardner e seus companheiros. Existem muitos grupos e covens gardnerianos nos Estados Unidos. Nem todos se reconhecem mutuamente legítimos. Os gardnerianos ingleses não consideram todos os gardnerianos americanos como legítimos. Existem muitas linhas gardnerianas nos Estados Unidos identificadas pelo nome das áreas geográficas, embora não se limitem a essas áreas. Em sentido estrito, gardnerianos são os que foram iniciados por Gerald Gardner ou por uma das suas sumas sacerdotisas e seus descendentes iniciados. Se a linhagem de Iniciação de uma pessoa provém desses iniciados, ela pertence a uma linhagem gardneriana, embora não necessariamente seja praticante gardneriana. Há também pessoas que praticam a Wicca gardneriana sem pertencer a essa linhagem, e às vezes essas pessoas são totalmente aceitas como gardnerianas. O culto realizado com as pessoas despidas, um Círculo de 2,70 m, três graus e um coven liderado por uma Suma Sacerdotisa são características desta Tradição. Os neogardnerianos são os que seguem o ritual gardneriano, mas sem ter qualquer ligação direta com o coven original de Gardner.

Georgiana — (nome dado em homenagem ao fundador George Patterson, já falecido, de Bakersfield, Califórnia.) Tradição eclética revivalista, contendo elementos da Wicca gardneriana, alexandrina e tradicional, mas também material original. Grande ênfase à liberdade individual; os membros são incentivados a escrever seus próprios rituais e a estudar todas as fontes disponíveis. Em geral as pessoas se apresentam nuas para os rituais.

Wicca hereditária — Também Trad-Fam ou tradicional; pessoa que segue a Arte devido aos laços de família. Quase todos nascem dentro da Tradição, mas alguns são adotados em virtude de laços matrimoniais ou por desejo e sinceridade. Existem muitas Tradições familiares, mas são todas muito secretas e a maioria dos ensinamentos é transmitida sob juramento, de modo que os que não pertencem a uma Tradição específica têm pouco conhecimento direto. Algumas Tradições modernas tiveram a sua origem ou baseiam-se em ensinamentos de Trads-Fam.

Bruxa de cozinha — Pessoa que pratica os aspectos mais concretos da Arte, em geral relacionados com ervas, cozinha, casa. É mais um estilo do que uma Tradição em si.

Livingtree — Tradição eclética praticada por Robin Wood e outros. Tem três graus e dois níveis, *groves* pagãos (para principiantes e não-iniciados) e Círculos de iniciados, com a prática da magia.

Nova Ordem Reformada da Aurora Dourada (New Reformed Order of the Golden Dawn, NROOGD) — Fundada por Aidan Kelly e outros no norte da Califórnia no começo da década de 1970, esta Tradição não tem nenhuma relação com a Aurora Dourada (Golden Dawn). Os membros usam o drama ritual em cerimônias públicas. O próprio Kelly entrou e saiu da Wicca várias vezes e é um personagem muito controvertido na comunidade wiccaniana.

The People of Goda — o Clã de Tubal Cain — Tradição que foi seguida por Robert Cochrane; é o nome do grupo que ele presidiu na Inglaterra.

Pecti Wicca — Tradição wiccaniana dos pictos, conforme descrita no livro *Scottish Witchcraft; The History and Magic of the Picts*, de Raymond Buckland, 1992. Estilo escocês de bruxaria, relacionado com a natureza em todas as suas formas, animal, vegetal e mineral. Geralmente um caminho solitário com muita magia e pouca ênfase religiosa.

Pow-Wow — Baseada em 400 anos de magia alemã elite, migrou para os Estados Unidos e transformou-se num grupo que pratica a cura pela fé e o uso de símbolos Pennsylvania Dutch "Hex" como também conhecimentos simples de ervas. Documentada por Silver Ravenwolf em seu livro.

Proteus — Um ramo gardneriano. Com base em Nova York, foi originalmente um grupo gardneriano que posteriormente se separou. Formou-se em reação a certas práticas da Wicca gardneriana. Membros da hierarquia e graduados ensinam e praticam magia.

Faery Radical, Faery Wicca — Tradição de homossexuais do sexo masculino fundada em 1979 em Tucson, Arizona. Estuda os mistérios dos homens pela manifestação de sentimentos e experiências. Celebração, música e dança compõem os seus rituais. Semelhante às Tradições diânicas, específicas para lésbicas.

Reclaiming Wicca — Tradição feminista diânica baseada nas práticas descritas no livro de Starhawk, *Spiral Dance* (1979, 1989, 1999). Os membros realizam cursos e seminários em todo o território americano. Não reconhece o sistema de graus.

Escola de Wicca, Igreja e Escola de Wicca — Os seus membros são às vezes conhecidos como "Frosties". Fundado por Gavin e Yvone Frost e com sede na Carolina do Norte, o grupo é divulgado em muitas revistas e oferece cursos e graus em feitiçaria e Wicca. Existem algumas diferenças importantes entre a Escola de Wicca e a Wicca "padrão"; muitos wiccanianos a consideram como pagã, mas não necessariamente wiccaniana. Os ensinamentos foram modificados com o passar do tempo para adaptá-los melhor à Wicca padrão, mas algumas diferenças ainda continuam. Os Frosts são figuras controversas e gozam de uma reputação indefinida na grande comunidade wiccaniana. Eles cobram por seus cursos e graus por correspondência, uma prática supostamente contrária à Tradição wiccaniana, fato que vem causando polêmicas.

Seax Wicca — Tradição wiccaniana saxônica exposta no livro *The Tree: The Complete Book of Saxon Witchcraft* (1974) e outros de Raymond Buckland. Tradição com raízes saxônicas baseada em ensinamentos gardnerianos sem quebrar nenhum juramento gardneriano; eliminou alguns aspectos da Wicca gardneriana considerados controvertidos. Incentiva os seus praticantes a darem sentido positivo à própria vida. Semelhante à Wicca gardneriana, mas tem um sumo sacerdote (não sacerdotisa) que é responsável pelo Círculo. A Tradição aceita auto-iniciação.

Wicca Xamânica — Grupos que adotam métodos xamânicos em suas práticas, inclusive o recurso a estados alterados de consciência. Os diversos grupos usam formas de xamanismo européias, nativas americanas ou ambas. O Circle Sanctuary de Selena Fox, em Wisconsin, segue formas nativas americanas.

Tradição/Wicca Starhawkiana — Estilo de Wicca baseado nos livros de Starhawk, especialmente *Spiral Dance* (1970) e outros. Esta Tradição não foi fundada, avalizada ou incentivada pela autora. Grupos de pessoas em regiões isoladas basearam-se no livro para formular o seu próprio estilo de Wicca. Esses grupos têm pouca ou nenhuma ligação com a própria Starhawk ou com a Tradição Reclaiming. Dada a ampla difusão de *Spiral Dance*, ele se tornou um texto wiccaniano padrão e é usado por muitos como base para suas práticas de Wicca. O livro é muito popular, fato que é um tributo ao poder e beleza da mensagem starhawkiana.

Strega — Tradição hereditária italiana descrita na livro *Aradia, ou o Evangelho das Bruxas*, escrito por Leland em 1899. Tradição voltada especialmente para as mulheres que queriam ter algum poder e promover retaliações contra a força da Igreja Católica dominada por homens. Existem seguidores ainda hoje, mas nem sempre se tem clareza sobre quem entre eles é verdadeiro Strega hereditário e quem adotou a Tradição.

Wicca Teutônica, Tradição Nórdica — Pessoas que praticam um tipo de Wicca em regiões onde eram faladas línguas germânicas. Compreendia as culturas inglesa, holandesa, islandesa, dinamarquesa, norueguesa e sueca; é uma recriação moderna dessa Tradição, misturando elementos de todas essas culturas com as runas escandinavas.

Tradicional — Grupos que enfatizam o folclore, as lendas e as formas de várias culturas em lugar das formas mais comuns do reflorescimento wiccaniano predominante. Covens tradicionais seguem as culturas galesa, irlandesa, saxônica, céltica, escocesa, grega, egípcia e outras. Seus adeptos geralmente não trabalham nus e podem adotar vestes condizentes com a cultura que seguem. As pessoas que seguem Trads-Fam podem referir-se a si mesmas com esse nome, embora nem todos os covens tradicionais sejam familiares. A participação pode ser restrita por origem étnica ou interesse, dependendo de cada grupo.

Wichan — Tradição wiccaniana sediada no centro da Califórnia, fechada e secreta. Provavelmente, em tempos passados (1960-1963), um coven de gardnerianos. Publicam um boletim intitulado *Red Garter*. Defendem que a pronúncia correta de Wicca é *uítcha*.

Outras — American Celtic Wicca, a Igreja de Y Tylwyth Teg, "Coven of the Forest, Far and Forever", Deboran Wicca, Maidenhill Wicca, Northern Way Wicca, Nova Wicca e Algard.

transataumancia — Adivinhação por meio de coisas vistas ou ouvidas casualmente. Para os antigos romanos, erros triviais eram presságios. Nos tempos modernos, a teoria junguiana propôs que não existem coincidências ou acidentes, e que tudo tem um propósito, mesmo que esse propósito não seja compreendido por quem percebe.

transe — Estado mental de dissociação e recolhimento durante o qual a atividade das ondas cerebrais baixa para oito ciclos por segundo ou menos. A meditação pode induzir um estado de transe. Para os wiccanianos, o transe pode ser o começo de um desenvolvimento espiritual, mais do que um fim em si mesmo. Ao longo de toda a história humana, o transe tem sido um método aplicado para entrar em contato com lugares interiores, com planos espirituais ou com o divino. Algumas culturas desenvolveram habilidades e práticas físicas extraordinárias (por exemplo, dormir numa cama de pregos) pelo uso do transe e da percepção controlada dos estímulos. Alguns praticantes podem reduzir o batimento cardíaco e o ritmo respiratório, além de outras atividades autônomas, por meio do transe controlado. Psicologicamente, o termo transe também pode se referir a estados iniciados por hipnose, trauma ou uso de drogas.

transmigração — Doutrina hindu segundo a qual as almas habitam muitas espécies de criaturas, não apenas enquanto passam por encarnações humanas sucessivas. Uma pessoa pode renascer como animal, inseto, peixe, etc., ou também como ser humano. Doutrina relacionada com a crença na reencarnação, mas esta não necessariamente implica crença na transmigração. Em sua maioria, os wiccanianos acreditam em alguma forma de reencarnação, mas não acreditam na transmigração.

tríade — A Donzela, a Mãe e a Anciã compõem a tríade sagrada da Deusa. Muitas Deusas antigas são representadas como tríades sagradas. Forma genérica de culto à Deusa.

Tríade Sagrada

Triskelion — Símbolo tripartite adotado pelos druidas para representar todas as tríades sagradas, como a Deusa Tríplice, por exemplo. Antigamente, usado na região do Mediterrâneo como talismã contra o mau-olhado e também como símbolo da Deusa Tríplice. E ainda, para os pagãos em geral, símbolo genérico da Deusa Tríplice.

Triskelion

Trouxa *(muggle)* — 1) Termo usado por J.K. Rowling nos seus livros *Harry Potter* para denotar uma pessoa que não é um bruxo. 2) Os wiccanianos adotaram este termo como equivalente de mundano, profano, uma pessoa que não segue Wicca, não é pagã e não pratica magia, substituindo rapidamente o termo mundano como referência aos não-wiccanianos.

tuathal — *Widdershins.*

turíbulo — Do latim *thuribulum* (incensório). Recipiente consagrado em que se queima incenso durante os rituais.

Tyler, ritual Tyler— Num ritual, pessoa responsável por manter o Círculo e os participantes protegidos contra influências externas, físicas ou não. Termo emprestado da maçonaria. O Tyler pode ficar dentro ou fora do Círculo. Geralmente atua em rituais com grandes grupos, embora também possa ser um oficial do coven, semelhante ao Sacerdote Assistente. O Tyler pode proteger as pessoas num Círculo, o Círculo como um todo ou as pessoas fora do Círculo contra energias extraviadas que vazam do Círculo. O Tyler protege o grupo contra influências externas, de modo que a Suma Sacerdotisa e o Sumo Sacerdote podem concentrar-se totalmente no ritual. No exercício dessa função, o Tyler pode usar um instrumento ou uma arma mágica, quase sempre um bastão ou uma espada.

U

unções — 1) Termo ocultista para vários óleos usados na Magia Cerimonial. 2) Os inquisidores usavam esse termo para denotar o lendário ungüento voador que possibilitava às bruxas voarem para o Sabá. A tradição inquisitorial afirmava que esses óleos eram produzidos a partir de cadáveres em putrefação ou de corpos fervidos de crianças sacrificadas.

ungüento — 1) Óleo aplicado ao corpo ou a um objeto para transmitir-lhe poderes mágicos, imprecações ou curas, podendo então ser usado como amuleto. Ungüento voador é um preparado antigo, famoso por causar visões e liberar poderes psíquicos. É possível que esse preparado contivesse ingredientes alucinógenos. Os perfumes são os derivados modernos dos ungüentos usados como encantamentos de amor. 2) Pomada ou poção pastosa. Semelhante a um creme moderno. Pode ser usado com objetivos de cura. Semelhante a um linimento.

ungüento voador — Preparado medieval de várias receitas. Considerado uma droga psicoativa que induzia a um estado de euforia e levava o usuário a pensar que estava voando. Os wiccanianos não usam mais drogas psicoativas, pois pode-se chegar a estados de euforia sem elas. Não ingerindo drogas, o praticante tem maior controle sobre a experiência e também maior capacidade de chegar a estados alterados de consciência.

unseelie, unseelie court — Ramo do povo das fadas (*faery*) adverso ou hostil aos seres humanos.

V

Valiente, Doreen — (1922–1999) Uma das Sumas Sacerdotisas de Gerald Gardner, Valiente foi também autora prolífica que escreveu sobre a Wicca e o paganismo em geral. Em estilo belo e poético, Doreen Valiente reescreveu grande parte do material original de Gardner. Ela também retirou da obra de Gardner muitos escritos que o autor tomara de empréstimo a Crowley. Atribui-se a ela a conclusão da Declaração da Deusa. Rompeu com Gardner em 1956 por questões de publicidade e administração do coven. Foi wiccaniana praticante até o fim da vida.

vampiro, vampirismo, vampiro psíquico, buraco negro psíquico — 1) Drenagem da energia psíquica de uma pessoa por outra, podendo ser consciente ou inconsciente. Considerado um tipo de magia negra, especialmente se feita conscientemente. As pessoas que são vampiros psíquicos (também conhecidas como buracos negros psíquicos) podem esgotar a energia de um grupo apenas com a sua presença. Um modo de detectar um vampiro é observar as pessoas. Em geral ele chega abatido, cansado, apático, deprimido e mal-humorado. À medida que se "alimenta" da energia ambiente, ele assume uma postura ereta, torna-se mais vivo, contente e animado, enquanto os outros passam a ficar exauridos, exaustos, indiferentes, irritadiços e deprimidos. Às vezes esse processo pode ser muito sutil e difícil de detectar. Geralmente, a maioria dos wiccanianos e dos praticantes de magia não aceita vampiros psíquicos nos seus grupos porque eles interferem nas ações de magia. Com treinamento, o vampirismo pode ser eliminado, mas é difícil e exige trabalho e vontade. 2) No folclore, ser malevolente que se recusa a aceitar que está morto, apossando-se de um corpo para usufruir os prazeres da vida. Nas culturas contemporâneas, um vampiro é um ser sobrenatural que não morreu, bebe sangue para manter-se, não suporta a claridade, existe principalmente em filmes e livros e não existe no mundo material, embora haja pessoas que imitam essas criaturas e adotam seus hábitos, roupas e maneirismos. Baseado vagamente nas lendas do conde Vlad Tepes (coloquialmente Conte Drácula) que expulsou os turcos da Transilvânia no século XIV e foi canonizado por seus esforços. Há satanistas que também adotam idéias, trajes e práticas do vampirismo.

varinha mágica — Vara curta consagrada e usada para armazenar e manipular energias e possivelmente armazenar encantamentos. Instrumento de magia utilizado para invocar e dirigir energia. Simboliza o elemento Ar ou Fogo. Uma varinha mágica pode ser feita de diversos materiais (madeira, vidro, cristal, plástico, metal, etc.), dependendo da aplicação. Pode ser natural ou adornada com uma pintura, inscrições, cristais, penas, contas e outros adereços. Em geral é feita à mão, embora existam varinhas mágicas comerciais que produzem os mesmos resultados mágicos. Algumas Tradições usam uma varinha mágica em situações em que é inadequado usar uma lâmina.

Varinha Mágica

vassoura (*besom*) — Instrumento sagrado; pode ser usada para limpar uma área varrendo todas as influências negativas, literal e figurativamente. Nas cerimônias de casamento, os noivos "pulam a vassoura" para simbolizar que estão se unindo e entrando juntos num novo futuro.

vegetariano — Muitos wiccanianos são vegetarianos, até certo ponto ou limite. Alguns somente comem carne (vermelha) em dias festivos (em geral Samhain).

vela mágica — Vela feita com a gordura de um criminoso enforcado. Era usada junto com uma mão de glória para descobrir tesouros escondidos.

Vésper — Do latim, Ocidente. Termo usado em referência a Vênus — Vênus Vésper — quando esse planeta aparece à tarde — pondo-se depois do Sol.

veste ritual — Roupa especial usada apenas durante os rituais. Em geral, parte da preparação para um ritual consiste em vestir as vestes rituais (ou despir-se, caso o oficiante trabalhe nu), dispondo-se mental, emocional e psiquicamente para entrar no mundo da magia. Tradicionalmente, a veste ritual é feita de tecido natural, sendo a seda a mais recomendada, embora o algodão, o linho e a lã também sejam apropriados. A forma da veste ritual varia muito, desde uma túnica com capuz a trajes especialmente confeccionados e a vestimentas adquiridas e usadas com ou sem modificações. Diferentes Tradições adotam vários tipos de vestes rituais, como também de cores, etc. Em geral, a veste ritual é lavada, abençoada e consagrada antes de ser usada, e guardada separada de outras roupas. Alguns preferem a túnica com capuz totalmente preta, mas existe uma grande variedade de vestes rituais no seio da grande comunidade wiccaniana.

Veste Ritual Completa

vestido de céu — Nu, desnudo, sem roupas (embora alguns usem jóias, cordões e outros adornos mágicos). Nudez livre de motivações sedutoras ou lascivas. 1) Nudez ritual. A Declaração da Deusa contém a frase: "E como sinal de que és realmente livre, ficarás nu em teus ritos."

Alguns grupos wiccanianos trabalham despidos, outros não. As iniciações em geral envolvem alguns atos realizados com os participantes desnudos, pois acredita-se que as roupas podem interferir no fluxo da energia. Símbolo de renascimento. Às vezes símbolo de liberdade. Acredita-se ainda que antigamente era praticada porque as roupas eram sinal de posição social, e num Círculo wiccaniano todos são iguais. Diz a lenda que na Era das Fogueiras as bruxas não usavam roupas num Círculo, apenas máscaras, de modo que as partes normalmente cobertas ficavam descobertas e as partes geralmente à vista ficavam cobertas, o que preservava o anonimato e a segurança num Círculo. 2) Nudez eventual. Em muitos festivais ao ar livre, o uso de roupas é opcional. Há pessoas, então, que usam menos roupas do que normalmente e outras que se apresentam totalmente nuas. A nudez é vista com outros olhos na Wicca, e o corpo é celebrado como algo bonito, que não deve ser escondido. Os wiccanianos tendem a considerar a nudez eventual apenas como opção de estilo de vestir, sem conotações de caráter sexual ou provocador.

véu — Algumas Tradições wiccanianas prescrevem que uma mulher do Terceiro Grau deve usar um véu no Círculo como sinal da sua graduação.

vevé — Selo específico da religião vodum. Desenho usado para invocar os vários Loa ("deuses") do vodum.

vibrações — Termo alternativo para energia, geralmente a energia ambiente num lugar ou envolvendo uma pessoa. Pode-se sentir vibrações "boas" ou "ruins".

vida — Condição de uma entidade que é vital e capaz de desempenhar certas funções relacionadas com o metabolismo, o crescimento e a reprodução. Sistema que revela entropia negativa. Ser "na carne".

vida passada — Existência de uma pessoa antes da vida atual. Segundo a doutrina da reencarnação, vivemos muitas vidas à medida que aprendemos, nos desenvolvemos e evoluímos. Teoricamente, as informações dessas vidas passadas estão disponíveis e podem explicar muitas situações, problemas e relacionamentos da vida atual.

vidente — Pessoa que pode ver o oculto; adivinho.

Vigias das Torres — Guardiões dos quadrantes de um Círculo, geralmente um para cada elemento, Fogo, Terra, Ar e Água. Podem ser simbolizados por arcanjos, animais-espíritos, cores, o elemento em si, etc. Os quatro pontos direcionais de um Círculo, para os quais os elementais são chamados para ser vigias pelo tempo de duração do Círculo.

visão a distância — Ver ou sentir objetos ou pessoas a distância, por meio da clarividência, viagem astral ou outras técnicas. A visão a distância vem sendo praticada desde o século XVIII, e as pessoas podem ser treinadas nessa habilidade apesar de não terem nenhuma outra capacidade psíquica. Estudos científicos da visão e da sensação a distância têm produzido alguns resultados positivos.

vodu — Termo coloquial para a religião vodum, como também para qualquer espécie de magia negra ou possivelmente feitiços ou poções que em geral são usados numa sociedade não-tecnológica. Não é um termo lisonjeiro, pois denota superstições e possivelmente crenças e práticas anticientíficas.

vodum — também vodu — Originariamente, tradição religiosa tribal negra, sendo uma mistura de espiritualidades indígenas africanas combinadas com algumas características de cristianismo, normalmente catolicismo. Desenvolvida no hemisfério ocidental, predominantemente no Haiti, por escravos africanos, num esforço para preservar algumas das suas crenças nativas. Eles "depuraram" essas crenças adaptando-as à simbologia cristã, podendo assim praticá-las sem causar temor ou chamar a atenção dos seus senhores brancos.

Os ritos envolvem possessão extática por arquétipos ancestrais (Loa) e intensificação do poder para realizar ações de magia. Algumas formas de sacrifício animal são praticadas num contexto sagrado. No vodum, o trabalho da mão esquerda inclui práticas como a criação e o controle de zumbis. Não estritamente uma tradição pagã, contém muitos elementos bastante semelhantes aos dos pagãos, e alguns Loa e atividades do vodum são de inspiração pagã. O vodum é semelhante a outros amálgamas afro-católicos, como a santeria em Cuba, a macumba no Brasil e a obeah ou obi na Jamaica.

Num importante processo judicial, a Igreja de Babalu Aye contra Hialeah, membros da igreja foram processados por sacrificar galinhas e outros animais com propósitos religiosos, uma prática comum e tradicional desse grupo religioso que tem laços com o vodum. Em 1992, a Suprema Corte dos Estados Unidos decidiu que esse grupo tinha o direito de praticar a sua religião como considerasse adequado, inclusive sacrificando animais vivos, um marco na defesa da liberdade religiosa.

vórtice — Fluxo de energia em torno de um centro, sugando para esse centro tudo o que o rodeia.

W

W.I.C.C.A. — Witches International Coven Conspiracy (or Council) of America. [Conselho (ou Conspiração) Internacional de Covens de Bruxos da América.] Organização lendária inexistente que supostamente administra e controla todos os wiccanianos, pagãos e ocultistas, e que se opõe ao cristianismo. É um embuste deliberado contra os wiccanianos, os pagãos e os ocultistas, promovendo boatos de uma conspiração wiccaniana internacional e "provando" que as pessoas que se denominam wiccanianas estão na realidade tentando assumir o controle do mundo e eliminar todos os cristãos e o cristianismo.

WADL — Wiccan Anti-Defamation League. [Liga Wiccaniana Antidifamação.] Ver AREN.

warlock — (Feiticeiro, bruxo) Do anglo-saxão, *waer loga* (traidor ou embusteiro). Termo da cultura popular para "bruxo". Na Arte, a palavra é pejorativa e aplicada a alguém que quebrou um juramento, geralmente revelando segredos ou "denunciando" alguém, isto é, revelando algo que a pessoa quer manter em segredo. Pode indicar que uma pessoa é pária e deve ser evitada. Durante a Era das Fogueiras, o termo foi usado para uma bruxa que delatava outras à Inquisição. Wiccanianos podem usá-lo também para referir-se a um bruxo iniciado que se volta contra a Arte.

Wicca (grafia alternativa Wica) — Do inglês arcaico *wiccacraeft*. Nome usado para a prática da Arte dos Sábios, a "Antiga Religião". A palavra tem várias origens possíveis: 1) do anglo-saxão *wik* ou *wit*, significando sábio ou culto, como em "Arte dos Sábios"; 2) do anglo-saxão *wicce*, significando virar, dobrar ou torcer; 3) do proto-indo-europeu *weik*, que pertence à magia ou religião. Originariamente, em inglês arcaico, wicca (então pronunciado *uítcha*) significava bruxo e wicce, bruxa. A Wicca como religião também é conhecida pelo nome de "Arte".

A Wicca é uma religião reconhecida pelo governo federal dos Estados Unidos, e todos os wiccanianos gozam da mesma proteção e direitos definidos pela Constituição americana, como acontece com os membros de qualquer outra religião praticada no território americano. A Wicca é uma recriação/renovação/continuação de crenças européias pré-cristãs. É uma religião que cultua a natureza, orienta-se para a fertilidade e é a maior agremiação do movimento religioso neopagão. Organizada por Tradições e praticada de quase tantas formas quantos são os seus seguidores. O reflorescimento moderno começou no início da década de 1930 na Inglaterra e se difundiu nos Estados Unidos desde os anos finais da década de 1950 até meados da década de 1960.

wiccae — Plural de bruxo ou wiccaniano. Também se refere a coisas wiccanianas. Termo usado em algumas Tradições, mas não é universal.

Wiccanato/ nomeação — Cerimônia que consiste em dar nome a uma criança e colocá-la sob a proteção da Deusa e de Deus até que possa escolher por si mesma o caminho de vida que quer seguir. Alguns a consideram o equivalente wiccaniano do batismo cristão.

widdershins — Alemão, na direção contrária; no sentido anti-horário, na direção da Lua, movimento para trás. O

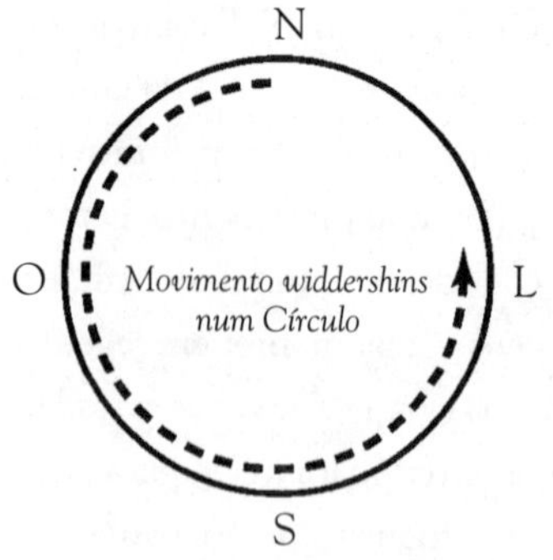

Movimento Widdershins

equivalente gaélico é *Tuathal*. Muitos wiccanianos acreditam que o movimento *widdershins* é de natureza dissipadora e só se movimentam nesse sentido durante um ritual quando é preciso banir energias, pois do contrário podem anular as energias que se acumulam num Círculo. Alguns acreditam que o movimento *widdershins* simboliza o caos.

Witches Anti-Defamation League, WADL [Liga Antidifamação das Bruxas] — Organização moderna que tem por objetivo combater calúnias e difamações contra a bruxaria, a WADL recolhe e coleciona histórias dos meios de comunicação sobre as bruxas (Ver AREN).

WPPA — Wiccan Pagan Press Alliance — [Aliança da Imprensa Pagã Wiccaniana] Grupo associado de editores pagãos/wiccanianos de revistas, periódicos, boletins e sites na Internet que aderem a certos padrões de qualidade e conteúdo. Os editores que participam da WPPA exibem um grande pentagrama e a sigla WPPA como símbolo.

X

xamã — Pessoa que tem contato direto contínuo com os seus Deuses ou guias espirituais ou ambos. 2) Sacerdote ou sacerdotisa tribal que se comunica com os planos interiores por transe auto-induzido. 3) Pessoa que pratica a magia numa forma que lembra as práticas pagãs. 4) Pessoa que pode usar drogas ou outras substâncias alucinógenas num contexto religioso/sagrado para abrir-se mais rapidamente ao mundo psíquico. 5) Pessoa que segue as práticas espirituais dos Nativos Americanos. 6) Numa cultura tribal pagã, função que reúne as ações do curandeiro, do líder religioso, do adivinho, do mago, do instrutor, do psicopompo e do conselheiro.

Os xamãs se servem de estados alterados de consciência para produzir fenômenos psíquicos, para orientar as pessoas que passam por esse processo e para controlar essas manifestações; e também para viajar para os reinos espirituais, em geral com guias espirituais (ou animais de poder). Os adeptos da Wicca podem trabalhar como xamãs — sem Círculos, rituais, etc. —, mas em geral a prática da Wicca não é de natureza xamânica. Existem muitas semelhanças entre o xamanismo e a Wicca, principalmente o uso de ervas, incensos, raízes e pequenos frutos para a cura. Atualmente, o termo passou a significar o seguidor de qualquer caminho religioso que, por meio de treinamento intensivo, pode assumir as funções tradicionalmente atribuídas a um xamã. Trata-se de uma descrição do modo de trabalhar de uma pessoa, não de uma religião específica.

xenofobia — Medo de estranhos. Medo do que é novo, diferente ou estranho.

xenoglossia — Habilidade de falar numa língua estrangeira desconhecida, associada com lembranças de vidas passadas, transe, hipnose e mediunidade. Semelhante à glossalalia, mas a língua falada é uma língua real, embora sua existência histórica possa exigir pesquisa para ser descoberta. Geralmente manifestada por alguém que recita palavras ou frases na língua desconhecida, mas que raramente é capaz de conversar nessa língua.

xilomancia — Adivinhação pela observação da madeira. Vários métodos são conhecidos: 1) Adivinhação com o I Ching usando varetas; 2) Leitura de sinais feitos por animais que se alimentam de madeira (xiolfágeos); 3) Leitura de marcas feitas por pica-paus em árvores sagradas; 4) Leitura da colocação e posicionamento de gravetos numa trilha no meio do mato, escolhida ao acaso ou encontrada num sonho; 5) Interpretação das posições e ações da lenha queimando no fogo.

Y

Ygdrasil — Ver árvore do mundo.

yin e yang — Símbolo da prática do Tao (o caminho). Yin é o princípio feminino, negativo, escuro e passivo no universo, e yang é o princípio masculino, positivo, luminoso e ativo. O símbolo, que contém um ponto em cada lado, significa que não existe nada que seja puro yin ou puro yang; cada um leva um pouco do outro dentro de si, e a combinação desses dois princípios compõe tudo o que existe no universo, em proporções variadas. Esse dualismo sustenta grande parte da filosofia, religião, medicina, ciência e magia chinesas.

Símbolos Yin/Yang

Yule — Sabá celebrado no solstício do inverno, em geral no dia 21 de dezembro. Celebra o renascimento do Deus Sol ou a noite mais longa.

Z

zen — O indefinível que se torna manifesto. Caminho espiritual oriental encontrado no zen-budismo. Sistema que não é ensinado numa sala de aula, mas sim por um professor que questiona ou orienta o aluno por meio de experiências que visam a iluminação. É uma iluminação vivencial difícil de comunicar aos que não praticam; não pode ser provocada nem forçada, mas somente orientada e apontada. Alguns wiccanianos usam técnicas zen para ensinar, mas normalmente não é um caminho wiccaniano.

zine — (pronuncia-se "*zin*") Forma reduzida de *fanzine*, que é abreviação de *fan magazine* (revista do fã). Pequena publicação particular, de qualidade muito variada, contendo assunto específico. Existem muitas *zines* wiccanianas e pagãs. As *zines* são orientadas para tópicos, geralmente com um único editor responsável. Normalmente são distribuídas pelo editor para amigos, membros e outros interessados, quase sempre gratuitamente. A Internet com seus *sites* substituiu algumas *zines*, embora muitas ainda existam em papel.

zodíaco — A clássica faixa de doze constelações situadas aproximadamente ao longo do plano da eclíptica (a trajetória do Sol pelo espaço) por meio da qual o Sol, a Lua e os planetas se movem pelo céu. As constelações exatas que compõem o zodíaco variaram com o tempo nas culturas ocidentais. A faixa da eclíptica é universalmente reconhecida, mas as constelações ocidentais foram codificadas, desenhadas e tiveram as suas fronteiras demarcadas no século XVIII pelo IAU (International Astronomical Union). Foi essa entidade que, ao demarcar as constelações (mostradas pelas fronteiras visíveis nos mapas estelares), fez a eclíptica cruzar quatorze constelações (acrescentando Ceto e Ofíoco), em vez das clássicas doze reconhecidas pelos astrólogos. A demarcação da IAU é uma conveniência moderna para os astrônomos e não tem nada a ver com astrologia. Pesquisas antigas indicam que uma vez o zodíaco consistia em apenas dez constelações, as que hoje chamamos de Virgem, Libra e Escorpião formando uma única constelação gigantesca, simbolizando a Grande Deusa. Posteriormente houve uma separação em duas constelações, Virgem (aproximadamente a mesma atualmente) e Escorpião, com o que hoje é Libra, chamada de Chelae (garras em grego), as garras do escorpião. No início dos tempos clássicos, essa área separada foi redesenhada como Libra, recebendo a representação pictórica de uma balança, tornando-se assim o único objeto inanimado no zodíaco clássico.

zoomancia — Adivinhação pela observação das ações ou aparência de vários animais, especialmente de comportamentos estranhos, anormais ou erráticos.

zumbi — Cadáver sem alma reanimado por um praticante de vodum, supostamente sob o domínio e controle do animador. As pesquisas modernas indicam que as pessoas que foram transformadas em zumbis podem ser vítimas de envenenamento por ingestão de um pó derivado do peixe baiacu, uma neurotoxina muito forte que leva a vítima a entrar num estado de quase-morte; depois de certo tempo, a pessoa revive. Essa neurotoxina contém inibidores químicos que sufocam toda iniciativa e inibem a memória e as funções motoras. Esse veneno exótico é tropical e diz-se que não tem efeito fora do seu ambiente nativo.

Ser amaldiçoado e transformado em zumbi é a ameaça suprema que um praticante de vodum pode fazer, e supostamente o medo ajuda a manter os seguidores submissos. Alguns acreditam que a ameaça e o medo podem causar a "morte" e a reanimação como zumbi simplesmente por meio da força da sugestão.

Apêndice I

MODELO AVANÇADO DE BONEWITS PARA AVALIAÇÃO DO PERIGO DE UM CULTO

INTRODUÇÃO

Muitos acontecimentos ocorridos ao longo das últimas décadas mostraram claramente até que ponto alguns grupos religiosos e seculares (em geral chamados de "seitas" por seus opositores) podem tornar-se perigosos para os próprios membros e para outras pessoas que recebem suas influências. Dirigentes e membros de muitos desses grupos foram acusados de crimes como "lavagem cerebral", violência física, pedofilia, estupros, mortes, suicídios coletivos, treinamento militar e contrabando de armas, ingerência em governos civis, terrorismo internacional, e outros, e em bom número de casos essas acusações procediam. Nada disso surpreende muito os historiadores das religiões e outros estudiosos do que geralmente se classifica como "novas" religiões (por mais antigas que possam ser em suas culturas de origem). As minorias, e especialmente as minorias religiosas, são freqüentemente acusadas de crimes pelos membros da maioria predominante. Sob muitos aspectos, por exemplo, os "mórmons" eram os "moonies" (aluados) do século XIX – pelo menos no sentido de constituírem um sistema de crenças minoritário e incomum que muitos consideravam "chocante" na época – e os membros da Igreja da Unificação podiam ser tão "respeitáveis" cem anos atrás como os adeptos da Igreja de Jesus Cristo dos Santos dos Últimos Dias são nos dias atuais.

No entanto, apesar de todas as advertências que a história e a filosofia podem nos oferecer, pessoas comuns que vêem amigos ou pessoas queridas filiando-se a um grupo "estranho", ou que talvez pensem elas mesmas em aderir a uma seita, precisam de um meio relativamente simples de avaliar a potencial periculosidade ou inocuidade representada por um determinado grupo, não se submetendo assim ao seu poder nem julgando-o exclusivamente segundo suas posições teológicas ou ideológicas (método habitualmente aplicado por grupos que se opõem às seitas).

Em 1979, elaborei um instrumento de avaliação que hoje denomino "Modelo Avançado de Bonewits para Avaliação do Perigo de um Culto", ou "ABCDEF" (Advanced Bonewits' Cult Danger Evaluation Frame), que foi incluído na edição revisada daquele ano do meu livro *Real Magic* (Samuel Weiser Pub., 1989). Tenho consciência de que esse instrumento não é perfeito, mas creio que pode ser aplicado com sucesso para distinguir grupos inofensivos daqueles que o observador considera meramente estranhos. Depoimentos dos que adotaram o sistema são sempre bem-vindos. E os comentários indiretos feitos pela Internet ou por outros meios de comunicação também são os mais favoráveis.

Por exemplo, ele foi escolhido e hoje faz parte do *site* eletrônico do Institute for Social Inventions, que o adaptou para a sua lista "Melhores Idéias – Compêndio de Inovações Sociais".

O objetivo deste instrumento de avaliação é ajudar o observador, seja amador seja profissional, inclusive membros atuais e potenciais de diversas organizações ou grupos religiosos, esotéricos, psicológicos, políticos e outros, a determinar o possível grau de periculosidade de um grupo, em comparação com outros, para a saúde física e mental dos seus membros e de outras pessoas sujeitas à sua influência. Este instrumento não pode determinar os eventuais "perigos espirituais", caso existam, que poderiam estar envolvidos, por uma simples razão: o caminho para a iluminação ou "salvação" para uma pessoa é em geral visto como um caminho para a ignorância ou "perdição" por outra.

Como regra geral, quanto maior for a pontuação obtida por um grupo (ou seja, quanto mais para a direita da escala), maior será a probabilidade de ser perigoso. Embora muitos critérios de avaliação do modelo sejam subjetivos, ainda assim é possível fazer julgamentos práticos, nem que seja do tipo "este grupo é mais perigoso do que aquele?" O resultado só será confiável se todos os valores numéricos se basearem em observações precisas e imparciais do comportamento real dos grupos e dos escalões superiores de suas lideranças (e não simplesmente nas manifestações e pronunciamentos oficiais). Isso significa que é preciso prestar atenção ao que os dirigentes do segundo e terceiro escalões dizem e fazem, tanto (ou até mais) do que aos dirigentes do primeiro escalão – afinal, o "desmentido plausível" não é uma invenção histórica recente.

Este instrumento pode ser usado por pais, jornalistas, autoridades policiais, cientistas sociais e outros interessados para avaliar os perigos reais que um determinado grupo ou movimento pode representar. Obviamente, diferentes observadores obterão diferentes graus de precisão, segundo a exatidão dos valores atribuídos a cada critério. Entretanto, se esses mesmos observadores adotam os mesmos métodos de atribuição de valores e pesos a cada critério, suas comparações do grau relativo de perigo ou de segurança entre grupos serão razoavelmente válidas, pelo menos para as próprias necessidades. Por outro lado, pessoas que não conseguem ver que outros sistemas de crenças senão o próprio podem ter valor espiritual para outras pessoas descobrirão que este instrumento é completamente inútil para promover suas próprias doutrinas e princípios religiosos. Pior ainda, os membros desse Reich Religioso descobrirão que suas próprias organizações (e muitas igrejas convencionais) são muito mais semelhantes a "seitas" do que os sistemas de crenças minoritários aos quais se opõem com tanta veemência.

É bom mencionar que este modelo foi concebido segundo teorias psicológicas modernas nas áreas da saúde mental e do desenvolvimento pessoal e também com base em meus muitos anos de observação participante e pesquisa histórica sobre minorias religiosas. Os que acreditam que o relativismo e a anarquia são tão perigosos para a saúde mental quanto o absolutismo e o autoritarismo, poderão (suponho) julgar os grupos com notas que se aproximam de um extremo ou outro (alto ou baixo) como sendo igualmente perigosos. No que diz respeito aos riscos ao bem-estar físico, entretanto, tanto os registros históricos como os acontecimentos atuais indicam claramente de que direção procedem as ameaças maiores. Isso tanto é verdade que os grupos que obtêm uma avaliação baixa em geral parecem ter índices de sobrevivência e de crescimento tão pequenos, que dificilmente desenvolvem capacidades para cometer atrocidades em grande escala, mesmo que professem uma filosofia ou princípios políticos que os instigue a isso.

Isaac Bonewits

MODELO AVANÇADO DE BONEWITS PARA AVALIAÇÃO DO PERIGO DE UM CULTO

Fatores		1 2 3 4 5 6 7 8 9 10 Baixo Alto
1. Controle Interno: Grau de poder político interno exercido pelo(s) líder(es) sobre os membros.	1.	1 2 3 4 5 6 7 8 9 10
2. Saber Pretendido pelo(s) Líder(es): Grau de infalibilidade declarada ou implícita com relação a decisões ou interpretações doutrinais/escriturais.	2.	1 2 3 4 5 6 7 8 9 10
3. Saber Atribuído ao(s) dirigente(s) pelos membros: Grau de confiança dos membros nas decisões ou interpretações doutrinais/escriturais do(s) líder(es).	3.	1 2 3 4 5 6 7 8 9 10
4. Dogma: Rigidez dos conceitos de realidade ensinados; grau de inflexibilidade doutrinária ou "fundamentalismo".	4.	1 2 3 4 5 6 7 8 9 10
5. Recrutamento: Ênfase em atrair novos membros; nível de proselitismo.	5.	1 2 3 4 5 6 7 8 9 10
6. Grupos de frente: Número de grupos afiliados que usam nomes diferentes daquele do grupo principal.	6.	1 2 3 4 5 6 7 8 9 10
7. Riqueza: Quantidade de dinheiro e/ou de bens desejados ou obtidos pelo grupo; ênfase nas doações dos membros; estilo de vida econômico-financeiro do(s) dirigente(s) em comparação com os membros comuns.	7.	1 2 3 4 5 6 7 8 9 10
8. Poder Político: Grau da influência política externa desejada ou obtida; ênfase no direcionar os votos seculares dos membros.	8.	1 2 3 4 5 6 7 8 9 10
9. Manipulação Sexual: Dos membros pelo(s) dirigente(s); grau de controle exercido sobre a sexualidade dos membros; promoção na dependência de favores sexuais ou estilo de vida específico.	9.	1 2 3 4 5 6 7 8 9 10

10. Censura: Grau de controle sobre o acesso dos membros a opiniões externas sobre o grupo, sua doutrina ou dirigente(s). **10.** 1 2 3 4 5 6 7 8 9 10

11. Controle das Desistências: Grau dos esforços feitos para prevenir desistências ou promover retornos. **11.** 1 2 3 4 5 6 7 8 9 10

12. Violência: Grau de aprovação quando usada pelo ou para o grupo, sua doutrina ou dirigente(s). **12.** 1 2 3 4 5 6 7 8 9 10

13. Paranóia: Intensidade de medo relacionado com inimigos reais ou imaginários; poder percebido dos adversários; prevalência de teorias da conspiração. **13.** 1 2 3 4 5 6 7 8 9 10

14. Severidade: Grau de desaprovação com relação a gracejos sobre o grupo, suas doutrinas ou líder(es). **14.** 1 2 3 4 5 6 7 8 9 10

15. Submissão da Vontade: Intensidade da ênfase ao fato de os membros não serem responsáveis por decisões pessoais; grau de perda da capacidade de autodeterminação estimulada pelo grupo, por suas doutrinas ou seu(s) líder(es). **15.** 1 2 3 4 5 6 7 8 9 10

16. Hipocrisia: Grau de aprovação para outros atos (não incluídos acima) que o grupo considera oficialmente imorais ou antiéticos, quando praticados pelo ou para o grupo, suas doutrinas ou líder(es); disposição em violar princípios defendidos pelo grupo por vantagens políticas, psicológicas, econômicas ou outras. **16.** 1 2 3 4 5 6 7 8 9 10

Apêndice II

RECURSOS

Há muitos lugares onde você pode encontrar informações sobre diferentes aspectos da religião wiccaniana e pagã. Ao encaminhar correspondência, inclua sempre um envelope-resposta selado para reduzir os custos das entidades. Algumas informações podem ser obtidas pela Internet. Lembre-se de incluir um endereço para resposta, caso você queira um retorno. E não se decepcione se o seu longo e detalhado pedido for respondido com uma carta padrão ou se nem for respondido. Você não é o único a procurar informações, por isso faça pedidos curtos e objetivos.

Existem vários grupos que oferecem possibilidade de filiação a wiccanianos. Pode até haver um grupo local perto de você, ou talvez você queira começar um capítulo local com alguns amigos.

Há duas revistas distribuídas nos Estados Unidos com artigos e informações para wiccanianos e outros pagãos em geral. Uma é *Circle Magazine*, publicada pelo Circle Sanctuary, uma organização religiosa sem fins lucrativos – uma das mais antigas no país. Essa entidade também publica uma lista de contatos com pessoas, grupos, organizações e negócios que atendem aos interesses de wiccanianos e pagãos. A entidade mantém um serviço de orientação e referências.

A outra é *The Green Egg*. Esta é um boletim da Igreja de Todos os Mundos, uma organização pagã, mas não wiccaniana. Artigos e materiais de muito boa qualidade.

Na Internet você encontra muitos *sites* sobre Wicca e lojas que oferecem materiais e instrumentos, mas tenha cuidado ao dar informações, e especialmente em fornecer o número do seu cartão de crédito. Além disso, lembre que nem tudo o que você encontra na grande rede é necessariamente adequado ou válido para você. Use a sua intuição. Caso não consiga acessar a Internet em casa, algumas bibliotecas põem esse serviço à disposição dos seus freqüentadores.

Não estamos fornecendo uma lista de recursos porque incentivamos as pessoas a fazer suas próprias pesquisas, e também porque não podemos garantir que essas entidades continuarão em atividade para sempre.

Apresentamos a seguir duas listas de livros, uma de não-ficção e outra de ficção. Ser wiccaniano significa que você lê muitos livros sobre uma grande variedade de assuntos. Incluímos livros que apreciamos pessoalmente e consideramos importantes. Com relação a alguns, descrevemos o que nos atrai neles. A lista não é exaustiva, absolutamente. Incluímos livros sobre tópicos que não são necessariamente wiccanianos, mas que se adaptam à vida e à prática wiccanianas. Há alguns títulos sobre tarô, cabala, astrologia e outros tópicos esotéricos, e alguns sobre Magia Cerimonial. Também recomendamos que examine as obras sobre mitologia, religiões comparadas, ética e autoconhecimento.

Na categoria autoconhecimento, os testes Kiersey Temperament Sorter ou o Meyers-Briggs são excelentes. Esses testes medem suas preferências de operação e não são medidas de saúde mental. Existem muitos livros disponíveis e muitos sites voltados para esses temas. A Internet pode ser um recurso melhor para esse material.

Alguns desses livros estão esgotados. Eles ainda podem ser conseguidos com uma busca cuidadosa em sebos, na Internet, ou em lojas especializadas em livros raros ou esgotados.

LIVROS DE NÃO-FICÇÃO DE CARÁTER GERAL

Adler, Margot. *Drawing Down The Moon: Witches, Druids, Goddess-Worshippers, & Other Pagans in America Today*. Beacon Press: Boston, MA, 1979, 1984, 1999.

Esta é uma visão geral das comunidades wiccanianas e pagãs nos Estados Unidos. É uma obra atualizada periodicamente.

Amber K. *Covencraft: Witchcraft for Three or More*. Llewellyn Publications: St. Paul, MN, 1998.

Um bom guia para trabalhar e viver num coven.

____, *True Magick: A Beginner's Guide*. Llewellyn Publications: St. Paul, MN, 1996.

Banzhaf, Hajo e Anna Haebler. *Key Words for Astrology*. Samuel Weiser: York Beach, ME, 1996. [*Palavras-chave da Astrologia*, publicado pela Editora Pensamento, SP, 2002.]

Esta é uma ótima obra de referência, com boas interpretações dos planetas nos signos, casas e frases-chave para os aspectos. Fácil de usar e compreender, acessível a pessoas principiantes e também experientes.

Benares, Camden. *Zen Without Zen Masters*. Falcon Press: Phoenix, AZ, 1988.

Introduz o leitor a filosofias alternativas sem que ele perceba, pois trata-se de um livro de brincadeiras zen.

Bonewits, Isaac. *Real Magic: An Introductory Treatise on the Basic Principles of Yellow Magic* (Edição revisada). Samuel Weiser: York Beach, ME, 1989.

Este livro foi a tese de mestrado em magia defendida pelo autor. É uma obra densa e de difícil leitura, mas contém bom material. Dê uma passada de olhos antes de comprá-lo.

Brown, Tom, Jr. e Brandt Morgan. *Tom Brown's Field Guide to Living with the Earth*. Berkley Books: New York, 1989.

Este é um dos melhores livros de uma longa série que trata de assuntos voltados à sobrevivência e ao retorno à natureza. É um bom exemplo de como um "não-pagão" pode ser "pagão".

Buckland, Raymond. *Advanced Candle Magick: More Spells and Rituals for Every Purpose*. Llewellyn Publications: St. Paul, MN.

____, *Buckland's Complete Book of Witchcraft*. Llewellyn Publications: St. Paul, MN, 1986.

Esta obra é coloquialmente conhecida como "Buckland's Big Blue Book", e foi o texto-base para a Wicca eclética durante muitos anos. Não é completa, mas oferece um quadro de referência e boas informações.

Covey, Stevens R. *The 7 Habits of Highly Effective People*. Simon & Schuster: New York, 1989.

Este livro ilustra algumas disciplinas e hábitos pessoais que em geral vale a pena cultivar.

Crowley, Aleister. *777 and Other Qabalistic Writings of Aleister Crowley*. Samuel Weiser: York Beach, ME, 1977, 1993.

Este é um livro excelente para correspondências mágicas.

Cuhulain, Kerr. *The Law Enforcement Guide to Wicca* (3ª Edição). Horned Owl Publishing: Victoria, B.C., 1997.

Cuhulain, Kerr. *Wiccan Warrior: Walking A Spiritual Path in a Sometimes Hostile World*. Llewellyn Publications: St. Paul, MN, 2000.

Kerr Cuhulain é um policial wiccaniano. Seus livros são recomendações para lidar com o mundo real e com bom senso na prática da Wicca.

Cunningham, Scott. *Living Wicca: A Further Guide for the Solitary Practitioner*. Llewellyn Publications: St. Paul, MN, 1993.

____, *Wicca: A Guide for the Solitary Practitioner*. Llewellyn Publications: St. Paul, MN. 1996.

Cunningham foi um escritor fecundo, e estes são apenas dois dos seus muitos livros sobre Wicca, Magia e esoterismo. Suas obras são básicas e simples, mas as informações são sólidas e práticas. Excelentes recursos para quem está começando.

Curott, Phyllis. *Book of Shadows: A Modern Woman's Journey into the Wisdom of Witchcraft and the Magic of The Goddess*. Broadway Books: Nova York, 1998.

Daniels, Estelle. *Astrologickal Magick*. Samuel Weiser: York Beach, ME, 1995.

Este livro foi escrito para devolver a astrologia à Arte e aos praticantes de magia. Não existe outro igual disponível ainda, e aplicando as técnicas e um almanaque, você pode programar os seus trabalhos pela Lua.

Denning, Melita & Osborne Phillips. *The Llewellyn Practical Guide To: Psychic Self-Defense and Well Being*. Llewellyn Publications: St. Paul, MN, 1994.

Este é um clássico e um guia para qualquer wiccaniano.

____, *The Magical Philosophy Series*. Llewellyn Publications: St. Paul, MN, Vol. I, 1974, Vol. II, 1974, Vol. III, 1975, Vol. IV, 1978, Vol. V, 1981.

Uma série de cinco livros que abrange as idéias mais básicas do sistema ocultista ocidental de magia.

Elgin, Suzette Haden. *The Gentle Art of Verbal Self-Defense*. Barnes & Noble, Inc.: Nova York, 1993.

Farrar, Janet e Stewart. *The Witches' Goddess: The Feminine Principle of Divinity*. Phoenix Publishing, Inc.: Custer, WA, 1987. Também *The Witches' God*.

Estes são recursos excelentes para quem está à procura de uma Divindade.

____, *The Witches' Way: Principles, Rituals & Beliefs of Modern Witchcraft*. Phoenix Publishing, Inc.: Custer, WA, 1988.

Esta é possivelmente a única obra atual e completa sobre a Wicca Alexandrina "tradicional".

Fortune, Dion. *Psychic Self-Defense: A Study in Occult Pathology & Criminality*. Aquarian Press: Wellingborough, Northamptonshire, Reino Unido, 1965. [*Autodefesa Psíquica*, publicado pela Editora Pensamento, SP, 1983.]

Este é outro excelente livro, embora talvez um pouco ultrapassado. Todos os demais livros de Dion Fortune são também ótimos recursos; além disso, ela escreveu bons textos de ficção.

Gardner, Gerald Brosseau. *Witchcraft Today*. Magickal Childe Publishing, Inc.: Nova York, 1954.

Difícil de encontrar, mas é a obra de não-ficção original sobre a Wicca moderna; importante historicamente.

Gerwick-Brodeur, Madeline & Lisa Lenard. *The Complete Idiot's Guide to Astrology*. Alpha Books: Nova York, 1997.

Apesar do título, é uma boa introdução à astrologia.

Gimbutas, Marija. *The Civilization of the Goddess: The World of Old Europe*. HarperCollins Publishers: San Francisco, CA, 1991.

Oferece uma visão mais moderna das antigas culturas da Deusa.

Greer, Mary K. *Tarot Constellations*. Newcastle Publishing: North Hollywood, CA, 1987.

____, *Tarot for Your Self*. Newcastle Publishing: North Hollywood, CA, 1984.

Esses são dois bons livros de caráter geral sobre tarô que vão um pouco além de informações básicas como "esta carta significa isto". Apresentam muitas explicações, exercícios e idéias, o que dá uma boa visão do tarô. Inclui também noções de numerologia.

Grimassi, Raven. *The Wiccan Magick: Inner Teachings of the Craft*. Llewellyn Publications: St. Paul, MN, 1997.

____, *The Wiccan Mysteries: Ancient Origins & Teachings*. Llewellyn Publications: St. Paul, MN, 1997.

Grimassi tem vários bons livros sobre tópicos específicos da Wicca, e especificamente sobre a Strega, a Wicca italiana.

Harner, Michael. *The Way of the Shaman: A Guide to Power and Healing*. Bantam Books: New York, 1982.

Excelente introdução às técnicas xamânicas.

Harrow, Judy. *Wicca Covens: How to Start and Organize Your Own*. Citadel Press: Secaucus, NJ, 1999.

Outro bom livro sobre covens.

Hopman, Ellen Evert e Lawrence Bond. *People of the Earth: The New Pagans Speak Out*. Destiny Books: Rochester, VT, 1996.

Livro esgotado, mas inclui uma grande variedade de pessoas e mostra a multiplicidade de formas de paganismo. É mais um livro de personalidades e diferentes modalidades de paganismo.

Hutton, Ronald. *The Triumph of the Moon: A History of Modern Pagan Witchcraft*. Oxford University Press: Nova York, 1999.

Ótima tentativa recente de apresentar a história completa da Arte na Inglaterra, desde os seus inícios como Magia Cerimonial até Gardner e outros.

Kempton-Smith, Debbi. *Secrets From a Stargazer's Notebook*. Bantam Books: Nova York, 1982 (1997).

Este é um excelente livro, repleto de informações astrológicas muito úteis, de caráter geral e específico. É de leitura fácil e inclui tabelas para cada um elaborar o seu próprio mapa. Existe uma edição mais recente e ampliada com tabelas atualizadas, mas ainda é possível adquirir a edição mais simples. Se tiver um único livro de astrologia, este é o indicado.

King, Francis e Stephen Skinner. *Techniques of High Magic: A Manual of Self-Initiation*. Destiny Books: Nova York, 1976.

Este é um texto introdutório padrão sobre a Alta Magia/Magia Cerimonial. Pode ser denso, mas é completo.

King, Serge Kahili, Ph.D. *Urban Shaman: A Handbook for Personal and Planetary Transformation Based on the Hawaiian Way of The Adventurer*. Simon & Schuster: Nova York, 1990.

Uma introdução um pouco melhor ao xamanismo relacionado com os moradores dos centros urbanos.

Parfit, Will. *The Elements of the Qabalah*. Barnes & Noble: Nova York, 1991.

Este é um bom livro de introdução à Cabala. Parfit escreveu outros livros sobre Cabala, todos excelentes, mas são publicações inglesas, e por isso talvez difíceis de encontrar.

Quin, Daniel. *Ishmael*. Bantam Books: Bantam Books, 1996 (também *The Story of B* e *My Ishmael*).

Não se trata exatamente de uma trilogia, mas esses livros abordam os mesmos temas de perspectivas diferentes. São excelentes para começar a pensar sobre o mundo e o seu lugar nele de modo diferente. Na verdade, são obras de ficção, mas expõem tão bem filosofias alternativas, que as incluímos nesta seção.

RavenWolf, Silver. *To Ride a Silver Broomstick: New Generation Witchcraft*. Llewellyn Publications: St. Paul, MN, 1996.

Uma boa apresentação geral das crenças e práticas da maioria dos wiccanianos americanos contemporâneos, mostrando as tendências atuais.

Reed, Ellen Cannon. *The Witches' Qabala*, também publicado como *The Goddess and the Tree*. Llewellyn Publications: St. Paul, MN.

____, *The Witches' Tarot*. Llewellyn Publications: St. Paul, MN, 1989.

Esses dois livros sobre Cabala e tarô são clássicos.

Ryall, Rhiannon. *West Country Wicca: A Journal of the Old Religion*. Phoenix Publishing, Inc.: Custer, WA, 1989.

Descreve uma Trad-Fam pré-gardneriana. De modo geral, esta obra ilustra a pré-Alta Magia. Existem muitas Trads-Fam semelhantes, em geral nas áreas rurais dos Estados Unidos e do Reino Unido.

Slater, Herman. *A Book of Pagan Rituals*. Samuel Weiser: York Beach, ME, 1974.

Este foi um dos primeiros livros a reunir rituais wiccanianos modernos. Ainda é bom tê-lo como fonte de idéias.

Somé, Malidoma Patrice. *Ritual: Power, Healing, and Community*. Penguin Books: Nova York, 1993.

Este livro explica por que os rituais são importantes para as pessoas.

Starhawk. *The Spiral Dance: A Rebirth of the Ancient Religion of the Great Goddess*. HarperCollins Publishers: Nova York, 1979, revisado e atualizado 1989 and 1999.

A melhor exposição e introdução à Wicca Feminista.

____, *The Pagan Book of Living and Dying*. Harper: San Francisco, 1997.

Um guia excelente para a morte, o morrer e tudo o que envolve esse ato num contexto pagão.

Stevens, Jose, Ph.D. e Lena S. Stevens. *Secrets of Shamanism: Tapping the Spirit Power Within You*. Avon Books: Nova York, 1988.

Este livro apresenta técnicas do xamanismo, que não é necessariamente uma religião específica, mas um modo de praticar religião. Bons exercícios de visualização, além de outros aspectos de interesse.

Sui, Choa Kok. *Pranic Healing*. Samuel Weiser, Inc.: York Beach, ME, 1990.

Um dos melhores livros a introduzir a bioenergia ou Chi.

Summer Rain, Mary e Alex Greystone. *Mary Summer Rain on Dreams*. Hampton Roads Publishing: Charlottesville, VA, 1996.

Este é o dicionário de sonhos favorito de Estelle. Notavelmente completo, não adota uma orientação cristã e não se baseia em interpretações vitorianas antigas que não têm mais validade no mundo de hoje.

Teish, Luisah. *Jambalaya: The Natural Woman's Book of Personal Charms and Practical Rituals*. Harper: San Francisco, CA, 1985.

Tuitéan, Paul e Estelle Daniels. *Pocket Guide to Wicca*. The Crossing Press: Freedom, CA, 1998.

Esta é uma introdução básica à religião e às práticas wiccanianas tanto para principiantes como para as pessoas que eles conhecem. É uma das melhores exposições do que a Wicca é e não é. Se você quer dar aos parentes um livro que explique o que você faz, este é bom e barato.

Valiente, Doreen. *The Rebirth of Witchcraft*. Robert Hale: Londres, 1989.

Uma apresentação da história da "primeira geração" da Wicca moderna. Praticamente tudo o que é de autoria de Doreen Valiente é excelente. Ela é inglesa, e por isso a perspectiva que a orienta é dessa cultura e país.

Walker, Barbara G. *The Women's Encyclopedia of Myths & Secrets*. Harper & Row: Nova York, 1983.
Recurso excelente sobre Deusas e outras informações relacionadas com a magia.
Weinstein, Marion. *Positive Magic: Occult Self-Help*. Phoenix Publishing, Inc.: Custer, WA, 1980.
Também sobre a magia wiccaniana.

FICÇÃO CIENTÍFICA E LIVROS DE LITERATURA FANTÁSTICA

Os livros de ficção são escolhidos por abordarem temas de magia, mudanças de paradigma e por serem de leitura agradável. A lista não é exaustiva, mas inclui as obras que apreciamos e que recomendamos a outros. Alguns livros são estritamente fantásticos, outros retratam mundos alternativos e outros ainda são mais realistas. A maioria foi escrita para um público adulto, embora haja alguns para crianças. Às vezes, a melhor ficção sobre magia é dirigida a crianças, como os livros do Harry Potter.

Abbey, Lynn. *The Guardians*.
Alexander, Lloyd. *The Prydain Series*.
Anderson, Poul. *Operation Chaos*.
_____, *Operation Luna*.

Barrett, Frances. *The Magus*. (1801). Um clássico, mas ainda aplicável. Veja se você consegue perceber onde o autor desencaminha deliberadamente os leitores, evitando assim revelar segredos, uma prática comum na literatura esotérica do passado.
Baum, L. Frank. *The Oz Series*.
Blackwood, Algernon. *Best Supernatural Tales*.
Blish, James. *Black Easter*.
____, *The Devil's Day*.
Bradley, Marion Zimmer. *The Darkover Series* (especialmente *The Forbidden Tower*).
____, *The Mists of Avalon*.
Bryant, Dorothy. *The Kin of Ata Are Waiting for You*.
Bull, Emma. *The War of the Oaks*.

Card, Orson Scott. *The Alvin Maker Series*.
Cooper, Susan. *The Dark Is Rising Sequence*.
Craven, Margaret. *I Heard The Owl Call My Name*.
Crowley, Aleister. *Diary of a Drug Fiend*.
______, *Moonchild*.
Esses dois livros são considerados controversos e contêm material adulto, mas são clássicos da literatura mágica escritos por um mestre de magia.

Dalkey, Kara. *Eurale*.
De Camp, L. Sprague and Fletcher Pratt. *The Complete Enchanter Series*.
DeLint, Charles. *Moonheart* (e muitos outros).
____, *The Jackie of Kinrowan Series*.
Duane, Diane. *The Tale of The Five Series*.
____, *The Wizardry Series*.
Dunsany, Lord. *The King of Elfland's Daughter*.

Eddings, David. *The Belgariad Series* e *The Malorian Series*.

Edgehill. Rosemary. *The Bast Mystery Series*. O personagem principal nesses livros é wiccaniano; a obra oferece informações úteis sobre a vida wiccaniana no mundo moderno. A magia é bastante autêntica e real, sem exageros fantásticos. Também chama a atenção para a comunidade wiccaniana, com todos os seus percalços, por isso prepare-se para perder algumas ilusões.

Farrar, Stewart. *Omega*.

Fortune, Dion. *Moon Magick*.

____, *The Sea Priestess* [*A Sacerdotisa do Mar*, publicado pela Editora Pensamento, SP, 1988.] (e muitos outros títulos).

Foster, Alan Dean. *Into The Out Of*.

Fowles, John. *The Magus*.

Este não é o clássico sobre ocultismo (ver Frances Barrett), mas um romance moderno. Cuide para não se confundir. Não o recomendamos nem desaprovamos.

Furlong, Monica. *The Wise Child Series*.

Gardner, Gerald (às vezes publicado sob o pseudônimo Scire). *High Magic's Aid*.

O livro de ficção que chamou a atenção do público para esta religião.

Garner, Alan. *The Weirdstone of Brisengamen Series*.

Garret, Randal. *The Lord Darcy Series*.

Graves, Robert. *The White Goddess*.

Este é um clássico da Arte, e serviu de base para várias Tradições. Embora difícil de ler e obsoleto, continua sendo um recurso válido. Do mesmo autor, também *I Claudius* e *Claudius the God* são romances históricos excelentes e retratam a vida numa cultura pagã.

____, *Watch The Northwind Rise*.

Hambly, Barbara. *The Darwath Trilogy*.

Hamilton, Laurell, K. *The Anita Blake Vampire Hunter Series*.

____, *The Sun-Cross Duology*.

Heinlein, Robert A. *Stranger in a Strange Land*.

Este livro é a base da Igreja de Todos os Mundos (CAW), que foi fundada com o conhecimento e a aprovação de Heinlein.

____, *Waldo & Magic, Inc*.

Henderson, Zenna. *The Chronicle of the People Series*.

Jackson, Nigel. *The Call of the Horned Piper*.

Jordan, Robert. *The Wheel of Time Series*.

Kay, Guy Gavriel. *The Fionavar Tapestry Trilogy*.

Kaye, Marvin e Parke Godwin. *The Masters of Solitude*.

Kerr, Katherine. *The Deverry Series*.

Kurtz, Katherine. *The Deryni Series*.

____, *Lammas Night*.

Um livro de ficção sobre um coven que protege magicamente a Grã-Bretanha durante a II Guerra Mundial. Supostamente baseado em acontecimentos reais vividos por Gerald Gardner e seus colegas de grupo.

Kurtz, Katherine e Deborah Turner Harris. *The Adept Series*.

Alta Magia mais do que Wicca, essa série ilustra ainda o papel das capacidades psíquicas e da vida no mundo moderno.

Lackey, Mercedes. *The Diana Tregarde Trilogy.*
____, *The Many Valdemar Series* (especialmente *Arrows Flight* e vários outros).
Leiber, Fritz. *Conjure Wife.*
____, *Our Lady of Darkness.*
Leguin, Ursula K. *The Earthsea Series.*
____, *The Left Hand of Darkness.*
Leland, Charles Godfrey. *Aradia: Gospel of the Witches.*
Lisle, Holly. *Fire in the Mist* (e vários outros títulos).

MacDonald, George. *Lilith.*
____, *Phantasies.*
Machen, Arthur. *The Hill of Dreams.*
Mason, David. *Kavin's World.*
____, *The Return of Kavin.*
McCaffrey, Anne. *The Dragon Singer Series.*
____, *The Crystal Singer Series.*
McIntyre, Vonda N. *Dreamsnake.*
McKillip, Patricia A. *The Quest of the Riddle-Master of Hed Trilogy.* Ballantine Books.
Merritt, A. *Burn, Witch, Burnt!/Creep, Shadow, Creep!*
____, *The Ship of Ishtar* (e vários outros títulos).
Moon, Sheila. *Knee Deep in Thunder.*
____, *Hunt Down the Prize.*

Norton, Andre. *The Witch World Series.*
Esta é uma série clássica que descreve um mundo bastante compatível com a Wicca. Muitas técnicas apresentadas se traduzem em técnicas mágicas reais em Círculos.
____, *Storm Over Warlock* (e muitos outros títulos).

Paxson, Diana L. *Brisingamen* (e muitos outros).
____, *The Odin's Children Trilogy.*
Prachette, Terry. *The Diskworld Series* (especialmente *Wyrd Sisters*).

Renault, Mary. *The King Must Die.*
Robbins, Tom. *Another Roadside Attraction.*
García y Robertson, Rodrigo. *The Spiral Dance.*
Robinson, Spider. *The Callahan's Series.*
Roessner, Michaela. *Walkabout Woman.*
Rowling, J. K. *The Harry Potter Series.*
Muito popular e fácil de encontrar. Esses livros não tratam da Wicca, mas são excelentes porque criam um mundo mágico que é coerente, lógico e coeso. Ilustram o tempo, a paciência e o estudo necessários para aprender magia e contam uma bela história. Divertimento para toda a família.

Salmon, Jessica Amanda. *The Tomoe Gozen Saga Trilogy.*
Scarborough, Elizabeth Ann. *The Godmother Series.*
Schmidt, Dennis. *The Wayfarer Trilogy.*
Shwartz, Susan M. (org.) *The Heirs to Byzantium Trilogy.*
____, *Hecate's Cauldron.*

Sky, Kathleen. *Witchdame.*
Starhawk. *The Fifth Sacred Thing.*
Sutclif, Rosemary. *Sword at Sunset.*
____, *Warrior Scarlet.*

Tolkien, J. R. R. *The Hobbit.*
____, *The Lord of the Rings Trilogy.*
Travers, P. L. *Mary Poppins.*
Livros infantis clássicos com o tema da magia.

Vidal, Gore. *Julian.*

Walton, Evangeline. *The Maginogion Series.*
Wilson, Robert Anton &, Robert Shea. *The Illuminatus! Trilogy.*
Windling, Terri. *The Wood Wife.*
Wrede, Patricia. *Caught in Crystal.*
____, *Daughter of Witches* (e muitos outros títulos).
Wrightson, Patricia. *The Saga of Wirrun the Hero Trilogy.*

Zelazny, Roger. *The Chronicles of Amber* (primeira e segunda séries).
____, *Lord of Light* (e muitos outros títulos).

LIVROS DE REFERÊNCIA PARA EXERCÍCIOS E MEDITAÇÕES

Chia, Mantak e Maneewan Chia. *Fusion of the Five Elements I.* Healing Tao Books: Huntington, Nova York, 1989.
Faz parte de uma série de livros de medicina/cura alternativa chinesa. Inclui várias técnicas de meditação com Chi e de acupressura.

Dong, Y. P. *Still as a Mountain, Powerful as Thunder.* Shambhala Publications, Inc.: Boston, Massachusetts, 1993.
Contém um conjunto de exercícios físicos e de meditação adotados por algumas escolas para suplementar a prática regular de Tai Chi.

Echanis, Michael D. *Stick Fighting for Combat.* Ohara Publications, Inc.: Burbank, Califórnia, 1978.
É um dos volumes de uma série que ensina técnicas de combate baseadas na arte marcial coreana do Hwarangdo.

Harner, Michael. *The Way of the Shaman.* HarperCollins Publishers: San Francisco, 1980.
Introduziu o conceito de xamanismo na cultura popular moderna.
Houston, Jean. *Manual for the Peacemaker.* The Theosophical Publishing House: Wheaton, Illinois, 1995.
Adota conceitos e histórias dos índios americanos para fundamentar um conjunto de exercícios de meditação dirigidos, voltados para o desenvolvimento de habilidades pessoais e grupais de resolução de conflitos.

Jwing-Ming, Dr. Yang. *The Root of Chinese Chi Kung*. YMAA Publication Center: Jamaica Plain, Massachusetts, 1989.
Volume de uma série de livros que ensinam conceitos de cura e de artes marciais do Kung Fu chinês.

King, Serge Kahili. *Kahuna Healing*. The Theosophical Publishing House: Wheaton, Illinois, 1983.
Os livros de Serge King sobre o xamanismo havaiano, conhecido como Huna, são alguns dos melhores para ensinar técnicas xamânicas/espirituais para os americanos contemporâneos. Este aborda o tema da cura.

Masters, Robert e Jean Houston. *Mind Games*. Dorset Press: Nova York, 1972.
Um dos livros originais disponíveis ao grande público abordando temas relacionados com o aperfeiçoamento das capacidades mentais e da consciência pessoal.

Starhawk. *The Spiral Dance*. Harper & Row: San Francisco, CA, 1979.
Um dos textos originais, e ainda dos melhores, sobre a Wicca e as religiões da Deusa. O que mais se poderia dizer?

Witney, Thomas e Vishnu Karmakar. *Advanced Archer, 12 Easy Lessons*. Center Vision, Inc.: Littleton, Colorado, 1992.
Adota exercícios "típicos" de respiração e relaxamento, embasamento e centramento, e meditação dirigida para ensinar arqueiros a acertarem melhor o alvo. Faz parte de algumas técnicas do estilo Kyudo ("arte do arco") japonês combinadas com a arte do arco-e-flecha ocidental.

Bibliografia

Adler, Margot. *Drawing Down the Moon*. Beacon Press: Boston, 1979.

Apuleius, Lucius, traduzido para o inglês por Robert Graves. *The Golden Ass*. Penguin Books: Middlesex, Reino Unido, 1950.

Bidart, Gay-Darlene. *The Naked Witch*. Pinnacle Books: Nova York, 1975.

Buckland, Raymond. *The Tree: The Complete Book of Saxon Witchcraft*. Samuel Weiser Inc.: Nova York, 1974.

Chambers, Howard V. (organizador). *An Occult Dictionary For the Millions*. Sherbourne Press: Los Angeles, CA, 1966.

Chuhlain, Kerr. *A Law Enforcement Guide to Wicca*/3ª Edição. Horned Owl Publishing: Victoria, B.C., 1997.

Farrar, Janet e Stewart e Gavin Bone. *The Pagan Path*. Phoenix Publishing: Custer, WA, 1995.

Fitch, Ed. *Grimoire of Shadows, Witchcraft, Paganism and Magick*. Llewellyn Publications: St. Paul, MN, 1996.

Gardner, Gerald R. *High Magic's Aid*. Houghton Mifflin Co.: Londres, 1949.

__________, *Witchcraft Today*. Rider: Londres, 1954.

Geddes e Grosset. *Guide to The Occult and Mysticism*. Geddes and Grosset, Ltd.: New Lanark, Inglaterra.

Gibson, Walter B. e Litzka R. *The Complete Illustrated Book of Divination and Prophecy*. Signet: Nova York, NY, 1973.

Leek, Sybil. *The Complete Art of Witchcraft: Penetrating the Secrets of White Witchcraft*. Harper & Row: Nova York, 1971.

Leland, Charles G. *Aradia: Or the Gospel of the Witches*. (publicado originalmente em 1899) Phoenix Publishing, Inc.: Custer, WA, 1990.

Simms, Maria Kay. *Circle of the Cosmic Muse, A Wiccan Book of Shadows*. Llewellyn Publications: St. Paul, MN, 1994.

Webster's Seventh New Collegiate Dictionary. G.C. Merriam Company: Springfield, MA, 1965.

Wedek, Harry E. *Dictionary of Magic*. Philosophical Library: Nova York, NY, 1956.

Winter, Mick. *How to Talk New Age*. 1996 (e anteriormente).

Zeil, Otter e Morning Glory. *Witchcraft, Paganism and the Occult: A Basic Glossary of Common Terms and Symbols*. Green Egg Magazine: Ukiah, CA, 1988.

Zolar. *The Encyclopedia of Ancient and Forbidden Knowledge*. Popular Library: Nova York, NY, 1970.